Erich Kästner · Werke
Band V

Erich Kästner · Werke
HERAUSGEGEBEN VON
FRANZ JOSEF GÖRTZ

Erich Kästner

Trojanische Esel

Theater, Hörspiel, Film

HERAUSGEGEBEN VON
THOMAS ANZ
IN ZUSAMMENARBEIT
MIT MATTHIAS SPRINGER
UND STEFAN NEUHAUS

Carl Hanser Verlag

ISBN 3-446-19564-5 (Leinen)
ISBN 3-446-19563-7 (Broschur)

Alle Rechte an dieser Gesamtausgabe vorbehalten
© Carl Hanser Verlag München Wien 1998
Ausstattung: Bernd Pfarr
Gestaltung und Herstellung:
Hanne Koblischka und Meike Harms
Texterfassung: Randall L. Jones,
Brigham Young University, Provo/Utah
Satz: Filmsatz Schröter GmbH, München
Druck und Bindung: Pustet, Regensburg
Printed in Germany

Inhaltsübersicht

- 7 Leben in dieser Zeit
- 45 Münchhausen
- 325 Zu treuen Händen
- 395 Das Haus Erinnerung
- 425 Chauvelin *oder* Lang lebe der König!
- 459 Die Schule der Diktatoren

- 541 Aus dem Nachlaß
- 543 Dann schon lieber Lebertran …
- 603 Verwandte sind auch Menschen
- 701 Das Haus Erinnerung

- 773 Anhang
- 775 Nachwort
- 789 Kommentar
- 833 Bibliographie
- 839 Inhaltsverzeichnis

LEBEN IN DIESER ZEIT

Ein Hörspiel

ERSTER SATZ

Einleitung

LÄRM DER GROSSTADT: *Auftakt mit Schreibmaschinen und Telefonen. Dann dazu aktuelle Jazzmusik. Dann zu dem Büro- und Vergnügungslärm Straßenradau, Autohupen, Straßenbahnläuten, Zugstampfen.*

Nicks Musik-Montage.

SPRECHER: Ruhe! *Lärm bricht abrupt ab.*
  Ich bin nicht allein. Ich bring einen mit.
  Einen Durchschnittsmenschen.
FRAUENSTIMME: Sein Name?
SPRECHER: Schmidt.
LÄRM DER GROSSTADT *setzt jäh wieder ein.*
SPRECHER: Ruhe! *Lärm bricht wieder ab.*
  So seid doch mal eine Weile still!
  Es scheint, daß er euch was sagen will!
MÄNNERSTIMME: Was uns schon, mitten im Lärm dieser Stadt, ein Mensch, namens Schmidt, zu sagen hat!
FRAUENSTIMME: Hier ist keine Zeit für solches Getue.
SPRECHER: Ruhe! Ruhe!
  Er ist ein Mensch wie ich und wie ihr.
  Er ist ein Mensch, wie wir alle hier.
  Er kennt unsre Stadt. Er kennt unsre Zeit.
MÄNNERSTIMME: Ick kann nur sagen, dann tut er uns leid.
FRAUENSTIMME: Wir wollen nicht hören.
MÄNNERSTIMME: Wer will hier befehlen?
FRAUENSTIMME: Er soll uns etwas von Ceylon erzählen.
MÄNNERSTIMME: Nur nichts von uns.
FRAUENSTIMME: Nur nichts von zu Haus.
MÄNNERSTIMME: Wir hängen uns längst zum Halse heraus!
SPRECHER: Er ist in eurem Schicksal Expert.

Er ist wie ihr in die Städte gesperrt.
Er sagt wie ihr verdammt! und Prost!
Er hat eure Sorgen und kennt euren Trost.
Er ist nicht reich. Er ist nicht gelehrt.
Und wenn er nachher zu euch spricht,
so wird das sein, als ob ihr das wärt.
Was wollt ihr noch? Genügt euch das nicht?
Die Welt ist rund. Die Städte sind groß.
Er ist einer von vielen.
MÄNNERSTIMME: Na schön. Also los.

Nr. 1 Kurt Schmidt, statt einer Ballade

Mit Musik, Text als Rezitation.

SPRECHER: Der Mann, der uns im weiteren Verlauf
begegnen wird, heißt Schmidt (Kurt Schmidt komplett).
Er stand, nur sonntags nicht, früh 6 Uhr auf
und ging allabendlich punkt 8 zu Bett.

10 Stunden lang schlief er irgendwo.
4 Stunden brauchte er für Fahrt und Essen.
9 Stunden schrieb er Zahlen im Büro.
1 Stündchen blieb für höhere Interessen.

Nur sonn- und feiertags schlief er sich satt.
Danach rasierte er sich, bis es brannte.
Dann tanzte er, in Sälen vor der Stadt.
Und fremde Fräuleins wurden rasch Bekannte.

Am Montag fing die nächste Strophe an.
Und war doch immerzu dasselbe Lied!
Ein Jahr starb ab. Ein andres Jahr begann.
Und was auch kam, nie kam ein Unterschied.

Die Zeit marschierte wie ein Grenadier.
Im gleichen Schritt und Tritt. Und Schmidt lief mit.
Die Zeit verging. Und Schmidt verging mit ihr.
Er merkte eines Tages, wie er litt.

Er sah, er hatte sich bisher geirrt.
So war's. Und es stand fest, daß es so blieb.
Und er begriff, daß es nie anders wird.
Und was er hoffte, rann ihm durch ein Sieb.

Der Mensch war auch bloß eine Art Gemüse,
das sich und dadurch andere ernährt.
Die Seele saß nicht in der Zirbeldrüse.
Wenn es sie gab, war sie bestimmt nichts wert.

10 Stunden schlief er meistens irgendwo.
4 Stunden brauchte er für Fahrt und Essen.
9 Stunden schrieb er Zahlen im Büro,
und vor der Inventur schrieb er Adressen.

Wer ißt, bleibt leben. Und wer lebt, muß essen.
Der Mensch bestand zum größten Teil aus Bauch.
1 Stündchen blieb für höhere Interessen.
Und kaum ein Mensch machte davon Gebrauch.

Schmidt merkte, daß er nicht alleine stand.
Und daß er doch allein stand, bei Gefahren.
Und auf dem Globus, sah er, lag kein Land,
in dem die Schmidts nicht in der Mehrheit waren!

SPRECHER *fährt nach einer Pause, jetzt wieder ohne Musik fort*:
   Kein schöner Schluß. Und nicht sehr heiter.
FRAUENSTIMME: Es ist schon so.
MÄNNERSTIMME: Macht bitte weiter!
SPRECHER: Wollt ihr es wirklich?
FRAUENSTIMME: Ja, fahrt nur fort!

SPRECHER: Gut, dann erteile ich Schmidt das Wort!
SCHMIDT: Mein Name war schon im Spiele.
　Man stellte mich Ihnen vor.
　Dieses Lied, das jetzt kommt, betrifft viele.
　Und ich sing's sozusagen im Chor.

Nr. 2 Das Chanson von der Majorität

Kleines Vorspiel, Musik. Schmidt singt. Männerchor.

SCHMIDT: Dieses Lied, das jetzt kommt, betrifft die meisten.
　Und ich sing's sozusagen im Chor,
　wir können uns kein Seelenleben leisten
　und verzichten diesbezüglich auf Komfort.

　Wir wohnen, wenn wir wohnen, in Kasernen.
　Und unser Blick stößt stets an eine Wand.
　Wir haben wenig Fühlung mit den Sternen.
　Die Stadt ist voller Lampen und Laternen.
　Und was darüber ist, ist unbekannt.

　Was hilft es uns, daß man die Erde pries?
　Wir sind die Mehrheit, und die weiß nur dies:
　Die Welt ist rund, denn dazu ist sie da.
　Ein Vorn und Hinten gibt es nicht.
　Und wer die Welt von hinten sah,
　der sah ihr ins Gesicht.

FRAUENSTIMME und MÄNNERSTIMME:
　Dieses Lied, das er singt, gilt ja uns allen.
　Und er singt's sozusagen im Chor.
　Die Welt ist schön und könnte uns gefallen.
　Doch die Städte sind versperrt und ohne Tor.
SCHMIDT: Die Zeit verläuft, als liefe sie auf Schienen.
　Wir fahren aus den Betten ins Büro.
　Wir stehn an Ladentischen und Maschinen.
　Wir leben nicht. Wir schlafen und verdienen.

Und sonntags regnet es ja sowieso.
Wozu besitzt die Menschheit die Natur?
Wir sind die Mehrheit: Und wir wissen nur:
ALLE: Die Welt ist rund, denn dazu ist sie da.
Ein Vorn und Hinten gibt es nicht.
Und wer die Welt von hinten sah,
der sah ihr ins Gesicht.
SPRECHER: Es ist viel mehr als bloß ein Witz:
Ihr seid wahrhaftig lauter Schmidts.
Und wüßtet ihr denn, was ihr tätet,
wenn ihr jetzt in die Wälder trätet?
Und plötzlich sähet ihr ein Tier?
MÄNNERSTIMME: Ja, was wär dann?
FRAUENSTIMME: Was täten wir?
SPRECHER: Herr Schmidt kann's Ihnen sicher sagen.
SCHMIDT: Wir würden höchstwahrscheinlich fragen:
»Habt ihr denn keine Zeitung hier?«
MÄNNERSTIMME: Es ist schon so.
FRAUENSTIMME: So ist es schon.
SCHMIDT: Wir brauchen Jagd und Sensation.
Wir brauchen Raub und Brand und Morde.
Wir brauchen jeden Tag Rekorde!
Ich wüßte da ein kleines Lied,
das sich auf diesen Punkt bezieht ...
SPRECHER: Ist's Ihnen recht, wenn er es singt?
FRAUENSTIMME: Er soll es singen.
MÄNNERSTIMME: Unbedingt!

Nr. 3 Der kleine Rekordgesang

Musik, Frauenchor.

SCHMIDT: War früher irgend jemand mehr
als 150 Kilo schwer,
empfanden unsre Eltern schon
den Kerl als tolle Sensation.

>   Man schlug um ihn herum ein Zelt
>   und zeigte ihn der ganzen Welt.
> SPRECHER *ohne Musik*:
>   Wenn heute so ein Mensch erschiene,
>   verzöge niemand eine Miene.
> SCHMIDT *wieder mit Musik*:
>   Es ändert sich der Zeiten Lauf.
>   Man regt sich heute schwerer auf.
>   Ich kenn auch den, der sich seit glatt
>   fünf Jahren nicht gewaschen hat.
>   Die Frauen rennen diesem Schwein
>   zu Hunderten die Bude ein.
>   Man hat dem Ferkel kurzerhand
>   den Doktortitel zuerkannt.
> SPRECHER *ohne Musik*:
>   Bloß fleißig sein, können die meisten.
>   Man muß schon was Besonderes leisten!
> SCHMIDT *wieder mit Musik*:
>   Es ändert sich der Zeiten Lauf.
>   Man regt sich heute schwerer auf.
>   Ich kenn auch den, der Tag und Nacht
>   seit 1918 lacht.
>   Ich ging zu ihm. Da schrieb er mir,
>   laut lachend auf ein Stück Papier:
>   »Wenn ich mal nicht mehr lachen kann,
>   sehe ich mir bloß die Menschen an.«
> ALLE *ohne Musik*:
>   Da kann man wirklich gar nichts machen.
>   Da hat Schmidt recht, da muß man lachen!
> SCHMIDT *wieder mit Musik*:
>   Es ändert sich der Zeiten Lauf.
>   Wann fing das an? Wann hört es auf?

Musik aus.

SPRECHER: So lebt ihr zwischen Sensation und Sorgen.
    So lebt ihr, aufgescheucht vom Lärm der Stadt.

FRAUENSTIMME: Jawohl, so leben wir! Und was wird morgen?
MÄNNERSTIMME: Wohl dem, sag ich, der seine Ordnung hat.
SPRECHER: Der Reiche denkt und spricht von Geld und Brief.
FRAUENSTIMME: Der Arme spricht von Streiks und vom Tarif.
SPRECHER: So lebt ihr zwischen Mauern und Rekorden.
 So lebt ihr, aufgescheucht vom Lärm der Stadt.
FRAUENSTIMME: So leben wir. Was ist aus uns geworden?
MÄNNERSTIMME: Wohl dem, sag ich, der seine Ordnung hat.
SCHMIDT *empört*: Was Sie da Ordnung nennen, kenn ich
 schon!
SPRECHER: Warum denn gleich so aufgeregt, Herr Schmidt?
SCHMIDT: Schon gut! Die Existenz als Grammophon!
 Wenn einer kurbelt, dreht sich alles mit.
FRAUENSTIMME: Herr Schmidt, Sie sollten diesen Mann nicht
 kränken.
SCHMIDT: Er will ja nur, daß ihn die andern lenken.
 Er pfeift vergnügt auf seine Menschenrechte
 und schenkt sich weg an anonyme Mächte!
FRAUENSTIMME: Sie meinen, es wär' besser, wenn er dächte?
SCHMIDT: Es ist nicht leicht, den Menschen zu beglücken.
 Er will getreten sein. Er will sich bücken.
 Wer ihn erlösen will, der ärgert ihn.
 Der Mensch ist faul und nennt das Disziplin.

Musik.

Nr. 4 Das Lied von der Rumpfbeuge

Männerchor. Gesprochen.

SCHMIDT: Rumpf vorwärts beugt: es will dich einer treten!
 Und wenn du dich nicht bückst, trifft er den Bauch.
 Du sollst nicht fragen, was die andern täten!
 Im übrigen: die andern tun es auch.
 So brück dich, Mensch! Er tritt dich nicht zum Spaße!
 Er wird dafür bezahlt, es ist ihm ernst.

Noch tiefer! Auf die Knie mit deiner Nase!
Im Grunde wünschst du selber, daß du's lernst!
STIMME AUS DEM HINTERGRUND *aufschreiartig*:
Das muß so sein?
SCHMIDT: Das muß so sein und ist der Sinn der Erde.
Der eine tritt – wie die Erfahrung lehrt –,
damit ein anderer getreten werde.
Das ist Gesetz und gilt auch umgekehrt.
Zunächst bist du noch etwas steif im Rücken.
Sei guten Muts! Es ist nicht deine Schuld.
Gib acht, wie prächtig sich die andern bücken.
Das ist nur eine Frage der Geduld.
Du sollst für Laut- und Leisetreter beten:
»Gib Himmel, jedem Stiefel seinen Knecht!
Beliefre uns mit Not, denn Not lehrt treten!«
Wer nicht getreten wird, kommt nie zurecht.
STIMME AUS DEM HINTERGRUND *aufschreiartig*:
Das muß so sein?
SCHMIDT: Das muß so sein und ist der Sinn der Erde.
Der eine tritt – wie die Erfahrung lehrt –,
damit ein anderer getreten werde.
Das ist Gesetz. Und gilt auch umgekehrt.

Rumpf vorwärts beugt! Der Rücken ist geduldig.
Lest nach, was seit Jahrhunderten geschah.
Rumpf vorwärts beugt! Der Körperbau ist schuldig.
Die Wirbelsäule ist zum Bücken da!

Die Städte gleichen Käfigen mit Gittern.
Die Menschen sperren sich freiwillig ein.
Ein jeder Mensch will vor dem andern zittern.
Das ist in Ordnung. Und das muß so sein.
STIMME AUS DEM HINTERGRUND *aufschreiartig*:
Das muß so sein?
SCHMIDT: Das muß so sein. Und ist der Sinn der Städte.
Der eine klammert sich am andern fest.
So wird aus Millionen eine Kette,
aus der sich auch nicht einer lösen läßt. *Musik hört auf.*

FRAUENSTIMME: So soll das Leben sein? Das glauben Sie?
SCHMIDT: Ja, finden Sie denn, daß es anders sei?
FRAUENSTIMME: Ich denke schon.
SCHMIDT: Dann sagen Sie doch, wie!
FRAUENSTIMME: Das ist eben die Schwierigkeit dabei.
   Der tut, als ob es überall so wäre.
SCHMIDT: Was hat euch denn im letzten Lied gefehlt?
1. MÄNNERSTIMME: Das ganz Persönliche.
2. FRAUENSTIMME: Das Familiäre.
SPRECHER: Sie wollen was aus der privaten Sphäre?
1. FRAUENSTIMME: Ganz recht.
2. FRAUENSTIMME: Die Politik liegt uns zu fern.
SPRECHER: Dann singt doch mal was andres.
2. MÄNNERSTIMME: Aber gern.
SCHMIDT: Na und?
1. MÄNNERSTIMME: Das Lied von dem möblierten Herrn!

Nr. 5 Die möblierte Moral

Männerchor.

Mancher Mann darf, wie er möchte, schlafen.
Und er möchte selbstverständlich gern.
Andre Menschen will der Himmel strafen.
Und er macht sie zu möblierten Herrn.

Er verschickt sie zu verkniffnen Damen.
In Logis. Und manchmal in Pension.
Blöde Bilder wollen aus den Rahmen.
Und die Möbel sagen keinen Ton.

Selbst das Handtuch möchte sauber bleiben.
Dreimal husten kostet eine Mark.
Manche dieser Schachteln zu beschreiben,
ist kein noch so starkes Wort zu stark.

Das Klavier, die Köpfe und die Stühle
sind aus Überzeugung stets verstaubt.
Und die Nutzanwendung der Gefühle
ist uns Aftermietern nicht erlaubt.

Und wir nicken nur noch wie die Puppen.
Denn der Mund ist nach und nach vereist.
Untermieter sind Besatzungstruppen
in dem Reiche, das Familie heißt.

Die möblierten Herrn aus allen Ländern
stehen fremd und stumm in ihrem Zimmer.
Nur die Ehe kann den Zustand ändern.
Doch die Ehe ist ja noch viel schlimmer!

Musik aus.

1. FRAUENSTIMME: Das alte Lied.
2. FRAUENSTIMME: Das sagen Männer immer.
SCHMIDT: Wenn ich die beiden Fräuleins recht verstehe,
so schwärmen sie nach Kräften für die Ehe.
1. MÄNNERSTIMME: Seit wann ist denn die Ehe wieder Mode?
1. FRAUENSTIMME: Sie ist ja doch die bessere Methode.
2. FRAUENSTIMME: Es schwärmt sich nicht sehr gut an
Schreibmaschinen.
2. MÄNNERSTIMME: Ihr liebt das Geld, das wir für euch
verdienen!
SPRECHER: Die Formulierung klingt etwas gehässig.
1. MÄNNERSTIMME: Warum auch nicht?
2. MÄNNERSTIMME: Das andere ist Essig.
1. FRAUENSTIMME: Ein kleines Heim …
2. FRAUENSTIMME: Und einen Mann …
1. FRAUENSTIMME: Und Kinder …
1. MÄNNERSTIMME: Kein Geld.
2. MÄNNERSTIMME: Kein Licht.
1. MÄNNERSTIMME: Kein Fleisch.

2. MÄNNERSTIMME: Kein neues Kleid.
SCHMIDT: Kurz, die bekannte Hinterhäuslichkeit!
1. FRAUENSTIMME: Sie reden von der Sache wie ein Blinder.
SPRECHER: Zur Ordnung! Und wenn möglich, keinen
Streit.
SCHMIDT: Die Welt ist schlecht. Das wäre noch erträglich.
Man ist ja jung. Man hat mitunter Mut.
Doch leider sind die Menschen *auch* nicht gut.
Und was dabei herauskommt, ist recht kläglich.
So ist das Leben.
2. FRAUENSTIMME: Wie denn?
SCHMIDT: Wochentäglich!
1. FRAUENSTIMME: Wir wollen Mann und Kinder. Immer
wieder!
SCHMIDT: Ja, und der Mann singt dann die Wiegenlieder.

Nr. 6 Das Wiegenlied väterlicherseits

Männerchor.

SCHMIDT *singt*: Schlaf ein, mein Kind! Schlaf ein, mein Kind!
Man hält uns für Verwandte.
Doch ob wir es auch wirklich sind?
Ich weiß es nicht. Schlaf ein, mein Kind.
Mama ist bei der Tante ...

Schlaf ein, mein Kind! Schlaf ein, mein Kind!
Man kann nichts Klügres machen.
Ich bin so groß. Du bist so klein.
Wer schlafen kann, darf glücklich sein.
Wer schlafen darf, kann lachen.

Nachts liegt man neben einer Frau,
die sagt: Laß mich in Ruhe!
Sie liebt mich nicht. Sie ist so schlau.

Sie hext mir meine Haare grau.
Wer weiß, was ich noch tue ...

Schlaf ein, mein Kind! Schlaf ein, mein Kind!
Du hast nichts zu versäumen.
Man träumt vielleicht, man wär ein Graf.
Man träumt vielleicht, die Frau wär brav.
Es ist so schön, zu träumen ...

Hörst du, wie die Autos jagen?
Irgendwo geschieht ein Mord.
Alles will dir etwas sagen.
Aber du verstehst kein Wort.

Sieben große und zwölf kleine
Sorgen stehen um dein Bett.
Und sie stehen sich die Beine
bis zum Morgen ins Parkett.

Wenn man schläft, kann nichts passieren.
Auf der Straße, vor dem Haus,
gehn den Bäumen, die dort frieren,
nach und nach die Haare aus.

Der hat es gut, den man nicht weckt.
Wer tot ist, schläft am längsten.
Wer weiß, wo deine Mutter steckt!
Sei ruhig. Hab ich dich erschreckt?
Ich wollte dich nicht ängsten.

Vergiß den Mond. Schlaf ein, mein Kind!
Und laß die Sterne scheinen.
Vergiß auch mich. Vergiß den Wind.
Nun gute Nacht! Schlaf ein, mein Kind!
Und bitte, laß das Weinen ...

ALLE *summen das Wiegenliedthema nachdenklich vor sich hin.*

DANN: Wind. *Fenster schlagen. Straßenbahnen läuten. Telefone klingeln. Ein Aufschrei* »Irgendwo passiert ein Mord«. *Jazzband. Hupen. Schreibmaschinen. Großstadtlärm, sich steigernd. Bricht abrupt ab.*

Oder Nicks Montage.

SCHLUSS DES ERSTEN SATZES.

ZWEITER SATZ

AKUSTISCHER AUFTAKT: *Kuhglocken; Abendläuten; Harmonium mit »Nun ruhen alle Wälder...«; dilettantisches Klavierspiel: »Der fröhliche Landmann...«; Männerquartett (sentimental geknödelt): »Wer hat dich du schöner Wald...«, alles nur andeuten! usw. Abendglocken schwingen langsam aus. Sentimentale Klangmontage. Oder Nicks Partitur.*
SPRECHER: Man kann in Städten zwischen Millionen
noch einsamer als in den Wäldern wohnen.
Man kann verzweifelt gegen Wände schrein.
Die Stadt ist groß. Man ist erst recht allein.
FRAUENSTIMME: Ja, haben denn die Städte einen Sinn,
wenn ich trotz ihnen ganz alleine bin?
SPRECHER: Die Städte dienen andren Interessen.
Man darf sie nicht an seiner Sehnsucht messen.
Nicht viele sammeln Freude und Besitz.
Die andern ...
MÄNNERSTIMME: Weiß ich schon, das sind die Schmidts!
FRAUENSTIMME: Ja, wenn man öfter in den Wäldern wäre.
MÄNNERSTIMME: Der Weg ist weit.
SCHMIDT: Das Fahrgeld ist das Schwere.

Nr. 7 Die Elegie in Sachen Wald

Musik, Schmidt und Frauenstimme.

SCHMIDT: Die Jahreszeiten wandern durch die Wälder.
Man sieht es nicht. Man liest es nur im Blatt.
Die Jahreszeiten wandern durch die Felder.
Man zählt die Stunden. Und man zählt die Gelder.
FRAUENSTIMME: Man sehnt sich fort aus dem Geschrei der
                                                      Stadt.
REFRAIN SCHMIDT: Der Blumentopf am Fenster ist dir näher.
Nimm ein Vergrößerungsglas! Dann wird's ein Wald!

Was soll man andres tun als Europäer?
Die Stadt ist groß, und klein ist dein Gehalt.

Das Dächermeer schlägt ziegelrote Wellen.
Die Luft ist dick und wie aus grauem Tuch.
Man träumt von Äckern und von Pferdeställen.
Man träumt von Teichen, Bächen und Forellen.
FRAUENSTIMME: Man möchte in die Stille zu Besuch.
REFRAIN SCHMIDT: Der Blumentopf am Fenster ist dir näher.
Nimm ein Vergrößerungsglas! Dann wird's ein Wald!
Was soll man weiter tun als Europäer?
Die Stadt ist groß, und klein ist das Gehalt.

Musik aus.

Da wären wir mitten im Weh und Ach.
SPRECHER: Schlägt das nicht mehr ins weibliche Fach?
FRAUENSTIMME: Sie wollen uns wohl beleidigen,
wie mir scheint?
SPRECHER: Sie brauchen sich nicht zu verteidigen.
So war's nicht gemeint.
Sich sehnen können, wie man das nennt,
ist kein Malheur, sondern ein Talent.
CHANSONETTE: So ist das gemeint, Sie kluger Mann?
Dann also lassense mich mal ran!
SPRECHER: Bravo, mein Fräulein!
CHANSONETTE: Schon gut, mein Schatz!
SCHMIDT: Die Stimme kenn ich …
MÄNNERSTIMME: Die ist hier am Platz.
Ich hörte sie mal im Kabarett.
Schon lange her. Gegen Freibillett.
SPRECHER: Es gibt nicht viele von dieser Sorte.
Drum, ehe sie losgeht, noch ein paar Worte.

Nr. 8 Entree für eine Chansonette

Musik. Rezitativ für den Sprecher. Frauenchor.

SPRECHER: Sie ist nicht sehr schön. Doch es kommt nicht
drauf an.
Ohne Schönheit geht's auch.
Sie ist eine Frau, und sie steht ihren Mann.
Und sie hat Musik im Bauch.

Sie kennt das Leben in jeder Fasson.
Sie kennt es per Du und per Sie.
Ihre Lieder passen in keinen Salon,
(höchstens die Melodie).

Sie singt, was sie weiß. Und sie weiß, was sie singt.
Man merkt das sofort am Gesang.
Und manches, was sie zum Vortrag bringt,
behält man jahrelang.

Sie pfeift auf das mühelos hohe C.
Und ihr Ton ist nicht immer rund.
Das Herz tut ihr manchmal beim Singen weh,
denn sie singt nicht nur mit dem Mund.

Sie kennt den Kakao, durch den man sie zieht,
genau so gut wie wir.
Und sie weiß zu dem Thema so manches Lied.
Und ein paar davon singt sie hier.

Musik aus.

CHANSONETTE: Ich singe euch heute was Neues vor:
Ein Liebeslied mit Damenchor.
Das Liebeslied, das sing ich allein.
Da würdet ihr andern im Wege sein.
Doch manchmal, da klappern die Schreibmaschinen!

Dann kommt der Refrain. Den sing ich mit Ihnen.
Wir pendeln zwischen Liebe und Büro.
Das eine sing ich. Das andre klingt so:

Schreibmaschinen klappern rhythmisch.

CHANSONETTE *singt zur Refrainmusik*:
Wir hämmern auf die Schreibmaschinen.
Das ist genau, als spielten wir Klavier.
Wer Geld besitzt, braucht keines zu verdienen.
Wir haben keins. Drum hämmern wir.

Musik und Gesang aus.

So ähnlich. Machen Sie, bitte, mit!
Denn auch auf uns paßt der Name Schmidt.

Nr. 9 Das Liebeslied mit Damenchor

Musik. Chansonette. Schreibmaschinen. Frauenstimmen. Frauenchor.

CHANSONETTE: Du darfst mir das, was war, nicht übelnehmen.
Ich sag es dir, obwohl du mich nicht fragst.
Sieh mich dabei nicht an. Ich will mich schämen.
Und tun, als ob die Toten wiederkämen.
Ich glaube nicht, daß du mich dann noch magst.
REFRAIN: *Schreibmaschinen.*
FRAUENCHOR: Wir hämmern auf die Schreibmaschinen.
Das ist genau, als spielten wir Klavier.
Wer Geld besitzt, braucht keines zu verdienen.
Wir haben keins, drum hämmern wir.
CHANSONETTE: Ich will nicht sagen, daß ich mir verzeihe.
Denn darauf kommt es im Moment nicht an.
Ich wartete und kam nicht an die Reihe.

Wer keinen Mann hat, hat auf einmal zwei.
Doch fünf von diesen wären noch kein Mann.
REFRAIN: *Schreibmaschinen.*
FRAUENCHOR: Wir hämmern auf die Schreibmaschinen.
Das ist genau, als spielten wir Klavier.
Wer Geld besitzt, braucht keines zu verdienen.
Wir haben keins, drum hämmern wir.
CHANSONETTE: Man fühlt, man könnte einem was bedeuten.
Es ist nur traurig, daß es ihn nicht gibt.
Und dann umarmt man sich mit fremden Leuten.
Und wird zu einer von den vielen Bräuten,
die sich nur lieben läßt und selbst nicht liebt.
REFRAIN: *Schreibmaschinen.*
FRAUENSTIMME: Wir hämmern auf die Schreibmaschinen.
Das ist genau, als spielten wir Klavier.
Wer Geld besitzt, braucht keines zu verdienen.
Wir haben keins, drum hämmern wir.
CHANSONETTE: Die Zeit vergeht. Geduld ist keine Ware.
Man sucht nicht mehr. Man findet ab und zu.
Man sieht vom Fenster aus die Jagd der Jahre.
Man wartet nicht mehr auf das Wunderbare.
Und plötzlich kommt es doch! Denn nun kommst Du.
REFRAIN: *Schreibmaschinen.*
FRAUENSTIMME: Wir hämmern auf die Schreibmaschinen.
Das ist genau, als spielten wir Klavier.
Wer Geld besitzt, braucht keines zu verdienen.
Wir haben keins, drum hämmern wir.
CHANSONETTE: Was war, das bleibt. Wie soll ich mich erneuen?
Mir wird ein Schmerz mit Nadeln zugenäht.
Was war, das bleibt. Man kann es nur bereuen.
Nun bist du da. Nun sollte ich mich freuen.
Ich bin nicht froh. Ist es denn schon zu spät?
REFRAIN: *Schreibmaschinen.*
CHANSONETTE: Und wenn wir Kinder sehn, die lustig spielen
und Bälle fangen mit Geschrei.
Und weinen, wenn sie auf die Nase fielen.
Dann sind wir traurig. Doch das geht vorbei.

FRAUENSTIMMEN: Wir hämmern auf die Schreibmaschinen.
Das ist genau, als spielten wir Klavier.
Wer Geld besitzt, braucht keines zu verdienen.
Wir haben keins, drum hämmern wir.

Musik aus.

FRAUENSTIMME: Die Großstadt hat uns alle in den Zähnen.
Man wagt kaum noch, sich nach etwas zu sehnen.
Die Sehnsucht lebt, obwohl sie sich versteckt.
SCHMIDT: Es ist nicht nötig, daß man sie entdeckt.
FRAUENSTIMME: Ach, laßt uns noch ein wenig davon sprechen!
SCHMIDT: Ihr werdet euch dabei die Herzen brechen.
FRAUENSTIMME: Er lacht uns aus.
SCHMIDT: Sie denken, daß ich was dagegen hab?
Wie wär's mit Rasenbank und Elterngrab?
Nur immerzu, ich habe starke Nerven.
Auch Särge sind nur eine Art Konserven.
FRAUENSTIMME: Sie tun ja äußerst unerschütterlich.
CHANSONETTE: Das nächste Lied wird ziemlich mütterlich.

Nr. 10 Der Gesang vom verlorenen Sohn

Musik. Chansonette.

CHANSONETTE: Mein Sohn schreibt mir so gut wie gar nicht
mehr.
Das heißt, zu Ostern hat er mir geschrieben.
Er denke gern an mich zurück, schrieb er,
und würde mich wie stets von Herzen lieben.

Das letzte Mal, als wir uns beide sahn,
das war genau vor zweidreiviertel Jahren.
Ich stehe manchmal an der Eisenbahn,
wenn Züge nach Berlin, dort wohnt er, fahren.

Und einmal kaufte ich mir ein Billett
und wäre beinah nach Berlin gekommen.
Doch dann begab ich mich zum Schalterbrett.
Dort hat man das Billett zurückgenommen.

REFRAIN: *Zugpfiffe, Klänge des Wiegenliedes aus Satz I, Zugrattern bricht ab.*

CHANSONETTE: Ich hab von ihm noch ein paar Kinderschuhe.
Nun ist er groß und läßt mich so allein.
Ich sitze still und habe keine Ruhe.
Am besten wär's, die Kinder blieben klein.

Seit einem Jahr, da hat er eine Braut.
Das Bild von ihr will er schon lange schicken.
Ob er mich kommen läßt, wenn man sie traut?
Ich würde ihnen gern ein Kissen sticken.

Man weiß nur nicht, ob ihr so was gefällt.
Ob sie ihn wohl, wie er's verdiente, liebt?
Mir ist manchmal so einzeln auf der Welt.
Ob es auch zärtlichere Söhne gibt?

Wie war das schön, als wir zusammen waren!
Im gleichen Haus ... Und in der gleichen Stadt.
Nachts lieg ich wach. Und hör die Züge fahren.
Ob er noch immer seinen Husten hat?

REFRAIN: *Zugpfiffe. Klänge des Wiegenliedes aus Satz I, Zugrattern bricht ab.*

CHANSONETTE: Ich hab von ihm noch ein Paar Kinderschuhe.
Nun ist er groß und läßt mich so allein.
Ich sitze still und habe keine Ruhe.
Am besten wär's, die Kinder blieben klein.

Musik aus.

SPRECHER: Die Schwermut wächst und kriecht aus allen
                                            Ritzen.
FRAUENSTIMME: Sogar die Städte ändern nichts daran.
SCHMIDT: Die Mutter weint. Die Mädchen bleiben sitzen.
CHANSONETTE: Nun gut. Und was tut währenddem der Mann?
SCHMIDT: Er schwitzt als Arbeiter und Angestellter.
FRAUENSTIMME: Was tut er noch?
SCHMIDT: Er wird allmählich älter.
FRAUENSTIMME: Und in dem Stündchen, das ihm bleibt, Herr
                                        Schmidt?
SCHMIDT: Du lieber Gott, da kann er lange warten!
FRAUENSTIMME: Und wenn nun doch der seltne Fall eintritt?
SCHMIDT: Da spart er Geld für einen Schrebergarten.
FRAUENSTIMME: Und wenn er dann den Schrebergarten hat?
SCHMIDT: Dann pflanzt er Rosen und verflucht die Stadt.
    Und ringsherum sieht er Fabriken liegen.
    Und wenn er hochblickt, sieht er Flieger fliegen.
FRAUENSTIMME: Und wenn er dann die Augen wieder senkt?…
SCHMIDT: … geschieht's, daß er an seine Jugend denkt.
MÄNNERSTIMME: Man müßte wieder sechzehn Jahre sein!
FRAUENSTIMME: Da war man jung, und das ist lange her.
SPRECHER: Ist das kein Stoff? Fällt Ihnen da nichts ein?
SCHMIDT: Ich mache mir das Herz nicht gerne schwer.
MÄNNERSTIMME: Man müßte wieder sechzehn Jahre sein!
SCHMIDT: Solang man klein ist, sind die Sorgen klein.
SPRECHER: Kurzum
    Man müßte wieder sechzehn Jahre sein!

Musik.

Nr. 11 Der Song »Man müßte wieder …«

SCHMIDT: Man müßte wieder durch den Stadtpark laufen.
    Mit einem Mädchen, das nach Hause muß.
    Und küssen will, und Angst hat vor dem Kuß.

Man müßte ihr und sich vor Ladenschluß
für zwei Mark fünfzig ein paar Ringe kaufen.

1. MÄNNERSTIMME: Man müßte wieder nachts am Fenster
                                                         stehn
und auf die Stimme der Passanten hören,
wenn sie den leisen Schlaf der Straßen stören.
Man müßte sich, wenn einer lügt, empören
und ihm fünf Tage aus dem Wege gehn.
2. MÄNNERSTIMME: Man müßte wieder seltne Blumen pressen
und auf dem Schulweg in die Tore schrein.
SCHMIDT: Man müßte wieder sechzehn Jahre sein
und alles, was seitdem geschah, vergessen.
Man würde seiner Mutter schmeicheln,
weil man zum Jahrmarkt ein paar Groschen braucht.
Man sähe dann den Mann, der lange taucht,
und einen Affen, der Zigarren raucht.
Und ließe sich von Riesendamen streicheln.
1. MÄNNERSTIMME: Man ließe sich von einer Frau ver-
                                                     führen
und dächte stets: Das ist Herrn Nußbaums Braut!
Man spürte ihre Hände auf der Haut.
Das Herz im Leibe schlüge hart und laut.
Als schlügen nachts im Elternhaus die Türen.
2. MÄNNERSTIMME: Man würde wieder roten Pudding essen
und schliefe abends ohne Sorgen ein.
SCHMIDT: Man müßte wieder sechzehn Jahre sein.
Und alles, was seitdem geschah, vergessen.

Musik aus.

FRAUENSTIMME: Man würde sein! Man möchte und man
                                                    müßte!
Wir aber sind nicht mehr so jung, Herr Schmidt!
SPRECHER: Sie denken wohl, wenn er was Beßres wüßte,
sänge er solche Lieder mit?

DANN: *Sentimentale Hörmontage wie zu Beginn des II. Satzes, unterbrochen von und vermischt mit dem Großstadtlärm des I. Satzes. Trüber Ausklang. Schluß.*

Gong.

SCHLUSS DES ZWEITEN SATZES.

DRITTER SATZ

GERÄUSCH-MONTAGE: *Die einzelnen Abteilungen sind kurz, enden abrupt und setzen schlagartig ein. Es folgen einander:*

1. Motive des Auftakts von Satz I Großstadtlärm.
2. Motive des Auftakts von Satz II Sentimentalitäten.
3. Motive des Auftakts von Satz I Großstadtlärm usw.
4. Motive der Abteilung 3 im Hintergrund, darauf aufgesetzt, kurz, gehetzt, Telefongesprächsstücke. *»Ist dort Unfallstelle? Hier ... Straße 49. Familie Kunze hat sich mit Gas vergiftet. Kommen Sie sofort ...« Feuerwehrsignale! Zeitungsrufer: »Selbstmord!« Rufe: »Dort! Es sprang einer von der Brücke! Wo ist ein Boot?« usw.*
5. Alles erstickt in den Großstadtmotiven, die stark anschwellen. 1-5 nimmt mehr Zeit in Anspruch als die Auftakte zu den anderen Sätzen.

Siehe Nick: Partitur.

SPRECHER: Der eine wird vor Schwermut gelber,
 der andere schießt Löcher in sich selber.
MÄNNERSTIMME: Ich möchte einen Schrebergarten haben,
 mit einer Laube und nicht allzu klein.
 Es ist so schön, Radieschen auszugraben.
SCHMIDT *singt*: Behüt dich Gott, es hat nicht sollen sein.
SPRECHER: So viele sagen, Tag für Tag, »Zum Wohle!«
 Und greifen dann ein bißchen zur Pistole.
 Und wer, weil er nervös ist, sich nicht trifft,
 kauft in der Apotheke Rattengift.
 Auch Gas und Wasser sind dafür beliebt.
SCHMIDT: Es ist nur gut, daß es genügend gibt.
FRAUENSTIMME: Ist das ein Leben, wenn man täglich liest,
 daß sich der Mensch zu Dutzenden erschießt?
MÄNNERSTIMME: Man hungert, liebt und lebt und frißt
 und kann sich nicht erklären,
 wozu der Rummel nötig ist.

FRAUENSTIMME: Ja, wenn wir glücklich wären!
  Doch ehe man die Handvoll Glück erwirbt,
  liegt man zum letztenmal auf der Matratze.
MÄNNERSTIMME: Man wird geboren und man stirbt,
  und was dazwischen ist, ist für die Katze.
SPRECHER: Ihr redet so, als ob ein jeder dächte,
  sich schleunigst umzubringen sei das Rechte.
SCHMIDT: Ihr sprecht davon, wie man vom Frühstück spricht.
  Ihr sprecht davon. Nun warum tut ihr's nicht?
FRAUENSTIMME: Das klingt, Herr Schmidt, als ob Sie darum
                                              bäten.
MÄNNERSTIMME: Er würde sich noch freuen, wenn wir's täten!
SPRECHER: Ist das tatsächlich Ihre Meinung, Schmidt?
SCHMIDT: Genug! Da mache ich nicht länger mit!
  Da werde ich mal wieder singen müssen.
  Und zwar: Das Lied mit den Pistolenschüssen.

Nr. 12 Das Lied mit den Pistolenschüssen

Musik. Schmidt.

SCHMIDT: Diesen Rat will ich dir geben:
  Wenn du mit Revolvern spielst
  und dann nach dir selber zielst,
  kannst du was von mir erleben!
  Weißt wohl wieder mal geläufig,
  was die Professoren lehren?
  Daß die Guten selten wären
  und die Schweinehunde häufig?
REFRAIN: Schieß in die Luft, anstatt zu weinen!

Revolverschuß.

  Schieß in den Himmel!

Revolverschuß.
               Da triffst du keinen.

Zwei Revolverschüsse.

SCHMIDT: Ist die Walze wieder dran,
    daß es Arme gibt und Reiche?
    Mensch, ich böte deiner Leiche
    noch im Sarge Prügel an!
    Laß doch deine Neuigkeiten!
    Laß doch diesen alten Mist!
    Daß die Welt zum Schießen ist,
    wird kein Konfirmand bestreiten.
REFRAIN: Schieß in die Luft, anstatt zu weinen!

Revolverschuß.

    Schieß in den Himmel!

Revolverschuß.

                Da triffst du keinen.

Zwei Revolverschüsse.

SCHMIDT: War dein Plan nicht: irgendwie
    alle Menschen gut zu machen?
    Morgen wirst du drüber lachen.
    Aber, bessern kann man sie!
    Ja, die Bösen und Beschränkten
    sind die meisten und die Stärkern.
    Aber spiel nicht den Gekränkten!
    Bleib am Leben, sie zu ärgern!
REFRAIN: Jage die Kugeln durch den Lauf!
    Aber ziel nach dem Himmel hinauf!

Sechs Revolverschüsse.

Musik aus.

SPRECHER: Ganz gut und schön. Doch was wird hinterher?
    Vorläufig ist nur der Revolver leer.
    Der Himmel ist ein ziemlich leichtes Ziel,
    und ihn zu treffen, ist noch nicht sehr viel.

FRAUENSTIMME: So einfach schien er's nicht zu meinen.
Er sagte ja: man träfe keinen!
MÄNNERSTIMME: Nun schön, sein Rat ist nicht direkt verkehrt.
Doch das ist alles. Sonst ist er nichts wert.
Von Nichterschießen wird man auch nicht heiter.
SCHMIDT: Da weiß ich keinen Rat. Das tut mir leid.
Denn ausgerechnet das fehlt unsrer Zeit.
MÄNNERSTIMME: Was fehlt ihr, meinen Sie?
SCHMIDT: Die Heiterkeit.
FRAUENSTIMME: Es gibt doch Lärm genug und Tanz und Spiel!
SCHMIDT: Das ist doch nichts als Trauer in Zivil.
Das ist ja nur Verzweiflung mit Musik.
Und der Vergnügungspark wird zur Fabrik.
Wir sind, um froh zu sein, zu wenig klug.
MÄNNERSTIMME: Wir sind zu dumm?
SCHMIDT: Und doch nicht dumm genug.
Wer heute lebt, hat weiter nichts als Pflichten.
Und er erfülle sie. Das sage ich!
Wer heute leben muß, der muß verzichten.
Wer heute lebt, der hoffe nichts für sich.
MÄNNERSTIMME: Wir sollen immerfort im Kreise traben?
FRAUENSTIMME: Wozu denn nur? Es ändert sich doch nie!
SCHMIDT: Wir müssen's tun.
MÄNNERSTIMME: Wozu?
SCHMIDT: Damit es die,
die nach uns kommen, etwas besser haben!
FRAUENSTIMME: Sie sagten doch, es würde niemals gut.
Weshalb denn dann die Mühe, Herr Professor?
SCHMIDT: Gut wird es nie.
MÄNNERSTIMME: Na also?
SCHMIDT: Aber besser!
Wenn jedermann das Seine dazu tut.
MÄNNERSTIMME: Na, dazu sag ich weiter nichts als Prost!
SPRECHER: Die andern finden, Schmidt, das sei kein Trost.
Daß es den Kindern besser gehen soll,
das stimmt sie auch nicht weiter hoffnungsvoll.
Es ist gewiß ein schöner Lebenszweck,

doch liegt er, sozusagen, zu weit weg.
Die Güte ist nicht allzu sehr verbreitet.
SCHMIDT: Ich wüßte niemanden, der das bestreitet.
SPRECHER: Sie würden gern ein bißchen leichter leben.
Sollte es wirklich gar kein Mittel geben?
SCHMIDT: Ich kenne eins.
FRAUENSTIMME: So reden Sie!
SCHMIDT: Man kann sich schon erleichtern.
FRAUENSTIMME: Aber wie?
SCHMIDT: Durch Ironie.
MÄNNERSTIMME: Durch Ironie? ...

Musik.

Nr. 13 Hymnus an die Zeitgenossen

Musik. Schmidt. Gemischter Chor.

SCHMIDT: Es ist nicht leicht, sie ohne Haß zu schildern.
Am besten geht's mit etwas Spott und Hohn.
Sie haben Köpfe wie auf Abziehbildern
und, wo das Herz sein müßte, Telefon.
Sie wissen aus dem Kopf, daß Kreise rund sind
und Invalidenbeine nur aus Holz.
Sie können Englisch. Und aus diesem Grund sind
sie Tag und Nacht – auch sonntags – auf sich stolz.
REFRAIN: Ja, wenn die Welt vielleicht quadratisch wär!
Und alle Dummen fielen ins Klosett!
Dann gäb es keine Menschen mehr.
Dann wär das Leben nett.
SCHMIDT: Sie haben Witz und können ihn nicht halten.
Sie wissen vieles, was sie nicht verstehn.
Man muß sie sehen, wenn sie Haare spalten!
Es ist, um an den Wänden hochzugehn.
In ihren Händen wird aus allem Ware.
In ihrer Seele brennt elektrisch Licht.

Sie messen auch das Unberechenbare.
Was sich nicht zählen läßt, das gibt es nicht!
REFRAIN: Ja, wenn die Welt quadratisch wär!
Und alle Dummen fielen ins Klosett!
Dann gäb es keine Menschen mehr.
Dann wär das Leben nett.
Wie dann die Amseln und die Veilchen lachten!
Die Welt bleibt rund. Und du bleibst ein Idiot.
Es lohnt sich nicht, die Menschen zu verachten!
Nimm einen Strick und schieß dich damit tot!

Musik aus.

FRAUENSTIMME: Ich gebe zu, daß mir das Lied gefiel.
Denn auch durch so etwas wird Kummer kleiner.
Es schoß mir nur ...
SCHMIDT: Ein wenig übers Ziel?
Es war zu herzhaft? Nun es geht auch feiner.
SPRECHER: Wer singt uns was, wie sie es gerne hätte?
SCHMIDT: Die andre Frau! Die Sängerin der Städte!
MÄNNERSTIMME: Die Chansonette ...
CHANSONETTE: Nun, wenn ihr wollt, es gibt auch solche
                                            Lieder.
Ich singe sie ganz gerne, hin und wieder.
Das Thema wurde heute schon erwähnt:
Vom Menschen, der sich aus den Städten sehnt.
Er möchte Bäume sehn und blaue Ferne.
Doch er sieht nichts als seine Mietskaserne.
Nun gibt es aber außer ihm auch Reiche,
und deren Sehnsucht ist genau die gleiche.
Nur mit dem Unterschied: Wer Gelder hat,
der will nicht nur, der kann auch aus der Stadt!
Er fährt zum Beispiel in die Berge, wo
fortwährend Schnee liegt, und das wirkt dann so:

Nr. 14 Das Chanson für Hochwohlgeborene

Musik, tangoartig, Chansonette. Statt des Refrains: textliche und melodische Repetition der 1. Zeile in den 4. Zeilen jeder Strophe.

CHANSONETTE: Sie sitzen in den Grandhotels.
   Ringsum sind Eis und Schnee.
   Ringsum sind Berg und Wald und Feld.

   Sie sitzen in den Grandhotels
   und trinken immer Tee.

   Sie haben ihren Smoking an.
   Im Walde klirrt der Frost.
   Ein kleines Reh hüpft durch den Tann.

   Sie haben ihren Smoking an
   und lauern auf die Post.

   Sie schwärmen sehr für die Natur
   und heben den Verkehr.
   Sie schwärmen sehr für die Natur
   und kennen die Umgebung nur
   von Ansichtskarten her.

   Sie sitzen in den Grandhotels
   und sprechen stets vom Sport.
   Und manchmal treten sie im Pelz
   sogar vors Tor des Grandhotels –
   und fahren wieder fort.

Musik aus.

MÄNNERSTIMME: Mitunter hilft das wohl. Doch immer? Nein!
FRAUENSTIMME: Und außerdem ... Darf ich vielleicht was
                                                fragen?
MÄNNERSTIMME: Man kann nicht immerzu ironisch sein.
FRAUENSTIMME: Ja, ja! Ganz recht! Das wollt ich grade sagen!
   Denn in der Zwischenzeit, was tut man dann?

CHANSONETTE: Nun, da verzweifelt jeder, wie er kann.
SCHMIDT: Die Zeiten sind anscheinend nicht beliebt.
Wo jeder Trost will und wo's keinen gibt.
MÄNNER- *und* FRAUENSTIMMEN: Was tut man, wenn man
einmal froh sein will?
SCHMIDT: Man beißt die Zähne zusammen!
CHOR: Und?
SCHMIDT: Und ist still!
FRAUENSTIMME: Wir sollen tun, als ob uns gar nichts quält?
MÄNNERSTIMME: Du lieber Gott, das hat uns noch gefehlt!
SCHMIDT: Ihr dürft mir meine Worte nicht verdrehen.
Wer nicht verstehen will, wird nicht verstehen.
Ich meine nur, wozu hofft man auf Gnade?
Dazu ist jeder Augenblick zu schade.
Nein, hat die Welt euch wieder am Genick,
mit Stadt und Steuer, Stube und Fabrik,
dann pfeift euch eins und denkt dabei: Nun grade!
FRAUENSTIMME: Nun grade? Und das bessert das Geschick?
SCHMIDT: Das Leben ist kein Kuchen.
MÄNNERSTIMME: Oh, wir wissen!
SCHMIDT: Ich weiß es auch. Doch hat das Sträuben Zweck?
Da hilft nur eines: Feste reingebissen!
Trotzdem! Nun grade!
FRAUENSTIMME: So kommt man vom Fleck?
SCHMIDT: Vom Fleck? Nicht immer. Aber drüberweg!
Es schmeckt nicht gut und nicht nach Schokolade.
Beißt trotzdem rein und denkt dabei:
CHOR: Nun grade!
SCHMIDT: So ändert sich das Leben nicht, indes:
Ihr ändert euch und ändert, dadurch, es!
Hockt nicht gekränkt wie Tiger hinter Stäben!
Die Boxer haben einen Satz geprägt,
sehr brauchbar, wenn man Schläge kriegt und schlägt.
FRAUENSTIMME: Er heißt!
SCHMIDT: »Seid hart im Nehmen und im Geben!«
MÄNNERSTIMME: Was kann man damit machen?
SCHMIDT: Man kann leben!

Nr. 15 Der Appell an den Trotz

Musik. Schmidt. Später Chor.

SCHMIDT: Jeder, dem der Lebenslauf mißlang
– und das ist der Lauf der Lebensläufe –,
glaubt an nichts als an den Untergang
und bestellt im voraus Kranz und Schleife.
Alles, was er plante, blieben Pläne.
Jahr um Jahr marschierte er am Ort.
Ach, sein Ehrgeiz hatte falsche Zähne,
und am liebsten spülte er sich fort.
CHOR: Aber –
Wenn er nun nicht wie die einen weinte:
»Ach wie schade!«
Sondern –
Wenn er, statt wie sie zu weinen, meinte:
»Nun grade!«
SCHMIDT: Aber er geht nachts gekränkt spazieren.
Und in tausend Fenstern sieht er Licht.
Die dahinter werden auch verlieren!
Doch ein Trost für ihn ist das noch nicht.
Er erkennt, weil er im Dunkel steht,
seine Trauer als die allgemeine.
Zwecklos ist, daß sich der Globus dreht.
Irgend jemand hat ihn an der Leine!
CHOR: Aber –
Wenn er nun nicht durch die Städte liefe,
ohne Gnade,
sondern –
Wenn er endlich, sich zu retten, riefe:
»Nun grade!«
SCHMIDT: Aber nein, sie spielen ohne Gage!
Und ihr Drama ist kein gutes Stück.
Auch nicht einer hat genug Courage.
Jeder träumt vom offiziellen Glück.
Er verzweifelt in bescheidnen Grenzen.

Und er sieht noch zu, wie er verdirbt.
Er ist eine von den Existenzen,
die schon lange starb, bevor sie stirbt.
CHOR: Ihr da!
Unser Globus ist zwar nicht aus hochprozentiger
Schokolade!
Aber –
Ruft's im Chor mit mir, da klingt's lebendiger:
Nun grade!

Musik aus.

FRAUENSTIMME: Ja, wenn einer solche Lieder vorsingt,
und wenn man den Schluß dann laut im Chor singt,
reißt dergleichen selbstverständlich mit.
Und man denkt: Ich mach es so wie Schmidt.
Doch wenn morgen früh der Wecker klirrt,
ist es fraglich, ob daraus was wird.
MÄNNERSTIMME: Und dann regnet es. Und dann geht's los:
Laufschritt, Stadtbahn, Stechuhr und Büros …
FRAUENSTIMME: Stets die Arbeit und ihr Einerlei.
MÄNNERSTIMME: Und am Abend ist der Tag vorbei.
SCHMIDT: Oh, ich kenne eure Herzbeschwerden!
Jeder will so bleiben, wie er ist.
Alle überlassen sie das Besserwerden
den Parteien und Herrn Jesus Christ.
So geht's nicht! So ist der Fall erledigt.
MÄNNERSTIMME: Donnerschlag, das ist ja eine Predigt!
SCHMIDT: Wird euch wohl nichts schaden, Hochverehrte.
FRAUENSTIMME: Wird's denn besser, wenn ich besser werde?
SCHMIDT: Eure Fragen drehen sich im Kreise.
Selbst das Schicksal fragt ihr nach dem Preise.
So geht's nicht.
MÄNNERSTIMME *verbittert*: Es geht auf keine Weise!

Musik leitet das letzte Chanson ein.

Nr. 16 Das Trompetenstoßgebet

Musik. Alle Beteiligten à la Finale.

MÄNNERCHOR: Wir sind ein trübes Kapitel.
　Uns bringt kein Gott vom Fleck.
FRAUENCHOR: Es fehlen uns alle Mittel.
MÄNNERCHOR: Es fehlt uns jeder Zweck.
FRAUENCHOR: Wir leben bloß, um zu verdienen.
　Die Welt wird zugeschüttet mit Asphalt.
MÄNNERCHOR: Wohin wir spucken, stehn Maschinen.
　Und nachts, da träumen wir von ihnen.
CHOR: Wer Glück hat, wird dabei nicht allzu alt.

Musik setzt aus.

SPRECHER *ruft*: Hat das denn alles Sinn, genau genommen?

Musik setzt wieder ein. Trompetensignal.

SCHMIDT: Denkt an die, die nach euch kommen.
FRAUENCHOR: Wir sind die billigste Klasse.
　Und in der Überzahl.
MÄNNERCHOR: Wir sind die große Masse.
FRAUENCHOR: Wir haben keine Wahl.
MÄNNERCHOR: Wir leben nur für fremde Zwecke.
　Die Sonne scheint, als täte sie's zum Spott.
FRAUENCHOR: Wir laufen eine kurze Strecke.
　Der Tod steht an der nächsten Ecke.
CHOR: Wir haben nichts und machen doch Bankrott.

Musik aus.

SPRECHER *ruft*: Hat das denn alles Sinn, genau genommen?

Musik setzt ein. Trompetensignal.

SCHMIDT: Denkt an die, die nach euch kommen!

MÄNNERCHOR: Wir essen und trinken Sorgen
und tragen Sorgen als Kleid.
FRAUENCHOR: Was haben wir denn morgen?
MÄNNERCHOR: Wie immer – keine Zeit!
FRAUENCHOR: Wir schuften müde im Betriebe.
Die Städte wachsen. Und wir sind verzagt.
MÄNNERCHOR: Der Mut ist fort, und auch die Liebe.
Es ist, als ob es stets so bliebe.
CHOR: Wo führt das hin? Wir werden nicht gefragt.

Musik aus.

SPRECHER *ruft*:
Hat so ein Leben Sinn, genau genommen?
CHOR *aufgeteilt*:
Kurt Schmidt, gib Antwort! Rede! Wie?

Musik setzt wieder ein. Trompetensignal.

SCHMIDT: Denkt an die, die später kommen!
GROSSSTADTLÄRM: *Nick-Montage. Wie zu Anfang. Musik behauptet sich zunächst, geht dann unter. Trompetensignal. Immenses Anschwellen des vielfältigen Lärms. Seufzer und Weinen zuweilen verschwommen im Radau vernehmbar. Im lautesten Moment reißt die Musik ab.*

Ganz kurze Pause.

Trompetensignal.

Ganz kurze Pause.

SCHMIDT *leise*: Denkt an sie!

Kurze Pause, dreimaliges Gongzeichen.

SCHLUSS DER SUITE.

MÜNCHHAUSEN

Ein Drehbuch

DIE PERSONEN

Baron Münchhausen
Sein Vater
Baronin Münchhausen
Sophie von Riedesel
Freiherr von Hartenfeld
Christian Kuchenreutter
Rieke, seine Frau
Louise La Tour
Herzog Karl von Braunschweig
Prinz Anton Ulrich, sein Bruder
Vorhangzieher Methfessel
Graf Cagliostro
Katharina II.
Fürst von Ligne
Fürst Grigorij Orlow
Fürst Potemkin
Graf Lanskoi
Der Läufer
Sultan Abdul Hamid
Selim, ein Eunuch
Yusuff Pascha
Prinzessin Isabella d'Este
Rosalba Carriera
Giacomo Casanova
Der Doge
François Blanchard
Francesco d'Este
Ein Mondbewohner
Seine Frau

Ferner:

Johann, ein Diener; Ein Husarenoffizier; Kuchenreutters Kinder; Leibjäger Rösemeyer; Förster Strombeck; Ein Kurier; Zwei Stadtsoldaten; Zwei Zwerge; Kapellmeister Graun; Ein Theaterdirektor; Ein kurländischer Wirt; Cagliostros Leibjäger; Pugatschew; Der Gesandte de Ségur; Graf Kobenzl; Sir Fitz Herbert; Fürstin Daschkin; Fürstin Stroganow; Katharinas Kammerfrau Marfa; Kanzler Panin; Großwesir Achmed Ali; Der Gesandte Gatti; Osman, der oberste Henker; Janitscharen; Eunuchen; Haremsfrauen; Ein Staatsinquisitor; usw.

Die Stationen:

Bodenwerder
Braunschweig
Kurland
Petersburg
Bodenwerder
Die Krim
Konstantinopel
Venedig
Der Mond
Bodenwerder

Der Vorspann

AUFBLENDEN!
Man sieht ein in einen kostbaren geschnörkelten Rahmen gefaßtes Wandgemälde.
Das Bild zeigt den Baron Münchhausen als einen hohen Offizier aus dem Rokokozeitalter:
Der Kragen und die Rockaufschläge sind reich bestickt.
Schräg über den Rock und die prächtige Weste läuft ein breites Ordensband.
Die linke Brustseite ist mit Orden gepanzert.
An einem weißen Hüftgürtel aus Lack hängt der Stoßdegen.
Und auf dem bezopften Kopf sitzt, unternehmend schief, der mit silbernen Borten eingefaßte Dreispitz.
Das Porträt des legendären Barons entspricht unseren Erwartungen:
Aus den hellen Augen sprüht unbändige Lebenslust.
Der kräftige Mund verzieht sich zu mutwilligem Spott.
Die Hände ruhen wachsam am Degengriff und mahnen dringend zu äußerster Vorsicht.

Man hört ein Menuett im Stil des späten 18. Jahrhunderts; stilecht auch in der Instrumentation. Dem Menuett-Thema fällt die Aufgabe zu, als eines der Leitmotive – nennen wir es das Leitmotiv »Rokoko« – in Variationen immer wieder aufzutauchen –

Das Menuett

Die ersten Schrifttitel legen sich über das Bild.	
Als die erste Textserie zu Ende und wieder nur das Gemälde zu sehen ist, begibt sich erstaunlicherweise das Folgende: Münchhausen zwinkert! Und der Spott zuckt ihm flüchtig um die Mundwinkel! Dann erstarrt das Porträt wieder so schnell, daß man glauben könnte, Münchhausen habe überhaupt keine Miene verzogen.	*Das Menuett klingt vorübergehend ab*

Währenddem ertönt kurz und charakteristisch das zweite Thema, das wir das Leitmotiv »Münchhausen« nennen wollen. Es unterscheidet sich vom Menuett auch durch moderne Instrumentierung |
| Und nun folgen die nächsten Vorspanntexte. | *Das Menuett verdrängt das Münchhausen-Thema* |
| Die nächste Textpause tritt ein, – und das Porträt zwinkert erneut! Das Bild erstarrt wieder. Es ist kein Zweifel mehr möglich! Das Porträt besitzt die Fähigkeit zu blinzeln und mit den Mundwinkeln zu zucken! Aus dem Menschen wurde wieder – sein Abbild. Aus Sein wurde wieder Schein. Und der Vorspann fährt im Text fort. | *Das Menuett Prompt meldet sich das Leitmotiv »Münchhausen«*

Das Menuett gewinnt wieder die Oberhand

Das Menuett |

WICHTIGE ZWISCHENBEMERKUNG

Es ist notwendig, daß der Gesamtumfang des Vorspanntextes auf das mindeste beschränkt wird, und daß auch Textpausen – und damit das Lebendigwerden des Porträts – nur selten vorkommen. Sonst könnte leicht der geplante Effekt durch Übertreibung zerstört werden.

In der vorletzten Textpause tut der Baron ein Übriges: er zwinkert nicht nur, sondern er lockert sogar kurz den Degen, stößt ihn aber sofort wieder in die Scheide zurück!	*Das Menuett wird vom Münchhausen-Motiv abgelöst* *Das Münchhausen-Thema* *Der Degen klirrt*
Der letzte Vorspanntitel legt sich über das Bild.	*Das Menuett verdrängt das Gegenthema*
Als der Text zu Ende ist, wartet man vergeblich, daß sich Münchhausen regt.	*Das Menuett wird diesmal weder unterbrochen, noch abgeschwächt*
Diesmal bleibt er – Bild!	

Bodenwerder

Ein Saal im Zopfstil

Zwei gegenüberliegende Wände sind mit Seide bespannt. Die anderen beiden Wände sind mit Kassettenspiegeln »tapeziert« und haben Türen aus Spiegelglas. Das Parkett ist mit Intarsien ausgelegt. Beleuchtung: Kron- und Wandleuchter aus Porzellan. Möbel: An der einen Wand ein von Beauvais-Sesseln und -Hockern flankiertes Sofa: darüber das Gemälde aus dem Vorspann. Unter dem Bild, von einem chinesischen Wandschirm verdeckt, ein Kamin.
Nahe dem Bild ein Fenster in Richtung Park. An der Gegenwand die Haupttür. Anderswo Fenster in Richtung Schloßrampe.

1.
Münchhausens Porträt in
der gleichen Einstellung wie
im Vorspann.

DIE KAMERA FÄHRT ZURÜCK
Das Bild hängt zwischen
Kerzenleuchtern. Die Ker-   *Das Menuett*
zen sind schon ziemlich
heruntergebrannt.

DIE KAMERA SENKT SICH
Unter dem Bild sitzt, auf
einem Rokokosofa, eine
wunderschöne alte Dame.
Ihr Gesicht spiegelt Heiter-
keit und Herzensgüte wider.
Es ist die
Baronin Münchhausen.   *Das Menuett*

DIE KAMERA FÄHRT
WEITER ZURÜCK
Die Baronin sitzt, genau
unter dem Gemälde, zwischen anderen Damen in
schwerseidenen Rokokokleidern. Haaraufbauten mit
Federn und Agraffen.
Schimmernder Schmuck. *Das Menuett*
Hinter den sitzenden
Damen stehen Herren in
Uniformen und Brokatröcken, mit Zopf und kleiner Perücke. Nicht weit
hinter der Baronin steht ein
als Türke gekleideter *Mohr*.
Er verzieht keine Miene.
Die Herrschaften blicken
lächelnd auf die vorläufig
noch unsichtbaren Tänzer
und Tänzerinnen.

DIE KAMERA SCHWENKT
EIN WENIG
Sie erfaßt einen jungen sympathischen Mann im Diplo- *Das Menuett*
matenrock. Er blickt in die
gleiche Richtung, wippt,
dem Takt folgend, auf den
Zehenspitzen und strahlt
über sein ganzes gutartiges
Gesicht.

DIE KAMERA FÄHRT
NAHE HERAN
Freiherr von Hartenfeld, so *Das Menuett*
heißt der junge Mann, lacht

– leise und stillvergnügt – in sich hinein.
Dann nickt er, verlegen, stolz, jemandem außerhalb des Bildes zu.

Leises Lachen Hartenfelds

2.
IN EINER GEGEN-
EINSTELLUNG
Blick in den Saal, wo einige Paare mit Hingebung und Akkuratesse ein Menuett tanzen.
Im Hintergrund, vor einem der hohen geöffneten Fenster, spielt, in dunklen Röcken und weißen Jabots, die Kapelle.
Die Tänzer verbeugen sich eben, und ihre Damen sinken höfisch knicksend in sich zusammen.

Das Menuett

DIE KAMERA FÄHRT
SCHNELL NÄHER
Sie betrachtet jetzt nur das vorderste und mittelste Paar.
Die sehr junge, strahlend hübsche Tänzerin taucht, verzaubert lächelnd, aus ihrem tiefen Knicks empor.
Ihr Tänzer kehrt galant aus seiner Verbeugung zurück:
Es ist das Original des Wandgemäldes!
Es ist der *Baron Münchhausen*!

Das Menuett

Das Leitmotiv »Münchhausen« drängt sich in das Menuett

Sogar in der gleichen Uniform wie auf dem Porträt!
Sophie von Riedesel, so heißt das junge Mädchen, schaut den Baron, während sie ihm die Hand zur nächsten Tanzfigur reicht, aus ihren großen Augen versonnen an.
Man muß ahnen: Das Gefühl der Liebe ist ihr völlig neu. Sie spürt die ganze Süßigkeit dieser fremden Empfindung, doch zugleich auch die erste geheime Angst vor dem eignen Verwunschensein.
Münchhausen blickt ihr forschend in die Augen. Um seinen Mund spielt ein beinahe melancholisches Lächeln.

Moll-Effekte

Fräulein von Riedesel und er tanzen, vollendet abgezirkelt, die nächsten Schritte.

Das Menuett beherrscht die Lage

3.
Die Kapelle spielt, eifrig und doch zierlich, den Schluß des Tanzes.

Das Menuett geht zu Ende

Die Musiker setzen die Instrumente ab.
Die Musiker lächeln geschmeichelt und unisono.
Der Kapellmeister verbeugt sich dankend.

Die Musik schweigt
Gepflegter Applaus ertönt

Applaus, der langsam verebbt

4.
IN EINER GEGENEIN-
STELLUNG
Die Tanzpaare verlassen das
Parkett und mischen sich
unter die Zuschauer.
Über dem Treiben thront, an
der Wand, das Bild des
Barons.

Sprechen und Lachen

5.
Münchhausen geht, seine
Tänzerin am Arm führend,
auf Herrn von Hartenfeld
zu.
Hartenfeld strahlt Münch-
hausen an und sagt jungenhaft stolz:

*Man hört, wie in der Ferne
Streichinstrumente gestimmt
werden*

»Ich hatte gar keine Ahnung,
daß meine Braut so wundervoll tanzen kann!«

Sophie von Riedesel meint,
über sich selbst verwundert:

»Ich hab es selber nicht
gewußt!«

Hartenfeld bemerkt, gespielt
resigniert:

»Dann gibt's nur eine
Erklärung, Sophie – es lag an
deinem Tänzer!«

6.
Münchhausen faßt das junge
Mädchen bei den Schultern
und schiebt es, betont onkelhaft, dem Bräutigam zu.
Währenddem sagt er
lächelnd:

»Eifern Sie meinem leuch-
tenden Vorbild nach, Herr
von Hartenfeld!«

Er macht, in Richtung der

Kapelle, eine auffordernde
Geste.

7.
Der Kapellmeister verbeugt
sich zustimmend und hebt
die Geige zum Kinn.

8.
Das junge Paar macht ent-	*Die Kapelle intoniert eine*
täuschte Gesichter. Münch-	*Allemande*
hausen nickt den beiden zu
und sagt, gutartig ironisch:

»Tanzen, und nicht verzweifeln!«

Hartenfeld wirft hastig ein:	»Aber Herr Baron, Sie woll-
ten mir doch erzählen, was
in den …«

Münchhausen antwortet
freundlich, doch bestimmt:	»Später, mein Bester!«
Er geht aus dem Bild.
Paare, die tanzen wollen,
streben an dem Brautpaar
vorbei durchs Bild.
Sophie von Riedesel und
Friedrich von Hartenfeld
blicken fasziniert hinter
Münchhausen her.
Dann reicht Hartenfeld dem
Mädchen den Arm, und
— DIE KAMERA SCHWENKT —
beide begeben sich gehorsam
aufs Tanzparkett.

9.
Die Gruppe um die alte
bezaubernde Baronin auf
dem Sofa	*Die Allemande, sehr gedämpft*

Ein Husarenoffizier hinter ihr – mit dem hohen Fell-Tschako unter dem Arm – neigt sich vor und sagt zur Dame des Hauses:

»Sie sollten mittanzen, Frau Baronin!«

Sie lacht leise und meint:

»So bejahrte Geburtstagskinder sind vom Turnen dispensiert.«

Nachdenklich lächelnd fährt sie fort:

»Es ist aber hübsch, daß alte Leute einmal im Jahr wieder Kinder sein dürfen: Geburtstagskinder ...«

DIE KAMERA FÄHRT ZURÜCK
Die Gruppe lächelt verbindlich. Ein Paar will sich noch entfernen, um zu tanzen. Doch da Münchhausen eben in den Kreis tritt und sich neben die Baronin setzt, bleiben sie, als ließe ein Magnet sie nicht fort.
Der Mohr reicht dem Baron eine lange holländische Tonpfeife und gibt ihm mit einem glimmenden Schwamm Feuer.
Ein junges Mädchen bittet kichernd:

»Nun müssen Sie die Geschichte von dem sprechenden Pferd weitererzählen!«

Die übrigen stimmen lebhaft zu und rücken enger zusammen.

Allgemeine Zustimmung

DIE KAMERA FÄHRT
DESHALB NÄHER
Münchhausen raucht   *Gedämpfte Tanzmusik*
schmunzelnd seine Pfeife an.
Ein Herr im Diplomaten-
rock fällt amüsiert, doch
auch etwas ungeduldig ein: »Ihr Hengst sprach also
                               arabisch?«

Münchhausen nickt ener-
gisch und meint: »Nur arabisch! Notgedrun-
                               gen nahm ich Unterricht!
                               Bei einem Kaffeehausbesit-
                               zer in Marrakesch, der mei-
                               nes Wissens Abubekr hieß.«

DIE KAMERA FÄHRT
NOCH NÄHER
Er fährt seufzend fort: »Arabisch ist – so wahr ich
                               lüge! – die schwerste der
                               dreißig Sprachen, die ich be-
                               herrsche! Ich nahm mir
                               nicht einmal die Zeit, wäh-
                               renddem den Gaul zu
                               reiten, sondern überließ das
                               meinem Leibjäger, dem
                               braven Kuchenreutter, der
                               sich später als Erfinder der
                               Kuchenreutterschen Flinte
                               für immer einen Namen
                               gemacht hat.«

Er schaut sinnend in Richtung der Tanzpaare.
Die Baronin verfolgt ernst   *Tanzmusik jetzt lauter*
seinen Blick.

10.
Sophie und Hartenfeld beim   *Tanzmusik laut*
Tanz.

Er gibt sich ebenso große,
wie leider vergebliche Mühe,
ihr einen Tänzer von
Münchhausens Graden zu
ersetzen.
Sophie, die an Münchhausens Hand wie eine Elfe
schwebte, tanzt jetzt
schwunglos und brav wie
ein Hausmütterchen in spe.
Sie hält die Lider gesenkt, als
träume sie.

11.
Die heitere Spannung von
Münchhausens Zuhörern
hat den Höhepunkt erklommen.

Die Musik gedämpft

Das verkicherte junge
Mädchen ruft ungeduldig:
Der Baron lächelt amüsiert
und sagt achselzuckend:

»Und dann?«

»Mindestens zwei Stunden
redete ich in meinem besten
Arabisch auf den Hengst
ein, – vergeblich. Am Brunnen in der Oase Akar tat er
endlich das Maul auf und
erklärte: ›Da hab ich Sie ja
schön hereingelegt, Herr
Baron!‹ Und zwar sagte er
das auf *deutsch*!«

Münchhausen schlägt sich
mit der Hand auf den Schenkel und ruft:

Die Gruppe lacht.

»Der Gaul konnte deutsch
und hatte sich nur verstellt!«
Gelächter

12.
SCHWENKAUFNAHME
Einige der Zuhörer werden gezeigt und damit verschiedene Arten des Gesichtsausdrucks beim Zuhören.

Münchhausens Stimme, gespielt, ärgerlich:
»Als ich meinen Vorrat an Schimpfwörtern endlich erschöpft hatte, sagte der Gaul: ›Ich bin ein Vollbluthengst. Ich lasse mich nicht einmal von Ihnen beleidigen! Ab heute spreche ich überhaupt kein Wort mehr!‹«

13.
Münchhausen lehnt sich zurück, raucht und sagt dann:

Gedämpfte Musik

»Das Pferd hat sein Wort gehalten! Wie ein Ehrenmann! – Der Fürst von Ligne, ein guter Freund von mir, sagte, als er später das Tier in Wien sah, in seiner bekannten geistreichen Art: ›Pferde, die nicht sprechen *können*, gibt es genug. Aber ein Pferd, das nicht sprechen will, verdient in der Tat die Achtung unseres aufgeklärten Jahrhunderts.‹«

Die Zuhörer lachen.
Lachen
DIE KAMERA FÄHRT SEHR NAHE
Münchhausen reicht die Tonpfeife dem Mohren, legt seine Hand zärtlich auf der Baronin Schulter und flüstert:

»Solltest du mich brauchen – ich bin im Billardzimmer.«

Sie nickt. Dann erhebt er
sich und geht aus dem Bild.

14.
Sophie verfolgt mit forschen-   *Tanzmusik lauter*
den Augen Münchhausens
Weg und tanzt noch teil-
nahmsloser als vorher.
Hartenfeld ist so mit Tanz-
schritten beschäftigt, daß
er nichts merkt.
DIE KAMERA FÄHRT NÄHER
Hartenfeld plaudert lächelnd
und harmlos: »Ein bezaubernder Mann,
    der Baron!«
Sie tanzt schweigend.   *Tanzmusik*
Er fragt (entfernt besorgt,
sie teile womöglich seine
Bewunderung für Münch-
hausen nicht ganz):   »Ich dachte, er gefiele dir
    auch!«
Sie beißt sich auf die Lippen
und rauscht
DIE KAMERA SCHWENKT
an den Tanzenden vorbei
vom Parkett.
Hartenfeld eilt ihr erstaunt
und teilnahmsvoll nach.

15.
Er faßt ihren Arm und fragt   *Musik*
treuherzig: »Aber Sophie, was hast du
    denn?«

Sophie sagt zunächst hilflos
wie ein Kind: »Ich weiß auch nicht,
    Fritz ...«

Dann scheint sie sich über

sein vor Teilnahme fast komisches Aussehen zu ärgern und stößt leise hervor:

»Mach, bitte, kein so dummes Gesicht!«

16.
Hartenfeld runzelt die Stirn und äußert gemessen:

»Erlaube, Sophie, ich als dein Bräutigam ...«

Sie fällt ihm ins Wort:
»Nein, auch als Bräutigam darf man kein solches Gesicht machen! Höchstens als Ehemann!«

Dann läuft sie aus dem Bild. Hartenfeld blickt reichlich betroffen hinterdrein.
Als er sich umwendet, läuft er dem Husarenoffizier in die Arme.

Tanzmusik

Der Offizier sagt amüsiert:

»Wenn mich nicht alles täuscht, war das eben die erste Probe für eine häusliche Szene?«

Hartenfeld erwidert zaudernd:

»Das scheint mir auch so, Alvensleben, – leider habe ich nicht die leiseste Ahnung: warum!«

DIE KAMERA SCHWENKT
Der Offizier, offensichtlich ein Menschenkenner, antwortet überlegen:

»Man hat behauptet, die Frauen seien ein Rätsel. Das ist falsch. Das Rätsel sind die jungen Mädchen.«

Bodenwerder

Eine kleine Rokokohalle

Eine geschwungene Doppeltreppe mit Marmorgeländern. Auf deren Knäufen am unteren Ende je eine zierliche Göttin. Von dem Plafond herab hängt eine Glaslaterne mit metallenen bunten Blumengirlanden. An den schwarzen, mit Goldleisten abgesetzten Holztapeten: Polsterbänke, Leuchter, Porträts, ein ovaler Rahmenspiegel. Das Portal geschwungen; mit reichen Ziselierungen vergoldet.
Unter der Treppenwölbung, hinten, ein Sofa und Stühle. Rechts davon geht es zu einem Billardraum, der von der Halle aus nicht zu sehen ist.

17.

Blick von der Treppenbrüstung auf die Saaltür.	
Die Tür öffnet sich.	*Tanzmusik von drinnen*
Sophie von Riedesel tritt eilig heraus und schließt die Tür leise hinter sich.	*Musik vorübergehend lauter*
Sie steht eine Weile aufatmend still und drückt die Hand gegen das Herz.	*Musik wieder gedämpft*
Überm Arm hängt ihr eine Spitzenmantille.	
Sie blickt, als suche sie wen, aufmerksam nach links und rechts. Dann geht sie DIE KAMERA FÄHRT ZURÜCK zur Treppenbrüstung und beugt sich, suchend, darüber.	

18.
Blick über die Halle bis zur Treppenbrüstung, an der Sophie lehnt.
Sie geht bis zu den Treppenstufen.
Sie lauscht.

*Musik aus. Applaus. Beides von weit her. Dann Stille
Jetzt hört man das entfernte Geräusch karambolierender Billardkugeln*

Dann kommt sie, erst zögernd, schließlich immer schneller, die Treppe heruntergetrippelt.
Sie blickt in die Schallrichtung und geht behutsam auf die Wölbung unter der Treppe zu.

Wieder das Geklapper von Elfenbeinkugeln, diesmal lauter

DIE KAMERA FÄHRT NÄHER
Sie pirscht sich, auf Zehenspitzen, in den unter dem Treppengewölbe befindlichen Raum, bleibt dann stehen und blickt gebannt nach rechts.
DIE KAMERA FÄHRT NAHE
Sophies Gesicht ist jetzt wieder so verzaubert wie vorher, als sie mit Münchhausen tanzte.

Bodenwerder

Der Billardraum in der Halle

Dieser Raum, der außer einem Billard und entsprechendem Zubehör nichts Auffälliges enthält, schließt, ohne Tür, unmittelbar an das Zimmerchen unter dem Treppengewölbe der Schloßhalle an.

19.
Über Sophie von Riedesel auf Münchhausen, der am Billardtisch steht, das Mädchen nicht sieht und – darüber kann kein Zweifel herrschen – auf den roten Billardball einspricht.
Die eine weiße Kugel liegt von der roten weit entfernt; die andere ganz nah.

20.
Münchhausen sagt, während er mit dem Queue die Strecke von der roten zur weit entfernten weißen Kugel beschreibt:

»Du wirst jetzt da hinaufgeschickt und denkst dir in deinem kleinen Elfenbeingehirn: Dort sei dein Ziel. Irrtum, mein Bester! Du wirst nur hinaufgeschickt, damit du …«

Er zeigt mit dem Queue den Rückweg von der entfernten zur nahen weißen Kugel und fährt dabei fort:

»… nach diesem Umweg

DIE KAMERA FÄHRT
ZURÜCK
Münchhausen schickt sich zu spielen an und sagt ironisch:

Er stößt den roten Ball. Sophie tritt, vom Baron unbemerkt, zum Billard und verfolgt den Weg der Kugel voller Spannung.
Die rote berührt die ferne weiße Kugel, läuft zurück, der anderen weißen Kugel entgegen, und – verfehlt sie!
Sophie ruft bedauernd:
Münchhausen wendet sich überrascht zu ihr. Dann meint er amüsiert:

21.
Münchhausen bringt die Bälle wieder in die Ausgangsstellung, stößt erneut mit dem Queue zu und verfolgt den Lauf der roten Kugel mit heiterer Neugier. Sophies Spannung ist viel intensiver. Aufgeregt ruft sie, mit spitzer Stimme:
Münchhausen betrachtet

endlich die Kugel triffst, der du zu Anfang schon so nahe warst.«

»Soviel über den Sinn des Lebens. Und nun, – glückliche Reise!«

»Oh!«

»Einen Unterschied gibt es allerdings! Billardkugeln können, was mißlang, so oft wiederholen, bis es glückt!«

»Ich bin die rote Kugel!«

sie fragend von der Seite.
Währenddem erreicht die
rote die erste weiße Kugel,
läuft zurück und nähert sich
der zweiten.
Sophie kneift abergläubisch
die Daumen.
Die rote Kugel trifft diesmal
auch die zweite weiße!
Das junge Mädchen öffnet
die Fäuste, blickt den Baron
triumphierend an und ruft
glücklich erregt:

Die Kugeln treffen zusammen

Die Kugeln treffen einander

»Gewonnen!«

22.
Münchhausen fragt:
Sie ergreift die rote Kugel,
drückt sie ans Herz und
sagt:
Dann zeigt sie auf die zweite
weiße Kugel und fügt, leiser,
hinzu:
Münchhausen schaut sie
ernst an und meint:

»Um was ging es denn?«

»Um mich ...«

»... und um Sie!«

»Sie stehen da wie Eva mit dem Apfel.«

Er nimmt ihr die Kugel aus
der Hand und fährt, forciert
lustig, fort:

»Aber ich werde mich hüten, in Billardkugeln zu beißen.«

Er läßt die rote Kugel aufs
Billard fallen.
Dann faßt er Sophie an der
Hand und sagt bestimmt:
Sie reißt sich los und erklärt
heftig:
Ihre Augen blitzen empört.

Die Kugel schlägt dumpf auf

»Kommen Sie, mein Kind!«

»Ich bin kein Kind!«

Ohne Übergang wird der Blick sanft und hingebungsvoll.
Münchhausen nimmt jetzt galant ihren Arm und sagt höflich:

»Kommen Sie, mein Fräulein!«

Er führt sie
DIE KAMERA SCHWENKT
aus dem Billardraum fort, in Richtung der Schloßhalle.

Bodenwerder

Die Halle des Schlößchens

23.
Sophie und Münchhausen
kommen aus dem Gewölbe-
zimmer nach vorn.
Sie läßt sich willig von ihm
führen. Erst als sie merkt,
daß er der Treppe zusteuert,
bleibt sie bockig stehen und
stößt hervor:

DIE KAMERA FÄHRT NÄHER
Der Baron sagt, freundlich
mahnend und warnend:

Leise und ernst fragt sie
(als frage sie nicht ihn,
sondern das Schicksal):

Sie senkt den Kopf.
Er betrachtet sie gerührt,
dann erklärt er mit einem
Zynismus, der sie kurieren
soll:

Sie wirft den Kopf zurück
und fragt kalt, um ihn zu
reizen:

*Von oben Musik. Ein alter
Tanz*

»Ich will nicht in den Saal
zurück!«

»Es war eine Partie mit *drei*
Kugeln.«

»Ist es denn meine Schuld,
daß ich erst ihm und nun
Ihnen begegnet bin?«

»Ich habe mich bis heute nie
geweigert, Mädchen, die
glücklich werden wollten,
unglücklich zu machen.«

»Und seit heute sind Sie
dazu – zu feige?«
Von oben Musik

24.
Er stemmt die Arme in die
Seiten und murmelt: »Kleine Bestie!«
In ihren Augen glimmt Temperament auf.
Sie flüstert: »Ja! – Seit heute ...«
Und da springt sie ihn wie
ein kleines Raubtier an, wirft
die Arme um seinen Hals
und küßt ihn leidenschaftlich.

25.
Dann reißt sie sich los und
stürzt zum Portal. *Von oben Musik*
Er folgt ihr eilig.
Am Portal holt er sie ein.

26.
Er fragt, ernstlich besorgt: »Wo wollen Sie denn hin?«
Sie stößt vewirrt hervor: »Wohin? Fort! Nach Hause!«

Er fragt mahnend: »Und – Freiherr von Hartenfeld?«

Sie lacht nervös auf und *Auflachen*
öffnet die schwere Tür. *Musik*
Draußen ist Nacht.
Sie sagt: »Machen Sie Licht!«
Er geht
DIE KAMERA SCHWENKT
zur Wand rechts neben der
Tür und dreht
DIE KAMERA FÄHRT NAHE
an einem elektrischen Schalter! *Schaltergeräusch*

BODENWERDER

Bodenwerder

Die Fassade des Schlößchens

Eine Rokokofront, ähnlich etwa der des Rathauses in Ellingen: Doch das Freitreppchen geschwungen; die Türmchen koketter; mehr Skulptur-Medaillons; die Fenster in Schnörkelrahmen gefaßt (wie z. B. am Salzburger Rathaus).

27.
Sophie steht im offenen Portal.
Die Schloßfassade erstrahlt in elektrischem Licht!
Sophie rafft mit beiden Händen den langen schwerseidenen Rock hoch und geht auf die oberste Stufe der Freitreppe zu.
Münchhausen kommt ins Bild.

In dieser Einstellung wird die ferne Musik modern variiert! (Nicht aber in der Instrumentation!)

28.
Vom Portal aus gesehen:
Sie rennt, mit recht modernen Schritten, die Treppe hinunter und verliert dabei ihre Spitzenmantille.
Am Fuß der Rokokotreppe steht, als erster Wagen einer Wagenreihe, ein kleines elegantes Sportauto.
Sie schwingt sich hinein, daß der Rock sich aufbauscht.

Von oben die immer moderner werdende Variation der Tanzmusik

Sie startet und klopft mit
den Fäusten den widerspen-
stigen Rock zusammen.   *Startgeräusche*
Münchhausen ruft ihr,
bemüht konventionell, zu: »Auf Wiedersehen!«
Sie entgegnet trotzig und
bedeutungsvoll: »Bestimmt!«
Dann fährt sie davon.

29.
An einem der Saalfenster
steht die alte Baronin und
schaut dem Wagen nach.
Dann blickt sie zur Treppe
hinunter.   *Musik*

30.
Münchhausen hebt von den   *Musik*
Stufen die Mantille auf und
steigt zum Portal empor.
Im erleuchteten Türrahmen
erscheint der auf seinen
Herrn wartende Mohr.
Der Baron geht ins Schloß
zurück.
Der Portalflügel schließt
sich hinter ihm.
Das Licht wird ausge-
schaltet.   *Schaltergeräusche*

Bodenwerder

Eine kleine Rokokohalle

31.
FAHRAUFNAHME
Münchhausen kommt, vom Mohren gefolgt, nachdenklich auf die Hallentreppe zu.
DIE KAMERA STEHT
Er schlingt geistesabwesend Sophies Mantille um den Marmorkörper einer Göttin auf dem Treppenknauf. Plötzlich fragt er den Mohren:

Die modernisierte Musik endet
Man hört Da-capo-Beifall

»Johann, haben Sie schon einmal einen völlig erwachsenen Mann gesehen?«

Der Mohr, mit dem für ihn erstaunlichen Namen Johann, antwortet gemessen und in akzentfreiem Deutsch:

»Ich kann mich nicht erinnern, Herr Baron.«

Der Baron sagt achselzuckend:
Dann wischt er dem Mohren mit einer Hand über die Backe und betrachtet belustigt seine geschwärzten Finger.

»Ich auch nicht.«

Aus dem Saal klingt jetzt wieder Tanzmusik: diesmal ein Tango, der das Rokoko-Motiv variiert

32.
Münchhausen springt treppauf und wischt sich mit dem Taschentuch die Finger sauber.
Oben angelangt, zögert er

Tango-Musik

vor der Saaltür, geht aber
nicht hinein, sondern verschwindet nach links.

33.
Johann, der »Mohr«, hat
eine weiße Backe gekriegt! *Tango-Musik*
Er beginnt, beinahe genießerisch, die weibliche Statue
ihrer Mantille zu berauben.
Denn er ist ein ordnungs-
liebender Diener.

Bodenwerder

Ein Saal im Zopfstil

34.
Man tanzt, trotz den feier-   *Tango-Musik*
lichen Kostümen, mit wah-
rer Andacht einen argen-
tinischen Tango.

35.
DIE FAHRAUFNAHME ZEIGT
Das hinschmelzende Gesicht
einer Dame, welche die
Augen halb schließt.
Den Husarenoffizier, dessen
Partnerin (das verkicherte
Mädchen) über den Säbel
stolpert. Einen tempera-
mentvollen Herrn im Diplo-
matenrock und seine Tänzerin. Er preßt sie innig an
sich, daß ihr steifes Kleid
hinten hochklappt.

36.
Das kleine Orchester.   *Tango, noch lauter*
Der Kapellmeister wiegt sich
beim Geigen in den Knien
und hat auch sonst die
landläufigen Stehgeiger-
Unarten.

37.
Die Baronin und ein älteres   *Tango, leiser*
Ehepaar, das sich von ihr
verabschiedet.

Die Dame sagt süß: »Es war ein bezauberndes Fest, Frau Baronin.«

Der Herr meint trocken: »Fremde Geburtstage sind immer etwas Schönes!«

Dann nimmt er die Perücke ab, unter der ein forscher Scheitel sichtbar wird, und wedelt sich Kühlung zu. Hierbei erklärt er mit Wärme:

»Das Allerschönste für uns alle aber ist, daß auf Schloß Bodenwerder endlich wieder ein Münchhausen sitzt! Auf gute Nachbarschaft!«

38.
Er küßt ihr die Hand. Unter dem Wandgemälde des historischen Münchhausen stehen: Freiherr von Hartenfeld und zwei hübsche Damen. Die eine Dame hält ein Lorgnon vor die Augen und behauptet gerade:

Tango, leise

»Die Ähnlichkeit zwischen unserem Gastgeber und seinem Urahn ist geradezu verblüffend!«

Die andere Dame, die übrigens eine Zigarette raucht, antwortet burschikos:

»Trotzdem besteht ein gewaltiger Unterschied – der eine von ihnen ist tot!«

Die erste Dame lacht und meint ironisch:

Lachen
»Dann kommt ihr zwei euch wenigstens nicht ins Gehege. Hartenfeld schwärmt nach wie vor für den toten Münchhausen …«

Sie legt ihre Hand auf den Arm der Freundin und fährt fort:	
	»… und du ab heute für den lebendigen!«
Alle drei lachen.	*Lachen*
DIE KAMERA FÄHRT ZURÜCK	
Die alte Baronin kommt ins Bild.	
	Tango zu Ende
Hartenfeld bemerkt sie sogleich und fragt eifrig:	»Ach, gnädige Frau, wissen Sie, wo Ihr Gatte ist?«
Sie erwidert freundlich lächelnd:	»Ich suche ihn auch. Kommen Sie!«
Sie nimmt Hartenfelds Arm und geht, den Damen zunickend, mit ihm aus dem Bild.	

39.
Die zwei Damen blicken hinterdrein.
Die erste sagt kopfschüttelnd:

»Daß seine Braut genauso lange verschwunden ist, hat der gute Junge gar nicht gemerkt!«

Die zweite meint ironisch:

»Ich finde es immer wieder hinreißend, wie dumm gescheite Männer sein können!«

Die erste Dame entgegnet abschließend:

»Das männliche Gehirn ist schwerer als unseres. So etwas belastet!«

Bodenwerder

Ein Medaillonkabinett

Das Entscheidende dieser Dekoration: Wo an den Wänden Platz ist, hängen gerahmte Medaillons und Miniaturen von schönen Frauen, die der alte Münchhausen einst geliebt hat. Sonst noch: ein schöner, alter Schrank, ein Tischchen und ein paar Sessel. Ein Fenster, das auf den Schloß- und Gutshof führt.

40.
Johann gibt dem Baron, der sich eine Zigarre in den Mund steckt, Feuer und sagt dabei feierlich:

»Es ist sicher ein sehr schönes Gefühl, ins Schloß der Väter zurückgekehrt zu sein!«

Münchhausen brummt, während er an der Zigarre zieht:

»Mm, ein sehr, mm, schönes Gefühl.«

Dann geht er langsam DIE KAMERA FÄHRT MIT an den Medaillons und Miniaturen entlang und mustert sie nachdenklich.

41.
Johann hat offensichtlich etwas auf dem Herzen. Er fragt zögernd:

»Herr Baron ... mit allen diesen Damen hat Ihr Herr Vorfahre ...«

Er geniert sich, den Satz zu vollenden.

DIE KAMERA SCHWENKT
Münchhausen blickt, vorübergehend belustigt, in Johanns Richtung und erklärt nickend:
»Mein Herr Vorfahre hat!«
DIE KAMERA FÄHRT ZURÜCK
Johann nimmt Sophies Spitzenmantille von einem Stuhl, streicht glättend an ihr herab und sagt überzeugt:
»Ein sehr bequemes Leben kann das kaum gewesen sein.«

Der Baron lacht kurz auf. Dann meint er:
Lachen
»Er wollte ja gar nicht bequem leben!«

Johann zieht Stirnfalten, zuckt die Achseln und bemerkt ruhig:
»Meine Mutter pflegte zu sagen: ›Jeder Mensch ist anders albern!‹ Und was machen wir mit Fräulein von Riedesels Umschlagetuch?«

42.
Münchhausen wird wieder ernst und nachdenklich, geht zu Johann und nimmt ihm die Mantille ab.
In diesem Augenblick öffnet sich die Tür.
Hartenfeld führt die Baronin herein.
DIE KAMERA FÄHRT NÄHER
Hartenfeld blickt sich be-

geistert um und erklärt
ungefragt:

»Dieses Zimmer hab ich
besonders gern!«

43.
Die beiden betrachten ihn
überrascht, und die Baronin
fragt:

»Wie? Das Miniaturenkabi-
nett kennen Sie auch
schon?«

Hartenfeld nickt eifrig, reibt
sich vor Vergnügen die
Hände und berichtet stolz:
Er zeigt mit der Hand, wie
klein er damals war.

»Und ob! Schon als kleiner
Junge hab ich die Damen an
der Wand bewundert! Ich
kletterte dazu immer auf
einen Stuhl!«
Johanns Stimme: »Es dürfte
sich um diesen Stuhl …

DIE KAMERA SCHWENKT
Johann kippt einen Stuhl, so
daß man auf der lichten
Polsterseide deutlich die
Spuren von zwei einwärts
gekehrten Kinderschuhen
sieht.

…gehandelt haben.«

DIE KAMERA FÄHRT
ZURÜCK
Alle – außer Johann – lachen.
Hartenfeld schwärmt wei-
ter:

Lachen

»Der alte Münchhausen war
mein Kindheitstraum! Ich
wuchs eine halbe Wegstunde
von seinem Schloß auf! Und
der damalige Kastellan bekam jahrelang mein ganzes
Taschengeld!«

Er geht
DIE KAMERA SCHWENKT
zu einer der Zimmerwände
und berichtet währenddem:

»Später, da wurden meine
Münchhausen-Leidenschaft
und ich immer größer!«

44.
Er zeigt auf eine der Miniaturen, welche die La Tour
darstellt, und erläutert mit
einigem Stolz:

»Ich habe zum Beispiel in
den ›Blättern für Niederdeutsche Geschichte‹ schlüssig nachgewiesen ...«

DIE KAMERA FÄHRT
SEHR NAHE
Man sieht das Medaillon der
La Tour groß.

Hartenfelds Stimme: »... daß
es sich bei der charmanten
Dame hier um eine französische Sängerin mit Namen
Louise La Tour handelt.«

DIE KAMERA FÄHRT
ZURÜCK
Der Baron, der neben Hartenfeld tritt, zieht beeindruckt die Brauen hoch und
fragt:

»Wie haben Sie denn das
herausgebracht?«

Hartenfeld hebt dozierend
den Zeigefinger und erklärt:

»Als ich in Paris war, um
endgültig Beweise zu finden,
daß diese Dame ...

Er zeigt auf eine andere
Miniatur und fährt fort:

... die Marquise Odette de
Rambouillet sei ...«

Münchhausen zieht die Brauen noch höher und wirft ein:

»Es *ist* die Rambouillet!«

Hartenfeld nickt strahlend
und sagt:

»Freilich, freilich! – Also, da fiel mir im Kupferstichkabinett des Louvre ein Blatt in die Hände, auf dem ich ...«

Jetzt zeigt er wieder auf die La Tour und fügt hinzu:

»... meine gute alte Bekannte aus Bodenwerder wiedersah, nur daß im Louvre ihr werter Name drunterstand!«

45.
Münchhausen stützt die Arme in die Seiten und meint amüsiert:

»Jetzt fehlt nur noch, daß über den armen Münchhausen eine Doktorarbeit gemacht wird!«

Hartenfeld nimmt die Bemerkung bitter ernst, zuckt bedauernd die Achseln und antwortet:

»Unmöglich! Leider! Man weiß zu wenig über ihn. Für eine Doktorarbeit reicht er nicht!«

Die Baronin kommt ins Bild, schiebt ihre Hand unter Münchhausens Arm und sagt, komisch betrübt: Hartenfeld läßt sich nicht erschüttern. Er erklärt, brennend interessiert:

»Wie schmerzlich!«

»Sie deuteten vorhin an, Herr Baron, daß Sie ein Tagebuch Ihres Ahnherrn ...«

Der Baron ergänzt sachlich:

»besessen hätten!«

Hartenfeld nickt verzweifelt
und fragt bettelnd:

»Aber Sie können sich vielleicht noch an dies oder jenes daraus erinnern?«

46.
Münchhausen erwidert
scheinbar obenhin:

»An das meiste.«

Hartenfelds Gesicht
erstrahlt wie ein Weihnachtsbaum.
Er ruft:

»An das meiste?«

Der Baron fügt hinzu:

»Ich erzähle es Ihnen einmal.«

Hartenfeld ist vor Wonne
außer sich. Er fragt:

»Sofort?«

Der Baron schüttelt den
Kopf und antwortet:

»Nein. Ihre Braut ...«

Hartenfeld besinnt sich,
daß er verlobt ist. Er sagt
hastig:

»Natürlich! Sophie! Sie muß dabei sein!«

Münchhausen nickt nachdenklich. Hartenfeld rennt
aus dem Bild. Münchhausen fragt:

»Wo wollen Sie denn hin?«

DIE KAMERA FÄHRT
ZURÜCK
Hartenfeld bleibt stehen und
erklärt vergnügt:

»Sophie herholen!«

Die Baronin beobachtet
ihren Gatten sinnend.
Münchhausen sagt nachdrücklich:

»Fräulein von Riedesel ist bereits heimgefahren.«

Hartenfeld brummt verstimmt:

»Wie dumm! Gerade jetzt!«

Die Baronin ermahnt
lächelnd: »Sie sollten sich in Steding erkundigen, ob Ihre Braut gut nach Hause gekommen ist.«

Hartenfeld erwidert niedergeschlagen, doch gehorsam:
Er küßt ihr die Hand. Als er Münchhausen die Hand reicht, fragt er ängstlich:
Der Baron antwortet:

»Gewiß, Frau Baronin.«

»Und die Geschichte?«
»… erzähle ich Ihnen ein andermal.«

Hartenfeld fragt drängend:
Münchhausen schiebt ihn in Richtung der Tür und erklärt:

»Morgen?«

»Nächstens.«

47.
Johann öffnet die Tür.
Hartenfeld kommt hinzu, verbeugt sich und sagt selig:
Dann fragt er schüchtern:
Mit einem über die eigne Aufdringlichkeit erschrockenen Gesicht zieht er ab. Johann folgt ihm würdig und schließt hinter sich die Tür.

»Es war wunderbar!«
»Übermorgen?«

48.
Münchhausen sieht hinterdrein und meint kopfschüttelnd:

»Ein Münchhausen-Forscher!«

Die Baronin sagt sanft, aber bestimmt:

»Du solltest ihm die Geschichte nicht erzählen.«

BODENWERDER

Ihr Blick gleitet zu der Spitzenmantille über seinem Arm. Und sie fährt nachsichtig fort:

»Und ihr auch nicht.«

DIE KAMERA SCHWENKT
Der Baron bemerkt den Blick, nimmt die Mantille, wägt sie nachdenklich in der Hand, läßt sie auf eine Stuhllehne fallen und erklärt:

»Ich *werde* die Geschichte erzählen.«

ÜBERBLENDUNG

Bodenwerder

Ein Saal im Zopfstil

49.
Das Wandgemälde des alten Münchhausen. (Es ist Nachmittag.)

Leises Vogelgezwitscher. Ganz von ferne Münchhausens Stimme:
»... Man weiß von seinem Ritt auf der Kanonenkugel ...«

DIE KAMERA FÄHRT seitlich bis zu einem weit offenen Fenster,

Währenddem Münchhausens Stimme noch immer fern:
»... von dem Gaul, der am Kirchturm hing ...«

dann ins Fenster und blickt von oben in die folgende Dekoration.

Die Stimme, ein wenig näher:
»... von dem halbierten Pferd am Brunnen und so weiter ...«

Bodenwerder

Eine verspielte Parkszenerie

Eine Gruppe alter glattstämmiger Buchen. Davor ein Tisch mit bequemen Sesseln. Im Hintergrund eine große Steinvase und ein Freundschaftstempelchen in chinesischem Stil. Zu dem Tisch führen ein paar alte geborstene Stufen hinauf. Rechts reicht ein Wildgatter in die Dekoration.

49a.
Um den Tisch sitzen
modern gekleidet
DIE KAMERA FÄHRT NÄHER   *Vogelgezwitscher*
Münchhausen, seine Frau,
Sophie von Riedesel und
Freiherr von Hartenfeld.
Hinter dem Tisch steht,
weißgewaschen, der Diener
Johann.
Er schenkt Bowle ein.
Späte Nachmittagssonne.
Münchhausens Stimme
kommt, der Kamerafahrt
entsprechend, langsam
immer näher.
Er erzählt: »Einige wissen sogar, daß
                           der Mann wirklich gelebt
                           hat! Daß er in diesem Schloß
                           zur Welt kam! Daß er in
                           Wolfenbüttel Page und in
                           Braunschweig drüben Kor-
                           nett war! Daß er später als
                           Offizier in russischen Dien-
                           sten stand!«

DIE KAMERA STEHT
Münchhausen fährt fort: »Jeder weiß von ihm – und

niemand kennt ihn! Keiner kann auf die Frage antworten: Was war Münchhausen für ein Mensch?«

50.
Die Baronin sieht Münchhausen an, als bäte sie ihn stumm: zu schweigen.
Er legt beruhigend seine Hand auf die ihrige.
Sophie von Riedesel blickt, von Eifersucht bewegt, auf diese Hände.
Hartenfeld hängt an Münchhausens Lippen, nickt gewichtig und bemerkt:

»Sie wissen es?«

51.
Münchhausen antwortet langsam:

»Er war ein kopernikanischer Mensch.«
Leise musikalische Untermalung, unter Benutzung des Münchhausen-Motivs

Hartenfeld fragt verständnislos:

»Ein kopernikanischer Mensch?«

Münchhausen sagt versonnen:

»Wir lernen in der Schule, daß die schöne Erde, auf der wir das Glück haben, leben zu dürfen, eine Kugel ist. Wir lernen es und wissen es. Aber wir *fühlen* es nicht!«

SCHWENKAUFNAHME
Die alte Baronin senkt die Lider.

Münchhausens Stimme:
»Wir lernen weiter, auch in

Sophie blickt spöttisch auf Hartenfeld, der behutsam Block und Bleistift hervorzieht.

52.
Eine schöne Aufnahme mit Wolken und der Sonne, die ihre Strahlen wie einen Fächer ausgebreitet hat.

53.
Hartenfeld macht sich Notizen.

DIE KAMERA SCHWENKT
Münchhausen breitet die Arme aus und sagt mit verhaltener Leidenschaft:

der Schule, daß die Erde im All schwebt, daß sie sich um sich selber und um die Sonne dreht.«

Untermalung
Münchhausens Stimme, ferner gerückt: »Wir lernen es und wissen es. Wir wissen es? Nur der Verstand weiß es. Eure Herzen – die wissen davon nichts, nichts!«

Untermalung

»Nur wer es im Blut spürt, wenn er durch den Wald reitet oder mit einem Feind kämpft oder eine Frau umarmt oder eine Blume pflückt, – nur wer es tief im Blut fühlt, daß dies alles auf einem kleinen Stern unter Abermillionen anderer Sterne geschieht, – auf einer winzigen, ihre ewige Bahn kreisenden Kugel, auf der Karussellfahrt um eine der glühenden Sonnen, im Wandel der schönen Jahreszeiten und der schrecklichen Jahrhunderte, – nur wer das

Er macht eine Pause, senkt
schnell die Arme und meint
fast ruppig:

Er trinkt gewaltig.

54.
Sophie lächelt konventionell.
Hartenfeld ist fasziniert und
notiert etwas.
Münchhausen macht eine
wegwischende Handbewe-
gung, legt die Hand dann
sanft auf die Schulter der
Baronin und sagt, sich
räuspernd:

Er schaut hoch und lächelt.

55.
Auf einem Zweige sitzt ein
Finkenpärchen. Eine Meise
kommt ins Bild geflogen
und setzt sich daneben. Es
ist, als wollten sie zuhören.

56.
Hartenfeld stützt den Kopf
in die Hände, wie ein großer
Junge, der schmökert.
Münchhausen fährt fort:

immer fühlt, ist wahrhaftig
ein Mensch!«
Die Musik bricht ab

»Alle anderen sind aufrecht-
gehende Säugetiere. Prost!«

»So ein Mensch war Münch-
hausen!«

»Die Erde war ihm zu klein,
– wie konnte ihm Braun-
schweig groß genug sein?
Wie mit Peitschen trieb es ihn
immer wieder in die Ferne!«

57.
TRICK

Ein großer rotierender Globus wird eingeblendet.
Am oberen Rande des Erdballs reiten, klein, Münchhausen und Kuchenreutter.

Münchhausens Stimme:
»Immer wieder trabte er, mit seinem treuen Diener Kuchenreutter, den Globus entlang.«
Fernes Hufgetrappel, das langsam lauter wird
Münchhausens Stimme:
»Und manchmal kam er dann aus fremden Abenteuern und Erdteilen nach Bodenwerder, dem kleinen niedersächsischen Dorf, zurück …«

Der Globus rollt aus dem Bild.

Das Hufgetrappel geht ohne Unterbrechung in die nächste Szene über

Bodenwerder

Die Fassade des Schlößchens

58.
Münchhausen reitet verstaubt, aber strahlender Laune durch die zusammengelaufene Menge der rufenden und winkenden Bauern, Frauen und Kinder.	*Stärkeres Hufgetrappel*
Er grüßt nach allen Seiten mit dem Dreispitz.	*Jubel der Dorfbewohner*
Hinter ihm trabt, das schweißbedeckte Packpferd am Zügel, sein glücklich grinsender Leibjäger *Christian Kuchenreutter.*	
Kuchenreutter ist der typische Vertreter des seßhaften Bauern, der fatalerweise, aus Liebe zu seinem Herrn, Weltreisender wider Willen geworden ist.	

59.
Auf der Freitreppe steht, auf seinen Elfenbeinstock gestützt, *der alte Vater Münchhausen,* und versteckt mühsam seine Rührung hinter einem bärbeißigen Gesicht.	*Hufgetrappel, Jubel*
Einige Dienstboten halten sehnsüchtig Ausschau nach dem jungen Baron.	

60.
Münchhausen und Kuchen- *Hufgetrappel*
reutter reiten an der
Freitreppe vor.
Münchhausen springt vom
Pferd und wirft Kuchen-
reutter die Zügel zu.
DIE KAMERA SCHWENKT
Münchhausen läuft sporen- *Sporenklirren*
klirrend die Freitreppe hin-
auf.

61.
Vater und Sohn umarmen
sich.
Sie lösen sich aus der Umarmung und sind ob ihrer
Rührung anscheinend etwas
verlegen.
Der alte Baron sagt knurrig: »Du hättest mit deiner
 Heimkehr warten können,
 bis ich tot bin, statt mich
 so aufzuregen.«

Er hakt bei dem lächelnden
Münchhausen unter und
sagt streng: »So, nun komm!«
DIE KAMERA SCHWENKT
Sie gehen an der knicksen-
den und Kratzfüße machen-
den

62.
Dienerschaft vorbei ins
Schloß.
Kuchenreutter, der vor der
Freitreppe vom Pferd
geklettert ist und die Zügel

von allen drei Pferden über
den Arm gestreift hat, ist
der massiven Herzlichkeit
seiner Ehehälfte, der Schloß-
köchin *Rieke*, ausgeliefert,
die ihn umarmt, als wolle sie
ihn nie wieder loslassen.
Sechs Kinder, in jeder
Größe eins, schauen an-
dächtig zu.
DIE KAMERA FÄHRT
NÄHER
Kuchenreutter klopft Rieke
behaglich auf den Rücken
und sagt:

»Gott sei getrommelt und
gepfiffen – endlich mal wieder daheim!«

Sie mustert den Ehemann,
der wie das blühende Leben
aussieht, kritisch und meint
unzufrieden:

»Kuchenreutter, bist du aber
mager geworden!«

Kuchenreutter grinst.
Plötzlich blickt er an sich
herunter und fragt:

»Wer ist denn *das*?«

DIE KAMERA SENKT SICH
Einer seiner Reitstiefel
wird von einem etwa zwei-
jährigen Dreikäsehoch um-
klammert:

Riekes Stimme, stolz:
»Das ist Gotthold Leberecht
Kuchenreutter.«

DIE KAMERA FÄHRT
ZURÜCK
Der Vater nimmt den
Jungen auf den Arm und
meint:

»Gotthold Leberecht?«

Rieke meint lustig:

Kuchenreutter schüttelt erstaunt den Kopf und sagt:

»Das Andenken an deinen letzten Besuch!«

»Nein, wie die Zeit vergeht!«

Bodenwerder

Münchhausens Medaillonkabinett

Das Entscheidende dieser Dekoration: Wo an den Wänden Platz ist, hängen gerahmte Medaillons und Miniaturen von schönen Frauen, die Münchhausen einst geliebt hat. Sonst noch: ein schöner alter Schrank, ein Tischchen und ein paar Sessel. Ein Fenster, das auf den Schloß- und Gutshof führt.

63.
Der alte Baron sitzt in einem Sessel, schmaucht aus einer langen Tonpfeife und blickt behaglich zu dem Sohn hinüber, der sich vor dem Schrank einen Rock anzieht. Münchhausen erzählt dabei:

»Im Palais Royal hab ich zweimal die Bank gesprengt. Einmal im Bassette, und das zweite Mal beim Pharao.«

Der alte Baron meint ironisch:

»Da bist du ja ein reicher Mann.«

DIE KAMERA FÄHRT NÄHER
Münchhausen sagt, komisch bedrückt:

»Na ja, hundert Louisdor müßten eigentlich noch in der Satteltasche stecken. Wenn ich sie nicht ausgegeben habe!«

64.
Der alte Baron schmunzelt und meint überzeugt:

»Du wirst sie schon ausgegeben haben!«

Münchhausen kommt an den Tisch, packt ein Lein-

wandpäckchen aus, nimmt
eine gerahmte Miniatur
heraus und gibt sie dem
Vater, der das Bild mit
Kennermiene und Lorgnon
betrachtet.
Münchhausen erzählt
währenddem:

»In Versailles wurde dein
Herr Sohn dem König und
sogar der Pompadour vorgestellt!«

Der Vater fragt, die Miniatur
wägend, amüsiert:

»*Das* ist die Pompadour?«

65.
Die Miniatur zeigt eine
interessante Dame mit
leidenschaftlichen Augen.

Münchhausens Stimme:
»Aber nein! Das ist eine
Erinnerung an Fontainebleau – eine sehr schöne
Erinnerung.«

66.
Münchhausen hängt die
neue »Erinnerung« an die
erinnerungsträchtige Wand
und sagt, über sich selber
ärgerlich:

»… bis dann doch Tränen
kamen … aber was kann
man dagegen tun, daß die
Liebe geht, wie sie kam?«

DIE KAMERA SCHWENKT
Der alte Baron erwidert voll
Überzeugung:

»Nichts kann man dagegen
tun, mein Junge, gar nichts!«

Er klopft nachdenklich mit
dem Stock auf den Fuß-

boden. Dann greift er auf den Tisch, nimmt eine andere Miniatur hoch und betrachtet sie durchs Lorgnon.
Münchhausen tritt hinter den Sessel des Vaters und meint achselzuckend:

»Es gibt zuviel hübsche Frauen.«

DIE KAMERA FÄHRT NÄHER
Der alte Baron nickt energisch und knurrt:

»Daran liegt's. Sie sind selber schuld.«

Bodenwerder

Die Schloßküche

67.
Des alten Baron alter Leibjäger *Rösemeyer* balbiert Kuchenreutter, der einen Hühnerknochen abkaut.
Rösemeyer sagt befriedigt:

»Fertig, Christian!«

Kuchenreutter streicht sich die Backen und antwortet ungnädig:

»Meine Familie soll sich wohl, wenn sie mich nachher in Ruhe streicheln will, die Hände zerkratzen?«

DIE KAMERA FÄHRT ZURÜCK
Auf einer Bank sitzt Rieke mit der Kinderschar. Alle lächeln stolz und glücklich das heimgekehrte Familienoberhaupt an.
Rösemeyer zuckt die Achseln und stakt zum Fenster, wo der Streichriemen hängt.
Kuchenreutter fragt kauend:

»Sag mal, Rösemeyer, kennst du eigentlich Jean Boitel?«

68.
Rösemeyer, am Fenster. Er setzt eben das Messer am Streichriemen an, hält sofort inne und fragt zurück:

»Wen?«
Kuchenreutters Stimme:
»Jean Boitel, den berühmtesten Pariser Friseur.«

DIE KAMERA SCHWENKT
Kuchenreutter fährt fort:

»Der Mann hat eine tolle Salbe erfunden. Man streicht sie auf, – und im Handumdrehen wächst das Haar um mindestens fünf Zentimeter!«

Rieke und die Kinder sperren den Mund auf.

Rösemeyers Stimme, etwas abfällig:
»Du lügst schon genauso wie dein Baron!«

Kuchenreutter holt eine Salbenschachtel aus der Rocktasche, zwinkert seiner Familie zu, öffnet die Schachtel, bestreicht sich die Oberlippe mit Salbe und gibt die Schachtel seinem achtjährigen Filius Ernst August zum Halten.

69.
Rieke und die Kinder starren gebannt in Richtung Kuchenreutter.
DIE KAMERA SCHWENKT
Rösemeyer nähert sich und sagt, die Klinge betrachtend:

»So. Schärfer können die Rasiermesser nicht einmal in Paris sein.«

Er beugt sich über Kuchenreutter und prallt entsetzt zurück.

70.
Rieke und die Kinder lachen aus vollem Halse.

Lachen

Der Knabe Ernst August
öffnet die Salbenschachtel.

71.
Kuchenreutters Oberlippe *Lachen*
ziert ein geradezu üppiger
Schnurrbart!
Kuchenreutter faßt sich an
den Zauberbart und lacht
dröhnend. *Kuchenreutters Lachen*
Rösemeyer zieht ihn am
Schnurrbartzipfel.
Kuchenreutter schreit
schmerzlich auf. *Aufschrei*
DIE KAMERA SCHWENKT
Rieke ist aufgesprungen und
ringt wortlos die Hände.
Dann schreit sie wie am
Spieße: *»Ernst August!«*
DIE KAMERA SENKT SICH
Der Knabe Ernst August
senkt schüchtern die Lider.
In seinem Kindergesicht
prangt ein stattlicher
Schnurrbart!

BLENDE

Bodenwerder

Münchhausens Medaillonkabinett

72.
Vater und Sohn Münchhausen sitzen am Tisch, rauchen beide aus Tonpfeifen und trinken dampfenden Punsch.
Der alte Baron sagt:

»Unsere Familie steht nur noch auf deinen Augen! Hast du schon einmal daran gedacht?«

Münchhausen antwortet gutgelaunt:

»Ich denke immerwährend daran! Tag und Nacht! Besonders nachts! Und wenn es dich beruhigt – du hast schon eine stattliche Zahl von Enkeln …«

DIE KAMERA SCHWENKT
Der alte Baron setzt sich bolzengerade.
DIE KAMERA FÄHRT ZURÜCK
Münchhausen fährt fort:

»Leider heißt keiner der Bengels – Münchhausen!«
Lachen
Durchs Fenster hört man plötzlich wütendes Gebell, Weiberkreischen und Kuchenreutters Fluchen

Beide lachen.

Münchhausen springt hastig zum Fenster und steckt den Kopf hinaus.

Bodenwerder

Ein Teil des Schloßhofs

Ein überdachter Ziehbrunnen. Ein Stall. Ein Leiterwagen. Ein Butterfaß. Milchkannen.

73.
Ein paar Kinder blicken ängstlich hoch vom Leiterwagen aus zu (dem wieder glattrasierten) Kuchenreutter hin, der mit Münchhausens Reiserock und einer großen Klopfpeitsche am Brunnen steht.
In dem Reiserock hat sich ein großer Hund festgebissen.

Ein Kind heult

74.
Kuchenreutter brüllt:

»Willst du gleich loslassen, du Aas?«

Der Hund, offensichtlich toll, beutelt und zerrt jaulend weiter an dem Rock herum.
Kuchenreutter schreit ärgerlich:

»Dann kann ich dir auch nicht helfen!«

Er hebt die Klopfpeitsche.

75.
Eine Magd schreit auf und wirft sich die Schürze über den Kopf.

Aufschrei

76.
Der Hund liegt, Schaum vorm Maul, am Boden.
Kuchenreutter stößt dem Tier mit der Stiefelspitze in die Rippen.
Es regt sich nicht mehr.
Ein Junge kommt ängstlich ins Bild und fragt: »Ist er tot, Vater?«

Kuchenreutter betrachtet den zerrissenen Reiserock und sagt nickend: »Ja – und der Rock ist auch kaputt.«

Bodenwerder

Münchhausens Medaillonkabinett

77.
Münchhausen und sein Vater stehen am Fenster. Münchhausen nimmt eben ein Monstrum von einem Gewehr aus einem Futteral und sagt:

»Diese Flinte hat Christian erfunden!«

DIE KAMERA FÄHRT NAHE
Die Flinte ist ein Vorderlader mit sehr langem Lauf, gedrungenem Kolben, großer Pulverpfanne und umständlichem Zielapparat.

78.
Der alte Baron nimmt die Büchse in die Hand und dreht sie skeptisch nach allen Seiten.
Münchhausen berichtet:

»Mit dieser Flinte kann man über zweihundert Kilometer weit schießen!«

Der alte Baron fragt mokant:
Der Sohn nickt und sagt:

»Und treffen?«
»Und treffen! Neulich hat er, von Kehl aus, einen Spatzen getroffen, der auf dem Straßburger Münster saß!«

DIE KAMERA FÄHRT ZURÜCK
Der alte Baron mustert die Flinte kopfschüttelnd und murmelt:

»Unglaublich!«

Münchhausen bestätigt:

»Unglaublich!«
Eine Tür geht

DIE KAMERA SCHWENKT
Kuchenreutter kommt mit dem zerrissenen Rock ins Zimmer und meldet:

»Der Nero war toll, Herr Baron, und der Rock ist hin!«

79.
Münchhausen kommt ins Bild, betrachtet den Riß und sagt:

»Immerhin anständig von dem Hund, daß er sich nicht in *dir* verbissen hat.«

Kuchenreutter hängt den Rock in den Kleiderschrank und erwidert:

»Ja, ich wäre wahrscheinlich nicht wieder auszubessern.«
Des alten Barons Stimme, erregt:
»Da hört sich doch alles auf!«

80.
Der alte Baron visiert durch das runde Okular der Flinte und knurrt:

»Ein verteufeltes Schießeisen!«

Münchhausen tritt zu ihm und schaut ihn fragend an. Der alte Baron fährt fort:

»Ich sehe doch tatsächlich hinter Mönkebach einen Reiter …«

Bodenwerder

Eine Landstraße

81.
TRICK
Im runden Okular des
Gewehrs galoppiert ein
Kurier über die Landstraße.

*Die Stimme des alten
Barons:*
»... es ist ein Kurier vom
Braunschweiger Hof ...«

Bodenwerder

Münchhausens Medaillonkabinett

82.
Der alte Baron setzt die
Flinte ab und fragt kopf-
schüttelnd:

»Kuchenreutter, nun erkläre mir bloß noch, wozu du diese Kanone erfunden hast!«

Münchhausen wirft lächelnd dazwischen:

»Lediglich zu meiner Bequemlichkeit.«

Kuchenreutter, dem der alte Baron die Flinte gibt, meint bescheiden:

»Alle Erfindungen ent-stehen, glaube ich, der Bequemlichkeit zuliebe. – Während andere Leute, die auf die Jagd gehen wollen, in den Wald müssen, bleibe ich gemütlich zu Hause.«

Er hebt das Gewehr und erklärt genießerisch:

»Ich stelle mich bloß ans offene Fenster und visiere in Richtung Wald …«

Er visiert und sagt plötzlich begeistert:

»Ein Rehbock, Herr Baron! Und Ihr Förster … hinter einem Baum … hebt eben sein Gewehr …«

Der alte Baron stößt befeh-lend seinen Stock auf den Fußboden und komman-diert:

»Schieß, Christian!«

Die beiden Barone blicken neugierig auf Kuchenreutter.

Bodenwerder

Vor einer Waldlichtung

83.
Auf einer Waldlichtung
sichert ein Rehbock.

84.
Hinter einem Tannenstamm
steht der Bodenwerder
Förster Strombeck. Jagd-
fieber hat ihn gepackt.
Er hebt gerade sein Gewehr.　　*Eine Kugel pfeift über ihn*
Er bückt sich instinktiv.　　*hin*
DIE KAMERA FÄHRT NÄHER
Er schaut verdutzt um sich
und dann in die Gewehr-
mündung.

85.
Auf der gleichen Waldlich-
tung, wo eben noch der
Rehbock stand. Das Gras ist
niedergebrochen.
DIE KAMERA FÄHRT
ZURÜCK
Förster Strombeck kommt
ins Bild, bückt sich, hebt
den toten Rehbock an den
Hinterläufen hoch und sagt
fassungslos:　　»Nun brat mir einer 'nen
　　Storch!«

Bodenwerder

Münchhausens Medaillonkabinett

86.
Kuchenreutter sagt lachend
zu dem alten Baron:

»Ihr Förster war nicht
schlecht erschrocken!«

Der alte Baron sagt zwei-
felnd:

»Hast du auch ganz
bestimmt getroffen?«

DIE KAMERA FÄHRT
ZURÜCK
Münchhausen steht lächelnd
dabei.
Christian erwidert gekränkt:

»Aber Herr Baron!«

Der alte Baron schüttelt den
Kopf und meint abfällig:

»Bequem leben! Scheußlich!
Dazu hat man noch genug
Zeit, wenn man tot ist!«
*Plötzlich läßt sich wüster
Lärm vernehmen*

Die drei Männer drehen
erstaunt die Köpfe in Richtung der Lärmquelle.
DIE KAMERA SCHWENKT
Münchhausens Kleider-
schrank schwankt hin und
her.
Aus ihm tönt Gepolter, als
fände darin eine Kirchweih-
prügelei statt.

Noch ansteigendes Gepolter

Münchhausen kommt,
eine Pistole in der Hand,
angelaufen und reißt die
Schranktür auf.

87.
TRICK
Im Schrank herrscht ein
wahres Chaos.
Die Röcke, Uniformen,
Kniehosen und Degengurte
strampeln, umschlingen
einander, stoßen und
schlagen sich.
DIE KAMERA FÄHRT
ZURÜCK
Münchhausen starrt verständnislos auf das Tohuwabohu.
Dann begreift er plötzlich
und lacht.   *Lachen*
Schließlich hebt er die
Pistole und schießt.
Ein Rock hängt sofort still.
Der alte Baron kommt
neugierig dazu.
Hinter ihm, etwas ängstlich,
Kuchenreutter.
Münchhausen ruft ihnen
lachend zu: »Der ganze Schrank hat die
                                        Tollwut gekriegt!«

Er hebt wieder die Pistole.

Bodenwerder

Die Fassade des Schlößchens

88.
Ein uniformierter Kurier
reitet vorm Schloß vor,
pariert durch, springt vom
Pferd und blickt sich nach
jemandem um, der es ihm
halten soll.
DIE KAMERA FÄHRT NAHE
Schließlich zieht er seinen
Säbel, stößt ihn wuchtig in
die Erde und bindet die
Zügel am Säbelkorb fest.
Dann läuft er sporenklirrend
zur Freitreppe.

Hufgeklapper

Pistolenschüsse

Sporenklirren

Bodenwerder

Münchhausens Medaillonkabinett

89.
Münchhausen schießt gerade
wieder. Die Pistole raucht.
Die Kleider im Schrank hängen nun alle wieder still.

Es klopft

DIE KAMERA SCHWENKT
Kuchenreutter geht zur Tür
und öffnet sie.
Der Kurier tritt ein, salutiert
militärisch, entnimmt dann
dem Rockaufschlag einen
Brief und meldet:

»Ein Schreiben vom Prinzen
Anton Ulrich an den Baron
Münchhausen!«

Münchhausen kommt hinzu,
nimmt den Brief, erbricht
ihn und liest.

90.
Der alte Baron blickt
gespannt in die Richtung der
Tür.

Münchhausens Stimme:
»Meinen Gruß an den Prinzen! Ich reite in fünf Minuten!«
Man hört den Kurier abtreten

Münchhausen, und hinter
ihm der tiefbetrübte
Kuchenreutter, treten ins
Bild.

Münchhausen sagt, etwas
verlegen, zu seinem Vater: »Ich muß leider nach Braunschweig. Der Prinz bittet mich dringend darum!«

Der alte Baron verbirgt sein Bedauern hinter Ironie und bemerkt: »Laß dich nicht aufhalten, mein Junge. Du bist ja schon drei Stunden zu Hause.«

DIE KAMERA SCHWENKT
Münchhausen meint zu dem bekümmert dreinschauenden Kuchenreutter: »Armer Christian! Du wolltest doch bestimmt Deiner Frau heute Nacht Guten Tag sagen …«

Kuchenreutter antwortet, komisch ernst: »Ordnung müßte eigentlich sein, Herr Baron!«

DIE KAMERA FÄHRT NÄHER
Münchhausen sagt lachend: »Natürlich! Du kommst morgen früh nach. Ich reite allein.«

Braunschweig

An einem Stadttor

Stadtmauer mit einem Torhaus und einem herabgelassenen Schlagbaum. Über dem Torbogen das Steinwappen der Herzöge von Braunschweig-Wolfenbüttel. Vorm Torhaus ein Lindenbaum.

91.
Vorm Tor stehen zwei Grenadiere mit hohen Mützen.
Der eine hält eine Hellebarde, der andere eine Muskete.
Im Fenster des Torhauses sitzt einer von der Freiwache und strickt an einem Strumpf.
Der Hellebardier ruft plötzlich:

»Dort kommt ein Verrückter!«

Er zeigt in die Ferne.

92.
In einer Staubwolke prescht ein Reiter über die Landstraße.

93.
Der Musketier nimmt die Hand, mit der er den Blick beschirmt hat, von den Augen und meint:

»Ich wußte noch gar nicht, daß der Münchhausen zurück ist.«

Zu dem Hellebardier, der an den Schlagbaum eilt, sagt er gemütlich:

Kurz darauf jagt Münchhausen zu Pferd ins Bild, springt über die Barriere, wirft eine Münze in die Luft und ist auch schon im Tor verschwunden!
DIE KAMERA FÄHRT NÄHER
Der Musketier bückt sich nach der Münze, betrachtet sie und sagt zu dem hinzutretenden Hellebardier:

Er steckt die Münze befriedigt ein und erklärt:

Hufschlag

»Laß den Schlagbaum ruhig runter!«

»Ein Louisdor! Diesmal war er also in Paris!«

»Da wird's in Braunschweig bald wieder etwas zu lachen geben!«

Braunschweig

An einer Straßenkreuzung

Die Bürgerhäuser sind uniform zweistöckig und kleinbürgerlich. An manchen Fenstern neugierige Frauen mit Hauben. Vor den Häusern spielende Kinder.

94.
FAHRAUFNAHME
Eine prächtige Kavalkade
kommt die Straße entlang. *Hufeklappern und Peit-*
Zwei Husaren mit langen *schenknallen*
Peitschen als Vorreiter; eine
überhohe, vierspännige
Staatskarosse; neben dem
livrierten Kutscher ein Lakai
mit verschränkten Armen.

95.
In der Kutsche sitzt eine *Hufklappern und Peitschen-*
kapriziöse, sehr dekolletierte *knallen*
Dame. Es ist Mademoiselle
LOUISE LA TOUR.
Neben ihr hockt ein mit
einem mächtigen Turban
ausstaffierter Zwerg.
Er hält drei Bologneser
Hündchen.

96.
Münchhausen galoppiert,
auf der Kreuzungsstraße,
der Straßenkreuzung *Galoppierende Hufe*
näher!

97.
TRICK
Wir blicken hinter der
Karosse her, die sich gleichfalls der Kreuzung nähert!
Als der Wagen auf der Höhe *Hufdurcheinander*
der Straßenkreuzung fährt,
galoppiert Münchhausen *Fluchen des Kutschers*
aus der Querstraße, bückt
sich auf den Pferdehals,
springt durch die Karosse
hindurch und galoppiert auf
der anderen Seite weiter.

98.
Das Viergespann bäumt sich. *Rufe. Wiehern. Hufschläge*
Der Kutscher steht auf dem
Kutschbrett und bändigt die
Pferde.
Mademoiselle La Tour beugt
sich aus dem Wagenschlag
und ruft: »Hieronymus!«
Hufgeräusche

99.
Münchhausen pariert seinen
Gaul durch, schaut sich fra-
gend um und macht auf der
Hinterhand kehrt.

100.
In der Karosse:
Die Bologneser kläffen. *Bellen der Hündchen und*
Der Zwerg strampelt und *Gekreisch des Liliputaners*
heult. Die La Tour ruft
ärgerlich: »Ich bitte mir Ruhe aus!«
Dann sammelt sie ihre Mie-
nen, lächelt auf Probe und

streckt das derart fixierte
Gesicht zum Schlag hinaus.

101.
Sie blickt strahlend aus dem
haltenden Wagen.
Münchhausen trabt ins Bild,
springt behende vom Pferd,
küßt der La Tour konven-
tionell die mit Ringen über-
ladene Hand und sagt amü-
siert:

Sie erwidert verschmitzt:

DIE KAMERA FÄHRT NÄHER
Münchhausen lehnt am
Wagenfenster und sagt,
leicht gelangweilt:

Die La Tour antwortet
zynisch, nachdem sie an
einem Brüsseler Spitzentuch
geschnuppert hat:

Münchhausen streichelt seinem Pferd das Maul und
fragt trocken:

*Die Bologneser kläffen leise
murrend weiter*

Hufgetrappel hört auf

»Aber Louise, was um alles
in der Welt suchst du ausge-
rechnet in Braunschweig?«
»Ich hatte in Brüssel zuviel
Erfolg. Übrigens nicht in der
Oper ...«

»Sondern auf der Bühne des
Lebens, natürlich. Wieviel
Duelle fanden dir zu Ehren
statt?«

»Der Gouverneur legte mir
nahe, die Stadt zu verlassen,
bevor ich mich, aus Mangel
an Überlebenden, langwei-
len könnte.«

»Gibt es hier auch schon
Duelle?«

Sie antwortet lachend, dann lockend:	»Noch nicht. Aber wenn du mich erst besucht haben wirst, kann leicht eins zustande kommen.«
Münchhausen erwidert trocken:	»Schade, daß ich so gar keine Zeit habe.«
DIE KAMERA FÄHRT NÄHER Sie bringt, wie zufällig, ihr Dekolleté noch stärker ins Vordertreffen und fragt zweideutig:	»Für ein Duell mit dem Degen oder – mit mir?«
Er mustert ihre Reize sachlich, nimmt ihr das Spitzentuch aus der Hand, legt es auf ihren Busen und sagt:	»Du wirst dich erkälten!«
Sie fixiert ihn giftig. Ihre Augen funkeln vor Wut. Sie ruft schneidend:	»Kutscher, wir fahren!«
Dann wirft sie sich in den Wagenfond zurück. Die Karosse rollt davon.	*Wagenrollen. Hufgeklapper*
DIE KAMERA FÄHRT ZURÜCK Münchhausen sagt, als spreche er zu seinem Pferd:	»So ein eiskaltes Luder.«
Dann steigt er auf, klopft dem Tier den Hals und meint energisch: Er sprengt weiter.	»Nun aber zum Prinzen!« *Hufgeklapper*

BLENDE

Braunschweig

Ein Saal im Schloß

Ein streng, beinahe kalt wirkender Renaissance-Saal zu ebener Erde. Hochlehnige, unbequeme Stühle. Dunkle Tapeten. Die Saallänge wird von einem Tisch fast ausgefüllt. An der einen Schmalseite des Raums ein offenes türartiges Fenster; an der anderen ein Kachelofen auf hohen Eisenstelzen. Im Ofen Feuer.

102.
Prinz Anton Ulrich,
ein sympathischer, aber müde wirkender Mensch, steht, in Zivilrock mit Ordenssternen, am Ofen, nimmt von einem Tischchen, auf dem alte Liebesbriefe, rosa, blau usw., bunte Seidenbändchen, Preßblumen usw. liegen, Briefschaften hoch, zerzupft sie und wirft sie melancholisch ins Ofenfeuer.
Man spürt, er setzt einen Strich unter sein bisheriges Leben.
Neben ihm steht *ein Lakai* und reicht ihm gleichgültig Brief um Brief. Andenken um Andenken.
Beide blicken aus dem Bild.

Man hört, wie sich ein galoppierendes Pferd nähert

103.
Münchhausen springt mit seinem Pferd durch das offene Fenster in den Saal.

104.

Der Prinz lächelt ein wenig
und ruft: »Endlich, Baron!«

105.

FAHRAUFNAHME
Münchhausen reitet auf dem Tisch durch die Saallänge, pariert dann durch, lüftet den Dreispitz, sagt:

Hufschläge auf Holz

»Es ging nicht schneller, mein Prinz!«

steigt vom Pferd und springt vom Tisch.
Der Lakai kommt ins Bild und nimmt ihm die Zügel ab.
Münchhausen geht aus dem Bild.
DIE KAMERA SCHWENKT

Hufklappern entfernt sich

Der Prinz sagt, zu Münchhausen gewendet, traurig:

»Die Zarin hat mir das Regiment Preobraschenskij angeboten. Was soll ich hier? Morgen reise ich.«

Münchhausen blickt ihn mitleidig an.
Der Prinz fragt, als bitte er:

»Wollen Sie mitkommen, Baron? Ich verschaffe Ihnen ein Rittmeisterpatent.«

Der Baron antwortet bedauernd:

»Ich möchte einige Zeit bei meinem Vater bleiben.«

Der Prinz nickt müde lächelnd und sagt monoton:

»Ja, ja. Schade. Wie geht es ihm? Noch etwas, Baron: Ich brauche Ihre Hilfe.«

DIE KAMERA FÄHRT NÄHER

Anton Ulrich geht auf Münchhausen zu, bleibt dicht vor ihm stehen und erklärt hilflos:

»Ich will – eine Dame mit nach Petersburg nehmen. Doch mein Bruder, der Herzog, erlaubt es nicht, weil ...«

Münchhausen versteht die Andeutung und meint ironisch:

»Als ob es nicht genug andere Frauen gäbe!«

DIE KAMERA SCHWENKT
Der Prinz schüttelt den Kopf und bemerkt resigniert:

»Eine solche Frau gibt es nur einmal. Leider. Kommen Sie heute abend in meine Loge. Graun führt seine neue Oper auf. Sie werden Louise sehen und hören.«
Münchhausens Stimme:
»Louise? Doch nicht Louise La Tour?«

Anton Ulrich erwidert lebhaft:

»Doch! Sie kennen sie?«

106.
Der Baron erklärt reserviert:
Dann streng:

»Ich kannte sie!«
»Prinz, das ist keine Frau für Sie!«

Anton Ulrich sinkt müde auf einen Stuhl und sagt ohnmächtig:

»Sie ist eine schlechte Person – und ich liebe sie! Ich muß nach Petersburg, und sie soll mit!«

DIE KAMERA FÄHRT NAHE
Er verzieht das Gesicht vor
Scham und stößt hervor:

»Jeden Abend, ehe der Vorhang aufgezogen wird, geht er zu ihr auf die Bühne und ... schickt die Bühnenarbeiter fort! Die Menschen im Theater tuscheln und gaffen frech in meine Loge! Neulich begann die Vorstellung eine halbe Stunde zu spät! Die ganze Stadt lacht über mich!«

Er schaut bitter lächelnd in
die Richtung Münchhausens
und sagt, sich verschließend:

»Lassen Sie mich allein! Ich brauche Mitleid und kann es nicht ertragen.«

DIE KAMERA SCHWENKT
Münchhausen nimmt den
Dreispitz von einem Stuhl,
verbeugt sich und verspricht:

»Wir sehen uns abends im Theater!«

ÜBERBLENDUNG

Braunschweig

Das Braunschweiger Hoftheater

Ein schönes intimes Hoftheater im Barockstil. Viel Samt mit Quasten. Auf dem Vorhang eine allegorische Szene. Die herzogliche Loge, besonders prunkvoll, liegt in der Rangmitte. Ein großer, funkelnder Kristalleuchter mit vielen Kerzen hängt an einer Goldkordel tief in den Raum.

107.
Blick vom Parterre ins Orchester:
Die Musikanten stimmen ihre Instrumente.
Kapellmeister Graun hält in der einen Hand eine Notenrolle und schlägt damit nervös an die andere Handfläche.
Dann steckt er die Rolle ins Jabot, holt eine Dose hervor und schnupft.
Er blickt zum Vorhang hinauf.
DIE KAMERA SCHWENKT HOCH
Man sieht, wie im Vorhang ein Guckloch geöffnet wird.

Instrumente werden gestimmt
Publikumslärm gedämpft

108.
Hinter dem Vorhang:
Die Sängerin La Tour blickt durch das Guckloch. Sie trägt ein Schäferinnenkostüm.

Vom Orchester hört man Flötenläufe, einzelne Geigenpizzicati usw.

Neben ihr steht der Direktor des Theaters und sucht in ihrem Gesicht zu lesen.
Die La Tour sagt gerade sachlich:

»Alle Männer ähneln Tieren. Der Herzog sieht aus wie ein Bock, und der Prinz wie ein Schaf.«

Der Direktor lächelt süßlich.
DIE KAMERA FÄHRT WEIT ZURÜCK
Sie geht tänzelnd und eine Kadenz trällernd in eine Dekoration à la Bibbiena und setzt sich auf ein Kanapee.
Der Direktor drückt ein Auge ans Guckloch.

Kadenz im Sopran

109.
Blick durchs Guckloch:
Über die Parkettreihen, die mit Offizieren, feisten Bürgern, klatschsüchtigen Frauen und koketten Mädchen gefüllt sind, zur herzoglichen Loge.

Stimmengewirr. Instrumente

110.
An der Logenbrüstung sitzen Prinz Anton Ulrich und der lorgnettierende *Herzog*, der gesund, fast brutal wirkt.
Hinter ihnen stehen zwei Offiziere der Suite.

Der Herzog wendet sich an seinen Bruder und näselt:	»Hoffentlich bleibt er nicht lange im Lande. Der Kerl hat so eine fatale Art, mich, wenn er mich ansieht, *nicht* anzusehen! Wo steckt er überhaupt?«
Anton Ulrich beißt sich auf die Lippen und murmelt: DIE KAMERA FÄHRT ZURÜCK	»Er versprach zu kommen.«
Der Herzog erhebt sich und meint hämisch:	»Na, da wollen wir ihm zu Ehren mit dem Opernbeginn noch etwas warten. Soll ich Mademoiselle La Tour einen Gruß bestellen?«
Der Prinz sagt beherrscht:	»Ich bitte, das Theater verlassen zu dürfen.«
Der Herzog lacht böse. Dann knurrt er befehlend: und rauscht aus der Loge.	»Untersteh dich!«

Braunschweig

Am Bühneneingang

III.
Es regnet.   *Regengeräusch*
Münchhausen lehnt im Rad-
mantel am Tor.
Der Dreispitz sitzt ihm tief
in der Stirn.
Vor ihm steht devot der Vorhangzieher *Methfessel* und
nimmt eben eine Geldbörse
in Empfang. Dabei sagt er: »Der Herr Baron kann sich
                                  ganz auf mich verlassen.«

Münchhausen droht ihm mit
dem Finger und meint: »Das wollen wir hoffen,
                                  Methfessel!«

Er tippt an den Dreispitz
und geht eilig.   *Regengeräusch*

Braunschweig

Das Hoftheater

112.
Im Parkett:
Die Zuschauer drehen
sich um,
blicken zur Loge empor,   *Das Getuschel des Publi-*
stecken die Köpfe zusammen   *kums klingt dem Regen-*
und tuscheln schadenfroh.   *geräusch sehr ähnlich*

113.
In der Hofloge:
Der Prinz sitzt wie auf
Kohlen.
Da tritt Münchhausen,
jetzt ohne Mantel und Hut,
hinter ihn und fragt: »Ist der Herzog auf der
    Bühne?«

Der Prinz nickt nur.
Der Baron erklärt: »Das freut mich.«
Der Prinz schaut ihn ver-
ständnislos an.
DIE KAMERA FÄHRT
NÄHER
Münchhausen setzt sich auf
des Herzogs Stuhl.   *Wachsendes Gemurmel im*
Der eine Wachoffizier tippt   *Parkett*
ihm vorwurfsvoll auf die
Schulter.
Der Baron klopft dem Offi-
zier kurzerhand auf die
Finger.   *Gekicher im Parkett*
DIE KAMERA SCHWENKT
Münchhausen an der Brü-
stung. Er begrüßt, kordial

winkend, alte Bekannte und
meint belustigt:

»Wenn eines Tages die Welt
untergeht – in Braunschweig
bleibt auch dann alles beim
alten!«

114.
Der Kapellmeister Graun
schnupft gerade wieder und
zieht ein böses Gesicht.
Plötzlich hebt er überrascht
den Kopf zur Bühne.

115.
Der Vorhang geht langsam
und geräuschlos hoch.

*In die Publikumsstille hinein
ertönt Grauns Niesen
Leises Gelächter*

Der Vorhang gibt jetzt den
größten Teil der Bühne frei:
Auf dem Kanapee sitzen der
Herzog und die La Tour in
einer höchst verfänglichen
Situation!

Brüllendes Gelächter

DIE KAMERA FÄHRT
NÄHER
Die derangierte La Tour
schreit auf.

Aufschrei der La Tour

Der Herzog springt hoch,
steht wie festgenagelt und
fuchtelt mit den Armen.
Schließlich zieht er den
Degen und stürzt brüllend
in die Kulisse.

Gebrüll des Herzogs

116.
FAHRAUFNAHME
Louise La Tour spaziert bis

zur Rampe, steckt die Zunge
heraus, macht kehrt und
geht, eine Göttin der Scham-
losigkeit, wippend ab.

117.
Im Parkett klopfen eine
Frau und eine Tochter ihrem
dicken Hausvater auf den
Rücken, damit er nicht etwa
beim Lachen ersticke.

118.
Eine vornehme Spinat-   *Lachen, Geschrei usw.*
wachtel ist in Ohnmacht
gefallen.
Man bemüht sich um sie.
Schließlich packt man sie an
allen Vieren.
DIE KAMERA SCHWENKT
Man schleppt sie durch
das wachsende Gedränge
einem der Parterre-Aus-
gänge zu.

119.
In der Loge stehen der Prinz
und der befriedigt lächelnde   *Gelächter usw.*
Münchhausen an der Brü-
stung.
Anton Ulrich sagt, zu sich
selber: »Endlich lachen sie einmal
über *ihn*.
Er wendet sich zum Baron: Ich selber kann leider nicht
mitlachen. Denn Louise ...«
Münchhausen sagt ernst: »Schade, Prinz. An Ihrem
Lachen lag mir eigentlich am
meisten.«

Anton Ulrich zuckt mutlos mit den Schultern und erklärt dann:

»Ich bleibe trotzdem Ihr Schuldner, Baron.«

120.
Im Orchester:
Kapellmeister Graun sagt zu dem ihm am nächsten sitzenden Geiger:

»Ich glaube, meine Oper ist aus.«

Der Geiger grinst und meint:

»Das war mal etwas ganz Neues, Meister: Eine Oper ohne Musik!«

121.
Hinter der Bühne:
Methfessel, der Vorhangzieher, lehnt zitternd an einer mit Versatzstücken vollgestellten Wand. Der Herzog steht, mit gezücktem Degen, vor ihm und brüllt:

»Wer hat dir die Dukaten gegeben?«

Methfessel schweigt.
Der Herzog setzt ihm die Degenspitze auf die Brust und droht:

»Ich spieße dich an die Wand wie einen Schmetterling!«

DIE KAMERA FÄHRT NÄHER
Methfessels Hemd färbt sich mit Blut.
Der Herzog drängt:
Methfessel verdreht die Augen, flüstert:
und fällt um.

»Wer war es?«

»Der Baron Münchhausen.«

DIE KAMERA FÄHRT NOCH
NÄHER
Der Herzog steht vor Wut
erstarrt. Dann schmeißt er
den Degen weg und schreit: »Die Wache – die Wache!«

122.
In der Hofloge:
Münchhausen greift nach
Hut und Radmantel und
sagt lächelnd zum Prinzen: »Viel Glück in Petersburg!
Ich habe das Gefühl, als ritte
ich auch bald nach Ruß-
land!«

Er verschwindet im dunklen
Logenhintergrund.

KURZ ABBLENDEN

Kurland

Eine Schneewüste

123.
KURZ AUFBLENDEN
In der Ferne reiten langsam zwei Reiter mit einem Handpferd durch die weg- und baumlose, blauglitzernde Schneelandschaft.

Gläsern feine Musik in hoher Lage
Wolfsgeheul

Der Mond scheint geisterhaft.

124.
FAHRAUFNAHME
Münchhausen und Kuchenreutter, unrasiert und in Schafpelzen, auf müden Pferden, deren Hufe mit dicken Strohbüscheln umwickelt sind.

Musik

Das Packpferd stolpert.
Kuchenreutter reißt es wieder hoch.

Wolfsgeheul
Musik

Münchhausen schimpft:

»Dieses verdammte Riga! Wir haben uns verritten, Christian!«

Kuchenreutter nickt kaum.
Dann sagt er mühsam:

»Ich bin so müde ... wie Sie und die drei Pferde zusammen ... Herr ...«

Münchhausen hilft lächelnd weiter:

»... Baron ...«

Kuchenreutter echot teilnahmslos:

»Herr Baron ...«

125.
Münchhausen hält an, springt ab und befiehlt aufmunternd:

»Los! Wir kampieren im Freien! Mach ein Feuer an!«

Kuchenreutter erklärt gähnend:

»Sonst kommen die Wölfe und verwechseln uns mit Koteletts.«

Er rutscht vom Pferd.
DIE KAMERA SCHWENKT
Münchhausen bückt sich und bindet sein Pferd an einer Eisenspitze fest, die aus dem Schnee herausragt. Er klopft dem Tier den Hals und sagt gemütlich:

Musik

Wolfsgeheul

»Angebundensein vereinfacht die Anhänglichkeit.«

126.
Kuchenreutter hat aus dem Packsattel Holz geholt, setzt es pustend in Brand und hockt sich nieder. Münchhausen bringt zwei Satteltaschen als ihre Kopfkissen sowie Kuchenreutters Flinte und setzt sich neben seinen Leibjäger, der die Pferdezügel sorgsam um einen Arm schlingt. Auf den Pferderücken liegen Woilachs. Das Feuer zuckt.
DIE KAMERA FÄHRT NÄHER
Münchhausen drückt Christians Kopf auf eine Satteltasche und sagt:

Musik

»Schlaf jetzt! Ich halte die

Kuchenreutter schließt die
Augen, gähnt und meint:

Münchhausen gähnt und
ergänzt müde:

Kuchenreutter, schon im
Halbschlaf:
Münchhausen, immer
müder:

Christian murmelt:

Münchhausen sinkt auf seine
Satteltasche und stammelt:

erste Wache. In drei Stunden
weck ich dich.«

»Dann schlafen Sie. Ich halte
die zweite Wache. Und …«

»… drei Stunden darauf
weckst du mich.«

»Dann übernehmen Sie …«

»… ich die Wache. Dann
schläfst du …«
»Ich schlafe ja jetzt
schon …«

»Nach drei Stunden … weck
ich mich … und du uns …
und …«
Nur noch Musik, sonst Stille

127.
Das eine Pferd macht einen
Schritt und zieht am Zügel
Kuchenreutters Arm hoch.
Es schaut sich erstaunt um,
tritt wieder zurück, Kuchen-
reutters Arm sinkt.
Schon schnarchen die beiden
im Duett.

Musik

Schnarchen

128.
Blick auf Himmel und
Schneelandschaft.
Der bläulich schimmernde
Schnee und der mondblaue
Himmel verwandeln sich
langsam.

Musik

ÜBERBLENDUNG
in gelb glitzernde Land-
schaft und sonnengoldenen
Himmel.

*Die »eiskalte« Musik verliert
an Kältegraden*

129.
Die verschneite Spitze, an
der Münchhausens Pferd
angebunden ist, schimmert
im Frühlicht.

*Die Musik drückt aus, daß
Tauwind aufkommt*

130.
Der Schnee an der Turm-
spitze schmilzt. Das Metall
kommt zum Vorschein.

Tau-Musik

131.
Münchhausen und Kuchen-
reutter liegen und schnarchen unverändert.

*Musik
Schnarchen*

132.
Der Schnee schmilzt. Die
Eisenspitze wächst. Man
beginnt zu erkennen, daß die
Spitze zu einer Wetterfahne
gehört!
Der angebundene Zügel
ändert seinen Richtungs-
winkel.

Musik

133.
Die Schnee-Ebene sinkt allmählich. Ein Kirchendach
kommt zum Vorschein. Und
ein angeschnittener Kirchturm!

Musik

Nun sieht man auch schon
Hausdächer aus dem
Schneespiegel herauswach-
sen.

134.
Münchhausen und Kuchen-   *Musik*
reutter sinken, schnarchend,   *Schnarchen*
nach unten. Um sie herum
werden ärmliche Grab-
kreuze sichtbar.
Die beiden Pferde neben   *Man hört aus der Höhe ein*
Kuchenreutter schütteln   *Pferd wiehern!*
unruhig die Köpfe.

Kurland

Ein Friedhof mit Kirche

135.
Der Baron öffnet faul die Augen, blickt seitlich und setzt sich auf!

Kuchenreutter schnarcht solo

Er schaut nach links und nach rechts und kratzt sich am Kopf.
Er stößt Kuchenreutter in die Rippen. Dieser murmelt nur, im Schlaf lächelnd:

»Laß das sein, Riekchen!«

DIE KAMERA FÄHRT ZURÜCK
Plötzlich springt der Baron hoch und ruft:

»Ja, wo ist denn mein Pferd?«

Nun erwacht auch Kuchenreutter.
Der Baron sagt ärgerlich:

»Christian, mein Pferd ist weg!«

Christian erwidert stur:
Er wickelt die Zügel vom Arm los und wundert sich, daß dieser verdammt wehtut.
Münchhausen meint verdrossen:

»Es war doch angebunden!«

»Außerdem liegen wir in einer ziemlich unpassenden Umgebung!«

136.
Kuchenreutter blickt sich verstört um und erklärt niedergeschlagen:

»So jung – und schon auf dem Kirchhof!«

Dann fährt er stirnrunzelnd
fort:

»Schlafwandler gibt es ja.
Aber berittene Schlafwandler!?«
*Wieder hört man aus der
Höhe Gewieher!*

Beide blicken hoch und
schauen sich dann dumm an.
Der Baron sagt:

»Das ist ja unglaublich!«

137.
TRICK
An einer Kirchturmspitze
hängt Münchhausens Pferd,
strampelt mit den Beinen
und wiehert kläglich.

Das musikalische Münchhausen-Motiv

Wiehern

138.
Kuchenreutter verschluckt
sich fast vor Lachen.
Münchhausen zieht eine
Pistole und sagt, während er
Pulver aufschüttet:

Lachen

»So hoch soll der Schnee
gelegen haben?«

139.
Er hebt die Pistole und zielt.
Das Pferd zappelt am Kirchturm.
Da ertönt ein Schuß.
Die Kugel zerreißt den
Zügel.
Das Pferd fällt aus dem Bild.

Pistolenschuß

140.
SCHWENKAUFNAHME
Die beiden Männer laufen
auf Münchhausens Pferd

zu, das jetzt, mit durch-
schossenen Zügeln, zitternd
auf der Erde steht.

DIE KAMERA STEHT

Der Baron streichelt den
Pferdekopf und sagt beruhigend:

»Heute abend binde ich dich
bestimmt nicht wieder an
einem Kirchturm fest.«

Kuchenreutter meint, bit-
tend:

»Und wir wollen nicht wieder auf einem Friedhof
schlafen, Herr Baron! So
etwas kann schnell zur
Gewohnheit werden!«

BLENDE

Kurland

Die Stube eines Landgasthofs

Gewölbebau. Weißgestrichene Wände. Möbel: Bauern-Renaissance. Zinngeschirr. Mächtiger glühender Ofen.

141.
Münchhausen verzehrt eine
Gans und trinkt heißen
Punsch.
Kuchenreutter wartet ihm
schmunzelnd auf.
Auf dem Fensterbrett sitzt
eine Katze. Draußen liegt
Schnee.

Gedämpft die klirrende Frostmusik

142.
Am Kachelofen steht *der Wirt* und legt Holzscheite nach.

Feuerprasseln

Dann wendet sich der vierschrötige Mann um.
DIE KAMERA SCHWENKT
Er geht zum Tisch und fragt,
der Antwort sicher:

»Der Herr Baron ist zufrieden?«

143.
Münchhausen beißt in eine
triefende Gänsekeule und
nickt nur.
Kuchenreutter sagt statt
seiner:

»Gestern waren wir nicht ganz so gut untergebracht.«
Schlittengeläut kommt näher

144.
Die Katze macht einen
Buckel und sträubt das Fell. *Schlittengeläut*

145.
Draußen fährt eine prächtige
sechsspännige Schlitten-
karosse vor. *Das Geläut hört auf*
Der Kutscher und ein Leib-
jäger mit Waldhorn sprin-
gen, hölzern vor Frost, vom
Wagen.
DIE KAMERA FÄHRT
ZURÜCK
Der Wirt verabschiedet sich: »Entschuldigt, neue Gäste!«
und geht.

146.
Über das Klapptreppchen
klettert ein kleiner, dunkler
Mann, goldstrotzend geklei-
det, aus dem Schlitten.
Es ist *Cagliostro*.

147.
Die Katze faucht und
springt fort. *Fauchen der Katze*

148.
Kuchenreutter sagt verbie-
stert: »Muß uns denn dieser
unheimliche Gauner immer
über den Weg laufen?«

Münchhausen meint
lächelnd: »Laß ihn nur. Was sollten
die Dummen ohne ihn
anfangen? Er borgt ihnen

149.
SCHWENKAUFNAHME
Cagliostro kommt ins Zimmer, wirft Mantel und Hut achtlos auf einen Stuhl und lacht laut.
Er hat einen gierigen Mund und dämonische Augen.
Er sagt:

150.
Kuchenreutter macht sein dümmstes Gesicht. Cagliostro tritt zu ihm und meint geringschätzig:

Er macht eine wegwerfende Handbewegung und befiehlt leise:

Kuchenreutter wird von dem Blick Cagliostros förmlich aus dem Bild gedrängt.
DIE KAMERA SCHWENKT
Münchhausen schiebt die Teller und Schüsseln beiseite und blickt den sich zu ihm setzenden Cagliostro kühl abwartend an.
Cagliostro gießt sich aus der dampfenden Terrine ein Glas Punsch ein, kippt es

seine Phantasie. Allerdings-gegen Wucherzinsen – er ist nun mal kein Edelmann!«

Musikalisches Cagliostro-Motiv

Gefährliches Lachen

»Sie haben keine sehr gute Meinung von mir, Baron!«

Cagliostro-Musik

»Nein, ich habe nicht gehorcht, Schafskopf! Und wenn du mich noch einmal Gauner nennst ...«

»Laß uns allein! – Wird's bald?«

Geschirrgeklapper

Leise das Cagliostro-Motiv

geübt in den Hals, wischt
sich den Mund mit dem
Handrücken und beginnt:

»Ich erfuhr gestern in Mitau,
daß Sie nach Rußland unterwegs sind, setzte mich in
den Schlitten und jagte hinter Ihnen her.«

DIE KAMERA FÄHRT NÄHER
Münchhausen fragt, gerade
noch höflich:

»Und warum machten
Sie sich so viel Mühe, Graf
Cagliostro?«

Der andere gießt sich wieder
Punsch ein und sagt,
geheimnisvoll lächelnd:

»Das ist eine lange
Geschichte.«

Kurland

Die Küche eines Landgasthofs

151.
Auf dem großen Ofen schlafen ein paar Kinder.
Auf der Ofenbank sitzt Kuchenreutter und hört Cagliostros Leibjäger zu, der sich gerade die Jacke auszieht, zwischendurch auf sein Waldhorn zeigt – das am Ofen hängt – und erklärt:

»Die Wölfe waren völlig rabiat. Ich dachte mir: Vielleicht hilft Musik! Ich nahm mein Horn und blies.«

Der Wirt kommt mit einer Schüssel voll Schnee, setzt sie auf die Ofenbank und sagt:

»So! Schnee ist das beste gegen Frost!«

DIE KAMERA FÄHRT NÄHER
Der Leibjäger steckt die Hände tief in den Schnee und fährt fort:

»Ich blies ins Horn, – ja, aber denkt Ihr, es wäre auch nur *ein* Ton herausgekommen?«

Er schüttelt den Kopf und reibt sich dann prustend Schnee ins Gesicht.
DIE KAMERA SCHWENKT
Kuchenreutter sagt gespielt ernst:

»Am Ende sind die Töne in dem Horn *eingefroren*?«

Der Wirt lacht herzlich und
meint:

»Na, dann tauen sie an meinem Ofen bestimmt wieder auf!«

Plötzlich ertönt ein kräftiges
Hornsignal!
Die Männer schauen sich
verdutzt an.

Ein Hornsignal

152.
Das Horn am Ofen.
DIE KAMERA FÄHRT
ZURÜCK
Auf dem Ofen wachen die
Kinder auf und blicken
blöde in die Gegend.

*Ein Reiselied schmettert
durch den Raum*

Fortsetzung des Reiseliedes

153.
Der Leibjäger steht, mit
schneeverklebtem Gesicht,
wie vom Donner gerührt.
Schließlich hält er sich die
Ohren zu.

*Das Reiselied wird immer
lauter*

154.
Kuchenreutter lacht.
Cagliostros Leibjäger
stampft mit dem Fuß auf
und schreit wütend:
Er nimmt das Horn vom
Ofen und brüllt in den
Trichter:
DIE KAMERA FÄHRT NÄHER
Als nichts helfen will,
nimmt er das Instrument
und zerbricht es überm Knie
in zwei Stücke.

Lachen
Das Horn bläst toll

»Willst du gleich aufhören?«

»Ruhe!«

Die Stücke wirft er auf den
Boden.

155.
Nun wird es noch ärger:
Mundstück und Schalltrich-
ter blasen jetzt zweistimmig   *Zwei Hörner, etwa in Terzen*
weiter!   *oder Sexten*

156.
Die Kinder heulen. Der Wirt   *Heulen*
steigt auf die Ofenbank und   *Zwei Hörner*
gibt ihnen Ohrfeigen.
Cagliostros Leibjäger zer-
tritt mit dem Absatz das
Mundstück.   *Das hellere Horn hört auf,*
  das andere bläst unvermin-
  dert weiter

157.
Der Fuß des Leibjägers tritt   *Ein Horn bläst*
mächtig auf den Schalltrich-
ter.
Das Blech beult sich ein.   *Horn-Dissonanzen*
Jetzt trampeln zwei Stiefel
darauf herum.   *Trampeln*
Das Blech wird immer mehr   *Das Horn vollführt ein Jaul-*
zusammengedrückt.   *konzert. Wird leiser*

158.
Mit einem letzten Tritt   *Mit einigen Quiektönen*
stampft der Wütende das   *haucht das Horn sein Leben*
Blech restlos zusammen.   *aus*
Alle atmen erlöst auf.
Der Leibjäger sinkt erlöst
auf die Ofenbank, mitten in
die Schüssel mit dem
Schnee.

Kurland

Die Stube eines Landgasthofs

159.
Cagliostro sagt zynisch:

»Die Menschen glauben nur das *Unglaubhafte*, Baron! Man nennt das Fortschritt. Also ...«

Er beugt sich zu Münchhausen, der aus einer Tonpfeife raucht, und fährt fort:

»Was war Poniatowski, bevor er König von Polen wurde? Wer war Biron, ehe ihn Anna zum Herzog von Kurland machte?«

DIE KAMERA FÄHRT NÄHER
Münchhausen blickt den Sizilianer undurchdringlich an und fragt:
Cagliostro erklärt:

»Die Nutzanwendung?«
»Birons Sohn will eine Medem heiraten. Nur um sich zu halten. Ich kenne die Medems – und auch ihre Töchter ...«

Er grinst und meint zwinkernd:

»Das Geschäft lohnt sich in jeder Beziehung.«

160.
Münchhausen fragt, leicht angewidert:

»Warum versuchen Sie denn nicht, selbst Herzog von Kurland zu werden?«

DIE KAMERA SCHWENKT
Cagliostro lacht.
Dann erwidert er, peinlich offenherzig:

Krächzendes Lachen

»Das geht leider nicht. Ich

	wäre ein sehr schöner Mann, wenn ich nicht so häßlich wäre. Mein Kopf sähe auf Goldstücken nicht besonders anziehend aus. Und das ist enorm wichtig.«
DIE KAMERA FÄHRT ZURÜCK Er stürzt einen Punsch hinunter und sagt beschwörend:	»Wenn wir erst Kurland haben, pflücken wir Polen. Poniatowski ist reif.«
Er breitet die Arme aus und flüstert machtbesessen:	»Dann werden wir *König*!«

161.

Der Baron zieht an der Pfeife und sagt ruhig:	»In einem werden wir zwei uns nie verstehen: In der Hauptsache! Sie wollen herrschen; ich will leben. Abenteuer, Krieg, fremde Länder und Frauen – ich *brauche* das alles, Sie aber *miß*brauchen es!«
DIE KAMERA FÄHRT ZURÜCK Cagliostro blickt Münchhausen an, als wolle er ihn hypnotisieren. Dann fragt er bohrend: Münchhausen schüttelt den Kopf und antwortet lächelnd:	»Mitau? Kurland? Polen?« »Petersburg!«

ÜBERBLENDUNG

Petersburg

Ein Platz, nahe der Newa

Das Newa-Ufer. Gegenüber niedrige Häuser. Dazwischen Buden, Schaukeln, ein Seiltänzer, seltene Tiere. An Bäumen hängen, statt Obst, gebratene Vögel. Fässer mit Kaviar und Schöpfkellen. Ein Brunnen, aus dem Wein fließt.

162.
Viel Volk.   *Viel Lärm. Musik*

163.
Ein balancierender türki-   *Händeklatschen und*
scher Seiltänzer.   *Geschrei*

164.
Ein afrikanischer Strauß hinter Brettern. Vor dem Zaun,
gaffend, Soldaten, Bürger   *Gelächter. Musik*
und Mädchen.

165.
Ein dicker Kerl hebt ein
Frauenzimmer hoch, das
von einem Ast mit einem   *Lärm. Musik*
großen Messer eine gebra-
tene Gans heruntersäbelt.
Er nimmt die Gans und das
Messer in Empfang und
gibt der Person einen Tritt.
Sie stolpert kreischend   *Aufkreischen*
aus dem Bild.

166.
An einem Brunnenrohr, wor-
aus Wein fließt, ein Soldat,   *Plätschern, Lärm, Musik*

der seinen Dreispitz als Glas
benutzt und, nachdem er
gesoffen hat, die »Trinkvor-
richtung« weiterreicht.

167.
Ein alter, verhungert ausse-
hender Mann frißt mit dem
Löffel Kaviar aus einem Faß.
Da ertönt der Ruf: »Sie bringen ihn!«
DIE KAMERA SCHWENKT
Der Alte schmeißt den *Der Lärm verwandelt sich:*
Löffel ins Faß und drängt *eben noch klang er über-*
mit allen anderen in eine *mütig, jetzt wird er höhnisch*
bestimmte Richtung. *und böse*

168.
FAHRAUFNAHME
Ein großer eiserner Käfig
wird, von kaiserlichen Hei-
ducken bewacht, durch *Lärm und darin unter-*
die sich teilende Menge *gehende wütende Zurufe*
gefahren. In dem Käfig
hockt, bärtig und abgerissen,
Pugatschew.
Pugatschew blickt unter
halbgeschlossenen Lidern
gleichgültig in die
Menge.

169.
Münchhausen fragt ein bild-
hübsches Bauernmädchen,
das an ihn gedrängt wird: »Wer ist denn der wilde
 Mann?«

Das Bauernmädchen – es ist
Katja – antwortet: »Das ist Pugatschew, Herr

Münchhausen lacht.
Sie nickt ernsthaft und sagt:

DIE KAMERA FÄHRT
ZURÜCK
Ein biederer Handwerker
unterbricht sie:

Katja meint ärgerlich:

Sie drängt sich durch die
Menge.
Münchhausen folgt ihr.

170.
An einer Weinfontäne, wo
man fleißig bechert, erzählt
ein kleiner, geschniegelter
Schneider wichtig:

Eine üppige Kaufmannsfrau
meint unter dummem Ge-
kicher:

Offizier. Die Kosaken am
Yaik machten einen Auf-
stand, weil man ihnen in den
Kasernen die Bärte abrasie-
ren ließ.«
Lachen
»Pugatschew wurde ihr An-
führer. Sie schlugen unsere
Armeen, eroberten Orenburg
und wollten nach Moskau...«

»Pugatschew hat auch
behauptet, Zar Peter zu sein!
Wo doch Katharina ihren lieben Mann von den Orlows
hat totschlagen lassen!«
»Das ist Geschwätz, Väter-
chen!«

»Vor Grigorij Orlow hatte
sie solche Angst, daß sie die
Schloßwache verdoppeln
ließ!«

»Sie hätte doch nur ihr
Schlafzimmer abzuschließen
brauchen!«

DIE KAMERA SCHWENKT
Katja, hinter ihr Münchhausen, kommen dazu.
Der Schneider sagt gerade zwinkernd:

»Orlow hatte ja den Schlüssel zu ihrem Schlafzimmer, meine Beste!«

Die Kaufmannsfrau kreischt geil.
Ein Kosak mischt sich, trunken lallend, ein:

Gekreisch

»Ganz anders ... anders war das! Mein Vetter kennt einen ... Schlosser, wißt Ihr? Dieser Schlosser mußte in den Schlössern das Schloß ändern ... Unsinn ... im Schloß ... die Schlösser ... hupp, schlossern ...«

Er winkt resigniert ab, bemerkt Katja und greift ihr unters Kinn.
Münchhausen haut dem Kosaken eins auf die Nase.
Der Kosake sinkt um.
DIE KAMERA FÄHRT NÄHER
Katja erkennt ihren Beschützer und bittet ruhig und entschieden:

»Bringen Sie mich von hier fort, Herr Offizier!«

Münchhausen fragt lächelnd, doch konventionell:

»Darf ich fragen, wohin?«

Katja nimmt seinen Arm, schaut ihn offen an, lächelt plötzlich auch und wiederholt seinen Satz leise:

»Darf ich fragen, wohin?«

KURZ ABBLENDEN

Petersburg

Ein Salon im Hotel de l'Europe

Ein Salon Louis XV., auf dem Tisch kristalline Likörflaschen und Gläser, ein silberner Samowar.

KURZ AUFBLENDEN

171.
Münchhausen und Prinz
Anton Ulrich sitzen am
Tisch.
Der Prinz, in pompöser
Kavallerie-Uniform, trinkt
gutgelaunt Likör.
Der Baron liest einen Brief,
faltet ihn zusammen, gibt
ihn Anton Ulrich zurück
und sagt skeptisch:

»Und Sie glauben, daß die La Tour *Ihretwegen* kommt?«

Der Prinz steckt den Brief
ein und erwidert zuversichtlich:

»Sie kennt ja sonst keinen Menschen in Petersburg!«

DIE KAMERA FÄHRT NÄHER
Münchhausen antwortet
lächelnd:

»Dem wird sie gerade abhelfen wollen, fürchte ich!«

Der Prinz meint gutmütig:

»Manchmal muß man sogar der Frau glauben, die man liebt!«

Der Baron nickt und spielt
mit einer Schleife von Katjas
Mieder. Der Prinz steht auf
und sagt munter:

»Nun ziehen Sie geschwind Ihren besten Rock an!«

Der Baron fragt verwundert:
Der Prinz wirft sich in Positur und erklärt stolz:

»Warum denn?«

»Die Zarin läßt Sie durch mich zur Abendtafel in die Eremitage bitten!«

172.
Münchhausen wägt die Miederschleife in der Hand und erwidert fast zerstreut:

»Ich kann leider nicht mitkommen, Prinz!«

DIE KAMERA SCHWENKT
Der Prinz ist perplex. Schließlich ruft er ärgerlich:

»Gestern abend hatten Sie für *mich* keine Zeit, und heute nicht einmal für eine Kaiserin?«

Er greift zu seinem Obristenhut. Münchhausen tritt zu ihm und sagt unerschütterlich:

»Nicht einmal für eine Kaiserin. Erzählen Sie Ihrer Majestät, ich hätte Ziegenpeter!«

Petersburg

Ein Schlafzimmer im Hotel de l'Europe

Ein Schlafzimmer mit Betthimmel, Bärenfellen, dreiteiliger Frisiertoilette, Hockern, Taburetts und laszivem Wandbild.

173.
Kuchenreutter ist angestrengt dabei, ein Taburett mit Tellern, Schüsseln, Gläsern, zwei Bestecken, Fleisch, Fisch usw. zu decken.
Fast geht diese Arbeit über seine ungelernte Kraft.

Tolles Geklapper und Geklirr

174.
Münchhausen tritt ins Zimmer und fragt erstaunt:

»Gibt es denn in diesem Hotel keine Kellner?«

DIE KAMERA SCHWENKT
Er geht zu Kuchenreutter, der verlegen äußert:

»Ich wollte nicht ... Der Kellner braucht nicht zu wissen, daß Sie heute im ...

Er zeigt mit dem Daumen auf das Himmelbett und fährt fort:

... im Schlafzimmer essen wollen.«

DIE KAMERA FÄHRT NÄHER
Münchhausen nimmt ein Stück Konfekt vom Taburett und sagt belustigt:

»Du fängst reichlich spät an, für meinen guten Ruf besorgt zu sein.«

Christian verteidigt seine
Maßnahmen:

»In Petersburg sind wir
noch neu, Herr Baron!«

Münchhausen lacht und
steckt das Konfekt in den
Mund.
Es klopft.
Der Baron ruft:

Lachen
Klopfen
»Ja?«

175.
FAHRAUFNAHME
Eine niedliche Zofe kommt
herein, geht zu Münch-
hausen, gibt ihm knicksend
ein Billett und sagt:

»Ein Billett. Der Bote wartet.«

DIE KAMERA STEHT
Münchhausen öffnet den
Brief und liest.

176.
Der Brief lautet:
»Nun kann ich heute Abend
doch nicht kommen. Aber
komm du zu mir!
Der Bote führt dich.
Dein Kätchen.«

Münchhausens Stimme:
»Mantel und Hut!«

177.
Münchhausen meint zu der
Zofe:

»Schade um das schöne
Essen, was?«

Kuchenreutter bringt Man-
tel und Hut.
Der Baron sagt, gespielt
streng:

»Christian! Ich gebe dir die
dienstliche Order, mit dem

Kuchenreutter steht stramm, schielt auf die Zofe und schnarrt:
Münchhausen nimmt Hut und Mantel und geht.
Die Zofe knickst vergnügt.

»kleinen Fräulein zusammen das Souper aufzuessen!«

»Zu Befehl, Herr Baron!«

178.
Münchhausen setzt sich an der Tür den Dreispitz auf und ruft:

»Christian!«
Kuchenreutters Stimme:
»Herr Baron?«

Der Baron sagt zwinkernd:

»Vergiß nicht! In Petersburg sind wir noch neu!«

Er tippt an den Hutrand und verläßt das Zimmer.

179.
Die Zofe fragt zutraulich:
Kuchenreutter packt das Taburett an, um es fortzutragen, und sagt seufzend:

»Was meint er denn damit?«

»Wir sollen im Salon essen.«

Petersburg

Thronsaal in der Eremitage

Längs durch den Saal eine üppig beladene Tafel mit vielen Kerzenleuchtern. Am Kopfende des Saals Stufen zum Thron und der Thron selber. An den Wänden alte Gobelins und Leuchter.

180.

FAHRAUFNAHME

An der langen Tafel schmausen und trinken die Großen des russischen Reichs und schöne, prächtig gekleidete Damen.
Manchen der gefürsteten Admiräle und Marschälle sieht man schon beim Essen an, daß sie nicht gerade an Kaiserhöfen aufgewachsen sind.
Hinter der Tafel stehen Lakaien und bedienen.
Am Tafelende einige läuferbedeckte Stufen und dann der Thron, an dem die Kaiserin Katharina speist.
Den Thron umstehen die Botschafter Europas und Prinz Anton Ulrich von Braunschweig.

Tafelgeräusche. Lachen. Tafelmusik

181.

Die Zarin blickt vom Teller hoch – es ist das Bauernmädchen Katja.
Freilich, heute ist sie maje-

Musik

stätisch gekleidet und frisiert
und lächelt hoheitsvoll.
Katharina sagt zu den Botschaftern:

»Man klatscht bei Ihren
Regierungen viel über meine
Verschwendungssucht.
Meine angebliche Verschwendungssucht ist
eigentlich – Sparsamkeit!
Alles bleibt in meinem
Lande und kommt eines
Tages wieder zu mir
zurück.«

DIE KAMERA SCHWENKT
De Ségur, der Franzose,
schmeichelt:

»Wir werden unsere Finanzminister veranlassen, nach
Petersburg zu kommen und
bei Eurer Majestät Nachhilfestunden zu nehmen!«

Die anderen Herren lachen.
Kobenzl, der Österreicher,
fragt neugierig:

Lachen

»Und was werden Majestät
in der schwedischen Affäre
unternehmen?«

182.
Katharina antwortet ruhig:

»Ich hoffe, daß es keinen
Krieg gibt. Sollte es aber
Schläge setzen, so ist es besser, Schläge auszuteilen, als
zu bekommen.«

DIE KAMERA FÄHRT
ZURÜCK
Fitz Herbert, der Engländer,
ruft:

»Ein kaiserliches Wort! Ich
werde es über London nach
Stockholm weiterleiten.«

Der *Fürst von Ligne* fügt
geistreich hinzu:

»Man tut Eurer Majestät unrecht, wenn man Sie Katharina die Große nennt. Es sollte heißen: Katharina *der* Große!«

Die anderen Herren applaudieren.
Katharina neigt lächelnd das Haupt.

Dezenter Applaus

183.
An einer Ecke der langen Tafel sitzen zwei imposante, grobschlächtige Kerle; es sind die Fürsten *Orlow* und *Potemkin*.
Potemkin fragt kauend:

»Weißt du, wo sie gestern Nacht war?«

Orlow schüttelt den Kopf und antwortet grinsend:

»Der Adjutant hat nur erzählt, daß sie heute morgen um sechs noch nicht wieder zurück war.«

DIE KAMERA SCHWENKT
Die *Fürstin Daschkin*, eine Frau mit kühnem Gesicht, sagt:

»Katharina scheint wieder einmal etwas Abwechslung gesucht – und gefunden zu haben.«

Graf Lanskoi, ein schöner junger Mann in Generalsuniform, wirft scharf ein:

»Meine Herrschaften, Sie sollten weniger über die Kaiserin lästern!«

184.
Die *Fürstin Stroganow* ruft
lachend über die Tafel:

»Aber Graf Lanskoi! Sie mögen ja Grund zur Eifersucht haben – uns aber deshalb Moral zu predigen, geht zu weit!«

Alle lachen.

Lachen

Lanskoi beugt sich verärgert
über seinen silbernen Teller.
Orlow dreht sich um und
sagt genießerisch:

»Ah, es gibt noch eine Pastete!«

185.
Acht livrierte Diener tragen
eine Riesenpastete in den
Saal.
Hinter ihnen marschiert der
Oberkoch mit einem blitzenden Messer.

Petersburg

Das Schloßtor der Eremitage

Ein hohes, kunstvoll geschmiedetes eisernes Tor, an dessen Flanken russische Kürassier-Offiziere mit gezogenem Säbel Wache halten.

186.
SCHWENKAUFNAHME
Münchhausen folgt dem
Boten im Dämmerlicht.
Der Bote nickt einem der
Offiziere zu und geht durch
das Tor.
Münchhausen folgt zögernd,
bleibt schließlich stehen und
ruft: »Heda!«

187.
Der Bote ist auch stehen-
geblieben und dreht sich um.
Der Baron fragt zweifelnd: »Haben Sie sich da auch
 bestimmt nicht in der Haus-
 tür geirrt, Mann?«

Der Bote schüttelt den Kopf
und geht weiter.
Münchhausen sagt laut zu
sich selber: »Sich wundern ist ungesund.«

und folgt dem Mann.

Petersburg

Thronsaal in der Eremitage

188.
Die Pastete steht in der Tafelmitte; Kerzen sind ringsum aufgestellt worden. Der Oberkoch schneidet eben eine neue Pastetenscheibe heraus, – und es wird *ein befrackter Zwerg* an einem kleinen Hammerklavier sichtbar, auf dem er, nach kurzer Verbeugung, ein Stück spielt.
An der Tafel Jubel und Applaus.

*Spieldosenartige Musik
Froher Lärm. Beifall*

189.
Die Kaiserin sagt erhaben zu den Diplomaten:

»Unsere Umgebung soll fröhlich sein, weil wir es dann selbst nicht sein müssen…«

190.
Münchhausen und ein Hofmeister treten durch eine Saaltür.

*Das Münchhausen-Motiv
auf dem Hammerklavier*

191.
Katharina zuckt froh zusammen, sagt dann, sofort wieder beherrscht:

»Beeilen Sie sich, meine Herren, sonst essen Ihnen meine Russen die Pastete vor der Nase weg!«

Die Herren verneigen sich
tief und verlassen den Thron.

192.
FAHRAUFNAHME
Während Münchhausen an *Musik*
der langen Tafel entlang-
schreitet, dreht sich alles
neugierig nach ihm um.
Er selber verzieht keine
Miene.
Erst als er am Tafelende
Anton Ulrich, der ihn an-
starrt, entdeckt, zuckt er
leicht mit den Schultern.
Als er allerdings die Stufen
zum Thron hinaufsteigt,
beginnen ihm die Augen aus
dem Kopf zu treten!

193.
Die Zarin lächelt, als er vor
sie tritt und wie eine Salz-
säule stehenbleibt. Sie flüstert: »Willst du dich gleich vor
mir verneigen?«
Als er gehorcht, flüstert sie: »So ist's recht, Herr Offizier!«

DIE KAMERA FÄHRT
ZURÜCK
Die Kaiserin sagt, ganz
Majestät: »Der Prinz von Braunschweig gab mir zu verstehen, daß Sie Wichtigeres
kannten, als einer Kaiserin
Ihre Aufwartung zu
machen.«

Münchhausen antwortet,
gespielt ernst:

»Als ich diese unverzeihliche
Meinung äußerte, kannte ich
die Kaiserin von Rußland
noch nicht.«

194.
Katharina flüstert:
Dann sagt sie:

»Du Lügner!«
»Auch Kaiserinnen sind
neugierig. Habe ich Sie von
einem Stelldichein mit einer
schönen Frau abgehalten?«

Münchhausen erwidert
bekümmert:
Katharina beteuert:

»Mit der schönsten Frau!«
»Ich bin untröstlich, Herr
Baron, wie kann ich das wieder gutmachen?«

Sie tut, als denke sie scharf
nach und steht auf.

Tusch

195.
An der Tafel springt alles
hoch.
Die Herren verbeugen sich.
Die Damen machen einen
Knicks.

196.
Der Thron ist leer.
Auch Münchhausen ist nicht
mehr da.
DIE KAMERA SCHWENKT
Eine Tapetentür schließt sich
geräuschlos.

Noch ein Tusch

197.
Alles kehrt aus der Verneigung zurück.

Man setzt sich.

198.
Potemkin fragt rüde:
Anton Ulrich, der in der
Nähe sitzt, sagt schneidend:

Potemkin, schon betrunken,
steht auf und brüllt:

DIE KAMERA SCHWENKT
Orlow zieht Potemkin am
Rock, so daß Potemkin in
seinen Stuhl zurückfällt.
Potemkin springt hoch,
packt Orlow am Hals und
schreit:

Die zwei Riesen schlagen
aufeinander los.

199.
Potemkin blutet aus einem
Auge und sackt zusammen.

200.
Der Fürst von Ligne sagt
trocken zu Anton Ulrich:

201.
Ein Lakai erscheint und hält
ihnen eine silberne Schüssel
hin, in der Edelsteine aller

*Getuschel bricht mit einem
Ruck los*

»Wer ist dieser Kerl?«

»Durchlaucht, dieser Kerl ist
mein Freund, der Baron
Münchhausen!«

»Ich, der Fürst Potemkin,
werde ihn eigenhändig aus
dem Schloß prügeln!«

»Bin ich ein Kind oder ein
Tier?«

»Die Menschen sind doch
recht verschieden. Ihre Herzen gleichen einander so
wenig wie ihre Nasen.«

Art in allen Farben funkeln!
Ein goldener Löffel liegt
obenauf.
Ligne sagt befriedigt: »Ah, das Dessert!«

202.
Er nimmt den goldenen
Löffel, wählt damit in der
funkelnden Pracht und
bemerkt: »Ein Smaragd fehlt mir
noch. Er braucht nicht
größer als ein Taubenei
zu sein ...«

Er fischt einen wundervollen
Smaragd aus dem Edelstein-
kompott heraus und erklärt
befriedigt: »So – nun ist das Collier, das
ich der Taglioni schenken
will, komplett.«

203.
Er läßt den Smaragd in die
Tasche gleiten. Der Diener
wendet sich mit der Schüssel
Prinz Anton Ulrich zu.
Der Prinz greift zögernd
nach dem goldenen Löffel.
Ligne sagt ermunternd: »Greifen Sie zu, Prinz!
Jedem Gast ein Edelstein als
Magenschluß! Katharina ist
großzügig im Geben – und
im Nehmen!«

Petersburg

Katharinas Oval-Salon

Ein Oval-Salon mit dem Wandverlauf angepaßten Möbeln und figurenreichen Wandfüllungen. Ein Ofen mit Putten und Girlanden.

204.
Katharina und Münchhausen lösen sich aus einem langen Kuß. Sein Ärmel ist an einer ihrer Diamantbroschen hängengeblieben. Während sie ihn losnestelt, meint er lächelnd:

»Bauernmädchen zu küssen, ist bequemer, Majestät!«

Sie blickt ihn besorgt an und fragt, fast erschrocken:

»Als Kaiserin gefalle ich dir nicht so gut?«

205.
Er lacht, beugt sich zu ihr und flüstert:

»Die Kaiserin gefällt mir besser als ihr Staatskleid.«

Sie schmiegt sich, schwer von Liebe, an ihn und erwidert lächelnd:

»Dem ist abzuhelfen, Herr Offizier!«

Sie zeigt auf ein mit einem Bildgobelin bezogenes Kanapee und kommandiert:
DIE KAMERA SCHWENKT
Er steht stramm, geht gehorsam hinüber und setzt sich.

»Setz dich dorthin!«

206.
SCHWENKAUFNAHME
Sie klatscht zweimal in die Hände und läuft dann ins Nebenzimmer.

Zweimal Händeklatschen

207.
Der Baron schüttelt benommen den Kopf.
Plötzlich stutzt er. Aus dem Fußboden steigt ein reich mit Speisen und Getränken beladener ovaler Tisch geräuschlos empor!
Münchhausen schmunzelt, wirft die Spitzenmanschetten zurück und sagt:

»Ich bin so frei!«

Petersburg

Katharinas Schlafzimmer

Sehr üppiges französisches Rokoko. Schwere Portieren. An den Wänden Fragonards und Watteaus. Wand- und Kronleuchter. Spiegel.

208.
Katharina steigt, von ihrer Kammerfrau *Marfa* unterstützt, aus dem Staatskleid.
Marfa erzählt aufgeregt:

»Fürst Orlow soll ihm ein Auge ausgeschlagen haben!«

Sie hastet aus dem Bild.
Katharina sagt:

»Ich habe die zwei zu sehr verwöhnt! Nun sticht sie der Hafer. Ich will heute nicht mehr gestört werden, Marfa.«

Marfa kommt mit einem verführerischen Negligée zurück, hilft der Zarin hinein und antwortet vorlaut:

»Natürlich nicht, Matuschka. Der erste Abend …«

209.
FAHRAUFNAHME
Katharina geht zu einem Spiegel, blickt prüfend hinein und meint trocken:
Dann lächelt sie versonnen, geht zur Tür weiter und sagt:

»Sei nicht so frech!«

»Übrigens ist es der zweite Abend.«

Petersburg

Katharinas Oval-Salon

210.
Münchhausen blickt auf, wirft das Besteck beiseite und breitet die Arme aus. Katharina kommt zum Kanapee, setzt sich, klopft ihm auf die Finger und erklärt übermütig:

»Erst wollen wir ein paar *vernünftige* Worte miteinander reden. Hör zu: Wenn du willst, ernenne ich dich zu meinem Generaladjutanten. Du beziehst dann die Zimmer *unter diesen* hier ...«

Er legt den Arm eng um sie und sagt frech:
DIE KAMERA FÄHRT NÄHER
Sie nickt und erwidert ernsthaft:

»Sehr praktisch!«

»Eine Kaiserin hat weniger Zeit für ihr Herz als andere Frauen. Da sie nun aber doch ein Herz hat, muß sie das Glück, das ihr zufliegt, in ein Bauer sperren.«

Leise fragt sie:
»Willst du bleiben?«
Er stellt lächelnd die Gegenfrage:
»Wie lange, Kätchen?«

211.
Sie antwortet ruhig:
»Bis einer von uns beiden wieder frei sein will!«
Er sagt:
»Ich bleibe. – Haben wir

	nun lange genug vernünftig geredet?«
Sie nickt entschieden. Er streichelt ihren Nacken und flüstert rauh vor Liebe:	
	»Jetzt wär's an der Zeit, den Kopf zu verlieren.«
Sie schließt langsam die Augen und zieht ihn sehnsüchtig an sich. Da klopft es hastig. Katharina fährt wütend auf.	*Klopfen*

212.
FAHRAUFNAHME
Die Kammerfrau Marfa kommt, mit einem Hermelinmantel überm Arm, in den Salon gehetzt und meldet außer Atem:

»Der Kanzler muß Eure Majestät sofort sprechen! Der schwedische Gesandte hat den Vertragsentwurf überreicht!«

213.
Katharina läßt sich den Hermelin umlegen.
Münchhausen steht auf.
Sie sagt: »Du bleibst!«
Er setzt sich wieder.
Dann befiehlt sie Marfa: »Führe die Herren herein!«
Marfa rennt weg.
Münchhausen fragt mit hochgezogenen Brauen: »Und was wird aus meiner Wenigkeit?«
Katharina antwortet listig: »Das wirst du gleich sehen!«
Sie klatscht dreimal in die Hände.

Dreimal Händeklatschen

214.
Und schon beginnt Münchhausen samt Kanapee und Eßtisch im Fußboden zu versinken.
Katharina beugt sich zu ihm, der kein allzu geistreiches Gesicht macht, und flüstert:

»Wir reden später noch miteinander – unvernünftig!«

Der Fußboden schließt sich über dem versunkenen Münchhausen.

215.
Katharina richtet sich straff auf; jeder Zoll wieder eine Kaiserin! Da sieht sie Münchhausens Dreispitz herumliegen und stopft ihn, kurz lächelnd, unter ihren Hermelinmantel. Dann blickt sie hoheitsvoll zur Tür.

BLENDE

Petersburg

Gartensaal in Zarskoje Selo

Saal in einem Sommerpalast. An den offenen Fenstern Oleander-Kübel. In Wandnischen mythologische Jäger- und Hirtenfiguren. Die Besucher in Schäferkostümen à la Trianon. Zahlreiche Spieltische.

216.
FAHRAUFNAHME
Die Kaiserin, auch als Schäferin gekleidet, geht mit einer Damensuite, darunter die Fürstinnen Daschkin und Stroganow, durch den Saal.
Wo sie hinkommt, steht man auf und macht Referenzen.
Sie nickt lächelnd nach allen Seiten.
Sie nähert sich einem Fenster, an dem Anton Ulrich und Münchhausen stehen und sich verneigen.
Münchhausen trägt eine pompöse Uniform und viele Orden.

217.
Katharina bleibt stehen und läßt absichtlich ein Spitzentaschentuch fallen.
Münchhausen kommt, hebt das Tuch auf und gibt es ihr.
DIE KAMERA FÄHRT NAHE
Sie lächelt und fragt leise: »Liebst du mich noch, du Lump?«

Er erwidert das Lächeln und
antwortet, ebenso leise:

»Nein. Wir kennen uns doch
schon ein halbes Jahr.«

Sie flüstert:

»Na warte, ich schicke dich
auf die Schlüsselburg!«

DIE KAMERA FÄHRT
ZURÜCK
Laut fährt sie fort:

»Der Prinz von Braunschweig, Ihr Freund, sieht
krank aus, Baron!«

Münchhausen sagt ärgerlich:

»Das macht die Freude, im
Sommerpalast Eurer Majestät liebe alte Bekannte wiederzusehen!«

Katharina blickt aus dem
Bild, runzelt die Stirn und
meint:

»Dieses Frauenzimmer *hier*?
Seit Fürst Potemkin nur
noch ein Auge hat, glaubt er,
ich sähe schlechter.«

218.
Potemkin an einem Spieltisch. Ein Auge ist schwarz
verbunden. Er schiebt eben
eine Rolle Dukaten zu Graf
Lanskoi hinüber.
An Potemkin angeschmiegt
sitzt – Mademoiselle La
Tour!
Lanskoi streicht das Geld
ein und sagt amüsiert:

»Wenn ich Ihnen noch mehr
Dukaten abgewinne, brauche ich für die Heimfahrt
eine zweite Kutsche.«

Potemkin greift zu den Karten und knurrt:

»Ich setze meine Kutsche.

                                    Und die fünf Pferde. Und
                                    den Kutscher. Und die zwei
                                    Vorreiter. Und …«

219.
Da treten zwei Offiziere
vom Dienst an den Tisch.
Der eine sagt:

                                    »Durchlaucht, Ihre Dame
                                    wünscht, sofort nach Peters-
                                    burg zurückzukehren.«
Die La Tour lacht irritiert.   *Lachen*
Potemkin blickt die Offi-
ziere an, als wolle er sie
anspringen.
Der zweite Offizier erklärt
ängstlich: »Befehl der Kaiserin,
                                    Durchlaucht!«

Potemkin beherrscht sich
und blickt sich suchend im
Saal um.

220.
Über Potemkin auf Katha-
rina und Münchhausen, die
zu dem Tisch blicken.

221.
Potemkin befiehlt der La
Tour: »Verschwinde! Nimm
                                    meinen Wagen! Und diesen
                                    deutschen Baron bring ich
                                    um!«
Die La Tour steht auf und
geht mit den Offizieren aus
dem Bild.
Potemkin meint zu Lanskoi: »Da ich die Kutsche drin-
                                    gend brauche, wollen wir die
                                    Partie abbrechen!«

Lanskoi nickt verständnisvoll.
Potemkin murmelt wütend:

»Sie, Graf Lanskoi, werde ich wohl auch noch brauchen!«

222.
Die halb ohnmächtige La Tour, von den Offizieren flankiert, verläßt den Saal.
Die Umstehenden schauen schadenfroh hinterdrein.

Getuschel

223.
Katharina, Münchhausen und der Kanzler *Panin* stehen zusammen.
Panin berichtet gerade:

»Er wohnt seit gestern im Hotel de l'Europe. Haben Majestät Befehle?«

DIE KAMERA SCHWENKT
Die Kaiserin erwidert:

»Dieser sogenannte Graf Cagliostro soll in meinem Reich nicht soviel Unruhe stiften wie in Kurland ...«

Sie wendet sich an Münchhausen und sagt:
Münchhausen macht eine Verbeugung.
Die Zarin und Panin entfernen sich.

»Entschuldigung, Baron!«

224.
Münchhausen dreht sich auf dem Absatz um – da steht Potemkin vor ihm und fragt böse:

»Wissen Sie, was ein Kuckucksduell ist?«

Münchhausen erwidert kühl:

»Fragen Sie nicht so dumm, Durchlaucht!«

Petersburg

Ein Zimmer in Zarskoje Selo

Ein geräumiger eleganter Salon. Auf den Sesseln Gobelins mit dem russischen Adler. Eine Uhr mit schwingendem Pendel. Porzellan. Spiegel. Kronleuchter.

225.
Diener sind dabei, die
schweren Fensterportieren
zu schließen. Graf Lanskoi,
der ihre Tätigkeit über-
wacht, ist von einem Kam-
merdiener begleitet, der eine
brennende Stocklaterne
hochhält.
Als die Portieren dicht
geschlossen sind, ist der
Raum nur noch von der
Stocklaterne erhellt.

226.
Lanskoi öffnet auf dem
Tisch einen Pistolenkasten,
in dem zwei kostbare
schwere Pistolen liegen.
Er hört Schritte und wendet   *Schritte*
sich um.

227.
SCHWENKAUFNAHME
Potemkin und Münch-
hausen kommen ins Zimmer
und bleiben vor Lanskoi
stehen.

DIE KAMERA STEHT
Lanskoi reicht jedem eine
Pistole und bemerkt sach-
lich:

»Baron Münchhausen hat
die Seitenwahl.«

Zum Baron gekehrt, fügt er
hinzu:

»Fürst Potemkin hat den
ersten Schuß!«

228.
SCHWENKAUFNAHME
Münchhausen geht gemüt-
lich in eine Zimmerecke und
stellt sich, die Pistole schlen-
kernd, mit dem Gesicht zur
Wand, an der ein Frauen-
bildnis hängt.

229.
Potemkin schärft Lanskoi
ein:

»Sie bleiben draußen an der
Tür, Graf, und lassen niemanden herein, bevor es ...
still geworden ist.«

Lanskoi antwortet:

»Selbstverständlich, Durchlaucht.«

Er nimmt dem Kammer-
diener die Laterne ab und
sagt:

»Hinaus! Und den Mund
gehalten!«

Die Diener verlassen eilig
das Zimmer.

230.
Potemkin und Münch-
hausen stehen in entgegen-
gesetzten Ecken, mit den
Gesichtern zur Wand.

Lanskoi geht mit der Laterne zur Tür, sagt:	»Es ist soweit, meine Herren!«
und verläßt das Zimmer. Nun ist es stockdunkel! Man hört einen Revolverhahn knacken. Potemkins Stimme fragt: Münchhausens Stimme erwidert voll Galgenhumor:	*Knackgeräusch* »Fertig?« »Einen Augenblick, Ihnen sitzt eine Fliege auf der Nase!«
Potemkins Stimme, barsch: Münchhausens Stimme: Man hört Schritte tappen. Dann ruft Münchhausens Stimme laut: Mündungsfeuer blitzt auf.	»Los, Sie Narr!« »Fertig!« *Schritte* »Kuckuck!« *Ein Schuß ertönt. Ein Spiegel zersplittert. Schritte tappen*
Potemkins Stimme ruft: Mündungsfeuer am anderen Ende.	»Kuckuck!« *Ein Schuß. Ein Möbelstück zerbricht. Schritte. Stolpern. Ein Stuhl fällt um*
Münchhausens Stimme: Mündungsfeuer.	»Kuckuck!« *Ein Schuß. Kronleuchterglas klirrt zu Boden. Stolpern. Ein unterdrückter Fluch*
Potemkins Stimme: Mündungsfeuer.	»Kuckuck!« *Ein Schuß. Schritte. Wieder stürzt ein Stuhl um. Eine Uhr schlägt fein ein paar Schläge*
Münchhausens Stimme: Mündungsfeuer.	»Kuckuck!« *Ein Schuß. Porzellan klirrt. Die Uhr fällt dröhnend um, ihr Werk zittert und summt*

Petersburg

Ein Palastkorridor mit Tür

231.
Graf Lanskoi steht nervös
vor der Tür und nagt an der
Unterlippe.
Die Laterne lehnt neben
ihm.
Lanskoi blickt erschrocken
aus dem Bild.

Potemkins Stimme:
»Kuckuck!«

Ein Schuß. Möbel stürzen

232.
FAHRAUFNAHME
Katharina kommt in großer
Hast den Korridor entlang
und ruft gellend:

»Aufhören! Sofort auf-
hören!«

Hinter ihr läuft Anton
Ulrich.

Münchhausens Stimme:
»Kuckuck!«
Ein Schuß. Lärm

233.
Lanskoi vertritt Katharina
den Weg.
Sie befiehlt schreiend:

»Öffnen Sie die Tür, Graf!«
Potemkins Stimme:
»Kuckuck!«
Ein Schuß. Ein Aufschrei

Anton Ulrich zieht den
Degen.
Lanskoi sagt unerschüttert:

»Ich gebe die Tür erst frei,
wenn kein Schuß mehr fällt,
Majestät!«

Petersburg

Ein Zimmer in Zarskoje Selo

234.
Mündungsfeuer.

*Ein Schuß.
Münchhausens Stimme:*
»Verdammt noch mal!«
*Potemkins Stimme, ganz
schwach:*
»Kuckuck!«
Ein Mensch sackt zusammen. Tiefe Stille folgt

Die Tür wird aufgerissen.
Lanskoi tritt mit erhobener
Laterne ein.
Die Kaiserin folgt hastig und
blickt sich suchend um.
Das Zimmer ist ein einziger
Trümmerhaufen!

235.
SCHWENKAUFNAHME
Zwischen umgekippten
Stühlen und der zertrümmerten Uhr liegt Potemkin.
Seine Kleider sind in Fetzen.
Er blutet an der Stirn und
hält sich mit den Händen
eine Schenkelwunde.
Münchhausen lehnt bleich
an der Wand und hält mit
der linken Hand den rechten
Unterarm hoch.

236.
Zu Katharina, die zu ihm
tritt, sagt er:

»Schade, daß ich mit der

Sie streichelt ihn und meint zärtlich:

Er erwidert, nach kurzer Überlegung, kopfschüttelnd:

ÜBERBLENDUNG

linken Hand weiterschießen mußte!«

»Ich bringe dich zu Doktor Lemonier.«

»Laß meinen Wagen anspannen, Kätchen! Ich kenne einen besseren Arzt ...«

Petersburg

Cagliostros Zimmer im Hotel de l'Europe

Das Zimmer ist, wo sich nur irgend Platz fand, mit Medizinflaschen, Salbenbüchsen, alten Grammwaagen, magischen Emblemen, Retorten, Glaskugeln usw. vollgestellt. Ein Spinett.

237.
Der Graf Cagliostro legt
eine Schlinge um Münchhausens verbundenen Arm
und sagt:

»Die Kugel hätte Ihnen jeder Dorfbarbier herausholen können. Und Sie haben das gewußt, Baron! Sie sind gekommen –, mich zu warnen …«

Münchhausen macht ein
betroffenes Gesicht.
Cagliostro meint lächelnd:

»Sie wollen mich warnen, obwohl Sie mich verachten? Das ist mehr als eine Heldentat.«

238.
Münchhausen erwidert
nahezu jungenhaft verlegen:

»Sie haben damals in Kurland offen mit mir gesprochen – heute bin ich an der Reihe.«

Cagliostro nickt
und sagt nachdenklich:

»Wir gleichen einander wie ungleiche Brüder. Ich glaubte immer, wir seien Brüder. Und Sie glaubten stets, daß wir ungleich sind.«

DIE KAMERA SCHWENKT
Münchhausen schlendert ein paar Schritte und bleibt vor einem Bild an der Wand stehen. Dabei sagt er:

»Man kann einander in fast allem gleich sein und sich gerade im Wesentlichen unterscheiden.«

Er betrachtet das Bild.

239.
Das Gemälde zeigt eine auf einer Ottomane ruhende nackte Frau, die dem Betrachter den Rücken kehrt. *Diese Rückenansicht gehört zu der Gattung, die uns auf die Vorderseite neugierig macht.*
Zu Münchhausen, der die Dame angelegentlich mustert, tritt Cagliostro und schaut ihn lächelnd von der Seite an.

240.
Plötzlich wird die gemalte Dame im Bilderrahmen lebendig!
Und sie dreht sich, magisch beeinflußt, langsam den beiden Betrachtern zu!
Leider entspricht ihre Voransicht nicht den gehegten Erwartungen.
Überdies macht sie ein streng abweisendes Gesicht.

241.
Münchhausen blickt – halb amüsiert, halb beeindruckt – Cagliostro an und sagt:

»Verbindlichen Dank! Aber von hinten gefällt sie mir *doch* besser.«

Cagliostro erwidert nickend:
»Ganz meine Meinung.«
DIE KAMERA FÄHRT NÄHER
Und schon dreht die Dame, unveränderten Gesichts, ihre bevorzugte Rückenlinie langsam wieder ins Bild, bis das Gemälde genau so ist, wie es eingangs war.

242.
Münchhausen ist durch das Kunststück doch etwas unsicher geworden.
Nach einem letzten forschenden Blick auf das seltsame Gemälde
DIE KAMERA SCHWENKT
geht er ein paar Schritte weiter und bleibt unschlüssig vor dem Spinett stehen.

243.
Er klimpert mit der gesunden Hand auf den Tasten. Cagliostro tritt hinzu und fragt:
Der Baron antwortet:

Spinett-Töne

»Sie lieben Musik?«
»Am liebsten höre ich Geigen.«

Und schon quellen, während er weiterklimpert, süße Geigentöne aus dem Klavier.

Münchhausen schaut Cagliostro betroffen an.
Der nickt ihm lächelnd zu und akkompagniert auf den Tasten.

Jetzt hört man Geigen, Gamben und Violinen im mehrstimmigen Satz erklingen

Als Münchhausen und Cagliostro die Hände von den Tasten nehmen, ist jener noch ganz benommen; dieser sagt trocken:
und klappt den Deckel zu.
DIE KAMERA FÄHRT NÄHER
Dann fährt er ironisch fort:

»Ein kleiner Scherz.«

»Wir werden uns in wenigen Minuten trennen müssen. Der Herr Kanzler bemüht sich meinetwegen sogar persönlich.«

DIE KAMERA SCHWENKT
Er greift in eine Perlmutterschatulle, die auf dem Spinett steht, und entnimmt ihr einige einfache Ringe. Einen davon hält er Münchhausen hin und sagt:

»Heben Sie diesen Ring gut auf! Wenn Sie ihn anstecken, werden Sie für eine Stunde unsichtbar! Wählen Sie die Stunde gut! *Danach* hat er seine Kraft verloren und taugt höchstens noch als Geschenk für ein Kind, das weint.«

Münchhausen steckt den Ring ein.

Cagliostro läßt die übrigen
Ringe in seine Rocktasche
gleiten.

244.
FAHRAUFNAHME
Cagliostro geht durchs Zimmer, nimmt seinen Stock,
Hut und Mantel und fragt
währenddem:

»Wenn Sie einen Wunsch
tun dürften, der weit über
alles Wünschenswerte hinausgeht, – Baron – was
wünschten Sie sich?«

Er nähert sich wieder
Münchhausen.

245.
Cagliostro meint ironisch:

»Macht und Gold locken Sie
nicht. Ich weiß es.«

DIE KAMERA SCHWENKT
Münchhausen lächelt versonnen vor sich hin und
spricht, fröhlich und feierlich zugleich:

»Ich wünschte mir: Immer
so jung zu sein wie heute!
Solange, bis ich *selber* ums
Altwerden bäte!«

246.
Cagliostro schaut ihn mit
unheimlich bohrenden
Augen an und sagt langsam:

»Ihr Wunsch wird in Erfüllung gehen!«

Es folgt eine seltsam
beklommene Stille.

Dann von draußen Sporenklirren und Stiefeldröhnen
»Da sind sie schon!«

Cagliostro lacht:

247.
Die Tür springt auf.　　　　*Türgeräusch*
Offiziere mit vorgehaltenen
Pistolen und gezogenen
Degen dringen ein und
postieren sich.
Ihnen folgt der Kanzler
Panin.
Er ruft:　　　　　　　　　　»Graf Cagliostro, Sie sind
　　　　　　　　　　　　　　verhaftet!«

248.
Cagliostro steckt sich,
Münchhausen zuzwinkernd,
einen Ring an und sagt:　　　»Grüßen Sie Katharina die
　　　　　　　　　　　　　　Große von mir, Münch-
　　　　　　　　　　　　　　hausen!«

Dann ist er spurlos
verschwunden!
Münchhausen lächelt.

249.
Panin ruft empört:　　　　　»Was soll das heißen?«
Die Offiziere sind vor die
Tür gesprungen und stecken
ihre Degen sinnlos in die
Luft.
Da taumeln sie zur Seite!
Cagliostros Lachen ertönt.　*Cagliostro lacht*
Die Tür fällt von selber zu.　*Die Tür schlägt zu*

KURZ ABBLENDEN

Bodenwerder

Eine verspielte Parkszenerie

KURZ AUFBLENDEN

250.
Zigarrenrauch kräuselt sich
vor dunklem Hintergrund.
DIE KAMERA FÄHRT
ZURÜCK
Münchhausen hat sich, die
Erzählpause genießend, mit
dem Feuerzeug eine schwere
Zigarre angebrannt.
Es dämmert schon.
DIE KAMERA SCHWENKT
Die Baronin mustert unauf-
fällig Sophie von Riedesel,
die verträumt vor sich hin-
blickt.

251.
Hartenfeld räuspert sich und
sagt erregt: »Ein tolles Jahrhundert!«

252.
Der Zweig, auf dem die
Finken und die Meisen sit-
zen, und die Nachbarzweige
sind jetzt mit lauschenden
Singvögeln bevölkert.

253.
Am Wildgatter stehen einige *Hartenfelds Stimme:*
Rehe, haben die Ohren »Die Zahl der Zuhörer ...«
gespitzt und schauen ge-
spannt zu Münchhausen hin.

254.
Hartenfeld blickt in Wildgatterrichtung und meint lächelnd:

»… wächst ständig!«

Johann füllt die Gläser.
Hartenfeld bemerkt Johanns skeptischen Gesichtsausdruck und fragt:

»Was ist denn mit Ihnen los?«

Johann antwortet zurückhaltend:

»Es spricht einiges gegen die … Wahrscheinlichkeit des Erzählten.«

DIE KAMERA SCHWENKT
Münchhausen erklärt komisch entrüstet:

»Er hält mich für einen Schwindler! Existierte Amerika denn erst, nachdem es entdeckt worden war? War der Mann, der vor tausend Jahren sagte, der Mensch könne fliegen, ein Lügner?«

255.
Er sagt ruhig:

»Der Mensch mit der stärkeren Einbildungskraft erzwingt sich eine reichere Welt. Das ist kein Schwindel und keine Zauberei.«

256.
Sophie von Riedesel fragt, halb scheu, halb trotzig, ohne Münchhausen anzublicken:

»Und was geschah dann? Blieb Münchhausen wirklich so jung, wie er war?«

Ihre Stimme flattert:

Und … lebte er wirklich länger als … als andere Menschen?«

Münchhausen blickt, wie aus weiter Ferne, auf das junge Mädchen. Leise beginnt er:

»Es gab Krieg mit den Türken. Dann mit den Schweden. Später wieder mit den Türken. Und weil Potemkin den St. Georgsorden noch nicht besaß, den nur siegreich heimkehrende Feldherren erhielten, gab es schließlich noch einmal Krieg mit den Türken.«

257.
Auf einem Zweig sitzt ein Vogeljunges neben der Vogelmama. Das Junge, ein plustriges Wollknäuel, zwitschert vorlaut. Die Vogelmutter blickt den Junior schief an und macht streng:

Zwitschern

»Pst!«

258.
Johann zündet eine Windfackel an, die an einem Baum befestigt ist.

Münchhausens Stimme:
»Es gibt Zeiten, in denen schaut man nur selten in den Spiegel.«

259.
Hartenfeld macht sich Notizen. Münchhausen trinkt und sagt zögernd:

»Aber ich glaube doch, daß die anderen Menschen älter wurden – nur Münchhausen nicht.«

Sophie beugt sich vor und fragt:

»Und Katharina?«

Münchhausen sagt lächelnd: »Die Kaiserin schaute natürlich auch im Krieg in den Spiegel! Und als der zwanzigjährige Mamonow ihr Generaladjutant wurde, ernannte sie Münchhausen zum Kommandeur des Regiments Troizk...«

ÜBERBLENDUNG

Die Krim

Das Lager von Otschakow

Zelte, darunter Potemkins Prunkzelt. Wachtposten. Kanonen. Daneben in Pyramidenform gestapelte Kanonenkugeln. Angepflockte Pferde, Proviantwagen.

260.
Blick auf eine Zeltgasse.

Münchhausens Stimme:
»... und schickte ihn in das Feldlager vor der Festung Otschakow.«

261.
FAHRAUFNAHME
Der Fürst von Ligne, recht alt geworden, stakt durch die Lagergasse.
DIE KAMERA STEHT
Er bleibt bei einem Zelt stehen, vor dem, krummgezogen und gealtert, Kuchenreutter auf einer großen Trommel sitzt.
Ligne fragt:

»Wo ist denn dein Baron?«

Kuchenreutter steht ächzend auf und antwortet:

»Er macht einen Erkundungsritt, Durchlaucht.«

DIE KAMERA FÄHRT NÄHER
Ligne fragt lachend:

»Und da hast du ihn allein reiten lassen?«

DIE KAMERA SCHWENKT
Kuchenreutter erwidert grimmig:

»Umgekehrt, Durchlaucht! Er hat mich allein sitzen lassen!«

Er hält sich die Seite und meint, trotz der Schmerzen lächelnd:

»Er bildet sich ein, ich hätte Podagra.«

Die Krim

Gelände vor Otschakow

Hügelige baumlose Steppe. Vereinzelte Sträucher. Ganz in der Ferne die Mauern und Zinnen der türkischen Festung Otschakow.

262.
FAHRAUFNAHME
Münchhausen reitet, in der Uniform eines russischen Kavallerie-Obersten, im langsamen Trab durch die Steppe. In der Hand hält er ein Fernrohr. Er ist jung wie je!
DIE KAMERA STEHT
Er hält an und blickt durch das Fernrohr.

263.
Im Rund des Fernrohrs eine Bastion von Otschakow, mit der Halbmondflagge.
Das Bild im Fernrohr schwankt plötzlich unruhig hin und her.

264.
Münchhausen klopft dem nervös tänzelnden Pferde den Hals und fragt: »Was haben wir denn?«
Da das Pferd sich nicht beruhigt, stellt er sich in die Bügel und blickt, die Augen

mit der Hand abschirmend, nach allen Seiten. Schließlich verharrt er in der gleichen Blickrichtung und murmelt:

»Das ist tatsächlich ein Grund zum Nervös werden!«

265.
TRICK
Die kleine Puppe des Schnelläufers rast über eine Hügelhöhe und verschwindet in der Senke.

Hoher Saus-Ton, ganz fern

Hoher Saus-Ton, näher

266.
TRICK
Die größere Puppe des Läufers rast über einen näheren, größeren Hügel und verschwindet in der Senke.

Hoher Saus-Ton, immer näherkommend

267.
UNTERDREHT
Der Läufer selbst rast über die Steppe näher, wie ein Blitz zu Fuß!

Hoher Saus-Ton, nahe

268.
Münchhausen schreit:

»Heda!«

269.
Der Läufer bremst und hält inne; es ist ein dürrer Kerl in Läuferuniform. Er steht lächelnd stramm und ist erstaunlicherweise gar nicht außer Atem.

Münchhausen reitet zu ihm
und fragt: »Wo kommst du her?«
Der Läufer rapportiert: »Aus dem Feldlager von Bender! Ich bringe Fürst Potemkin eine Meldung von Marschall Suworow!«

DIE KAMERA FÄHRT NÄHER
Münchhausen fragt rechnend: »Da bist du mindestens zwei Tage unterwegs?«

Der Läufer lächelt nachsichtig und antwortet: »Ich bin der schnellste Läufer, den es gibt, Herr Oberst!«

Münchhausen rät: »Hast du bloß anderthalb Tage gebraucht?«

Der Läufer schaut auf seine Sackuhr, schüttelt grinsend den Kopf und erwidert: »Nein, etwa zwanzig Minuten.«

270.
Münchhausen lacht herzlich und sagt: »Ausgerechnet dem Baron Münchhausen mußt du das erzählen!«

Der Läufer strahlt über beide magere Backen und erklärt: »Den Herrn Baron wollte ich schon immer einmal kennenlernen.«

Münchhausen meint jovial: »Dazu hast du jetzt keine Zeit, mein Sohn. Nimm die Beine unter die Arme und scher dich zum Fürsten Potemkin.«

Der Läufer meldet: »Ich soll hier vor Otschakow bleiben. Hat der

Münchhausen greift in die
Tasche und erwidert:
wirft ihm einen Dukaten zu
und brummt:

271.
Der Läufer salutiert erfreut.
Dann bückt er sich, nimmt
die Fäuste vor die Brust und
ist auch schon
UNTERDREHT
verschwunden.

272.
Münchhausen blickt kopf-
schüttelnd hinterdrein und
hebt nun wieder sein Fernrohr vors Auge.

Herr Baron Verwendung
für mich?«

»Meinetwegen.

Da hast du dein Handgeld.«

Verklingender Saus-Ton

Die Krim

Potemkins Prunkzelt

Ruhebetten. Taburetts mit Getränken. Ein Tisch mit Landkarten. Feldstühle. Standarten. Erbeutete Türkenfahnen. Roßschweife und Krummsäbel. Vorm offenen Zelteingang patrouilliert eine Wache.

273.
Am Kartentisch sitzen Prinz Anton Ulrich und Graf Lanskoi – beide deutlich gealtert – und wenden die Köpfe
DIE KAMERA SCHWENKT
dem Zelthintergrund zu, wo der Läufer eben dem Fürsten Potemkin seine Meldung erstattet:

»Der Capudan-Pascha ist vor Bender mit fünfzigtausend Krimtataren und Seldschuken aufgebrochen und in Richtung Otschakow abmarschiert.«

DIE KAMERA FÄHRT NÄHER
Der einäugige Fürst, verwüsteter als wir ihn kannten, aber noch immer unverwüstlich, winkt abfällig und wendet sich den beiden Damen zu, zwischen denen er sich räkelt.
Die eine Dame – gealtert und dick geschminkt – ist Mademoiselle La Tour.
Die andere ist ein hübsches, gefälliges Fräulein.

274.
Lanskoi sagt resigniert, während er auf die Karte zeigt:

»Wenn Capudan-Pascha einen Gewaltmarsch riskiert, haben wir sein Heer in drei Tagen auf dem Hals.«

Anton Ulrich meint kalt:

»Otschakow muß fallen, *bevor* er eintrifft. Sonst fällt es nie!

Er steht auf und erklärt:

Ich werde die Hundertpfünder laden lassen.«

Er setzt den Dreispitz auf und geht.

275.
Potemkin beschäftigt sich angelegentlich mit der jungen Dame, die ein beträchtliches Dekolleté hat.
Die La Tour giftet sich vor Eifersucht.
Sie umklammert ihr Weinglas, und als sich die Chance bietet, schüttet sie der Rivalin den Wein ins ›Schaufenster der Halbwelt‹!
Die Rivalin springt kreischend auf.

Kreischen
Lachen

Potemkin lacht laut und gibt dem Mädchen sein Taschentuch zum Trockenlegen.
Dann haut er der La Tour, ganz nebenbei, eine herunter.

276.
Nachdem das erledigt ist,
fragt er den Läufer: »Ich brauche einen Boten an die Kaiserin nach Petersburg. Wann kannst du laufen?«
Der Läufer antwortet: »Wenn es der Baron Münchhausen erlaubt, sofort.«

Der Fürst beugt sich vor
und fragt ärgerlich: »Was soll das heißen?«
Der Läufer meldet: »Der Herr Baron hat mich vorhin in seine Dienste genommen.«

Die Krim

Vor Otschakow, bei den Hundertpfündern

Vier schwere Kanonen. Faschinen. Kugelpyramiden. Bombardiers mit Ladestöcken bei der Arbeit. Kanoniere schieben Kugeln in die Rohre.

277.
Die Geschütze werden geladen. *Arbeitsgeräusche*
Anton Ulrich beaufsichtigt die Arbeit.
Münchhausen und der Fürst von Ligne kommen und stellen sich neben eine der schon geladenen Kanonen.
DIE KAMERA FÄHRT NÄHER
Münchhausen stützt sich auf das Kanonenrohr und sagt zu Ligne unmutig:

»Suworow liegt vor Bender und greift nicht an. Romanzow belagert Chotin und greift nicht an. Und wir liegen vor Otschakow und greifen auch nicht an!«

Ligne entgegnet ironisch:

»Trotzdem bestehen Unterschiede, mein Lieber!«

DIE KAMERA SCHWENKT
Hinter ihnen erscheint *unbemerkt* Potemkin, der Pfeife raucht.
Ligne fährt fort:

»Potemkin greift nicht an, weil er den Oberbefehl hat. Und die beiden anderen

Potemkin lächelt finster.

278.
Münchhausen schwingt sich rittlings auf das Kanonenrohr und sagt:

DIE KAMERA SCHWENKT
Potemkin blickt gehässig drein.
Dann leuchtet sein Blick triumphierend auf; er bückt sich und zündet mit seiner Pfeife die Geschützlunte an.

279.
Münchhausen sagt ärgerlich:

Potemkin tritt neben ihn und meint hämisch:

Münchhausen und Ligne schauen einander fragend an.

Da zerreißt ein fürchterlicher Knall den Lagerfrieden.

greifen nicht an, weil sie den Oberbefehl *nicht* haben.«

»Zehn Monate belagern wir nun diese Festung. Münnich brauchte im vorigen Krieg drei Tage.«

»Hundert Fuhren Feldsteine genügten, den Sumpfgürtel passierbar zu machen. *Morgen* könnten wir in Otschakow sein.«

»Bei Ihrer Tüchtigkeit, mein lieber Münchhausen, glaube ich, daß Sie noch *heute* drüben sein werden.«

Ein toller Knall

Pulverdampf verhüllt
die Szene.

280.
Der Qualm verzieht sich.
Das Kanonenrohr ist – leer!
Potemkin und Ligne blicken
mit pulvergeschwärzten
Gesichtern zum Himmel
empor.

281.
TRICK
Münchhausen fährt, auf der
Kanonenkugel reitend,
durch den Himmel. Er zieht
den Dreispitz und grüßt zur
Erde hinunter.

Die Krim

Die Türkenfestung Otschakow

Auf dem Festungsglacis hinter weißen Zinnen und Palisaden.
Die Halbmondflagge und ein Roßschweif flattern im Winde.
In den Schießscharten Kanonen und Mörser.

282.
Yusuff Pascha, wie ein Paradiesvogel ausstaffiert, mit Turban und Krummsäbel, schaut durch ein Fernrohr. Hinter ihm stehen zwei Janitscharen-Offiziere und ein Spahi mit einer Trompete. Yusuff Pascha schüttelt den Kopf und gibt das Fernrohr einem der Janitscharen weiter.
Der Offizier schaut hindurch und ruft dem Spahi zu: »Alarm!«
Der Spahi setzt die Trompete an die Lippen und bläst Alarm.

Wildes Tuba-Signal

283.
Ein paar türkische Kanoniere an der Bastion werfen sich platt hin.

Fauchen und Heulen kommt aus der Luft näher

284.
Auf dem Glacis schlägt es krachend ein.
Eine hohe dicke Rauchwolke steigt auf.

Einschlag

285.
Yusuff Pascha und sein
Gefolge erheben sich von
Mutter Erde.

286.
Der Rauch verzieht sich.
Zwischen einigen Steintrümmern sitzt wohlbehalten
Baron Münchhausen.
Er befühlt neugierig seine
Gliedmaßen und steht dann,
noch etwas mühsam, auf.

287.
Yusuff Pascha schreit, Verblüffung und Zorn in der
Stimme: »Fesseln!«
DIE KAMERA SCHWENKT
Als er bei Münchhausen
anlangt, ist dieser schon von
zwei Tataren an den Händen
gefesselt.
Münchhausen verbeugt sich
ironisch und sagt:

»Entschuldigen Sie den
Überfall! Ich wollte eigentlich nur einen Aufklärungsritt machen. Aber der Kanonier zielte aus lauter Vaterlandsliebe mitten in Ihre
geschätzte Festung – und so
bin ich hier.«

DIE KAMERA FÄHRT NÄHER
Yusuff Pascha zwinkert
mißtrauisch, blickt dann
lächelnd seine beiden
Offiziere an und sagt:

»Ich werde ihn dem Groß-

Die Offiziere nicken.
Der eine sagt feixend:

Yusuff Pascha ergänzt
nickend:

BLENDE

herrn zum Geschenk
machen, wie?«

»Einen Sklaven, der
die Angewohnheit hat, auf
Kanonenkugeln zu reiten...«

»... hat er bestimmt noch
nicht in seiner Sammlung.«

Konstantinopel

Der Thronsaal des Serails

Maurischer Baustil. Sehr viel Ornamentik. Teppiche. Eine Thron-Ottomane, daneben andere Sitzkissen. Nargilehs.

288.
Eine Tür öffnet sich, und ein Koch des Sultans reicht eine Schüssel mit Hammel und Reis an einen Sklaven weiter. DIE KAMERA FÄHRT Der Sklave gibt die Schüssel einem zweiten weiter, dieser einem dritten, der einem vierten, usw.
Diese Prozedur verläuft geräuschlos und sehr geschwind, bis der letzte Sklave, etwa Nummer fünfzig, die Schüssel in Händen hält.

Orientalische Tanzmusik

289.
Der Großsultan Abdul Hamid
sitzt gelangweilt auf der Thron-Ottomane. Ein Sklave legt ihm aus der Schüssel vor.
Hinter dem Sultan stehen statuengleich zwei hohe Janitscharen-Offiziere.
Ein Sklave wedelt Kühlung.
Abdul Hamid sitzt mit gekreuzten Beinen da. Im

Orientalische Musik

Turban blitzt ein unglaub-
haft großer Diamant.

290.
In der Saalmitte tanzt, vor einigen hockenden Musi-kanten, eine reizvolle Oda-liske einen schwülen Haremstanz.

Orientalische Tanzmusik

291.
Abdul Hamid ißt und nimmt vom Tanz der Tänze-rin keine Notiz.

Musik

292.
Die mollige Schöne tanzt immer wilder und sinkt zuckend zusammen.

Musik

293.
Der Sultan hebt eine seiner weißen Brauen, schüttelt müde den Turban und ißt weiter.

294.
Die Musikanten heben die Tänzerin an allen vieren hoch,
DIE KAMERA SCHWENKT
sie schleppen die holde Last ab.

295.
Der Sultan blickt auf.
Ein Sklave verneigt sich

mit gekreuzten Armen.
Der Sultan sagt traurig:

»Der Hammel war angebraten. Der Koch erhält zwanzig Stockschläge auf die Fußsohlen.«

Der Sklave nähert sich dem nächsten Kollegen und flüstert ihm den Befehl ins Ohr.
DIE KAMERA SCHWENKT
Der Befehl nimmt flüsternd seinen Weg von Ohr zu Ohr.
DIE KAMERA STEHT
Der Sklave an der Tür verschwindet durch dieselbe.

Flüsterkette

Konstantinopel

Der Hof des Serails

Ein maurischer saalartiger Innenhof. Mit ornamentierten Fliesen gepflastert. Der eine Palastflügel hat vergitterte Fenster: Das ist der Harem. Gegenüber das Haupttor in die Stadt.

296.
Am Haremstor hält *Selim*, ein gutmütig aussehender, dicker Eunuch, Wache. Neben ihm hockt in Pluderhosen, besticktem Jäckchen und Turban, ein Sklave, in dem wir Münchhausen erkennen.
Münchhausen trainiert still für sich den türkischen Sitz: er steht auf, hockt sich, steht auf, hockt sich usw.
Dann sagt er aufseufzend:

»Zwei Monate bin ich nun schon bei euch, mein guter Selim – aber was mir am meisten fehlt, ist ein Stuhl.«

Selim grinst bis an die Ohren und sagt mit Kastratenstimmchen, wobei er mit dem Daumen hinter sich zeigt:

»Es gibt unangenehmere Sachen.«

297.
Münchhausen sagt:

»Die Vielweiberei? Ach, wenn so wunschlose Zeitgenossen wie du auf die Frauenzimmer aufpassen, ist das gar nicht so schlimm.«

Selim lächelt traurig und erklärt melancholisch seufzend:

»Heute will der Sultan die Prinzessin zum ersten Mal besuchen. Sie weint noch mehr als die Tage vorher.«

Münchhausen fragt:

»Warum erzählst du mir eigentlich immer von dieser Italienerin?«

298.
Selim meint hingerissen von Bewunderung:

»Ihre Haare schimmern wie Ebenholz. Ihre Augen sind blau wie das Marmara-Meer. Ihr Mund ist ein Blumenkelch. Ihre Hände und Füße sind aus Elfenbein, und ...«

Münchhausen droht ihm mit dem Finger und sagt:

»Selim, mein Junge, für einen Eunuchen bist du ja reichlich verliebt!«

DIE KAMERA FÄHRT NÄHER
Selim entgegnet, entwaffnend naiv:

»Mein Herz blieb unverschnitten.«

Münchhausen antwortet verlegen:

»Ich wollte dich nicht kränken.«

Selim sagt friedlich:
Leise fährt er fort:

»Ich weiß.
Ich habe nicht nur dir von ihr, sondern auch ihr von dir erzählt. Du kennst die Welt und sogar die Menschen. Vielleicht kannst du ihr helfen.«

Er drückt Münchhausen einen Zettel in die Hand.

Münchhausen liest und fragt
leise zurück:

»Am fünften Fenster von
links?«

DIE KAMERA SCHWENKT
Münchhausen geht ein paar
Schritte und mustert
DIE KAMERA SCHWENKT
HOCH UND DANN SEIT-
WÄRTS
die vergitterten Harems-
fenster.

299.
An einem der Fenster steht
eine verschleierte Frau.
Langsam nimmt sie den
Schleier vom Gesicht: Es ist
die schöne Prinzessin
Isabella d'Este!
Sie lächelt traurig in den Hof
hinab.

300.
Münchhausen ist entzückt.
Er winkt unauffällig.

301.
Isabella d'Este winkt
zurück.
Sie verschleiert sich wieder
und verschwindet vom
Fenster.

302.
FAHRAUFNAHME
Münchhausen geht, noch

immer benommen, zu Selim
zurück und sagt:

Plötzlich erhebt sich Gebrüll
im Hof.

»Wenn mir nichts Besseres
einfällt, bring ich den Sultan
um!«

Gebrüll wie am Spieß

303.
Zwei Gehilfen des Henkers
schlagen dem Koch, den sie
verkehrt aufgehängt haben,
mit Stöcken auf die Fuß-
sohlen.

Konstantinopel

Der Thronsaal des Sultans

304.
Abdul Hamid sitzt im Gespräch mit dem weißbärtigen *Großwesir Achmed Ali* und dem venezianischen Botschafter *Gatti* zusammen und fragt unmutig:

Man hört die Schreie des Kochs

»Wer schreit denn da so aufdringlich?«

Achmed Ali erwidert lächelnd:

»Es dürfte sich um Euren Leibkoch handeln.«

Der Sultan fragt ärgerlich: »Warum schreit der Kerl so?«

Achmed Ali antwortet: »Weil er zwanzig Stockschläge kriegt.«

DIE KAMERA FÄHRT NAHE
Der Sultan beginnt:
Dann besinnt er sich und sagt:
Er wendet sich an Gatti:

»Und warum kriegt er …

Ja, richtig!
Fahr fort!«

305.
Gatti verbeugt sich und erklärt:

»Die Yacht der Prinzessin wurde bei Korfu von einem osmanischen Schiff geentert. Die erlauchte Familie d'Este bietet durch Vermittlung meiner Signora tausend Dukaten Lösegeld.«

DIE KAMERA SCHWENKT
Abdul Hamid schweigt.

Gattis Stimme:
»Mein zweiter Auftrag gilt dem von Euch als Sklaven zurückgehaltenen Baron Münchhausen. Die Kaiserin von Rußland bietet für seine Freigabe gleichfalls tausend Goldstücke.«

Der Sultan erwidert gelangweilt:

»Ein schönes Mädchen und ein unterhaltsamer Mann sind mit Gold nicht aufzuwiegen.«

Konstantinopel

Der Hof des Serails

306.
Durch das Palasttor wird eine beutebeladene Kamel-Karawane mit einem Zug verstaubter Gefangener getrieben.
Darunter sind auch Frauen, denen man Schleier über die Köpfe geworfen hat.
Die Männer sind aneinandergefesselt und werden von Kosaken mit Knuten traktiert.

Großer Lärm: Rufe, Wehlaute, Weinen von Frauen, Knutenknallen, Kamelhufgeklapper

307.
Münchhausen sieht, in trüben Gedanken, dem vorbeiziehenden Troß zu. Da ruft einer der Gefangenen:
Es ist Kuchenreutter. Mit ihm ist der dickgewordene Läufer zusammengekettet. Sie bleiben stehen.
DIE KAMERA FÄHRT NÄHER
Kuchenreutter stammelt:

»Herr Baron!«

»Und ich dachte, Sie seien längst tot.«

Münchhausen klopft ihm auf die Schulter und sagt:

»Mein lieber Christian! Ich lebe, solange mir's Spaß macht!«

Kuchenreutter lacht unter

Gerührtes Lachen

Tränen. Sein Mitgefangener
sagt kopfschüttelnd:

»Und nun ist unser Baron
ein Türke geworden.«

308.
Münchhausen stemmt die
Arme in die Seiten und lacht.
Dann ruft er amüsiert:

Lachen

»Wie siehst du denn aus,
Läufer? Haben sie dich
genudelt?«

DIE KAMERA SCHWENKT
Der Läufer antwortet völlig
niedergeschlagen:

»Ist es nicht furchtbar? Mir
ist dieser entsetzlich lang-
same Marsch ganz und gar
nicht bekommen! Die ande-
ren wurden immer dünner,
und ich immer fetter.«

DIE KAMERA FÄHRT
ZURÜCK
Ein Sklave tritt zu Münch-
hausen und meldet:

»Du sollst zum Sultan kommen.«

Der Baron nickt seinen beiden Dienern zu und sagt:

»Ich will sehen, was ich für
euch tun kann!«

und geht mit dem Sklaven
fort.

309.
Ein Kosak stößt Kuchen-
reutter roh vorwärts.
Der Läufer stolpert mit.
DIE KAMERA FÄHRT
Kuchenreutter humpelt
strahlend weiter und
meint selig:

»Das ist ein Mann, mein
Baron.«

Der Läufer nickt und
bemerkt:

»Hoffentlich krieg ich bald was zum Laufen, damit ich wieder schlank und schön werde.«

Konstantinopel

Der Thronsaal des Serails

310.
Münchhausen nähert sich
dem Thron und verneigt
sich.
Abdul Hamid befiehlt, ohne
sich zu den beiden Jani-
tscharen umzudrehen: »Laßt uns allein!«
Die Offiziere und der Sklave
mit dem Wedel entfernen
sich.
DIE KAMERA FÄHRT
NÄHER
Abdul Hamid zeigt auf ein
Kissen.
Münchhausen sagt mit einer
Grimasse: »Die Türkei ist ein schönes
Land, Kaiserliche Hoheit.
Bis auf das Sitzen …«

Der Sultan antwortet ab-
fällig: »Ihr hockt auf Stühlen wie
steife Puppen. Wir sitzen der
Erde näher.
Dann fragt er interessiert: Hast du dir für heute wieder
etwas Hübsches ausgedacht?
Sonst …«

Münchhausen fährt sich parodierend mit der Handkante
über die Kehle, lächelt, nickt
und setzt sich.

311.
Der Sultan greift nach einem
Mundstück der Wasserpfeife

und macht eine einladende
Handbewegung.
Beide rauchen.
Dann beginnt Münchhausen:

»Ihr habt in Pera drüben
einen schönen Platanenpark.
Dort solltet Ihr für Euren
Harem ein gläsernes Haus
bauen lassen.«

DIE KAMERA SCHWENKT
Der Sultan horcht auf.

Münchhausens Stimme:
»Gläserne Wände. Gläserne
Fußböden. Das Bad, die
Tische und – die Ruhebetten
aus Glas.«

DIE KAMERA SCHWENKT
ZURÜCK
Er lächelt und sagt:

»Das Einzige, was in
diesem Haus nicht aus Glas
bestünde, wären der Groß-
sultan und seine Frauen!«

312.
Der Sultan streicht den Bart.
Seine Augen werden zum
ersten Mal lebendig. Er
murmelt:

»Schon von der Allee aus
könnte ich sie sehen! Wenn
ich ins Haus träte, sähe ich
sie in allen Zimmern gleichzeitig! Ich sähe sie über mir
gehen, sitzen, liegen ...«

Er klatscht in die Hände.

313.
In der Tür erscheint ein
Sklave und verbeugt sich.

Abdul Hamids Stimme:
»Mustafa, der Baumeister
soll geköpft werden.«

Der Sklave verschwindet wieder.

314.
Der Sultan sagt heiter: »Dein Einfall ist gut ... Das gläserne Haus wird gebaut.«

Münchhausen fragt betroffen: »Warum laßt Ihr den Baumeister köpfen?«

Der Sultan erwidert kühl: »Weil ihm das gläserne Haus nicht eingefallen ist.

Dann sagt er eindringlich: Ich möchte, daß du mein Berater wirst! Ich werde dich zum Aga der Janitscharen machen. Später zum Pascha, und vielleicht zum Großwesir! Du mußt freilich meinen Glauben annehmen!«

315.
Münchhausen schüttelt den Kopf.
Der Sultan sagt: »Meine Religion ist die bessere.«

Münchhausen erwidert lächelnd: »Wer will entscheiden, was *besser* ist, wo kaum einer weiß, was *gut* ist?!

Ernst fügt er hinzu: Wer aus Bodenwerder stammt, kann kein Türke werden. Jeder hat nur *eine* Heimat, wie er nur eine Mutter hat.«

DIE KAMERA FÄHRT ZURÜCK
Der Sultan schweigt verstimmt.

Münchhausen meint, um ihn
aufzuheitern:

»Als Muselmann dürfte
ich außerdem keinen Wein
trinken.«

316.
Der Sultan fragt:

»Wäre das ein Verlust? Höre
zu: Mohammed, unser Prophet, kam eines Abends in
ein Haus, wo eine Hochzeitsgesellschaft lustig und guter
Dinge war. Als er fragte,
warum man so heiter sei, antwortete man ihm: ›Das liegt
an dem Wein in den Krügen
und Bechern.‹ Da pries Mohammed den Wein und sagte:
›Wir wollen ihn verehren,
indem wir ihm zusprechen.‹«

DIE KAMERA SCHWENKT
Münchhausen murmelt:

»Und nicht nur zur Hochzeit!«
Abdul Hamids Stimme:
»Am nächsten Abend kam
er am gleichen Haus vorbei.
Er hörte Jammern und Stöhnen und trat ein. Am Boden
lagen tote und verwundete
Männer. Und als er fragte,
was das bedeute, sagte einer,
der am Sterben war: ›Es war
der Wein …‹«

317.
Abdul Hamid sagt:

»Da verfluchte Mohammed
den Wein bis in alle Ewigkeit, weil er die Menschen
um die Vernunft bringt und
verdirbt.«

Münchhausen nickt aus purer Höflichkeit. Der Sultan öffnet ein Zedernkästchen an seiner Seite und sagt listig, während er eine Flasche und zwei Gläser herausnimmt:

»Obwohl der Prophet immer recht hat, tue ich bisweilen unrecht. Wenn es niemand sieht, versteht sich! – Diesen Tokayer hat mir Rustan Pascha aus Ungarn geschickt. Es ist der beste Tokayer, den ich je getrunken habe.«

Er hat eingeschenkt.

318.
Sie trinken mit Sachkenntnis. Münchhausen sagt:

»Ein sehr guter Tokayer. Aber ich habe schon besseren getrunken.«

Der Sultan runzelt die Stirn.

319.
Die Saaltür wird aufgerissen. Der Großwesir erscheint in heller Aufregung und stößt hervor:

»Verzeiht, Herr, daß ich die erhabene Unterhaltung störe – aber Yusuff Pascha ist hier!«

320.
Der Sultan verzieht keine Miene. Er sagt:

»Vorhin schickte er Beute und Gefangene. Was aber will er selber?«

321.
Der Großwesir jammert: »In der Nacht, nachdem er die Karawane abgeschickt hatte, füllten die Russen den Sumpf vor Otschakow mit Feldsteinen, und am Morgen erstürmten sie die Festung.«

322.
Der Sultan befiehlt ruhig: »Schicke Yusuff Pascha herein.«

323.
Der Großwesir verbeugt sich, öffnet die Tür weit, und an ihm vorbei stürzt Yusuff Pascha, ein gerupfter Paradiesvogel, in den Saal.
DIE KAMERA SCHWENKT
Yusuff Pascha eilt zum Thron und fällt dort in die Knie.

324.
Der Sultan fragt sachlich: »Wer trägt die Schuld?«
Yusuff Pascha erwidert: »Ich, o Herr. Ich allein.«
Abdul Hamid sagt: »Melde dich beim obersten Henker. Er soll deinen Kopf auf eine Stange stecken, daß man ihn weithin sieht.«

Yusuff Pascha steht auf, neigt sich und sagt gelassen: »Lebt wohl, Herr! Allah ist groß.«

Er geht.
Der Sultan fragt Münchhausen: »Wovon sprachen wir gleich? Richtig, von einem Tokayer, der besser ist als meiner. Wo gibt es den?«

325.
An der Tür verneigt sich
Yusuff Pascha ernst und
verläßt den Saal.

326.
Münchhausen sagt:

»In den Kellern der Wiener Hofburg. Als ich bei der Kaiserin Maria Theresia zu Gast war, tranken wir davon.«

Der Sultan fragt skeptisch: »Ihr Tokayer war besser?«
Der Baron antwortet überzeugt: »Er war besser.«
Der Sultan zuckt die Achseln.
DIE KAMERA FÄHRT NÄHER
Münchhausen fragt in Rage: »Wollen wir wetten?«
Der Sultan nickt, beinahe lebhaft, und erwidert: »Gut, aber wie?«
Münchhausen reibt sich die Hände und erklärt:

»Eben sind mein Leibjäger und mein Läufer eingeliefert worden. Ich schicke den Läufer nach Wien und bitte die Kaiserin, mir eine Flasche von ihrem Tokayer zu spendieren.«

327.
Abdul Hamid fragt zögernd:

»Wann kann der Läufer aus Wien zurück sein?«

Münchhausen denkt nach und antwortet:

»Sagen wir, in einer Stunde.«

Der Sultan sperrt zunächst den Mund auf.
Dann sagt er drohend:

»Halte mich nicht zum besten!«

Münchhausen meint ungerührt:	
Der Sultan erwidert:	»Was gilt die Wette?«
	»Wenn er in einer Stunde zurück ist, schenke ich dir, ihm und deinem Leibjäger die Freiheit.«
Münchhausen ruft:	»Topp! Und wenn der Wiener Tokayer besser als Eurer ist?«
Der Sultan erklärt großzügig:	»Dann hast du einen Wunsch frei.«
Nun klatscht er in die Hände.	*Händeklatschen*

328.
Durch die Saaltür tritt, sich verbeugend, ein Sklave.

329.
Der Sultan befiehlt, ohne sich umzuwenden:	»Die ›Uhr‹ soll kommen.«
Und Münchhausen fragt er:	»Wen oder was wünschst du dir?«
Münchhausen sagt ruhig:	»Die Prinzessin Isabella d'Este aus Eurem Harem!«
Der Sultan hebt eine Braue und will ablehnen. Schließlich nickt er und meint:	»Es sei! Wenn du die Wette aber verlierst …«
Münchhausen fährt mit der Handkante über die Kehle und entgegnet:	»Die Wette gilt!«

330.
Die Tür öffnet sich. Ein

magerer Sklave, der dauernd
die Lippen bewegt, tritt ein
und verbeugt sich.
DIE KAMERA FÄHRT
Während er steif und gemessen thronwärts geht, murmelt er:

»Siebenundfünfzig ... achtundfünfzig ... Zwölf Uhr elf Minuten! ...Eins ... zwei ...«

Er macht am Thron halt und verbeugt sich.

331.
Der Sultan sagt zu Münchhausen:

»Triff jetzt deine Maßnahmen! Sobald du den Saal verlassen hast, beginnt unsere Wette. Und wenn meine ›Uhr‹ sechzig Minuten weitergezählt hat, habe ich die Wette verloren.«

Münchhausen steht auf, meint:

»... oder ich verliere den Kopf.«

und eilt fort.
Die ›Uhr‹ sagt zu dem Sultan:

»Erhabener Sultan ... zweiundzwanzig ... ich habe Fieber und gehe deshalb heute leider ... dreiundzwanzig ... etwas vor.«

Der Herrscher erhebt sich und meint kalt:

»Desto besser! – Man soll mir in etwa fünfzig Minuten Bescheid sagen. Ich bin im Harem.«

Konstantinopel

Der Hof des Serails

332.
Münchhausen steht in der Nähe des Palasttors mit seinem Diener zusammen. Der Läufer macht Kniebeugen, um in Form zu kommen.
DIE KAMERA FÄHRT NÄHER
Der Baron gibt ihm ein Handschreiben und sagt:

»Hier ist der Brief an die Kaiserin.«

Der Läufer steckt ihn in die Tasche und meint:

»Hoffentlich hat sie gerade Zeit für mich.«

Er lächelt und erklärt glücklich:

»Passen Sie auf, Herr Baron. Wenn Sie mich wiedersehen, bin ich schlank wie eine Tanne.«

333.
UNTERDREHT
Er startet und ist im Hui durchs Palasttor verschwunden.

Saus-Ton

334.
Kuchenreutter nimmt den Mantelsack über, aus dem ein Flintenlauf herausschaut, und sagt bekümmert:

»Kaum hab ich Ihnen guten Tag gesagt, Herr Baron, gehen die Aufregungen wieder los.«

Münchhausen erwidert
lächelnd:

»Du hättest dir eben einen
anderen Herrn aussuchen
sollen, Christian!«

Kuchenreutter lächelt
treuherzig zurück.
Sie gehen stumm dem
Serail zu.

Konstantinopel

Abteilung ›Zugänge‹ im Harem

Ein maurisches Zimmer mit Instrumenten, wie: einer Personenwaage, einem Apparat zum Messen der Körpergröße. Außerdem ein Stehpult mit Diarien.

335.

In dem Raum herrscht Betrieb: Frauen werden von Eunuchen gemessen und gewogen. Man schaut den Damen in die Augen, zählt ihren Puls, begutachtet ihre Zähne usw.
Ein Eunuch trägt die Befunde ein.
DIE KAMERA FÄHRT NÄHER
Vor Mademoiselle La Tour steht ein Eunuch und befiehlt:
Sie sagt:
Er winkt einen Kollegen zu Hilfe und meint zu diesem:

Zu der La Tour sagt er:

Er packt sie am Kopf.
Sie haut ihm eine Ohrfeige herunter.
Da ertönt der Ruf:

Rufe wie:
»Ein Meter zweiundsechzig!«
»Hundertacht Pfund neunzig Gramm!«
»Einundzwanzig Jahre vier Monate alt!«
»Puls achtundsechzig!«

»Mund auf!«
»Ich denke gar nicht daran.«

»Daß man mit den Neuen immer solchen Ärger hat!«
»Ich muß mir deine Zähne ansehen!«

Ohrfeige

»Der Großherr!«

336.
FAHRAUFNAHME
Der Sultan kommt in das

Zimmer. Die Eunuchen und
die weiblichen Gefangenen
verbeugen sich.
Nur die La Tour bleibt aufrecht stehen.

337.
Die La Tour sagt scharf:　　　　　»Eine solche Behandlung
　　　　　　　　　　　　　　　　lasse *ich* mir nicht gefallen.«

Der Eunuch hält sich die
Backe.
Der Sultan kommt dazu,
mustert die La Tour wie ein
Viehhändler und befiehlt
ruhig:　　　　　　　　　　　　»Zehn Stockschläge auf die
　　　　　　　　　　　　　　　　Kehrseite dieser alten
　　　　　　　　　　　　　　　　Medaille! Dann wollen wir
　　　　　　　　　　　　　　　　zusehen, wie wir sie wieder
　　　　　　　　　　　　　　　　loswerden.«

Die La Tour wird unsanft
abgeschleppt.

Konstantinopel

Der Thronsaal des Serails

338.

Die ›Uhr‹ steht nach wie vor an der Thron-Ottomane und zählt lautlos. Münchhausen tritt zu ihm und fragt, noch nicht sehr nervös:	»Wieviel Zeit ist vorüber?«
Der Sklave antwortet gleichmütig:	»Dreißig Minuten, acht Sekunden.«
Er zählt lautlos weiter. Münchhausen nickt und geht SCHWENKAUFNAHME bis zu Kuchenreutter, der eben seine Flinte aus dem Mantelsack angelt und putzend über sie hinfährt. Dabei sagt er:	»Wie wär's, wenn wir uns still und leise davonmachten?«
Münchhausen antwortet gemütlich:	»Ach wo, man soll den Kopf nicht verlieren, bevor er ab ist.«

Konstantinopel

Die Halle des Harems

Eine geräumige, mit Teppichen und Ruhebetten reich staffierte maurische Halle. In der Mitte ein gekacheltes Bade-Bassin. An den vergitterten Fenstern Käfige mit schluchzenden Nachtigallen. Auf schwingenden Stäben Papageien. Persische Katzen streichen vorüber. An der Tür eine Eunuchen-Wache. Kurz: Tausendundeine Nacht.

339.
SCHWENKAUFNAHME

Auf Ruhebetten liegen Haremsfrauen. Ein kleiner Mohrensklave fächelt Kühlung.	*Nachtigallen. Papageien. Frauenstimmen, Lachen und Kreischen*
Dienerinnen reichen Sorbet und Melonen.	
Im Bassin baden und plätschern schöne Frauen.	*Unterlegte Musik*
Sie lachen und spritzen mit Wasser.	
Am Bassinrand trocknen Dienerinnen Haremsfrauen mit großen Tüchern ab, andere halten Flaschen mit Essenzen bereit.	

DIE KAMERA STEHT
In einer Nische, einem Gitterfenster nahe, sitzt Isabella d'Este mit gesenktem Haupt. Neben ihr steht der Sultan, mit verschränkten Armen.
DIE KAMERA FÄHRT NAHE

Abdul Hamid sagt halblaut
zu ihr:

»Es ist das beneidenswerte
Vorrecht der Frauen, sich
lieben zu lassen.«

Sein Gesicht verrät vorübergehend die mühsam gebrem-
ste Leidenschaft. Dann
lächelt er und fährt fort:

»Und unser Vorrecht ist: zu
lieben!«

340.
Isabella steht auf und geht,
als sei er gar nicht vorhanden, aus der Nische.
Die Hände des Sultans
krampfen sich zusammen.

Konstantinopel

Der Thronsaal des Serails

341.
Münchhausen steht am Fenster und wippt auf den Zehen.

342.
Kuchenreutter steht, mit dem Gewehr, vor der Uhr und sagt drohend:

»Noch *zehn* Minuten? Sind es nicht noch zwanzig, mein Sohn?«

Er hält dem Sklaven den Flintenlauf vor die Brust. Die ›Uhr‹ schüttelt den Kopf und zählt lautlos weiter.
DIE KAMERA SCHWENKT
Kuchenreutter geht zu Münchhausen ans Fenster und erklärt knurrend:

»Ich versteh nicht, wo unser Läufer bleibt!«

Dann hebt er seine Flinte und visiert, sie hebend und senkend, hindurch. Dabei murmelt er:

»Das ist Üsküb ... das dort ist Belgrad ...«

Plötzlich zuckt er zusammen und ruft heiser:

»Da liegt der Kerl!«

Münchhausen fragt erschrocken:

»Was? Er *liegt*?«

Kuchenreutter nickt und stammelt:

»Bei Belgrad auf der Landstraße! Unter einem Baum! Und schläft!«

Münchhausen fragt hastig: »Hat er den Tokayer?«
Kuchenreutter nickt heftig.
Der Baron befiehlt, schon
wieder beruhigt: »Schieß in den Baumwipfel, Christian!«

Konstantinopel

Auf einer Landstraße

Ein Baum an der Landstraße. An den Straßenrainen Maisfelder.

343.
Neben einem Baum liegt der
Läufer und schnarcht. *Schnarchen*
Er hat schon beträchtlich
abgenommen. Aus seiner
Rocktasche schaut eine Fla-
sche heraus. Da kracht es
im Wipfel. *Krachen von Holz*
Äste fallen herab.
Der Läufer springt auf,
wischt sich über die Augen
und ruft:
»Allmächtiger! Hoffentlich
komme ich nicht zu spät!«

344.
UNTERDREHT
Er startet, schießt los und
verschwindet in einer Senke. *Saus-Ton*

345.
TRICK
Die größere Puppe rast eine
Straße hinauf und ver-
schwindet. *Entfernter Saus-Ton*

346.
TRICK
Die kleinere Puppe fegt über
einen Hügel. *Sehr ferner Saus-Ton*

Konstantinopel

Der Thronsaal des Serails

347.
Münchhausen und Kuchenreutter stehen am Fenster. Sie starren gebannt hinaus. Der Sultan tritt hinzu und sagt:

»Noch drei Minuten.«

Münchhausen und Kuchenreutter fahren herum. Ihre Gesichter sind sehr ernst.

348.
Hinter dem Sultan steht Osman, der oberste Henker, mit dem Richtschwert. Der Sultan meint lächelnd:

»Schade um so einen klugen Kopf. Er wackelt schon!«
Kuchenreutters Stimme schreiend:
»Da!«

349.
Kuchenreutter hüpft, trotz Podagra, auf einem Bein und zeigt fuchtelnd aus dem Fenster. Er, Münchhausen und der Sultan blicken hinaus und drehen ihre Köpfe so geschwind, daß man das Tempo des Läufers empfindet.

Enormer Saus-Ton

Die Drei wenden sich saalwärts.

Der Saus-Ton wächst noch mehr an und bricht ruckartig ab

350.
Neben dem Thron und der
›Uhr‹ steht der Läufer,
schlank wie einst, schenkt
aus einer Flasche zwei Gläser voll, stellt sie auf ein
Tablett und sagt:

»Einen schönen Gruß von
der Kaiserin Maria Theresia
an den Baron Münchhausen.«

351.
Abdul Hamid verabschiedet
den Henker mit einem
Wink. Osman entfernt sich
gekränkt.
Der Läufer kommt und serviert ihnen.
Der Sultan hält das Glas
gegen das Licht und sagt
gleichmütig:

»Du und deine zwei Diener
sind frei. Nun wollen wir
weitersehen.«

Er trinkt, schließt die Augen
und schmeckt kennerhaft.

Schmeckgeräusche

352.
Münchhausen winkt
Kuchenreutter ins Bild,
drückt ihm einen Geldbeutel
in die Hand und befiehlt
leise:

»Holt mein Gepäck, und
mietet im Hafen ein schnelles Schiff! Ich komme nach.«

Christian nickt und entfernt
sich rasch. Der Läufer folgt
ihm.

353.
Der Sultan klappt die Augen
wieder auf und stellt objektiv fest:

    »Dieser Tokayer ist tatsäch-
    lich besser!

Er klatscht in die Hände
und fährt fort:

    Händeklatschen
    Ich bekomme den Wein,
    und du bekommst die Prin-
    zessin!«

354.
In der Saaltür erscheinen
zwei Eunuchen, die sich
wieder zurückziehen, und
eine verschleierte Harems-
frau, die ein paar Schritte
macht, dann stutzt, schließlich aber weitergeht.

355.
Münchhausen erhebt sich
und geht ihr entgegen.
Der Sultan lächelt schadenfroh und gießt sich Tokayer
ein.

356.
Münchhausen verbeugt sich
chevaleresk vor der ver-
schleierten Frau und sagt
zärtlich:

    »Ich hatte nicht gehofft, daß
    wir uns so bald wieder-
    sähen!«

Die Frau nimmt den Schleier
ab – es ist die La Tour – und
erwidert giftig:
Münchhausen fährt zurück.

    »Ich auch nicht!«

Dann wendet er sich um
und erklärt ironisch:

»Nicht jeder Ehrenmann
hält sein Wort so wie Ihr,
Kaiserliche Hoheit! Behaltet
Eure Prinzessin!«

Er verbeugt sich kurz und
läuft in Richtung der Tür
davon.

357.
SCHWENKAUFNAHME
Die La Tour geht, sich die
noch schmerzende Rück-
seite reibend, auf den verblüfften Sultan zu.

Eine Tür knallt ins Schloß

DIE KAMERA STEHT
Abdul Hamid fragt erstaunt:
Die La Tour sagt, ärgerlich
lachend:

»Was hat er denn?«

»Er kennt mich erst seit
fünfzehn Jahren!«

Der Sultan mustert sie von
oben bis unten und meint
bissig:

»Wie die Zeit vergeht! …«

Konstantinopel

Der Hof des Serails

358.
Münchhausen und der Eunuch Selim stehen am Haremstor zusammen.
Selim sagt betrübt:

»Für *mich* wäre die Freiheit kein Geschenk. – Wann verläßt du uns?«

Münchhausen steckt sich einen Ring an und meint:

»Sofort, mein guter Selim! Leb wohl!«

Er gibt ihm die Hand. Plötzlich steht Selim allein und starrt verblüfft auf seine Hand, die eben noch die des Barons hielt.
Münchhausen ist verschwunden.

Konstantinopel

Die Halle des Harems

359.
Die Eunuchen an der Tür
werden nervös. Denn von
draußen klingt Heulen und
Wehklagen. *Schreie und anderer Lärm*
Die Tür springt auf. Ein
paar Eunuchen stolpern,
wie Verfolgte schreiend, *Stärkere Schreie*
in die Halle.

360.
In der Halle herrscht Ver- *Wachsender Lärm*
ständnislosigkeit. Alle
Frauen schauen zur Tür.
Einige nehmen rasch
Badetücher um.
Andere verschleiern sich
sogar.

361.
FAHRAUFNAHME
Der unsichtbare Münch-
hausen läuft schnell durch
die Halle.
Einer Dienerin wird eine
Essenzenflasche aus der
Hand geschlagen. Eine *Wachsender Lärm*
ängstlich dreinblickende
Harems-Schönheit wird ins
Bassin gestürzt.

Wasser spritzt auf, ein Papagei zetert

Ein Ruhebett samt Dame
fällt um. *Schreie, Krachen von Holz*
Eine arabische Odaliske

362.
sinkt stumm in Ohnmacht.
Isabella d'Este blickt aus
ihrer Nische verwundert in
den unbegreiflichen Aufruhr.
Da zuckt sie zusammen, als
sei sie von einer Geisterhand
angerührt worden.

Lärm

*Münchhausens Stimme,
atemlos:*
»Keine Angst, Prinzessin!
Kommen Sie rasch!«

Sie macht eine abwehrende
Geste, als packe jemand zu.

363.
TRICK
Sie wird hochgehoben, ohne
daß man sieht, wer sie hochhebt. Und nun schlingt sie,
haltsuchend, ihre Arme um
den unsichtbaren Retter.

364.
TRICK
FAHRAUFNAHME
Sie schwebt vorbei an den
Frauen, die entsetzt in die
Knie brechen, die Häupter
verhüllen, jammern oder
halbverrückt lallen, der
Freiheit entgegen!

ÜBERBLENDUNG

Konstantinopel

Ein Segler auf dem Marmara-Meer

365.
Ein kleines Schiff fährt mit
Segeln voll Wind übers *Untermalungsmusik*
Meer.
Im Hintergrund die tausend
Minaretts und Moscheen
von Konstantinopel.

366.
Auf dem Schiff:
Kuchenreutter und der Läu- *Musik*
fer stehen ergeben neben der
schönen Isabella, die, matt
lächelnd, in einem Stuhl
lehnt.
Am Boden liegen Gepäck-
stücke. Kuchenreutter sagt
ins Leere:

»Herr Baron, nun könnten
Sie aber allmählich wieder
zum Vorschein kommen.
Auf die Dauer ist das nichts
für mich!«
Münchhausen lacht und sagt:
»Nur Geduld, Christian.
Erst will ich mich einmal
umziehen!«

367.
Ein Mantelsack klappt von
selber auf. Stücke einer Offi-
ziersmontur fliegen daraus
empor.
Münchhausens türkische
Kleidung fällt, plötzlich

sichtbar werdend, auf die
Schiffsplanken.

368.
Isabella schaut verlegen weg.

*Münchhausens Stimme,
belustigt:*
»Sie brauchen nicht wegzusehen, Prinzessin!«

Isabella lächelt verschämt.

Musik

369.
Der Läufer packt das Türkenhabit in den Mantelsack.

370.
Münchhausens Stimme:
Ein Ring fällt auf Deck.
Und schon steht der Baron, breitbeinig, lächelnd und in seiner Uniform wieder auf dem Boden der Tatsachen.
Er zupft ordnend an einer Manschette und geht
DIE KAMERA SCHWENKT
an dem befriedigt grinsenden Kuchenreutter vorbei auf Isabella zu.
DIE KAMERA STEHT
Sie umarmt ihn förmlich mit den Blicken. Er greift ihre Hand.

»So!«
Ein Ring fällt auf Deck

Musik

Musik

371.
Kuchenreutter zwinkert dem Läufer verständnisinnig zu.

372.
Der Baron fragt zärtlich: »Wohin befehlen Sie, daß wir fahren? Ans Ende der Welt, oder – ?«

Sie legt ihre andere, noch freie Hand auf ihr vereintes Händepaar und antwortet ebenso zärtlich:

»Nach Venedig!«
Musik wird allmählich zu italienischer Gondelmusik

ÜBERBLENDUNG

Venedig

Der Canale Grande

Karnevalsregatta auf dem Kanal. Alle Gondeln glänzen schwarz und sind mit Blumen geschmückt. In den Booten maskierte Paare. Auch die Gondoliere haben Masken. Über die Barken ragt der schön geschnittene Bucintoro, die Staatsgaleere des Hohen Rats, hinaus, auf dessen Deck, unter einem Baldachin, maskierte Senatoren sitzen.
Aus den Fenstern der alten Palazzi hängen kostbare Teppiche. Maskierte Nobili, Abbati und Damen werfen Konfetti auf den Korso hinunter. Dort, wo ein schmaler Kanal einmündet, führt eine Strecke lang ein Trottoir neben dem Kanal her. Hier wird ein Marionetten-Theater umlagert. Hier hat auch ein Kunsthändler seine Gemälde im Freien ausgestellt und feilscht mit maskierten Kunden.
Im Hintergrund wölbt sich der Rialto über dem Kanal.

373.
Blick über die in gleicher Richtung steuernden Gondeln, zwischen denen der majestätische Bucintoro dahinfährt.
Aus den Fenstern Konfetti, Kußhände und Blumen. Im Hintergrund der Rialto.

Gondelmusik. Gesang. Lachen. Zurufe

374.
FAHRAUFNAHME
Vorbei an den Gondeln mit kosenden Paaren, vorbei am Bucintoro, auf dem die maskierten Senatoren sitzen, von denen einer, der nach einem Palazzofenster

Musik, Gesang, Gelächter

hinaufwinkt, gerade eine geballte Ladung Konfetti in den lachenden Mund kriegt, vorbei an einer Gondel, wo eben die Dame, im Arm ihres Cicisbeo, einem Domino im Nachbarboot ein Billet-doux zusteckt, vorbei an einem Boot, in dem eine Maske fleißig scharmuziert, aber plötzlich einen Dolch zwischen den Schulterblättern stecken hat. Der Verwundete taumelt hoch, fuchtelt mit den Armen und stürzt ins Wasser.

Wachsendes Gelächter überdeckt seinen Schrei

Vorbei auch an dem Ertrinkenden, den der Canale Grande schluckt.

375.
Auf dem Trottoir.
Im Guckkasten-Ausschnitt des Marionetten-Theaters eine handgreifliche Szene zwischen Truffaldino, Colombine und Scaramuz.
DIE KAMERA FÄHRT ZURÜCK
Das Publikum lacht überschwenglich.
DIE KAMERA SCHWENKT
Ein Kunsthändler, auch er maskiert, feilscht vor einem seiner Bilder mit einem

Musik, Gelächter

Lautes Gelächter

Kunden, der sich achsel-
zuckend ab- und dem
Regattenkorso zuwendet.
DIE KAMERA STEHT
Gondeln fahren vorüber.
In einer der Gondeln ver-
birgt sich ein Paar in Domi-
nos hinter einem großen
Fächer, der chinesisch
bestickt ist.

376.
Der Fächer, hinter dem das
maskierte Paar verborgen *Musik usw. leiser*
war, senkt sich.
Isabella d'Este sagt zu
Münchhausen: »Wir wollen der Carriera
›Guten Tag‹ sagen. Dein Bild
ist noch immer nicht fertig!«

Münchhausen erwidert
lachend: »Liegt das nur an mir?«
Isabella faßt seine Hand und
erwidert zärtlich: »Nein, auch daran, daß der
Tag nur vierundzwanzig
Stunden hat! ...«

Venedig

Das Atelier der Rosalba Carriera

Ein mit Gemälden, fast ausschließlich Pastell-Porträts, angefüllter Raum. Einige noch auf Staffeleien, darunter auch das aus Schloß Bodenwerder bekannte Bild Münchhausens, hier aber noch nicht ganz fertiggemalt.

377.
An einer Staffelei arbeitet, im weißen Mantel, *Rosalba Carriera*, eine nicht mehr junge, geistvoll wirkende Venezianerin.
Das Modell zu ihrem entstehenden Pastellbild sitzt, ein paar Schritte von ihr entfernt, auf einem geschweiften Sessel. Es ist ein älterer Mann mit einem ausdrucksvollen Kopf und temperamentvollen Bewegungen: es ist *Giacomo Casanova*.
Die Halbmaske hängt ihm über die Schulter.
Er trinkt ein Glas Südwein, stellt das Glas auf ein Taburett zurück und zeigt ruckartig auf Münchhausens Bild. Dazu sagt er:

Von fern Karnevalsmusik

»Rosalba, wer ist dieser Mensch? Mir ist, als kennte ich ihn.«

378.
Die Carriera hantiert mit ihren Pastellstiften, blickt zu Casanova hinüber, schüttelt

lächelnd den Kopf und
meint seufzend:

»Können Sie denn nicht eine Minute still sitzen, Casanova? Es ist ein deutscher Baron, der seit Wochen im Palazzo Vendramin wohnt. Er heißt Münchhausen.«

DIE KAMERA SCHWENKT
Casanova starrt das Bild an und bemerkt unschlüssig:

»So eine Ähnlichkeit! Aber mein Münchhausen müßte heute zwanzig Jahre älter sein!«
Rosalba Carrieras Stimme:
»Dieser hier lebt sehr zurückgezogen mit Isabella d'Este zusammen, die er aus Stambul entführt hat. Sie ist bei ihm geblieben, statt in das Schloß der Familie zurückzukehren.«

Casanova meint schmunzelnd:

»*Mein* Münchhausen traf auch häufig Mädchen, die lieber bei ihm als bei ihren Eltern blieben! – Bei der Herzogin Choiseul waren wir sogar Rivalen. Das kam so …«

Eine Tür öffnet sich

DIE KAMERA FÄHRT ZURÜCK
Isabella und Münchhausen kommen fröhlich ins Atelier und nehmen die Masken ab. Isabella und Rosalba, die

VENEDIG

ihr entgegengeht, umarmen
sich.
Casanova erhebt sich.

379.
Münchhausen streckt ihm
die Hand hin und ruft überrascht:

»Casanova! Wie leichtsinnig
vom Hohen Rat, Sie wieder
nach Venedig zu lassen!«

Casanova blickt den Baron
entgeistert an.
Münchhausen klopft ihm
auf die Schulter und fährt
fort:

»Eines sag ich Ihnen aber
gleich: an die Spielbank setze
ich mich mit Ihnen nicht
wieder! Sie haben zuviel
Glück!«

380.
Casanova schüttelt den Kopf
und fragt zögernd:

»Sie sind *der* Münchhausen,
den ich aus Lyon, Paris,
Livorno und Madrid
kenne?«
*Münchhausens lachende
Stimme:*
»Natürlich!«

Casanova fragt fassungslos:

»Ja, sind Sie denn mit dem
Teufel im Bunde, Baron?
Ich bin inzwischen zwanzig
Jahre älter geworden, und
Sie…«

DIE KAMERA SCHWENKT
Münchhausen fühlt sich fast
ertappt. Über sein Gesicht
huscht ein Schatten.

Er versucht zu scherzen: »Jungbleiben ist eine Kunst.«

DIE KAMERA SCHWENKT
ZURÜCK
Casanova sagt voll Selbstironie:

»Dann bin ich ein Stümper! Ich bin müde geworden. Ich mag nicht mehr in der Welt herumziehen. Die Augen werden davon satt, aber das Herz bleibt leer!«

DIE KAMERA FÄHRT
ZURÜCK
Münchhausen hat die Hände in die Hüften gestützt und hört ernst zu.
Casanova meint bitter:

»Das Leben ist kurz, Baron, und der Tod verjagt uns aus dem interessanten Stück, ehe es zu Ende ist.«

Er hakt Münchhausen unter.
DIE KAMERA SCHWENKT
Sie gehen zu den Damen.

381.
Casanova küßt Isabella galant die Hand und sagt:

»Venedig ist im Karneval ein gutes Versteck, Prinzessin. Seien Sie trotzdem vorsichtig! Die Staatsinquisition hat zehntausend Augen und Arme. Und sie hat die Macht, recht und unrecht zu tun, ganz wie es ihr beliebt.«

382.
Isabella drängt sich an
Münchhausen, der lächelnd
entgegnet:

»Der Doge hat hoffentlich
Wichtigeres im Kopf als
zwei Liebesleute.«

Venedig

Ein Kabinett in den Prokurazien

Ein ernster, kahler Renaissance-Raum mit hochlehnigen Stühlen, einem Tisch mit Schreibzeug usw. An der Wand ein Gobelin mit dem Wappen Venedigs. Vom Fenster aus blickt man über das Wasser hin auf eine Montgolfiere, die in der Ferne an einer Galeere vertäut ist. (Die Montgolfiere gleicht jener aus der Vedute Guardis.)

383.
Der Doge, ein alter, von Gefühlen nicht mehr erreichbarer Herr in Dogentracht, blickt mit dem Luftschiffer *Blanchard* aus dem Fenster auf die Montgolfiere hin.

Blanchard sagt:

»Der Wind ist nicht günstig, Exzellenz. Sollte er umschlagen, *ich* bin bereit. Meine Gehilfen unterhalten dauernd Feuer unter dem Ballon.«

Der Doge antwortet sachlich:

»Daß Sie von Venedig aus aufsteigen, Herr Blanchard, ist mir hochwillkommen. Wir dienen der Wissenschaft *und* belustigen das Volk.«

Er lächelt gelangweilt und fährt fort:

»Es gehört zur Kunst des Staatsmannes: *ein* Ding zu tun und dadurch zweierlei zu erreichen.«

384.
Blanchard verbeugt sich, erwidert aber nicht ohne Schärfe:

»*Ich* diene nur der Wissenschaft.«

Der Doge antwortet ironisch:

»Lassen Sie sich diesen Aberglauben nicht rauben! Er ist ein Stein in unserem Spiel.«

385.
Ein Diener in einer Livree, die jener der Schweizer Garde ähnelt, öffnet eine Tür.
Der Doge und Blanchard kommen ins Bild.
Blanchard verbeugt sich und verläßt, mit dem Rücken zur Tür, das Zimmer.
DIE KAMERA SCHWENKT
Der Doge geht zu einer anderen Tür und öffnet sie.

386.
Prinz *Francesco d'Este*, ein Stutzer, und ein Staatsinquisitor treten leise ein.
Der Prinz will sich verbeugen, der Doge tritt zu ihm und verwehrt ihm gnädig diesen Gruß.
Der Prinz sagt hastig:

»Sie wohnen im Palazzo Vendramin.«

387.
Der Doge antwortet gemessen:

»Die Republik ist bereit, mein Prinz, Ihrer Familie Genugtuung dafür zu geben, daß ein fremder Abenteurer Ihre Schwester hier verborgen hält. Aber wir haben Karneval und wünschen keine allzu blutigen Auftritte.«

DIE KAMERA SCHWENKT

Des Dogen Stimme:
»Hat unsere Inquisition einen Vorschlag zu machen?«

Der Staatsinquisitor verbeugt sich und erwidert lächelnd:

»Gewiß, Exzellenz!«

BLENDE

Venedig

Ein Boudoir im Palazzo Vendramin

An den dunklen Leder-Tapeten Tizians und Tintorettos. Ein großes, etwas düsteres Renaissance-Bett, ein hoher Toilette-Spiegel. Ein Tisch mit Lederstühlen, gleichfalls italienische Renaissance. Auf dem Tisch brennen Kerzen.

388.
Isabella und Münchhausen
sitzen am Tisch und trinken
aus Porzellan Schokolade.
Isabella trägt ein reizvolles   *Von ferne Karnevalsmusik*
Deshabillé. Er sitzt in kur-   *und übermütiger Lärm*
zen seidenen Hosen und
weißem Jabot-Hemd.

Münchhausen sagt, sich
räkelnd: »Wir könnten in die
                                   St. Samuel-Oper gehen.
                                   Oder auf eine Redoute.
                                   Oder in den Ridotto zum
                                   Pharao. Du bringst mir
                                   Glück.«
Sie lächelt zärtlich und fragt: »Wenn wir nun zu Hause
                                   blieben?«
DIE KAMERA FÄHRT NÄHER
Er beugt sich zu ihr und
flüstert: »Du bringst mir überall
                                   Glück, Isabella.«
Sie breitet selig die Arme
aus. Die Spitzenärmel rieseln
zurück.
Sie sagt versonnen: »Das Glück ... Als ich ein
                                   Kind war, glaubte ich daran,
                                   wie Kinder eben an Märchen

glauben. Als ich heran-
wuchs, verlobte man mich
mit einem alten Mann...«

389.
Isabella sagt bitter:

»... aber es war ein Visconti,
und das bedeutete den
Eltern viel. Dann wurde ich
gar nach Stambul ver-
schleppt! Wo war die Kindheit hin, mit ihren Erzählun-
gen vom Glück?«

Sie schaudert.
DIE KAMERA SCHWENKT
Münchhausen meint
lächelnd:

»Dann sahst du mich. Und
dein Fenster war vergittert.«

Sie setzt sich auf seine Stuhllehne und sagt:

»Als alles verloren schien,
war alles längst gewonnen.«

Er schlingt den Arm um sie
und sagt:

»Vergiß nie, mein Herz, daß
uns das Schicksal das Glück
nicht schenkt, sondern nur
borgt.«

390.
Sie flüstert ahnungsvoll:

»Und der Zinsfuß ist hoch.
Manchmal gilt es das
Leben.«
Eine Tür wird aufgerissen

Isabella fährt erschrocken
herum.

391.
Der Läufer steht an der Tür
und stößt hervor:

»Kuchenreutter!...«

VENEDIG 265

392.
Münchhausen steht auf und
fragt fröhlich:

»Was denn? Christian ist
schon aus Deutschland
zurück?«
Des Läufers Stimme:
»Man hat ihn überfallen! In
der Gasse vorm Seitentor!«

Münchhausen ergreift einen
Leuchter und den Degen
und stürzt aus dem Bild.

Venedig

Das Haupttor des Palazzo Vendramin

Landepfähle. Stufen zum Tor hinauf. Zu beiden Seiten des Tores Laternen. Das Wasser des Kanals schlägt gegen die Stufen.

393.
Ein Boot hat angelegt und
schaukelt an einem Pfosten.
Im Boot sitzen vermummte
Gestalten und warten
schweigend.
Eine andere Gondel gleitet
heran und hält. *Wasser klatscht gegen Stein*
Der Bootsführer sagt
gedämpft: »Wir haben ihn fortgelockt.
Es ist Zeit!«

394.
Vermummte Gestalten
springen aus dem ersten
Boot und laufen leise die
Stufen zum Palast hinauf.

Venedig

Ein Nebentor am Kanal

Eine Nebenpforte mit einer Laterne darüber. Vor dem Palast ein Gehsteig, dann erst Anlegestufen. Ein leeres Boot schaukelt im Wasser.

395.
Münchhausen hält mit einer Hand den brennenden Leuchter hoch, in der anderen schwingt er den Degen.
Er gibt einem Angreifer einen Fußtritt.
Der Vermummte stürzt ins Wasser.

Wasser klatscht gegen Stein

Geräusche eines Kampfes

Sturz ins Wasser
Kuchenreutters Stimme:
»Kommt nur heran, ihr feige Bande!«

396.
Kuchenreutter lehnt an der Hauswand und schwingt seine Flinte am Lauf wie einen Dreschflegel.
Neben ihm liegen Reisesäcke.
Einer der Burschen versucht, ihm mit dem Dolch beizukommen, bricht aber getroffen und aufschreiend zusammen.
Kuchenreutter brüllt:

Aufschrei
»Der Nächste, bitte!«

397.
Einige der Maskierten springen ins Boot.

Der Läufer hält einen von
ihnen am Kragen.
Ein Messer blitzt!
Der Läufer läßt von dem
Kerl ab, torkelt ein paar
Schritte und stürzt kopfüber
in den Kanal. *Sturz ins Wasser*

Venedig

Ein Boudoir im Palazzo Vendramin

398.
Auch hier wird gekämpft.
Zwei Masken halten sich
abseits. Zwei andere be-
mühen sich, Isabella zu greifen. Sie hat sich hinter dem
Tisch verbarrikadiert und
wirft mit der Schokoladen-
kanne. *Die Kanne zersplittert auf dem Parkett*

DIE KAMERA FÄHRT NÄHER
Isabella steht hochaufgerich-
tet hinter dem Tisch.
Einer der Sbirren greift
nach ihr.
Sie nimmt einen Leuchter
und benutzt ihn wie einen
Degen.
Der Häscher weicht schrei-
end zurück. *Schrei*

399.
Eine der beiden passiven
Masken reißt sich die Larve
vom Gesicht und ruft: »Isabella!«
Es ist der Prinz d'Este.

400.
Isabella läßt den Leuchter
sinken und blickt in die ent-
sprechende Richtung.
Ihre Lippen kräuseln sich
verächtlich. Dann sagt sie
wegwerfend: »Mein eigner Bruder.«

In diesem Augenblick wirft
ihr ein Sbirre ein Tuch über
den Kopf.

Venedig

Ein Nebentor am Seitenkanal

401.
Kuchenreutter mit dem Leuchter und Münchhausen stehen auf den Stufen zum Kanal.
Münchhausen sagt betrübt: »Es hat keinen Zweck.«
Kuchenreutter meint: »Nein, Herr Baron. Unser Läufer ist hin.«

DIE KAMERA FÄHRT NÄHER
Münchhausen, ernst: »Es war ein braver Kerl, Christian.«

Christian nickt und erwidert: »Ich wünsche mir kein besseres Ende. Nur – es eilt nicht so ...«

Venedig

Das Haupttor des Palazzo Vendramin

402.
SCHWENKAUFNAHME
Aus dem Tor kommen *Wasser klatscht*
maskierte Gestalten.
Eine von ihnen humpelt.
Zwei andere tragen eine in
einen Teppich eingerollte
Frau, die vergeblich stram‑
pelt.
Die Frau wird bis ins Boot
getragen und dort verstaut.
Dann steigen die anderen
hinein.
Das Boot gleitet ins völlige
Dunkel.

Venedig

Ein Korridor im Palazzo Vendramin

403.
FAHRAUFNAHME
Münchhausen mit dem Leuchter und Kuchenreutter der unter den Gepäckstücken ächzt, gehen den Korridor entlang.
Der Baron fragt:
Christian:

»Wie geht's meinem Vater?«
»Na, der Jüngste ist er ja nicht mehr. Er hat mir einen Brief mitgegeben. Und ein paar Braunschweiger Mettwürste. Und ein Fäßchen Mumme.«

404.
Münchhausen öffnet eine Tür, hebt entgeistert den Leuchter hoch und schreit verzweifelt:
Er stürzt ins Zimmer.
Kuchenreutter läßt seine Gepäckstücke fallen.

»Isabella!«

Münchhausens Stimme:
»Isabella!«

Venedig

Ein Boudoir im Palazzo Vendramin

405.
Blick über das verwüstete
Zimmer. Am Fenster steht
Münchhausen wie eine
Silhouette.

Ferne Karnevalsmusik

Kuchenreutter bückt sich,
stellt einen Stuhl auf und
fragt schüchtern:

»Was können wir tun, Herr
Baron?«

406.
Münchhausen, am Fenster
stehend, antwortet nach
einer Pause:

»Nichts!«

ÜBERBLENDUNG

407.
Es ist heller Morgen.
Münchhausen steht, übernächtig, noch immer am
Fenster, als habe er sich
während der ganzen Nacht
nicht bewegt.

*Karnevalsmusik usw. von
weitem*

DIE KAMERA SCHWENKT
Kuchenreutter setzt dampfenden Kaffee auf den Tisch,
blickt niedergeschlagen zum
Fenster und fragt:

»Sind Sie für Herrn Casanova zu sprechen?«

408.
Münchhausen nickt langsam, fährt sich mit der Hand

übers Gesicht, als wolle er
seine Traurigkeit fortwi‑
schen, strafft sich und wen‑
det den Blick der Tür zu.

409.
SCHWENKAUFNAHME
Christian hat die Tür geöff‑
net, durch die Casanova eilig
hereinkommt und auf den
Baron zusteuert. Während‑
dem beginnt er schon:

»Ganz Venedig erzählt sich
von dem Mißgeschick, das
Sie heute nacht betroffen
hat! Die arme Prinzessin!«

DIE KAMERA STEHT
Er gibt Münchhausen die
Hand. Dieser entgegnet
lethargisch:

»Man hat meinen Läufer
abgestochen. Ich befürchte
das Schlimmste.«

Casanovas Gesicht wird fast
vergnügt. Er ruft:
Münchhausen packt Casa‑
novas Arm und drängt:

»Aber nein! Sie lebt!«

»Wo ist sie?«

410.
Casanova, der Erzähler, holt
weit aus:

»Also hören Sie, mein
Bester! Die Äbtissin des
Justinen-Klosters, eine
alte ... Freundin von mir,
hat mir heimlich einen
Boten geschickt. Die Prin‑
zessin wurde gestern nacht
ins Kloster eingeliefert.«

DIE KAMERA SCHWENKT

MÜNCHHAUSEN

Münchhausen lauscht aufgeregt:	
	Casanovas Stimme: »Viel werden Sie kaum erreichen. Doch man wird Ihnen erlauben, Ihre bedauernswerte Freundin zu sprechen.«
Münchhausen ruft:	»Im Justinen-Kloster? … Christian, meinen Hut!«

BLENDE

Venedig

Das Parlatorium eines Nonnenklosters

Dekoration wie auf den entsprechenden Gemälden des Pietro Longhi. Hinter dem Sprechgitter die weißgekleideten lebenslustigen Nonnen, mit Granatblüten im Haar. Davor maskierte Stutzer, Verwandte mit Kindern und Hündchen. Sogar ein Kasperle-Theater mit frivolem Einakter.

411.
Blick über das Sprechzimmer.
Eben tritt Isabella d'Este, wie die übrigen Nonnen gekleidet, an das Sprechgitter heran. Von der anderen Seite nähert sich Münchhausen.
Das Gitter trennt sie.

Lachen, Kindergreinen, Hundebellen usw.

412.
Münchhausen greift mit beiden Händen ins Gitter, als wolle er es zerreißen.
Isabella sieht ihn schmerzlich lächelnd an, legt ihre Handflächen zärtlich gegen seine Hände und sagt, ihn an das gestrige Gespräch erinnernd:

Gedämpfter Lärm

»Das Glück wird uns vom Schicksal nicht geschenkt. Es wird uns nur geborgt, und der Zins ist manchmal sehr hoch ...«

Sie ist, lächelnd, den Tränen nahe.

413.
Münchhausen erwidert in
ohnmächtiger Wut:

»Nicht weinen, Isabella! Ich werde dich befreien, wie schon einmal!«

DIE KAMERA SCHWENKT
Sie schüttelt den Kopf und
antwortet resigniert:

»Diesmal wird es dir nicht gelingen! Laß uns Abschied nehmen! Ich werde weniger unglücklich sein, wenn ich dich weit fort weiß. Denn du bist in Gefahr.«

Tränen rinnen ihr über
die Wangen. Da zuckt sie
zusammen. Ihre Augen
weiten sich.

414.
An der Tür lehnt lächelnd,
und trotz der Maske unverkennbar, ihr Bruder Francesco.

415.
Isabella küßt durchs Gitter
Münchhausens Hand und
flüstert:

»Ich werde dich immer lieben. Vergiß mich – und leb wohl!«

Aufschluchzend eilt sie aus
dem Bild.

Schluchzen

416.
Münchhausen blickt hinter
ihr her, löst die Hände vom
Gitter und dreht sich um.

Sein Gesicht ist finster.
Er geht
DIE KAMERA FÄHRT MIT
an zurückweichenden Kava-
lieren und Damen vorbei auf
die Tür zu.

Getuschel

417.
Der Prinz d'Este lehnt
lächelnd an der Tür und
blickt spöttisch Münch-
hausen entgegen, der jetzt
vor ihn tritt und sagt:

»Nehmen Sie die Maske
herunter. Ich will wissen,
wie ein Kerl aussieht, der
seine Schwester lebendig
begräbt!«

Neben dem Prinzen
tauchen andere männliche
Masken auf.
Der Prinz nimmt die Maske
ab und fragt gönnerhaft:

»Wollen Sie sich mit mir
schlagen?«

DIE KAMERA SCHWENKT
Münchhausen entgegnet
drohend:

»Wenn möglich, bevor ich
dem Bedürfnis nachgebe,
Ihnen kurzerhand den Kopf
abzureißen!«

418.
Der Prinz öffnet die Tür
und sagt ironisch:

»Jeder Gondelführer bringt
Sie zu der kleinen Lagunen-
insel, wo man sich mit dem
Degen in der Hand zu
unterhalten pflegt.«

Münchhausen nickt kurz

und geht an dem Prinzen
vorbei aus dem Saal.
Der Prinz zwinkert seinen
Kumpanen zu und folgt
dem Baron.

*Aufgeregtes Getuschel von
vielen Menschen*

BLENDE

Venedig

Anlegestelle an einer verwilderten Insel

419.
Eine Gondel hat angelegt.
Münchhausen und Kuchen-
reutter – dieser mit seiner
Flinte – steigen an Land.
Münchhausen befiehlt dem
Gondoliere: »Du wartest hier auf uns!«

DIE KAMERA FÄHRT NÄHER
Der Venezianer kratzt sich
den Lockenkopf und erwi-
dert skeptisch: »Aber nur, wenn die Rück-
fahrt sofort bezahlt wird.
Womöglich fällt der gnädige
Herr im Duell – und mit der
Dienerschaft gibt es hinterher meistens Ärger!«

Er fängt ein Geldstück auf,
betrachtet es und ruft zufrieden: »Besten Dank, Herr! Nun
können Sie beruhigt fallen,
ich warte!«

420.
FAHRAUFNAHME
Münchhausen sagt lachend,
während er sich einen Weg
bahnt: »Das ist ein Gemüts-
mensch!«

Kuchenreutter, der ihm
folgt, meint kritisch: »Ich kann mir nicht helfen,
Herr Baron, diese Insel sieht
einer Mausefalle verdammt
ähnlich.«

Venedig

Eine kleine, buschumstandene Wiese

421.
Prinz d'Este steht, ohne
Maske, in einer Gruppe von
fünf maskierten Herren.
Plötzlich blicken alle sechs
in die gleiche Richtung.

422.
Münchhausen zieht am
Wiesenrand Rock und Weste
aus, wirft beides seinem
alten Leibjäger zu und
meint:

»Gib acht, daß man uns
nicht den Rückzug
abschneidet!«

Kuchenreutter nickt, klopft
gemächlich an seine Flinte
und antwortet:

»An mir vorbeizukommen,
ist nicht ganz einfach!«

Münchhausen geht.
Kuchenreutter hockt sich
auf die Wiese, macht sich's
bequem und behält die
Flinte zärtlich im Arm.

423.
Einer der Maskierten bietet
den Duellanten Rapiere an.
Jeder der beiden nimmt
eines.
Der Prinz sagt hierbei
hochmütig:

»Sie gestatten wohl, daß ich
meinen Rock anbehalte!

Münchhausen prüft wortlos die Klinge.
DIE KAMERA FÄHRT ZURÜCK
Die Duellanten nehmen die Plätze ein und kreuzen die Rapiere. Der Zweikampf beginnt. Und schon nach wenigen Stößen fliegt der Degen des Prinzen hoch durch die Luft.
Ein Maskierter bückt sich und bringt die Klinge zurück.

424.
Der Prinz beißt sich wütend auf die Lippen, nimmt die Waffe finster entgegen und fällt von neuem aus.
Münchhausen pariert und lächelt geringschätzig.
Und wieder manövriert er im Handumdrehen dem Prinzen das Rapier aus der Faust.
Er läßt seine Klinge sinken und sagt ironisch:

DIE KAMERA SCHWENKT

Es lohnt sich voraussichtlich nicht, ihn erst lange abzulegen!«

Fechtgeräusche

Fechtgeräusche

»Ich war eigentlich hergekommen, um ein Duell auszutragen, – nicht, um einem dummen Jungen Fechtunterricht zu geben.«

Der Prinz ist außer sich.
Furcht beschleicht ihn.

Münchhausens Stimme:
»Bindet ihm gefälligst die Klinge am Händchen fest!«

Ein Maskierter, der dem Prinzen das Rapier übergeben hat, bindet ihm tatsächlich mit einem Taschentuch den Rapierkorb an der Faust fest und flüstert dabei:

»Drei Gänge mußt du durchhalten, Francesco! Früher können sie mit dem Haftbefehl nicht hier sein!«

Der Prinz nickt verbissen und wendet sich erneut dem Gegner zu.

425.
Münchhausen sagt kalt:

»Ich könnte Sie natürlich töten, aber ich werde etwas anderes tun: Ich werde Sie für den Rest Ihres Lebens lächerlich machen! Ich werde Ihnen den Rock mit dem Degen ausziehen!«

Er fällt aus.
Sie fechten.

Fechtgeräusche

426.
TRICK
Münchhausens Degen wirbelt wie ein blitzendes Stahlrad durch die Luft, so daß vom Gegner gar nichts zu sehen ist.

427.

Münchhausen hält ein, wirft den Degen ins Gras und erklärt trocken: »So. Das wäre erledigt.«

DIE KAMERA SCHWENKT
Der Prinz ist, bis auf einen Hosenfetzen in der Gürtelgegend, fast nackt. Auch die Perücke ist fort. Er starrt blöde an sich herunter.

DIE KAMERA FÄHRT ZURÜCK
Münchhausen wischt sich die Hände ab, als habe er sich schmutzig gemacht. Dann meint er: »Die kleine Badehose habe ich Ihnen nur aus Anstandsgründen gelassen.«

Er verbeugt sich knapp und geht.
Der Prinz steht noch immer blöde da und murmelt: »Ich muß mich erschießen.«
Einer der Maskierten hat den Degen gezückt, tritt zu ihm und sagt barsch: »Das ist jetzt nicht so wichtig, erst muß *er* in den Himmel.«

Er dreht sich um und kommandiert: »Rasch in die Boote!«

ÜBERBLENDUNG

Venedig

In einer Gondel

428.
Der Gondoliere rudert aus Leibeskräften.
Münchhausen steht mit geladenen Pistolen am Heck.
Kuchenreutter visiert durch seine Flinte und knurrt:

Rudergeräusche

»Ganz hinten kommt sogar eine Staatsgaleere angerauscht.«

429.
Münchhausen fragt:

»Mit wieviel Tauen ist eigentlich Blanchards Ballon verankert?«

Christian visiert jetzt in Fahrtrichtung und antwortet:
Münchhausen befiehlt:

»Mit sechs dicken Tauen.«
»Schieß vier davon entzwei! Da haben wir nachher weniger Arbeit.«

Kuchenreutter schießt und berichtet gemütlich:

»Ein Seil ist schon hin, Herr Baron.«

Venedig

Die Montgolfiere

430.
MODELL
Blick auf die schwankende
Montgolfiere, die an einem
Schiff angeseilt ist.　　　　　　　*Ein Schuß*

431.
Die zwei Gehilfen Blan-
chards sitzen geduckt unter
der schwankenden Ballon-
gondel auf dem Ankerschiff
und blicken verständnislos
auf die zerschossenen
Haltetaue.
Wieder kracht ein Schuß.　　　　*Ein Schuß*
Sie ducken sich automatisch.
Wieder zerreißt ein Tau.
Da springt der eine auf und
klettert
SCHWENKAUFNAHME
in das am Schiff liegende
Beiboot.
Der andere beugt sich neu-
gierig über den Schiffsrand
und fragt ängstlich:　　　　　　»Wo willst du denn hin?«
Der erste lügt:　　　　　　　　»Ich hole Herrn Blanchard.«

432.
Da schwingt sich der andere
auch ins Boot und sagt auf-
gebracht:　　　　　　　　　　　»Ich soll wohl als Ziel-
　　　　　　　　　　　　　　　scheibe hierbleiben, was?«

Venedig

Im Boot des Prinzen d'Este

433.
Vier der Masken rudern.　　　*Rudergeräusche*
Der Prinz sitzt, in einen
Mantel gehüllt, und putzt an
seiner zersäbelten Perücke
herum, die er auf den Knien
liegen hat.
Der fünfte Maskierte legt die
Hand über die Augen, blickt
in die Ferne und ruft:　　　»Schneller! Schneller! Sie
　　　　　　　　　　　　　legen gleich am Ballon an!«

DIE KAMERA FÄHRT NÄHER
Der Prinz murmelt:　　　　»Ich muß mich erschießen!«

Venedig

Die Montgolfiere

434.
Münchhausen ist schon aus der Gondel auf das Ankerschiff geklettert und hilft jetzt Kuchenreutter nach. Dann wirft er dem Gondoliere ein Geldstück zu. Dieser ruft grinsend: »Glückliche Reise!«

435.
Kuchenreutter hebt die Flinte: »Wenn du nicht gleich abhaust, schieße ich dir zum Andenken mein Monogramm in den Hintern!«

Der Gondoliere legt sich ins Ruder und verschwindet.

436.
Münchhausen schwingt sich gerade in die Ballongondel und ruft: »Einsteigen, Christian!«
DIE KAMERA SENKT SICH
Kuchenreutter reicht dem Baron die Flinte herauf und sagt mit leisem Humor: »Fliegen wollte ich schon immer mal, Herr Baron.«

Er klettert hoch.

437.
Münchhausen hebt beide Hände. In jeder Hand blitzt eine Pistole. Er zielt gleich-

zeitig mit dem linken Auge
nach links, mit dem rechten
Auge nach rechts! Kuchen-
reutter plumpst in die
Gondel.
Münchhausen drückt beide
Pistolen ab. Die beiden letz-   *Zwei Pistolenschüsse*
ten Ankertaue zerreißen.

Venedig

Im Boot des Prinzen d'Este

438.
Die Maskierten haben aufgehört zu rudern und starren verdutzt in die Ferne.
Einer ruft:

»Sie kappen die letzten Taue!«

Alle, mit Ausnahme des Prinzen, richten die Blicke eine Nuance höher.

Venedig

Die Montgolfiere

439.
MODELL
Die Montgolfiere löst sich
vom Ankerschiff und steigt
langsam hoch.

Venedig

Im Boot des Prinzen d'Este

440.
Vier der Maskierten starren
hoch, der fünfte sagt
zynisch:

»Der Himmel wird uns die
Arbeit schon abnehmen!«

Dann nimmt er eine Pistole
aus der Rocktasche, drückt
sie dem Prinzen in die Hand
und meint kühl:

»So. Und nun tu, was du
nicht lassen kannst!«

ÜBERBLENDUNG

Der Mond

Die Fahrt durchs Weltall

441.
MODELL
Die Montgolfiere schwebt
empor. *Sphärenmusik*
Wolken ziehen vor und hin-
ter dem Ballon vorüber.
Eine Wolkenbank ver-
schluckt ihn völlig.
Dann taucht er wieder auf
und steigt weiter.

ÜBERBLENDUNG

442.
MODELL
Es ist Nacht geworden. Die
Montgolfiere fliegt hoch.
Die Gestirne funkeln im
unendlichen Raum. *Musik*
Der Mond im Hintergrund
oben nähert sich immer
mehr.

ÜBERBLENDUNG

443.
MODELL
Die Sterne verblassen. *Musik*
Es wird wieder Tag.
Die Mondscheibe ist blasser,
aber auch größer geworden.
Die Montgolfiere taucht aus
einer Wolke auf.

444.
Münchhausen steht in der schwebenden Gondel. Er blickt durch ein Fernrohr.

Musik ab jetzt gedämpfter

445.
Kuchenreutter hockt in einer Ecke der Gondel, schläft, wackelt unruhig im Schlaf und murmelt verdrossen:

»So ein Unfug, Herr Baron! Wir könnten es in Bodenwerder so gemütlich haben! Sie auf der Jagd und meine Wenigkeit bei Rieke und den Kindern! Statt dessen fliegen wir in den Himmel – und mir ist schon ganz schlecht!«

446.
Münchhausen lächelt, leicht gerührt, auf den alten Diener herab.
Kuchenreutter räkelt sich und erwacht gähnend.

Musik

Gähnen

447.
Er blickt mit etwas schlechtem Gewissen zu Münchhausen empor.
Dann blinzelt er treuherzig und erklärt, gespielt munter:

»Großartig diese Fliegerei! Geht's eigentlich immer noch auf den Mond zu?«

448.
Münchhausen nickt und erwidert:

»Hoffentlich landen wir auf der Hälfte, die man von der

Er blickt durchs Fernrohr.

Münchhausen lächelt ein wenig.

ÜBERBLENDUNG

Erde aus nicht sieht. Es hat mich immer schon geärgert, daß er nie die Rückseite zeigt.«
Kuchenreutters Stimme:
»Er weiß eben, was sich gehört!«

Der Mond

Eine phantastische Landschaft

Ein Garten mit höchst merkwürdigen Bäumen: absonderlich geformte, karierte Blätter und ein bis zwei Meter lange Früchte, etwa in Form von Gurken, Baßgeigen und Schrankkoffern. Vor den Bäumen eine Wiese mit fremdartigen Blumen und inmitten der Wiese ein richtiger irdischer Kirschbaum.

449.
MODELL
Die Montgolfiere sinkt langsam auf die Phantasielandschaft herab.
Die Gondel setzt federnd auf und liegt dann still.   *Lunare Musik*

450.
Die Gondel – über ihr der Ballonansatz – liegt zwischen den Bäumen.
Kuchenreutter seilt den Ballon an einem Baumstamm an.
Münchhausen schlingt ein Seil um einen anderen Baum und geht zu Christian hinüber, der sich mit allerlei Gepäck belädt und dann in die Bäume mit den seltsamen Früchten emporblickt.
Sie stapfen über die Wiese und bleiben vor dem Kirschbaum stehen, der in voller Blüte ist.

451.
Kuchenreutter bricht das
Schweigen als erster:

Leise Musik
»Daß auf dem Mond große Geigen und Koffer an den Bäumen hängen, wundert mich nicht weiter. Aber daß hier, wie bei uns zu Hause, Kirschbäume wachsen, das ist allerhand!«

Er klappt einen Feldstuhl auf, fängt an, Rasierseife zu schlagen und fragt etwas ängstlich:

»Ob's hier so etwas wie Menschen gibt, Herr Baron?«

452.
Münchhausen setzt sich und sagt, gespielt ernst:

»Bestimmt, Christian, wer sollte denn sonst die Kirschen essen, wenn sie reif sind?«

Kuchenreutter seift ihn ein und meint bieder:
Dann blickt er hoch und bemerkt nachdenklich:

»Das ist richtig!«

»Komisch. Kurz vor der Landung dämmerte es erst, und jetzt scheint die Sonne schon, als hätten wir Mittag.«

453.
Von ihnen unbemerkt hat der Kirschbaum seine Blüten abgeworfen und trägt jetzt Fruchtknospen.

454.
Münchhausen sagt, während Kuchenreutter ihn rasiert:

»Deine Hände sind in der

Christian antwortet trocken:

Münchhausen lacht, aber das Lachen bleibt ihm gleich wieder in der Kehle stecken. Er sagt erstaunt:

455.
Kuchenreutter wischt die Rasierseife vom Messer auf den Handrücken und sagt gähnend:
Er kann die Augen nicht mehr aufhalten, das Messer entfällt ihm.
Er sinkt langsam ins Gras und schnarcht auch schon.
Münchhausen, zur Hälfte rasiert, fragt kopfschüttelnd:

DIE KAMERA SCHWENKT
Kuchenreutter schweigt und schnarcht.

ÜBERBLENDUNG

456.
Kuchenreutter erwacht blinzelnd. Es ist gegen Abend. Er schaut schuldbewußt und erstaunt hoch.
DIE KAMERA SCHWENKT

letzten Zeit recht zittrig geworden.«
»Das macht das bequeme Leben, das wir führen.«

Abgebrochenes Lachen
»Was ist nun wirklich mit dir los? Seit du mich rasierst, hast du mindestens zwanzig neue graue Haare gekriegt.«

»Das liegt am Luftwechsel.«

Leise Musik

Schnarchen

»He, hast du die Schlafkrankheit?«

Schnarchen

Leise Musik

Münchhausen sitzt, fertig rasiert, auf dem Feldstuhl, ißt schöne reife Kirschen und spuckt die Steine ins Gras.

457.
Kuchenreutter springt hoch, stemmt die Arme in die Seiten und ruft:

»Reife Kirschen? Das ist doch zum Stiefelausziehen!«

Der Baron gibt ihm ein paar Kirschen ab.
Christian ißt eine und fragt empört:

»Ja, hab ich denn ein geschlagenes Vierteljahr geschlafen?«

Münchhausen schaut auf seine Uhr und antwortet ruhig:

»Nein, höchstens zwei Stunden.«

Kuchenreutter schüttelt den sehr grauen, etwas kahlgewordenen Kopf und meint ratlos:

»Entweder ist Ihre Uhr kaputt, Herr Baron, oder...«

458.
Der Baron fragt:
Christian sagt stirnrunzelnd:
Münchhausen erwidert ernst:

»Oder?«
»Oder die Zeit selber.«
»Die Zeit ist kaputt, Christian. – Als wir auf dem Mond landeten, war es Morgen, und die Kirschen blühten. Als die Sonne im Mittag stand, welkten die Blüten. Jetzt ist Vesperzeit, und die Kirschen sind reif.«

Kuchenreutter grinst und
zeigt aus dem Bild.
DIE KAMERA SCHWENKT
Die Kirschen am Kirsch-
baum sind eingeschrumpft.
Die Blätter fallen.

Kuchenreutters Stimme:
»*Waren* reif!«

Kuchenreutter tritt zu dem
Baum und sagt, als friere
ihn:

»Es wird Abend. Man kann
auch sagen, es wird Herbst.«

459.
Auch von den seltsamen
Bäumen fällt das karierte
Laub.
Und einige der großen
Phantasiefrüchte fallen
dumpf zu Boden.
Aus den Früchten klingt so
etwas Ähnliches wie fernes
Kinderweinen.

Aufschlag der Früchte

Fernes Kinderweinen

460.
Münchhausen blickt ver-
blüfft in die Richtung.
Kuchenreutter kommt mit
Pelzdecken und Brennholz
und sagt fröstelnd:

»Ein Glück, daß der Herr
Luftschiffer an alles gedacht
hat. Denn so einen jam-
mernden Koffer zu Klein-
holz zu hacken, traute ich
mich denn doch nicht.«
Windstöße

Der Wind heult.
Die Dämmerung sinkt
herab.
Christian errichtet eine

Feuerstelle. Münchhausen
hüllt sich in eine Pelzdecke.
Schneetreiben verhüllt
die Szene. *Sturm pfeift*

ÜBERBLENDUNG

Der Mond

Die gleiche Dekoration

461.
Ein sonniger Morgen und schönster Frühling. Münchhausen und Kuchenreutter sitzen in der Nähe des blühenden Kirschbaumes.
DIE KAMERA FÄHRT NÄHER
Die beiden Männer – Kuchenreutter sieht noch verfallener aus – frühstücken. Münchhausen sagt mißbilligend:

»Dieser Mond ist ein ziemlich anstrengender Stern.«

Kuchenreutter erklärt stolz:

»Ich habe mir die Sache durch den Kopf gehen lassen, Herr Baron. Was bei uns auf der Erde ein Jahr ist, ist hier auf dem Mond ein Tag.«

Er schüttelt unzufrieden den grauen Schädel und meint:

»Nein, umgekehrt. Was bei uns ein Tag ist, das ist hier ein Jahr. Stimmt's?«

DIE KAMERA SCHWENKT
Münchhausen nickt ernst und erwidert:

»Auf dem Mond sind ein Jahr und ein Tag gleich lang.«

462.
Kuchenreutter klopft sich auf die Schenkel und ruft lachend:

»Da wird man hier also in

Münchhausen blickt den
klapprig gewordenen Diener
besorgt an und sagt dann:

Kuchenreutter lacht, bis er
husten muß.
Der Baron klopft ihm den
Rücken, dann meint er entschlossen:

463.
Kuchenreutter murrt:

Münchhausen sagt ruhig,
aber bestimmt:

464.
Aus den unter den Bäumen
liegenden großen Früchten
klingen ärgerliche Rufe von
Männer- und Frauen-
stimmen.

465.
Kuchenreutter meint
schmunzelnd:

einem Jahr dreihundert-
fünfzig Jahre alt, was?«

»So ist's. Und in zwei
Monaten sechzig Jahre,
Christian.«

Lachen und Husten

»Wir fliegen nachher auf die
Erde zurück.«

»Aber Herr Baron! Nie
komme ich dazu, mich ein
bißchen einzuleben! Stets
wollen Sie weiter!«

»Keine Widerrede! Mittags
fliegen wir, denn dieser Stern
ist ein Unstern.«

Ärgerliche Rufe

»Wenn ich meiner Rieke
erzähle, daß hier die Menschen auf Bäumen wachsen,
wird sie mir zum erstenmal im Leben nicht glauben.«

Münchhausen legt seine
Hand auf Christians Arm
und flüstert: »Dort kommt jemand!«

466.
FAHRAUFNAHME
Mit schnellen kleinen Schritten spaziert ein Zweibeiner
in den Garten. Er ist archaisch gekleidet und trägt
unter dem Arm den Kopf
einer hübschen jungen
Frau.
DIE KAMERA STEHT
Er stutzt, als er die Fremdlinge sieht, setzt den Frauenkopf behutsam ins Gras und
fragt hastig: »Darf man fragen, von welchem Stern Sie kommen?«

467.
Münchhausen erwidert
leicht belustigt:
Der Mondmensch entgegnet
eilig:

»Von der Erde.«

»Willkommen, willkommen!
Ich stehe gleich zu Ihrer
Verfügung!«

Er wendet sich an den Kopf
im Gras: »Du unterhältst dich inzwischen mit den Herren.«

DIE KAMERA SENKT SICH
Der Frauenkopf antwortet: »Natürlich. Furchtbar gern.«

468.
Der Mondmann entfernt
sich in Richtung der Bäume.
Münchhausen und Kuchenreutter blicken sich dumm

und stumm an. Ein Frauen-
lachen erklingt.

Frauenlachen

DIE KAMERA SENKT SICH
Der Frauenkopf lacht und
sagt dann:

»Es heißt, daß schon einige
Mal Erdbewohner zu uns
gekommen sind, und immer
hätten sie sich gewundert,
daß wir Kopf und Körper
trennen können.«

Münchhausen hockt sich
ins Gras und antwortet
erstaunt:

»Es scheint jedenfalls leichter zu sein, als ich dachte,
gnädige Frau.«

469.
Der Frauenkopf lächelt
kokett und erwidert:

»Vor allem ist es praktisch.
Während mein Kopf hier
mit Ihnen plaudert, küm-
mern sich meine Hände
zu Hause um die Wirt-
schaft.«

Sie senkt verschämt die
Lider und fährt fort:

»Außerdem werden Sie ver-
stehen, daß wir Mondehe-
paare uns nur ungern völlig
voneinander trennen. Das
Leben ist ja so kurz.«

Sie seufzt.
Seufzen
DIE KAMERA FÄHRT
ZURÜCK
Münchhausen fragt interes-
siert:

»Wie alt sind Sie eigentlich,
gnädige Frau?«

Aus dem Gras ertönt die
gezierte Antwort:

»Schätzen Sie einmal.«

Münchhausen lacht komisch verzweifelt und sagt:

Lachen
»Das ist in Ihrem Falle besonders schwer, meine Gnädigste, also?«

470.
Der Frauenkopf meint, mit hochgezogenen Brauen:

»Meine Freundinnen behaupten, ich zähle schon dreißig Tage. Das kennt man ja. Dabei bin ich erst siebenundzwanzig Tage und drei Stunden alt.«

DIE KAMERA SCHWENKT HOCH
Münchhausen schüttelt den Kopf und meint konventionell:

»Schon siebenundzwanzig Tage alt? Unglaublich!«

471.
Der Frauenkopf sagt geschmeichelt:

»Schade, daß ich meine Figur nicht mithabe. Die wirkt noch jünger.«

472.
Der Mondmann beugt sich über eine am Boden liegende Frucht, aus der eine männliche Stimme wütend ruft:

»Wie lange soll ich denn noch auf meine Geburt warten?!«

Der Mondmann antwortet hastig und streng:

»Noch drei Stunden. Du bist noch nicht reif.«

DIE KAMERA FÄHRT ZURÜCK
Kuchenreutter tritt hinzu und meint gemütlich:

»Mein lieber Mann im

Der Mondmann antwortet, leicht erschöpft:

Mond, wer hat's denn da so eilig?«

»Ach, ein Steuerbeamter! Hier im Garten wachsen die Steuereinnehmer, die Polizisten, die Oberförster und die einschlägigen weiblichen Arbeitskräfte.«

473.
Kuchenreutter, von Gicht und Alter krumm, fragt:

»Und was haben *Sie* damit zu tun?«

Der Mondmann entgegnet schnell und schneidig:

»Ich bin Arzt und Geburtshelfer im Bezirk Beamtengeburten, Abteilung römisch drei klein b.«

474.
Der Frauenkopf sagt zu dem im Gras sitzenden Münchhausen:

»Auch wer als Fremder auf den Mond kommt, lebt nicht länger als wir. Und wenn er tot ist und am Boden liegt, löst er sich wie wir in Rauch auf und verschwindet im All.«

Münchhausen schaut besorgt aus dem Bild und meint leise:

»Mich trifft Euer Gesetz nicht, aber ...«

475.
Kuchenreutter sagt gerade zu dem Mondmann:

»Die Erde, mein Herr, das ist ein Ländchen! Kommen Sie doch mal hin. Sie können

Der Mondmann fragt:

476.
Kuchenreutter blickt ihn erst erschrocken, dann voll tiefsten Mitgefühls an und erklärt:

Er sucht Berührungspunkte und fragt:

Der Mondbewohner schüttelt verständnislos das Haupt. Kuchenreutter versteht das Weltall nicht mehr.
DIE KAMERA SCHWENKT
Er erklärt:

Er greift sich ans Herz, verzieht schmerzlich das Gesicht, macht verwunderte Augen und sinkt langsam in sich zusammen.

477.
Münchhausen springt erschrocken auf und eilt aus dem Bild.

bei uns in Bodenwerder wohnen. Ein Glas Bier und ein Stück Schinken ist immer für Sie da.«
»Bier? Was ist das? Und was ist Schinken?«

»Sie armes Luder! Gibt es denn bei Euch gar nichts weiter als Kirschen?«

»Wissen Sie wenigstens, was ein Schwein ist?«

»Gottstrammbach! Kein Bier, kein Tier! Die Köpfe sind zum Abnehmen. Das Kinderkriegen besorgen die Obstbäume. Wenn ich das der Rieke erzähle ...«

Der Frauenkopf blickt neugierig hinterher.
Da kommt auch schon der Mondmann hastig ins Bild, bückt sich und sagt:

»Der alte Erdbewohner stirbt.«

Der Frauenkopf meint kühl:
»Ja, trag mich fort.«
Der Mondmann nimmt den Frauenkopf unter den Arm und geht
DIE KAMERA FÄHRT ZURÜCK
schnell aus dem Garten.

478.
Münchhausen kniet neben Kuchenreutter, bettet dessen Kopf hoch und flüstert aufgeregt:

»Christian!«

Kuchenreutter murmelt:

»Seien Sie nicht böse, Herr Baron, daß ich Ihnen Ungelegenheiten mache!«

Münchhausen sagt grob:

»Red kein Blech!«

Kuchenreutter schielt aus dem Bild und sagt:

»Ich sterbe ... grad, wo es Sommer wird.«

479.
Der Kirschbaum ist abgeblüht.

480.
Er trägt schon kleine Früchte.
Kuchenreutter meint, schwer Atem holend:

»Das wird nun also die erste Reise, die ich ohne Sie mache. Sie werden mir schrecklich

DER MOND

DIE KAMERA FÄHRT
ZURÜCK
Münchhausen streichelt die
Hand des Dieners.
Kuchenreutter spricht müh-
sam weiter:

»fehlen! Ich meine, ich bliebe
lieber bei Ihnen!«

»Rieke und die Kinder
sollen mir nicht übelneh-
men, daß ich so selten zu
Hause war. Wenn man einen
Menschen wie den Herrn
Baron liebhat, bleibt verflucht wenig Zeit für die
anderen ...«

481.
Münchhausen schluckt
schwer. Er sagt heiser:

»Sie werden dir's bestimmt
nicht übelnehmen, Chri-
stian! Denn, was hätte ich
ohne dich anfangen sollen?!«

DIE KAMERA SCHWENKT
Kuchenreutter atmet schwer
und lächelt trotzdem.

Münchhausens Stimme:
»Ich brauchte doch wenig-
stens *einen* Freund!«

Kuchenreutters Gesicht
strahlt überirdisch.
Plötzlich wird er sehr nachdenklich, dann verlegen, und
stottert:

»Lieber – – Herr Baron,
darf ich Sie ... darf ich dich –
einmal beim Vornamen
nennen?«

482.
Münchhausen nickt, seine
Rührung verbergend.

DIE KAMERA FÄHRT SEHR
NAHE
Kuchenreutter hebt den
Kopf und sagt, verzerrt
lächelnd:

»Hieronymus, alter Junge.
Wir beide als Engel, was? ...
Komm bald nach, aber laß
dir Zeit!«

Er sinkt zurück und murmelt:

»Ich schenk dir meine
Flinte.«

483.
Münchhausen rüttelt ihn
sanft. Tiefe Trauer breitet
sich über sein Gesicht.

484.
TRICK
Der tote Kuchenreutter verschwindet langsam.
Wo er lag, steigt eine Rauchwolke empor, die schließlich
das Bild austilgt.

ÜBERBLENDUNG

Bodenwerder

Szenerie im Park

Fackeln an den Bäumen, und jetzt auch Kerzen auf dem Tisch, erleuchten das schon fast nächtliche Dunkel geheimnisvoll flackernd. Auch die Gesichter schimmern in unruhigem Licht. Die lauschenden Tiere sind fast schon Silhouetten. Eine Eule ist dazugekommen. Ihre Augen starren gelb aus der Dunkelheit.

485.
Die Wolke, in der Christian Kuchenreutter aufgegangen ist, sinkt in sich zusammen, bis sie zu einer Wolke Zigarrenrauch wird, die der moderne Münchhausen eben ausgestoßen hat. Münchhausen sagt nach einer kurzen Pause des Nachdenkens:

Untermalungsmusik aufgrund des Münchhausen-Motivs

»Der Mensch ist wie ein Rauch, der emporsteigt und verweht ...«

DIE KAMERA SCHWENKT
In Sophie von Riedesels Augen sitzt mädchenhafte Angst vor etwas, das sie zu verstehen im Begriff ist. Hartenfeld nickt zustimmend vor sich hin.

Münchhausens Stimme:
»Diese Sterbeweise erschien Münchhausen poetischer und bedeutender als die irdische Art: zu verwelken und zu Staub zu zerfallen.«

486.
Münchhausen hebt die Stimme und sagt, weniger melancholisch:

»Das Leben freilich, das war nur auf der Erde lebenswert! So kehrte er also hierher

487.
Das junge Mädchen fröstelt.
Die alte Baronin bemerkt es
und erklärt:

DIE KAMERA FÄHRT
ZURÜCK
Die Baronin, Sophie, der
Baron und Hartenfeld erheben sich.
Hartenfeld steckt das Notizbuch sorgfältig weg.
Johann nimmt eine Fackel
aus einem Fackelhalter und
leuchtet voran.
Sie gehen die Stufen hinab
und aus dem Bild.

488.
Die Rehe schauen hinter
ihnen her.

489.
Das Vogeljunge ist eingenickt.

490.
Die Eule regt die Flügel und
fliegt lautlos davon.

BLENDE

zurück zu neuen Abenteuern, zu neuem Schmerz und
zu neuem Glück.«

»Es wird kühl, Hieronymus,
laß uns ins Haus gehen!«

Musik

Musik

Musik aus

Bodenwerder

Ein Saal im Zopfstil

491.
FAHRAUFNAHME
An Johann vorbei, der die Tür aufhält, kommen die vier in den Saal.
Man geht auf das Porträt zu.
Münchhausen erzählt im Gehen:

»Münchhausen kam gerade in Paris zurecht, um zu erleben, wie man einander aus Gründen der Tugend und Vernunft die Köpfe abschlug.«

Hartenfeld unterbricht:

»Aha, die französische Revolution!«

Der Baron fährt fort:

»Und er sah Paris später wieder ...«

492.
Das Porträt an der Wand.

Münchhausens Stimme:
»Als ... er neben Marschall Blücher und Fürst Schwarzenberg in die Tuilerien einritt.«

DIE KAMERA SENKT SICH
Der Baron, Sophie und Hartenfeld stehen direkt unter dem Gemälde.
Hartenfeld wirft, ehrlich aufgeregt, ein:

»Herr Baron, Sie *müssen* sich irren! Münchhausen starb im Jahre 1797!«

Münchhausen schüttelt

den Kopf und sagt, ebenso
leise wie bestimmt:

»Das Konversationslexikon
irrt sich, Herr von Hartenfeld.«

Fräulein von Riedesel tritt
unwillkürlich einen Schritt
zurück.
Der Baron fährt sachlich
fort:

»Münchhausen tanzte auf
dem Wiener Kongreß und
war im Palais Palm wie zu
Hause ...«

493.
Hartenfeld schüttelt den
Kopf, als träume er.

Münchhausens Stimme, völlig ungerührt:
»... Sowohl bei der Fürstin
von Sagan, wie ... bei der
Gräfin Bagration. Das eine
war Metternich nicht recht,
und über das andere ärgerte
sich Kaiser Alexander.«

Sophie zittert vor innerer
Erregung.

494.
Münchhausen wird sehr
ernst und sagt:

»Die anderen alterten. Er
blieb, wie er war. Die anderen starben. Er lebte weiter.«

DIE KAMERA SCHWENKT
Die alte Baronin sitzt in
einem Sessel und blickt
grübelnd und besorgt in
Münchhausens Richtung.

Münchhausens Stimme:
»Er hatte nicht altern wollen, weil er die Unruhe liebte. Und nun fand er keine
Ruhe, weil er nicht alterte!«

495.
Münchhausen fährt unerbittlich fort:

»Stets kam ein Tag, an dem
die anderen zum erstenmal
vor ihm erschraken.«

Er blickt Sophie an.
DIE KAMERA SCHWENKT
Sophie blickt furchterfüllt in seine Richtung.

Münchhausens Stimme:
»Kaum wollte ihm die Fremde zur Heimat werden, mußte er weiter.«

496.
Münchhausen sagt schmerzlich lächelnd:

»Denn Glück, Vertrauen und Liebe schenkt der Sterbliche nur dem Sterblichen. – Er kämpfte mit Radetzky bei Vicenza und Custozza. Er war in Queretaro dabei ...«

497.
Hartenfeld steht wie versteinert da.

Münchhausens Stimme:
»... als Maximilian füsiliert wurde, und er konnte nicht helfen.«

Er reißt sich zusammen und bemerkt, nur um die lähmende Verzauberung zu bekämpfen, etwas albern:

»Und wenn er nicht gestorben ist, lebt er heute noch!«
Stille

DIE KAMERA SCHWENKT
Münchhausen nickt langsam und sagt:
Er schaut in die Richtung der Baronin und fährt fort:

»So ist es, mein Herr!«

»Im Jahre 1900 heiratete er ein schönes Mädchen. Dort sitzt sie!«

Er zeigt huldigend in Richtung der alten Baronin.
DIE KAMERA FÄHRT ZURÜCK

Sophie und Hartenfeld starren die alte Dame an.
DIE KAMERA SCHWENKT
Münchhausen geht zu ihr hinüber und stellt sich hinter ihren Sessel.
DIE KAMERA STEHT
Münchhausen sagt in die Stille hinein:

»Und wenn er nicht gestorben ist, lebt er heute noch!«

498.
Sophie von Riedesel ist am Umsinken.

Stille!

Sie greift, Halt suchend, nach Hartenfelds Arm und flüstert, außer sich:

»Bring mich nach Hause, Fritz!«

Er sagt, ohne zu begreifen, was in ihr vorgeht:

»Einen Augenblick, Liebling! Ich möchte den Herrn Baron nur noch fragen, ob...«

Sie flüstert gequält:
Erst jetzt merkt er, daß ihr nicht wohl ist. Er zögert, noch unschlüssig. Da geht sie, nachdem sie kurz und gesenkten Blicks zum Abschied genickt hat, aus dem Bild.

»Nach Hause! Sofort!«

499.
Hartenfeld blickt besorgt hinterdrein und meint dann bedauernd zu den Gastgebern:

»Entschuldigen Sie, bitte,

	den formlosen Aufbruch! Aber meine Braut …«
Die Baronin sagt freundlich:	»Selbstverständlich! Lassen Sie sich nicht aufhalten!«
Hartenfeld erklärt erleichtert:	»Vielen Dank für Ihre gütige Nachsicht! Herr Baron, es war – einzigartig!«
Er verbeugt sich und wünscht:	
Er geht aus dem Bild. Münchhausen erwidert ruhig:	»Auf Wiedersehen!«
	»Leben Sie wohl!«

500.
Hartenfeld holt in der Nähe der Tür Sophie ein und stützt sie beim Weitergehen.

501.
Münchhausen blickt in ihre Richtung.
Die Baronin, die in ihrem Sessel sitzt, sieht forschend zu ihm hoch.
Sie fragt verwundert, sogar bekümmert:

Eine Tür schlägt zu

»Warum hast du das Mädchen erschreckt? Du hättest nicht die ganze Wahrheit sagen sollen.«

Er wendet sich langsam seiner Frau zu.
Sie faßt zaghaft seine Hand und sagt mütterlich liebevoll und selbstlos:

»Geh fort von hier! Fang ein neues Leben an! Nimm

Er geht sinnend aus dem Bild.
DIE KAMERA FÄHRT NÄHER
Sie blickt hinterdrein und fügt müde lächelnd hinzu:

keine Rücksicht auf mich; das würde mich kränken.«

»Ich werde, wenn du fort bist, nicht allein sein. Die Erinnerungen an die schönen Jahre, die ich dir verdanke, werden ausreichen, mich bis – zuletzt zu unterhalten.«

502.
Münchhausen steht unter seinem Bild und schüttelt, fast böse, den Kopf. Seine Stimme klingt rauh vor Erregung:

»Nein! Ich will nicht mehr, daß mich die Zeit vergißt! Die gleiche Zeit, die sich deiner täglich wie ein kleiner Buchhalter erinnert und dir die Jahre in deinem Gesicht nachrechnet!«

Nun spricht er ruhig und beherrscht:

»Ich mag nicht mehr jung sein, wenn du alt bist!«

503.
Das Gesicht der Baronin verrät wachsende Ergriffenheit vor einem bisher nicht gekannten Glück.

Münchhausens Stimme:
»Ich mag nicht weiterleben, wenn du stirbst – ich liebe dich nämlich!«

504.
Münchhausen blickt zu seinem Bild hoch, greift, die

Arme breitend, den Kamin-
sims und sagt, als spreche er
zu einem Unsichtbaren:

»Ich lege die großen
Geschenke freiwillig in die
Hände des Schicksals
zurück. Ewige Jugend macht
zum Halbgott und – zum
halben Menschen.«

Er reckt den Kopf noch
höher und murmelt, trotzig
beschwörend:

»Ich fordere das Ganze! Ich
will auch – den Rest!«

Die Baronin begreift, was
vorgeht. Sie macht
DIE KAMERA SCHWENKT
ein paar erschrockene
Schritte.

505.
Münchhausen wendet sich
langsam um.
Er ist plötzlich ein alter
Mann!

Bodenwerder

Die Fassade des Schlosses

Am Fuß der Freitreppe steht, im elektrischen Rampenlicht, Sophies Sportauto. Das Portal des Schlosses ist offen. In der Halle ist Licht.	*Musik*

506.
Sophie sitzt, in die Soziusecke des Wagens geklemmt, und macht noch immer ein bestürztes Gesicht. Hartenfeld räkelt sich vorm Steuer zurecht, bedient den Anlasser, greift in die Tasche und gibt DIE KAMERA SCHWENKT Johann ein Trinkgeld. Johann verneigt sich dankend.	*Musik*

507.
Der Wagen fährt aus dem Bild.	*Fahrgeräusch*
An einem erleuchteten Schloßfenster steht der altgewordene Münchhausen mit seiner Frau.	*Musik mit Münchhausen-Motiv*
Der Diener Johann geht die Treppe hinauf in die Halle.	
Er schließt die Tür. Das Licht verlöscht.	*Von fern eine Autohupe Musik*

508.
Das Schloß ertrinkt in der
Nacht. *Musik aus*

ABBLENDEN

ZU TREUEN HÄNDEN

Ein Lustspiel in drei Akten

PERSONEN

Thomas	*Anfang Vierzig*
Ilse, seine Schwester	*Mitte Vierzig*
Hannsgeorg, ihr Sohn	*Zweiundzwanzig*
Pauline	*Mitte Dreißig*
Betty	*Vierundzwanzig*
Dora	*Zwanzig*
Margot	*Zwanzig*
Frau Krüger	
Zwei Studenten	
Eine Studentin	

Bühnenbild: Die gleiche Zimmerdekoration für alle drei Akte.

1. Akt

Geschmackvolles, geräumiges Wohnzimmer in einem Einfamilienhaus. Links: Zwei Türen. Rechts: Eine Tür. Im Hintergrund: Eine von Fenstern flankierte Glastür, die auf eine Terrasse und in einen Garten führt. – Ein sonniger Frühlings-Vormittag. Die Glastür steht offen. Manchmal hört man Autos hupen; manchmal ertönt Vogelgezwitscher.

THOMAS, *Anfang Vierzig, sitzt am Tisch, überliest kritisch einige Manuskriptseiten, lehnt sich nachdenklich im Sessel zurück, beugt sich vor, macht eine Bleistiftkorrektur, stützt die Wange in die Hand und sinniert.*

Es klopft.

THOMAS *ruft halblaut*: Bitte?
FRAU KRÜGER, *die Haushälterin, kommt, ausgehfertig, durch die hintere linke Tür; gemessen*: Also, ich gehe nun langsam zum Bahnhof ...
THOMAS *lächelnd*: Aber nicht *zu* langsam, Krüger!
FRAU KRÜGER: Nein, ich *fahre* ja! – Selber »hätten Sie« zum Abholen keine Zeit ...
THOMAS *nickt*: *Leider* keine Zeit!
FRAU KRÜGER: Ja, leider. *ergreift die Türklinke* Was ich noch sagen wollte ...
THOMAS *amüsiert*: Seien Sie unbesorgt! Frau Mylius wird in wenigen Minuten das Feld räumen.
FRAU KRÜGER *öffnet die Tür*: Es ist nur wegen des Besuchs ... So. Und jetzt troll ich mich.
THOMAS: Das ist gescheit. *am Ton seiner Antworten spürt man, daß ihm seine Gedanken wichtiger sind als das, worüber man mit ihm spricht; er antwortet nur aus Höflichkeit.*
FRAU KRÜGER: Übrigens, die Sekretärin ist gekommen. *geht ab.*
THOMAS *nickt, liest weiter, steht auf, geht nach links, kehrt*

plötzlich um, macht im Stehen eine Manuskriptkorrektur, geht nun endgültig zur vorderen linken Tür und öffnet sie: Guten Morgen, Fräulein Dora.

DORAS STIMME: Guten Morgen, Herr Doktor.

THOMAS: Ich habe gestern abend das sechste Kapitel überarbeitet. Sie schreiben's, bitte, noch einmal ab! Mit größter Sorgfalt, ja? Schreibfehler, radiertes Papier, unregelmäßige Abstände zwischen Blattrand und Schriftbild, zu blasse Buchstaben, – das alles stört mich beim Wiederlesen und Weiterverbessern mehr, als Sie glauben. Spendieren Sie uns ein neues Farbband! Völlig zufrieden werde ich erst sein, wenn Ihre Manuskripte so ordentlich und appetitlich aussehen wie Sie selber.

DORAS STIMME: Ich werde mir Mühe geben.

THOMAS *freundlich*: Das weiß ich. – Später diktier ich Ihnen den Anfang des siebenten Kapitels. *nickt Dora zu, schließt die Tür, kehrt zum Tisch zurück, nimmt ein Blatt hoch, geht lesend auf und ab, bleibt links, zwischen den Türen, stehen, legt das Blatt gegen die Wand und korrigiert.*

PAULINE *kommt von rechts, ohne von Thomas bemerkt zu werden; sie ist schön, vollschlank, Mitte Dreißig, trägt einen bestickten Kimono und kaut an einem Keks; nach einer Weile:* Huhu!

THOMAS *dreht sich lächelnd um; dann verblüfft*: Pauline — du bist *noch* nicht angezogen?

PAULINE *gleichmütig*: Nein. *geht zum Tisch, hockt sich faul in einen Sessel.*

THOMAS *kommt an den Tisch, legt das Manuskriptblatt weg und schüttelt vorwurfsvoll den Kopf.*

PAULINE: Gestern abend die Depesche! Heute früh der feierliche Einzug der Gäste! Die Taktik deiner Frau Schwester schreit zum Himmel!

THOMAS: Die beiden werden bestimmt nur ein paar Tage bleiben.

PAULINE *trocken*: Du steckst bis an die Knöchel in der Arbeit ... Die knapp bemessene Freizeit verwendest du dazu, mir tief in die Augen zu sehen ... Ich find mich gerade mit dem schweren Entschluß ab, dir zu einer lieben alten Gewohnheit zu werden ... dir womöglich deinen nahenden Lebensabend zu versilbern und zu vergolden ... Da rasseln zwei Verwandte durch den Schornstein, – und schon flieg ich aus dem Haus!

THOMAS *tritt lächelnd neben ihren Sessel*: Aber du mußt doch einsehen ...

PAULINE *stopft ihm ein Stück Keks in den Mund*: Ich sehe gar nichts ein. Das ist meine *Stärke*! – Deine Schwester ist immerhin zweimal geschieden ...

THOMAS *verbessernd*: Ein Mal Witwe und ein Mal geschieden!

PAULINE: Jedenfalls kommt sie nicht geradenwegs aus dem Mus-Töpfchen! ... Und da soll sie glauben, ihr Bruder verbringe sein Dasein als Säulenheiliger? ... Oder streue sich, um nicht ganz allein zu sein, vorm Schlafengehen ein bis zwei Tüten Reißnägel ins Bett?

THOMAS *geduldig*: Nein. Aber sie bringt ihren Sohn mit. Mein Patenkind.

PAULINE: Paten*kind*! Einen ausgewachsenen Medizinstudenten! Daß die Sache mit dem Storch nicht ganz stimmt, werden ihm die Professoren hoffentlich inzwischen schonend beigebracht haben! Man mag über die Universitäten denken, wie man will, – aber *das* läßt sich ja wohl erwarten!

THOMAS *blickt lächelnd auf die Armbanduhr*: So gern ich dir zuhöre, – du *mußt* dich umziehen!

PAULINE *unnachgiebig*: Nimm an, ich wäre deine Frau ... Lach nicht! *eher ironisch als gekränkt* Wäre ich deine Frau, hätte dich aus Berechnung geheiratet, ertrüge deine stürmischen Liebkosungen mit sanfter Ungeduld und würfe dein Geld zum Fenster hinaus, *dann* schlösse mich deine Schwester herzlich in die Arme und fragte, ob sie uns auch ganz gewiß nicht im häuslichen Glücke störten. Da ich aber ein Junggeselle bin, dich trotz deiner Fehler gut leiden kann, dir mit dem größten Vergnügen das irdische Jammertal gärtnerisch zu verschönern trachte und meine Kleider- und Hutrechnungen selber bezahle, – deshalb gehört es sich, daß du mich, ehe sie die Schwelle dieses Hauses betrit, hinausschmeißt? Ich blicke dreimal täglich auf den Abreißkalender, um mich zu vergewissern, daß wir tatsächlich schon im zwanzigsten Jahrhundert leben!

THOMAS *küßt sie lächelnd auf die Wange*: Es steht nur auf dem Kalender, das zwanzigste Jahrhundert. Nur auf dem Papier ...

Von nebenan leises Schreibmaschinen-Geklapper.

THOMAS *schaut auf die Uhr*: Wenn der Zug pünktlich ist, fährt er soeben in die Halle. Mit einem Taxi kann meine engere Verwandtschaft in einer Viertelstunde hiersein. Ich halte es für nahezu ausgeschlossen, daß es uns bis dahin gelingen wird, die bestehende Gesellschaftsmoral zu stürzen und durch echtere Konventionen zu ersetzen. Wärst du schon umgekleidet, bestünden vielleicht schwache Aussichten ... Aber so ... Noch dazu, wo du das Komplet mit den vielen kleinen Knöpfen anziehen mußt ... *Zieht sie sanft vom Sessel hoch und führt sie in die Richtung der rechten Tür.*

PAULINE *bleibt auf halbem Wege stehen; gespielt pathetisch*: Und ich sage dir: Bevor nicht wir Frauen die Regierungsgeschäfte dieses Planeten euch Männern aus den Kinderhänden winden, wird es nicht besser werden!

THOMAS: Ich rufe dich heute mittag an. Bis dahin weiß ich, wie lange sie bleiben wollen. *zieht sie weiter.*

PAULINE *ungerührt*: Denn das Herz kluger Frauen ist zehnmal klüger als der klügste Männerkopf!

THOMAS *an der rechten Tür*: Du bist heute so bescheiden!

PAULINE: Ich würde das Ministerium für Liebe und Treue übernehmen ... Ein schweres Amt, aber welche Aufgabe! ... *plötzlich in sachlichem Ton* Willst du abends bei mir essen?

THOMAS *öffnet die Tür*: Wir telefonieren noch.

PAULINE: Ich gehe also. Denn ich bin zwar eine kluge Frau, – aber *küßt ihn* ein schwaches Weib. *ab.*

THOMAS *schließt lächelnd die Tür, geht zum Tisch, blickt auf die Manuskriptblätter, geht zur vorderen linken Tür und öffnet sie*: Fräulein Dora?

DORAS STIMME: Herr Doktor?
THOMAS: Ich möchte Ihnen ein paar Seiten diktieren.
DORAS STIMME: Sofort!
THOMAS *geht zum Tisch, nimmt die Manuskriptblätter und setzt sich.*
DORA *kommt ins Zimmer; sie ist jung, hübsch, adrett, sieht intelligent aus, setzt sich und blickt, Block und Bleistift parat, Thomas abwartend an.*
THOMAS *räuspert sich*: Also ... *Er diktiert sachlich, fast monoton* »Das siebente Kapitel.« Punkt. »Siebente« in Buchstaben. Absatz. – »Der buntflammende Herbstwald« ... »buntflammend« in einem Wort ... »funkelte in der Nachmittagssonne wie ein maßloser Asternstrauß« ... Komma ... »den ein unsichtbarer später Gratulant in Händen hielt.« Punkt. »Trautson trat zögernd vom Fenster zurück und dachte« ... Doppelpunkt, *ein* Anführungsstrich unten ... »Ein Haus« ... Komma ... »in dem man den heimlichen Besuch einer Frau erwartet« ... Komma ... »ist von einer viel tieferen« ... Komma ... »lautloseren Stille erfüllt als andere stille Häuser.« Punkt. Ein Anführungsstrich oben. Absatz.
DORA *blickt hoch und wartet auf die Fortsetzung des Diktats.*
THOMAS *lächelnd*: Es erscheint mir, täglich von neuem, nicht ganz korrekt, einem jungen Mädchen Liebesgeschichten zu diktieren.
DORA: Ich habe beim Stenographieren so mit den Kommas, Ausrufungszeichen, Punkten und Anführungsstrichen zu tun, daß ich meist gar nicht bemerke, was sich zwischen den Interpunktionen abspielt.
THOMAS: Es lebe die Interpunktion! – Also weiter im Text ... *Nun wieder in seinem ruhigen, sachlichen Diktierton* »Heute endlich wollte er Alexandra bitten« ... Komma ... »für immer zu bleiben.« Punkt. »Jahre der Irrtümer« ... Komma »Jahre des Mißtrauens« ... Komma ... »des Unwillens und der Flucht in fremde Arme waren wie bunte Blätter vom Baum der Zeit abgefallen.« Punkt. »Was war überflüssig« ... Komma ... »was war notwendig gewesen« ... Komma ... »damit nun diese Stunde schlüge?« Fragezeichen. »Wie we-

nig wußten die Menschen voneinander!« Ausrufungszeichen. »Die Gesichter glichen vorgebundenen Masken« ... Komma ... »und was dahinter war« ... Komma ... »blieb unbekannt.« Punkt. »Man hüllte sich in Schweigen.« Punkt. »Man hüllte sich in Worte.« Punkt. »Noch in der Umarmung gab es kein Erkennen.« Punkt. »Nicht einmal der Haß« ... Komma ... »der doch den schärfsten Blick verleiht« ... Komma ... »konnte den anderen durchschauen.« Punkt. »Maskenzwang und Maskenfreiheit« ... Komma, Gedankenstrich ... »mehr gönnt das Leben den Menschen nicht.« Punkt. Absatz. »Denn das Leben ist weiser als seine Geschöpfe und weigert sich« ... Komma ... »uns das Unerträgliche« ... Komma ... »auch wenn wir auf Knien bitten« ... »Knien« nur mit einem e; das doppelte e sieht scheußlich aus ... also, »auf Knien bitten« ... Komma ... »zum Geschenk zu machen.« Punkt. »Die Menschen ertrügen einander nicht« ... Komma ... »wenn sie sich kennten.« Punkt. »Sie stünden gelähmt« ... Komma ... »sie flöhen voreinander auf die Berge und in die Wälder« ... Komma ... »sie stürben vor Schreck« ... Komma ... »sie könnten die Wahrheit nicht überleben.« Punkt. »So fürchterlich ist der Mensch.« Punkt. »Und so schwach sind seine Nerven.« Punkt. Absatz. *nachdenkliche Pause; dann lächelnd zu Dora* Hoffentlich *glauben* Sie nicht, was Sie da schreiben?
DORA *lächelnd*: Nein.
THOMAS: Ich glaub es *auch* nicht. *tippt auf das Manuskript* Aber dieser Herr Trautson, der glaubt es! Ich habe immer wieder versucht, es ihm auszureden ... *achselzuckend* Er ist eine meiner dickköpfigsten Romanfiguren!
DORA *lächelnd*: Dafür muß er ja auch viel leiden.
THOMAS *leicht ironisierend*: Freilich. Das ist das Schöne an den Büchern. Es geht darin gerechter zu als im übrigen Leben.
DORA *lachend*: Wie gut, daß ich keine Romanfigur bin!
THOMAS: Sind Sie denn *gegen* die Gerechtigkeit?
DORA *nickt eifrig*: Gerechtigkeit bringt zuviel Ordnung in die Welt. *stirnrunzelnd* Es entsteht so etwas wie Mathematik. Wenn man Diesundjenes mit Demunddem tut, erfolgt Das-

unddas. Das klingt genau so wie aus dem kleinen Einmaleins. *kokett* Das kleine Einmaleins ist sehr notwendig, aber sehr langweilig.

THOMAS *gespielt ernst*: Wenn Sie so weitermachen, verwandle ich auch Sie eines Tags in eine Romanfigur! Da werden Sie sich umschaun! *sachlicher werdend* Und nun wollen wir sehen, was er anstellt. Ich glaube, er geht gerade im Zimmer auf und ab. *beugt sich übers Manuskript* Richtig! *im Diktierton* »Trautson ging langsam im Zimmer auf und ab.« Punkt.

DORA *stenographiert.*

THOMAS: »So fragwürdig es auch erschien« ... Komma ... »begangenes Unrecht wieder gutzumachen« ... Gedankenstrich ... »denn es lag im Lande des Gewesenen« ... Komma ... »unzerstörbar wie ein erratischer Block« ... Gedankenstrich ... »erratisch« mit doppeltem r ... »so notwendig blieb jeder« ... Komma ... »auch der äußerste Versuch!« Ausrufungszeichen. Absatz. »Als es endlich klingelte« ... Komma ... »lief Trautson hastig zur Flurtür und öffnete sie weit.« Punkt. »Draußen stand eine alte Dame.« Punkt. »Sie sah ihn prüfend an.« Punkt. »Er erwiderte den Blick« ... Komma ... »wenn auch ein wenig ratlos.« Punkt. »Schließlich sagte sie leise« ... Doppelpunkt, Anführungsstriche unten ... »Ich bin Alexandras Mutter.« Punkt. Anführungsstriche oben. *kleine Pause. Man hört Stimmen im Haus. Thomas achselzuckend* Meine Schwester und mein Neffe! *steht auf.*

DORA *erhebt sich gleichfalls.*

THOMAS: Wahrscheinlich wird unsere Arbeit in den nächsten Tagen ein wenig »darunter« leiden. *lächelnd* Aber es ist ja nur recht und billig, daß ein so großes Vergnügen seine kleinen Opfer fordert. Wir sprechen uns noch. *nickt ihr zu.*

DORA *nickt zurück; links vorn ab.*

THOMAS *schließt seine Manuskriptblätter fort und wartet ergeben.*

ILSE *rauscht durch die hintere linke Tür; sie ist eine noch sehr passable Frau Mitte der Vierzig; mit ausgebreiteten Armen*: Mein lieber Thomas!

THOMAS: Meine liebe Ilse! *sie küßt ihn auf die Backe.*
HANNSGEORG *taucht grinsend hinter ihr auf; er ist Anfang Zwanzig; ein netter, sportlich trainierter Bursche*: Guten Tag, Onkel Thomas.
THOMAS: Tag, mein Junge. *gibt ihm die Hand* Wie war die Reise?
ILSE *setzt sich*: Gut. – Du siehst blasser aus als vor zwei Jahren.
THOMAS *nimmt neben ihr Platz*: Und *du* um zwei Jahre jünger.
ILSE: Ja, das Altern bekommt mir großartig. Ich halte die Abneigung davor für ein ausgemachtes Vorurteil. – Stören wir dich sehr?
THOMAS: Ach. weißt du ...
ILSE: Also doch! *befriedigt* Deswegen hab ich so spät depeschiert! Sonst hättest du sanft und bestimmt abgeschrieben, nicht wahr?
THOMAS: Ich bitte dich! Ihr seid mir herzlich willkommen. Meine Arbeit kann getrost ein paar Tage liegen bleiben.
HANNSGEORG *der sich die Wandbilder anschaut, lacht.*
ILSE *wendet sich um*: Hannsgeorg!
HANNSGEORG: Es *ist* doch aber komisch, Mama! Das heißt, Onkel Thomas wird es wahrscheinlich weniger komisch finden ...
ILSE: Laß das, bitte, meine Sorge sein!
HANNSGEORG *zu Thomas*: Merkst du, wie mich deine Schwester aus dem Zimmer graulen will? *zu seiner Mutter* Ich weiche der Autorität und werde mich ein bißchen in Haus, Hof und Garten umtun. Gute Unterhaltung! *kichernd über die Terrasse ab.*
THOMAS *sieht Ilse fragend an*: Was ist komisch, obwohl *ich* es wahrscheinlich weniger komisch finden werde?

Von nebenan leises Schreibmaschinen-Geklapper.

ILSE *holt aus*: Mein lieber Thomas, es handelt sich um einen Plan, der mir seit längerem vorschwebt ... Der Junge kennt selbstverständlich nur die Umrisse des Projekts, nicht meine wahren Motive ...

THOMAS *ironisch*: Du wirst dich um einen Millimeter präziser ausdrücken müssen ...

ILSE: Es wird sich kaum vermeiden lassen ... Aber schließlich sind wir Geschwister ... Der Junge ist dein Neffe ... und dein Patenkind obendrein ... Hab übrigens nochmals vielen Dank für dein Geschenk anläßlich des Physikums!

THOMAS *winkt ab*.

ILSE: In Chemie hat er nur knapp bestanden, doch sonst war man mit ihm recht zufrieden ... Nun, also ... Du bist erstens der nächste männliche Verwandte in weitem Umkreise ... zweitens bist du dafür auch *persönlich* im höchsten Maße geeignet! *nickt zur Bekräftigung des Gesagten* Zweifellos!

THOMAS *da er nicht versteht und nervös wird*: Liebe Schwester, ich bin, und das soll beileibe kein Lob sein, ein ziemlich diffiziler Mensch ...

ILSE: Aber es ist ein Lob! Du *bist* ein diffiziler, ein einfühlsamer, ein feinnerviger, ein erfahrener Mensch und Menschenkenner! Deine Bücher sind der Beweis! Und dein *Leben*, soweit eine etwas ältere Schwester das beurteilen kann und darf, nicht minder! Du bist geradezu der Idealfall dafür!

THOMAS *erschöpft lächelnd*: Wofür, bitte?

ILSE *erstaunt*: Wofür? – Entschuldige, aber ich fühle mich in der Materie schon derartig zu Hause, daß ich vorübergehend vergaß ... *sanft* Ich habe ein Attentat auf dich vor.

THOMAS: Die Pistole hast du mir nun lange genug auf die Brust gesetzt. Darf ich von ganzem Herzen bitten, endlich abzudrücken?

ILSE: Der Junge möchte sich als Kinderarzt spezialisieren. Wie er darauf verfallen ist, entzieht sich meiner Kenntnis. Normalerweise träumt so ein Bengel davon, später einmal als Chirurg mit Messer, Schere, Nadel und Nähseide in fremden Leuten herumzuwirtschaften. Oder er sieht sich als eleganten Frauenarzt, vor dessen gepolsterter Sprechzimmertür lauter bildschöne und kerngesunde Damen Schlange stehen ... Hannsgeorgs Phantasie ist aus der Art geschlagen. Er will Kinderarzt werden.

THOMAS: Drück die Pistole ab!
ILSE: Ich habe selten ein ungeduldigeres Opfer erlebt!

Es klopft.

THOMAS: Bitte?
FRAU KRÜGER *kommt mit einem Tablett, auf dem zwei gefüllte Gläser stehen, durch die hintere linke Tür*: Wie wär's mit einem Schluck Portwein, gnädige Frau? *setzt das Tablett auf den Tisch.*
ILSE: Frau Krüger, Sie sind eine Gedankenleserin! *trinkt.*
FRAU KRÜGER: Leider nein. Sonst wüßte ich nämlich, ob ich *alle* Koffer auspacken soll.
ILSE *nach kurzem Seitenblick auf Thomas*: Das mach ich dann schon selber, meine Liebe!
FRAU KRÜGER: Wie Sie wünschen! *ab.*
THOMAS: Hannsgeorg will also Kinderarzt werden.
ILSE: Jawohl.
THOMAS: Ein lobenswertes Ziel.
ILSE: Nun ist gerade diese Professur bei uns daheim nicht eben vorbildlich besetzt. Auch die Klinik genügt nicht ganz den modernen Ansprüchen. Und so hat der Junge den Wunsch geäußert, die klinischen Semester hier absolvieren zu dürfen.
THOMAS: Sehr vernünftig. Und *du* bist dagegen?
ILSE *lächelnd*: Ich habe ihn ja erst – freilich so dezent, daß er's nicht gemerkt hat – darauf *gebracht!*
THOMAS *leicht ironisch*: Der Gedanke ist nicht sehr originell.
ILSE *nicht frei von Eitelkeit*: Aber der *Hinter*gedanke, geliebter Bruder, der Hintergedanke *ist* originell! Er hat leider die Eigenart, etwas heikel zu sein. Darf ich dir meinen heiklen Hintergedanken in leicht faßlicher Form vortragen?
THOMAS *ergeben*: Sei so heikel, wie du willst, und drücke dich so leicht faßlich aus, wie du kannst! *trinkt.*
ILSE: Der Portwein ist gut.
THOMAS: Zur Sache.
ILSE *seufzend*: Zur Sache. – Ich habe den Jungen sehr lieb ... wahrscheinlich *zu* lieb ... Beim einzigen Kind sind die Müt-

ter meist etwas übertrieben ... Der Entschluß, ihn fortgehen zu lassen, fällt mir also sehr schwer ... An dem Entschluß selber kann das nicht das mindeste ändern ... Er muß fort von meiner Schürze ... Ich verwöhne ihn zu sehr ... Ich beeinflusse ihn zu sehr ... Ich beaufsichtige ihn zu sehr ... Mit anderen Worten: Er ist auf dem besten Wege, ein Muttersöhnchen zu werden ... Und vom Muttersöhnchen führt ein schnurgerader Weg zum Pantoffelhelden.

THOMAS: Oder zum Haustyrannen ... Das kommt auf die Frau an, die er nimmt.

ILSE *nickt*: Oder die *ihn* nimmt! – Jedenfalls wird es höchste Zeit, daß sich an ihm jene Talente und Eigenschaften herausbilden, die wir Frauen an den Männern so außerordentlich schätzen und an den Söhnen so sehr mißbilligen ... Ihm fehlt es an Selbständigkeit, an individueller Courage, an Entschlußkraft, an Charme, an eigenen Erfahrungen, an Erlebnissen mancher Art ... Noch ist das nicht seine Schuld ... sondern die seiner Mutter! Drum muß er aus dem Haus! Und wenn er aus dem *Haus* muß, muß er in eine andere *Stadt*! Ich kann ihm unmöglich bei uns in der Breiten Straße eine Studentenbude mieten und meinen Bekannten, wenn sie fragen, erklären: »Mein Sohn muß Erfahrungen sammeln!« Aber »er studiert in München, weil's dort modernere Kliniken gibt«, *das* kann ich ihnen sagen!

THOMAS *amüsiert*: Sogar ohne zu lügen.

ILSE: Auch *das* noch!

THOMAS: Bis hierher verstehe ich deine Gedankengänge und billige, als konzessionierter Patenonkel, deinen Entschluß.

ILSE: Als Kind sagte der Junge immer: »Patentonkel« ...

THOMAS: Er soll hier studieren, möbliert wohnen, Erlebnisse und Erfahrungen sammeln, soweit gut! ... Sonntags darf er, wenn er Lust hat, bei mir essen ... Falls die Erfahrungen, die er sammeln soll, seine Finanzen zerrütten, kann er mich anpumpen, einverstanden! – Aber du hast mit einer imaginären Pistole gefuchtelt ...

ILSE *trinkt einen Schluck Portwein; dann*: Den Entschluß, den du billigst, hat eine einigermaßen vernünftige Frau gefaßt ...

Doch nicht bloß jedes Ding, sondern auch der Mensch hat zwei Seiten ... Gegen alles, was ich als *Frau* einsehe, für notwendig halte, ja dringend wünsche, sträuben sich in mir die Instinkte der *Mutter*!

THOMAS: Du willst, daß er sich den Wind um die Nase wehen lassen soll, aber du hast Angst, er könne sich dabei ...

ILSE *fällt ihm ins Wort*: ... die Finger verbrennen!

THOMAS *lächelnd*: Ich wollte eigentlich sagen: ... den Schnupfen holen.«

ILSE: Auch das! *nach einer kleinen Pause leise* Ich *habe* Angst. – Es hat keinen Zweck, uns gegenseitig etwas vorzumachen ... Die entscheidenden Erlebnisse, die meinem Jungen bevorstehen, sind ja doch die *Liebes*erlebnisse ... Die Erfahrungen, deren er bedarf, damit er ein richtiger Kerl wird, können schmerzlich ausfallen ... desillusionierend ... gefährlich ... abscheulich ... niederträchtig ... Ich weiß, wie Frauen sein können ... Ich bin selber eine ...

THOMAS *schweigt rücksichtsvoll*.

ILSE *wieder lebhafter*: Und Hannsgeorg ist so naiv! *lächelnd* Von *mir* hat er das nicht! – Er ist ein wahres *Kind*!

THOMAS *beruhigend*: Jugend bleibt Jugend.

ILSE *eifrig*: Daran sieht man, daß du ein kinderloser Junggeselle bist! – *Ich* weiß, wie *wir* mit Zwanzig waren, und ich weiß, wie sie heute sind! Manchmal glaube ich, es hängt mit dem Sport zusammen! Es liegt daran, daß der Sport zur Weltanschauung erhoben worden ist!

THOMAS *lacht leise*.

ILSE: Verlaß dich drauf ... Ich habe höchstwahrscheinlich recht ... Diese Hockey-Clubs und Schwimm-Clubs und Tennis-Clubs ... *wegwerfende Handbewegung* Man kann auch *zu* natürlich erzogen werden! Das Gebiet des Körperlichen ist gewissermaßen ... na, was hat man im Reformationszeitalter mit den Bistümern getan?

THOMAS: Säkularisiert hat man sie.

ILSE *nickt*: Das Gebiet des Körperlichen ist säkularisiert worden ... Man hat das Verschwiegene, Geheimnisvolle weggezaubert ... wie man eine Dame aus dem Publikum von der

Varietébühne fortzaubert ... Und nun ist die Bühne leer! – Es ist selbstverständlich nur ein Trick, ein Taschenspielerkunststück ... *Wir* wissen das ... aber die Kinder, die glauben daran ... Sie kennen es nicht besser ... *sehr nachdenklich* Es ist ja *möglich*, daß man die Erotik überschätzen kann ... Es *ist* natürlich möglich ... Vielleicht waren wir als junge Leute *zu* romantisch, *zu* neugierig?

THOMAS: Im Hinblick auf Geheimnisse ist Geheimnistuerei immer noch angemessener als Blindheit.

ILSE *nickt heftig*: Ich habe neulich erlebt, wie ein blonder junger Mann, übrigens ein bildhübscher Bursche, am Schwimmbassin seine Freundin betrachtete ... Sie war braungebrannt, hatte nahezu nichts an und sah entzückend aus ... *ganz* entzückend ... Er betrachtete sie, als ob er sie kaufen solle und der Preis sei ihm zu hoch ... Er *taxierte* sie! Und dann sagte dieses Rhinozeros: »Ursel, du setzt ja an der Hüftlinie *Fett* an!« – Ist das nicht entsetzlich? Ich an ihrer Stelle hätte ihm eine heruntergehauen! Was aber tat *sie*? – Sie fingerte sachlich an ihrem Brustkorb herum und antwortete unglücklich: »Ich muß *noch* mehr trainieren, Dieter. Am Thorax sitzt *auch* zuviel Speck!«

THOMAS *lacht*.

ILSE: Als ob sie mit ihrer Schneiderin spräche! Zum Heulen! *kläglich* Und Hannsgeorg ist genauso!

THOMAS *belustigt*: Hoffentlich weigert er sich nicht *überhaupt*, an den reizenden Lektionen, die uns das Leben gibt, teilzunehmen? Am Ende müssen wir ihm für die Unterstufe eine Lehrerin mieten, die ihn beharrlich, nötigenfalls mit Strenge, in die Schule nimmt?

ILSE *etwas pikiert*: Thomas, für frivole Randbemerkungen ist die Angelegenheit zu ernst! *einlenkend* Daß er sich noch lange sträuben wird, seine ... Erfahrungen zu machen, befürchte ich wirklich nicht. Um so mehr bin ich in Sorge, daß er, bei seiner Einfalt, in enttäuschende und gewöhnliche Erlebnisse hineinstolpern wird! Ich möchte ihn vor unnützen Erfahrungen bewahren!

THOMAS: Das *kannst* du nicht.

ILSE: Natürlich kann *ich* es nicht! Zwischen Mutter und Sohn gibt es Grenzen des Vertrauens ... Eine Art Niemandsland ...

THOMAS: Auch *andere* können es nicht ... Seine eigenen Erfahrungen muß jeder selber machen.

ILSE: Das ist eine ehrwürdige Banalität!

THOMAS: Banalitäten haben *etwas* für sich ... Sie sind wahr.

ILSE *schüttelt energisch den Kopf*: Sie sind *nicht* wahr ... Das solltest du wissen! *sehr ernst* Wenn *ich*, als ich jung war, eine ältere Freundin besessen hätte, der ich mich hätte bedingungslos anvertrauen dürfen, wäre manches anders gekommen ... Vielleicht alles ... Aber diese ältere Freundin war leider *nicht* da ... Die Jahre waren Umwege ... Die Jahre vergingen in Irrtümern ... In Täuschungen ... In *Ent*täuschungen ... Und dann kommt schließlich ein Tag, da weiß man so ungefähr, was falsch war ..., da ahnt man, was richtig sein könnte ..., da möchte man das Leben von vorn anfangen ... Nur, daß es zu spät ist ... Dann steht man, in den prächtigen Mantel seiner Erfahrungen gehüllt ..., und friert wie ein kleiner getrimmter Hund ... *temperamentvoll* Und es sollte nicht möglich sein, den Mantel einem zu schenken, dem er noch nützen, den er noch wärmen kann? ... *Uns* kann, was wir gelernt haben, nicht mehr helfen ... Aber wir sollten, finde ich, damit jungen Menschen, die uns vertrauen, behutsam zur Seite stehen ... Es wäre unsere Pflicht ... unsere verdammte Pflicht und Schuldigkeit, Thomas ...

THOMAS *lacht gutmütig*: Jetzt endlich sehe ich die Pistole in deiner Hand! Nur daß es gar keine Pistole ist ... Es ist eine *Kanone!*

ILSE *lächelt bittend*: Laß ihn bei dir wohnen ... Sprich manchmal mit ihm wie ein Vater mit dem Sohn ... Wie ein Mann mit einem Jüngling ... Wie ein Freund mit einem Freund. – Er bewundert dich ... Er hat Vertrauen zu dir! ... Er wird dich Dinge fragen, über die er mir gegenüber schweigt ... Schau dir seine Kameraden an ... Hilf ihm bessere finden, wenn sie dir mißfallen ... Lerne die Freundinnen kennen, die er haben wird ... Bewahre ihn vor verstiegenen Hoffnungen und übereilten Schritten ... Tröste ihn, wenn er es nötig haben wird ... Er *wird* es nötig haben ...

THOMAS *steht auf und geht nervös auf und ab.*

ILSE *herzlich*: Tu es ihm zuliebe ... Tu es mir zuliebe ...

THOMAS: Ich bin ein Egoist ...

ILSE *lächelnd*: Dann tu es *dir* zuliebe!

THOMAS: Ich eigne mich nicht zum Hofmeister ... zum Kinderdresseur ... zum Daseinstrainer ...

ILSE: So schlecht kennst du dich selber!

THOMAS: Ich habe mit *mir* alle Hände voll zu tun ... Ich mache selber noch eine Dummheit nach der anderen ... Und da soll ich eine Jungmännerbewahranstalt eröffnen? – Verantwortung, die man mir aufhalst, macht mich kopfscheu ... Ich bekomme Sattelzwang ... Meine Arbeit leidet darunter ... Ich muß mit mir allein sein können.

ILSE: Der Junge wird ja nicht Tag und Nacht auf dem Fußbänkchen sitzen und Löcher in dich hineinfragen! – Stell dir vor, du hättest eine Frau und fünf Kinder ...

THOMAS: Weil ich's mir so gut vorstellen kann, *hab* ich ja keine! Es gibt ungesellige Menschen genau so, wie es unmusikalische gibt ... Der einzige Unterschied ist der, daß die Unmusikalität zur Zeit noch nicht besteuert wird!

ILSE *steht auf, geht zu ihm und faßt seinen Arm*: Warum schlägst du so mit Worten um dich, wo du längst mit dem Gedanken spielst, *Ja* zu sagen?

THOMAS *verblüfft, dann lächelnd*: Woher glaubst du das zu wissen?

ILSE *geht mit ihm auf und ab*: Erstens fällt es dir schwer, mir meine Bitte abzuschlagen. Denn wenn du auch die *Bitte* für ein wenig überspannt hältst, – die *Bittende* hältst du nicht dafür ... Schließlich war ich von uns beiden immer noch die Vernünftigere ...

THOMAS: Das dürfte eine Selbsttäuschung sein ... Ihr Frauen habt bloß ein weniger entwickeltes Gewissen als wir ... Ihr steht bekanntlich der animalischen Welt näher ...

ILSE: Jetzt sage nur noch: dem Zoologischen Garten!

THOMAS: Ich werde mich hüten!
ILSE: Zweitens beginnt dich langsam das *Ungewisse* an der Aufgabe zu locken ... Du siehst ein paar Menschen – wie im Physikalischen Lehrsaal die Apparate – für ein Experiment aufgebaut ... Noch weiß man nicht, ob das Experiment glücken oder mißlingen wird ... Deine Neugierde lümmelt sich breit hin ... Deine Phantasie überprüft die Möglichkeiten ...
THOMAS: Du weißt ziemlich viel über mich ...
ILSE: Du warst ja schon als Junge so!
THOMAS *bleibt stehen*: Und einem solchen Experimentator wagst du deinen Sohn anzuvertrauen?
ILSE *zärtlich*: Du sagst ja selber, daß ich ziemlich viel über dich weiß ... *neckend* Außerdem besitzt du, als Mann, ein beträchtlich entwickeltes Gewissen ...
THOMAS *lächelnd*: Es bewahrt mich nicht vor Dummheiten ... Es macht uns nur hinterher heftigere Vorwürfe als euch ...
ILSE *faßt Thomas an den Schultern*: Gib deinem Herzen einen Stoß!
THOMAS *zögernd*: Also ... meinetwegen!
ILSE *aufatmend*: Ich danke dir schön, Thomas! *drückt ihn herzlich an sich.*
THOMAS *geniert*: Ich erkläre somit die Puppenklinik in aller Form für eröffnet! *hastig* Garantien übernehme ich natürlich keine!
ILSE *ironisch*: Behüte!

Von nebenan, wo seit einiger Zeit nicht mehr getippt worden ist, hört man DORAS *und* HANNSGEORGS *Lachen.*

THOMAS *komisch resigniert hinüberzeigend*: Das Flöhehüten geht schon los!
ILSE *gutmütig spottend*: Ich sehe kommen, daß *du* von dem Ganzen womöglich noch mehr profitieren wirst als der Junge! Du wirst das Wesen der Verantwortung studieren ... Du wirst erfahren, wie Vätern zumute ist ... So etwas kann ein Schriftsteller immer brauchen!

THOMAS: Noch eine vorlaute Bemerkung, – und ich ziehe mein Wort wieder zurück! *geht nach links, öffnet die vordere Tür und stemmt die Hände in die Hüften* Hannsgeorg! Störe Fräulein Dora nicht beim Arbeiten! Sie muß ewige Worte zu Papier bringen! – Scher dich herein!

HANNSGEORG *kommt quietschvergnügt ins Zimmer und schließt die Tür hinter sich*: Ein ganz reizendes Haus, Onkel! Im Garten treff ich Pauline Mylius, und im Arbeitszimmer sitzt eine Sekretärin, – gratulor tibi! *Nebenan wird wieder getippt.*

ILSE: Pauline Mylius? Wer ist denn das?

HANNSGEORG *zu Thomas*: Mama geht zu selten ins Kino!

THOMAS *zu Ilse*: Frau Mylius ist eine Schauspielerin. *leicht verlegen* Sie kam vorhin, sich ein Buch auszuborgen ...

HANNSGEORG: Hoffentlich liest sie schnell!

ILSE: Warum soll sie denn *schnell* lesen?

HANNSGEORG: Damit sie bald wiederkommt!

ILSE: Zur Not wird sie ja wohl auch ein paar *eigene* Bücher besitzen!

HANNSGEORG: Jetzt vergißt du schon bei *anderen*, daß man geliehene Bücher zurückgeben soll!

ILSE *gespielt empört*: Ich kann gar nicht sagen, wie froh ich bin, daß ich mich mit dem Bengel nicht mehr herumärgern muß! – Jetzt pack ich deine Koffer aus ... Onkel Thomas hat erlaubt, daß du bei ihm wohnst!

HANNSGEORG: Prima!

ILSE: Bedanke dich bei ihm! Auf Wiedersehen, meine Herren! *nickt beiden zu und geht hinten links ab.*

THOMAS *setzt sich umständlich, nimmt eine Zigarette und bietet dem Neffen eine an.*

HANNSGEORG *versorgt ihn und sich mit Feuer.*

THOMAS: Dankeschön.

HANNSGEORG: Mit dem Dankeschönsagen bin eigentlich *ich* an der Reihe ...

THOMAS *winkt ab; wechselt rasch das Thema*: Wie bist du eigentlich auf den Gedanken verfallen, Kinderarzt werden zu wollen? ...

HANNSGEORG *zögernd*: Ach, weißt du ... *setzt sich* Ursprünglich wollte ich Sportarzt werden ... Endziel: Praxis in Garmisch oder Oberstdorf! – Vor allem die *Winter*saison ist sehr ergiebig ... Von der Zahl der Frakturen unter den Skiläufern machst du dir gar keine Vorstellung ... Na, und beim Eishockeyspielen und Skispringen geht's auch nicht ohne Knochenbrüche und Gehirnerschütterungen ab ... Und Bob-Bahnen sind geradezu Großlieferanten für nahrungsuchende Ärzte! Oben am Start setzen sich die Kerls auf die Schlitten, und spätestens nach der dritten Kurve sind die ersten bettreif!

THOMAS *ironisch*: Ja, man hört allgemein, daß Sport gesund ist.

HANNSGEORG: Als aktiver Sportler kenne ich die Brüder alle ... Ich wäre in die Rießersee-Mannschaft eingetreten ... Ich bin ein erstklassiger Verteidiger ... Kurz, die ideale Kombination von Beruf und Freizeitgestaltung!

THOMAS: Und nun willst du Kinderarzt werden!

HANNSGEORG *verlegen*: Kinder sind so etwas Entzückendes ...

THOMAS: Frauen sind auch »so etwas Entzückendes« ... Wie wär's denn mit Frauenarzt, hm?

HANNSGEORG: Bloß nicht! – Kranke Kinder ... wenn sie so daliegen und nicht sagen können, wo's ihnen fehlt ... Aber kranke Weiber? Brrr!

THOMAS: Warum können denn kranke Kinder nicht sagen, wo's ihnen fehlt? Denkst du speziell an Taubstumme?

HANNSGEORG *lacht; dann ernst*: Ich meine doch ganz *kleine* Kinder ... *deutet mit den Händen die Größe an* Die Augen ... der Schmerz im Blick ... Und keine Möglichkeit, expressis verbis ... *winkt ab.*

THOMAS *betrachtet ihn verwundert*: Ja, ja ...

HANNSGEORG: Aber es ist noch nicht ganz ausgemacht. Vielleicht werde ich *doch* Sportarzt!

THOMAS *leicht belustigt*: Das hat *auch* seine Vorteile ...

HANNSGEORG: Und ob! Diese ideale Kombination ... Doch das war schon dran!

THOMAS *wechselt das Thema*: Du wirst nun also bei mir wohnen ...

HANNSGEORG: Ich werde dich bestimmt nicht sehr stören ...
THOMAS: Das freut mich. – Aber immerhin, wir werden manchmal miteinander plaudern ...
HANNSGEORG *nicht übermäßig begeistert*: Fein.
THOMAS: Schließlich weiß ein Mann in meinem Alter etwas mehr vom Leben als so ein Jüngling in lockigem Haar wie du ...
HANNSGEORG *trocken*: Klar.
THOMAS *anspielend*: *Alles* erzählen einem die Professoren im Hörsaal ja doch nicht ...
HANNSGEORG: Bestimmt nicht.
THOMAS: Wir werden auch manchmal zusammen ins Theater gehen ...
HANNSGEORG *lebhafter*: Kennst du die Mylius *sehr* gut?
THOMAS *erstaunt*: O ja ... ziemlich gut.
HANNSGEORG: Ob sie mich mal ins Filmatelier mitnimmt? ... Das interessiert mich wahnsinnig!
THOMAS: Das kann sie schon machen, denk ich.
HANNSGEORG: Primissima! Ist sie im Privatleben auch so witzig wie in ihren Rollen?
THOMAS: Die Filmtexte schreiben ihr die Autoren ...
HANNSGEORG: Ja, das schon ... Man hat nur das Gefühl, als könne sie gar nichts anderes sagen als witzige, pointierte Sachen ...
THOMAS *lächelnd*: Das wäre ja schrecklich!
HANNSGEORG *nach kurzem Nachdenken*: Da hast du allerdings recht.
THOMAS *versucht ihm erneut auf den Zahn zu fühlen*: Für deine Mutter bedeutet die Aussicht, daß du künftig bei mir untergebracht sein wirst, eine gewisse Beruhigung. – Wie steht das nun aber bei dir?
HANNSGEORG: Wieso?
THOMAS: Als *ich* zur Universität ging und damit zum ersten Male dem Elternhaus den Rücken drehte, da gab es für mich nur einen Gedanken: »Endlich frei und ungebunden!« Wenn man mir damals erklärt hätte: »Du wirst in München bei Onkel Eduard wohnen«, – ich hätte gemeutert wie der

Alte Fritz, als er jung war! Das wäre ja kein Weg in die Freiheit geworden, sondern ein Spaziergang aus dem Regen in die Traufe!

HANNSGEORG *sachlich*: Du fragst, warum ich nicht lieber *möbliert* wohnen möchte?

THOMAS: Ja.

HANNSGEORG *leicht bekümmert*: Du bereust es schon?

THOMAS *etwas ärgerlich*: Wir reden jetzt von dir, nicht von mir.

HANNSGEORG: Möbliert zu wohnen, ist so unbequem ... so ungemütlich ... so völlig ohne individuelle Behandlung ... *Hier* dagegen ... *schaut sich befriedigt um* Die Krüger kocht erstklassig ... Weswegen sollte ich irgendein möbliertes Zimmer, das auf den Hof geht, einem kultivierten Haushalt vorziehen?

THOMAS *resigniert*: Da hast du natürlich recht.

HANNSGEORG *treuherzig*: Beim Aufzählen hab ich noch etwas vergessen ... Daß ich dich sehr gern habe, Onkel ...

THOMAS *lächelnd*: Das kommt noch hinzu! *steht auf* Also, Herr Kinderarzt, hilf deiner Mutter beim Auspacken! Und mich laß ein wenig diktieren!

HANNSGEORG *springt auf, geht zur Tür, bleibt stehen; verschmitzt*: Das mit München war eine gute Idee von mir ...

THOMAS: Ja, ich weiß. Wegen der modernen Kliniken.

HANNSGEORG: Das natürlich auch. Ich habe es so raffiniert eingefädelt, daß Mutter denken muß, sie sei von *sich* aus auf den Gedanken gekommen ...

THOMAS *amüsiert*: So, so ...

HANNSGEORG: Und von dem *Hinter*gedanken, den ich dabei hatte, ahnt sie überhaupt nichts!

THOMAS *verblüfft*: Wie? Du hast auch ... *unterbricht sich rasch* Darf man fragen, um was für einen Hintergedanken es sich handelt?

HANNSGEORG *geheimnisvoll*: Unter uns Männern, – seit einem halben Jahr wohnt ein verwitweter, kinderloser Landgerichtsdirektor neben unserem Haus ... Mutter und er, na ja ... Gespräche über den Gartenzaun ... gemeinsamer Konzertbesuch ... zum Kaffee war er auch schon bei uns ... gleiche geistige Interessen ... natur- und musikliebend und so ... Ein erwachsener Sohn stört eben doch, auch wenn man's nicht zugeben will ...

THOMAS *lächelnd*: Aha.

HANNSGEORG *nickt*: Und als Neffe will ich nun auch nicht länger stören! *geht links hinten ab.*

THOMAS *zu sich selber*: Das nenn ich eine rücksichtsvolle Familie!

HANNSGEORG *steckt noch einmal den Kopf ins Zimmer*: Onkel?

THOMAS *zuckt leicht zusammen*: Was denn?

HANNSGEORG: Gibt es nicht ein klassisches Zitat, das so ähnlich heißt wie: »Weh dir, daß du ein Enkel bist?«

THOMAS: Ja. Mephisto, im »Faust«. Genau so. »Weh dir, daß du ein Enkel bist!«

HANNSGEORG *grinsend*: Ich schlage eine hübsche Variante vor. »Weh dir, daß du ein Onkel bist!« *schließt die Tür schnell; man hört ihn draußen lachen.*

THOMAS *blickt halb belustigt, halb ärgerlich hinterdrein; schüttelt, wie über sich selber, den Kopf; geht dann, nachdenklich werdend, zur vorderen linken Tür, öffnet sie*: Fräulein Dora?

DORAS STIMME: Herr Doktor?

THOMAS: Ich will versuchen, Ihnen noch ein paar Seiten zu diktieren ...

DORAS STIMME: Sofort, Herr Doktor!

VORHANG

2. Akt

Die gleiche Dekoration. – Ein Sommerabend. Durch die offene Tür im Hintergrund dringen Grammophonmusik und Lachen. Im Laub Lampions.

THOMAS *geht auf und ab, bemerkt ein Stück Papierschlange am Rock, nimmt es, wickelt es um den Finger und wirft es schließlich achtlos beiseite.*
ZWEI STUDENTEN *und eine* STUDENTIN *kommen über die Terrasse ins Zimmer.*
ERSTER STUDENT *übermütig, aber keineswegs frech*: Da steckt unser Hospes!
DIE STUDENTIN *ein hübsches Ding; gespielt pathetisch*: Wir stören den Meister bestimmt bei der Konzeption eines neuen psychologischen Seelengemäldes!
THOMAS *freundlich*: Fehlt etwas?
ERSTER STUDENT: Ja, Herr Doktor. Wir haben bis jetzt versäumt, Ihnen für den reizenden Abend zu danken ...
THOMAS: Ich mußte doch meiner Freude, Hannsgeorg und seinen Anhang für längere Zeit loszuwerden, den gebührenden Ausdruck verleihen!
STUDENTIN: Ein bißchen Erholung ist Ihnen zu gönnen. Nach den Semesterferien kommen wir Ihnen sowieso wieder auf den Hals!
DORA *kommt aus dem Garten, bleibt auf der Terrasse stehen.*
ZWEITER STUDENT: Trotz der von Ihnen geäußerten eigennützigen Beweggründe wollen wir Ihnen auf medizinisch angemessene Weise unseren Dank abstatten.
ERSTER STUDENT: Wer unter uns als erster das Staatsexamen besteht, wird sich die Ehre geben, Ihnen, verehrter Herr Doktor, kostenlos den Blinddarm herauszunehmen.
ZWEITER STUDENT: Sie brauchen nicht etwa zu warten, bis der Appendix perforiert ist! Sie kommen ganz einfach, sagen: »Heut hab ich Lust drauf!« und schon geht's los!
THOMAS *verbeugt sich dankend; dann*: Leider muß ich Ihnen

eine traurige Mitteilung machen. Ich habe schon seit zehn Jahren keinen Blinddarm mehr.
STUDENTIN: So ein Pech!
ERSTER STUDENT *trocken*: Es darf natürlich auch etwas anderes sein. In der gleichen Preislage.
ZWEITER STUDENT: Vielleicht eine kleine Gallenoperation?
THOMAS: Ich verspreche Ihnen, mein Möglichstes zu tun!
STUDENTIN: Wir, das heißt die eingeladenen Student*innen*, danken Ihnen ebenfalls auf das herzlichste. Freilich ist uns unklar, was wir, als künftige *Frauen*ärztinnen, Ihnen herausschneiden sollten. Und es bleibt zweifelhaft, ob Sie es, wenn wir's könnten, wollten.
ZWEITER STUDENT: Die geborene Rednerin!
STUDENTIN: Deshalb haben wir Mädchen einstimmig beschlossen, an Ihnen nicht unser fachliches Können zu versuchen, sondern unsere weiblichen Künste. Und zwar sofort. Bis dat, qui cito dat. *tritt dicht an Thomas heran* Gestatten Sie? Im Namen der Damen! *küßt ihn.*
ERSTER STUDENT: Wenn's weiter nichts ist, Herr Doktor, 'nen Kuß können Sie von uns auch kriegen!
ZWEITER STUDENT *zum ersten Studenten*: Für eine Dankadresse gerät der Kuß ziemlich lang.
STUDENTIN: Erlaubt mal! Ich küß ihn doch für Sechse!
ALLE *lachen.*
ERSTER STUDENT *zu Thomas*: Da wir gerade vom Verbum »dare« sprechen, – Helene hat Sie geküßt, als wollte sie sagen: »Do, ut des!«
THOMAS: Meinen Sie wirklich? *gibt ihr lächelnd den Kuß zurück.*
STUDENTIN *zärtlich*: Wie gut Sie noch Lateinisch können, Herr Doktor!

Wieder Lachen.

FRAU KRÜGER *kommt von links hinten mit Glaskrügen voll Bowle.*
ZWEITER STUDENT: Oh, die hurtige Schaffnerin! Kommen Sie, liebe Frau Krüger, geben Sie die Krüge her!

ERSTER STUDENT *blödelt*: Krug, Krüger, am Krügersten!
STUDENTIN *kopfschüttelnd zu Thomas*: Solche Kinder, was?
ERSTER STUDENT *im Abgehen zu Helene*: Kommt das Femininum mit?
STUDENTIN *zu Thomas*: Ich bliebe eigentlich lieber hier. Aber die Jungens brauchen mich, und Sie brauchen mich nicht. *kokett* Das ist für meine mütterlichen Instinkte entscheidend.
THOMAS *amüsiert*: Meinen Respekt! *verneigt sich.*
STUDENTIN: Im Überfluß zu verzichten, ist nicht schwer! *nickt und geht hinter ihren zwei Kommilitonen ab.*
FRAU KRÜGER: Ich könnte noch ein paar Dosen Würstchen heißmachen!
THOMAS *in Gedanken*: Tun Sie das, Krüger!
FRAU KRÜGER *will links hinten ab.*
THOMAS: Machen Sie aber, bitte, nur die Würstchen heiß, – nicht die Dosen!
FRAU KRÜGER *hält verdutzt inne*: Das ist doch selbstverständlich!
THOMAS *beginnt wieder hin und her zu gehen.*
DORA *kommt langsam von der Terrasse ins Zimmer.*
THOMAS *zuckt zusammen, wie er plötzlich vor Dora steht*: Hallo! ... Dora! ... Wie gefällt es Ihnen? ... Tanzen Sie fleißig?
DORA *schaut ihn fast trotzig an; gibt sich einen Ruck; halb laut hervorstoßend*: Manchmal glaube ich fast, Sie haben Angst vor mir ... Was soll ich denn mit den albernen Bengels? ...
THOMAS *ausweichend*: Aber, aber ... Wie sprechen Sie denn von der geistigen Elite eines Volkes! ... Ich war selber einmal Student ...
DORA *verhalten*: Das ist doch ganz etwas anderes!
THOMAS *lachend*: Sie irren sich!
DORA *hilflos*: Wenn ich *Sie* nicht kennte, – vielleicht ... Aber so? *schüttelt energisch den Kopf.*
THOMAS *versucht zu scherzen*: Sie sind auf dem Wege, ein Opfer Ihres Berufes zu werden ... Ich habe Ihnen in den letzten Monaten einen Roman diktiert ... ein Buch, in dem die

Liebe und das, was man dafür hält, eine große Rolle spielen ... Sie sind ein romantisches Fräulein ...

DORA *mit verhaltener Leidenschaft*: Mir ist ganz und gar nicht romantisch zumute! *fast böse* Und Sie? – Wie Sie mich seit einiger Zeit ansehen, wenn Sie glauben, ich merke es nicht, – hat das etwas mit Romantik zu tun? Wollen Sie vielleicht ein lyrisches Gedicht auf mich machen? *sieht ihn fest an; leise* Oder wollen Sie ... etwas ganz anderes? ...

Kleine Pause.

THOMAS *ernst*: Ich könnte jetzt sagen, daß Sie sich, was *mich* angeht, täuschen ... Und damit fände dieses Gespräch sein Ende ... Aber ich lüge nicht gern ... Sie täuschen sich *nicht* ... Es liegt mir tatsächlich fern, lyrische Gedichte auf Sie zu machen ... *leiser* Wenn ich an Sie denke, dann sehe ich Sie *nicht* über den Stenogrammblock gebeugt ... dann sitzen Sie *nicht* an der Schreibmaschine dort drüben ... dann ... *schüttelt hastig den Kopf.*

DORA *erregt*: Warum nicht?

THOMAS: Sie sind so jung ...

DORA *nachdrücklich*: Ich würde sehr schnell ... älter werden ...

THOMAS *nickt*: O ja ...

DORA *halblaut, zögernd*: Ist es wegen ... Frau Mylius?

THOMAS *zuckt die Achseln.*

DORA *bohrend*: Wenn sie nun *nicht* wäre?

THOMAS: Sie sind doch nicht irgendeine – »günstige Gelegenheit«, liebe Dora!

DORA *stolz*: Das ist wohl *meine* Sache! ... Und woher wissen Sie, daß es nur dabei bliebe? *stampft mit dem Fuß auf* Ich will doch keinen Garantieschein! Sie sollen ja keine Kaution hinterlegen! Es ist mir gleich, ob ich dadurch glücklich oder unglücklich werde! Glauben Sie denn, daß es mir leichtfällt, mich Ihnen wie eine ... wie ein Frauenzimmer an den Hals zu werfen? *den Tränen nahe* Ich tue das nämlich nicht jeden Tag ...

THOMAS *behutsam*: Ich verstehe Sie doch nicht *falsch* ... Es wäre nur *noch* besser, wenn auch *Sie* mich nicht mißverstünden ...

PAULINE *und* HANNSGEORG *kommen lachend, Arm in Arm, aus dem Garten herauf.*

PAULINE *im Hereinkommen zu Thomas*: Dein Herr Neffe entwickelt ein Talent, das Angenehme mit dem Nützlichen zu verbinden ...

HANNSGEORG *zu Thomas*: Das Angenehme war der Tanz mit einer schönen Frau ...

THOMAS: Und das Nützliche?

PAULINE: Er hat sich, im Dreivierteltakt, nach Theatergagen, Filmhonoraren und ähnlichen künstlerischen Gegenständen erkundigt.

THOMAS: Was ist denn daran nützlich?

HANNSGEORG *sehr sachlich, aber nicht unangenehm*: Wenn ich eines Tages eine Privatpraxis haben werde, muß ich doch wissen, wieviel meine Patienten verdienen!

PAULINE *spottend*: Er hat Angst, ihnen zuviel Geld abzuknöpfen.

HANNSGEORG *fröhlich*: Zu *wenig*, meine Gnädigste!

PAULINE *lacht*.

DORA *ruhig*: Ich will sehen, ob ich in der Küche helfen kann. *geht links hinten ab.*

THOMAS *schaut hinter ihr her.*

PAULINE *scherzend zu Hannsgeorg*: Endlich begreife ich, warum auf den Schildern neben den Haustüren immer »Praktischer Arzt« steht! Wenn Sie sich etablieren, schenk ich Ihnen ein Schild, darauf wird schön groß und deutlich gemalt sein: »*Sehr* praktischer Arzt.«

HANNSGEORG *lacht*.

PAULINE: Jetzt dürfen Sie sich wieder den jüngeren Semestern widmen!

HANNSGEORG *verbeugt sich, dann zu Thomas*: Onkel? Darf die Korona noch ein bißchen bleiben?

THOMAS: Frau Krüger macht Würstchen heiß.

HANNSGEORG *vergnügt*: Süperb! *in den Garten ab.*

PAULINE *hakt Thomas unter*: Nun, du Pestalozzi für werdende Männer! Ich kann dir nicht sagen, wie froh ich bin, dich eine Zeit lang ganz für mich allein zu haben! Morgen mittag schneie ich mit zwei Handkoffern ins Haus und werde wieder deine treue und gehorsame Untermieterin ... *führt ihn zum Tisch* Wir werden es uns mächtig gemütlich machen ... Wie ein altes Ehepaar nach den Anstrengungen der Silbernen Hochzeit ... *setzt sich aufatmend* Ich habe mir in den letzten Monaten sehr leid getan ... *während sich Thomas setzt* Du mir übrigens auch ...

THOMAS: Ich habe gestern mit Geheimrat Schmitthenner gesprochen ... Er ist mit Hannsgeorg sehr zufrieden ... Fleißig sei er ... geradezu ehrgeizig ... dabei flink, anstellig und keineswegs begriffsstutzig ... obwohl ihm, meinte Schmitthenner einschränkend, das Handgreifliche und Handwerkliche des Studiums näher liege als alles, was mit Theorie, Forschung und Ähnlichem zu tun habe ...

PAULINE: Seine Mutter hat hoffentlich nicht auch noch verlangt, daß du einen zweiten Robert Koch oder Behring aus ihm machst!

THOMAS: Nein. Tüchtige, verläßliche Hausärzte werden schließlich auch gebraucht! – Aber sonst? ... Ist er so oberflächlich, wie er sich gibt? ... Junge Menschen haben zuweilen eine verblüffende Fähigkeit, anders zu erscheinen, als sie sind ... Sie wahren ihr Gesicht wie die Chinesen ... Aus ihrer schönen Scheu, sich ins Herz blicken zu lassen, entwickeln sie ein schauspielerisches Raffinement, das bedenklich stimmen kann ...

PAULINE *ruhig*: Eine Zeitlang glaubte ich, daß du es gern gesehen hättest, wenn er sich mit deiner Sekretärin ... angefreundet hätte ...

THOMAS *zurückhaltend*: Und warum nicht? *Sie* lebt ... soweit sich das beurteilen läßt, zurückgezogen wie ein Eremit ... Sie vergräbt sich in Lektüre wie ein Maulwurf in der Wiese ... wühlt Literatur auf ...

PAULINE: ... Aber nicht zu Maulwurfshügeln, sondern zu einem netten, mittelgroßen Vulkan, der eines Tages sehr viel

Feuer speien wird ... Nein, mein Lieber, dein Neffe hätte zu Fräulein Dora gepaßt wie die Faust aufs Auge ... Und zwar wie eine Kinderfaust auf das Auge einer erwachenden Sphinx ... Zum Glück waren die zwei gescheiter als du ... Antipathie ist die Klugheit des Unterbewußtseins ...

THOMAS: Nun, heute hat er sich ja dieses Fräulein Betty eingeladen ...

PAULINE: Kennt er sie länger?

THOMAS *achselzuckend*: Wenn ich das wüßte!

PAULINE: Studentin?

THOMAS: Vermutlich. *lächelnd* Und *sie* ist keine erwachende Sphinx?

PAULINE: Sie scheint ein, zwei Jahre älter zu sein als er ...

THOMAS: Das schadet nichts.

PAULINE: Nein. *energisch* Und nun Schluß mit der Seelengärtnerei! Ich bin auch noch da!

THOMAS *seufzend*: Und ich?

PAULINE *amüsiert*: Du natürlich erst recht! *streichelt seine Hand; herzlich* Wie geht es dir?

THOMAS *leicht geniert*: Das alte Lied, Pauline. – Ist ein Buch beendet worden, ist auch der Verfasser am Ende ... Nur vorübergehend, versteht sich ... Man hat zum Glück seine Berufserfahrungen. Ich weiß noch, wie fatal mir vor zwölf Jahren zumute war ... nach dem *ersten* Roman ... Damals dachte ich: ›Nun ist alles aus. Jetzt leg dich hin; jetzt gibt dein letztes Quentchen Geist auf; was übriggeblieben ist, lohnt, weiß Gott, nicht mehr!‹ *sachlich* Der Zustand ist dabei übersichtlich genug. Erfahrung, Phantasie, Konzentrationsgabe und Sprachgewissen sind strapaziert worden. Der Akkumulator ist leer. Er muß wieder aufgeladen werden. Das braucht Zeit. Und Geduld.

PAULINE: Und sobald er dann, nach einem dreiviertel Jahr, wieder aufgeladen *ist*, setzt sich der Akkumulator von neuem aufs Stühlchen und schreibt Opus Nummer 67! *stöhnt* Wenn so ein Schriftsteller mobil ist, hat er keine Zeit, weil ihn die Dämonen des Schaffens peitschen; und wenn er endlich Zeit hat, ist er müde und muß »aufgeladen« werden!

lächelnd Ich habe nächste Woche vier Tage drehfrei ... vielleicht fünf ... Wir könnten an den Walchensee fahren ... in »unser« kleines Hotel ...
THOMAS: Hoffentlich liefert Brandis den Einband und den Schutzumschlag rechtzeitig ... *eifrig* Ich hab Entwürfe drüben. *zeigt nach links vorn* Willst du sie sehen?
PAULINE *nickend*: Selbstverständlich!
THOMAS *steht auf, geht nach links.*
PAULINE: Thomas!
THOMAS *hält inne.*
PAULINE: Ich habe dir noch gar nicht gesagt, wie mir das Manuskript gefallen hat ...
THOMAS *zögernd*: Nein ... das hast du mir noch nicht gesagt ...
PAULINE *steht auf; geht zu ihm; leise*: Es ist vielleicht kein schönes Buch ... Es ist wohl eher ein schreckliches Buch ... Dieser Trautson, dem der Fluch zuteil wird, den anderen hinter die Stirn zu blicken ... zu sehen, was sie denken ... Sein Glanz ... Sein Elend ... Während ich las, hab ich mich fast vor dir gefürchtet ... nicht vor *dir*, sondern ... *tippt an seine Stirn.*
THOMAS *sucht sich zu erklären*: Es reizt mich nicht mehr, *mögliche* Schicksale darzustellen ... Trautson hypertrophiert ... Er entwickelt eine Fähigkeit über die eigentlich unüberschreitbare Grenze hinaus ... So entstehen neuartige Konflikte ... ungewöhnliche Konstellationen ... seltsame Lebensläufe ... Und gerade dadurch fällt neues Licht auf altes Land. Möglicherweise verbirgt sich hinter meiner Abneigung, mit der realen Welt hauszuhalten, eine uneingestandene Schwäche ... Denn es ist bestimmt schwerer, mit üblichen Mitteln etwas zu leisten, als mit Tricks ... Insgeheim hoffe ich freilich, daß mich andere Motive leiten ... aber ... *zuckt die Achseln.*
PAULINE *bemüht munter*: »Bilde, Künstler! Rede nicht!« – Zeig mir die Muster, die der Verlag geschickt hat! *beide vorn links ab.*

Die Bühne ist kurze Zeit leer.

BETTY *und* HANNSGEORG *kommen über die Terrasse ins Zimmer.*

HANNSGEORG *schaut sich suchend um*: Nanu! Wo ist denn Onkel Thomas hin?

BETTY *ein hübsches, resolutes Mädchen*: Ich bin ganz froh, einmal eine Minute allein zu sein.

HANNSGEORG *steckt die Hände in die Hosentaschen*: Wie gefällt dir denn nun »Onkel Toms Hütte« im allgemeinen und im besonderen?

BETTY *sich umschauend*: O ja!

HANNSGEORG *nickt; geht hin und her, bleibt vor Betty stehen, betrachtet sie prüfend und streicht ihr das Haar aus der Stirn.*

BETTY: Was meinst du, – ob ich ihm gefalle?

HANNSGEORG: Todsicher!

BETTY: Ich weiß nicht recht ...

HANNSGEORG: Zu gut sollst du ihm ja auch gar nicht gefallen ... Und *er* dir auch nicht!

BETTY *lacht*: Schaf!

DORA *und* FRAU KRÜGER *kommen von hinten links mit Tabletts, auf denen kleine Teller, Bestecks, Brotscheiben und zwei große dampfende Schüsseln stehen.*

HANNSGEORG *schnuppernd*: Worum handelt sich's denn da?

FRAU KRÜGER: Um Würstchen.

HANNSGEORG: Richtig! – Ich bin so frei. *legt zwei Würstchen auf einen Teller.*

DORA *zu Betty*: Passen Sie scharf auf, daß Sie auch eins abkriegen! Beim Essen kennt er keine Rücksicht. *mit Frau Krüger über die Terrasse ab.*

HANNSGEORG *bietet Betty ein Würstchen an, nimmt selber eins und stellt den Teller beiseite.*

BEIDE *beißen in die Würstchen.*

BETTY: Heiß!

HANNSGEORG *kauend*: Könntest du auf *die* eifersüchtig sein?

BETTY *ironisch*: Auf die Wirtschafterin?

HANNSGEORG *beleidigt*: Du weißt ganz genau, wen ich meine!

BETTY: Du bist leider nicht ihr Typ. Da müßtest du schon dein eigner Onkel sein!

HANNSGEORG *verblüfft*: Was denn?

BETTY *ruhig*: Das greift doch ein Blinder mit der Beißzange!

HANNSGEORG *nicht ohne Bewunderung*: Ihr Weiber! – Onkel Thomas sagt es ja immer ... Die Frauen, sagt er, sind noch instinktsicher ... Sie haben eine Witterung wie die Tiere im Wald ...

BETTY: Borg mir lieber mal dein Taschentuch!

HANNSGEORG *gibt ihr ein Taschentuch*: Wir Männer hingegen sind durch unsere geistige Höherentwicklung verpfuscht worden.

BETTY *während sie sich die Finger sauberputzt*: Du wirst durch deinen Onkel viel zu gescheit werden. Da! *gibt ihm das Tuch zurück*. Wann geht dein Zug?

HANNSGEORG: Sieben Uhr sechsundvierzig. Bringst du Pütscher mit an die Bahn?

BETTY: Klar. Und Mittwoch in vier Wochen ...

HANNSGEORG: ...bin ich zurück ...

BETTY: Vier Wochen ...

BETTY: Hast du mit Melzer gesprochen?

HANNSGEORG: Das klappt! Ich gebe ihm, wenn ich zurück bin, ein Dutzend vollgeschriebene Ansichtskarten mit ... Wie schön der Rhein wäre ... Und der goldene Wein ... klingklang, goldne Wein ... Und er wirft jeden dritten Tag so 'ne Karte in den Briefkasten ... Dann hat Mutter was zum Freuen ... *erregt* Und wir auch ... *zieht Betty an sich*.

BETTY *mit rauher Stimme*: Mach mir in den vier Wochen keine Geschichten!

HANNSGEORG *offen*: Bestimmt nicht, Betty! Ich versprech dir's!

BETTY *schlingt die Arme um seinen Hals; sie küssen sich leidenschaftlich*.

PAULINE *und* THOMAS *kommen aus der vorderen linken Tür, bleiben verdutzt stehen*.

PAULINE *amüsiert sich, ganz besonders über Thomas' Gesicht; laut*: Wir kommen später noch einmal wieder!

BETTY *und* HANNSGEORG *fahren erschrocken auseinander*.

HANNSGEORG *in die Verlegenheitspause hinein*: Wie im Theater ... Junger Mann küßt junges Mädchen ... Eine Tür geht auf ... Tableau!

THOMAS *schweigt leicht verärgert.*

PAULINE *lächelt*: Ein Kuß ist ja noch kein Raubmord ...

HANNSGEORG *ernsthaft*: Ich bitte um Entschuldigung, Onkel Thomas ...

PAULINE *sein Schuldbewußtsein parodierend*: Es soll auch ganz bestimmt nicht wieder vorkommen! *dann, um die Situation zu retten* Ich fürchte, die Erwachsenen werden trennend einschreiten müssen. Kommen Sie, Hannsgeorg! Sie tanzen so meisterhaft! *zu Thomas* Und *du* wirst die junge Dame in deinen väterlichen Schutz nehmen! *Sie geht zu Hannsgeorg und nimmt seinen Arm* Folgen Sie mir, Sie – praktischer Arzt! *beide über die Terrasse ab.*

FRAU KRÜGER *kommt mit leeren Tabletts aus dem Garten, links hinten ab.*

THOMAS *geht unschlüssig hin und her.*

BETTY: Darf ich mich setzen?

THOMAS: Bitte sehr.

BETTY *sich setzend; offenherzig*: Mir ist der Schreck in die Knochen gefahren. – Ich finde es selber unpassend, sich in einem fremden Hause herumzuküssen.

THOMAS *bleibt vor ihr stehen; nachdenklich*: Kennen Sie meinen Neffen schon lange? *seine Frage selber beantwortend* Gar so lange kann es nicht sein. Er ist erst seit einem Semester hier ... *setzt sich ihr gegenüber* Sie studieren auch Medizin?

BETTY: Ich studiere überhaupt nicht. Ich habe früher drei Semester gehört ... Literaturgeschichte und Sprachen ... Aus privaten Gründen ließ ich es dann sein. Jetzt bin ich Inhaberin einer kleinen Leihbücherei. Bei dieser Gelegenheit, *Ihre* Bücher sind sehr gefragt.

THOMAS *zerstreut*: Das freut mich ... *sich vorbeugend* Sie werden sich wahrscheinlich wundern, warum ich Sie so examiniere ...

BETTY: Sie sind ja sein Onkel!

THOMAS: Hm ja ... Das auch ...

BETTY: Und sein *Pate*!
THOMAS: Mein Neffe ist noch sehr jung ... Nicht nur an Jahren ... Nun ist Naivität zweifellos eine schöne Gabe ...
BETTY: Sie halten junge Mädchen wohl für *sehr* gefährlich?
THOMAS *lächelnd*: Es gibt auf der Welt überhaupt nichts Gefährlicheres als junge Mädchen ... Sie gleichen Löwen, die einen Menschen streicheln wollen und dabei versehentlich in Stücke reißen.
BETTY: Ich bin kein Löwe, sondern eine Ladenbesitzerin. *leicht gereizt* Ich werde Ihren schrecklich naiven Neffen *nicht* fressen! Wenn es Sie beruhigen sollte, gebe ich es Ihnen schriftlich!
THOMAS *seufzend*: Es ist schwer, den Schulmeister zu spielen, wenn man kein pädagogisches Talent hat! *versucht das Thema von einer anderen Seite zu packen* Hannsgeorg fährt morgen für einen Monat nach Hause ... zu seiner Mutter ... Anschließend wird er, mit seinem Freunde Melzer, eine vierwöchige Rheinreise machen ...
BETTY *gelassen*: Er sprach davon.
THOMAS: Zwei Monate sind eine lange Zeit ...
BETTY *neckend*: Ja. Sie dauern sechzig Tage.
THOMAS *sieht sie irritiert an; dann wieder ruhig und onkelhaft*: Wenn er Sie nun inzwischen vergißt?
BETTY: Sein Gedächtnis ist in Ordnung!
THOMAS: Und wenn er Sie nicht vergessen sollte, – was wird nach seiner Rückkehr werden? Er lernt täglich neue Menschen kennen ...
BETTY: Neue *Mädchen*, meinen Sie, wenn Sie »neue Menschen« sagen?
THOMAS: Natürlich *auch*! Vielleicht ist der Junge flatterhaft?
BETTY *freundlich*: Das möchte ich ihm nicht geraten haben.
THOMAS: Vielleicht hält er, was Sie womöglich für *mehr* halten, nur für einen kleinen reizenden Flirt? – Bis er sein eigner Herr sein wird, vergehen Jahre!
BETTY *gespielt ernsthaft*: Erst die Rheinreise ... Dann das Studium ... Dann das Assistenzjahr im Krankenhaus ...
THOMAS *nickt*.

BETTY: Und immer neue Menschen ... Und immer neue Mädchen darunter ... Lauter kleine Löwen! *bricht in Gelächter aus; klatscht vor Vergnügen in die Hände.*
THOMAS *schaut sie verblüfft an.*
BETTY: Lieber Herr Doktor. Ihre Bemühungen sind rührend! *Ihm* suchen Sie den Vater zu ersetzen, und zu *mir* reden Sie wie eine Mutter! Wird Ihnen das nicht ein bißchen zuviel?
THOMAS *lacht nun auch*: Ich gebe es auf! Gegen so »standhafte Zinnsoldaten« kann man nicht ankämpfen! *freundlich* Man *soll* es wohl auch nicht. *steht auf* Und nun wollen wir einen Versöhnungstanz exekutieren. *verbeugt sich.*
BETTY *steht auf, nimmt seinen Arm; plötzlich*: Noch eins! *zögernd* Ich könnte mir vorstellen, daß Sie mit seiner Mutter in regem Briefwechsel stehen ... Mütter sind laufend besorgt ... Besorgtsein macht neugierig ... Mütter sind meistens *zu* besorgt und *zu* neugierig ... Ich möchte Sie bitten, seiner Mutter von mir *nichts* zu schreiben!
THOMAS *lächelnd*: Das wäre ja Fundunterschlagung!
BETTY *lächelt zurück*: Vielleicht ist der Fund unerheblich? Vielleicht bin ich eine *falsche* Perle? Oder vielleicht ist der Junge »flatterhaft«, nicht? Vielleicht handelt es sich nur um einen »kleinen reizenden Flirt«?
THOMAS *lächelnd*: Na, ich weiß nicht recht ...
BETTY *schmeichelnd*: Wozu soll man die Frau Mama voreilig erschrecken?
THOMAS: Ich werde die Ferien abwarten ... Und dann noch ein, zwei Monate ...
BETTY *neckend*: Bis dahin ist bestimmt eines der zahllosen neuen Mädchen dabei, ihn versehentlich zu zerstückeln ...
THOMAS *lachend*: Ich fürchte, das werden Sie nicht erlauben! – Kommen Sie! *führt sie nach hinten; kurz vor der Terrassentür macht er noch einmal halt; leise* Haben Sie ihn *sehr* gern?
BETTY: Im Gegenteil! Ich finde ihn schrecklich! – Er hat so gar nichts von seinem Onkel! *lacht.*
BEIDE *über die Terrasse ab.*

Die Bühne bleibt für kurze Zeit leer. Aus dem Garten Grammophonmusik.

DORA *löst sich aus dem Schatten einer Terrassensäule, kommt leise ins Zimmer und streicht wie eine Katze darin umher; bleibt nachdenklich vor der rechten Tür stehen, also vor den intimen Räumen, die sie noch nie betreten hat; kehrt der Tür abrupt den Rücken; geht zum Tisch, fährt mit der Hand sacht die Tischkante entlang; setzt sich auf eine Sessellehne und schmiegt den Kopf gegen die Sesselbacke.*
PAULINE *kommt leise über die Terrasse, bleibt im Türrahmen stehen und blickt forschend zu Dora hinüber.*
DORA *zuckt plötzlich zusammen, als habe sie den Blick auf der Haut gespürt, dreht sich um und springt hoch.*
PAULINE *kommt langsam näher und setzt sich.*
BEIDE *mustern sich schweigend.*
PAULINE *während der Auseinandersetzung überlegen, aber nicht hochmütig; ruhig*: Es wird Zeit, daß wir zwei uns einmal unterhalten. – Ich will nicht erst lange fragen, ob Ihnen der Abend gefällt und ob Sie fleißig getanzt haben. Ich weiß ohnehin, daß Sie den jungen Leuten aus dem Wege gehen und daß Ihnen der Abend *nicht* gefällt.
DORA *bockig*: Und wor*über* wollen wir uns unterhalten?
PAULINE *lächelnd*: Er denkt, ich merke nichts. Männer sind leicht zu täuschen. Im übrigen *wünsche* ich sogar, daß er denkt, ich sei blind. Mir ist lieber, er hält mich für dumm als für – intolerant. Wir Frauen haben ein Faible für Szenen, und wenn der Mann kapituliert, halten wir uns für die Siegerinnen. Das ist ein Irrtum. Während er verspricht, die andere nicht mehr anzuschauen, beginnt er uns selber nicht mehr anzusehen. Wir gehen dem Herrn der Schöpfung auf die Nerven; und das ist das ärgste, was man ihm antun kann! Eher läßt er sich betrügen, bestehlen, ruinieren – nur enervieren darf man ihn nicht!
DORA *ironisch*: Ich glaube Ihnen. Ich verlasse mich auf Ihre Erfahrungen.
PAULINE *ignoriert die Attacke*: Das Gespräch bleibt also, bitte,

unter uns. *lehnt sich zurück* Wegen des Herzogs von Richelieu fand einmal im Bois de Boulogne ein Damenduell statt. Mit Degen und Sekundanten. Wahrscheinlich Sekundan*tinnen*. Die beiden Damen aus dem Rokoko fanden es angebracht, den Streit unter sich auszutragen. Wer übrigblieb, hatte recht.

DORA *ironisch*: Hoffentlich sind ein Paar Säbel im Haus!

PAULINE *ignoriert Doras Spitze*: Ein Duell mit scharfen Gegenständen ist natürlich ein bißchen albern. Außerdem hat es den Nachteil, daß der Mann, um den es sich dreht, davon erfährt. Da *muß* er ja größenwahnsinnig werden! – Ich ziehe das kleine historische Beispiel nur heran, um Ihnen anzudeuten, daß ich Sie für eine durchaus ebenbürtige Feindin halte.

DORA: Zu viel Ehre! Man kann den anderen auch durch *Anerkennung* beleidigen! *mit verhaltener Wut* Ich wäre Ihnen ebenbürtig? *Sie* sind eine berühmte Frau! *Ich* bin eine Schreibmaschine auf zwei Beinen! *Sie* haben Geld und können mit Kleidern, Pelzen, Parfüms und seidener Wäsche kämpfen! *Ich* bin arm, und das Kleid, das ich anhabe, trage ich seit drei Jahren! Sie *haben* ihn und kennen ihn! Ich *will* ihn erst haben, und ich kenne ihn *nicht*! *lacht bitter* Ich bin eine dumme Gans, die noch nicht einmal weiß, ob man die Männer beißen darf, wenn sie uns küssen! Ich war bis jetzt in einen einzigen Mann verliebt! Und der kam vor lauter Zärtlichkeit nicht zum Liebhaben! – Ihnen ebenbürtig? *Ihnen*? Die sich in den Männern auskennt wie Sven Hedin in Tibet? Von deren früheren Liebschaften man *heute* noch Geschichten erzählt? *niederträchtig* Sie sollten Ihre Memoiren herausgeben, gnädige Frau! Aus einem so dicken Buch könnte ein junges Mädchen alles lernen, was es von den Männern und von der Liebe wissen muß!

PAULINE *ruhig*: Auch ein Zweikampf hat seine Gesetze, die man nicht verletzen sollte. – Lassen wir das, was die Leute über mich erzählen, aus dem Spiele! Meine Vergangenheit und der Tratsch darüber dürften nicht ganz dasselbe sein. Freilich, man kann das Feuer nicht anfassen, ohne sich zu verbrennen. Die Brandwunden heißt man »Erfahrungen«. Haben Sie Geduld. Sie kommen auch noch an die Reihe. Sie sind gerade dabei, in die Flammen zu greifen. *unterbricht sich und schaut nach der Terrasse hin.*

HANNSGEORG *und die* ZWEI STUDENTEN *kommen die Stufen heraufgesprungen, eilen durchs Zimmer und streben zur hinteren linken Tür.*

HANNSGEORG *während die zwei Studenten links abgehen, zu Pauline*: Die Gäste sind vernünftig. Sie *wollen* gehen, ehe sie gehen *sollen*. Wir bringen nur rasch die Garderobe hinaus. *als letzter links ab.*

PAULINE *hat ihm zugenickt; nun wieder zu Dora gewendet*: Sie haben soeben aufgezählt, was Sie für Vorteile halten ... Die gesellschaftliche Stellung ... die Eleganz ... die Erfahrungen ... Wer sagt Ihnen, daß diese Dinge immer Vorzüge *sind*? ... Vorzüge *bleiben*? *Nicht ohne Malice* Um wie vieles reizvoller mag dem einen oder anderen ein junges Mädchen erscheinen, das so unschuldig und zugleich so ungeduldig ist, wie Sie es sind? Wer verspeist werden möchte, erweckt zwangsläufig Appetit! *sachlich* Und die Hauptsache! Die Männer lieben an uns mancherlei ... die Schönheit ... die Leidenschaft ... die Klugheit ... die Sanftmut ... den Humor ... die Haarfarbe ... die Keuschheit ... oder auch deren Gegenteil ... Und wenn wir wiederlieben, passen wir uns an ... Wir färben uns das Haar ... Wir werden schlanker ... Wir mästen unser Temperament ... Wir färben den Charakter ... Wir erfüllen jeden Wunsch, kaum, daß wir ihn ahnen ... Wir hungern ja nach Wünschen! – Nur eins können wir nicht hervorzaubern ... und *dieser* Zauber ist der mächtigste! ... Es ist der Reiz der *Neuheit*! – Die Frau, mit der ein Mann zusammenlebt, hat einen unvermeidlichen, täglich weniger reparablen Fehler: eben den, daß er sie *kennt*! ... Die Kinder, die am Tage nach Weihnachten zu ihrem alten Spielzeug greifen, sind sehr viel seltener als die anderen, die dann nur noch mit den neuen Geschenken spielen ... Auch wenn das alte Spielzeug hübscher, haltbarer und teurer war ...

HANNSGEORG *und die* ZWEI STUDENTEN *kommen, mit Mänteln, Schals, Hüten usw. beladen, von hinten links durchs Zimmer; ein Student balanciert ein Damenhütchen auf dem Kopf.*

ERSTER STUDENT: Wir wollen Ihre Unterhaltung nicht stören, gnädige Frau ...

ZWEITER STUDENT: Wir haben außerdem keine Hand frei, um uns standesgemäß zu verabschieden ...

PAULINE *flüchtig lächelnd*: Auf Wiedersehen, meine Herren. Und schöne Ferien!

ERSTER STUDENT *mit dem Damenhut auf dem Kopf*: Auch im Namen der weiblichen Gäste, – auf Wiedersehen! *er knickst.*

HANNSGEORG: Nun macht schon! Ich muß noch Koffer packen!

ZWEITER STUDENT *zum ersten Studenten*: Seine Angebetete muß er *auch* noch heimtransportieren ...

ERSTER STUDENT: Zehn Minuten vor der Haustür Händchen halten ...

ZWEITER STUDENT *mit harmlosem Gesicht*: Da vergeht die Zeit! Im Handumdrehen ist es übermorgen ...

HANNSGEORG: Nun aber 'raus!

DIE DREI *über die Terrasse ab.*

PAULINE *nach kurzer Pause*: Der Mann, von dem wir sprechen, gehört zu *den* Kindern, die *neues* Spielzeug bevorzugen ...

DORA: Wenn er anders wäre, säßen *Sie* heute nicht hier!

PAULINE *nickt ernst*: Das stimmt nur zu sehr ... Ich war auch einmal ... die Neue. – Und wenn er nicht so wäre, wie er ist, brauchte ich nicht zu fürchten, daß eines Tages eine andere an meiner Stelle hiersitzen könnte ... Zum Beispiel *Sie* ...

DORA *ironisch*: Ich bin nur ein »Beispiel«. – Im Grunde duellieren Sie sich gar nicht mit mir, sondern mit *ihm* ... Ein Zweikampf auf Umwegen!

PAULINE *ernst*: So ist es. – Ich habe gelernt, die Augen zu schließen, wenn es nicht unbedingt nötig ist, sie offenzuhalten. In *Ihrem* Fall muß ich sie weit aufhaben ... sehr weit ...

Es ist natürlich möglich, daß ich Sie *über*schätze ... Es ist möglich, daß es zwischen ihm und Ihnen nur eine kleine Affäre gäbe, die ich hinnehmen könnte ... Ich habe einige Übung darin ... *diplomatisch* Es bliebe die Frage, ob Sie nicht zu schade wären, seine Schmetterlingssammlung zu bereichern!

DORA: Ihre Besorgnis ist rührend. *trotzig* Ich brauche Ihre Ratschläge nicht!

PAULINE *nickt; wie zu sich selber*: Es ist schade ... Um eine von uns beiden ...

DORA *böse*: Warum strengen Sie sich so an? Sie *wissen*, daß Sie ihn nicht ewig behalten werden! Sie *werden* ihn verlieren! Hoffentlich an mich! Es kann auch sein, an eine andere! *wild* Dann werde *ich* verzweifeln! Und *Sie*? *lacht verächtlich* Sie nehmen sich wieder einen Neuen!

PAULINE *schmerzlich*: Wie böse Sie sein können! *verhalten* Ich will bei ihm bleiben! Ich suche keine Abenteuer mehr ... keine Kämpfe ... keine Karriere ... keine Zuneigung als die seine ... kein besseres Ziel, als seine Vertraute zu sein ... in allen Dingen! – Was *Sie* wollen, – das *erste* Erlebnis ... das finden Sie auch bei anderen ...

DORA: Jetzt fehlt nur noch, daß Sie mir ein paar abgelegte Adressen geben!

PAULINE *empört*: Genug! *steht auf* Wir haben uns nichts mehr zu sagen! *tritt vor Dora hin.*

DORA *blickt sie fest an.*

PAULINE *hart*: Ich wünsche, daß Sie Ihre Stellung aufgeben! Sie müssen aus dem Haus!

DORA *kalt*: Oder *Sie*!

PAULINE *beherrscht sich mühsam*: Wenn nötig, werde ich Ihnen behilflich sein, einen anderen einträglichen Posten zu finden ...

DORA: Sie sind die Güte selbst! – Ich möchte Sie aber auf eine Kleinigkeit aufmerksam machen, die Sie zu übersehen scheinen. Ich bin nicht *Ihre* Sekretärin, sondern die seine!

PAULINE: Das ist mir bekannt.

DORA: Ich werde nur gehen, wenn *er* es wünscht.

PAULINE *ironisch*: Ganz wie Sie befehlen!
DORA *leise*: Und er wird es *nicht* wünschen!
PAULINE *jetzt zum ersten Male wirklich hochmütig*: Lassen Sie das, bitte, meine Sorge sein ...

Vom Garten her nähern sich Stimmen. THOMAS, BETTY *und* HANNSGEORG *kommen über die Terrasse ins Zimmer.*

THOMAS *zu Hannsgeorg*: Ich will nicht vergessen, dir meinen Baedeker für das Rhein- und Moselland herauszulegen.
BETTY *übermütig Hannsgeorg ansehend*: Den wirst du sehr gut gebrauchen können!
HANNSGEORG *verlegen*: Natürlich! Onkel Thomas hat eine Menge Notizen drin ... Von *seiner* Rheinreise her!
THOMAS: Vielleicht können dir und Melzer die Notizen wirklich von einigem Nutzen sein. – Eigene Beobachtungen, Entdeckungen und Erfahrungen sollten nicht zuletzt den Sinn haben, anderen als handlicher Schlüssel zu dienen ... *zu Pauline tretend* Die Gäste sind fort ... Bis auf wenige ... bis auf die liebsten ... Wollen wir noch eine Flasche Sekt aus dem Keller zitieren?
HANNSGEORG: Prima!
PAULINE *lächelnd*: Ich bin müde. Ich möchte nach Haus.
THOMAS: Dann also – Feierabend, meine Herrschaften!
PAULINE *zu Betty*: Wenn Sie wollen, können Sie in meinem Wagen mitkommen.
BETTY *blickt Hannsgeorg fragend an.*
THOMAS *amüsiert*: Das ist ein ausgezeichneter Vorschlag! Dadurch bin ich, wenigstens für heute, jeder weiteren Sorge enthoben!
BETTY *lachend*: Sie denken an die kleinen Löwen?
THOMAS: Fortwährend!
HANNSGEORG: An wen?
THOMAS: Das ist ein Geheimnis zwischen Fräulein Betty und mir.
DORA *gespielt sachlich*: Ist es Ihnen recht, Herr Doktor, wenn ich Frau Krüger noch ein wenig beim Abräumen helfe?

THOMAS *zögert.*
PAULINE *leichthin zu Dora*: Aber, aber! Die Krüger kann das bequem allein besorgen! *übertrieben herzlich* Für Sie ist selbstverständlich auch noch Platz im Wagen! *zu Thomas* Ich werde die Jungmädchenfracht spedieren wie eine Kiste Meißner Porzellan.
HANNSGEORG *grinsend*: Vorsicht! Nicht stürzen! *Betty und Dora unterhakend* Dann also fort mit den Frauenzimmern! Wir sind ein seriöser Junggesellenhaushalt!
BETTY *zu Thomas*: Nochmals – schönsten Dank!
THOMAS *gibt ihr die Hand*: Auf Wiedersehen!
BETTY *neckend*: Jetzt müssen Sie noch sagen, Sie hätten sich sehr gefreut, mich kennenzulernen!
THOMAS *galant*: Ich glaube, es stimmt sogar! *gibt Dora die Hand* Auf Wiedersehen, Fräulein Dora!
DORA *ernst*: Auf Wiedersehen, Herr Doktor. – Morgen!
THOMAS: Morgen! – Schlafen Sie sich aus! Es gibt nur ein paar Briefe zu diktieren! *nickt freundlich.*
HANNSGEORG *mit* BETTY *und* DORA *durch die hintere linke Tür ab.*
THOMAS *blickt auf die sich schließende Tür; wendet sich um; nachdenklich lächelnd*: Als mir meine Schwester im Frühjahr den Jungen ins Haus schleppte, sagte sie, die Jugend von heute sei anders, als wir zu unserer Zeit waren ... Ich wollte es nicht glauben ... Aber es kann sein, daß sie recht hat ...
PAULINE *liebevoll*: Gute Nacht, Thomas. *küßt ihn* Morgen früh wachst du noch allein auf ... Übermorgen schon nicht mehr ...
THOMAS *bringt sie zur Tür, zärtlich lächelnd*: Ich wollte, es wäre übermorgen!
PAULINE: Rufst du mich nachher noch einmal an?
THOMAS: In einer Stunde.
PAULINE *nickt lächelnd; dann rasch links hinten ab.*
THOMAS *wandert hin und her.*
FRAU KRÜGER *kommt von links hinten mit einem großen Tablett*: Da kann ich ja nun wohl langsam abräumen?
THOMAS *lächelnd*: Jawohl, Krüger.

FRAU KRÜGER *geht zur Terrassentür.*
THOMAS: Krüger!
FRAU KRÜGER: Bitte?
THOMAS: Aber nicht *zu* langsam!
FRAU KRÜGER *leicht gekränkt*: Natürlich nicht! *in den Garten ab.*
THOMAS *geht zur vorderen linken Tür, öffnet sie, knipst im anderen Zimmer das Licht an, geht ab, läßt die Tür offen.*

Die Bühne ist leer. Man hört, wie draußen ein Automobil angelassen wird. Vereinzelte Zurufe.

THOMAS *kommt von links mit einem Buch, knipst nebenan das Licht aus, schließt die Tür, geht, in dem Buche blätternd, auf und ab.*
HANNSGEORG *kommt von hinten links*: Darf ich dir rasch noch Gute Nacht sagen, Onkel? Ich muß packen.
THOMAS *reicht ihm das Buch*: Hier ist der Reiseführer, mein Junge!
HANNSGEORG *nimmt das Buch, verlegen*: Dankeschön!
THOMAS: Zwischen den Seiten über Aßmannshausen liegen ein paar Geldscheine. Damit ihr nicht nur die Landschaft, sondern auch den Wein studieren könnt!
HANNSGEORG *noch verlegener*: Dankeschön ...
THOMAS *klopft ihm auf die Schulter*: Schlaf gut! Wir sehen uns morgen noch beim Frühstück!
HANNSGEORG: Onkel Thomas ... Ich glaube, du bist viel zu nett zu mir ...
THOMAS *amüsiert*: Seit wann hast du ein so zartes Gewissen? Verwirre mir ja nicht die Vorstellung, die ich von dir habe! – Stoßt, wenn ihr am Binger Loch pokuliert, auf mein Wohl an! Und schreibt mir eine Ansichtskarte!
HANNSGEORG *erschrickt leicht; fängt sich rasch*: Eine Ansichtskarte? Ein *Dutzend*, wenn du willst!
THOMAS *hält ihm die Hand hin*: Gute Nacht!
HANNSGEORG *schüttelt Thomas' Hand*: Gute Nacht, Onkel! *ab.*

THOMAS *blickt lächelnd hinterdrein, geht zur Terrasse, ruft in den Garten*: Krüger!
FRAU KRÜGERS STIMME: Ja?
THOMAS: Wecken Sie mich morgen früh um sechs!
FRAU KRÜGER *erstaunt*: So zeitig?
THOMAS: Ich will mit ihm frühstücken!
FRAU KRÜGERS STIMME: Ist gut, Herr Doktor!
THOMAS: Und machen Sie ihm genügend Brote für die Fahrt! *geht, während er den Schlips aufzieht, langsam zur Tür rechts, bleibt dort, die Hand an der Klinke, stehen; halblaut zu sich selber* Ich wäre vielleicht gar kein so übler Vater geworden, wie ich immer geglaubt habe ... *lächelt vor sich hin; kopfschüttelnd ab.*

VORHANG

3. Akt

Die gleiche Dekoration. – Ein sonniger Dezembertag. Im Garten und auf der Terrasse liegt Schnee. Auf einem Tischchen rechts hinten steht ein Christbaum.

THOMAS *sitzt am großen Tisch und blättert, gelegentlich eine Bleistiftkorrektur machend, in Manuskriptseiten; dann steht er auf, geht nach vorn links und öffnet die Tür*: Fräulein Margot?

MARGOTS STIMME: Herr Doktor?

THOMAS: Einen Augenblick, bitte!

MARGOTS STIMME: Sofort!

THOMAS *geht an den Tisch und nimmt wieder Platz.*

MARGOT *kommt, mit Stenogrammblock und Bleistift, von links, schließt die Tür, geht zum Tisch, setzt sich Thomas gegenüber und blickt ihn erwartungsvoll an; Margot ist hübsch, jung und weicht im Typ möglichst von Dora ab.*

THOMAS *freundlich*: Wie waren die Feiertage? Was hat der Weihnachtsmann beschert?

MARGOT *kokett*: Der Weihnachts*mann*?

THOMAS *lächelnd*: Dann also der Weihnachts*freund*?

MARGOT *achselzuckend*: Ein Kleid, Parfüm, zwei Kartons Pfefferkuchen. – Wir kennen uns noch nicht lange. Er scheint zu denken, es ist mit den Freundinnen wie mit den Dienstmädchen! Wenn sie noch kein volles Jahr im Hause sind, brauchen sie nicht viel zu kriegen!

THOMAS *tröstend*: Nun, dafür schenkt er Ihnen nächste Weihnachten mehr!

MARGOT *kalt lächelnd*: Vorausgesetzt, daß ich dann noch bei ihm – in Stellung bin!

THOMAS *wird geschäftlich*: Meine Schwester ist gestern abend angekommen ... Um ihren Sohn zu besuchen ... Und natürlich auch *mich* ein bißchen ... Ich möchte Ihnen trotzdem ein paar Seiten diktieren, obwohl zu befürchten steht ...

Es klopft.

THOMAS *nickt*: Es *steht* zu befürchten! *laut* Bitte?
ILSE *kommt durch die linke hintere Tür*: Guten Morgen, mein Lieber!
THOMAS *steht auf*: Guten Morgen, meine Liebe. Hast du gut geschlafen?
ILSE *küßt ihn auf die Wange*: Prächtig! *mustert Margot, die auch aufgestanden ist.*
MARGOT: Guten Morgen, gnädige Frau.
THOMAS *vorstellend*: Meine Sekretärin.
ILSE: Guten Morgen, meine Beste. *setzt sich* Stör ich dich?
THOMAS *lächelnd*: Fast gar nicht! – Und außerdem ... du störst so *selten*.
ILSE: Ja, neun Monate sind es her, seit ich den Jungen brachte ...
THOMAS *gibt Margot Manuskriptblätter*: Schreiben Sie das, bitte, in die Maschine! Hoffentlich können Sie meine Schrift lesen.
MARGOT: Ich will mir Mühe geben! *nickt grüßend und geht vorn links ab.*
ILSE *schaut hinter ihr her*: Hattest du im Frühjahr nicht eine andere Sekretärin?
THOMAS *nickt.*
ILSE: Ein Fräulein Dora?
THOMAS: Du hast ein gutes Gedächtnis.
ILSE: Sie fiel mir auf. – Hast du ihr gekündigt?
THOMAS: Sie *wollte* wohl fort ...
ILSE *mokant*: Gefiel es ihr bei dir so wenig? Oder – zu gut?
THOMAS *setzt sich*: Zu gut?
ILSE *lächelnd*: Dein unschuldsvoller Blick hat geradezu etwas Erschütterndes!
THOMAS *neckend*: Sprechen wir lieber von Ihrer nunmehr dritten glücklichen Ehe, verehrte Frau Landgerichtsdirektor!

Von nebenan Schreibmaschinen-Geklapper.

ILSE *geht mit fliegenden Fahnen zu dem vorgeschlagenen Thema über*: Seinem Bruder kann man es ja wohl ruhig mitten ins Gesicht sagen, ohne daß er's umgehend den Männern aller Länder verkündet, – Thomas, es ist wieder wundervoll! Schon die Kleinigkeiten! *genießerisch* Der Hut und der Mantel in der Diele ... Die Fachzeitschriften auf dem Schreibtisch ... Der blaue Zigarrenrauch unter der Lampe ... Eine tiefe Stimme, die dir das Wichtigste und Interessanteste aus der Zeitung vorliest ... Das Gurgeln, das morgens aus dem Badezimmer herüberklingt, während man am Frühstückstisch wartet und in den Garten schaut ... Das anheimelnde Licht in den Fenstern, wenn man abends vom Einkaufen heimkommt ... *breitet glücklich die Arme aus* Wie manches Jahr hab ich das entbehrt!

THOMAS *scherzend*: Und das sind erst die Kleinigkeiten!

ILSE *ernst*: Wir lieben die Kleinigkeiten viel mehr, als ihr ahnt ... Durch *sie* spüren wir in jeder Minute ... und bis in jede Pore ... daß wir nicht mehr allein sind ... *leise* Frauen sind doch so schrecklich ungern allein! *glücklich* Aber auch sonst! – Eberhard ist ein guter Mensch ... Er ist zärtlich ... heiter ... klug ... gebildet ...

THOMAS *neckend*: Das sind alle Männer! – Besondere Merkmale?

ILSE: Schmaler Kopf ... blaue Augen ... *übermütig* Kaffee *ohne* Zucker ... Anzüge *zweireihig* ... *kein* Keilkissen unterm Kopf ... *verliebt* Und *lachen* kann er! Wenn Eberhard lacht, klirrt der Kronleuchter.

THOMAS *lacht.*

ILSE: Du findest mich hoffentlich nicht albern?

THOMAS: Aber Ilse!

ILSE: Irgend jemandem *muß* ich's doch erzählen! Wozu wäre ich denn sonst eine Frau? – Gestern abend konnte ich nicht darüber sprechen. Erstens wegen deiner Pauline. Sie ist zwar eine bezaubernde Person. Aber wie mein dritter Mann lacht, das interessiert sie nun ganz bestimmt nicht! Und zweitens wegen des Jungen. Als *Mutter* hätte ich mich bei ihm mit solchem Gefasel auf Lebenszeit unmöglich gemacht ...

THOMAS: Schön und gut, – aber warum habt ihr ihm eigentlich

eure Vermählung im November nicht ordnungsgemäß angezeigt?

ILSE: Ich hab mich geniert ... Als ich es ihm gestern in eurer Gegenwart *sagte*, ging es ziemlich glatt ... Aber der Gedanke, mich daheim an den Schreibtisch zu setzen und zu beginnen: »Mein lieber Sohn! Herr Feldhammer, den Du flüchtig kennst, war so liebenswürdig, mich zu fragen, ob ich mit ihm in den Stand der Ehe treten wolle, und ich habe das verlockende Angebot auf der Stelle akzeptiert. Denn ich bin zwar die Mutter eines erwachsenen Sohnes, aber außerdem immer noch eine lebenshungrige Frau, die sich von Herzen nach einem Manne sehnt. So haben wir beschlossen, unsere beiden Einsamkeiten zusammenzugeben, und hoffen auf ein letztes, großes, gemeinsames Glück ...« *schlägt mit der Hand auf den Tisch* Ja, zum Donnerwetter, das kann man doch nicht seinem *Sohne* schreiben!

THOMAS *lächelnd*: Nein!

ILSE: Oder hätte ich ihm eine gedruckte Anzeige schicken sollen? »Frau Ilse Feldhammer, geschiedene Berger, verwitwete Lehmbruck, geborene Kaltenecker und Herr Landgerichtsdirektor Dr. Eberhard Feldhammer beehren sich?« – Wäre es *so* richtiger gewesen?

THOMAS: Kaum.

ILSE: Da hast du's! – Und deshalb sagte Eberhard: »Du fährst nach den Weihnachtstagen hinüber und bescherst ihm die delikate Neuigkeit mündlich!«

THOMAS *abschließend*: Nun, die Bescherung ist ja soweit gelungen. Ich glaube, er hat sich für dich mitgefreut. Außerdem kam ihm die Neuigkeit natürlich zupasse. Denn wenn die Mutter einen veritablen Ehemann auftischt, wird es für den Sohn wesentlich leichter, mit seiner Herzensfreundin aufzuwarten.

ILSE *seufzend*: Ja, heute kriege nun *ich* beschert! *neugierig* Wie sieht sie aus? Ist sie hübsch?

THOMAS *nickt*: Ja ... Ein fraulicher Typ ... gesund ... resolut ... offenherzig ...

ILSE *zögernd*: Temperamentvoll?

THOMAS *den Kopf wiegend*: *Heiß*blütig wohl kaum ... eher *warm*blütig ... *lächelnd* Kein lodernder Scheiterhaufen, denk ich mir ... Eher ein trautes Herdfeuer ... Aber wer schaut ins Herz?

ILSE *etwas erleichtert*: Jedenfalls keine »Sportskameradin« ... kaltschnäuzig ... das Herz auch nur ein Muskel, wie der Bizeps ... die Liebe als unvermeidliche Trainings-Unterbrechung ...

THOMAS: Bestimmt nicht!

ILSE: Ich frage mich, warum er sie mir unbedingt vorstellen will. – Hast *du* dein »erstes Erlebnis« unserer Mutter ins Haus gebracht?

THOMAS *belustigt*: Behüte. Mutter hätte die junge Dame umgehend wieder hinausgeworfen. – Übrigens mit Recht! – Aber Betty ist kein Mädchen zum Hinauswerfen.

ILSE: Das ist mir längst klar. – *nachdenklich* Sie ist zwei Jahre älter als Hannsgeorg ... Das macht in diesem Alter sehr viel aus ... Es hat sein Gutes ... Einer von beiden muß der Erwachsenere sein ... Andrerseits ... was soll daraus werden? – Schließlich ist sie ja doch nur so etwas Ähnliches wie seine erste Station ...

THOMAS: Laß sie das nicht hören!

ILSE: Ich denke nicht daran!

THOMAS: Und ihn auch nicht!

ILSE: Das wird darauf ankommen ... *lebhafter* Ihr werde ich es nicht zu sagen *brauchen*! Wie du sie schilderst, wird sie es *wissen*!

THOMAS: Sie hat ihn *sehr* gern.

ILSE: Ohne Herzweh geht es im Leben nicht ab. Wem bliebe das erspart? Haben wir es *nicht* erfahren?

THOMAS: Du entwickelst dem Mädchen gegenüber das Gemüt einer Dampfwalze.

ILSE: Natürlich tut sie mir leid. Aber was hat sie davon? – Bevor Hannsgeorg Dreißig ist, kann und soll er ans Heiraten nicht denken. Wie alt ist *sie* dann?

THOMAS: Zweiunddreißig.

ILSE *nickend*: Zweiunddreißig! ... Ein spätes Mädchen ... mit einem kleinen Bücherladen ... ohne Vermögen ... Und das heißt erst: die Angelegenheit von *ihr* aus betrachten! Was aber wird bis dahin dem Jungen alles widerfahren sein! Als besorgte Mutter muß ich mir geradezu verbieten, daran zu denken! – Nun, sie wird schon vernünftig sein. *Wir* waren's ja auch. Seine Jugendliebe mit eiserner Konsequenz weiterzulieben, – so altmodisch war man letztmalig zur Zeit unserer Großeltern!

THOMAS *belustigt*: Hoffentlich wird die heutige Generation nicht rückfällig?

ILSE: Das wäre ja entsetzlich! *leichthin* Nein, nein. Das haben wir nicht zu befürchten. Genau so gut könnte die Petroleumlampe wiederkommen!

Es klopft.

ILSE *zuckt zusammen*: Sind sie das schon?

FRAU KRÜGER *öffnet die linke hintere Tür und meldet*: Frau Mylius!

PAULINE *tritt ins Zimmer; sie ist elegant angezogen*: Da bin ich! Guten Morgen! *geht zum Tisch.*

FRAU KRÜGER *ab.*

ILSE *gibt ihr die Hand*: Wie lieb, daß Sie Wort gehalten haben!

PAULINE *lustig*: Aber Frau Landgerichtsdirektor, ich werde Sie doch nicht im Stich lassen! Es muß ja schließlich jemand Dekoratives anwesend sein, der Sie auffängt, wenn Sie vor Kummer in Ohnmacht fallen sollten! *gibt Thomas, der sich erhoben hat, herzlich die Hand* Ist Betty schon hier? *setzt sich.*

THOMAS *bleibt stehen*: Noch nicht. *lächelnd* Ich vermute, Hannsgeorg wird sie bis vors Haus *schieben* müssen! Oder glaubt ihr, daß sie sehr wild darauf ist, sich von seiner Mutter anstarren und abschätzen zu lassen?

PAULINE: Ein bißchen Examensangst wird sie schon haben.

THOMAS *zu Pauline*: Um so mehr als sie weiß, daß sie die Prüfung nie und nimmer bestehen wird! Sie *muß* durchfallen! Wenn sie schön wäre wie Lady Hamilton, klug wie Karoline

Schlegel und reich wie Barbara Fulton, – sie fände keine Gnade!

ILSE: Wenn sie reich wäre wie Barbara Fulton, kämen meine Grundsätze ins Wanken. *trocken* Falls du übrigens Wichtigeres zu tun haben solltest, als auf einem blutenden Mutterherz herumzutrampeln, wollen wir dich nicht länger aufhalten.

THOMAS *lächelnd*: Ältere Schwestern sind Respektspersonen. Ich gehorche. *geht zur vorderen linken Tür* Wenn das junge Volk kommt, – ich bin nebenan. *ab.*

Kleine Pause.

ILSE *zeigt auf die Tür*: Er hat eine neue Sekretärin!
PAULINE *nickt langsam.*
ILSE: Sie ist sehr hübsch.
PAULINE: Künstler stellen Ansprüche. – Der Blick aus dem Fenster soll erfreulich sein ... Das Tapetenmuster ... die Bilder an der Wand ... die Blumen auf dem Tisch ... alles soll gefallen ... Die Sekretärin *nicht*?
ILSE: Das Tapetenmuster ist ungefährlicher.

Das Schreibmaschinen-Geklapper hört auf.

PAULINE: Sie ist *innerlich* reizlos ... Ihr Temperament ähnelt einer Registrierkasse ... Wenn sie als Baby den großen Zeh in den Mund steckte, geschah es bestimmt schon aus Koketterie ... Dergleichen langweilt ihn ... Es belustigt ihn allenfalls ... Er stellt höchstens kurze Versuche an ... Kontrollversuche ... Nur um nachzuprüfen, ob die Reaktionen, die er voraussieht, auch eintreten ...

ILSE *ironisch*: Ja, er ist ein großer Physiker!

PAULINE: Bedenklich wird es erst, wenn seine Neugierde aufwacht ... nicht nur die herkömmliche männliche Neugier, sondern auch die des Schriftstellers ... Zu der Leidenschaft, Menschen zu erfinden ... Schicksale und Konflikte in Bücher zu verwandeln ... gehört ja die andere: Menschen,

Konflikte, Versuchungen, Glück und Enttäuschungen zu *erleben* ...

ILSE *mitfühlend*: Ich beneide Sie nicht ... *ärgerlich* Und *ich* wäre nicht so vernünftig und gnädig wie Sie! Schiller hat den »Wilhelm Tell« geschrieben und ist nie in der Schweiz gewesen! Nein, nein! Da könnte ja so ein Romandichter ins Zimmer treten und sagen: »Liebe Frau, da beschreibe ich gerade einen Mord und komme nicht voran. Ich gehe rasch mal vors Haus und schlage einen tot!« – Soll er doch seine Phantasie strapazieren!

PAULINE *lächelnd*: Ganz so schlimm ist es glücklicherweise nicht. – Und dann ... wenn es sehr ernst wird, wehre ich mich schon meiner Haut! *zur linken vorderen Tür blickend; zögernd* Die Vorgängerin dieser koketten »Registrierkasse« ...

ILSE: Fräulein Dora ...

PAULINE *nickend*: ... begann sehr gefährlich zu werden. Ich hatte das Empfinden, es gäbe keine Zeit zu verlieren, und – so verlor ich keine Zeit. Ein Teelöffel Diplomatie, eine Messerspitze Intrige und ein sehr vorteilhaftes Angebot von dritter Seite ...

ILSE *lebhaft*: ... ganz zufällig, versteht sich? ...

PAULINE *nickt*: Und schon war das Gewitter vorübergezogen. *aufatmend* Gott sei Dank!

ILSE: Ich *muß* es Ihnen sagen, – Sie gefallen mir großartig! *spontan* Warum heiraten Sie meinen Bruder nicht?

PAULINE *lacht leise*: An *mir* liegt es nicht.

ILSE *energisch*: In diesem Hause muß einmal gründlich Ordnung gemacht werden! Mein Sohn hat *schon* eine Braut! Und mein Bruder *noch* keine Frau! Der *Junge* ist völlig phantasielos, und der *Mann* stirbt vor Neugierde!

PAULINE *hebt abwehrend die Hände*: Lassen Sie ja meinen Thomas in Ruhe! Er verträgt keine Bevormundung! *(lächelnd)* Auch wenn er *nicht* auf die ausgefallene Idee kommt, unsere Freundschaft zu konsolidieren, bin ich es zufrieden. Nur, ihn *ganz* verlieren, das *senkt den Kopf* möchte ich nicht ...

ILSE: Sie haben eine längere Tournee hinter sich? Ich las in der Zeitung darüber ...

PAULINE: Ich war zwei Monate unterwegs.

ILSE: Wie unvernünftig! Einen solchen »Don Juan wider Willen« darf man doch nicht alleinlassen!

PAULINE: Um wieviel lieber ich nicht führe! Aber was soll eine Frau tun? Sie kann den Mann fragen, ob er es für richtig hält, einen Vertrag zu unterzeichnen. Wenn er dann aber sagt: »Ja, warum denn *nicht*? Die Rolle ist für dich wie geschaffen! Die Gage ist außerordentlich! Bringe, bitte, viele Lorbeerkränze mit! Frau Krüger braucht sie für die Suppe!« *achselzuckend* Ja, wenn man handeln dürfte, wie einem ums Herz ist! Den Beruf aufgeben! Das Haus aufgeben! Sich selbst aufgeben! Mit Sack und Pack vorfahren ... klingeln ... wenn die Tür aufgeht, schüchtern sagen: »Da bin ich!« – es geht nur eben nicht. Es verdürbe alles. Lieber seinen kleinen Finger halten ... als von der ganzen Hand sanft zurückgeschoben werden ...

ILSE: Sie sind zu bescheiden.

PAULINE: Nein. Ich bin vernünftig. Und war nicht immer so ... Früher habe *ich* die Männer zurückgeschoben ... zurückgestoßen ... Man hat mich gefürchtet ... Nun bin *ich* an der Reihe ... Liebe macht wehrlos ... Das Leben erlaubt sich höflich, die Quittung zu überreichen ...

ILSE *schweigt teilnahmsvoll*.

PAULINE *heiter*: Ich sagte schon, ich bin's zufrieden ... Es ist nicht alles ... aber es ist sehr viel ... Das große Glück mit einem kleinen schmalen Trauerrand ...

Es klopft laut.

ILSE *zusammenfahrend, leise*: Bin *ich* erschrocken!

PAULINE: Sie Ärmste!

ILSE *humoristisch*: Wir sind heute damit beschäftigt, einander abwechselnd zu bedauern! – Herein!

HANNSGEORG *steckt den Kopf durch die hintere linke Tür; betont munter*: Guten Morgen, meine Damen! Ist das Professorenkollegium komplett? Wo steckt der ehrenwerte Herr Professor Thomas?

PAULINE: Im Arbeitszimmer. *steht auf* Ich rufe ihn.
HANNSGEORG: Heißen Dank! *zu seiner Mutter* Frau Landgerichtsdirektor Dr. Feldhammer, – sind Sie gewappnet?
ILSE: Dein Übermut wird sich schon noch legen!
PAULINE *öffnet die vordere linke Tür*: Thomas?
THOMAS' STIMME: Ich komme!
HANNSGEORG: Ich hole inzwischen den Prüfling! *ab.*
THOMAS *eilig von vorn links; hakt sich bei Pauline unter*: Ilse! Steh auf, wenn das Mädchen hereinkommt! Du wirkst sonst wie Maria Theresia auf dem Thron!
ILSE: Das mache ich, wie *ich* will! Ich bleibe sitzen!
HANNSGEORG *und* BETTY *kommen langsam von links hinten.*
ILSE *steht auf.*
HANNSGEORG *legt seine Hand beschützend auf Bettys Schulter.*
BETTY *nimmt ruhig seine Hand herunter, lächelt ihm ein bißchen verkrampft zu und geht zu Ilse hinüber*: Guten Tag, gnädige Frau! Ich erlaube mir, Ihnen zu Ihrer Vermählung von Herzen Glück zu wünschen.
ILSE *steht sprachlos.*
PAULINE *und* THOMAS *schauen sie besorgt an.*
BETTY: Ich wußte natürlich durch Vater seit Wochen von Ihrer Wiederverheiratung. Aber ich habe Hannsgeorg nichts davon gesagt. Weil ich mir dachte, Sie hätten gewiß Ihre Gründe.
PAULINE *und* THOMAS *starren verblüfft Betty an.*
HANNSGEORG *kichert verhalten.*
ILSE *ringt nach Worten.*
HANNSGEORG: Nun, Mama? Meine Überraschung scheint noch besser gelungen zu sein als gestern die deine!
ILSE: Fräulein *Zimmermann! sinkt in ihren Sessel.*
THOMAS *zu Ilse*: Ihr kennt euch?
HANNSGEORG *lachend*: Von Geburt an! – Das heißt: von Bettys Geburt an! Mama war damals schon ein paar Jahre aus der Schule!
PAULINE: Ich schlage vor, daß wir uns *alle* setzen.
HANNSGEORG: Es dürfte sich tatsächlich empfehlen. Gewissermaßen prophylaktisch!

ALLE *außer* HANNSGEORG, *der hinter Bettys Stuhl tritt, setzen sich.*
ILSE *kläglich*: Thomas!
THOMAS: Ja?
ILSE *zeigt auf Betty*: Seine – »Sportskameradin«!

Von nebenan Schreibmaschinen-Geklapper.

THOMAS *lacht.*
BETTY *zu Pauline und Thomas*: Ja. Wir kennen uns schon sehr lange. Aus dem Ruderklub »Amicitia«.
THOMAS: »Amicitia« *auch* noch!
HANNSGEORG: Nomen est omen.
PAULINE: Warum habt ihr uns das nicht gesagt? Warum habt ihr getan, als hättet ihr euch erst in München kennengelernt?
ILSE *apathisch*: Ihrem Vater gehört bei uns in der Breiten Straße die »Akademische Buchhandlung«!
THOMAS: Im Ernst! Wozu diese überflüssige Geheimniskrämerei?
HANNSGEORG: Überflüssig?
BETTY *zu Thomas*: Wenn wir erzählt hätten, daß wir seit vier Jahren befreundet sind, hätten Sie es Ihrer Frau Schwester mitgeteilt ... mitteilen *müssen* ...
HANNSGEORG: Dann wäre Mama in Zimmermanns »Akademische Buchhandlung« gerauscht und hätte ein höchst unakademisches Streitgespräch vom Zaun gebrochen ...
BETTY: Mein Vater ist Choleriker ...
HANNSGEORG: Kurz und gut, wir wollten unseren armen Eltern unnötige Aufregungen ersparen.
ILSE: Wie rührend! *zu Betty* Wenn Sie sagen, Sie seien seit vier Jahren mit meinem Sohn *befreundet*, so wollen Sie damit andeuten, daß es sich seit vier Jahren um keine bloße Freundschaft mehr handelt!
BETTY: Man kann es noch einfacher ausdrücken. Wir lieben uns seitdem.
ILSE *streng zu Hannsgeorg*: Liebe! – Damals warst du achtzehn!

THOMAS *amüsiert*: Und *so* naiv!
ILSE *zu Betty*: Aber Sie sind doch seit mindestens drei Jahren von zu Hause fort!
BETTY: Seit zweiundeinemhalben Jahr.
ILSE *zu Hannsgeorg*: Und *du* warst bis vor kurzem bei *mir*. Habt ihr euch nur brieflich geliebt?
HANNSGEORG: Die erste Zeit war Betty bei Verwandten im Harz ...
ILSE *ahnungsvoll*: Deine Harzreise vor zwei Jahren!
HANNSGEORG *nickt*: Dann ging sie nach München, und *neckend* da du mir die Vorteile eines Münchner Studiums in so leuchtenden Farben maltest, folgte ich deinem Rat! Man muß, wenn es darauf ankommt, gehorchen können.
PAULINE *und* THOMAS *lachen herzlich*.
BETTY *zu Hannsgeorg*: Da wir gerade so schön beim Beichten sind, kannst du gleich noch von deiner Rheinreise schwärmen.
HANNSGEORG *schuldbewußt*: Das war ein noch größerer Schwindel! Die Rheinreise hat gar nicht stattgefunden!
ILSE *sitzt starr*.
THOMAS: Aber die Ansichtskarten, die du geschickt hast?
BETTY: Die Ansichtskarten haben wir hier in einem Laden gekauft. Da gibt es sogar Ansichtskarten vom Nordpol.
HANNSGEORG: Ich habe die Karten beschrieben, adressiert und frankiert, – und Melzer hat sie in die beiderseits des Rheins angebrachten Briefkästen gesteckt.
BETTY: Denn *Melzer* hat die Rheinreise *gemacht*!
PAULINE *amüsiert*: Allein? Oder ...
THOMAS: ... mit einer Sportskameradin?
HANNSGEORG: *Nicht* allein!
THOMAS *belustigt zu Ilse*: Ich glaube, du hast den lähmenden Einfluß des Sports auf die lieblicheren Gefühle entschieden überschätzt!
ILSE: Ich bin niedergeschmettert! *zu Hannsgeorg* Und was hast du getan, statt den Rhein und die Mosel kennenzulernen?
HANNSGEORG: Ich fuhr von dir aus hierher zurück.

THOMAS *verblüfft*: Nach München?
HANNSGEORG *nickt*: Ich habe in Bettys Leihbücherei geholfen.
BETTY: Er hat außerdem fleißig für das Semester vorgearbeitet.
HANNSGEORG: Abends haben wir kleine Spaziergänge gemacht.
PAULINE: Philemon und Baucis!
THOMAS: Wo hast du denn *gewohnt*?
BETTY *in selbstverständlichem Ton*: Bei mir! Ich habe eine kleine Wohnung.
HANNSGEORG: Wohnzimmer, Schlafzimmer, Küche, Bad! Primissima! *schaut auf die Armbanduhr*.
BETTY *lächelnd*: Manchmal hat er gekocht! Wenn ich vom Geschäft heimkam, stand das Essen schon auf dem Tisch.
HANNSGEORG: Es war eine schöne Zeit ...
THOMAS *ironisch*: Habt ihr auch einen Kanarienvogel?
BETTY: Nein, eine Spieluhr.
PAULINE: Ein kompletter Haushalt.
HANNSGEORG *grinsend*: Mächtig komplett!
ILSE *ringt nach Atem*: Und was haben die Leute im Haus dazu gesagt?
HANNSGEORG: Ach, das sind allesamt reizende Leute! Bettys Nachbarin hat mir sogar beim Kochen assistiert, wenn ich nicht weiterwußte.
ILSE *aus Herzensgrunde*: Es ist skandalös!
BETTY *sanft ironisch*: Gnädige Frau, Sie verstehen das nicht ganz. Sie sind, wenn ich mich so ausdrücken darf, auf etwas verzwickte Art romantisch. Ich kenne die Damen Ihrer Klasse und Generation recht gut. Denn ich weiß, was für Bücher sie gerne lesen. Ich könnte es Ihnen belegen.
HANNSGEORG *stolz*: Sie bereitet eine Statistik des Lesergeschmacks vor. Unerhört aufschlußreich.
BETTY *zu Ilse*: Ich muß leider etwas deutlicher werden, damit Sie begreifen, was ich meine. – Also ... wenn Ihr Sohn mit einem Girl vom Theater befreundet wäre, gelegentlich zu einer reiferen Dame Tee trinken ginge, deren Gatte zufällig auf Reisen wäre, und wenn er außerdem mit einer vorur-

teilsfreien Studentin Rhein- und Donaureisen unternähme, dann fänden Sie – vorausgesetzt, daß er Ihnen nicht gerade abendfüllend davon erzählte, sondern hier und da nur eine Andeutung machte – seinen Lebenswandel in bester Ordnung.

PAULINE *und* THOMAS *amüsieren sich.*
ILSE *staunt Betty an.*
HANNSGEORG *nickt lebhaft; schaut heimlich auf die Uhr.*
BETTY *zu Ilse*: Dann dürfte er sogar kleine Schulden machen und ein Semester verbummeln. Denn das ungefähr entspräche ja dem romantischen Wunschbild, das Sie sich vom Werdegang eines jungen Mannes machen! Ein bißchen faulenzen und ein, zwei Dutzend erotische Lausbübereien, – dergleichen bildet bekanntlich ungemein! Statt dessen zeigt sich zu Ihrem Entsetzen, daß der Junge fleißig ist, ohne Umwege auf ein klares Ziel losgeht, seit Jahren ein und dasselbe Mädchen liebhat und, was das Schlimmste ist, nicht das leiseste Bedürfnis verspürt, die übrige Damenwelt exakt zu erforschen. Wenn ich nun wenigstens ein Ballettmädchen wäre, das ihn hoffnungslos liebte, oder eine Studentin, die mit ihm gemeinsam die Liebe durchexerzierte ... oder eine verheiratete Frau, die ihn heimlich wie Konfekt naschte! – Statt dessen gibt es nicht die geringsten Komplikationen ... Ich liebe ihn von Herzen wieder ... Wir sind auf die prosaischste Weise der Welt glücklich ... Wir sind seit zwei Jahren verlobt ...
ILSE *automatisch*: Wie?
HANNSGEORG *geduldig, wie zu einem Kind*: Wir sind seit zwei Jahren verlobt!

Es klopft.

HANNSGEORG *hastig und nun doch etwas erleichtert*: Bitte?
FRAU KRÜGER *von hinten links; über das ganze Gesicht grinsend*: Frau Landgerichtsdirektor! Der junge Herr hat für heute Ihr Lieblingsgericht bestellt ...
HANNSGEORG: Hammel mit Curryreis!

FRAU KRÜGER: Ich weiß nicht genau, ob ich's richtig mache. Könnten Sie auf einen Sprung in die Küche kommen?
ILSE *benommen*: Wie? In die Küche kommen?
HANNSGEORG *drängend*: Sei so nett! Hilf ihr ein bißchen!
ILSE *steht auf*: Ja, ja. – Ich komme schon. – *geht nach links; murmelt* Seit zwei Jahren verlobt ... *mit Frau Krüger ab.*
THOMAS: Ihr seid ja ein reizendes Pärchen!
HANNSGEORG *trocken*: Nicht wahr? Noch dazu ein Brautpärchen! *fährt Betty übers Haar* Du hast ergreifend gesprochen, Betty! Mutter ist völlig k. o.! *setzt sich* Es wurde höchste Zeit, daß die Krüger antanzte!
PAULINE *lachend*: Frau Krüger gehört auch zum Komplott?
BETTY *lächelnd*: Erst seit zwanzig Minuten.
THOMAS: Wollt ihr uns alten verzwickt romantischen Herrschaften verraten, was deine Mutter in der *Küche* soll?
BETTY: Mit dem Hammelfleisch hat es natürlich nur zum Teil zu tun.
PAULINE *heiter*: Was Sie nicht sagen!
HANNSGEORG: Und überhaupt mit der ganzen Küche nur teilweise, obwohl ...
BETTY *warnend*: Hannsgeorg!
HANNSGEORG: Richtig! Ich will nicht vorgreifen ... Nun ja, uns lag daran, Mutter für einige Zeit nicht im *Zimmer* zu haben! Wir haben nämlich noch lange nicht alles mitgeteilt, was wir bis heute im Busen mit uns herumtrugen ...
THOMAS: Du himmlische Güte!
HANNSGEORG: Auf *einen* Happen wäre der Bissen für Mutter zu groß gewesen!
BETTY: Außerdem wollten wir Sie beide vorher einweihen, damit Sie uns nachher, bitte, ein bißchen beistehen. Es könnte nötig werden ...
PAULINE: Heraus mit dem schwarzen Geheimnis! Ich zerspringe vor Neugierde!
BETTY *und* HANNSGEORG *lächeln einander Mut zu; sie sind im folgenden etwas scheuer und leiser als vorher.*
HANNSGEORG *nach kurzer Pause*: Wir wollen nämlich heiraten!

BETTY: Ich habe ihm natürlich *doch* verraten, daß mir Vater geschrieben hat, seine Mutter sei mit Dr. Feldhammer standesamtlich getraut worden ...
HANNSGEORG: Und da dachten wir in unserem kindlichen Gemüt: »*Jetzt* ist die Gelegenheit günstig! Wenn *sie* uns *heimlich* kommt ...«
PAULINE: »... kommen *wir* ihr *un*heimlich!«
THOMAS: Ihr seid kein Brautpaar, sondern eine Erpresserbande!

Kleine Pause.

PAULINE: Ich weiß nicht recht ... Aber mit dem Heiraten solltet ihr nun wirklich noch ein paar Jahre warten ...
HANNSGEORG: Warum? – Ich ziehe zu Betty ... falle Onkel Thomas nicht mehr auf die Nerven ... *lächelnd zu Pauline* und *Ihnen* auch nicht ... Denn daß ich gestört habe, ist ja klar ... *sachlich fortfahrend* Betty verdient genug für die ganze Familie ...
BETTY: Wir sind bescheiden.
HANNSGEORG: Ich werde arbeiten wie dreihundert Plantagen-Neger ... Damit ich bald ins Examen steigen kann ... Und dann bin *ich* mit dem Verdienen dran!
THOMAS: Auch ich würde raten, noch zu warten ... Du kannst wirklich so lange bei mir bleiben, wie du willst ... *lächelnd* Ich will keinesfalls an eurem frühen Unglück schuld sein ...
HANNSGEORG: Zu spät, Onkel Thomas ... Das Aufgebot ist bestellt!
BETTY: Am Silvestertag elf Uhr fünfzehn findet die standesamtliche Trauung statt!
PAULINE *und* THOMAS *sehen einander perplex an.*
THOMAS *sich räuspernd*: Also Kinder! Nehmt es mir nicht übel ...
PAULINE *tastend*: Ist das denn notwendig? ... Ich meine ... Müßt ihr denn so Hals über Kopf ... *gibt es auf.*
THOMAS: Wenn ich Pauline recht verstehe, sucht sie sich so dezent wie möglich zu erkundigen, ob ihr – ehem, nicht länger warten *könnt*!

PAULINE *nickend*: Ja. – Es wären Gründe denkbar, die einen so raschen Entschluß begreifen ließen ...
THOMAS *nimmt sich sichtbar zusammen*: Wenn wir euch in dem unvermeidlichen Kampf mit der Mutter unterstützen sollen ...
PAULINE: ... und wollen ...
THOMAS: Beziehungsweise wollen *müssen* ...
PAULINE *lächelnd zu Betty*: Ich gebe mir einen Ruck und frage Sie: Liebe Betty ... Erwarten Sie vielleicht ... ein *Kind*?
BETTY *lächelnd*: Der Gedanke läge natürlich nahe.
HANNSGEORG: Dem ist aber *nicht* so, sondern ...
THOMAS: Sondern?

Kleine Pause.

HANNSGEORG *grinsend; langsam*: Der Junge ist bereits zwei Jahre alt!
PAULINE *und* THOMAS *sitzen wie vom Blitz getroffen; schauen schließlich einander zögernd in die verblüfften Gesichter; sehen dann das strahlend lächelnde junge Paar an und fangen gleichzeitig an, schallend zu lachen.*
HANNSGEORG *stimmt in ihr Lachen ein.*
BETTY *lächelt.*
THOMAS *lachend*: Zwei Jahre alt?
BETTY *fröhlich*: Silvester hat er Geburtstag!
HANNSGEORG *eifrig nickend*: Jawohl! Wir heiraten am zweiten Geburtstag unseres Sohnes Peter, genannt »Pütscher«!
BETTY: Wir nehmen ihn mit zum Standesamt! Ich habe ihm extra dafür einen blauen Anzug gekauft.
HANNSGEORG *lachend*: Damit der Standesbeamte auch 'ne Freude hat! *haut sich vor Vergnügen aufs Knie!*
ALLE *lachen aus voller Brust.*
THOMAS *lachend zu Pauline*: *Des*wegen wollte er Kinderarzt werden!
HANNSGEORG *ernst*: Ja ... im vorigen Jahr hatte Pütscher Keuchhusten ...

BETTY: Es war schrecklich ...
HANNSGEORG: So'n kleines Kind! Keuchhusten! ... Na, ich danke! Und Betty konnte doch nicht einfach ihren Laden dichtmachen ...
BETTY: Ich telegraphierte meinem Vater. Vater rief Hannsgeorg an ...
HANNSGEORG: Mutter bekam wieder eine meiner prämiierten Ausreden kredenzt ... Ich sauste nach München ... Bettys Vater bezahlte den Arzt und die Behandlung ...
BETTY: Er kommt fast jeden Monat ein paar Tage zu Besuch ... So vernarrt ist er in den Jungen ... Nach Hause konnte ich ja nicht gut mit ihm ...
HANNSGEORG: Bettina Zimmermann ... der Schlagmann des Damen-Vierers von »Amicitia« ... als Fräulein Mutter ... *winkt ab* Das wird ja nun anders ...
BETTY *bittend zu Thomas*: Wir möchten fragen, ob Sie Pate stehen wollen ...
HANNSGEORG: Betty wollte mit der Taufe warten, bis wir verheiratet sind. .. Sag »Ja«, Onkel! ... Eingearbeitet bist du ja schon in dieser Branche ...
THOMAS: Ich nehme das Angebot an.
BETTY: Dankeschön! ... *zärtlich* Onkel Thomas ...
THOMAS *verneigt sich lächelnd.*
ILSE *kommt von links hinten; lächelt erstaunlicherweise.*
HANNSGEORG *steht auf.*
ILSE *setzt sich, sammelt sich; ernst*: Wo waren wir stehengeblieben?
PAULINE *amüsiert*: Bei der Verlobung!
ILSE *nickend*: Ja. Bei der Verlobung ... *streng* Also, ich muß sagen, eure Art und Weise, eine Mutter zu hintergehen, zwingt mich endgültig ... *lacht plötzlich.*
ALLE *sehen sie abwartend an.*
ILSE *lachend*: Entschuldigt! Aber Frau Krüger hat Besuch in der Küche! Einen kleinen Jungen von zwei Jahren! Aus der Nachbarschaft. So ein süßer Strolch! Eben wollte er auf den Stuhl klettern und ... *bricht ab* Was starrt ihr mich denn so merkwürdig an?

THOMAS *lächelnd*: Der »süße Strolch« ist *nicht* aus der Nachbarschaft!
PAULINE: ... sondern aus der *Verwandtschaft*!
ILSE *falsch vermutend*: Thomas ... Und das sagst du mir erst jetzt?
THOMAS: Nein, Ilse. *Ich* bin nicht der Vater.
PAULINE: Und Sie sind nicht die *Tante*!
ILSE *versteht nicht*: Sondern?

Kleine Pause.

HANNSGEORG *tritt zu ihr, bückt sich, küßt sie auf die Wange und sagt halblaut*: ... die Großmutter!

Stille.

ILSE *begreift allmählich; blickt von Hannsgeorg zu Betty.*
BETTY *nickt.*
ILSE *schluchzt trocken auf; setzt sich kerzengerade.*
DIE VIER *schauen sie sehr gespannt an.*
ILSE *steht plötzlich auf; geht ein paar Schritte; dreht sich um, als wolle sie Betty vielleicht streicheln, bringt es doch wohl noch nicht übers Herz und läuft, immer schneller werdend, hinten links ab.*
DIE VIER *blicken nachdenklich hinterdrein.*
HANNSGEORG *ulkt, um seine Rührung zu verbergen*: Ein bißchen viel für die Ärmste! Kaum hat sie geheiratet, wird sie Großmutter!
THOMAS: Warum ist sie eigentlich fortgelaufen?
PAULINE: Ich wette, sie steht schon wieder in der Küche, nimmt das Kind »aus der Nachbarschaft« auf den Arm und betrachtet es mit ganz anderen Augen als vorher ... *leise* Mit den Augen der Liebe ...
THOMAS: Es ist zwar roh, sie im Genuß ihrer neuen Würde zu stören ... Ich schlage trotzdem vor, daß wir ihr auf dem Fuße folgen! *zu Betty und Hannsgeorg* Das Eisen ist heiß! Nun schmiedet euer Glück! Macht keine großen Worte!

Jetzt *zu Betty* genügt ein einziger *Blick! schiebt sie nach links.*
HANNSGEORG: Eile, teures Weib! Springe deiner Schwiegermutter an den Hals!
BETTY: Gerne, mein Gemahl! *beide laufen geschwind links hinten ab.*
THOMAS *lacht vor sich hin; dann*: Es ist unfaßlich, daß einem zwei junge Menschen, die so unverschämt lügen können, zum Schluß beinahe noch sympathischer sind als vordem!
PAULINE *lächelnd*: Hier hat der Zweck wirklich einmal die Mittel geheiligt. – Nun ... Und Hannsgeorg verläßt dich ... Da könnte eigentlich *ich* wieder die Tapeten wechseln ... Darf ich?
THOMAS *erstaunt*: Pauline! ... Seit wann fragst du?
PAULINE: Also ich darf ... Das Neue Jahr fängt schön an ... *lustig* Und nun komm! Ich brenne darauf, das Kind kennenzulernen!
THOMAS: Das Kind der beiden Kinder!
BEIDE *hinten links ab. Schreibmaschinen-Geklapper von links nebenan. Das Telefon klingelt.*

Pause.

Das Schreibmaschinen-Geklapper hört auf.

MARGOT *kommt von links vorn, geht zum Tisch und nimmt den Hörer ab*: Hier bei Dr. Kaltenecker. – Wer spricht? – Ach so. Ja? – Doch, er ist im Haus. – Einen Moment, bitte! Ich suche ihn. – *legt lächelnd den Hörer auf den Tisch und läuft links ab.*

Die Bühne ist kurze Zeit leer.

THOMAS *und* MARGOT *kommen eilig durch die hintere linke Tür, die offenbleibt.*
THOMAS: Wer ist es denn?
MARGOT *etwas zu vertraulich*: Die Dame, die *immer* anruft ...

THOMAS: So. Danke.
MARGOT: Bitte sehr. *läßt sich beim Abgehen viel Zeit.*
THOMAS *nimmt den Hörer hoch*: Hallo? – Guten Morgen! *mustert Margot amüsiert.*
MARGOT *kokett vorn links ab.*
THOMAS *wendet beim Telefonieren der linken Zimmerhälfte den Rücken*: Es gibt große Neuigkeiten! Betty und Hannsgeorg heiraten! Zu Silvester! – Wir haben es bis vor fünf Minuten *auch* nicht geglaubt! *lacht* Aber das ist noch gar nichts! Setz dich vorsichtshalber hin! – Was? *leiser, zärtlich* Du liegst noch im Bett? Brünetter Faulpelz du! – Nein, ich bin leider unabkömmlich. – Schade. – *lebhafter, lachend* Halte dich also an den Bettpfosten fest! Die zwei haben ein *Kind!* Ein zweijähriges Kind!
PAULINE *kommt nichtsahnend durch die offene Tür, will um nicht zu stören, wieder gehen, bleibt aber dann stehen.*
THOMAS *der ihr Kommen nicht bemerkt hat*: Jetzt hocken sie alle in der Küche und fallen sich wechselweise um die Hälse! – Die Küche wurde doch als *Hinterhalt* benützt! – Für den kleinen Jungen natürlich! – Ein strammes Kerlchen! – Wie? *Peter! hört längere Zeit zu; dann leise* Einen kleinen *Thomas* willst du haben? – Dora, Dora!
PAULINE *hat den Kopf gesenkt; man spürt, daß sie entfliehen möchte und es doch nicht kann.*
THOMAS *leise lachend*: So, so ... Wir sprechen noch darüber? *reserviert* Ja. Pauline ist auch hier. *eindringlich, ruhig* Plage dich doch nicht immer mit dieser entsetzlichen Eifersucht! – Dora, du weißt, was mir Pauline bedeutet. Du hast es von Anfang an gewußt. – *nickt* Du weißt, daß außer dir eine andere existiert, und sie weiß es nicht. – Gewiß! Du trägst die Last, die jede neue Liebe tragen muß, wenn es noch eine alte Liebe gibt. Die alte Liebe hat auch ihre Last ... ihre eigene Last ...
PAULINE *geht langsam hinten links ab; die Tür wird von außen lautlos geschlossen.*
THOMAS *ruhig, zärtlich*: Ja, ich bin ein böser Mensch. Wer wüßte das besser als ich! – *Freilich* plagt mich das schlechte

Gewissen. Denn ich bin ein Mann. *lächelnd* Und ich werde mich trotzdem nicht ändern. *leise* Denn ich bin ein Mann. – Am Nachmittag! Bestimmt! – Ich habe Sehnsucht nach dir ... eine Sehnsucht, die so wehtut wie Zahnschmerzen. – Ich küsse dich in Gedanken. – Auf Wiedersehen. Ja. *legt den Hörer auf; geht hin und her, bleibt nachdenklich vor der vorderen linken Tür stehen und öffnet sie langsam* Fräulein Margot?

MARGOTS STIMME: Herr Doktor?

THOMAS: Ich möchte Ihnen geschwind ein paar Zeilen diktieren.

MARGOTS STIMME: Sofort.

THOMAS *geht zur Terrassentür und schaut in den Garten.*

MARGOT *kommt mit Stenogrammblock und Bleistift und setzt sich*: Bitte?

THOMAS *wendet sich um*: Eine Stoffnotiz. Nur einige Stichworte. *im Diktierton* Überschrift »Onkel und Neffe«. Text: »Erziehungsplan der Mutter. Schule des Lebens. Pädagogische Experimente des Onkels. Scheinbar *neue* Mädchenbekanntschaft. Erstaunliche Enthüllungen. Als Schema Hannsgeorg und Betty. Silvester zweiter Geburtstag. Die Petroleumlampe kommt wieder.«

MARGOT *verblüfft*: Wie?

THOMAS: »Die Petroleumlampe kommt wieder! Umkehrung des üblichen Generationsunterschiedes. Früher die Alten altmodisch und die Jungen modern. Heute die Alten modern und die Jungen altmodisch. Verzwickte Romantiker. Unterstellen eigene blühende Phantasie gesünderem, primitiverem Empfinden. Dies der psychologische Irrtum, aus dem sich die Irrtümer in der Handlung automatisch entwickeln. Die Alten könnten eher von den Jungen lernen als umgekehrt. *vor sich hinlächelnd* Sind aber zu alt dazu. Im Grunde ganz gut so.« Fertig. Ich danke Ihnen.

MARGOT *steht auf.*

THOMAS: Das Blatt kommt dann in die große rote Mappe.

MARGOT: Jawohl. *zur Tür gehend* Herr Doktor?

THOMAS: Bitte?

MARGOT *kokett*: Was könnten Sie von uns lernen?

THOMAS *belustigt*: Ganz genau möchte ich Ihnen das lieber nicht verraten.
MARGOT *noch koketter*: Schade. Sonst ...
THOMAS *hebt warnend den Finger*: Pst! *sachlich mahnend* In die rote Mappe damit! Gut aufheben!
MARGOT *gekränkt vorn links ab.*
THOMAS *kommt nachdenklich lächelnd auf die Rampe zu; bleibt sinnend stehen; dann, mit Blick ins Publikum, halblaut*: Man kann nicht wissen ... Vielleicht mach ich eines Tages ein Stück daraus ... *geht nach hinten links.*

Von nebenan Schreibmaschinen-Geklapper.

THOMAS *durch die hintere linke Tür ab.*

VORHANG

DAS HAUS ERINNERUNG

Ein Akt

PERSONEN

Rechtsanwalt Scheffel
Apotheker Schmidt
Rittergutsbesitzer von Riedel
Studienrat Klement
Zahnarzt Mühlberg
Landgerichtsrat Strengholdt
Generaldirektor Kustermann
Major Boenecke
Schriftsteller Michaelis
Professor Böttcher
Der Pedell

Das Haus Erinnerung

Ein Schulzimmer. Links das Katheder und eine schlecht abgewischte Tafel. Zweimal fünf Bänke, jede für zwei Schüler. Rechts hinten die Tür. An der Wand ein schmaler Schrank. Teils in, teils auf den Bänken vier soignierte Herren, alle im Alter von 43 Jahren. Es handelt sich um den Rechtsanwalt SCHEFFEL *(mit einer Apparatur für Schwerhörige ausgerüstet), um den Apotheker* SCHMIDT, *um den Rittergutsbesitzer* VON RIEDEL *und den Studienrat* KLEMENT. *Es herrscht eine nervös-heitere Stimmung.*

RIEDEL: Also, lieber Klement, für dich als Pauker ist so eine Umgebung ja schließlich nichts Außergewöhnliches!
KLEMENT: Im vorliegenden Falle doch, Riedel. Das eigene alte Klassenzimmer ist und bleibt etwas Besonderes, etwas ... *Wendet sich weg.*
SCHEFFEL *aus dem Gespräch im Hintergrunde nach vorn*: Fünfundzwanzig Jahre ... Eine lange Zeit ...
SCHMIDT: Schade, daß die Bänke abgehobelt worden sind. Ich hatte mich so auf das Wiedersehen mit meinem Monogramm gefreut. War eine erstklassige Schnitzarbeit.

Die Tür öffnet sich, Zahnarzt MÜHLBERG *erscheint. Er hat einen nassen Schwamm in der Hand und begibt sich zur Tafel.*

SCHMIDT: Mühlberg! Ordnungsliebend wie immer ...
MÜHLBERG: Es hat sich nichts geändert, Schmidt. Der Schwamm wird immer noch zu naß, wenn man ihn unter die Wasserleitung hält. *Er drückt den Schwamm aus und wischt die Tafel sauber* Und so eine schlecht abgewischte Tafel ist geradezu anheimelnd.
SCHEFFEL *laut*: Um welche Zeit soll denn das solenne Jubiläumsmahl im Rathauskeller steigen, Schmidt?
SCHMIDT: Punkt ein Uhr.
SCHEFFEL: Bitte?

SCHMIDT: Punkt ein Uhr, du verfressener Kerl.
SCHEFFEL *laut, freundlich*: Punkt ein Uhr? Danke. Übrigens ... einen schönen Gruß von meiner Frau Gemahlin, und wenn einer der Auswärtigen noch kein Zimmer haben sollte, kann er bei uns unterkriechen.
KLEMENT *laut*: Danke, Scheffel. Ich wohne bei meiner Schwester.
SCHEFFEL: Und du, Riedel?
RIEDEL: Ich, wie immer, im »Bellevue«.
SCHEFFEL: Wo?
RIEDEL *laut*: Bellevue.
SCHEFFEL *laut*: Im Bellevue? Entschuldigt, ihr müßt etwas auf mich Rücksicht nehmen. – Nun, ganz wie ihr wollt.

Die Tür öffnet sich, Landgerichtsrat STRENGHOLDT *erscheint.*

STRENGHOLDT: Salem aleikum, allerseits!
MÜHLBERG: Nanu?
STRENGHOLDT: Tag, Mühlberg.
SCHMIDT: Strengholdt, Menschenskind! Du bist auch hier?
STRENGHOLDT *wie immer, sehr ironisch*: Nein, ich bin nicht hier. Es muß sich um eine Fata Morgana handeln.
MÜHLBERG: Wer, um alles in der Welt, verurteilt denn in Köln die Taschendiebe, wenn du verreist bist?
STRENGHOLDT: Ich habe eine Verfügung erlassen, daß in meiner Abwesenheit weder gestohlen noch gemordet werden darf.

Auftritt PEDELL.

PEDELL: Fröhliche Ostern, meine Herren.
MÜHLBERG: Hallo!
SCHEFFEL: Wer ist denn das?
MÜHLBERG: Den kennen wir nicht.
PEDELL: Ne, ne, ich bin aus 'ner ganz anderen Klasse als Sie! Aber im Sonntagsanzug kann man schon mal verwechselt werden. Ich bring nur Handtuch und Seife. Morgen früh seh

ich dann wieder dem Pedell ähnlich. *Gießt Wasser ins Waschbecken* Punkt neun der Hausordnung: »Das Benutzen der Wascheinrichtung in den Klassenzimmern bleibt den Mitgliedern des Lehrkörpers vorbehalten.«

MÜHLBERG: Aber selbstverständlich, Herr Pedell!

STRENGHOLDT: Wir armen kleinen Schüler müssen dreckig bleiben?

SCHMIDT: Müssen, Strengholdt? Dürfen!

SCHEFFEL: Nun sagen Sie mal, Herr ...

PEDELL: Niethammer.

SCHEFFEL: Wie bitte?

KLEMENT *laut zu Scheffel*: Niethammer, heißt er.

SCHEFFEL: Herr Niethammer, was ist denn aus unserem Pedell geworden?

STRENGHOLDT: Schlegel hieß er.

MÜHLBERG: Schlegel! Natürlich.

RIEDEL: Nie wär ich auf den Namen gekommen!

SCHMIDT: Strengholdt, hast du 'n Gedächtnis!

STRENGHOLDT: Sein Name fiel mir im Augenblick wieder ein, als Herr ...

SCHMIDT:
MÜHLBERG:
SCHEFFEL: } Niethammer.
KLEMENT:

STRENGHOLDT: ... Niethammer das Handtuch aufhängte.

PEDELL: Der alte Schlegel ist, warten Sie mal, vor fünf Jahren, ja, Ostern 1926 pensioniert worden. Stimmt.

SCHEFFEL: Was macht er denn jetzt?

PEDELL: Was er macht? Meist ist er auf dem Friedhof.

RIEDEL: Meist?

SCHMIDT: Wieso? Kriegt er manchmal Urlaub?

PEDELL: Nein, nein, tot ist er nicht! Er geht nur täglich hinaus. Gewissermaßen zur Übung. Sagt er.

MÜHLBERG: Ein Philosoph!

PEDELL: Ach, das wohl weniger. Aber seit seine Frau gestorben ist, ist bei ihm zuhause überhaupt nichts mehr los. – Wenn Professor Böttcher einen von Ihnen nachsitzen lassen sollte, ich lasse mit mir reden. Von 'ner Mark aufwärts. *Zu Schmidt, der raucht* Punkt zwölf der Hausordnung: Das Rauchen innerhalb der Schule ist auch den älteren Schülern streng untersagt.

MÜHLBERG: Siehste, Schmidt, da hast du's.

PEDELL: Wenn der Herr Professor aus dem Lehrerzimmer geht, läute ich! Viel Spaß, meine Herren!

MÜHLBERG: Danke, Herr ...

PEDELL: Niethammer! *Ab.*

SCHEFFEL: Herr Niethammer. Pedell. Berufe gibt es! Museumsführer, Gefängnisaufseher, Krankenwärter, Nachtwächter ...

SCHMIDT: ... Müllkutscher, Toilettenmänner, Hausmeister, Lumpensammler.

STRENGHOLDT: Eine Frage zum Tatbestand, – welcher romantische Esel hat eigentlich die Idee mit dem Klassenzimmer gehabt?

SCHMIDT: Unser Zahnklempner.

MÜHLBERG: Jawohl, ich, hoher Herr Gerichtshof! Genauer: der »Pilz«. Ich suchte ihn vor vier Wochen auf und sagte: »Lieber Herr Professor Böttcher. Ostern wird es fünfundzwanzig Jahre, daß wir das Gymnasium verlassen haben, und ich finde, man sollte diese einmalige, nie wiederkehrende Gelegenheit gebührend feiern.«

SCHMIDT: Sehr richtig.

SCHEFFEL: Gute Idee.

MÜHLBERG: Der »Pilz« gab mir recht, dachte krampfhaft nach, rieb sich schließlich die Hände und erklärte: »Ich werde euch eine Schulstunde geben! Am zweiten Osterfeiertag! In der alten Klasse!« Er war ganz Feuer und Flamme.

SCHMIDT: Jetzt steht er oben im Lehrerzimmer am Fenster, schaut in den Schulgarten hinunter ...

STRENGHOLDT: ... und meditiert angestrengt, wie er uns hineinlegen kann!

RIEDEL: Hoffentlich wird's keine Lateinstunde!

SCHEFFEL *freundlich, laut*: Sonst mußt du wie früher nachsitzen und kommst zu spät in den Ratskeller.

KLEMENT: Auch ihm wird seltsam zu Mute sein ... Seit acht Jahren im Ruhestand, und nun mit einem Male wieder ...
BOENECKE *tritt, militärische Schneidigkeit leicht parodierend, ins Zimmer und ruft*: Morgen, Leute!
RIEDEL *zu den übrigen Zivilisten markig*: Jaaaaaaa. Achtung! Stillgestanden! *Die andern stehen stramm und suchen sich zu formieren* Richt euch! *Getrampel der Füße* Augen geradeaus! Die Augen links! – Abiturientenjahrgang 1906 unvollzählig angetreten!
BOENECKE: Danke, lassen Sie rühren.
RIEDEL: Rührt euch!
BOENECKE: Schmidt, altes Kamel!
SCHMIDT: Der Herr Generalstab persönlich.
BOENECKE: Mühlberg! Scheffel!
STRENGHOLDT: Boenecke, altes Haus! So ein kluger Mensch und immer noch bei den Preußen!
BOENECKE: Der Herr Landgerichtsdirektor! Geben uns auch wieder einmal die Ehre? Wie geht's der Teuren?
STRENGHOLDT: Sie läßt ihren ehemaligen Tanzstundenherrn bestens grüßen.
BOENECKE: Danke gehorsamst. Und was machen die Kinder?
STRENGHOLDT: Sie sind ungezogen. Übrigens trägt sich Monika mit dem Gedanken, ihnen um Pfingsten herum ein neues zusätzliches Familienmitglied zu bescheren.
BOENECKE: Diese ehemaligen Tanzstundendamen!
SCHMIDT *entfernt*: Major Boenecke.
BOENECKE: Ja?
SCHMIDT: Komm mal her, alter Generalstäbler.
RIEDEL: Du, Mühlberg, ich bin bis Donnerstag in der Stadt. Kannst du mir bis dahin einen Backenzahn plombieren?
MÜHLBERG: Komm mal her und zeig dem Onkel Doktor deine Beißerchen.
BOENECKE *aus dem Hintergrund*: Wißt ihr, wer in der Garderobe grad Hut und Mantel aufhängt? Der dicke Kustermann!
SCHMIDT *ebenso*: Der Brikettkönig persönlich!
BOENECKE: Ja und mit Kustermann kam noch einer – Mi-

chaelis! *Allgemeine Überraschung. Ausrufe wie*: Nicht möglich. Was denn? Fritz? Ist ja großartig!
SCHEFFEL *laut*: Friedrich Georg Michaelis ... Der einzige von uns, der berühmt geworden ist.
SCHMIDT: Kunststück, Scheffel – als Dichter!
RIEDEL: Es soll auch Schriftsteller geben, die nicht berühmt werden.
MÜHLBERG: Das schon, aber der Grad der Wahrscheinlichkeit ist größer. Schmidt als Apotheker, Scheffel als Rechtsanwalt, Riedel als Landwirt und ich als Zahnklempner, wir hatten schon von Berufs wegen keine Chance.
RIEDEL: Au!
MÜHLBERG: Paßt dir's Mittwoch vormittag?
SCHMIDT: Ruhm. Wozu?
RIEDEL: Um neun Uhr bin ich im Landwirtschaftsministerium – sagen wir um elf.
MÜHLBERG: Bon, Mittwoch um elf.
KLEMENT: Ruhm, wozu? Sag das nicht, Schmidt. Wenn ich in der Prima seine Gedichte lesen und analysieren lasse und dann so, ganz nebenbei, erzähle, daß er einer »aus meiner Klasse« ist, staunen sie mich an wie die Kuh das neue Tor. Sogar der Abglanz des Ruhms wärmt noch das Herz ...

Die Tür öffnet sich. Es erscheinen Generaldirektor KUSTERMANN *und der Schriftsteller* MICHAELIS.

KUSTERMANN: Nach dir, edler Dichterfürst!
MICHAELIS: Alter Schafskopf! *Er tritt Kustermann mit dem Knie ins Hinterteil, so daß der Dicke als erster ins Zimmer gerät.*
KUSTERMANN: Au!
KLEMENT: Das war Tells Geschoß!
BOENECKE: Der deutschen Zwietracht mitten ins Herz!

Lachen, Rufe, allgemeine Begrüßung.

KLEMENT: Rara ovis!

MÜHLBERG *zu Michaelis*: Mensch, Michaelis, weißt du, wie lange du dich bei uns nicht hast blicken lassen?
MICHAELIS: Acht, neun Jahre werden es sein.
MÜHLBERG: Zehn! Schäm dich, Poeta laureatus.
MICHAELIS: Ich will's versuchen.
RIEDEL: Bist du nun endlich verheiratet?
MICHAELIS: Nein.
SCHMIDT: Hast du wenigstens Kinder? *Lachen. Michaelis schüttelt den Kopf.*
STRENGHOLDT: Also noch immer kein nützliches Mitglied der menschlichen Gesellschaft, Michaelis?
MICHAELIS: Noch immer nicht ...
STRENGHOLDT *zu Kustermann*: Was ist denn mit dir los, Dicker?
SCHEFFEL *laut*: Er paßt nicht mehr in die Bank!
KUSTERMANN: Ich fürchte, ich werde wieder abreisen müssen.
STRENGHOLDT: Generaldirektor Kustermann ist den Jugenderinnerungen entwachsen!
KLEMENT: Allerdings nur der Breite nach.
BOENECKE: Hol dir einen Stuhl von nebenan, aus dem Konferenzzimmer. *Die Schulglocke schrillt.*
MÜHLBERG: Aber schnell, Kustermann!

Kustermann hastet aus dem Zimmer.

BOENECKE: Ganze Abteilung – hinsetzen!

Alle nehmen übertrieben brav Platz.

STRENGHOLDT: Und schön die Hände falten!
KLEMENT: Ich lese gerade deinen letzten Roman, Michaelis ... Wie lange warst du denn auf Jamaika?
MICHAELIS: Anderthalb Jahre ...
RIEDEL *zu Michaelis*: Meine älteste Tochter hat mir auf die Seele gebunden, dem Dichter, falls er käme, unbedingt ein Autogramm zu entlocken ...
MÜHLBERG: Eine ekelhafte Mode! Der jungen Bande fehlt jedes Gefühl für Distanz ...

SCHEFFEL *laut*: Sie wissen nicht mehr, was Ehrfurcht ist!
SCHMIDT: Ein Glück, daß mich meine werte Nachkommenschaft nicht hier sitzen sieht, – sie würden sich schieflachen.
KLEMENT: Ruhe, – der »Pilz« naht.

Es tritt tiefe Stille ein. Man hört draußen schnelle, energische Schritte. Die Tür öffnet sich. Die ehemaligen Schüler erheben sich mit einem Schlag. PROFESSOR BÖTTCHER, *ein kleiner, weißhaariger Herr, fast Mitte der Siebzig, geht lebhaft zum Katheder. Ein Stuhl rückt.*

PROFESSOR: Setzen! *Alle setzen sich. Auch der Professor nimmt Platz, räuspert sich, legt einiges auf den Tisch* Non scholae, sed vitae discimus. Riedel, Sie brauchen nicht zu zittern, es wird keine Lateinstunde.
RIEDEL *steht auf*: Ich danke für soviel persönliche Rücksichtnahme, Herr Professor. *Er setzt sich wieder.*

Die Tür öffnet sich.

KUSTERMANN *atemlos*: Ich bitte um Entschuldigung, Herr Professor, aber die alten Schulbänke und mein derzeitiges Volumen stehen in so krassem Widerspruch, daß ich mir einen Stuhl ...
PROFESSOR: Es ist gut, Kustermann. Hoffentlich ist der Stuhl aus Eisen. *Einige lachen leise. Kustermann setzt sich. Nach nachdenklicher Pause* Die Klasse ist nicht vollzählig. Leider. Aber begreiflicherweise. Möller, Gebhardt und Philipp haben telegrafiert. Einige fehlen unentschuldigt. Sechs waren weder in der Lage zu kommen, noch zu telegrafieren. *Er und die andern erheben sich.* Drei von ihnen starben sehr jung: Kunze in Flandern, Sperling am Douaumont und Reinhold irgendwo in Wolhynien. Die drei anderen, Mintzlaff, Bach und Hermann, folgten ihnen später. Als der Tod den Stahlhelm abgenommen hatte. Doch auch sie zu früh. Wir gedenken ihrer in Trauer ... Ich werde sie von Ihnen grüßen, wenn ich sie, in einiger Zeit, wiedersehen werde ...

Es ist sehr still geworden. Räuspert sich und blickt prüfend von einem zum andern Setzen! – Ein Vierteljahrhundert ist verflossen, seit wir in diesem Zimmer voneinander Abschied nahmen. Sie haben, dessen bin ich sicher, die Zeit genutzt. Vermögen, Ansehen, Rang, Familie, Glück und andere Güter sind Ihnen, mehr oder weniger, zuteil geworden. Sie waren tätig, wie es Männern ziemt. Sie können mit sich zufrieden sein; niemand wird es bestreiten wollen ... Klement! Sie schreiben mit?

KLEMENT *steht auf*: Jawohl, Herr Professor. Ich halte es für angemessen, das, was in dieser ungewöhnlichen Stunde gesprochen wird ...

PROFESSOR: Ich bitte Sie, das Mitschreiben zu unterlassen.

KLEMENT: Wie Sie wünschen, Herr Professor. *Setzt sich.*

PROFESSOR: »Diese ungewöhnliche Stunde« hat Ihr Mitschüler Klement, der mein Kollege geworden ist, gesagt ... Diese ungewöhnliche Schulstunde ... Was kann einen alten, pensionierten Schulmeister zu einer solchen Stegreifkomödie bewogen haben? Wissen Sie es, Boenecke?

BOENECKE *steht auf*: Nein.

PROFESSOR: Riedel?

RIEDEL *steht auf*: Nein.

PROFESSOR: Mühlberg?

MÜHLBERG *steht auf*: Nein.

PROFESSOR *winkt ab. Die drei setzen sich* Michaelis, wissen Sie es?

MICHAELIS *steht auf*: Noch nicht, Herr Professor. *Setzt sich.*

PROFESSOR *nickt langsam*: Noch nicht ... Eins werden Sie mir glauben: Hier will Sie kein alter Kauz mit der Horazschen Odenform oder mit der Consecutio temporum belästigen. Ihn interessiert nicht, was Männer, die in der Lebensmitte stehen, an Schulweisheit noch aufgespeichert, nicht einmal, was sie mittlerweile wieder vergessen haben. Das Gedächtnis ist ein Netz, und allerlei Fische schlüpfen wieder durch die Maschen ... Man spricht und hält zuviel von jenem Gedächtnis, das im Oberstübchen wohnt. *Er steht auf* Und man spricht zu selten vom Gedächtnis des Herzens ... Viel zu selten ... *Er geht die Stufen hinab und bleibt vor den Schulbänken stehen* Scheffel! *Scheffel steht auf, laut* Ihr Gehör hat sich verschlimmert?

SCHEFFEL: Es wird jedenfalls nicht besser.

PROFESSOR *laut*: Stört Sie das Leiden nicht sehr als Rechtsanwalt?

SCHEFFEL *laut*: Nicht immer, Herr Professor. Man kann beispielsweise, auch wenn man den Staatsanwalt oder den Vorsitzenden recht deutlich verstanden hat, um eine Wiederholung der geschätzten Ausführungen bitten und sich während derselben in aller Gemütsruhe stichhaltige Einwände überlegen. *Er setzt sich.*

PROFESSOR *winkt ab. Es wird wieder still*: Zur Sache. – Wir wollen uns heute, wie ehemals, ein wenig mit der deutschen Sprache und Literatur beschäftigen. – Ich fand neulich unter allen möglichen Papieren ein Gedicht, das ich irgendwann einmal aus einer Zeitschrift ausgeschnitten haben muß. Der Titel und der Autorname sind bedauerlicherweise der Schere zum Opfer gefallen. Wir müssen uns ohne beide behelfen. *Er holt einen Zeitungsausschnitt aus der Tasche* Der verlorengegangene Titel läßt sich immerhin vermuten. Denn im Text erscheint dreimal, und zwar einmal in jeder Strophe, ein bestimmtes Bild: »Das Haus Erinnerung«. Dies also dürfte der Titel gewesen sein. *Er beginnt auf und ab zu gehen.*

KLEMENT *leise*: Hast du das gesehen, Schmidt?

SCHMIDT: Wie er Michaelis angeguckt hat?

KLEMENT: Komisch, was?

MICHAELIS *stutzt bei »Das Haus Erinnerung« und weicht, leicht erstaunt, dem Blick des Professors aus.*

KLEMENT *beobachtet diesen Vorgang nachdenklich.*

PROFESSOR *im Gehen*: Das Haus Erinnerung, – es handelt sich in den zwölf Zeilen um einen sorgsam durchgeführten Vergleich: Die Erinnerung als Haus, das wir vor vielen Jahren, vielleicht vor einem Vierteljahrhundert, verlassen haben. Und nun kommen wir also heim ... In ein Haus ... In ein Schloß.. In eine alte Schule ... Scheffel!

SCHEFFEL: Herr Professor?
PROFESSOR *leise*: Das Haus Erinnerung ... *laut* Das Haus Erinnerung! – Scheffel, lesen Sie, bitte!
SCHEFFEL *liest laut, keineswegs »künstlerisch«, jedoch mit Ausdruck*:

»Das Haus Erinnerung hat tausend Türen.
Und du hast doch den Weg umsonst gemacht.
Du weißt nicht mehr, wohin die Türen führen.
Und in den Korridoren lehnt die Nacht.

Was einmal war, hier lebt es fort für immer,
auch wenn du selbst es lang vergessen hast.
Das Haus Erinnerung hat tausend Zimmer.
Und du kommst doch als ungebetner Gast.

Das Haus Erinnerung hat tausend Stufen,
waagrechte Säulen der Vergangenheit.
Geh fort von hier. Man hat dich nicht gerufen.
Dien du nur deinem Herrn und Knecht: der Zeit!«

KUSTERMANN: Gut!
PROFESSOR *sagt halblaut vor sich hin*: »Dien du nur deinem Herrn und Knecht: der Zeit!« Klement, zu welcher Gattung würden Sie unser Gedicht rechnen?
KLEMENT *steht auf*: Man könnte es eine Elegie nennen, Herr Professor. Natürlich nicht im antiken Formsinn, sondern im Hinblick auf den Inhalt der Strophen. *Er setzt sich.*
PROFESSOR: Eine Elegie? ... Mühlberg, bitte, die erste Strophe noch einmal.
MÜHLBERG *steht auf; Klement gibt ihm den Ausschnitt*:

»Das Haus Erinnerung hat tausend Türen.
Und du hast doch den Weg umsonst gemacht.
Du weißt nicht mehr, wohin die Türen führen.
Und in den Korridoren lehnt die Nacht.«

Er setzt sich.

STRENGHOLDT: Herr Professor! Herr Professor!
PROFESSOR: Ja, Strengholdt?
STRENGHOLDT *steht auf*: Ich muß gestehen, daß mir das Wort »Elegie« als scharf umrissener Kunstbegriff nicht mehr geläufig ist. Im alltäglichen Wortverstand aber scheint mir das Gedicht keine Elegie zu sein. Dafür klingt die Aussage zu wenig resigniert, zu angriffslustig.
MÜHLBERG *nachdenklich*: Angriffslustig? Eher angriffstraurig, obwohl es das Wort gar nicht gibt ...
PROFESSOR: Mühlberg, vorlaut wie immer, aber reden Sie weiter.
MÜHLBERG: Man könnte fast an den Engel mit dem flammenden Schwert denken, der die Rückkehr ins Paradies verwehrt. Die Verse klingen streng ... Sie klingen beinahe böse ...
PROFESSOR: »Und du hast doch den Weg umsonst gemacht ...«
MÜHLBERG: Auch der Engel vorm Paradies erschien böse. Aber er war es nicht. Er gehorchte nur, wenn er verbot. Gott hatte befohlen, als Schuld zu strafen, was der Engel als Schicksal erkannte.
PROFESSOR: Der Baum der Erkenntnis und der Baum des Vergessens tragen verschiedene Frucht und schaffen zweierlei Sündenfall. Wer ein vergeßliches Herz hat, wird blind ... »Du weißt nicht mehr, wohin die Türen führen.« ... Es kann die Tür zu einem alten, grauen Klassenzimmer darunter sein ... »Und in den Korridoren lehnt die Nacht.« Auch wenn die Ostersonne scheint ... *Tiefe Stille* ... Kustermann, bitte die zweite Strophe!
KUSTERMANN *steht auf; erhält den Ausschnitt*:

»Was einmal war, hier lebt es fort für immer,
auch wenn du selbst es lang vergessen hast.
Das Haus Erinnerung hat tausend Zimmer.
Und du kommst doch als ungebetner Gast.«

Er setzt sich.

PROFESSOR: Ja? Bitte, Schmidt!
SCHMIDT *steht auf*: Die erste Hälfte der zweiten Strophe enthält eine merkwürdige, schwerlich beweisbare Behauptung. Der Verfasser glaubt an die Fortexistenz des Erlebten, auch nach dem Tode der Erinnerung. Ich melde diesbezüglich meine Zweifel an, – zum Exempel: Ein Kuß, den ich vor fünfundzwanzig Jahren in einer »lauen Sommernacht« einem Backfisch gegeben und den ich längst vergessen habe, ist mausetot und lebt nicht mehr. Soweit meine persönliche Meinung. *Leise Heiterkeit.*
Ich bitte, das Beispiel zu entschuldigen. *Er setzt sich.*
MÜHLBERG *unterdrückt*: Typisch Apotheker Schmidt!
RIEDEL *laut*: Wenn sich nun aber der damalige Backfisch noch erinnert, Schmidt?
SCHMIDT: Ich unterstelle natürlich, daß die betagte, pardon, besagte Dame den Kuß im Drange der Ereignisse gleichfalls vergessen hat.

Wieder Heiterkeit.

KUSTERMANN: Und wenn dir eines Tages die »laue Sommernacht«, die Bank, der Kuß, das alles wieder einfällt?
SCHMIDT: Ich werde mich hüten! *Gelächter.*
PROFESSOR *lächelnd*: Ruhe, bitte. – Boenecke?
BOENECKE *steht auf*: Es steht nicht zur Debatte, daß uns etwas längst Vergessenes zufällig wieder einfällt oder nicht, sondern: ob es uns wieder einfallen kann! Daran aber ist wohl nicht zu zweifeln. Es kann uns wieder einfallen. Es kann wieder lebendig werden. Daraus folgt: es kann nicht, wie Apotheker Schmidt meint, völlig tot gewesen sein. *Er setzt sich.*
SCHMIDT: Aber wenn ich und der wiederholt zitierte Backfisch eines Tages auf dem Friedhof liegen, dürfte wohl hoffentlich und endgültig mit dem Ableben des als Beispiel zitierten Labial-Erlebnisses zu rechnen sein. Wie ist das, Major Boenecke?
BOENECKE: »Das Haus Erinnerung hat tausend Zimmer« und Schmidt kommt doch als »ungebetner Gast«. *Heiterkeit.*

KLEMENT *steht eifrig auf*: Das stimmt nicht! Nicht einmal bei Schmidt! Entschuldigen Sie, Herr Professor. Kurz vor Beginn der Stunde suchte Apotheker Schmidt auf den Bänken nach dem Monogramm, das der Gymnasiast Schmidt mit dem Taschenmesser eingeschnitten hat! Und er sagte ausdrücklich, er habe sich »so auf das Wiedersehen« mit diesem Monogramm gefreut! *Er setzt sich.*
KUSTERMANN: Da haben wir's.
STRENGHOLDT *zu Schmidt*: Verschämter Romantiker!
MÜHLBERG *steht auf*: Damit hat Schmidt sich selbst widerlegt. Die Bänke sind vor vielen Jahren blank gehobelt worden. Sein Monogramm ist als Realität restlos vom Erdboden verschwunden. Und trotzdem lebt es weiter. Über jeden Hobel erhaben. *Er setzt sich.*
SCHEFFEL *laut*: Quod erat demonstrandum.
PROFESSOR: »Das Haus Erinnerung hat tausend Zimmer ... « Es kann auch ein altes, graues Klassenzimmer darunter sein ... *Stille* Riedel, bitte, die letzte Strophe!
RIEDEL *erhält das Gedicht, steht auf*:

»Das Haus Erinnerung hat tausend Stufen,
waagrechte Säulen der Vergangenheit.
Geh fort von hier. Man hat dich nicht gerufen.
Dien du nur deinem Herrn und Knecht: der Zeit!«

Er setzt sich.

PROFESSOR: Strengholdt!
STRENGHOLDT *steht auf*: Sie sprachen vorhin vom »Gedächtnis des Herzens«, Herr Professor. Ich erlaube mir, Ihre Metapher aufzugreifen. Das zur Debatte stehende Gedicht ...
SCHMIDT: Das »angeklagte« Gedicht, Herr Richter!

Heiterkeit.

STRENGHOLDT: Das Gedicht hat sozusagen den vergeblichen Versuch der Heimkehr ins eigene Herz zum Gegenstand.

Das Herz, das, wenn ich nicht irre, zwei Klappen – nicht tausend Türen – und zwei Kammern nebst zwei Vorkammern – nicht tausend Zimmer – hat, bleibt dem Durchschnittsmenschen, meint unser Poet, verschlossen, obwohl es offen steht. Er ist tausend Stufen hinaufgestiegen, findet keinen Einlaß und muß unverrichteter Sache wieder umkehren. In die sowohl herrische, als auch sklavische und vom Verfasser zweifellos allzu eigenmächtig bagatellisierte Gegenwart.

BOENECKE *ungehalten*: Es steht doch wohl außer Frage, daß in dem Gedicht weder der Wert der Gegenwart als solcher bestritten wird, noch der Sinn des Wirkens in ihr. Der Autor kritisiert den als Gegenwart mißverstandenen Augenblick; er mißbilligt die Überschätzung der bloßen Aktualität, der »Gegenwart« ohne seelisches Rückgrat, ohne Bindung an Vergangenheit, Erinnerung, Tradition ...

KLEMENT: Wenn man einer Pflanze die Wurzeln durchschneidet, kann sie nicht mehr blühen.

MÜHLBERG: Außer, man bindet Papierblumen in ihre Zweige.

PROFESSOR: Papierblumen haben sogar einen Vorzug: sie welken nicht. Was nicht lebt, braucht nicht zu sterben.

STRENGHOLDT: Ich fürchte, Herr Professor, wir kommen vor lauter Botanik ein wenig vom Thema ab.

PROFESSOR *ernst*: »Das Haus Erinnerung hat tausend Stufen.« Es können auch die Stufen einer alten, grauen Schule darunter sein ... *Er geht langsam zum Katheder, tritt mit einem Fuß auf den Podest und bleibt abgewandt stehen.*

Stille.

PROFESSOR *leise*: Michaelis! *Michaelis steht auf. Während er langsam, in Gedanken, aufs Katheder steigt und sich setzt.* Mühlberg hat vorhin, um den Ton des Gedichts zu charakterisieren, das Wort »angriffstraurig« geprägt ... Wie vertragen sich Angriff und Resignation?

MICHAELIS *in bemüht sachlichem Ton*: Die Verse kommen in Trauerkleidung daher, weil der Verfasser eine Hoffnung begräbt. Er weiß, welche Anmaßung es ist, Tote wieder zum Leben erwecken zu wollen. Trotzdem wagt er die arrogante Beschwörung. Trotzdem deklamiert er seine zwölf Zeilen. Trotzdem läßt er sie auf weißes, unschuldiges Papier drucken ... Nun, auch in bedrucktes Papier kann Fleischermeister Lehmann ein Viertelpfund Leberwurst einwickeln! Auf dem Erdball kommt so leicht nichts um.

SCHMIDT *burschikoser, als ihm zumute ist*: Entschuldige, Michaelis – aber ich muß noch einmal mit der Tür »ins Haus der Erinnerung« fallen ... Das »Gedächtnis des Herzens« in allen Ehren ... ein Kuß im Park; ein handgearbeitetes Monogramm auf der Schulbank; im Bett, gemeinsam mit Karl May, genußreich verlebte Masern; ich sage gar nichts dagegen! Aber warum gleich so mysteriös? Ist diese Konterbande »aus der goldenen Jugendzeit« so schwer ins gesetzte Alter herüberzuschmuggeln? Und – angenommen, du hättest recht – sind denn all die gepreßten Blumen, komische Fotografien, Locken, Poesiealben und ähnliche verstaubte Ladenhüter des Plusquamperfektums so wichtig? ... Noch dazu auf so geheimnisumwitterte, nach Weihrauch duftende Art und Weise?

MICHAELIS *lächelnd*: Vielleicht sind zu große Worte gefallen. Die großen Worte verkleinern die großen Dinge. *Er zuckt die Achseln* Warum muß gerade das Einfachste am schwersten zu erklären sein! ... Irgend eine kleine Geschichte? ... *Pause* Hört, bitte, zu ... Als ich ein kleiner Junge von zehn Jahren war, wollte ich fürs Leben gern ein Fahrrad haben. Mein Vater sagte, wir seien zu arm. Von da an schwieg ich ... Bis ich eines Tages vom Jahrmarkt heimgerannt kam und aufgeregt berichtete, in einer Glücksbude sei der Hauptgewinn – ein Fahrrad! Ein Los koste zwanzig Pfennige! – Der Vater lachte. Ich bat: »Wenn wir vielleicht zwei oder sogar drei Lose kaufen? ... « Er antwortete: »Soviel Glück haben arme Leute nicht.« Ich flehte. Er schüttelte den Kopf. Ich weinte. Nun gab er nach. »Gut«, sagte er, »wir gehen morgen nachmittag auf den Jahrmarkt.« Ich war selig. – Der nächste Nachmittag kam. Das Rad stand, gottseidank, noch an Ort und Stelle. Ich durfte ein Los kaufen. Das Glücksrad drehte sich rasselnd. Ich hatte eine Niete. Es war nicht schlimm. Das Rad gewann keiner ... Als der Hauptgewinn das zweite Mal verlost wurde, hielt ich das zweite Los in der Hand. Mein Herz schlug im Hals. Das Glücksrad schnurrte. Es stand scheppernd still. Losnummer siebenundzwanzig – ich hatte gewonnen!

RIEDEL: Solche Erinnerungen lasse ich mir gefallen. *Allgemeines Schmunzeln.*

MICHAELIS: Erst als mein Vater lange tot war, erzählte mir die Mutter, was sich damals in Wahrheit abgespielt hatte ... Er war am Abend vorher zum Hauswirt gegangen und hatte von diesem hundertfünfzig Mark geliehen. Dann hatte er den Besitzer der Glücksbude aufgesucht, ihm das Fahrrad zum Ladenpreis abgekauft und gesagt: »Morgen nachmittag komme ich mit einem kleinen Jungen. Beim zweiten Los lassen Sie ihn gewinnen. Er soll, besser als ich, lernen, an sein Glück zu glauben« ... Der Mann, der das Glücksrad drehte, verstand sein Handwerk. Er hatte genau im Griff, welche Ziffer gewinnen sollte. Mein Vater hat das Geld in vielen kleinen Beträgen zurückgezahlt ... Ich aber freute mich, wie nur ein Kind sich freuen kann. Denn mein Rad hatte, sage und schreibe, bloß vierzig Pfennig gekostet.

Stille.

PROFESSOR: Danke, Michaelis. *Michaelis setzt sich* Sich eines Erlebnisses erinnern, ist etwas anderes als: sich seiner gerade noch entsinnen. Eine Erinnerung kann, wie es heißt, wieder lebendig werden. Wir haben heute Ostern ... Es gibt eine Auferstehung des Gewesenen. Freilich nicht außer uns, sondern tief in uns selber. Und das ist kein kleineres Wunder. Wir tauchen in uns hinab, bis zum Herzensgrund, wo unermeßliche, längst versunkene Schätze darauf warten, daß wir sie heben und unser Wesen durch Gewesenes bereichern. Die Ehrfurcht, deren wir einst fähig waren, die Zärtlichkeit, die wir empfinden konnten, die Lebensfreude, die uns beseelte, die Treue zum Ideal, der Mut zum Opfer, – wie viele Tugenden schlummern, scheintot, in der eigenen Tiefe ... Ich gebrauche große Worte, denn ich bin kein Dichter. Ich bin nichts als Euer alter Lehrer und rede fast wie ein Pfarrer ... »Wenn Ihr nicht wieder werdet wie die Kinder«, Ihr kennt den Spruch ... fügt das, was Ihr wart, dem hinzu, was Ihr seid, und morgen werdet Ihr, wahr und wahrhaftig – echte Männer sein! *Er steckt sein Notizbuch langsam ein und schickt sich an, aufzustehen* Soviel für heute!

KUSTERMANN *springt auf*: Noch einen Augenblick, Herr Professor! *Er wendet sich geschäftig der Klasse zu* Wir können, meine ich, diese Stunde unmöglich zu Ende gehen lassen, ohne dem Dank Ausdruck zu verleihen, den wir für unseren hochverehrten Lehrer und väterlichen Freund empfinden. Er soll wissen, was er uns bedeutet hat, noch bedeutet, und zeitlebens bedeuten wird. *Riedel, Schmidt, Boenecke und Klement trampeln studentisch. Der Professor spielt verlegen mit der Brille.* Ich freue mich, daß meiner bescheidenen Anregung so lebhaft zugestimmt wird. Den Dank, dem Ausdruck verliehen werden soll, in eine Rede zu verwandeln, steht freilich dem Generaldirektor der Vereinigten Brikettwerke nicht besonders zu Gesicht. Deshalb erteile ich Michaelis noch einmal das Wort. Er mag als ehemaliger Lieblingsschüler Professor Dr. Böttchers und als »poeta laureatus« unser aller Sprachrohr sein. *Er verbeugt sich nach allen Seiten und setzt sich.*

MICHAELIS *steht zögernd auf. Ihm und dem Professor ist die Situation offensichtlich peinlich*: Einer von uns hat den Bezirk der Erinnerungen mit dem Verlorenen Paradies verglichen und den Verfasser des Gedichts, das wir hörten, mit dem Engel, der, aufs Schwert gestützt, unerbittlich die Pforte bewacht. Es ist wohl möglich, daß sich der Autor, während er jene Verse schrieb, als autorisierten Wachtposten empfand ... Daß er seinen Füllfederhalter für ein Schwert hielt ... Seine anmaßende Bitterkeit für ein hohes Amt und die Flügel seines Pegasus für schicksalsschwere Engelsschwingen. Säße er jedoch zwischen uns, dann hätte er bald gespürt, daß ihm solche Ränge und Ehrenzeichen gar nicht zukommen, und daß immer schon ein anderer an der Pforte stand, hinter der sich unsere Kindheit und unsere Jünglingsjahre, ewige, unverwelkliche Gärten des Lebens, weithin auftun ... Ein anderer ... ein kleiner, alter Professor, der über uns so vieles weiß und von dem wir so wenig wissen ... so wenig, wie die Blumen von ihrem Gärtner. Fünfundzwanzig Jahre hat er auf uns gewartet und in Geduld und Andacht das Tor gehütet. Er verwehrt uns die Heimat nicht, er bittet uns, die Schwelle zu überschreiten ... Kein zürnender Erzengel, kein melancholischer Dichter, sondern Zoll für Zoll das, was er uns selbst zu werden ermahnt: ein echter Mann!

Alle stehen auf. Stille.

PROFESSOR *Rührung hinter Humor verbergend*: Endlich steht meinem alten Lieblingswunsche, größenwahnsinnig zu werden, nichts mehr im Wege. *Er schaut auf die Taschenuhr* Und damit Schluß. *In alter Gewohnheit* Hat jemand noch eine Frage? *Er steigt vom Katheder herab.*

KLEMENT *hebt wie ein Schüler die Hand, bemerkt es, geniert sich*: Eine Frage? Nein. Aber eine Antwort, Herr Professor! Sie erwähnten eingangs, daß Sie leider den Namen des Gedichtverfassers nicht mehr wüßten. Ich kann Ihnen vielleicht aus der Verlegenheit helfen ...

PROFESSOR *ironisch*: Ich befürchte eher das Gegenteil, lieber Kollege.

KLEMENT: Aber ich ...

PROFESSOR *lächelnd*: Reden ist Silber ... Wir treffen uns also im Ratskeller, alle. Jawohl. Michaelis?

MICHAELIS: Bittschön?

PROFESSOR: Sie sind mit dem Wagen gekommen? Großartig! *zu Michaelis* Warten Sie hier auf mich. Ich hol nur Hut und Mantel.

MÜHLBERG: Darf ich das tun? *Will ins Lehrerzimmer.*

PROFESSOR *hält ihn zurück*: Danke, mein Bester. Selbst ist der Mann. *Rasch ab, man hört seine Schritte.*

BOENECKE: So alt werden und so jung bleiben, er muß mir sein Rezept verraten.
KLEMENT *zitiert ein bißchen gekränkt*: »Reden ist Silber.« Ich begreife nicht, warum er ...
RIEDEL *schiebt ihn zur Tür*: Ein Klassenzimmer ist ja schließlich kein Porzellanladen!

Beide ab.
Anwesend sind noch Michaelis, Schmidt und Strengholdt.

SCHMIDT: Allmählich wird sogar mir klar, von wem das Gedicht stammt.
STRENGHOLDT: Du hattest immer schon eine rasche Auffassungsgabe. *Geht ab. Hinter der Szene Rufe*: Schmidt usw.
SCHMIDT: Ich komme gleich. *Forschend* Warum hast du eigentlich an deinem eigenen Gedicht soviel auszusetzen?
MICHAELIS: Mir gefällt der Mann nicht mehr, der es geschrieben hat, Schmidt.
SCHMIDT: Das hört man gern. *Erklärend, zunächst stockend, denn »Bekenntnisse einer schönen Seele« sind ganz und gar nicht sein Ressort* Ich gefalle mir auch nicht mehr. Ich gefalle mir schon ziemlich lange nicht mehr. Es fing damit an, daß mir die andern nicht mehr gefielen. Wie das so ist: Kein Wort gab das andre ... dann gefiel den andren ich nicht mehr ... Und das ging so lange hin und her, bis ... Na ja.
MICHAELIS *erwidert das unerwartete Zutrauen, wenn auch mit Reserve, so doch völlig aufrichtig* Bei mir war's umgekehrt: bei mir fing's bei mir an. Aber die Reihenfolge ist wohl Nebensache.
SCHMIDT *mit Galgenhumor*: Hauptsache ist, daß jeder jedem schließlich gleichweit zum Hals heraushängt. Ein reizendes Gesellschaftsspiel. *Leise und ratlos* Und es geht natürlich immer weiter ... Obwohl es natürlich längst nicht mehr weitergeht ...
MICHAELIS: Man kann das Spiel abbrechen.
SCHMIDT *ihn mißverstehend*: Unter ausgiebiger Benutzung von Apothekerwaren?

MICHAELIS: Aber nein!
SCHMIDT *mit Selbstironie*: Ich bin zufällig mit einem Apotheker gut bekannt.
MICHAELIS: Nein, nein. Man kann, um bei deinem »Gesellschaftsspiel« zu bleiben, das Spiel abbrechen und die Gesellschaft wechseln.
SCHMIDT: Das kann man. *Lächelnd* Wenn man's kann. *Wischt die Resignation mit der Hand weg* Na ja ... War ich vorhin sehr grob? *Entschuldigend* Das Gedicht trat mitten auf mein Hühnerauge.
MICHAELIS: Ich hatte keine Ahnung, daß er ein Gedicht von mir ausgraben würde.
SCHMIDT: Ich hatte keine Ahnung, daß es von dir war. Und er hatte keine Ahnung, daß er auf meinem Fuß stand und nicht wieder herunterging. Aber erklär das einmal einem Hühnerauge! *Sich steigernd* Das Haus Erinnerung? Das Zuchthaus Erinnerung! Vom Verlorenen Paradies war tief gerührt die Rede! Warum denn nicht von der unverlierbaren Hölle? Euer Engel mit dem gemütlichen Schwert, der die Rückkehr gnädig gestattet, ist ein Teufel! Ein Teufel, der sich als Engel kostümiert hat und mit uns Schindluder treibt! *Es läutet kurz und schrill.*
SCHMIDT *nach verlegener Pause*: Der Herr Niethammer. Schade, daß er nicht früher geklingelt hat. *An der Tür* Ich hab einmal versucht, einen Schirm, den ich nicht leiden konnte, stehen zu lassen. Im Zug, im Restaurant, im Kino, in der Straßenbahn, – ich wurde ihn nicht los. Die Menschen können, wenn man es nicht wünscht, außerordentlich aufmerksam und hilfsbereit sein.
MICHAELIS: Was ist aus dem Schirm geworden?
SCHMIDT: Er steht im Schrank. Viel Platz nimmt er ja nicht weg.

Ab.

MICHAELIS *geht hin und her.*
PEDELL *kommt mit Schlüsselbund*: Also doch, einer muß nachsitzen! Na, wie war denn die Stunde?

Kleine energische Schritte im Flur.

PEDELL: Der Professor! *Beeilt sich und holt das Handtuch usw.*
PROFESSOR: Darf ich meine Zigarre behalten, Niethammer?
NIETHAMMER: Ausnahmsweise, Herr Professor!
PROFESSOR: Gut, ich möchte gern noch ein paar Worte ... mit diesem Schüler ... Schönen Dank, Niethammer, für Ihre tatkräftige Unterstützung!
PEDELL: Nicht der Rede wert, Herr Professor. Ich schließe dann also das Zimmer ab, wenn die Herren gegangen sind.
PROFESSOR: Ausgezeichnet. Vorher bitte nicht!
MICHAELIS: Der Kalk an den Wänden eines Schulzimmers ernährt zwei hungrige Männer höchstens drei Tage.
PEDELL *lacht*: Außerdem würde es mich meine Stellung kosten!

Ab. Schließt die Tür.

PROFESSOR: So lacht man sich durchs Leben. Setzen Sie sich, Michaelis, dann bin ich größer. *Michaelis setzt sich* »Was kann einen alten, pensionierten Schulmeister *er zitiert* zu einer solchen Stegreifkomödie bewogen haben? Wissen Sie es, Boenecke? Nein. Riedel. Nein? Mühlberg? Nein. Wissen Sie es, Michaelis? Noch nicht.« Wissen Sie es jetzt? *Packt Michaelis an den Schultern* Was ist mit dir ... mit Ihnen ...
MICHAELIS: Mit dir.
PROFESSOR: Was ist mit dir los? Da hat man, seit und solange man Lehrer ist, einen einzigen Schüler, von dem man weiß, von Anfang an weiß, der ist eine Ausnahme. Man paßt auf ihn auf, ohne daß er es merkt. Man freut sich über ihn, ohne daß er es merkt. Man hat Angst um ihn, ohne daß er es merkt ...
MICHAELIS: Ich hab es gemerkt.
PROFESSOR *kurze Überraschung, kurzes Nicken*: Und man hat recht behalten! Einmal im Leben.
MICHAELIS *bitter lächelnd*: Einmal zu oft.
PROFESSOR: Nein! Ich habe deinen Weg verfolgt ...

MICHAELIS: Meine »Karriere«.

PROFESSOR: ... ich habe deine Bücher gelesen. Jedes Buch? Jedes Komma! Ich kenne den Mann, der vor mir sitzt, fast besser als den Jungen, der du warst. Ein Dichter hat es schön, und er hat es schwer. Er ist ärger dran als der Held. Der Held sucht den Sieg. Der Dichter sucht den Sieg und die Niederlage. Da gibt es böse Wunden. Ich begreife das schon. – Doch deine Wunden stammen nicht nur aus der Schlacht! Fritz!

MICHAELIS: Ja?

PROFESSOR: Warum bist du mit dir so – unglücklich?

MICHAELIS *sehr sachlich*: Ich weiß es nicht. *Lächelnd* Ich weiß es nicht, und das ist das ganze »Unglück«. *Wieder sachlich, als spräche er über einen Dritten* Je schneller man im Leben vorankommt, um so sicherer glaubt man, auf dem richtigen Wege zu sein. Man freut sich über das Tempo und denkt nicht an die Himmelsrichtung. Sie wird schon stimmen! Was aber, wenn sie nicht stimmt? Wenn man verkehrt läuft? Das Schicksal wartet ungeduldig am Zielband und fragt: »Wo bleibt er denn, mein Meisterläufer?« Inzwischen stellt der Bursche ganz woanders ein paar Rekorde auf. Nur ans Ziel kommt er nicht. Er läuft auf der falschen Bahn. Auf der falschen Lebensbahn.

PROFESSOR: Und wo liegt die richtige?

MICHAELIS: Ich weiß es nicht. Ich weiß nur, daß ich auf der falschen laufe. *Achselzuckend* Ich hab einmal einen Fehler gemacht. Ich bin einmal in die falsche Bahn eingebogen. Ich weiß nicht, wann. Ich weiß nicht, wo.

PROFESSOR: Da kann kein Lehrer helfen?

MICHAELIS: Man könnte den Weg schrittweise zurückgehen. Und den Kreuzweg suchen, wo man irrte ... Oder man könnte zum Arzt gehen, wie heute zum Lehrer. Zu einem Seelenarzt, sich aufs Kanapee legen, die Augen schließen und seine Träume erzählen ... Oder die hehre Dichtkunst an den Nagel hängen ... *ironisch auflachend* Oder, ganz im Gegenteil, einen dicken Roman drüber schreiben, unter dem Titel »Der Kreuzweg« oder »Der Enkel des Odysseus«!

PROFESSOR *ruhig*: Verspotte dein Talent nicht. So talentiert ist niemand, daß er das dürfte. Sogar so unglücklich nicht. *lebhafter* Schreib das Buch! Wir haben vorhin zuviel über Dinge gesprochen, die man nicht vergessen sollte, und zu wenig über die anderen, die man nicht vergessen kann. O, die gibt's auch! Ich weiß das. Da hilft kein Gesundbeten. Dafür gibt's keine Medizinmänner, keine Opiumhöhlen und keine Luftveränderung. Ich weiß das. *Lächelnd* Doch ich darf nicht aus der Schule plaudern, denn ich bin ein Lehrer. Schreib das Buch! Wälze den Stein von der Brust. Mach aus dem Stein einen – Meilenstein, und er wird, das weiß ich heute schon, an deinem – Kreuzweg stehn. Was sollen denn die andern sagen? Die ihr Unglück weder vergessen noch verwandeln können?

MICHAELIS: Was sie sagen? Sie sagen »Euer Verlorenes Paradies ist unsere unverlierbare Hölle.«

PROFESSOR: Wer hat das gesagt? Schmidt?

MICHAELIS: Ja. Hier. Kurz bevor Sie zurückkamen. Wir waren allein.

PROFESSOR: Ich habe, vor dieser Stunde, nur an dich gedacht. Und an ihn erst, als es zu spät war. »Die unverlierbare Hölle?« *Auf sich zeigend* So sieht ein alter Mann aus, der über das Gedächtnis des Herzens predigt. Schau ihn dir gründlich an! – Schmidt! – Als er sich gegen das Gedicht aufzulehnen begann, da erst fiel mir ein, was ich wußte.

MICHAELIS: Seinen Andeutungen mir gegenüber war zu entnehmen, daß er nicht weiß, daß Sie »es« wissen. Was immer »es« auch sein mag.

PROFESSOR *nur ein wenig erleichtert*: Es! Eine sehr alte Geschichte. Eine fast zwanzig Jahre alte Geschichte. *Zu sich selbst* Ach Schmidt! *Dann* Er heiratete sehr früh und hatte – und hat noch – drei oder vier Kinder, genau weiß ich das nicht. Jedenfalls, eines Tages spielte eins der Kinder, drei, vier Jahre alt, ich glaube: ein Mädchen, ganz allein in einem der Zimmer. Mutters Schlüssel steckten an einer Kommode, und in einem der Schubfächer fand das Kind ein Bündel Briefe, tief unter der Wäsche verborgen. Briefe an die Mut-

ter. Aus ihrer Mädchenzeit. Ungezügelte und – triumphierende Liebesbriefe. Von einem andern Mann. Das Kind nahm die Briefe und spielte nun in dem Mietshaus, worin sie wohnten, Briefträger!
MICHAELIS *leise*: Scheußlich!
PROFESSOR *nickt*: Scheußlich! In jeden Briefkasten des Hauses steckte das Kind einen Brief. – Man brachte die Briefe zurück. Lächelnd, Hämisch. Zwinkernd. Entrüstet. – Schmidt zog mit seiner Familie in einen anderen Stadtteil. Man vergaß. *Auf sich zeigend* Man vergißt. Er hat »es« nicht vergessen. – Die Frau hat geschwiegen. Sie hat den Namen nie preisgegeben.
MICHAELIS: Verfahren gegen unbekannt.
PROFESSOR: Es war zu Ende und ging weiter. Längst vorbei und nie vorüber. *Ärgerlich* Ach diese Schmidts! Diese armen Kerle. Sie vergessen alles, nur das nicht, was sie vergessen sollten. *Verlegen lächelnd* Euch wollte ich eine Stunde geben, und mir ist die Lektion erteilt worden. *Blick auf die Uhr* Wir müssen gehen!
MICHAELIS: Sonst wird die Suppe kalt ...
PROFESSOR: ... die ich auslöffeln muß. *Nimmt den Mantel. Michaelis hilft ihm* Die Brüder der Frau gingen in unsere Schule. Du wirst sie kennen. Die beiden Bornemanns. Paul und Gustav Bornemann. Und die Schwester heißt Beate. Beate Bornemann.
MICHAELIS *während er dem Professor in den zweiten Ärmel hilft*: Beate Bornemann? *Er kann sich kaum aufrechthalten.*
PROFESSOR: Hieß Beate Bornemann. Seit zwanzig Jahren heißt sie ja Beate Schmidt.
MICHAELIS: Hieß Beate ... Bornemann.
PROFESSOR *nimmt den Hut vom Katheder*: Nun noch die Kopfbedeckung. So, danke dir. *Setzt den Hut auf* Jetzt müßten wir zwei, in deinem Auto, unsern Osterspaziergang machen können, nur nicht in den Ratskeller!
MICHAELIS: In einer halben Stunde sind wir im Gebirge!
PROFESSOR *über sich selber den Kopf schüttelnd*: Erst vergeßlich, und nun auch noch feige ... Nein. Er wüßte sofort,

daß ich mehr weiß, als er glaubt. *Strafft sich* Der Weg bleibt mir nicht erspart. Komm. Begleite den Delinquenten. *An der Tür* Fritz, ich habe Hunger. *Michaelis folgt ihm.*

VORHANG

CHAUVELIN *oder*
LANG LEBE DER KÖNIG!

PERSONEN

Ludwig XV.
Frau von Pompadour
Frau von Noailles
Diana von Villars
Marquis von Chauvelin
Herzog von Richelieu
Graf Kaunitz
Abbé Bernis
Quesnay, Leibarzt des Königs
Bontemps, Kammerdiener
Odette Grapin
Kapitän der Schweizergarde
1. Lakai
2. Lakai

1. Akt

Vor dem Vorhang: BONTEMPS *kommt durch die Vorhangmitte. Er trägt kostbare Livree und hält einen goldenen Leuchter mit brennenden Kerzen in der Hand. Er schaut, den Leuchter hoch haltend, in den Zuschauerraum, nickt nachdenklich und verneigt sich.*

BONTEMPS: Mein Name ist Bontemps. Ich bin der Kammerdiener des Königs. Dieser Beruf – ich meine den des Kammerdieners, nicht den des Königs – vermittelt naturgemäß eine genaue Kenntnis des Staates und des Staatsoberhauptes. Nun, König Ludwig, der fünfzehnte des Namens, ist kein guter, kein kluger und erst recht kein treuer Mensch. Wozu auch? Mängel, die den Beruf nicht beeinträchtigen, sind keine Fehler. Das ist ein solider Grundsatz. Ein General muß kaltes Blut haben; schön braucht er nicht zu sein. Eine Geliebte muß schön sein; *lächelnd* kaltes Blut braucht sie nicht zu haben. – Und ein König? *tritt einen Schritt vor* Kennen Sie die Fabel von den zwei Uhren? *geheimnisvoll leise* Die eine Uhr blickte an ihrem Zifferblatt herunter, verglich ihren Zeigerstand mit dem der anderen und rief stolz: »Ich bin die bessere Uhr! Ich gehe schneller!« Die andere aber sagte ruhig: »Schnelligkeit ist kein Talent für Uhren. Ich gehe richtig!«

Hinter der Bühne, weit weg, gedämpftes Händeklatschen.

BONTEMPS *mit dem Daumen hinter sich zeigend*: Sie spielen Theater. Herzöge, Grafen, Komtessen und Marquisen spielen Theater. Ich muß mich um das Souper kümmern. *greift nach dem Vorhang, bleibt noch einmal stehen* Mein König erinnert mich an ein Kind auf dem Schaukelpferd. Er ist immer in Bewegung. Er reitet, was das Zeug hält. *achselzuckend* Aber er kommt nicht vom Fleck.

Der Vorhang teilt sich: *Ein kleiner intimer Rokoko-Saal, neben dem Theater der »Petits Appartements« in Versailles. Im Hintergrund: Die zum Theater führende Tür, zu ihren beiden Seiten Gemälde à la Bouchers »Toilette der Venus«.* Links: *Die Tür zum Treppenhaus.* Rechts: *Ein Kamin und die Tür zu den übrigen Räumen des Stockwerks, auch zu der Königlichen Küche. Vorn eine Beauvais-Causeuse. Im Vordergrund: Die für das »Kleine Souper« mit Silbergeschirr gedeckte Tafel, ein mit Lilien und Krone geschmückter Thronstuhl und einige Taburetts. Auf der Tafel und an den Wänden brennen Kerzen.*

BONTEMPS *setzt den Leuchter auf die Tafel und beginnt, die Wandkerzen zu schneuzen.*
ZWEI LAKAIEN *machen sich leise an der Tafel zu schaffen.*

Aus dem Hintergrund hört man, von weit her, gedämpftes Gelächter.

1. LAKAI: Was für ein Stück führen sie denn *mit dem Daumen nach hinten zeigend* da drin auf?
2. LAKAI: Den »Tartuffe«.
1. LAKAI: Spielt sie selber mit?
BONTEMPS *nimmt eine Prise Schnupftabak.*
2. LAKAI: Ja. Sie spielt die Dorine.
1. LAKAI: Und der König?
2. LAKAI: Sitzt in der Loge und schaut zu.
1. LAKAI: Mit der Königin?
2. LAKAI *belehrend*: Die Königin wird von der Marquise seit Jahren nicht mehr eingeladen!
BONTEMPS: Wenn man eine Geliebte besucht, soll man seine Frau nicht mitnehmen. Das ist ein solider Grundsatz.
1. LAKAI *stolz, daß auch er etwas weiß*: Ich kenne übrigens ihren Mann!
2. LAKAI: Herrn von Etioles?
1. LAKAI: Er ist viel unterwegs.
BONTEMPS: Wenn man sich eine Geliebte nimmt, die verheiratet ist, soll man den Ehemann auf Reisen schicken. Das ist ebenfalls ein solider Grundsatz.

2. LAKAI: Seit dem dreißigsten Lebensjahr unseres »geliebten« Königs befinden sich ziemlich viele Ehemänner auf Reisen.
1. LAKAI: Man sollte in Frankreich vorsichtshalber keine schöne Frau heiraten.
BONTEMPS: Außer – man reist gern!

Die Lakaien lachen. Es mischt sich das gedämpfte Gelächter hinein, das jetzt wieder aus dem »Théâtre des Petits Appartements« herüberklingt. Da wird die Tür links geöffnet. ABBÉ BERNIS *kommt, an einem draußen postierten Soldaten der Schweizergarde vorbei, in den Saal. Die Tür schließt sich wieder. Bernis, in schwarzer Abbétracht, ist ein feister, genußfroher Prälat. Weniger sieht man ihm an, daß er ein scharfsinniger Diplomat und der Leiter der französischen Außenpolitik ist.*

BONTEMPS *und die* LAKAIEN *verbeugen sich.*
BERNIS *tritt an die Tafel, mustert neugierig den Inhalt der Schüsseln und Schalen und nascht ein Stück Konfekt.*
BONTEMPS *gibt den Lakaien einen Wink.*
DIE BEIDEN LAKAIEN *verbeugen sich und gehen durch die Tür rechts ab.*
BERNIS *blickt Bontemps abwartend an.*
BONTEMPS *zieht einen Zettel aus der Tasche und liest vor*: Vormittags war der König auf Kaninchenjagd. Dann dinierte er bei der Marquise. Anschließend machte er einen Spaziergang im Hirschpark und besuchte Fräulein O'Murphy in ihrem Pavillon. Hierauf ging er ins Schloß und stickte eine Stunde.
BERNIS *während er die Schüsseln nach einem neuen Leckerbissen absucht*: Immer noch an den Brokatborden für Chauvelin? *Steckt sich Konfekt in den Mund.*
BONTEMPS *nickt*: Das werden die kostbarsten Ärmelstulpen, die Seine Majestät jemals gestickt und verschenkt haben! *schaut auf den Zettel* Darnach ging er wieder im Hirschpark spazieren und machte einen Besuch im Pavillon der kleinen La Valette.
BERNIS *kauend*: Hat sich der Vater beruhigt?
BONTEMPS: Die Marquise hat ihm gestern durch den Polizeileutnant mitteilen lassen, daß man seine Tochter zu gegebe-

ner Zeit mit einem verdienten Offizier verheiraten und mit hunderttausend Louisdors aussteuern werde. Vorausgesetzt, daß La Valette die Nachforschungen einstellt. Andernfalls müsse er gewärtigen, daß man ihn ...

BERNIS *nickt*: Weiter! *beginnt, langsam auf und ab zu gehen; so oft er die Tafel passiert, guckt er in die Schüsseln, beherrscht sich aber.*

BONTEMPS *sieht auf den Zettel*: Nach diesem zweiten Besuch im Hirschpark begab sich der König in die Küche und half maßgeblich bei der Zubereitung der Kaninchenhirnwürstchen, die es zum Souper geben soll. Dann kleidete er sich um. Jetzt sitzt er in der Loge.

BERNIS: Ein nutzbringend verbrachter Tag.

BONTEMPS: Zweifellos. *steckt den Zettel weg, holt einen anderen Zettel aus der anderen Rocktasche* Frau von Pompadour empfing frühmorgens den englischen Gesandten; später den Baron Grimm, der aus Petersburg zurückgekommen ist; saß Herrn La Tour für das neue Porträt; dinierte mit dem König; ließ sich von Herrn D'Alembert die Vorrede zur Enzyklopädie vorlesen; empfing den Wiener Gesandten und plauderte mit ihm, bis sie sich ins Theater begeben mußte. – Jetzt steht sie auf der Bühne.

BERNIS *hat bei diesem Bericht viel schärfer zugehört als bei dem über den König; nimmt ein Konfekt und sagt in gespielt gleichgültigem Ton*: Ein nutzbringend verbrachter Tag.

BONTEMPS: Zweifellos. *steckt den Zettel weg.*

BERNIS *bemüht uninteressiert*: Worüber sie im einzelnen mit Graf Kaunitz »geplaudert« hat, konnten Sie nicht feststellen lassen?

BONTEMPS: Sie sprachen so leise, daß Frau Du Hausset kein Wort verstand.

BERNIS *kaut und nickt.*

Im Hintergrund öffnet sich die Tür. Ein Soldat der Schweizergarde wird sichtbar. DOKTOR QUESNAY *tritt ein. Man hört, lauter als die vorigen Male, Gelächter aus dem Theater. Die Tür schließt sich wieder. Quesnay, der Leibarzt des Königs, ist bürgerlich gekleidet. Er ist etwa sechzig Jahre alt und erfreut sich bester Gesundheit sowie philosophischen Humors.*

BERNIS: Ist das Stück schon aus, Doktor?
QUESNAY *gibt ihm die Hand*: Noch nicht – aber ich soll nachsehen, ob sich der Marquis von Chauvelin endlich eingefunden hat.
BONTEMPS *achselzuckend*: Im Schloß ist er nicht. Zu Haus ist er nicht. Hinterlassen hat er auch nichts.
BERNIS: Vielleicht ist er unterwegs gestorben. Dann hat er wenigstens eine Entschuldigung.
QUESNAY *zu Bontemps*: Eilen Sie in die Küche und verkünden Sie dort im Namen des Königs, er wolle die Sauce für die Hirnwürstchen höchstselbst zubereiten. *zu Bernis* Seine Majestät plant, besagte Sauce mit Rosenwasser und etwas Veilchenwurzel zu parfümieren.
BERNIS: Ein majestätischer Plan.
QUESNAY: Wenn mir die Sauce nicht schmecken sollte, gieße ich sie mir ins Haar. Gut *riechen* wird sie bestimmt.
BONTEMPS *rasch rechts ab*.
BERNIS: Ludwig XV. von Frankreich hat viele Talente. Er könnte Koch werden; seine Ragouts und Salate sind vorzüglich. Er könnte Drechsler werden; seine Schnupftabakdosen haben Sammlerwert. Er könnte Schneidermamsell werden; seine Stickereien gefallen sogar mir.
QUESNAY: Schade, daß er ausgerechnet König geworden ist.
BERNIS: Schade? – *Mich* stört er nicht.
QUESNAY: Und das Volk sieht geduldig zu.
BERNIS: Das Volk *mag* ihn vielleicht? – Die Franzosen hängen an ihren Königen nicht wegen der Dinge, die sie tun, sondern wegen jener, die sie tun *sollten*.
QUESNAY: Sie sind ein großer Politiker, Bernis. Sie werden es – wie Ihre Vorgänger Richelieu, Mazarin und Fleury – noch zum Kardinal bringen.
BERNIS: Und Sie, Quesnay, sind ein großer Menschenfreund! Sie werden es – wie alle Ihre Vorgänger – zu nichts bringen.
QUESNAY: Endlich sind wir einmal derselben Meinung!

I. AKT

Die Tür öffnet sich. Ein KAPITÄN *der Schweizergarde tritt ein und salutiert.*

BERNIS: Was gibt's?
KAPITÄN: Ein Fleischermeister Poisson steht am Tor. Er will die Frau Marquise sprechen. Ich kenne ihn nicht.
QUESNAY: Seien Sie froh!
KAPITÄN: Es sammeln sich Menschen um ihn. Er scheint betrunken zu sein.
BERNIS: Er *ist* betrunken.
KAPITÄN: Er behauptet, der Vater der Frau Marquise zu sein.
QUESNAY: Er *ist* ihr Vater.
BERNIS *zynisch*: Jedenfalls ist er der Ehemann ihrer Mutter. – *zum Kapitän* Sperren Sie ihn in die Wachtstube, bis er wieder nüchtern ist!
KAPITÄN *salutiert und geht eilig ab.*
BERNIS: Ein Brechmittel, dieser ewig besoffene Fleischermeister!
QUESNAY: Möchten Sie in seiner Haut stecken?
BERNIS *schmunzelnd*: Eher schon in der seiner Tochter!
QUESNAY *geht zur Tür im Hintergrund, als wolle er ins Theater zurück.*
BERNIS: Noch einen Augenblick, Doktor. – Wie steht es um die Gesundheit des Königs?
QUESNAY: Zum Glück hat er die Konstitution eines Elefanten. Unglücklicherweise hat er ein Gemüt wie König Saul.
BERNIS: Nicht, daß er sich im Staatsrat allzuoft blicken ließe – aber wenn er uns schon einmal die Ehre antut, gähnt er so herzzerbrechend, als wolle er sämtliche Minister verschlingen.
QUESNAY: Er gähnt bestimmt nicht nur in *Herren*gesellschaft. Doch alles, sogar der Ministerrat, ist ihm noch lieber als das eine: mit sich *allein* zu sein! Er stürbe vor Langeweile!
BERNIS: Man verlängert also sein Leben, wenn man ihm hilft, es zu ruinieren?
QUESNAY: Sie haben doch nicht etwa Gewissensbisse?
BERNIS *lächelnd*: Bitte, keine Beleidigungen!

QUESNAY *macht erneut Anstalten, ins Theater zurückzugehen.*
BERNIS: Und was ist mit Chauvelin? Warum ist der König so vernarrt in ihn?
QUESNAY: Weil er ihn beneidet! – Chauvelin langweilt sich nie. Er ist ein glücklicher Mensch. Er möchte mit niemandem tauschen. Schon gar nicht mit dem König! Und der König mit jedem, am liebsten aber mit dem Marquis von Chauvelin.
BERNIS: Zufriedene Menschen haben etwas Unheimliches.
QUESNAY *ironisch*: Man weiß so gar nicht, was man mit ihnen anfangen soll, nicht wahr?
BERNIS: Ja, sie liegen der Staatskutsche wie Knüppel im Weg.

Die hintere Tür wird weit geöffnet. Man hört Applaus. Schweizergarden werden sichtbar.

QUESNAY: Das Stück ist aus.
KÖNIG LUDWIG XV. *kommt eilig in den Saal. Ein schöner, repräsentativer Mann. Bezeichnend für ihn ist, daß er bald übertrieben lebhaft, bald völlig lethargisch wirkt.*
BERNIS *und* QUESNAY *verneigen sich tief.*
DER KÖNIG: Chauvelin noch nicht da?
QUESNAY: Bedaure, Sire.
DER KÖNIG: Hoffentlich duelliert er sich nicht schon wieder mit irgendwem?
BERNIS: Bei den meisten hat er das ja, Gott sei Dank, hinter sich.

Währenddessen sind MARSCHALL VON RICHELIEU *und* GRAF KAUNITZ *im Türrahmen aufgetaucht. Richelieu, ein alter zynischer Lebemann, komplimentiert den Wiener Gesandten in den Saal.*

KAUNITZ *gibt Bernis die Hand.*
RICHELIEU *zum König*: Sire, wer nimmt heute außer den drei Damen und uns am Souper teil?
DER KÖNIG: Niemand. Schicken Sie die anderen fort!

RICHELIEU: Auch den Herzog von Nivernois? Er reist morgen nach Berlin!
DER KÖNIG: Den auch.
RICHELIEU *wendet sich türwärts.*
DER KÖNIG *hastig*: Noch eins, Marschall! Kommen Sie sofort zurück!
RICHELIEU *verbeugt sich, geht ab.*

Die Tür wird hinter ihm geschlossen.

KAUNITZ: Ich begehe keinen Landesverrat, Majestät, wenn ich gestehe, daß in Versailles noch besser Theater gespielt wird als bei uns in Wien. Vor allem Frau von Pompadour übertrifft jede Schauspielerin von Beruf, selbst die Clairon.
DER KÖNIG: Ja, sie ist eine vollendete Schauspielerin. – Trotzdem hat mir Fräulein von Villars besser gefallen.
KAUNITZ: In der Tat?
DER KÖNIG *nickt lebhaft*: Vor allem ihre Brüste.
KAUNITZ *lächelt höflich*: Majestät ziehen auch in der Kunst die Natur vor?
DER KÖNIG *nickt zerstreut; dann zu Quesnay*: Haben Sie wegen der Sauce Bescheid geben lassen?
QUESNAY: Man erwartet Majestät in der Küche.
DER KÖNIG: Vortrefflich. *versinkt plötzlich in eine Art Stumpfsinn und schlendert auf die Tür rechts zu.*
KAUNITZ *zu Bernis*: Frau von Pompadour empfing mich heute nachmittag. Schade, daß Sie nicht dabei waren!
BERNIS: Zur gleichen Zeit suchte mich der preußische Gesandte auf.
QUESNAY *zu Kaunitz*: Ein Glück, daß Sie nicht dabei waren! *lacht.*
RICHELIEU *kommt durch die hintere Tür und geht auf den König zu*: Sire?
DER KÖNIG *wird wieder lebhaft*: Also hören Sie, Richelieu! Frau von Noailles geht mir auf die Nerven.
RICHELIEU: Das alte Lied, Majestät. Man tut einer hübschen Frau den üblichen Gefallen, und schon bildet sie sich ein, sie sei auf unsere Gefälligkeit abonniert.

DER KÖNIG *nickt*: Sie ist genauso aufdringlich wie ihr Parfüm! Hat ihr denn niemand mitgeteilt, daß ich Moschus nicht leiden kann?
RICHELIEU *lauernd*: Vielleicht hat man es ihr mit Absicht verschwiegen?
DER KÖNIG: Meinen Sie?
RICHELIEU: Die Familie Noailles war früher nicht sehr höflich zu Frau von Pompadour ...
DER KÖNIG: Ach so! Na ja – wie gesagt, reden Sie der Noailles ins Gewissen!
RICHELIEU: Da werde ich wohl schreien müssen, Sire. Das Gewissen der Gräfin hört schwer. – Schlimmstenfalls muß ich das »Abonnement« Eurer Majestät übernehmen.
DER KÖNIG *eitel*: Schlimmstenfalls? *winkt ab* Ich muß in die Küche! *hastig zur Tür rechts.*

Während der König abgeht, verbeugen sich die übrigen. Dann begibt sich Richelieu zu der im Hintergrund stehenden Gruppe.

KAUNITZ *zu Bernis*: Was haben Sie im Ernst gegen ein Bündnis zwischen Frankreich und Österreich einzuwenden?
BERNIS: Bourbon und Habsburg Verbündete? Diese Liaison hätte höchstens den Reiz der Neuheit für sich.
RICHELIEU: Der Reiz der Neuheit ist bei keiner Liaison zu unterschätzen.
KAUNITZ: Frau von Pompadour befürwortet mein Projekt.
BERNIS: Das wird ein teurer Kuppelpelz werden, Graf Kaunitz!
KAUNITZ: Ich bin erstaunt, meine Herren. *zu Richelieu* Sie, Herzog, haben die Frau einst in den Sattel gehoben!
RICHELIEU *lächelnd*: In den Sattel ja nun gerade nicht.
KAUNITZ *zu Bernis*: Und Sie, Bernis, verdanken ihr eine ungewöhnliche Karriere.
QUESNAY *gemütlich*: Die beiden Herren sind trotzdem enttäuscht. Sie zeigten der Dame den Weg zu einem Sofa; doch sie verlief sich und setzte sich versehentlich auf den Thron.
RICHELIEU: Wir haben Sie unterschätzt. Das nehmen wir ihr übel.

Die Tür zum Hintergrund wird weit geöffnet. Schweizergarden werden sichtbar. FRAU VON POMPADOUR *betritt den Saal, gefolgt von* FRAU VON NOAILLES *und* FRÄULEIN DIANA VON VILLARS. *Die Herren verneigen sich tief.*

FRAU VON POMPADOUR *in kostbarer Robe, juwelengeschmückt, sehr geschminkt, zu Quesnay*: Der König war unaufmerksam. Weshalb schickte er Sie aus der Loge?
QUESNAY: Strengstes Küchengeheimnis, Marquise.
POMPADOUR *mokant*: Ja dann! *zu Kaunitz* Der König von Frankreich hat sich heute erlaubt, der Kaiserin von Österreich sein schönstes Sèvres-Service nach Wien zu schicken.
RICHELIEU *während sich Kaunitz dankend verbeugt, halblaut zu Bernis*: Ob er's schon weiß?
POMPADOUR *schaut Richelieu eiskalt an; dann lächelnd*: Der König weiß es, lieber Marschall. Daß Gräfin Noailles von Ihnen heimgebracht zu werden wünscht, weiß er allerdings noch nicht.
FRAU VON NOAILLES, *eine reizvoll üppige Dame, aufgeregt*: Seine Majestät wird mich vermissen!
POMPADOUR: Wenn ihm Ihre Abwesenheit tatsächlich auffallen sollte, werde ich Sie beide gern mit ein paar passenden Worten entschuldigen.
RICHELIEU: Es dürfen ruhig ein paar unpassende Worte sein, Madame. *zur Noailles* Es war schon immer mein Wunsch, Sie zu begleiten. Wenn es sein muß, bis ans Ende der – halben Welt! *reicht ihr den Arm, verbeugt sich, führt sie zur linken Tür* Ihr Moschusparfüm duftet bezaubernd. Es macht mich um *Tage* jünger! *beide ab.*
POMPADOUR *winkt Diana von Villars zu sich*: Kommen Sie, meine Liebe!
DIANA *ein schönes junges Mädchen, nähert sich der Favoritin ausgesprochen zögernd und zurückhaltend.*
POMPADOUR *nimmt ihren Arm, führt sie rechts in den Vordergrund, setzt sich auf das Beauvais-Sofa und nötigt Diana, neben ihr Platz zu nehmen*: Ich habe mit Ihnen zu reden.

Kaunitz, Bernis und Quesnay ziehen sich betont diskret in den tiefsten Hintergrund zurück und plaudern leise miteinander.

POMPADOUR *mustert Diana, die den Kopf gesenkt hält, von der Seite*: Der König ist in Sie verliebt. So etwas dauert bei ihm nicht lange.
DIANA *wirft den Kopf zurück*: Ich bin *nicht* in ihn verliebt. So etwas dauert bei mir ewig!
POMPADOUR: Ich an Ihrer Stelle wäre etwas vorsichtiger, Fräulein von Villars.
DIANA *ironisch*: Sie an meiner Stelle?
POMPADOUR: Wollen Sie mich zur Feindin?
DIANA: Man kann sich seine Feindinnen nicht immer aussuchen. *schaut die Marquise herausfordernd an* Sie wollen mich dem König wie eine Pastete servieren, auf die er Appetit hat! – Ich an Ihrer Stelle wäre etwas vorsichtiger, Marquise.
POMPADOUR *ironisch*: Sie an meiner Stelle?
DIANA: Sie sind eine kluge Frau. Halten Sie mich für *sehr* dumm? – Ich liebe den König nicht. Soll ich glauben, *Sie* liebten ihn? – Ihr Beispiel zeigt, wie weit man es in Versailles mit Klugheit und ohne Herz bringen kann.
POMPADOUR *lächelnd*: Wie ich mich fürchte! *ernster* Sie gefallen mir immer besser.
DIANA *kühl*: Das ist nicht meine Absicht.
POMPADOUR: Ich weiß, ich weiß. – Nun gut, vielleicht werde ich versuchen, die – Pastete, auf die der König solchen Appetit hat, vor dem Verspeistwerden zu bewahren.
DIANA *blickt überrascht auf.*
POMPADOUR *lächelnd*: Aus Angst vor der kleinen Pastete.
DIANA *lächelt zaghaft zurück, wird sofort wieder reserviert.*
BERNIS *geht während des folgenden Gesprächs zur Tafel, sucht eine Näscherei und scheint zu horchen.*
POMPADOUR: Ich kann verstehen, daß man die Mätresse eines Königs nicht liebt. Aber ich begreife nicht, warum man mich *verachtet*. *beugt sich zu Diana* Warum verachten Sie

mich? Was tun nicht ehrgeizige *Männer* alles, um Macht zu erringen? *laut* Nicht wahr, Bernis?
BERNIS *in der Hand ein Stück Konfekt, lächelnd*: Ich habe selbstverständlich nicht zugehört, Marquise – aber Sie haben auf jeden Fall recht. *verbeugt sich, steckt das Konfekt in den Mund, geht zu Kaunitz und Quesnay zurück.*
POMPADOUR *zu Diana*: Ein ehrgeiziger *Mann* verkauft seine Seele, eine ehrgeizige Frau ihren Körper.
DIANA *ernsthaft*: Ich beneide Sie nicht.
POMPADOUR: Das erlaube ich. *lächelnd* Aber eines verbiete ich Ihnen: mich zu bedauern!

Die Tür links öffnet sich. DER KÖNIG *kommt hastig mit einer Saucenschüssel in den Saal. Ihm folgen* BONTEMPS *und die* ZWEI LAKAIEN *mit weiteren Schüsseln. Die Damen erheben sich. Die Herren verneigen sich.*

DER KÖNIG *setzt die Sauciere auf die Tafel, reibt sich stolz die Hände*: Eine herrliche Sauce! Stimmt's, Bontemps?
BONTEMPS *während die Lakaien ihre Schüsseln hinsetzen*: Ein Kunstwerk, Majestät!
DER KÖNIG *strahlt; setzt sich auf den gekrönten Stuhl*: Ich bitte, Platz zu nehmen! *Während sich die anderen – die Damen links und rechts neben ihn – setzen, ungeduldig* Ich habe Hunger. Chauvelin soll der Teufel holen!
BERNIS: Amen!
QUESNAY: Das war ein kurzes Tischgebet!
BONTEMPS *legt dem König vor.*
DIE LAKAIEN *bedienen die Gäste.*
DER KÖNIG *zu Diana*: Langen Sie tüchtig zu, kleines Fräulein! *legt den Arm um ihren Hals* Sie können ruhig etwas voller werden.
DIANA *schaut ihn empört an.*
DER KÖNIG *läßt verlegen den Arm sinken; döst; wird munter, um sich selbst Sauce auf den Teller zu tun*: Ich will etwas Lustiges hören!
BERNIS: Bitte sehr! – Was für ein Unterschied besteht zwischen der Freundschaft und der Liebe?

DER KÖNIG: Ich kenne den Unterschied ganz genau. Aber ich verrate ihn nicht. *lacht laut.*
POMPADOUR *zu Bernis*: Nun?
BERNIS: Zwischen Freundschaft und Liebe besteht ein Unterschied wie – zwischen Tag und Nacht!

Gelächter. Die Diener grinsen. Diana verzieht keine Miene.

DER KÖNIG: Ausgezeichnet!
KAUNITZ *hat eben zu essen begonnen*: Fast so gut wie Ihre Sauce, Sire.
DER KÖNIG: Sie müssen mehr davon nehmen! *bedient ihn eigenhändig.*

Man ißt. Bontemps schenkt Rotwein ein.

POMPADOUR: Graf Kaunitz – kennen Sie die Schauspielerin Arnould?
KAUNITZ: Gewiß, Madame – wenn auch nur von der Bühne.
POMPADOUR: Sie war drei Jahre mit dem Grafen Lauraguais liiert. Nun hat sie, da er sie mit seiner Eifersucht noch mehr als mit seiner Zuneigung quälte, eine Reise des Grafen zum Abbruch der Beziehungen benutzt. Sie hat alle seine Geschenke zurückgeschickt. Und da er selber nicht in Paris weilt, hat sie alles der Gräfin, seiner Frau, zugesandt!

Heitere Aufmerksamkeit in der Runde.

POMPADOUR: Weil Sophie Arnould eine gründliche Person ist, hat sie der Gräfin alles, aber auch wirklich alles geschickt, was sie von Lauraguais empfangen hat: den Schmuck, die Pelze, den Vertrag über die Jahresrente, die Kutsche, die Pferde und – was glauben Sie noch? Zwei Kinder!

Gelächter. Die Diener grinsen. Diana verzieht keine Miene.

DER KÖNIG *lacht besonders laut, plötzlich wird er wieder trübsinnig und wendet sich an die Pompadour*: Apropos – Fräulein La Valette hat mir heute nachmittag eine ärgerliche Mitteilung gemacht ...
POMPADOUR *lächelnd*: Ihre persönlichen Bemühungen, Frankreichs Bevölkerungsziffer zu erhöhen, sind bewunderungswürdig.
DER KÖNIG: Verheiraten Sie die Kleine schnell!
BERNIS *zu Quesnay*: Man spricht von einer guten Partie. Wie wär's, Doktor?
QUESNAY *sein Glas absetzend*: Besten Dank.
DER KÖNIG: Warum haben Sie nie geheiratet, Quesnay?
QUESNAY *ernst*: Es gab zu wenig Frauen, deren Mann, und zu wenig Männer, deren Vater ich hätte sein mögen.

Betretenes Schweigen.

DER KÖNIG: Wo steckt eigentlich Richelieu?
POMPADOUR: Gräfin Noailles wollte dringend heim; und der Marschall wollte sie dringend begleiten.
DER KÖNIG *vergnügt*: Er ist ein sehr gefälliger Mensch. – Bontemps, noch einmal von den Würstchen! *während Bontemps ihn bedient, zu Diana* Auf der Bühne haben Sie mehr gesprochen, Fräulein von Villars!
DIANA: Die Rolle verlangte es so, Majestät!
DER KÖNIG: Und Ihre augenblickliche Rolle verlangt, daß Sie schweigen?
DIANA: Der Anstand verbietet mir, mitzureden.
DER KÖNIG *betrachtet sie gierig, wendet sich mürrisch ab und ißt heftig.*

Die linke Tür öffnet sich. MARQUIS VON CHAUVELIN *betritt den Saal.*

DER KÖNIG *erleichtert*: Victor! Endlich!
CHAUVELIN *verbeugt sich schwungvoll*: Gnade, Sire!
DER KÖNIG: Setz dich!

CHAUVELIN: Zu gütig! *setzt sich.*
1. LAKAI *legt ihm vor.*
CHAUVELIN: Wein!
2. LAKAI *gießt ein.*
CHAUVELIN *hebt sein Glas*: Lang lebe der König! *trinkt hastig.*
DER KÖNIG: Gebt ihm von der Sauce. *zu Chauvelin* Wo kommst du her?
CHAUVELIN: Vom Jahrmarkt, Sire. Schade, daß Sie nicht mit waren! Es ist so amüsant zuzuschauen, wie sich andere amüsieren.
KAUNITZ: Es strengt auch weniger an, als es selber zu tun.
DER KÖNIG: Oh, Victor scheut in dieser Hinsicht keine Mühe. *seufzend* Schade, daß man alt wird ...
QUESNAY: Das Altwerden ist leider das einzige Mittel, lange zu leben!

Heiterkeit. Diana lächelt.

POMPADOUR *zu Chauvelin*: Sie vertrödeln Ihre Zeit mit Dummheiten! Im Staatsrat, in der Akademie, auf den Schlachtfeldern – überall könnten Sie Hochachtung, wenn nicht Ruhm erwerben ...
CHAUVELIN *lächelnd*: Seien Sie mir nicht böse, aber ich *will* gar nicht berühmt werden! Der Ruhm hat allenfalls *einen* Vorzug ...
KAUNITZ: Welchen, wenn man fragen darf?
CHAUVELIN: Den Vorzug, von Leuten gekannt zu werden, die man selber nicht kennt!
DIANA *lacht hell auf; senkt, als Chauvelin sie zwinkernd anschaut, den Kopf.*
CHAUVELIN: Wer ist Ihre reizende Nachbarin, Majestät?
DER KÖNIG: Diana von Villars, mein Lieber. Aber ich verbiete dir, daß sie dir gefällt!
CHAUVELIN: Ihr Verbot, Sire, kommt leider eine Sekunde zu spät! *zur Pompadour* Sogar wenn ich ruhmbegierig wäre, müßte ich verzichten. Ich bin verurteilt, mein Leben als Sonderling zu verbringen – als eines Königs Freund,

der, außer dieser Freundschaft, nichts weiter vom Thron verlangt.
DER KÖNIG *trinkt ihm zu.*

Kleine Gesprächspause. Man ißt und trinkt.

BERNIS *zu Chauvelin*: Nachdem sich meine Ergriffenheit über so viel Seelengröße einigermaßen gelegt hat, möchte ich mir die Frage erlauben, ob der Seiltänzer Lenôtre wieder da ist.
CHAUVELIN: Er konnte nicht kommen. Er ist in Brüssel vom Seil gefallen.
DER KÖNIG: Tot?
CHAUVELIN *nickt*: Das Seiltanzen ist eine gefährliche Angewohnheit. Nicht wahr, Bernis?
QUESNAY: Sonst etwas Besonderes auf dem Jahrmarkt?
CHAUVELIN: Ja.
DER KÖNIG: Was?
CHAUVELIN: Eine alte Frau, die aus der Hand liest.

Allgemeine Aufmerksamkeit.

CHAUVELIN: In einem kleinen schwarzen Zelt. Ich ging zum Spaß hinein.
POMPADOUR: Und wie kamen Sie heraus?
CHAUVELIN: Mir wird noch nachträglich schwach, wenn ich bedenke, was alles sie über meine Vergangenheit wußte!
QUESNAY: Die Ärmste! Wie mag *ihr* erst zumute gewesen sein!
DER KÖNIG *lachend*: Ist sie sehr rot geworden?
KAUNITZ: Es müßte verboten sein, in Versailles aus der Hand zu lesen!
BERNIS: Hat sie sich auch über Ihre geschätzte *Zukunft* geäußert?
CHAUVELIN: Was hat man von Prophezeiungen? Sie treffen ein, oder sie treffen nicht ein. Treffen sie ein, gibt es zwei Möglichkeiten. Wird etwas Schlimmes prophezeit – wozu soll man sich vorher ärgern? Wird etwas Schönes prophezeit – kann man sich später noch freuen, wenn man es vorher wuß-

te? Treffen die Prophezeiungen nicht ein, gibt es auch zwei Möglichkeiten. Wird irrtümlicherweise etwas Schlimmes gewahrsagt, ängstigt man sich umsonst. Wird fälschlicherweise etwas Schönes angekündigt, freut man sich vergeblich.

POMPADOUR: Wenn Chauvelin so lange redet, muß er viel zu verschweigen haben.

QUESNAY: Nun sagen Sie endlich, was Ihnen die alte Hexe vorhergesagt hat!

BERNIS: Werden Sie bereits als Kind sterben?

CHAUVELIN *schweigt und ißt.*

DER KÖNIG: Mach den Mund auf, Victor!

CHAUVELIN: Also – sie hat nicht gesagt, *wann* ich sterbe. Aber sie hat behauptet, daß ich zwei Tage früher an die Reihe kommen werde als ... als ...

POMPADOUR: Nun?

DER KÖNIG: Nun?

CHAUVELIN *zuckt die Achseln*: Als der zurzeit regierende Souverän von Frankreich!

DER KÖNIG *legt Messer und Gabel hin*: Als wer?

CHAUVELIN: Als Sie, Majestät!

DER KÖNIG *schweigt.*

BERNIS: Hoffentlich wird der Marquis von Chauvelin hundert Jahre alt!

KAUNITZ: Es wurde schon gesagt, daß nicht alle Prophezeiungen eintreffen.

CHAUVELIN: Wenn die alte Frau in meiner Zukunft annähernd so gut zu Haus ist wie in meiner Vergangenheit ...

DER KÖNIG *noch immer sehr betroffen*: Wer kommt früher an die Reihe?

CHAUVELIN: Ich natürlich, Sire. Ich weiß doch, was sich gehört!

DER KÖNIG: Zwei Tage später, hast du gesagt?

CHAUVELIN: Hat *sie* gesagt.

POMPADOUR: Majestät, wer wird denn im 18. Jahrhundert noch abergläubisch sein?

DER KÖNIG *ärgerlich*: Ich, Madame. Das können mir Ihre Enzyklopädisten nicht verbieten! Nicht einmal Herr Voltaire!

QUESNAY *zu Chauvelin*: Ich bin rüstig. Ich werde in Geduld

Ihr seliges Ende und *zum König* die folgenden zwei Tage abwarten. Sollte die alte Dame recht behalten, werde auch ich abergläubisch.

BERNIS: Schade, daß wir noch so lange warten müssen.

CHAUVELIN: Geben Sie, bitte, jede Hoffnung auf, daß ich mir, Ihnen zuliebe, heute nacht einen Dachziegel auf den Schädel fallen lasse!

BERNIS *abwehrend*: Nein, nein, Marquis, übereilen Sie unsertwegen nichts! Es hat Zeit.

DER KÖNIG *hockt dumpf und appetitlos vor seinem Teller.*

DIANA: Ob die Wahrsagerin recht hat, ist heute nicht zu entscheiden. Aber ob sie unrecht hat, läßt sich doch feststellen! *alle wenden ihr den Kopf zu* Dem Marquis von Chauvelin hat sie prophezeit, er stürbe zwei Tage vor dem König. Dann müßte sie dem König prophezeien, er stürbe zwei Tage nach dem Marquis von Chauvelin! *zum König* Sire, wenn Sie morgen auf den Jahrmarkt gehen …

DER KÖNIG *steht auf*: Morgen? – Bontemps, meinen Mantel!

DIANA *lächelnd*: Einen Augenblick! *zum König, der sich langsam wieder setzt* Sie darf natürlich nicht wissen, daß Sie der König sind!

DER KÖNIG: Nein! Ja. Aber …

QUESNAY: Nehmen Sie meinen Mantel, Sire! In meinem Mantel wird kein Mensch für einen König gehalten.

KAUNITZ: Und ziehen Sie den Hut tief in die Stirn, Sire!

DER KÖNIG *steht auf*: Also gut – Bontemps, Doktor Quesnays Mantel!

BONTEMPS *will links ab.*

CHAUVELIN: Bleiben Sie, Bontemps! *zum König* Darf ich den König von Frankreich bitten, wieder Platz zu nehmen?

DER KÖNIG *setzt sich langsam.*

CHAUVELIN: Sie können sich den Weg zum Jahrmarkt sparen.

POMPADOUR: Das finde ich auch.

CHAUVELIN: Ich habe meinen besonderen Grund, Madame. Ich habe die Sibylle mitgebracht. Sie wartet vor der Tür.

DER KÖNIG *klatscht in die Hände*: Bravo, Victor! *ängstlich* Herein mit der Hexe!

BONTEMPS *will links ab.*
BERNIS *ironisch*: Und daß ihr ja niemand verrät, daß der prächtig gekleidete Herr auf dem Thronsessel der König ist!
DIANA *lacht.*
DER KÖNIG *pfiffig*: Ich setz mich ganz einfach auf ein Taburett!
POMPADOUR: Und Graf Kaunitz setzt sich auf deinen Stuhl. *besinnt sich* Auf *Ihren* Stuhl, Sire!
DER KÖNIG *steht auf*: Kommen Sie, Graf! Schnell! *beide wechseln die Plätze.*
BERNIS: Ludwig XV. dankt endlich ab!
1. LAKAI *prustet vor Lachen, erschrickt darüber.*
DER KÖNIG *beleidigt zu Bontemps*: Schick die beiden Kerle hinaus!
BONTEMPS *winkt.*
DIE ZWEI LAKAIEN *eilen dienernd rechts ab.*
DER KÖNIG *auf Kaunitz' Teller blickend*: Sie haben ja meine Sauce gar nicht aufgegessen! *tunkt mit Kaunitz' Gabel die Sauce auf.*
QUESNAY: Nun müssen die Herren nur noch die Gesichter tauschen!
DIANA *lacht.*
CHAUVELIN: Bontemps, lauf ins Theater hinüber und hole uns *die Runde abzählend* sieben Masken!
BONTEMPS: Sofort! *durch die hintere Tür ab.*
DER KÖNIG: Man hätte doch der Alten nur die Augen zu verbinden brauchen!
DIANA *lächelnd*: Mit verbundenen Augen aus der Hand zu lesen, soll besonders schwer sein ...

Allgemeine Heiterkeit.

DER KÖNIG *stochert mürrisch in Kaunitz' Sauce herum.*
CHAUVELIN *ablenkend*: Gestern ist im Ministerrat über die Finanzlage gesprochen worden?
POMPADOUR: Gestern? Seit Jahren tun wir nichts anderes! Wir würden dem, der uns sagte, wie wir zu viel Geld kämen, viel Geld zahlen.

CHAUVELIN: Ich habe eine kleine Idee.
BERNIS: Na, na, Marquis.
CHAUVELIN: Wo bleibt das Geld? Wirklich bei *uns*? Oder beim Klerus? Es bleibt an den Steuerpächtern kleben, an den Weizenspekulanten, an den Geldverleihern. Diese Halunken kaufen sich Adelsbriefe. Denn sobald man adlig ist, braucht man keine Steuern mehr zu zahlen!
POMPADOUR: Die Adelsbriefe sind teuer.
CHAUVELIN: Die Leute kaufen sich mit *einer* Summe von allen Steuern los. Man sollte die in den letzten fünfzig oder hundert Jahren erteilten Adelsbriefe für ungültig erklären! Den auf diese Weise wieder zu Bürgern degradierten Herren blieben nur zwei Möglichkeiten.
QUESNAY *zu Bernis*: Er hat es heute mit den zwei Möglichkeiten.
CHAUVELIN: Entweder müßten sie wieder Steuern zahlen. Oder sie könnten sich gegen neue Gebühren neue Adelsbriefe erwerben.
POMPADOUR *zum König*: So etwas nennt Chauvelin eine »kleine« Idee!
DER KÖNIG *gleichgültig zur Pompadour*: Schlagen Sie die Sache dem Staatsrat vor!
BERNIS *zu Chauvelin*: Sie haben wirklich alle Talente außer dem einen: den richtigen Gebrauch davon zu machen!
CHAUVELIN: Ich bin untröstlich!
BONTEMPS *kommt durch die hintere Tür, mit sieben venezianischen Halbmasken in den Händen und einer vorm Gesicht.*
DER KÖNIG *munter*: Die Komödie kann beginnen!
BONTEMPS *verteilt die Masken.*

Man bindet sich die Masken vor die Gesichter.

CHAUVELIN *steht auf, geht nach links*: Ich hole rasch die Hauptperson. *links ab.*

Kleine Pause.

QUESNAY: Haben Majestät Angst?
DER KÖNIG *mißmutig*: So etwas fragt man Könige nicht!
BERNIS: Er fragt ja nur als Arzt.
DER KÖNIG: Könige dürften keine Ärzte brauchen.
BERNIS: Könige dürften nicht krank werden und nicht sterben.
QUESNAY: Der Tod ist ein Flegel.
DER KÖNIG *nervös*: Genug davon! *zu Kaunitz* Lieber Graf, ich bitte Sie, mich würdig zu vertreten.

Die linke Tür öffnet sich. CHAUVELIN *kommt zurück; ihm folgt* ODETTE GRAPIN, *eine sehr alte Frau, ärmlich gekleidet, ein Tuch um die Schultern. Sie schaut sich seelenruhig um.*

KAUNITZ: Der Name?
ODETTE *gelassen*: Odette, mein Herr. Odette Grapin.
POMPADOUR: Du sprichst mit dem König!
ODETTE *zuckt die Achseln, ergreift Chauvelins rechte Hand, schaut flüchtig hinein, läßt sie sinken*: Diese Hand kenne ich schon.
KAUNITZ *streckt seine Hand aus*: Hierher!
ODETTE: Geduld, Herr König. *geht langsam zu ihm* Die Zukunft tritt noch früh genug an Frankreichs Thron. *bleibt neben Kaunitz stehen, starrt auf die üppige Tafel* Die einen haben mehr Brot als Hunger; die anderen haben mehr Hunger als Brot. *nimmt Kaunitz' Hand, schaut hinein, lächelt, läßt die Hand fallen* Sie sind kein guter König – Sie sind kein schlechter König – mein Herr, Sie sind überhaupt kein König!

Bewegung unter den anderen.

ODETTE *schaut in die Hand der Pompadour*: Es gibt Menschen, die nicht eher hören, als bis man ihnen die Ohren abschneidet.
POMPADOUR *zuckt zusammen.*
ODETTE: Keine Bange! Um die hübschen kleinen Ohren wäre es ja auch zu schade! *nimmt Bernis' Hand* Um es in der

Welt zu etwas zu bringen, muß man tun, als habe man es zu
etwas gebracht.
BERNIS: So viel über meine Vergangenheit. Was ist mit der Zukunft?
ODETTE: Sie werden eines Tages Kardinal.
QUESNAY: Das hab ich ihm auch schon prophezeit!
ODETTE *läßt Bernis' Hand sinken*: Frömmer wird er auch als
Kardinal nicht werden. *ergreift die Hand des Königs* Eine
kräftige Hand, und trotzdem zittert sie. Man darf das Leben
nur um seiner selbst willen lieben, nicht aus Angst vor dem
Tode. Das ist unköniglich – König von Frankreich!

Starke Bewegung bei allen anderen.

ODETTE: Es bleibt dabei! Zwei Tage nach dem Spaßvogel dort
zeigt auf Chauvelin werden Sie sterben! *läßt Ludwigs Hand
fallen.*

Noch stärkere Bewegung.

DER KÖNIG *reißt die Maske von seinem Gesicht, ringt nach
Luft, stammelt*: Wein! *springt auf, hält sich am Tisch fest.*
BONTEMPS *gibt ihm zu trinken.*
DER KÖNIG *trinkt hastig, das Glas fällt ihm aus der Hand*:
Wann?
ODETTE *zuckt die Achseln*: Wer weiß?
DER KÖNIG *stampft auf*: Wann, will ich wissen!
ODETTE: Sie vertragen kaum, daß man Ihnen wahrsagt. Und da
soll Ihnen jemand die Wahrheit sagen? *wendet sich ab, geht
langsam zur linken Tür.*
DER KÖNIG *zu Bontemps*: Die Wache!
BONTEMPS *rennt zur linken Tür, reißt sie auf*: Die Wache! *versperrt Odette die Tür.*
DER KAPITÄN *der Schweizergarde kommt hereingestürzt, salutiert.*
DER KÖNIG *auf Odette zeigend*: In die Bastille!
DIANA *aufgebracht*: Sire!

DER KÖNIG *abwinkend*: Gut behandeln! Und noch besser bewachen!
CHAUVELIN *bittend*: Majestät, ist das Ihr Dank?
DER KÖNIG *zur Pompadour*: Man soll ihr tausend Louisdors ins Gefängnis schicken. *setzt sich wieder und trinkt erschöpft.*
CHAUVELIN *zu Odette*: Es tut mir leid.
ODETTE *lächelnd*: In Gefängnissen regnet und schneit es weniger als auf Jahrmärkten. – Er sperrt mich ein, weil er seine Angst nicht einsperren kann. *mit dem Kapitän ab.*

Schweigen.

CHAUVELIN *setzt sich und trinkt.*
DER KÖNIG *trocknet und fächelt sich die Stirn mit einem Spitzentuch.*
KAUNITZ *steht auf*: Sire, ich räume den Thron.
DER KÖNIG *erhebt sich müde, geht, während sich die anderen demaskieren, langsam zu seinem Stuhl, nimmt Platz.*
KAUNITZ *setzt sich.*
BONTEMPS *sammelt die Masken ein, geht damit durch die Hintertür ab.*
QUESNAY: Majestät! Mit dem Wunsch, es möge noch viele Jahre dauern, bis die seltsame Prophezeiung eintrifft oder nicht, sollten wir eine Sorge verknüpfen: die Sorge um Ihr Wohl! Sie haben noch nie auf Ihren Arzt gehört.
DER KÖNIG *melancholisch blickend*: Ich höre.
QUESNAY *langsam grob werdend*: Ob man das Leben, das Sie führen, moralisch oder unmoralisch nennt, kümmert mich nicht. Ich bin kein Pfaffe. Aber daß es geradezu vorbildlich ungesund ist, darf ich getrost behaupten. Sie *essen*, Majestät – bei jedem anderen Patienten müßte es unbedingt als »fressen« bezeichnet werden! Sie *trinken*, Majestät – zu jedem anderen Franzosen könnte ich höchstens »saufen« sagen! Und mit den *Weibern* ...
POMPADOUR *warnend*: Doktor!
QUESNAY: Mit den *Frauen* halten Sie's ...

POMPADOUR *wie oben*: Doktor!
QUESNAY: Mit den *Damen* ludern Majestät in einer Weise herum, daß man vom bloßen Zusehen ohnmächtig zusammenbrechen könnte!
DER KÖNIG *lächelt geschmeichelt.*
QUESNAY *onkelhaft zuredend*: Wir werden ein neues Leben beginnen, ja? Reizlose Kost; wenig Fleisch; kein Gewürz; keinen Wein; keinen Tabak; keinen Kaffee; dafür Brunnenwasser aus den Bädern von Spa; früh aus den Federn; kleine Spaziergänge; eine Stunde Mittagsruhe; zeitig des Abends ins Bett, hübsch allein, versteht sich, Baldriantee macht *auch* müde ...
DER KÖNIG *wütend*: So? Und er? *auf Chauvelin zeigend* Er darf weiterfressen und weitersaufen und ...
POMPADOUR *streng*: Majestät!
QUESNAY: Der Marquis von Chauvelin ist gesund wie ein Pferd.
DER KÖNIG: Warum stirbt er dann zwei Tage früher?
BONTEMPS *kommt leise wieder zurück.*
DIANA *lächelnd*: Wenn die alte Frau *mir* prophezeit hätte, wäre ich weniger um meine eigene Gesundheit als um die des anderen besorgt!

Allgemeine Aufmerksamkeit.

DIANA: Wenn er noch zehn Jahre lebt, lebe ich zehn Jahre und zwei Tage. Wenn er noch dreißig Jahre lebt, lebe ich dreißig Jahre und zwei Tage.
CHAUVELIN *starrt Diana an.*
DER KÖNIG *steht erregt auf, ein breites Lächeln geht über sein kummervolles Gesicht*: Natürlich! *reckt sich vor Erleichterung; laut* Es geht ja gar nicht um mich! *tritt zu Chauvelin* Es geht um dich, mein Junge! *schlägt ihm auf die Schulter.*
CHAUVELIN *zuckt zusammen.*
DER KÖNIG: Doktor Quesnay, mein Wohlergehen hängt ab heute nicht mehr von mir, sondern vom Befinden des Herrn von Chauvelin ab! Mein Leben verlängert sich mit dem seinen! *reibt sich die Hände, nimmt Chauvelins Glas, trinkt es*

aus Bontemps, der Marquis bekommt ab heute keinen Tropfen Wein mehr! Meine Gesundheit verlangt es! *hält ihm das Glas hin.*

BONTEMPS: Sehr wohl, Sire! *schenkt ihm nach.*

DER KÖNIG *lachend*: Lang lebe der Marquis von Chauvelin! *trinkt das volle Glas leer.*

POMPADOUR, KAUNITZ *und* BERNIS *trinken Chauvelin ironisch zu.*

DIANA *hält den Kopf gesenkt.*

DER KÖNIG *gefühlvoll*: Victor! Ich bitte dich in aller Form, dein Leben ab heute meiner Gesundheit zu widmen!

CHAUVELIN: Ich denke ja gar nicht daran!

POMPADOUR *ironisch*: Im Staatsinteresse!

DER KÖNIG: Wärst du bereit, für deinen König zu sterben?

CHAUVELIN: Die meisten Chauvelins sind für Frankreichs Könige gestorben!

DER KÖNIG: Siehst du! Und *ich* verlange nicht einmal, daß du für mich stirbst. Ich bitte dich, daß du für mich *lebst.*

CHAUVELIN: Leben will ich für *mich*! Wie es *mir* paßt! – Wasser aus Spa soll ich saufen? Und Baldriantee? Pfui Teufel! *ergreift ein leeres Glas, hält es Bontemps hin* Wein!

BONTEMPS *schielt zum König hin.*

DER KÖNIG *kalt*: Keinen Tropfen!

CHAUVELIN *schmeißt das Glas an die Wand.*

DER KÖNIG *bettelnd*: Victor, tu's aus Freundschaft!

CHAUVELIN *wütend*: Nein!

DER KÖNIG *ernst*: Ich appelliere an dein nationales Pflichtgefühl. *streng* An den Gehorsam, den du als Edelmann dem König schuldest!

CHAUVELIN: Nein, Majestät, niemals! – Ich bitte, auf der Stelle das Schloß verlassen zu dürfen!

DER KÖNIG *erschrocken*: Was fällt dir ein! *spielt sich zur linken Tür* Wo willst du hin? Dein Leben ist mir viel zu kostbar geworden! *reißt die Tür auf* Kapitän! *zu Chauvelin* Wenn du kein Einsehen hast, werde ich dich *zwingen*!

KAPITÄN *tritt ein, salutiert*: Die alte Frau befindet sich auf dem Weg in die Bastille.

DER KÖNIG: Wie? Ach so. Schon gut. – Herr von Chauvelin wird unverzüglich in einer Kutsche nach Schloß Choisy gebracht! Nehmen Sie zehn Schweizer zu seiner Bewachung mit!

KAPITÄN *verblüfft*: Majestät!

DER KÖNIG: Sie bürgen mit Ihrem Kopf, daß er nicht entflieht.

KAPITÄN: Zu Befehl! *tritt hinter Chauvelin, zieht eine Pistole aus dem Gürtel.*

DER KÖNIG *entsetzt*: Sind Sie verrückt? *schlägt ihm die Pistole aus der Hand* Wer ihm auch nur ein Haar krümmt, wird gehenkt! *etwas ruhiger* Das Sicherste wird sein, Sie fesseln ihn.

KAPITÄN *martialisch*: Zu Befehl, fesseln!

DER KÖNIG *besorgt*: Fesseln, aber nicht wehtun! *zu Quesnay* Doktor, Sie begleiten den Marquis.

QUESNAY *steht verblüfft auf*: Ich?

DER KÖNIG: Ich vertraue Ihnen seine Gesundheit an.

QUESNAY: Er *ist* ja gesund!

DER KÖNIG: Dann machen Sie ihn *noch* gesünder! Keine Widerrede! Sie sollen den gesündesten Menschen aus ihm machen, den es je gegeben hat! *zu Bontemps* Bontemps, du begleitest die Herren! Du sorgst dafür, daß der Marquis die Vorschriften Doktor Quesnays genau befolgt! Essen, trinken und so weiter …

BONTEMPS: Sehr wohl, Sire!

BERNIS: Vor allem »und so weiter«.

QUESNAY: Wie lange sollen wir in Choisy bleiben?

DER KÖNIG *erstaunt*: Wie lange? – Solange er lebt!

CHAUVELIN: Platz! *will durch die Tür entfliehen.*

KAPITÄN *hält ihn am Zopf fest.*

CHAUVELIN: Au!

DER KÖNIG *wütend zum Kapitän*: Sie sollen ihm nicht wehtun!

KAPITÄN: Zu Befehl! *öffnet die Tür.*

DER KÖNIG: Wo wollen Sie hin?

KAPITÄN: Stricke holen, Sire!

DER KÖNIG: Das ist gut.

KAPITÄN *ab.*

CHAUVELIN: Es schreit zum Himmel! Wenn du mich einsperren läßt, spring ich aus dem Fenster!
DER KÖNIG: Um Gottes willen! *aufgeregt zu Quesnay* Er wird im Parterre untergebracht!
CHAUVELIN: Ich renne mit dem Schädel gegen die Wand!
DER KÖNIG *zapplig*: Er wird Tag und Nacht bewacht! Messer und andere scharfe Gegenstände dürfen nirgendwo herumliegen!
BONTEMPS *neugierig*: Womit soll der Marquis denn essen?
DER KÖNIG *eifrig*: Füttert ihn! Kordeln, Schnüre und andere gefährliche Dinge sind aus seiner Nähe zu entfernen! Glas, Porzellan und Schnitzereien – aus seinen Augen! Feuerzangen, Kerzen, Federkiele, Halstücher – fort damit! *trocknet sich die Stirn* Man muß an so vieles denken! Einen Stuhl!
BONTEMPS *schiebt dem König einen Stuhl unter.*
DER KÖNIG *setzt sich.*
DIANA *schüchtern*: Ich fürchte, Marquis, daß ich an alledem schuld bin ...
CHAUVELIN *verbittert*: Und Sie hab ich nett gefunden! *kehrt ihr den Rücken.*
DER KÖNIG *sanft und besorgt*: Ich flehe dich an, Victor, reg dich nicht auf. Es könnte meiner Gesundheit schaden!
CHAUVELIN *mit geballten Fäusten*: Du Narr! Du Egoist! Du Feigling!
POMPADOUR: Marquis!
DER KÖNIG *ist aufgesprungen*: Das hat mir noch keiner gesagt!
CHAUVELIN: Dann wurde es höchste Zeit! – Nun, laß mich doch hängen! Rädern! Tranchieren!
DER KÖNIG *winkt ab; bauernschlau*: Ich bin doch kein Selbstmörder! *zu Quesnay* Eine Ihrer Aufgaben wird es sein, mir täglich durch Kurierstafette ausführlichen Bericht über das Befinden des Herrn von Chauvelin zukommen zu lassen!
KAPITÄN *kommt mit zwei Schweizern zurück, die Stricke tragen.*
DER KÖNIG *zu Chauvelin*: Ich werde öfters nach Choisy kommen, um mich persönlich davon zu überzeugen, wie es – *mir* geht. *lacht boshaft.*

CHAUVELIN *zieht den Degen, als sich die zwei Soldaten mit ihren Stricken nähern*: Untersteht euch!
DER KÖNIG: Gib den Degen her, und dir bleiben die Stricke erspart.
QUESNAY *ermunternd zu dem zögernden Chauvelin*: Marquis! Was überlegen Sie noch!
CHAUVELIN *übergibt dem Kapitän den Degen.*
DER KÖNIG: So ist's recht! *zu den Schweizern* Ob der Marquis sich etwas antut; ob ihr ihm etwas antut – ich beneide euch nicht sonderlich. *hält Chauvelin die Hand hin* Victor!
CHAUVELIN *wendet sich brüsk ab und geht auf die linke Tür zu.*
DER KÖNIG *zuckt die Achseln; dann zu Quesnay, Kapitän und Bontemps*: Es handelt sich um Ihre Köpfe, meine Herren! *winkt gnädig.*
DIE DREI *verneigen sich förmlich und gehen mit Chauvelin links ab.*
DER KÖNIG *atmet erleichtert auf, spaziert, sich die Hände reibend, zur Tafel, packt den Weinkrug*: Auf mein Wohl! *trinkt durstig, setzt ab, fragt, sich den Mund wischend* Wie finden Sie die Lösung, Bernis?
BERNIS: Nicht einmal Ihr Kollege Salomo hätte weiser urteilen können, Sire!
DER KÖNIG: Nicht wahr?
DIANA: Sich selber freisprechen ist keine große Kunst.
DER KÖNIG: So? Und von wem stammt der Einfall, hm?
DIANA: Es war ein dummer Einfall.
DER KÖNIG: Der Einfall war großartig! *setzt den Krug wieder an, läßt ihn enttäuscht sinken* Leer? Bontemps! Ach so – ich gehe selber. *eilig rechts ab.*
POMPADOUR *nach kurzer Verlegenheitspause*: Graf Kaunitz?
KAUNITZ: Madame?
POMPADOUR: Ich möchte Sie bitten, diesen Abend zu vergessen.
KAUNITZ *gespielt erschrocken*: Warum? Ich habe Frau von Pompadour auf der Bühne glänzen sehen. Ich habe ausgezeichnet gespeist und getrunken. Es wäre äußerst undankbar, dergleichen zu vergessen!

POMPADOUR: Der König war etwas aufgeregt.
KAUNITZ: Wer ist das nicht, hin und wieder?
BERNIS: Menschen, die man nur halb kennt, kennt man überhaupt nicht.
KAUNITZ: Deswegen sind Sie mir also ein Rätsel, Herr von Bernis?
POMPADOUR *lacht leise*: Bei Bernis ist die Sache verzwickter! Wer ihn ganz kennt, kennt ihn nur zur Hälfte!
BERNIS *lächelnd*: In der Tat! Mir geht es manchmal selber so!
KAUNITZ: Marquise, Ihr Herr Außenminister ist sehr offenherzig!
POMPADOUR: Er gesteht seine kleinen Fehler gelegentlich ein, damit man glauben soll, er habe keine größeren.

Kaunitz und Bernis lachen.

POMPADOUR *zu Diana*: Noch immer so niedergeschlagen, meine Liebe?
BERNIS: Sie macht sich Vorwürfe. Der arme Chauvelin tut ihr noch immer leid.
KAUNITZ: Geben Sie auf Ihr Herz acht, schönes Fräulein! Die gefährliche Krankheit, die man Liebe nennt, beginnt, besonders bei jungen Mädchen, oft ganz harmlos.
POMPADOUR *zu Diana*: Lassen Sie sich nicht ängstigen! Mit der Liebe ist es wie mit den Gespenstern. Alle sprechen davon. Aber niemand hat sie gesehen.

Die Tür öffnet sich. Der 2. LAKAI *kommt mit einem Weinkrug und beginnt einzuschenken.*

2. LAKAI: Eine Empfehlung von Seiner Majestät. Die Herrschaften sollen sich nicht stören lassen.
POMPADOUR *erstaunt*: Wo ist denn der König?
2. LAKAI: In der Küche, Frau Marquise.
BERNIS: Kocht er schon wieder?
2. LAKAI: Nein. Er läßt sich ein neues Gänseleberrezept erklären.

POMPADOUR: Von wem denn?

2. LAKAI: Wir haben ein neues Küchenmädchen. Aus Straßburg.

KAUNITZ *amüsiert*: Ist sie hübsch?

2. LAKAI *zuckt die Achseln*: Mir wäre sie zu kompakt.

BERNIS: Ein neues Rezept. Ein neues Küchenmädchen. Die Pastete kann sich sehr in die Länge ziehen.

DIANA *erhebt sich hastig; zur Pompadour*: Darf ich auf mein Zimmer gehen? Ich bin müde.

POMPADOUR: Aber gewiß, meine Liebe. *lächelnd* Ihnen war heute abend zuviel von Pasteten die Rede, nicht wahr? Schlafen Sie gut!

DIANA *verbeugt sich formell, geht schnell links ab.*

POMPADOUR *zum Lakaien*: Wir brauchen Sie nicht mehr.

2. LAKAI *verneigt sich tief und geht rechts ab.*

BERNIS *benutzt die folgende Gesprächspause, um ein Konfekt zu naschen; faltet dann die Hände über der Soutane und mustert die anderen beiden schlau.*

POMPADOUR *sehr ruhig und sachlich*: Ohne Umschweife, Bernis – Graf Kaunitz und mir liegt daran, daß das österreichisch-französische Bündnis, mit militärischen Geheimklauseln gegen Preußen und England, schleunigst zustande kommt.

BERNIS *lächelnd*: *Gegen* meine Stimme?

KAUNITZ *ungeduldig*: Das kostet nur Zeit!

BERNIS: Mit meiner Stimme?

KAUNITZ *nickend*: Das kostet nur Geld!

BERNIS: Ich werde mir die Angelegenheit in Ruhe überlegen.

POMPADOUR *zu Kaunitz*: Für Geld ist Bernis zu allem fähig.

BERNIS *salbungsvoll*: Sogar zu einer guten Tat!

VORHANG

DIE SCHULE DER DIKTATOREN
Eine Komödie

Vorbemerkung

Dieses Buch ist ein Theaterstück, und der Plan hierzu ist zwanzig Jahre alt. Damals wurden viele, mit ihnen der Autor, um alle Hoffnungen ärmer und um eine Erfahrung reicher. Sie erfuhren, am deutschen Beispiel, daß sich der Mensch, unter Beibehaltung seiner fotografischen Ähnlichkeit, bis zur Unkenntlichkeit verunstalten läßt. Dressierte Hunde, auf den Hinterbeinen hüpfend und in Puppenkleidern, wirken abscheulich genug, – aber der dressierte, seine Würde und sein Gewissen apportierende, der als Mensch verkleidete Mensch ist der schrecklichste Anblick. Und obwohl er jeder Beschreibung spottet, wurde versucht, ihn zu beschreiben.

Dieses Buch ist ein Theaterstück und könnte für eine Satire gehalten werden. Es ist keine Satire, sondern zeigt den Menschen, der sein Zerrbild eingeholt hat, ohne Übertreibung. Sein Zerrbild ist sein Porträt. Kann ein solches Stück herkömmlich dankbare Rollen haben? Nein. Einen nuancierenden, die Figuren unterscheidenden Dialog? Nein. Eine Entwicklung der Charaktere? Nein. Tragische Konflikte? Nein! Dergleichen läßt der degradierte, der auf den Hinterbeinen tanzende Mensch nicht zu. Größe und Schuld, Leid und Läuterung, Wahrzeichen einer edlen Dramaturgie, liegen im Staub. Man muß es beklagen, doch zuvor muß man es bemerken.

Dieses Buch ist ein Theaterstück und zwar, wollte man es etikettieren, eine Haupt- und Staatsaktion. Eine blutig burleske Diktatur wird durch eine tugendhafte Rebellion beseitigt. Dann wird der Rebell ermordet, und die nächste Diktatur etabliert sich. Er war für sie nur das Vehikel. Er war ihr Trojanischer Esel. – Zwei Regierungen werden gestürzt, und beide nach den klassischen Regeln des Staatsstreichs. Doch zu den alten gesellen sich neue Methoden. Auch der Bürgerkrieg kennt moderne Waffen. Sprach früher ein Tribun zu fünftausend Männern, so sprach er zu fünftausend Männern. Spricht er heute zu zehn Millionen, so spricht er entweder zu zehn Millionen oder, wenn in der Tonkabine an einem Knopf gedreht wird, zu niemandem. Er ist besiegt und weiß es nicht. Er glaubt zu leben und ist tot. Die Technik des Staatsstreichs hat mit dem Staatsstreich der Technik zu rechnen.

Dieses Buch ist ein Theaterstück und hat ein Anliegen. Der Plan ist zwanzig Jahre alt, das Anliegen älter und das Thema, leider, nicht veraltet. Es gibt chronische Aktualitäten.

München 1956 *Erich Kästner*

PERSONEN

Der Kriegsminister
Der Premier
Der Leibarzt
Der Professor
Der Inspektor
Der Präsident
Seine Frau
Sein Sohn
Der Major
Der Stadtkommandant
Der Vierte
Der Fünfte
Der Sechste
Der Siebente
Der Achte
Der Neunte
Paula
Doris
Stella
Eine Wirtin
Ein Matrose
Ein Hausierer
Ein Buchhalter
Ein Halbwüchsiger
Ein junges Mädchen
Der Nuntius
Der Doyen

Der Zehnte, der Elfte, der Zwölfte, der Dreizehnte, der Vierzehnte, ein Panzerleutnant, ein Unteroffizier, zwei Soldaten.

Das erste Bild

Saal in modernisiertem Palast. Feierlicher Staatsakt. Mikrophone. Blumen. Embleme. Auf thronähnlichem Sessel der PRÄSIDENT, *mit Gehrock, Ordensband, Schnurr- und Backenbart. (Nötiger Hinweis: Haar- und Barttracht dürfen, um von Sache und Sinn nicht abzulenken, keinesfalls Erinnerungen an Figuren der neueren Geschichte wachrufen.) In angemessenem Abstande, nicht erhöht, sitzen die* GATTIN *des Präsidenten und der* SOHN. *Sie: üppig, späte Reize, in Pose. Er: jung, gebildet, scheinbar uninteressiert, ernst.*

Auf der einen Bühnenseite, stehend, livrierte DIPLOMATIE. *An ihrer Spitze der* DOYEN *und der* NUNTIUS.

Auf der anderen Bühnenseite der KRIEGSMINISTER, *im Rollstuhl, voller Orden, ohne Beine. Neben ihm, stehend, der* LEIBARZT *und, in Galauniform, der* STADTKOMMANDANT. *Der Leibarzt: rundlich, jovial. Der Stadtkommandant: kühler Generalstäbler.*

Neben den offenen Flügeln des Balkons der INSPEKTOR, *Majordomus des Präsidialhaushalts, Herr der Diener, Diener jedes Herrn. Vor dem Präsidenten, in der Bühnenmitte, an einem der Mikrophone, der* PREMIER- *und Innenminister. Man hört seine Ansprache, wie später die Antwort des Präsidenten, zwiefach: einmal direkt, zweitens, leicht nachklappend, vom offenen Balkon her, durch die Lautsprecher auf dem Großen Platz. Der Premier spricht ohne Konzept.*

PREMIER *am Schlusse seiner Rede*: Kabinett, Senat und Volk – das heißt, alle außer einem – bitten ihren Präsidenten und das heißt, eben diesen Einen – bitten und bestürmen ihn, den Neugestalter unseres Staates, sein schweres Amt auf Lebenszeit ausüben zu wollen. Dieser bis auf seine Stimme einstimmige Wunsch bedarf, das weiß jeder, keiner Abstimmung und Zählung. Die Wahlurne wartet nur noch auf *ein* Votum, auf das seine. Freilich, die Unabsetzbarkeit, die wir als unwiederholbare Ehrung meinen, ist im Grunde, wir wissen es, eine Bürde ohne Grenze, eine Zumutung bis ans Grab. Wenn wir ihn, den Einen, trotzdem bitten und bestürmen, so nur, weil ohne ihn Volk und Staat ohne Kopf und Hand wären. Im Zeitalter des Absolutismus durfte ein König von sich sagen, der Staat sei *er*. Das war eine Lüge ins Gesicht der Geschichte, und fürstliche Anmaßung war es obendrein. Erst wenn wir den Satz aufgreifen, die Regierten statt des Regenten, empfängt er, endlich, Sinn und Würde. So verstanden, wollen wir unsere allstimmige Bitte, den Artikel über Ihre Unabsetzbarkeit durch Ihr Ja zu ratifizieren, in dem Ruf ausklingen lassen: Der Staat, unser Staat, sind *Sie! verneigt sich tief, tritt zum Kriegsminister, der ihm kernig die Hand drückt.*

INSPEKTOR *hat beizeiten am Balkon ein Zeichen nach draußen gegeben.*

SPRECHCHÖRE *mechanische, einstudierte Begeisterung der Massen auf dem Großen Platz*: Präsident – sag Ja! Präsident – sag Ja! Der Staat – bist Du! Der Staat – bist Du!

PRÄSIDENT *zieht langsam sein Manuskript aus der Brusttasche.*

INSPEKTOR *gibt ein zweites Zeichen. Die Sprechchöre verebben. Draußen und im Saal tiefe Stille.*

PRÄSIDENT *liest, sitzend und ins Mikrophon sprechend, die Rede ab. Pausen zwischen den Sätzen. Tonart markig. Bei Steigerungen prahlend*: Ich bin bekanntlich kein Freund vieler Worte. Ich ziehe es vor, Taten sprechen zu lassen. Die Welt weiß das. Ich habe nicht die Absicht, meinen Jargon zu wechseln. Die Weltgeschichte wird es eines Tages wissen. Manches haben wir im Lauf der Jahre durch die knappe, international verständliche Sprache der Taten erreicht. Die Freunde achten uns. Die Feinde fürchten uns. Das ist in unserem verfehlten Jahrhundert keine Selbstverständlichkeit mehr. Nicht *in* den Staaten. Nicht *zwischen* den Staaten. Wir haben unsere Grenzen ausgedehnt. Nicht etwa, um unsere Macht zu beweisen. Wirkliche Macht hält keine Manöver ab. Sondern um abgesprengte Teile unseres Volkes heimzuholen. Im Land herrschen Ruhe und Einmütigkeit. Es bedurfte keiner Überredung. Das Volk wurde überzeugt. Noch gibt es vereinzelte Widersacher. Neinsager aus Profession und Verräter in fremdem Sold und Auftrag. Aber sie hocken im Mauseloch der Angst. Ein Schritt, ein Satz genügt, und sie sitzen in der Falle. Mauseloch oder Mausefalle, die Leute haben die Wahl. Diese und keine andre. Man lasse es sich gesagt sein. Die Arbeit wurde erst halb getan. Ganze Arbeit ist nötig. Wer soll sie leisten? Wer kann sie leisten? Verantwortung ist unteilbar. Pflichtgefühl kennt, außer dem letzten Stündchen, keine Termine. Gegen das Amt und die Ehre, zu denen man mich auf Lebenszeit verurteilt hat, gibt es, vor Volk und Geschichte, keine Berufungsinstanz. Ich danke also für die schwere Last, die man mir hier und heute aufbürdet. Ich nehme Amt, Ehre und Bürde an!

INSPEKTOR *gibt einen Wink nach draußen.*
SPRECHCHÖRE *wieder in konfektionierter Begeisterung*: Hoch! Hoch! Hoch! Präsident – hab Dank! Präsident – hab Dank!

Von fern Kanonensalut.

KRIEGSMINISTER *schaut auf die Armbanduhr, nickt dem Stadtkommandanten befriedigt zu.*
PRÄSIDENT *steckt das Manuskript in die Brusttasche zurück.*
SPRECHCHÖRE: Wir wollen – den Präsidenten – sehn! Wir wollen – den Präsidenten – sehn! Präsidenten – sehn! … denten – sehn!
PRÄSIDENT *steht auf und steigt vom Podium.*
GATTIN *und* SOHN *erheben sich.*
PRÄSIDENT *reicht der Gattin den Arm. Beide, hinter ihnen der Sohn, schreiten dem Balkon zu.*
DIPLOMATIE *verneigt sich konventionell.*
INSPEKTOR *gibt nach draußen ein Zeichen.*

Auf dem Großen Platz tritt Totenstille ein.

PRÄSIDENT *geht, um besser gesehen zu werden und um winken zu können, einen weiteren Schritt vor.*

Von draußen ein peitschender Schuß.

PRÄSIDENT *taumelt, greift sich ins Gesicht.*

Gleichzeitig Leibarzt läuft zum Präsidenten, untersucht die Wunde. Auf dem Großen Platz Tumult. Der Kriegsminister blickt den Stadtkommandanten ärgerlich an.

STADTKOMMANDANT *eilig ab.*
INSPEKTOR *ruft in den Saal*: Ein Mann auf dem Dach der Akademie! *Gewehrsalven. Inspektor meldet laut* Er fällt. Hält sich an der Dachrinne fest. *Draußen ein Aufschrei* Erledigt.
LEIBARZT: Nur ein Streifschuß. Belanglose Fleischwunde. *zur Gattin des Präsidenten, sie an ihre Pflichten erinnernd* Es besteht kein Grund zu ernstlichen Besorgnissen.
GATTIN *gespielt teilnahmsvoll*: Gott sei Dank.
DOYEN *zum Nuntius*: Ein schlechter Schütze.
NUNTIUS: Das käme auf seinen Auftrag an.
PREMIER *ist zum Präsidenten getreten*: Ich beglückwünsche Sie und uns!
PRÄSIDENT *wütend*: Ein schöner Geburtstag!
DOYEN *zum Nuntius*: Meine Regierung wird sehr betroffen sein.
NUNTIUS: Der Vatikan auch.
DOYEN: Worüber, Exzellenz?
NUNTIUS: Es ist nicht das erste Attentat auf ihn.
DOYEN: Er hat die Angewohnheit, die Attentäter zu überleben.
NUNTIUS: Eine schlechte Angewohnheit. Für seine Feinde.
LEIBARZT *zum Präsidenten*: Ich verordne Ihnen Bettruhe. Sie müssen sich schonen.
KRIEGSMINISTER *ruft vom Rollstuhl aus*: Der Premierminister sollte kurz zur Menge sprechen!
PREMIER: Kurz und unmißverständlich *(will zu einem der Mikrophone).*

PRÄSIDENT *hält ihn zurück, macht sich vom Leibarzt los und tritt selber vor ein Mikrophon.*
PREMIER *gibt nur widerwillig nach. Man tauscht hinterm Rücken des Präsidenten betroffene Blicke.*
PRÄSIDENT *gar nicht mehr in Stil und Ton seiner vorigen Ansprache*: Hier spricht der Präsident. Es ist nur ein Kratzer. Der Täter ist tot. Nicht ich. Es sollte wohl so sein. Und nicht zum ersten Male. Wäre ja auch ein schlechter Witz gewesen, wenn ich meine Ernennung auf Lebenszeit nur eine Minute überlebt hätte. Und schlechte Witze mag ich nicht. Immerhin, ich will meinem Glück nicht undankbar sein. *(holt tief Luft)* Anläßlich meines Geburtstags, meiner Ernennung, meiner Errettung, sowie im vollen Vertrauen auf die staatlichen Sicherungen amnestiere ich hiermit tausend politische Gefangene. Die näheren Ausführungen wird der Justizminister bekanntgeben.

Draußen spärliche, schüchterne Hochrufe.

PRÄSIDENT *abwinkend*: Schon gut, schon gut! Und geht nach Hause! *(klopft der zusammenzuckenden Gattin selbstzufrieden auf die Schulter und nimmt ihren Arm.)*
KRIEGSMINISTER, PREMIER und LEIBARZT *beherrschen sich nach Kräften. Die Balkontüren schließen sich automatisch.*
NUNTIUS *zum Doyen*: Seit wann ist er großmütig?
DOYEN: Hoffentlich ist es kein Irrtum. *(tritt zum Präsidenten)* Exzellenz, das Ausland beglückwünscht Sie durch mich, den Doyen seiner diplomatischen Vertreter, vierfach, – zum Geburtstag, zur Ernennung auf Lebenszeit, zu Ihrer Errettung und zu der von Ihnen verkündeten großherzigen Amnestie.
PRÄSIDENT: Ich danke Ihnen, Exzellenz. Ich danke dem gesamten Diplomatischen Corps. Großherzig, sagen Sie? Das ist übertrieben. Tausend Gefangene? Wir haben genug von der Sorte. *gibt dem Doyen die Hand.*
DIPLOMATEN *verbeugen sich gemessen und gehen durch die sich automatisch öffnende Tür ab. Die Tür schließt sich hinter ihnen.*

GATTIN *tritt jetzt voller Abscheu vom Präsidenten weg.*
KRIEGSMINISTER *wütend*: Eine Seele von Mensch, unser Herr Präsident! Die Güte selbst! Pastor hätten Sie werden sollen!
PRÄSIDENT *ängstlich und ärgerlich zugleich*: Milde nach einem Attentat macht immer Eindruck.
PREMIER: Wir danken für die nachträgliche Belehrung.
KRIEGSMINISTER *eiskalt*: Stand die Amnestie in dem Manuskript?
PRÄSIDENT *stampft mit dem Fuß auf*: Das Attentat stand auch nicht auf Ihrem Wisch! Ich bin es nicht gewöhnt, daß man auf mich schießt, während ich auf Balkons stehe!
LEIBARZT *besänftigend*: Aber meine Herren! Seine Erregung ist begreiflich. *zum Präsidenten* Ich mache Ihnen nachher eine Injektion. Mit Wundfieber ist nicht zu spaßen. *mit einer Kopfbewegung zum Inspektor* Bringen Sie ihn fort!
INSPEKTOR *packt den Präsidenten resolut am Arm.*
PRÄSIDENT *zögert.*
INSPEKTOR *ironisch*: Nach Ihnen, Herr Präsident!

Beide durch die automatisch regulierten Türen ab.

KRIEGSMINISTER: Man sollte den Kerl backpfeifen.
GATTIN: Es ist empörend! Nächstens haut er mir, vor aller Welt, eins hintendrauf! Als mein Mann noch lebte …
KRIEGSMINISTER: … waren Sie nicht so empfindlich.
LEIBARZT: Die Repräsentationspflichten der letzten Monate waren recht aufreibend. Wir sollten die hochverehrte Gattin unseres hochverehrten Präsidenten wieder einmal in die Natur schicken.
GATTIN *enchantiert*: Bravo, Doktor! Ich möchte nach Nizza.
PREMIER: Wir möchten das weniger. Es ist ein bißchen weit.
LEIBARZT: Soviel Natur wie im Hotel »Negresco« gibt's hierzulande auch.
KRIEGSMINISTER: Ich attachiere Ihnen einen jungen Major von der Kriegsschule, dem man diesbezüglich nichts vorwerfen kann.
GATTIN: Sie verspätetes Ferkel! Als mein Mann noch lebte, hätten Sie mir so etwas nicht ins Gesicht gesagt!

KRIEGSMINISTER: Nein, meine Beste! Ins Gesicht nicht.

GATTIN: Er hätte das, was von Ihrer Figur übriggeblieben ist, verkehrt aufhängen lassen!

KRIEGSMINISTER: Sicher. Er hätte. Aber mir riß es damals nur die Beine ab und ihm den Kopf. Sogar Bomben und Höllenmaschinen sind ungerecht. Man muß sich damit abfinden.

GATTIN: Diese nachgemachten Kerle, mit denen ihr mich seitdem garniert! Diese ...

PREMIER: Das Staatsinteresse verlangte es, daß Ihr Mann seinen Tod überlebte.

GATTIN *lachend*: Das Staatsinteresse?

KRIEGSMINISTER: Hören Sie gut zu, Madame! Es war nicht ganz einfach, einen toten Diktator nachzumachen. Seine Frau durchzupausen, dürfte erheblich leichter sein.

PREMIER: Das ist anzunehmen.

PRÄSIDENTIN *weicht erschrocken zurück*.

LEIBARZT *gemütlich*: Sie lassen die Koffer packen und fahren ins Bad. Das Attentat hat Ihre Nerven angegriffen. Die Presse und die Zeitungsabonnenten haben ein Herz für dergleichen.

KRIEGSMINISTER: Der Major reist in Ihrer Suite. Er wird Ihren Nerven guttun. Außerdem hat er aufzupassen, daß Sie keine Dummheiten machen. Außer mit ihm.

STADTKOMMANDANT *kommt eilig in den Saal*.

KRIEGSMINISTER: Nun?

STADTKOMMANDANT: Es war ein Student der Technischen Hochschule. Wadenschuß. Fiel vom Dach. Bruch der Schädelbasis. Der Portier der Akademie wurde verhaftet.

PREMIER: Die Angehörigen und Freunde des Studenten?

STADTKOMMANDANT: Alles Erforderliche wurde angeordnet.

KRIEGSMINISTER: Ausnahmezustand?

STADTKOMMANDANT: Ich möchte abraten. Die schärfsten Maßnahmen stumpfen am leichtesten ab.

PREMIER *nach kurzem Blick auf den Kriegsminister*: Also gut.

KRIEGSMINISTER: Danke, General.

STADTKOMMANDANT *salutiert und geht ab*.

KRIEGSMINISTER: Wieder ein Student! Bildung ist staatsgefährlich.

LEIBARZT *gutgelaunt*: Medizin hat zum Glück nichts mit Bildung zu tun.
PREMIER *zum Sohn des Präsidenten*: Werden Sie Ihre Frau Mutter begleiten?
SOHN: Ich bliebe lieber in der Hauptstadt.
PREMIER: Wie Sie wünschen.
KRIEGSMINISTER *zum Sohn*: Neulich hab ich geträumt, Sie hätten gegenüber der Universität einen Buchladen eröffnet. Auf dem Schild stand: »Inhaber – der Sohn des Präsidenten«. Ich konnte kaum wieder einschlafen.
SOHN *höflich*: Es war *Ihr* Traum, Herr Minister. Ich träume fast nie.
LEIBARZT: Nachts, meinen Sie.
SOHN *lächelt konventionell*.
PREMIER: Die Mutter reist. Der Sohn bleibt.
KRIEGSMINISTER *dreht sein Fahrzeug herum. Die Hebelgriffe stellen Säbelkörbe dar*: Und was wird mit dem Präsidenten? Ich bin seinetwegen in Sorge.
LEIBARZT *zuversichtlich*: Wir werden uns seiner Genesung nicht weniger widmen als dem Wohl des Staats.
PREMIER: Gehen wir. *Die Tür öffnet sich.*

VORHANG

Das zweite Bild

Zimmer des Präsidenten. Inmitten kostbaren Palastmobiliars eine Art Schusterwerkstatt. Neben und auf dem großen Arbeitstisch Stiefelschäfte, Sohlenleder, Schuhleisten, Hämmer, Messer, Feilen, Fadenwachs, Ahlen, Nägel. Auf einem Empiresessel Gehrock und Ordensband.

PRÄSIDENT *auf einem Schusterschemel, in Hemdsärmeln, einen Schuh im Knieriemen, ein paar Holzstifte zwischen den Lippen. Er nagelt, Stift um Stift aus dem Munde nehmend, sorgfältig einen Sohlenrand*: Eisennägel mit Köpfen sind härter. Holzstifte ohne Kuppen halten besser. So! *nimmt erst eine Feile, dann Sandpapier. Raspelt den Sohlenrand glatt.*
INSPEKTOR *herumlungernd*: Und warum sind Sie nicht bei Ihrem Leisten geblieben?
PRÄSIDENT: Es ergab sich. Nach eurer glorreichen Revolution. Als unsere Gewerkschaft aufgelöst wurde. Der Präsident kam ans *Ruder*. Und ich ins *Gefängnis*. – Sagen Sie, der wievielte Abklatsch unsres »großen Staatsmannes« bin ich eigentlich? Der dritte oder der vierte?
INSPEKTOR *schweigt.*
PRÄSIDENT: Na ja. Politik ist etwas sehr Schönes. Immerhin, im Gefängnis gab's Arbeit. Der Staat brauchte Soldaten. Und Soldaten brauchen Stiefel. Nach der Entlassung war's aus. Polizeiaufsicht. Drohbriefe. Eingeschlagne Fensterscheiben. Boykott. Feige Freunde. Schadenfrohe Nachbarn. Kam ein Kunde, war's ein Spitzel. Die Kinder hatten Hunger. Die Frau wurde krank. Litt an der modernen Krankheit namens Angst. Dagegen gibt's noch kein Serum. *hämmert* Ja, Politik ist etwas sehr Schönes. Als ich nicht mehr weiter wußte, lernte ich den Professor kennen. So ein Zufall, was? *hält den Schuh dicht an die Augen und prüft die Sohle* Und jetzt geht es der Frau und den Kindern gut. Sie leben bei meiner Schwiegermutter auf dem Land. Jeden Monat krie-

gen sie Post und Geld von mir. *lacht* Aus Casablanca! Weil ich doch geflüchtet bin und in Casablanca eine Werkstatt mit drei Gesellen habe! Der eine heißt Ali und ist ein blonder Berber. Ich kann das wie am Schnürchen. Und sie schreiben mir schöne Briefe. Nach Casablanca! Sie hätten große Sehnsucht nach mir. Aber ich solle um Gottes willen dortbleiben. *legt den Schuh beiseite, nimmt einen anderen* Politik ist etwas Wunderbares! Nur Pauls linkes Auge macht ihnen Sorge. Das rechte hat man ihm vor drei Jahren in der Schule ausgeschlagen. Weil sein Vater ein Staatsfeind ist.
INSPEKTOR: Brauchen Sie ein Taschentuch?
PRÄSIDENT: Seit wann sind Sie so frech zu mir?
INSPEKTOR: Seit heute, Herr Präsident.

Die Tür geht auf. Der LEIBARZT *und der* PREMIER *kommen. Hinter ihnen, im Rollstuhl, der* KRIEGSMINISTER. *Die Tür schließt sich. Der Premier nimmt in einem Sessel Platz.*

LEIBARZT *mit medizinischem Besteck, präpariert eine Injektion*: Krempeln Sie einen Ärmel hoch! *da der Präsident zögert, zum Inspektor* Er möchte, daß Sie ihm helfen.
PRÄSIDENT: Ein Kratzer, nichts weiter.
LEIBARZT: Trotzdem, mein Bester. Sicher ist sicher. *macht die Einspritzung in die Armbeuge, tupft ab, gibt Spritze, Ampulle und Watte in den Besteckkasten zurück, klopft dem Patienten auf die Schulter* So. Gleich ist alles vorbei. *setzt sich neben den Premier.*
PREMIER: Sie wissen, daß Ihre rührende Improvisation auf dem Balkon einen schweren Verstoß gegen den von Ihnen beschworenen Gehorsam bedeutet?
PRÄSIDENT: Der Moment war richtig. Und die Amnestie war richtig. Ich kenne die Bevölkerung besser als Sie. Außerdem freut mich die Sache. Sie waren ja wohl noch nicht im Gefängnis. Aber ich! *lachend* Bevor ich Präsident wurde.
KRIEGSMINISTER *kopfschüttelnd*: Er glaubt tatsächlich, daß wir tausend solche Subjekte auf die Straße lassen!
PRÄSIDENT: Nein? Sie wollen nicht? Ich warne Sie! Die Welt

wird sich sehr wundern, wenn Sie eine Verfügung Ihres Präsidenten hintertreiben!

PREMIER *leicht belustigt*: Er warnt uns!

PRÄSIDENT *greift sich ans Herz.*

KRIEGSMINISTER: Ein zu dummer Mensch!

LEIBARZT *zum Inspektor*: Ziehen Sie ihm den Rock an! Es macht sich besser. *zum Präsidenten* Und *Sie* sollten sich nicht so aufregen! *während sich der Präsident an den Hals faßt* Da haben Sie's! Herzstiche. Atemnot. Setzen Sie sich hin, und halten Sie den Mund! Es ist gesünder.

PREMIER *zu Kriegsminister und Leibarzt*: Wir müssen mit dem Professor ernsthaft reden. Dergleichen darf nicht wieder vorkommen. Die ausländischen Diplomaten waren wie vor den Kopf geschlagen.

PRÄSIDENT *taumelt, jetzt im Gehrock, auf den Schusterschemel, trocknet sich die Stirn, ringt nach Luft. Nur der Inspektor beobachtet ihn.*

PREMIER: Man wird aus der Amnestie auf nachlassende Energie schließen. Auf den Versuch, einzulenken, ja, sich anzubiedern!

LEIBARZT *vergnügt*: Womöglich auf beginnende Altersweisheit!

KRIEGSMINISTER *mit der Faust auf die Lehne des Rollstuhls schlagend*: Jeder Erfolg, jeder Rückschlag und jedes Attentat machen den Präsidenten jünger und härter, feuriger und kälter. So lautet unser Katechismus. Die Welt greift schon in die Tasche, ehe er etwas haben will. Wehe dem Esel, der uns dazwischenpfuscht! *Kopfbewegung zum Präsidenten hin* Man sollte seinem Nachfolger die Zunge herausschneiden und im Bauch ein Grammophon einnähen lassen.

PRÄSIDENT *stiert sie an, will sich aufrichten, fällt auf den Schemel zurück*: Noch lebe ich, meine Herren! *Man nimmt von ihm keine Notiz mehr.*

PREMIER: Die Amnestie denke ich mir, in großen Zügen, folgendermaßen …

KRIEGSMINISTER: Ich bin ganz Ohr.

PREMIER: Wir entlassen, für ein paar Tage, aus verschiedenen

Gefängnissen und Lagern, hundert unserer zuverlässigsten Spitzel. Bei dieser Gelegenheit Aufnahmen für die Wochenschau und Interviews für Funk und Presse. Über die nahrhafte Anstaltskost, die gute Behandlung, die vielseitige Gefängnisbibliothek und die zufriedenstellenden sanitären Verhältnisse. Das Lob nicht zu dick aufgetragen und nur zögernd, ein wenig widerwillig erteilt. Für die Illustrierten am besten das eine und andere Genrebildchen mit nettem Text. »Wiedersehen mit der braven alten Mutter.« »Glücklicher Vater sieht sein Kind zum ersten Mal.« »Endlich wieder an der Drehbank.«

LEIBARZT *zum Kriegsminister*: Er hat die Phantasie einer Waschfrau.

PREMIER: Darf ich Ihre Bemerkung für ein Kompliment halten?

LEIBARZT: Es ist ja eines!

PREMIER: Nach, sagen wir, vier Tagen schicken wir die hundert Leute in die Gefängnisse zurück. Natürlich keinen in die Anstalt, aus der er vorher entlassen wurde!

KRIEGSMINISTER *schaut auf die Uhr*: Was uns *mit Kopfbewegung zum Präsidenten* der Idiot für Scherereien macht! Ich müßte jetzt die Achte Panzerdivision inspizieren! Statt dessen amnestieren wir Spitzel!

PRÄSIDENT *mit letzter Kraft*: Doktor! *zeigt auf seinen Arm* War *es Gift?*

PREMIER: Die Panzer können warten.

PRÄSIDENT: Doktor! Muß ich sterben?

LEIBARZT: Ja. Warum?

PRÄSIDENT *greift sich an den Hals. Heiser*: Mörder! Ihr Mörder!

KRIEGSMINISTER: Ungehorsam ist eine Krankheit, die hierzulande tödlich verläuft. Das lernt man schon in der Schule.

PREMIER: Eine Krankheit, die immer seltener wird.

LEIBARZT: Wir haben's eilig. *zum Inspektor* Schreiben Sie! – »Bulletin. Datum. Das empörende Attentat auf den Staatschef ist, zum Glück des Landes, glimpflich abgelaufen. Die Kugel streifte die rechte Gesichtshälfte unterhalb des Jochbogens. Die Wunde ist etwa fünf Zentimeter lang. Vorsichtsmaßregeln wurden sofort ergriffen.«

INSPEKTOR *schreibend*: »... ergriffen.«
PRÄSIDENT *hilflos und jammernd*: Und das Geld? Das Geld aus Casablanca? Für die Frau und die Kinder?
INSPEKTOR *unwillig*: Pst!
LEIBARZT: »Dem Präsidenten wurde vorsorglich strikte Bettruhe verordnet. In spätestens einer Woche wird er wieder den Staatsgeschäften nachgehen können. Der Leibarzt. Unterschrift.«
INSPEKTOR: »Der Leibarzt. Unterschrift.«
PREMIER: Die Erklärung geht sofort dem Pressechef des Innenministeriums zu. Er veranlaßt das Weitere.
PRÄSIDENT *dem Ersticken nahe. Rafft sich auf. Versucht zu stehen. Torkelt. Schreit*: Freiheit! *bricht über seinem Schustertisch zusammen.*
KRIEGSMINISTER *blickt auf die Armbanduhr.*
LEIBARZT *tritt zur Leiche. Untersucht Puls und Auge*: Wir können gehen. *zum Inspektor* Sie bürgen dafür, daß sich der teure Entschlafene in Rauch und Wohlgefallen auflöst.
KRIEGSMINISTER: Und daß niemand seine Abwesenheit bemerkt! Keiner außer Ihnen betritt das Zimmer!
INSPEKTOR: Ich lasse die Mahlzeiten für den Präsidenten im Vorzimmer abstellen, serviere sie hier und esse sie selber.
LEIBARZT: Guten Appetit!
KRIEGSMINISTER *drängend*: Meine Herren? *schwenkt den Rollstuhl herum.*
PREMIER *zum Inspektor*: Telefonieren Sie! Man soll uns etwas kaltes Geflügel zum Auto schicken. Wir essen während der Fahrt.
LEIBARZT: Und zwei Flaschen Beaujolais.
KRIEGSMINISTER: Und sagen Sie die Inspektion ab!
INSPEKTOR: Achte Panzerdivision. *geht zur Tür.*
LEIBARZT *zeigt auf den Toten*: Und die Hauptsache!
INSPEKTOR *beim Türöffnen*: Kaltes Geflügel, Beaujolais, Achte Panzerdivision – und die Hauptsache!

VORHANG

DAS ZWEITE BILD

Das dritte Bild

Parkszenerie. Gestutzte Hecken. Im Hintergrund, seitlich angeschnitten, Rückfront eines Rokokoschlößchens, blinde Fenster, schmale Freitreppe zu kleinem Portal. Im Vordergrund bequeme moderne Gartenmöbel und eine pikante Marmorgruppe, Stil Louis XV. Auf einem Stuhl PAULINE, *im Negligé, mit Lockenwickeln, mollig, phlegmatisch. Im Gras* DORIS, *Zehennägel lackierend.*

PAULINE: Es gibt zwei Sorten Männer. Die einen bestellen Sekt, weil er teuer ist, und die andern, obwohl er teuer ist.

DORIS *wie meist, ironisch und in parodistisch »gewählter« Rede*: Es soll, wie man zuweilen hört, auch Männer geben, denen Sekt *zu* teuer ist.

PAULINE: Ich war immer in den feinsten Etablissements!

DORIS: Da lernt man die Welt kennen!

PAULINE: Das walte Gott! Und wie teilst *du* die Männer ein?

DORIS: Ich widmete mein Dasein der lieblichen Vermutung, daß sich jeder vom andern unterscheide.

PAULINE: Wo du sonst so intelligent bist!

DORIS: Ich habe sie weder gezählt, noch sortiert.

PAULINE: Tu's trotzdem! Mich interessiert deine Meinung viel mehr als meine.

DORIS: Sie kann uns nichts mehr nützen. *legt sich ins Gras zurück* Es gibt Männer, die von einer Dame erwarten, daß sie sich zu jeder Tages- und Nachtzeit als Dame verhält. Das sind die Langweiligsten. Es gibt Männer, die darauf bestehen, daß man das Damenhafte mit den übrigen Kleidungsstücken über den Stuhl hängt. Das sind die Nettesten. Und die Gefährlichsten. Denn das Zeug aus dem Wäschegeschäft findet man hinterher wieder. Aber das andere? *lacht* Ich fand eines schönen Morgens nicht einmal mein Hemd mehr.

PAULINE *lüstern*: Wie kam das?

DORIS: Dann gibt es welche, die ausgerechnet zu uns, bewährten Künstlerinnen ihres Gewerbes, kommen, damit wir ihnen die vornehme Dame in jeder Lebenslage vorspielen.

PAULINE: Anstrengende Leute!
DORIS: Sie zahlen gut. Viertens und letztens gibt es Männer, die von einer Hure nichts weiter wünschen, als daß sie eine Hure ist. Das dürften die Bequemsten sein. *legt einen Arm über die Augen* Falls ich mich nicht irre.
PAULINE: An den vier Sorten ist was dran. Vergiß deine Zehen nicht!
DORIS *setzt sich schnell auf*: Laßt uns das Weiberfleisch polieren! Mit Narden, Rosenöl und Nagellack! *pinselt die Zehennägel sorgfältig* Das staatlich angestellte Haremsfleisch mit Beamtencharakter und Pensionsberechtigung! Für wen strickst du eigentlich Handschuhe?
PAULINE: Für den ohne Blinddarm. Er war Chauffeur bei der Staatsbank. Genau wie mein Bruder.
DORIS: So etwas verbindet. Wie kam er hierher?
PAULINE: Es muß mit einem Goldtransport zusammenhängen, der ausgeraubt wurde. Er spricht nicht gern darüber.
DORIS: Schloß Belvedere ist eine Abfalltonne. Ungeschickte Bankräuber! Selbstmörder, denen der Strick riß! Kaufleute nach dem dritten Bankrott!
PAULINE: Für Dreck hat der Professor eine feine Nase.
DORIS: Freiheitssänger, denen in der Dunkelheit das Singen verging! Abenteurer ohne Abenteuer! Dazu ein halbes Dutzend Frauenzimmer wie du und ich! Exemplare aus der erotischen Leihbibliothek! Billige Bettlektüre! Damit die Bande nicht überschnappt!
PAULINE: »Zappelnde Wärmflaschen«, sagtest du neulich. Das fand ich besonders hübsch.

Die Pavillontür öffnet sich. STELLA, *ein blasses junges Mädchen, tritt zögernd ins Freie. Sie geht langsam auf die beiden anderen zu.*

STELLA: Störe ich Sie?
PAULINE: Komm her und setz dich!
STELLA: Man hat mir Zimmer Sechs gegeben. Es ist Ihnen doch recht?

PAULINE: Es stand sowieso leer.
DORIS: Deine Vorgängerin gab vor vierzehn Tagen plötzlich ihren Geist auf. Ohne bis dahin einen solchen besessen zu haben. Das war das Erstaunlichste an der Geschichte.
STELLA: O, woran starb sie denn?
DORIS: An einem zu kräftigen Händedruck.
PAULINE: Ich wohne in Fünf und hörte sie schreien. Dann brüllte ein Mann. Dann war's aus.
STELLA *entsetzt*: Der Präsident? *Die beiden schweigen* Der Präsident hat eine Frau – erwürgt?
PAULINE *strickend*: Eifersucht ist eine heimtückische Krankheit.
STELLA: Aber wie kann der Präsident auf eine von Ihnen, Verzeihung, auf eine von uns eifersüchtig sein? Man weiß draußen ganz gut Bescheid, wie es hier zugeht. Daß er im Belvedere einen Harem hat und fast täglich mit seinem gepanzerten Auto herauskommt! Deswegen bin ich ja hier!
DORIS: Deswegen?
STELLA: Darf ich Sie um etwas bitten? Wenn er das nächste Mal da ist – Sie kennen ihn ja ganz gut, alle beide – könnten Sie ihm dann beibringen, daß im Zimmer Sechs eine Neue wohnt, ein hübsches, junges Mädchen? »Hübsch« ist vielleicht nicht wahr, aber »jung«, das stimmt.
DORIS: Und warum hast du's so eilig?
STELLA: Ich muß ihn sprechen.
PAULINE *lacht*: Sprechen?
STELLA: Alles, was er will. Es kommt nicht mehr drauf an.
DORIS: Erzähl uns deine Geschichte! Wir schwärmen für Sittengemälde. Zuerst, wie heißt du?
STELLA: Stella. Mein Vater ist Senator. *War* Senator. Eines Tages ließ ihn ein sehr hoher Staatsbeamter rufen und teilte ihm mit, daß er ihn, aus politischen Gründen, umgehend verhaften lassen werde, – es sei denn, ich zöge als Vorleserin in sein Landhaus.
PAULINE: Vorleserin war ich auch einmal. Mit sechzehn. Der alte Knabe hatte tolle Bücher!
DORIS: Und da sagte der Senator zu seiner Tochter: »Sei ein

gutes Kind, gehorsam und brav, kauf dir Spitzenwäsche, vergiß die Zahnbürste nicht und hab immer vor Augen und im Herzen, was mir geschähe, wenn der sehr hohe Staatsbeamte mit dir unzufrieden wäre. Gott schütze dich, und sei fleißig!«
PAULINE: Und du gingst.
STELLA: Ich ging. Später kam er trotzdem ins Gefängnis. Obwohl ich bis dahin ... *senkt den Kopf, dann* Obwohl der andere sehr zufrieden war. Ich floh. Ich wollte den Präsidenten sprechen. Man ließ mich nicht vor. Nicht einmal der Leibarzt, den ich kenne, brachte es zuwege. Aber ich durfte bei seiner Schwester wohnen. Dort traf ich einen alten Herrn. Ich erzählte ihm alles. Und er verhalf mir hierher.
DORIS: Wie reizend von ihm.
STELLA: Schlimmer, als es war, kann es nicht werden. Und mein Vater sitzt im Gefängnis.
PAULINE: Deine stets dankbare Tochter Stella!
DORIS: Hör gut zu: Es gibt gar keinen Präsidenten!
STELLA *begreift nicht.*
PAULINE: Er ist längst mausetot!
PROFESSOR *kommt, Hände auf dem Rücken, aus dem Park, bleibt, von den Mädchen unbemerkt, stehen und hört ihnen zu.*
STELLA: Tot? Und wer hält die Reden? Wer setzt die Minister ab? Wer unterschreibt die Todesurteile? Wer weiht die Denkmäler ein? Wer wird bei Attentaten verwundet?
DORIS: Papageien im Gehrock. Aufgezogene Automaten, ungefähr so groß und breit wie der Präsident, bevor er krepierte. Zur Zeit regiert der dritte Hampelmann. Oder der vierte.
PAULINE: Wir kennen sie auseinander. Den Gehrock behalten sie bei uns nicht an. Der eine hat einen Leberfleck am rechten Schulterblatt, der andere eine Blinddarmnarbe, der dritte hat Hühneraugen.
DORIS: Und auch sonst bemerken wir mancherlei, was bei Denkmalseinweihungen nicht unbedingt auffällt.
STELLA *springt hoch*: Ich will fort!

PAULINE: Von uns kommt keine wieder heraus. Höchstens mit den Füßen vorneweg.
PROFESSOR *näherkommend*: Nicht einmal dann.
STELLA: Das *ist* er!
DORIS: Der nette alte Herr? Du bist eine Menschenkennerin.
PROFESSOR: Redseligen Senatorentöchtern muß man beizeiten einen Beruf verschaffen, der sie anderweitig ausfüllt. Sie haben sich mit Ihren neuen Kolleginnen schon angefreundet? Das ist recht, mein Kind. Sie werden von ihnen vieles lernen können.
STELLA *will ihm an die Kehle.*
PAULINE *umklammert sie*: Laß den Unsinn!

Ein Gong ertönt.

PROFESSOR: Es ist soweit. Keine verläßt ihr Zimmer. *zu Stella* Studiere die Hausordnung und die Strafen, mit denen hier Insubordination vergolten wird! Sollte dir der Präsident, den es nicht gibt, schon heute die Ehre seines Besuches zugedacht haben, empfange ihn, wie es sich für eine gute Staatsbürgerin ziemt! Fort mit euch!
DORIS *während sie die willenlose Stella unterfaßt*: Warum besuchen Sie uns nie?
PAULINE *lacht hämisch.*
PROFESSOR *leise*: Fort mit euch!

Während Pauline und Doris Stella in den Pavillon führen, blickt der PROFESSOR *prüfend in die Kulissen. Es kommen der* VIERTE, *der* FÜNFTE, *der* SECHSTE *und der* SIEBENTE *auf die Bühne. Alle vier gleichgroß, gleichbreit, in gleicher Gangart und Körperhaltung im Gehrock mit Ordensband, mit der aus dem ersten Bild bekannten Haar- und Barttracht, – vier Kopien des Präsidenten.*

PROFESSOR: Vierter! Sie humpeln! Haben Sie das bei mir gelernt?
VIERTER: Es sind die Hühneraugen, Herr Professor.

FÜNFTER: Laß dir von einem der Mädels ein Seifenbad machen.
VIERTER: Eigentlich hatte ich was andres vor. *beide feixen.*
PROFESSOR *zum Sechsten*: Und unser Freund, der sich selber zum Witwer gemacht hat! Wieder auf Freiersfüßen? Ohne Hühneraugen? Falls Sie Erinnerungen auffrischen wollen, Zimmer Sechs ist wieder belegt. Aber, wenn ich bitten darf, Vorsicht beim Streicheln der Halsgegend!
SECHSTER *drängt sich schweigend an den Siebenten.*
SIEBENTER: Sie wissen, daß er jetzt nicht an Weiber denkt. Ich hab ihn in den Park geschleppt. Er hat keinen Willen mehr.
PROFESSOR: Ein höchst traitabler Zustand.
FÜNFTER: Dürfen wir uns verabschieden?
VIERTER: Der Schlaf vor Mitternacht ist der gesündeste.
PROFESSOR: Wie das liebe Vieh. Nein, schlimmer. Fort! Und kommt pünktlich zum Unterricht!
VIERTER *und* FÜNFTER *in Präsidentenhaltung in den Pavillon ab.*
PROFESSOR *schaut hinterdrein*: Animal ridens. Der Mensch, das lachende Tier. *zum Siebenten* Wie weit sind Sie mit der Rede unseres hochverehrten Präsidenten zur Eröffnung der Exportmesse?
SIEBENTER: Das Statistische Amt hat unseren zweiten Brief noch nicht beantwortet.
PROFESSOR: Unseren *zweiten*?
SIEBENTER: Die Außenhandelsbilanz hätte sich für die Märchenstunde in unserem Rundfunk geeignet. Nicht für Fachleute aus anderen Ländern. Ich habe, selbstverständlich in Ihrem Namen, um glaubwürdigere Unterlagen gebeten.
PROFESSOR: Übertreiben Sie Ihre Unentbehrlichkeit nicht, Nummer Sieben! *geht ab.*
SIEBENTER: Er droht mir zu oft. Sogar er macht Fehler. *nötigt den anderen auf einen der Stühle* Bist du imstande, mir aufmerksam zuzuhören? Ich ließe dir gern Zeit. Aber wir haben keine.
SECHSTER: Warum?
SIEBENTER: Wir haben die Geburtstagsrede des Präsidenten am Radio gehört. Die Sätze *nach* dem Attentat standen nicht

im Manuskript. – Die Amnestie war eine politische Dummheit. Man kann auch an Kugeln sterben, die nicht treffen. Unser braver Schuhmacher dürfte somit seine halbjährige Regierungszeit beendet haben. Heute, spätestens morgen, wird das Triumvirat auftauchen und den Nachfolger bestimmen.

SECHSTER: Dich!

SIEBENTER: Nein. Der Professor wird ihnen abraten. Er mißtraut mir, und er braucht mich. Vermutlich werden sie dich mitnehmen. Du bist, wie er es nannte, in einem höchst traitablen Zustande.

SECHSTER *grübelnd*: Du glaubst, sie haben meine Frau absichtlich hierhergeschleppt? *Damit* ich sie umbrächte?

SIEBENTER: Sie wußten, daß sie dich ruiniert hatte. Daß du dein Vorleben ihretwegen ausgelöscht hattest. Daß du, trotzdem, dreimal ihretwegen ausbrechen wolltest. Du warst zu aufsässig.

SECHSTER: Liebhaber und Geld gab's doch draußen genug! Was wollte sie *hier*? Und wie lockte er sie her? Ich kann sie nicht mehr fragen. Es ging so rasch. Erst erkannte sie mich nicht. Wegen des Bartes. Und als sie sich wie ein Luder anbot, schlug ich zu. Und schrie, wer ich sei. So ein Frauenhals ist zerbrechlich wie ein Weinglas. Sie hielt ganz still. Es war ihr recht.

SIEBENTER: Sie war Morphinistin. Das Rauschgiftdezernat wird sie ihm zugespielt haben. Und als sie erst im Käfig saß, brauchte er nur noch zu warten. Auf ein paar Tage kam es ihm nicht an.

SECHSTER: Eine nette, kleine Tragödie.

SIEBENTER: Das Zeitalter der Tragödien ist vorbei. Es gibt nur noch Unglücksfälle. Wie an Straßenkreuzungen.

SECHSTER: Ich werde ihm den Unglücksfall heimzahlen.

SIEBENTER: Eines Tages. Vielleicht. Zur Sache. *holt die Hälfte einer alten Münze heraus* Falls du an die »Regierung« kommst, gib dem Sohn des Präsidenten die Hälfte der alten römischen Münze. Man wird euch bald miteinander bekannt machen. Schließlich bist du ja sein »Vater«.

SECHSTER *betrachtet die Münze.*

SIEBENTER: Gib ihm die halbe Münze, während ihr euch die Hand reicht. Niemand darf es merken. Tue im übrigen, stets und aufs Haar genau, was die Drei von dir verlangen!

SECHSTER: Wenn sie nun, heute oder morgen, nicht mich holen, sondern den Vierten oder Fünften oder einen anderen, gibst du dann die halbe Münze *ihm*?

SIEBENTER: Ich muß warten, bis *du* an die Reihe kommst. Du bist zuverlässig.

SECHSTER: Wieso ist der Sohn des Präsidenten noch am Leben?

SIEBENTER: Man braucht seine Mutter und ihn als Beweise für die Echtheit des Präsidenten. Die beiden sind dessen Legitimation. Außerdem hat er in fünf Ländern, versiegelt und in geheimen Tresors, Aufzeichnungen deponiert, die nach seinem Tode veröffentlicht würden. Jedenfalls glauben das die Drei. Sie sind um seine Gesundheit sehr besorgt.

SECHSTER: Schade, daß er nicht stirbt.

SIEBENTER: Ein Glück, daß er lebt.

SECHSTER: Was hast du für Pläne?

SIEBENTER: Du darfst sie nicht wissen. Aber du sollst dabei helfen.

SECHSTER: Und warum soll ich ihm die halbe Münze geben?

SIEBENTER: Er hat die andere Hälfte.

VORHANG

Das vierte Bild

Arbeitszimmer des Professors. Bücher, Akten, Telefone, elektrisches Schaltbrett, vergitterte Fenster. Anwesend sind: PROFESSOR, PREMIER, KRIEGSMINISTER *und* LEIBARZT.

PROFESSOR *telefoniert*: Ich will, bis auf Widerruf, nicht gestört werden. *legt auf. Händereibend* Ich freue mich, daß Sie mir wieder einmal die Ehre Ihres Besuches zuteil werden lassen. Man sieht einander zu selten. Das legendäre Panzerauto, das zwischen der Hauptstadt und Schloß Belvedere hin- und herrast, ist ein kümmerlicher Kontakt. Ein leeres Auto, worin angeblich ein Präsident sitzt!

KRIEGSMINISTER: Wir sind ziemlich beschäftigt.

PREMIER *am Fenster*: Herrliche Baumgruppen. Frische Luft. Abendfrieden zu jeder Tageszeit. Sie sind zu beneiden.

PROFESSOR: Ich habe Sie erwartet. Unser braver Schuhmacher ist also gestorben.

PREMIER: An den Folgen einer leichtsinnigen Amnestie-Erklärung.

LEIBARZT: Die ärztliche Kunst versagte.

PROFESSOR: Damit muß man immer rechnen.

KRIEGSMINISTER *blickt auf die Armbanduhr*.

PROFESSOR: Sie können, wenn es Ihre kostbare Zeit zuläßt, dem Unterricht beiwohnen.

KRIEGSMINISTER: Wir *können*? Wir *werden*!

PREMIER *zum Professor*: Sie haben sich nur versprochen.

KRIEGSMINISTER: Sie können! Ums Haar hätte er gesagt: Sie *dürfen*!

PROFESSOR: Vorsicht! *zeigt auf den Zuschauerraum* Man hört uns zu.

DIE DREI ANDEREN *mustern die Zuschauer. Überrascht, aber kaltblütig.*

KRIEGSMINISTER: Die Leute sehen aus, als seien sie lange nicht eingesperrt gewesen. Vollgefressen und unverschämt.

PREMIER *taxiert*: Zehn Lastwagen genügten.

KRIEGSMINISTER: Ein paar Baracken. Elektrisch geladener Stacheldraht. Eine Latrine. Ein paar Scheinwerfer. Ein paar Maschinengewehre.
PREMIER: Staatlich gelenkte Sterblichkeit.
LEIBARZT: Die Herrschaften wissen noch nicht, wie fidel es sich ohne Rückgrat lebt.
KRIEGSMINISTER: Pack! *zum Professor* Aber es wird Ihnen nicht gelingen, uns mit alten Theatertricks abzulenken. So leicht zaubern Sie uns die Wirklichkeit nicht aus dem Zylinder!
DIE VIER *wenden sich wieder vom Zuschauerraum ab, als existiere er nicht mehr.*
PREMIER: Der Kriegsminister nahm an Ihrer Formulierung Anstoß.
KRIEGSMINISTER: »Sie können, wenn es Ihre kostbare Zeit zuläßt!« *haut auf den Rollstuhl* Ironie vertrag ich nicht, verstanden?
PROFESSOR *zum Leibarzt*: Sie sollten unserm Kasernenhofcholeriker eine Beruhigungsspritze geben. Aber, bitte, keine zu starke Dosis. Kriegsminister möchte ich nicht auch noch züchten. *zum Kriegsminister* Kommandieren Sie, wen Sie wollen. Mich nicht. Diese Schule war *mein* Gedanke. Ohne sie könnten Sie jetzt in Ihrer hübschen Uniform hinterm Schalter Briefmarken verkaufen. Oder in irgendeinem abgelegenen Dschungel wilden Völkerstämmen den Gebrauch des Zündnadelgewehrs beibringen. Daß Sie statt dessen einer der modernsten Armeen befehlen, daß Ihnen die Waffenlieferanten Blankoschecks, für jeden Betrag und in jeder Valuta, zustecken und daß Sie harmlose Senatorentöchter in die Geheimnisse der Liebe einweihen können, »wenn es Ihre kostbare Zeit erlaubt«, verdanken Sie mir! Erinnern Sie sich gelegentlich daran.
PREMIER: Wir haben miteinander auszukommen. Der Staat hat Platz für vier Männer. Zwist wäre Selbstmord.
LEIBARZT: Im Quartett.
KRIEGSMINISTER: Gut. Erledigt. – Ist das kleine Luder schon eingetroffen?

PROFESSOR: Vor einer Stunde.
KRIEGSMINISTER *blickt auf die Armbanduhr*: Ich werde mich mit ihr ein wenig unterhalten. Nur so lange, bis sie mich auf den Knien bittet, hierbleiben zu dürfen. Sie weint allerliebst.
PROFESSOR: Ihr Besuch im Pavillon widerspräche der Hausordnung.
KRIEGSMINISTER: Schade, Herr Lehrer.
PROFESSOR: Sie brauchen einen neuen Präsidenten, Exzellenz. Das ist im Augenblick wichtiger. *nimmt einen Stoß großformatiger Fotografien vom Schreibtisch* Zunächst ein paar Worte zum Thema Ähnlichkeit. Links sehen Sie den echten Präsidenten. Rechts die erste Fälschung.
LEIBARZT: Den Kriminalinspektor, durch den er sich manchmal vertreten ließ.
PROFESSOR: Ganz recht.
KRIEGSMINISTER: Hätte der am Tag des Attentats keine Gallenkolik gekriegt, lebte der echte womöglich heute noch.
LEIBARZT: Ein Glück, daß es Kriminalinspektoren mit Gallensteinen gibt.
PREMIER: Die Ähnlichkeit ist frappierend.
PROFESSOR: Ich lege den echten Präsidenten beiseite und konfrontiere den Kriminalinspektor mit dem Falsifikat Nummer Zwei.
PREMIER: Dem ersten Abiturienten Ihrer Anstalt.
LEIBARZT: Dem Damenfriseur, der in einem fort den Kopf unserer verehrten Präsidentin bearbeitet. *summt* »Figaro, Figaro, Figaro!«
PROFESSOR: Er hing sehr an seinem Beruf. Und starb eines natürlichen Todes.
KRIEGSMINISTER: Was es alles gibt!
PREMIER: Die Ähnlichkeit ist frappierend.
PROFESSOR: Ich lege den Kriminalinspektor beiseite und zeige Ihnen neben dem Friseur den gewerkschaftlich organisierten Schuhmacher, der an seiner Amnestieerklärung erstickte.
PREMIER: Die Ähnlichkeit ...
LEIBARZT: ... ist frappierend.

PROFESSOR: Was läßt sich daraus schließen?
KRIEGSMINISTER: Sehr einfach. Daß alle vier einander zum Verwechseln ähnlich sahen.
PROFESSOR: Falsch! *hantiert* Ich halte, beispielsweise, das Original neben den Schuster. Wie steht's jetzt mit der Ähnlichkeit?
LEIBARZT: Man sieht Unterschiede. Zweierlei Kinnladen. Auch die Schläfenpartie.
PREMIER: Tatsächlich.
KRIEGSMINISTER: Kartenkunststückchen.
PROFESSOR: Ergo?
PREMIER: Die Ähnlichkeit zwischen jedem Vorgänger und seinem Nachfolger überzeugt eher als die zwischen weiter auseinanderliegenden Fällen.
KRIEGSMINISTER: Klingt wie'n geometrischer Lehrsatz.
PROFESSOR: Der Premier hat nicht unrecht. Doch ich wollte Ihnen etwas anderes demonstrieren. Eine noch fundamentalere Beobachtung. Deshalb mußte ich manipulieren. Sie haben soeben den echten Präsidenten für den Friseur gehalten. Den Friseur für den Schuhmacher. Den Schuhmacher für den Kriminalinspektor. Und den Kriminalinspektor für den echten Präsidenten. Der eben formulierte, stichhaltig scheinende Lehrsatz über die Ähnlichkeit erleidet eine erstaunliche Einbuße in der Dimension der Zeit.
LEIBARZT: Großartig! Wenn also der echte Präsident noch lebte, sich bei Ihnen versteckt hielte und Sie ihn uns nachher vorführten, wäre es möglich, daß wir ihn als eine schlechte Imitation seiner selbst abtäten?
PROFESSOR: Durchaus.
LEIBARZT *schlägt sich lachend auf den Schenkel.*
KRIEGSMINISTER: Endlich weiß ich, wozu ich meine Haxen verloren habe. Damit ich beschwören kann, daß die alte und echte Kanaille wirklich mausetot ist.
PROFESSOR: Wir wissen es noch besser. Denn wir haben ihn ja in aller Stille »beerdigt«. Ihr Verdienst liegt auf einem anderen, quasi physikalischen Gebiet. Wenn Sie, Exzellenz, infolge Ihrer Verwundung nicht auf seinen Kopf gefallen wä-

ren, hätte die berittene Polizei merken müssen, daß er mausetot war. Und nicht nur schwer verletzt, wie wir der Welt mit gutem Erfolg einreden konnten.

KRIEGSMINISTER: Ich danke für die liebenswürdige Belehrung.

LEIBARZT: Es bleibt Ihr historisches Verdienst, auf seinen, statt auf Ihren Kopf gefallen zu sein. *lacht* Es gibt keine Gerechtigkeit.

PROFESSOR: Der vorlaute Schuster hätte uns Kopf und Kragen kosten können. Der Nuntius ist kein Dummkopf. Meine Methoden, Menschen in Werkzeuge umzubauen, sind noch immer verbesserungsbedürftig. *zum Leibarzt* Medizin und Chemie müßten der Pädagogik energischer beispringen. Der Mensch als dressiertes Meerschweinchen genügt den Ansprüchen nicht mehr. Wozu haben wir staatliche Forschungsinstitute? Wir müssen ihn weiterentwickeln. Zur ferngesteuerten Maschine, die exakt funktioniert und paarweise neue Maschinen liefert.

LEIBARZT: Curae posteriores, Teuerster! Spendieren Sie uns lieber einen brauchbaren Herrscher. Es eilt.

PREMIER: Er muß die Exportmesse eröffnen. Unser Devisenfonds sieht erbärmlich aus.

KRIEGSMINISTER: Die Auslandsagenten fressen uns die Haare vom Kopf.

PROFESSOR: Die Bilanz der Exportbank muß sowieso plausibler aufgemacht werden. Sonst halten sich die Fachleute bei der Eröffnungsrede den Bauch. Ich habe das Nötige veranlaßt.

LEIBARZT: Die Erbfolge! Die Hauptsache!

PROFESSOR: In die engere Wahl kommen zwei. Der eine, Nummer Sieben, ist sehr aufgeweckt. Er hilft mir seit einiger Zeit bei diesem und jenem. Die heutige Geburtstagsrede stammt von ihm.

KRIEGSMINISTER: Bloß keinen Gescheiten!

PROFESSOR: Ich gäbe ihn auch nicht gerne her.

PREMIER: Unter Ihren Augen ist er nützlich *und* unschädlich. Der andere?

PROFESSOR: Nummer Sechs. Er war schwierig. Aus familiären Gründen. Nach der – Beseitigung der »familiären Gründe« scheint er mir der geeignetste Kandidat zu sein. Er ist seitdem lenkbar wie ein Damenfahrrad.
KRIEGSMINISTER: Intelligenz?
PROFESSOR: Nicht überm Durchschnitt. Außerdem: Sein Herz ist verödet. So etwas lähmt den Verstand. Überdies hat er sich im Imitationskursus gut bewährt. Besonders in der Phonetik. Auch seine Ähnlichkeit mit dem Schuhmacher
TELEFON *klingelt.*
PROFESSOR *nimmt den Hörer*: Ich wollte nicht gestört werden. – So. – Man soll sie bis auf weiteres nicht allein lassen. Sentimentale Schachfiguren sind denkbar unbequem. Sie wird sich an den neuen Beruf gewöhnen. Zeit bringt Rosen. *legt auf und erhebt sich* Sie werden sich über Nummer Sechs Ihre eigne Meinung bilden wollen.
KRIEGSMINISTER *aufs Telefon zeigend*: Was ist passiert?
PROFESSOR: Ihre kleine Senatorentochter hat versucht, sich umzubringen.
KRIEGSMINISTER: Das könnte ihr so passen! *schwenkt den Rollstuhl türwärts* So einfach ist das Leben nicht!
LEIBARZT: Was haben Sie gegen den Selbstmord?
KRIEGSMINISTER: Selbstmord ist Sabotage.
PREMIER: Mutwillige Zerstörung von Volkseigentum.
KRIEGSMINISTER: Stellen Sie sich vor, jeder Verzweifelte ginge hin und hängte sich auf!
LEIBARZT: Schrecklicher Gedanke! Wen sollten Sie regieren?
PROFESSOR: Ein Glück, daß auch die Kirche gegen den Selbstmord ist.
PREMIER: Und daß wir das Konkordat unterschrieben haben.
LEIBARZT: Die Kirche hat populärere Argumente als wir.

VORHANG

Das fünfte Bild

Ein schulähnlicher Saal. Tische, Stühle, Meßgeräte, eine Waage, mehrere große dreiteilige Spiegel, wie in Schneiderateliers. Radio- und Grammophonapparate, eine elektrische Schalttafel. Ein thronartiger Sessel auf einem Podest, genau wie im ersten Bild. An den Wänden Bilder und Großphotos des Präsidenten in charakteristischen Posen.
   Der Saal ist mit Pseudo-Präsidenten angefüllt, je mehr, desto besser. Alle im Gehrock mit Ordensband. Sitzend, stehend, gehend, einzeln, in Gruppen. Die bewegte Szene erinnert – mindestens bis zum Beginn des Dialogs – an eine kurze Pantomime. Der ACHTE *und der Neunte üben vor den dreiteiligen Spiegeln Gesten und Posen. Der Zehnte und der Elfte korrigieren die Bewegungen der beiden. Der* ZWÖLFTE *übt, wiederholt und sehr ernsthaft, das gravitätische und selbstgewisse Heruntersteigen vom Podest. Der Dreizehnte und der Vierzehnte helfen einander, mit Kamm und Bartbürstchen, bei der Bart- und Haarkorrektur.*

VIERTER *steht auf der Waage.*
SECHSTER *das Gewicht ablesend*: Vierundsiebzig Kilo zweihundert Gramm.
SIEBENTER *trägt in ein Journal ein*: Vierundsiebzig Kilo zweihundert Gramm. Du hast fast ein halbes Pfund abgenommen.
VIERTER: Kein Wunder. Vor lauter Schreck.
FÜNFTER: Nun erzähl schon! Laß dir nicht jedes Wort abkaufen!
VIERTER: »Nein!« jammert sie, »bitte nicht! Bitte, bitte nicht!« Bildhübsch sah sie dabei aus. Wie 'n Reh im Hemd. Schlanke Figur, aber alles da und an Ort und Stelle.
SIEBENTER *notierend*: Drei Tage Zusatzkost B, – der Nächste!
VIERTER *klettert von der Waage herunter.*
FÜNFTER *hinaufsteigend*: Und dann?
VIERTER: »Mit dir hat man uns ja hübsch angeschmiert«, sag

ich und: »Komm her, du kleines Luder!« Sagt sie darauf: »Ich spring aus dem Fenster!« Und ich geb zur Antwort: »Wozu? Du wohnst doch im Parterre!«

FÜNFTER *lacht.*

SECHSTER *meldet*: Vierundsiebzig Kilo achthundertdreißig Gramm.

SIEBENTER *notierend*: Vierundsiebzig Kilo achthundertdreißig Gramm. Zugenommen.

FÜNFTER: Weiter!

VIERTER: Ehrlich gesagt, – wenn ein Mädchen nicht will, verlier ich die Laune. Ich troll mich also. Zu Pauline.

FÜNFTER: Die ist ja nie dagegen.

VIERTER: Mittendrin sagt sie: »Mensch, Zimmer Sechs ist aber mächtig still.«

SIEBENTER: Eine Woche Morgengymnastik Kurs A. *notiert.*

FÜNFTER *lacht*: Allein? *steigt von der Waage.*

SIEBENTER: Nun du, Sechster!

SECHSTER *steigt auf die Waage.*

SIEBENTER *tariert.*

VIERTER: Na, ich erzähl Pauline die Geschichte, und da ist sie auch schon aus dem Bett und drüben. Ich hinterdrein. Die Kleine baumelte am Fensterriegel. Mit hochgezogenen Beinen. Wie im Turnverein.

SIEBENTER *notierend, zum Sechsten*: Traubenzucker. Viermal täglich.

VIERTER: Wir schnitten sie los. Warm war sie noch. Ich denke, sie kommt übern Berg.

SECHSTER *steigt von der Waage.*

SIEBENTER *klettert samt dem Journal hinauf.*

SECHSTER *tariert.*

ACHTER: Vergiß nicht, dein Notizbüchel abzuziehen!

SECHSTER: Vierundsiebzig Kilo hundertfünfzig Gramm.

SIEBENTER *notierend*: Vierundsiebzig Kilo hundertfünfzig Gramm.

ACHTER *spöttisch*: Zwölfmal täglich 'nen Zentner Schlagsahne.

SIEBENTER *steigt von der Waage*: Los, Achter!

ACHTER *steigt hinauf.*

FÜNFTER: Sie kommt übern Berg! Schön und gut. Aber was weiter? Sind wir von der Bahnhofsmission?
VIERTER: Das Zimmer ist verhext. Die Vorige wird abgekragelt. Die Neue hängt sich auf.
FÜNFTER: Die schwebende Jungfrau! *lacht.*
SECHSTER: Vierundsiebzig Kilo fünfhundert Gramm.
SIEBENTER *notiert*: Vierundsiebzig Kilo fünfhundert Gramm. Normalgewicht.
ACHTER *klettert von der Waage.*

Die Saaltür öffnet sich. Auftritt KRIEGSMINISTER, PREMIER, LEIBARZT *und* PROFESSOR. *Die Saaltür schließt sich.*

ZWÖLFTER: Achtung!
ZÖGLINGE *stellen ihre verschiedenen Tätigkeiten ein.*
KRIEGSMINISTER: Immer wieder zum Schreien, dieser Anblick!
PROFESSOR: Meine Meerschweinchen. *zum Siebenten* Außergewöhnliche Gewichtsveränderungen?
SIEBENTER: Unbedeutende Schwankungen. Diät, Gymnastik, Zusatzkost, das Übliche.
PROFESSOR *zu den Zöglingen*: Ich habe Ihnen eine Mitteilung zu machen, die Sie interessieren dürfte. Der Präsident ist heute, kurz nach seiner Rede, die wir gehört und auf Band genommen haben, verstorben. So erwächst uns die Aufgabe, einen neuen Mann ins Palais zu entsenden. *zum Zwölften* Ihre Schläfen werden zu grau. Nachfärben lassen! *wieder zu allen* »Blind gehorchen« heißt Ihr erstes Gebot. Nicht einäugig. Ohne zu zwinkern. Daß Ihr Kollege sein beschworenes Versprechen vorübergehend vergaß, konnte seiner Amts- und Lebensdauer, begreiflicherweise, nicht zuträglich sein.
SIEBENTER: Non scholae, sed morti discimus.
KRIEGSMINISTER: Ihr Neunmalkluger, was?
PROFESSOR: Ganz recht. Nummer Sieben.
PREMIER: Von Beruf?
SIEBENTER: Lehrer.
LEIBARZT: Warum sind Sie hier?

PROFESSOR: Mißbehagen an der Kultur. Enttäuschung über den Lauf der Welt. Früher ging so etwas ins Kloster.
SIEBENTER: Die Menschheit hat auf sich verzichtet. Büchsenkonserve in der Konservenbüchse zu sein, das ist aller Traum. Das Blecherne Zeitalter ist angebrochen.
KRIEGSMINISTER: Amen.
PREMIER: Kämen Sie gern mit uns?
SIEBENTER: Wer sich in den Menschen verrechnet hat, spürt gelegentlich Lust, ihnen die Differenz heimzuzahlen.
LEIBARZT: Aha. *zum Professor* Und der andere Kandidat? Das Damenrad?
PROFESSOR *zeigt auf den Sechsten.*
PREMIER: Was waren Sie vorher?
PROFESSOR: Sechster! Man spricht mit Ihnen.
SECHSTER: Architekt.
KRIEGSMINISTER: Warum sind Sie hier?
SECHSTER: Ein paar Unglücksfälle. Wie an Straßenkreuzungen. Tragödien sind nicht mehr Mode.
LEIBARZT: Soso. – Professor, wie wär's mit einer kleinen Dressurprüfung?
PROFESSOR: Einverstanden. Am besten die heutige Rede. Wir haben sie wochenlang exerziert. *gibt dem Sechsten ein Manuskript* Auf die Bühne, Exzellenz! Die anderen – setzen!

Zwölfter steigt gravitätisch vom Podest. Sechster steigt, schon ganz in der Rolle, hinauf, nimmt Platz, entfaltet das Manuskript und räuspert sich. Professor hantiert an Übertragungsgeräten. Alle außer ihm sitzen. Es wird sehr still.

TONBAND *mit der Stimme des ermordeten Schuhmachers*: Ich bin bekanntlich kein Freund vieler Worte. Ich ziehe es vor, Taten sprechen zu lassen. Die Welt weiß das. Ich habe nicht die Absicht, meinen Jargon zu wechseln. Die Weltgeschichte wird es eines Tages wissen. Manches haben wir im Lauf der Jahre durch die knappe, international verständliche Sprache der Taten erreicht.
PROFESSOR *hat mit der Hand skandiert, schwingt nun die*

Arme wie ein besessener Dirigent: Sechster! *stellt die Übertragung ab.*
SECHSTER *in völlig gleichem Tonfall*: Die Freunde achten uns. Die Feinde fürchten uns. Das ist in unserm verfehlten Jahrhundert keine Selbstverständlichkeit mehr. Nicht *in* den Staaten. Nicht *zwischen* den Staaten. Wir haben unsere Grenzen ausgedehnt. Nicht etwa, um unsere Macht zu beweisen. Wirkliche Macht hält keine Manöver ab. Sondern um abgesprengte Teile unseres Volkes heimzuholen. Im Land herrschen Ruhe und Einmütigkeit. Es bedurfte keiner Überredung. Das Volk wurde überzeugt.
PROFESSOR *hat skandiert, winkt ab, stellt das Tonband an*: Wechsel!
TONBAND: Noch gibt es vereinzelte Widersacher. Neinsager aus Profession und Verräter in fremdem Sold und Auftrag. Aber sie hocken im Mauseloch der Angst. Ein Schritt, ein Satz genügt, und sie sitzen in der Falle. Mauseloch oder Mausefalle, die Leute haben die Wahl. Diese und keine andere. Man lasse es sich gesagt sein.
PROFESSOR *hat skandiert, dreht das Tonband ab, dirigiert*: Sechster!
SECHSTER: Die Arbeit wurde erst halb getan. Ganze Arbeit ist nötig. Wer soll sie leisten? Wer kann sie leisten? Verantwortung ist unteilbar. Pflichtgefühl kennt, außer dem letzten Stündchen, keine Termine. Gegen das Amt und die Ehre, zu denen man mich auf Lebenszeit verurteilt, gibt es, vor Volk und Geschichte, keine Berufungsinstanz. Ich danke also für die schwere Last, die man mir hier und heute aufbürdet. Ich nehme Amt, Ehre und Bürde an!
PROFESSOR *winkt ab, stellt das Tonband an.*
SPRECHCHÖRE: Hoch! Hoch! Hoch! Präsident – hab Dank! Präsident – hab Dank! *von fern Kanonensalut.*
PROFESSOR: Manuskript weg!
SECHSTER *steckt das Manuskript in die Brusttasche.*
SPRECHCHÖRE: Wir wollen – den Präsidenten – sehn! Wir wollen – den Präsidenten – sehn! Präsidenten – sehn! … denten – sehn!

PROFESSOR *dirigierend*: Heruntersteigen! Langsam! Würdig! Noch würdiger! Sie sind – der Diktator!
SECHSTER *steigt währenddem vom Podest.*
PROFESSOR: Schluß! Aus! Danke! *trocknet sich die Stirn, sieht die drei Besucher triumphierend an.*
SECHSTER *schreitet gravitätisch auf den Siebenten zu.*
TONBAND *das weiterläuft, überträgt den peitschenden Schuß.*
SECHSTER *zuckt zusammen.*
TONBAND *überträgt Tumult, Gewehrsalven und den Todesschrei des Attentäters.*
PROFESSOR *springt wütend zum Tongerät, stellt es ab.*
KRIEGSMINISTER *lacht aus vollem Hals.*
LEIBARZT: Jetzt fehlt nur noch, daß Ihr Papagei an der rechten Backe blutet. Dann wäre die Illusion vollkommen.
PREMIER: Ärgern Sie sich nicht, Professor. Der Mann hat seine Sache ausgezeichnet gemacht. *zu Kriegsminister und Leibarzt* Wir sollten es mit ihm versuchen.
KRIEGSMINISTER: Glänzender Drill! Davon versteh ich was. Meinen Respekt, Herr Lehrer! Sie hätten das Zeug zum Feldwebel! *zum Sechsten* Packen Sie Ihren Koffer!
SECHSTER *und* SIEBENTER *wechseln einen kurzen Blick.*
PROFESSOR: Machen Sie mir keine Schande, Sechster. Sie haben sich unter meiner Obhut sehr zu Ihrem Vorteil entwickelt ...
SECHSTER: Zu Ihrem Vorteil.
PROFESSOR: Die Monatsbeträge, die Ihre Frau Mutter aus Kapstadt erhält, werden, nun Sie Ihr Amt antreten, verdoppelt werden.
KRIEGSMINISTER: Aus Kapstadt?
SIEBENTER: Er arbeitet dort in einem großen Baubüro. Vorwiegend allerdings in der Johannesburger Filiale.
LEIBARZT: Schöne Gegend, Südafrika.
SECHSTER: O ja. Meine Mutter spart fleißig. Im nächsten Jahr will sie mich besuchen.
PROFESSOR: Raten Sie ihr auch weiterhin davon ab.
SECHSTER: Selbstverständlich, Herr Professor. *gibt dem Siebenten die Hand.*

PROFESSOR: Und vergessen Sie auch als Staatspräsident nicht, daß Sie zu gehorchen haben. Im Interesse des Staatswohls. Und Ihrer Mutter zuliebe. Frauen gibt es genug. Aber – man hat nur eine Mutter.

PREMIER *etwas ungeduldig*: Das dürfte sogar Architekten bekannt sein.

SECHSTER *geht zur Saaltür.*

PROFESSOR: Und vergessen Sie mich nicht!

SECHSTER *an der Tür*: Nein, Herr Professor. *geht ab.*

VORHANG

Das sechste Bild

Wochen später. Teil eines luxuriösen Hotelappartements. Offene Verbindungstür. Doppeltür zum Flur. Die PRÄSIDENTIN *nimmt Uniformstücke aus einem Schrank und legt sie in einen Koffer. Der* MAJOR, *männlich hübsch, elegant, noch jung, sitzt auf einer Couch und raucht. An der Wand, in goldenem Rahmen, der Präsident (Gehrock, Ordensband) als Ölporträt.*

PRÄSIDENTIN: Ich möchte nur wissen, was uns Frauen an den Uniformen so gefällt.
MAJOR: Ehrlich gesagt, ich möcht's nicht wissen. Eins weiß ich immerhin: Wenn ihr nicht dafür schwärmtet, wäre die Weltgeschichte anders verlaufen. Gemütlicher. Verwandtschaftlicher.
PRÄSIDENTIN: Und du wärst Ingenieur. Oder Etagenkellner.
MAJOR: Vor jeder Kaserne sollte man euch ein Denkmal setzen. Und auf dem Sockel müßte stehen: »Dem Geschlecht, dem wir Leben und Tod verdanken.«
PRÄSIDENTIN: Und du? *schließt den Koffer* Bist du Soldat geworden, nur damit du uns besser gefällst? *tritt zu ihm.*
MAJOR *legt die Hände um ihre Hüften*: Soll ich Ja sagen?
PRÄSIDENTIN: Es waren schöne Wochen. Du hast mir gutgetan. Und nun müssen wir uns trennen. *fährt ihm übers Haar* War's schlimm, so eine alte Frau zu streicheln? Noch dazu auf höheren Befehl?
MAJOR *zieht sie neben sich, küßt sie*: Soldaten müssen gehorchen. Noch dazu blind. Ich war nur gehorsam. Blind war ich nicht.
PRÄSIDENTIN: So eine alte Frau.
MAJOR: So alt? Erzähl mir nichts von jungen Mädchen. Wer von uns beiden, glaubst du, kennt sie besser?
PRÄSIDENTIN: Es ist lange her, aber ich war selber eines.
MAJOR: Nie. Das stand nur im Kalender. Es gibt angeborene Erfahrungen. Du wußtest nichts und konntest alles. Dergleichen wurde früher verbrannt.

PRÄSIDENTIN: Ich bin eine Hexe?
MAJOR: Nein. Deine Erfahrungen haben dich eingeholt. Aber du *warst* eine Hexe.
PRÄSIDENTIN: Homer behauptet, Circe hätte die Männer in Schweine verwandelt. Dieser Märchenerzähler! Was gab es da zu verwandeln? Möchtest du mir das verraten, mein Kleiner?
MAJOR: Immerhin, – Odysseus blieb, wer er war.
PRÄSIDENTIN: Ja. Ein *rechnendes* Schwein. *zeigt auf das Bild an der Wand* Genau wie er. Als wir heirateten, heiratete ich *ihn.* Zweiter Direktor der Außenhandelsbank war er damals. Mit der Konstitution einer Dampfwalze.
MAJOR: Und dann?
PRÄSIDENTIN: Er bekam Angst vor mir. Sein Körper wurde geizig. Ich ging auf Reisen.
MAJOR: Auch Samson hätte Dalila auf Reisen schicken sollen. Aber er war kein Bankdirektor. So schnitt sie ihm bei Nacht die Haare.
PRÄSIDENTIN: Während ich in Paris Kleider kaufte, wurde er Wirtschaftsminister. Noch immer hielten sie ihn für einen Zahlenakrobaten und für sonst nichts. Für eine Spezialität. Er verbarg sich in seinen Statistiken und Bilanzen wie ein Panzer im Kornfeld.
MAJOR: Daß er, erst einmal an der Macht, wurde, was er geworden ist, versteh ich. Doch warum hob man ihn in den Sattel? Einen fanatischen Buchhalter für harmlos zu halten, ist kindisch. Menschen sind für ihn Ziffern hinterm Komma.
PRÄSIDENTIN: Man brauchte Auslandskredite. Es ging nicht ohne ihn. Und außerdem, – er finanzierte den Staatsstreich! *böse lachend* Übrigens: mit Staatsgeldern!
MAJOR: Er bestach die Mörder aus der Brieftasche des Opfers? Das wußte ich nicht!
PRÄSIDENTIN: Vergiß es wieder. Einige, die es wußten und nicht vergessen konnten, starben in den besten Jahren. Gedächtnis ist gesundheitsschädlich.
MAJOR: Dann lebst du nur noch aus Versehen.

PRÄSIDENTIN: Versehen gibt es nicht. Mein Leben ist ihnen sehr viel wert. Sie hüten mich wie einen Talisman.
MAJOR: Wer sind »sie«?
PRÄSIDENTIN: Leute, mein Kleiner. Ein paar Leute.
MAJOR: Leute! *Kopfbewegung zum Gemälde des Präsidenten* Leute! Dich braucht er nicht. Und ein paar Leute braucht er schon gar nicht.
PRÄSIDENTIN: Er! *lacht ärgerlich* Ich könnte dir eine Geschichte erzählen! *fährt ihm übers Haar* Lieber nicht. Lieber nicht.
MAJOR: Erzähl!
PRÄSIDENTIN: Nein.
TELEFON *klingelt.*
MAJOR *hebt ab*: Was gibt's? *legt die Hand über die Sprechmuschel* Der Regierungswagen ist da. *ins Telefon* Die gnädige Frau läßt bitten. *hängt ein* Der Inspektor bemüht sich persönlich.
PRÄSIDENTIN *springt auf*: Sie sagen: »Lächle!« Man lächelt. Sie sagen: »Geh!« Man geht. Sie sagen: »Schlaf mit ihm!« *zeigt auf den Major* Man schläft mit ihm. Sie sagen: »Verachte dich!« Und man tut's.
MAJOR: Solange wir gehorchen, haben sie recht.
PRÄSIDENTIN: Man verachtet sich und sie.
MAJOR: Wozu Respekt? Angst genügt.
PRÄSIDENTIN: Ohnmächtig, bei vollem Bewußtsein!

Die Doppeltür zum Flur öffnet sich. Der INSPEKTOR *und der* SOHN *der Präsidentin treten, in Reisekleidung, ins Zimmer. Sie verbeugen sich. Der Major ist aufgestanden.*

INSPEKTOR: Sind Sie reisefertig, gnädige Frau?
PRÄSIDENTIN: Nein, *zum Sohn* Ich bin erstaunt, dich zu sehen.
SOHN: Der Präsident fand, es wirke stilvoller, wenn du mit deinem Sohn zurückführest, statt *zum Major* mit Ihnen.
PRÄSIDENTIN: Man könnte meinen Gatten um sein Zartgefühl beneiden.

MAJOR *zum Sohn*: Ihr Herr Vater hat wie immer recht.

PRÄSIDENTIN *zum Major*: Ich verabschiede mich noch von Ihnen. *geht ins Nebenzimmer, schlägt die Tür zu.*

SOHN *zum Inspektor*: Ich habe mit dem Major zu reden.

INSPEKTOR *zögert.*

MAJOR: Es ist für mich eine große Ehre, nach der Gattin des Präsidenten nun auch seinen Sohn kennenzulernen.

SOHN: Halten Sie Ihren Zynismus für sehr angebracht?

INSPEKTOR *zum Sohn*: Keinen Streit, meine Herren. Privatgefühle sind Vorurteile. Ich erwarte Sie in der Halle. *ab.*

MAJOR *schließt sorgfältig die Doppeltür, streckt dem Sohn ernst die Hand entgegen.*

SOHN *mit herzlichem Händedruck*: Vorsicht! Wände haben Ohren. *setzt sich* Türen haben Augen.

MAJOR *setzt sich ihm dicht gegenüber.*

SOHN *gedämpft*: Am Tage, bevor meine Mutter mit dir hierherfuhr, starb der Schuhmacher.

MAJOR: Aha. – Und vor einer Minute hätte mir deine Mutter beinahe »eine Geschichte« erzählt. Vom Präsidenten, ihrem Mann.

SOHN *schweigt bestürzt.*

MAJOR: Im letzten Augenblick hielt sie den Mund.

SOHN: Wird sie ihn das nächste Mal halten?

MAJOR: Ich dachte, du kenntest sie besser.

SOHN *noch leiser*: Aber vielleicht gibt es kein nächstes Mal. Als ich, nach des Schuhmachers Tod, dem neuen Präsidenten und Papa vorgestellt wurde, drückte er mir eine halbe Münze in die Hand.

MAJOR *setzt sich bolzengerade.*

SOHN: Er brachte Grüße aus Schloß Belvedere.

MAJOR: Daß »ihm« das gelungen ist!

SOHN: Er heißt dort »der Siebente«.

MAJOR: Der Siebente. Und die halbe Münze besagt, daß »er« bereit ist!

SOHN: Sind *wir* bereit?

MAJOR: Der Kommandeur der Achten Panzerdivision wartet aufs Stichwort. Und nicht nur er. Der Haß kocht. Der Kessel ist am Zerreißen. So steht's beim Heer, bei der Flotte und beim FIiegerkorps. Aber auch im Senat. An der Universität. In den Fabriken. Auch Brutalität braucht Methode. Wer die öffentliche Meinung unterdrückt, darf nie vergessen, daß die Unterdrückten mehr von ihr wissen als der Unterdrücker. Je rücksichtsloser er manipuliert, um so ahnungsloser wird er. Erzwingt er den Nullpunkt der Freiheit der anderen, so erreicht er gleichzeitig den Nullpunkt seines Wissens um deren Meinung.

SOHN: Politische Trigonometrie!

MAJOR: Dir zuliebe poetischer formuliert: Er tappt im Dunkeln. Und zwar in einem Minenfeld, das er selbst gelegt hat.

SOHN: Wenn unser Streich trotzdem fehlschlägt?

MAJOR: Je mehr sich die Macht zuspitzt, um so leichter läßt sie sich beseitigen. Man braucht die Spitze nur *abzubrechen*. Und man braucht nur die *Spitze* abzubrechen.

SOHN: Es klingt sehr einfach.

MAJOR: Es *ist* sehr einfach, mein Lieber. – Man will das ganze Land haben? Rezept: Man muß die Hauptstadt erobern. Man will die Hauptstadt haben? Rezept: Man muß die Bahnhöfe, den Flugplatz, den Sender und die Hauptpost besetzen. Dazu genügt ein zuverlässiges Regiment!

SOHN: Morgen, am Nationalfeiertag, verliest der Präsident seine große Rede. Rückblick, Rechenschaftsbericht, Ausblick. Das Kabinett, die Generäle, die Admirale, die Diplomatie und der Polizeigouverneur sind versammelt. Der Senat annulliert sich.

MAJOR: Glück gehört zum Kalkül. Wir zernieren das Palais. Der bunte Jahrmarkt sitzt in der Falle.

SOHN: Dann holen wir den Siebenten.

MAJOR: Wir werden ihn früher brauchen. Er muß bei der Hand sein. Die Vergangenheit zu verhaften, genügt ein Regiment, und wir haben eine Division. Aber der Volkstribun muß mitmarschieren! Wozu besetzen wir das Rundfunkhaus? Damit er redet. Wozu nehmen wie die Regierung gefangen? Damit er sie verurteilt. Wozu schaffen wir freie Bahn? Damit er auf neue Ziele zeigen kann.

SOHN: Wie holen wir ihn aus dem Belvedere heraus? Der Professor ist kein Stümper.

MAJOR: Stümper sind langweilige Gegner.

SOHN: Und wer holt ihn heraus?

MAJOR: Er wird pünktlich vors Mikrophon treten.

PRÄSIDENTIN *kommt reisefertig ins Zimmer zurück.*

SOHN *und* MAJOR *stehen auf.*

PRÄSIDENTIN: Ihr könntet gleich alt sein.

SOHN: Söhne und Liebhaber, ein bewährtes Thema.

MAJOR: Es ist ein Vergnügen, einem gebildeten Menschen zuzuhören.

PRÄSIDENTIN *zum Sohn*: Du gehst voraus!

SOHN *und* MAJOR *verbeugen sich förmlich voreinander.*

SOHN *geht durch die Flurtür ab.*

PRÄSIDENTIN: Er verachtet seine Mutter, weil sie eine Frau ist. *streichelt den Major kurz* Weil sie Erinnerungen sammelt.

MAJOR: Wie man Bücher kauft und dabei denkt: Ich lese sie später.

PRÄSIDENTIN: Im Winter. An den langen Abenden. – Ich habe mir die Jahreszeiten nicht ausgedacht!

MAJOR: Nein, dir wäre nur der Sommer eingefallen.

PRÄSIDENTIN *lacht.*

MAJOR: Trotz allem, er wirkt sympathisch.

PRÄSIDENTIN: Sympathisch! Das klingt wie ein Schimpfwort! Wenn jemand nicht stark ist, nicht böse, nicht wild, wenn er nichts ist, ist er sympathisch. – In seinen Adern rollt Limonade!

MAJOR: Er verachte dich, sagst du. Du haßt ihn.

PRÄSIDENTIN: Die Natur hat mich beleidigt. So muß sich eine Stute vorkommen, die einen Maikäfer zur Welt bringt! – Mein Mann war eine Kanaille, weiß Gott! Aber er war ein Kerl!

MAJOR: War?

PRÄSIDENTIN: Bevor ihn sein Machthunger leerfraß.

MAJOR: Es ist für einen Major der Kriegsakademie nicht uninteressant, eine derart anschauliche Meinung über unser verehrtes Staatsoberhaupt aus so berufenem Munde zu hören.

PRÄSIDENTIN: Gib dir keine Mühe, mich zu erschrecken, mein Kleiner. Ich kenne dich.
MAJOR: Der Instinkt der Frauen und die Landeswetterwarte irren sich fast nie.
PRÄSIDENTIN: Wenn ein Major der Kriegsakademie nachts im Traume spricht, redet er die Wahrheit.
MAJOR *zuckt zusammen, dann*: Nicht einmal das ist sicher. Hierzulande lügt man sogar im Schlaf.
PRÄSIDENTIN: Den Kriegsminister liebst du jedenfalls noch weniger als mich.
MAJOR: Sogar die Träume können uns den Kopf kosten.
PRÄSIDENTIN: Der Staat ist überall. Er liegt auch, als Dritter, mit uns im Bett.
MAJOR: Wenn er mit uns müde würde, – meinetwegen.
PRÄSIDENTIN: Er liebt uns nicht. Das hält ihn wach. *küßt ihn. Es klopft.*
INSPEKTOR *tritt ein*: Es ist höchste Zeit, gnädige Frau.
PRÄSIDENTIN *zum Major*: Sie waren ein vorbildlicher Reisemarschall!
MAJOR: Reisemajor!
PRÄSIDENTIN: Ich werde mich für Ihre Beförderung verwenden. Und *gibt ihm ihr Taschentuch* wisch meine Lippenschminke weg! *mit dem Inspektor durch die Flurtür ab.*
MAJOR *tritt vor den Spiegel, wischt die Schminkflecken fort, wirft das Taschentuch achtlos in den Papierkorb und hebt den Telefonhörer hoch*: Eine dringende Verbindung mit der Kommandantur in der Hauptstadt! Jawohl. Ich warte.

VORHANG

Das siebente Bild

Einen Tag später. Die Parkszenerie wie im dritten Bild. PAULINE *mit Lockenwickeln und einer Handarbeit.* DORIS *lackiert, im Grase sitzend, wieder ihre Zehennägel.* STELLA *hockt, ungepflegt, am Tisch, trinkt Likör, raucht und starrt vor sich hin.*

PAULINE: In der Zeitung stand, die Menschen würden neuerdings wieder frömmer. Mir geht es, glaub ich, selber so.
DORIS: Es liegt daran, daß die Leute das Zutrauen zu den Sparkassen verloren haben.
STELLA *lacht stumpfsinnig vor sich hin.*
DORIS: Die Richter verurteilen die Schuldlosen. Die Forscher tüfteln am Weltuntergang. Die Ärzte morden im Auftrag. Seit die Bösen vorschreiben, was recht ist, plagt den, der gut sein möchte, das schlechte Gewissen.
STELLA *lacht wieder*: »Denn sie wissen nicht, was sie tun.«
DORIS: Das einzig Sichere ist die Unsicherheit. So versuchen's viele mit dem Beten. Es ist unschädlich und beruhigt die Nerven.
PAULINE: Der liebe Gott als Mutters Schürze.
DORIS: Die einen reißen den andern, als wären's Fliegen, die Beine aus. Und die übrigen brechen vor Mitleid zusammen. Aber vorher verriegeln sie die Türen.
STELLA: Prosit, lieber Gott! Sollst leben! *lacht und trinkt.*
PAULINE *zu Doris*: Das ist mir eine! Erst schneidet man sie vom Fensterkreuz, die kleine Gans. Und jetzt? Ein paar Wochen später säuft sie wie ein Loch und schnappt uns die Kerle weg. Nächstens nehm ich bei ihr Privatstunden.
STELLA: Hättet ihr mich hängen lassen!
DORIS *zu Stella*: Ich war drei Jahre im Lager. Vierzig Frauen in einer Zelle. Hunger, Krankheit, Prügel, Krätze, Dreck und Gestank. Ich schrubbte mich täglich, als wäre ich ein Fußboden. Sie rissen Zoten und krepierten. Merk dir eins: Wer nicht beten kann, soll sich wenigstens gründlich waschen!
STELLA: Hättet ihr mich hängen lassen!

PAULINE: Das nächste Mal schneid ich dich nicht ab. Das versprech ich dir.
STELLA: Zum Aufhängen ist es sowieso zu spät. Ich will langsamer sterben. In Raten. *lacht* Man hat mehr davon.

Der Gong ertönt.

STELLA *steht schwankend auf, nimmt Glas und Flasche*: Die nächste Rate!
PAULINE: Das kleine Luder kann's gar nicht erwarten.
DORIS *zu Pauline*: Laß sie in Frieden!
STELLA: Ja. Laßt mich in Frieden! *geht auf den Pavillon zu, dreht sich noch einmal um* Ein Kind krieg ich außerdem. *ab.*
PAULINE *steht auf*: Ein Kind mit einem Dutzend Väter! Paß auf, sie schnappt uns über!
DORIS steht auf: Wer heutzutage die Nerven verliert, muß sich nicht sehr anstrengen, auch noch den Verstand zu verlieren. Es geht in einem.
PAULINE *im Gehen*: Sie tut mir leid. Aber sie stört mich. Ein Puff ist ja schließlich kein Irrenhaus!
PAULINE und DORIS *gehen in den Pavillon ab.*

Die Bühne ist für kurze Zeit leer. Dann kommen der VIERTE, *der* FÜNFTE, *der* SIEBENTE, *der* ACHTE *und der* NEUNTE, *im üblichen Gehrock, aus dem Park. Der Siebente setzt sich und blickt auf die Uhr.*

SIEBENTER: Der Vierte und der Fünfte bleiben bei mir. Die andern können sich *zeigt auf den Pavillon* ihrem gebührenfreien Stoffwechsel hingeben. Vergeßt nicht, daß die Rede übertragen wird! Macht es kurz.
ACHTER *zum Neunten*: Er kommandiert schon wie der Alte.
NEUNTER: Gebührenfreier Stoffwechsel! *Zum Siebenten* Trag deine Nase nicht höher als den Kopf!
VIERTER *sich setzend, zum Achten*: Sag der Kleinen, ich hätte keine Zeit. Sie soll sich nicht ängstigen.
ACHTER: Vielleicht fällt mir etwas ein, was sie auf andere Gedanken bringt.

FÜNFTER *sich setzend, zum Achten*: Deine Einfälle haben noch niemanden auf andere Gedanken gebracht.
VIERTER: Nicht einmal ihn selber. *lacht.*
NEUNTER *zum Achten*: Da sitzen sie nun und wollen stricken! Babywäsche für die Zukunft! Schwangere Männer sind was Scheußliches! *zum Siebenten* Alte Ordnung ist mir lieber als neue Unordnung! Was man hat, weiß man! Was man kriegt, weiß man nie! *zum Achten* Komm!
ACHTER: Recht hat er! Uns geht's hier gut. Als Gegenleistung lassen wir uns Bärte wachsen. Ist das zuviel verlangt? Manchmal wird einer abgeholt. Gelegentlich beißt einer ins Gras. Und? Betriebsunfälle kommen in jeder Branche vor.
NEUNTER: Laß sie stricken!
ACHTER *zum Siebenten*: Wir führen ein Leben wie im Goldfischglas. Deinetwegen sollen wir herausspringen? *zum Neunten* Aller Nasen lang kommt so ein Bursche um die Ecke gebraust und will die Welt verbessern! *zum Siebenten* Woher wißt ihr denn so genau, wie unser Glück aussieht? Wie? *kleine Pause* Unsre Ruhe wollen wir haben! *brüllt* Unsre Ruhe wollen wir haben, zum Donnerwetter noch einmal! So! Und jetzt geh ich!
FÜNFTER: Beeil dich! Du bist grad so schön im Schwung! *lacht.*
ACHTER und NEUNTER *gehen rasch in den Pavillon ab.*
VIERTER: Was er sagt, ist nicht halb so dumm, wie's klingt. Wenn dein Plan fehlschlägt, verlieren wir alle die Rübe. Das ist kein sehr erbaulicher Gedanke. Immerhin, der Fall liegt klar. *beugt sich zum Siebenten vor* Doch was wird aus uns, wenn der Plan *gelingt*? Dich machst du zum Minister oder zum Senatspräsidenten oder zum Botschafter beim Vatikan. Schön. Was der Mensch braucht, muß er haben. Aber *wir*? Er? Ich? *zeigt zum Pavillon* Sie? *zeigt in entgegengesetzter Richtung* Die übrigen? Was wird aus uns? Glaubst du im Ernst, daß er *zeigt auf den Fünften* wieder Lokomotivführer werden will?
FÜNFTER *lacht verkniffen.*
VIERTER: Daß er sich nach seinem feurigen Ofen auf Rädern zurücksehnt?

FÜNFTER *haut auf den Tisch*: Ich denk nicht dran!
SIEBENTER: Die Direktion der Staatsbahnen denkt noch weniger daran! Lokomotivführer, die im Suff Signale überfahren und dreiundachtzig Reisende in den Himmel befördern, statt in die Hauptstadt, sind nicht sehr beliebt.
FÜNFTER *springt vom Stuhl hoch*: Hör davon auf! *ruhiger* Antworte auf seine Frage. *setzt sich* Was wird aus uns, wenn dein Plan gelingt?
VIERTER: Wenn wir nun nicht wollen?
SIEBENTER *etwas gelangweilt*: Ihr seht das falsch. Die Lawine rollt schon. Kann man Lawinen aufhalten? Es wäre eine höchst ungesunde Beschäftigung.
FÜNFTER: Und wenn deine Lawine nicht rollt? Sie kann als Schneeball sterben. Weißt du's, während du hiersitzt? Nein!
VIERTER *ärgerlich zum Fünften*: Schweif nicht ab! *zum Siebenten* Nehmen wir an, deine Freunde draußen stricken ihren Strumpf wie du hier den deinen. Nehmen wir an, die zwei Strümpfe ergeben ein Paar, das paßt. Das zusammenpaßt. *Was*, wollen wir nun endlich wissen, wird dann aus *uns*?
FÜNFTER: Keiner von uns kann zurück, woher er kam. Jeder hat seine Gründe. Also, wohin? Willst du uns an die Fremdenlegion verschachern?
SIEBENTER: Ihr nehmt euch zu wichtig.
VIERTER: Laß uns ausstopfen. Fürs Panoptikum. Dann bist du uns los.
SIEBENTER: Man wird sehen. Eins steht fest: Taugenichtse mit voller Pension und aufmerksamer Damenbedienung wird es ab morgen nicht mehr geben. Und ein Altersheim für arbeitslose Vollbärte wird die neue Regierung nicht bewilligen.
VIERTER: Wir besitzen Verträge. Ihr müßt uns abfinden.
FÜNFTER: Wir verlangen Auswanderungspapiere.
SIEBENTER: Ich habe über euch noch nicht nachgedacht.
FÜNFTER: Das solltest du bei Gelegenheit tun!
VIERTER: Am besten, du tust es gleich!
SIEBENTER: Fürs erste weiß ich nur eins: Heute abend kehrt ihr hierher zurück.

VIERTER: Zurück? Wieso? Sind wir denn zu deiner Revolution eingeladen?

FÜNFTER: Welche Ehre! *zum Vierten* Wir dürfen dabeisein, wenn man unsre Existenz vernichtet!

VIERTER: Hast du für uns eine Loge reservieren lassen? Oder sollen wir eine Kaserne stürmen?

SIEBENTER: Ihr erfahrt es beizeiten. Jedenfalls, danach kehrt ihr hierher zurück. Für ein paar Wochen. Man wird mit euch einen Film drehen.

FÜNFTER: Einen Film? Mit uns?

SIEBENTER: Er wird im In- und Ausland Aufsehen erregen und, nachträglich, unsern Umsturz legitimieren.

VIERTER: Ich verstehe. »Die Vollbärte von Schloß Belvedere« oder »Die Präsidentenfabrik«. Der Professor und wir in vollem Betrieb!

FÜNFTER: Auch der Pavillon mit den Mädchen? *zum Vierten* Du mit der besoffnen Kleinen in einer Liebesszene! Und Pauline mit dem Neunten im Nahkampf!

VIERTER: Der Professor als Filmstar!

SIEBENTER: Ein schönes Ende.

VIERTER: Ende? Ach so.

SIEBENTER: Früher zeigte man solche Leute während ihrer letzten Tage in eisernen Käfigen. Dann wurden sie geviertteilt, und die Legende vervierfachte sich. Heute werden sie und ihre Taten fotografiert. Die Geschichtsfälscher werden aussterben wie ein primitiver Völkerstamm.

VIERTER: Und wie steht's mit der Gage?

SIEBENTER: Wenn wir zufrieden sind, werdet ihr zufrieden sein.

FÜNFTER: Vielleicht mach ich eine Kneipe auf. Das wollte ich schon als Kind.

PROFESSOR *kommt aus dem Park auf sie zu.*

SIEBENTER *halb laut*: Aufstehen!

DIE DREI *erheben sich.*

PROFESSOR *setzt sich.*

DIE DREI *treten zur Seite.*

PROFESSOR: Unser Feiertag läuft wie am Schnürchen. Das

ganze Land in festlichster Laune. Befohlene Freude läßt sich von echter nicht mehr unterscheiden. Furcht wird Jubel. Auch in den Lagern werfen sie begeistert die Mützen in die Luft. Man müßte eine neue Psychologie schreiben. Thema: Die Seele als erziehbarer Mechanismus. Der Büromensch. Der Kasernenmensch. Der Gefängnismensch. Der Fabrikmensch.

VIERTER: Eine Art Kochbuch. »Hundert Rezepte, Menschenfleisch zu braten, zu kochen und zu verwursten.«

PROFESSOR: Ganz recht. Etwas für Feinschmecker.

SIEBENTER: Warum tun Sie's nicht?

PROFESSOR: Vielleicht später einmal.

FÜNFTER *lacht hämisch*: Später?

VIERTER: Drehen Sie lieber einen Film!

FÜNFTER: Mit Ihnen in der Hauptrolle!

Beide lachen.

SIEBENTER: Laßt den Unsinn!

PROFESSOR *blickt auf die Uhr*: So. Jetzt hat man sich im Großen Palast versammelt. In einer Viertelstunde legt der Senat seine Befugnisse »freiwillig« in die Hände des Präsidenten zurück. Anschließend bedankt er sich für diesen korporativen Selbstmord.

FÜNFTER: Hoffentlich tritt er hinterher nicht auf den Balkon.

VIERTER: Sonst brauchen sie, in einer halben Stunde, womöglich schon wieder einen neuen Präsidenten.

PROFESSOR: Die wachsende Zahl der mißglückten Anschläge lähmt die Attentatsfreudigkeit. Sie können eines ruhigen Lebensabends hier draußen so gut wie sicher sein.

FÜNFTER *zum Siebenten*: Da hörst du's!

PROFESSOR *zum Siebenten*: In zehn Minuten vollzählig im Schulsaal! Wir wollen uns gemeinsam an der Übertragung der Nationalfeier erbauen. *will gehen.*

MAJOR *kommt im Chauffeurmantel aus dem Park. Zum Professor*: Da sind Sie ja!

PROFESSOR: Warum suchen Sie mich? Und wer sind Sie?

MAJOR: Ich bin der Chauffeur des Panzerwagens.

PROFESSOR: Nein.

MAJOR: Genauer, die Vertretung. Er selber wollte seinen Schwager zum letzten Mal besuchen. Im Gefängnis. Er wird morgen deportiert, der Schwager. Da brauchte er den freien Tag, der Chauffeur.

PROFESSOR: Die Papiere!

MAJOR *überreicht Schriftstücke und mustert die Runde.*

PROFESSOR *die Papiere prüfend*: Wieso schickt der Inspektor den Wagen *jetzt*? Während der Präsident bekanntermaßen der Nationalfeier beiwohnt? Ihre Fahrt grenzt an Unsinn!

MAJOR: Ich bin überfragt. Schließlich bin ich die Vertretung für einen Chauffeur und nicht die Palastinspektion. Für Gefälligkeiten läßt man sich ungern schief ansehen.

PROFESSOR: Ich rufe im Palast an. *will gehen.*

MAJOR *zieht den Revolver*: Laufen Sie bitte nicht fort! *zu den übrigen* Ist einer von euch der Siebente? Als ich ihn kennenlernte, hatte er weniger Haare im Gesicht.

SIEBENTER: Die Stunde ist gut gewählt, Major. *zum Vierten* Hol die beiden aus dem Pavillon. *zum Fünften* Du holst die andern. Bringt eure und unsre Hüte mit. Und die Handschuhe. Es soll ein korrekter Staatsstreich werden.

VIERTER *zum Fünften*: Der zweite Strumpf scheint zum ersten zu passen. *ab in den Pavillon.*

FÜNFTER: Hüte und Handschuhe, – wie bei einer Beerdigung! Na, es ist ja auch eine. *nach der anderen Seite ab.*

MAJOR *zum Siebenten, der die Taschen des Professors sachlich durchsucht*: Der Palast und die übrigen Schlüsselpositionen dürften jetzt in unserer Hand sein. Panzer schnüren die Ausfallstraßen ab. Parlamentäre an die auswärtigen Garnisonen sind unterwegs. Ich begleite Sie zum Rundfunk.

SIEBENTER *hat gefunden, was er suchte, und steckt es in die Tasche.*

MAJOR: Zyankali?

PROFESSOR *zum Siebenten*: Das kleine Praliné hätte mir und Ihnen viel Mühe erspart.

MAJOR: Sie überschätzen die Mühe. Außerdem, ein Volk zur Sau machen und dann an einem Praliné sterben, das hat keine Proportion.

SIEBENTER *zum Major*: Hatten Sie mit der Schloßwache Schwierigkeiten?
MAJOR: Der diensttuende Offizier war mit mir auf der Kriegsschule. Die Telefonleitung, der Autopark und die Hochspannungsanlage sind in unserer Hand.
SIEBENTER: Die Mannschaft?
MAJOR: Erhält ab sofort doppelte Löhnung.
PROFESSOR: Doppelt hält besser. *zum Siebenten* Eine meiner letzten Fragen, – wer sind Sie?
MAJOR: Ihre *letzte* Frage. Vor etwa zwei Jahren fiel in London ein Mann aus einem Hotelfenster. Ein Emigrant.
PROFESSOR: Der »Tribun«, – ich erinnere mich. Es war ein sehr nützlicher Unglücksfall.
MAJOR: Der Mann fiel aus dem sechsten Stock, mit dem Kopf voran aufs Pflaster. *auf den Siebenten zeigend* Hier steht er.
PROFESSOR: Mit einem neuen Kopf?
MAJOR: Ihre Leute warfen den falschen Mann auf die Straße.
SIEBENTER: Genug!
MAJOR *auf den Siebenten zeigend*: Mit seinen Papieren in der Brusttasche.
PROFESSOR: Auf die auswärtigen Mitarbeiter ist kein Verlaß. *zum Siebenten*. Der falsche Mann mit den richtigen Papieren. Der richtige Mann mit den falschen Papieren. Eine ungemütliche Verwechslung.
MAJOR *tritt, fertig zum Genickschuß, hinter den Professor*: Stehen Sie still! Haben Sie Angst?
PROFESSOR *sich exakt beobachtend*: Ich nicht. Aber meine Knie.
SIEBENTER *zum Major*: Lassen Sie ihn!
PROFESSOR: Auch die Hände zittern. Höchst peinlich. *er schwankt.*
MAJOR *zum Siebenten*: Wie Sie wünschen. *steckt zögernd die Waffe ein* Großmut ist Luxus.
SIEBENTER: Wir brauchen ihn noch.
ACHTER *eilends aus dem Pavillon*: Geht es wirklich los?
NEUNTER *folgt hastig, fährt in den zweiten Rockärmel*: Diese verfluchte Weltgeschichte! Jedesmal mitten im schönsten Vergnügen!

VIERTER *kommt als letzter*: Das kleine rabiate Biest wollte ihn gar nicht fortlassen.

ACHTER *auf den Professor zeigend*: Vor dem haben wir einmal gezittert! Wie die Zeit vergeht!

NEUNTER: Ist es der nicht, ist's ein andrer.

DORIS *und* PAULINE *kommen in Negligés aus dem Pavillon*.

DORIS: Tatsächlich!

PAULINE: Sie haben ihn nicht einmal gefesselt!

VIERTER: Das ist nicht mehr Mode.

ACHTER: Wozu auch? *tritt gemächlich vor den Professor* Nun zittert *er*.

PROFESSOR: Es handelt sich um einen bloßen Reflex.

ACHTER: Einen schönen Gruß von deinen Meerschweinchen! *gibt ihm eine Ohrfeige* Es ist »ein bloßer Reflex«. *schlägt wieder zu.*

PAULINE: Da will ich mal die Koffer packen und mich nach einem andern Etablissement umtun.

SIEBENTER *zu den zwei Frauen*: Ihr bleibt bis auf weiteres hier!

DORIS *zu Pauline*: Er will uns zu Nonnen umarbeiten. Revolutionären ist alles zuzutrauen.

PAULINE: Den Staat kann er vielleicht ändern. Mich nicht.

SIEBENTER: Ihr bleibt hier. Wir kommen wieder. *kurz auf den Professor zeigend* Und auf den paßt auf! *zum Vierten und Achten* Bringt ihn in den Pavillon!

PROFESSOR: Nein! *will fliehen.*

VIERTER *ihn festhaltend*: Hiergeblieben!

PAULINE *die Arme ausstreckend*: Komm, mein Süßer!

ACHTER *und* VIERTER *zerren den Professor schrittweise zum Haus*: Sei nicht albern!

VIERTER: Marsch ins Bett!

DORIS: Endlich, Professorchen!

NEUNTER: Gleich werd ich eifersüchtig.

PROFESSOR *will sich losreißen, wird geschlagen und weitergezerrt. Die Männer, außer dem Siebenten und dem Major, lachen.*

PAULINE: So ungern kam noch keiner. Es kränkt mich. Wir werden ihm die Händchen auf dem Rücken zusammenbinden.

VIERTER: Auf deinem?
DORIS: Und ihm die Ohren zuhalten. Damit er nicht hört, wie er sich amüsiert.
SIEBENTER: Fort damit!
PROFESSOR: Nein!
VIERTER *und* ACHTER *stoßen den Professor ins Haus.*
PAULINE *folgt ihm energisch.*
STIMME DES PROFESSORS: Lassen Sie mich los! *er wird geschlagen.*
STIMME PAULINES *drohend*: Gib Tante Küßchen!
VIERTER, ACHTER *und* NEUNTER *lachen.*
DORIS *zum Siebenten*: Inzwischen, viel Erfolg und wenig Reue!
SIEBENTER *nickt kurz.*
FÜNFTER, ZEHNTER, ELFTER, ZWÖLFTER *usw. kommen in Hüten und Handschuhen, bringen die Handschuhe der anderen mit und verteilen sie rasch. Alle machen sich ausgehfertig.*
DORIS *geht in den Pavillon und schließt hinter sich die Tür.*
MAJOR: Wollen Sie das Panoptikum wirklich mitnehmen?
SIEBENTER *zum Vierten*: Meldet euch beim diensttuenden Offizier und wartet an den Garagen!
VIERTER *zu den übrigen*: Im Gleichschritt, marsch! *alle, bis auf den Siebenten und den Major, gehen gehorsam und militärisch formiert ab. In die Richtung, aus welcher der Major aufgetreten ist.*
SIEBENTER *zum Major*: Während meiner Rundfunkerklärung werden die Kerle in den wichtigsten Bezirken der Hauptstadt auftauchen. Gleichzeitig und paarweise. Zwei Präsidenten, Arm in Arm, im Hafenviertel. Zwei vor den Kasernen. Zwei auf dem Großen Platz. Zwei zwischen den Hochhäusern der Staatsangestellten.
MAJOR *anerkennend*: Panzer und Gelächter, eine aparte Allianz!
SIEBENTER: Lachsalven helfen Granaten sparen.
MAJOR *lächelnd*: Nicht nötig. Wir haben genug. *blickt auf seine Uhr* Es ist soweit! *beide wollen gehen.*

SCHREIE DES PROFESSORS *aus dem Pavillon.*
SIEBENTER *und* MAJOR *bleiben stehen.*
SCHREIE DES PROFESSORS *werden leiser und ersterben.*
SIEBENTER *und* MAJOR *blicken zum Pavillon.*
MAJOR: Kein schöner Gesang.
SIEBENTER: Wie aus der Folterkammer. *will auf den Pavillon zu.*
PAULINE *reißt die Tür auf, holt tief Luft, lehnt sich schwer gegen die Türfüllung*: Ich hab es gleich gesagt, die Kleine ist verrückt. Beißt in den alten Gauner hinein wie in einen Apfel. Wir wollten sie wegzerren. Im Kino hab ich mal gesehn, wie ein Löwe ein Zebra hinmachte. Genauso. Und ihre Zähne sind rot wie von Lippenstift!
MAJOR: Die werte Kollegin hat den Herrn totgebissen?
PAULINE: Kollegin?! Anständige Mädchen sind was Schreckliches. Sie nehmen ihre Haut zu wichtig, und damit bringen sie alles durcheinander. Wahrscheinlich ist er tot. Sie selber liegt auf dem Teppich und verdreht die Augen.
DORIS *tritt neben Pauline*: Das Zimmer Sechs hat's hinter den Ohren.
PAULINE: Mich bringen keine zehn Pferde wieder hinein!
DORIS: Er läuft aus wie eine Flasche Himbeersaft.
SIEBENTER: Holt das Mädchen heraus, und schließt das Zimmer ab!
MAJOR: Es wird Zeit.
SIEBENTER: Lebendig wäre er mir lieber gewesen. Kommen Sie! *mit dem Major ab.*
PAULINE *geht treppab*: Mir wäre er lebendig auch lieber gewesen! *setzt sich* Im Grunde war er, glaub ich, 'n Masochist. Er wollte es nur nicht zugeben. *räkelt sich* Abends sind sie wieder zurück?
DORIS: Ja. Sie wollen nur rasch die Welt verändern. *ins Haus ab.*
PAULINE: Und wenn sie alles auf den Kopf stellen, – Frauen brauchen sie immer!

VORHANG

Das achte Bild

Vorstadtkneipe mit ungedeckten Holztischen. Rückwand: Großes Buntdruckbild des Präsidenten. Garderobehaken. Toilettetüren. Ein Spielautomat. Rechts: zwei Fenster zur Straße und die Eingangstür. Ein Radioapparat. Links: Biertheke mit Zapfhähnen und Spülbecken. Ein paar Hocker. Vorn Stufen hinter die Theke. Linke Seitenwand: Servierfenster zur Küche und Tür zur Wohnung.
Hinter der Theke die WIRTIN. *Auf einem Hocker ein* MATROSE *der Handelsmarine. An den Tischen ein* BUCHHALTER *bei Kaffee und mitgebrachtem Frühstück und ein alter* HAUSIERER, *der den Bauchladen auf dem Tisch abgestellt hat, beim Bier. Die vier starren auf den Radioapparat. Am Spielautomaten ein* HALBWÜCHSIGER, *der unentwegt spielt. Manchmal klappert Gewinngeld.*

STIMME DES SIEBENTEN *inmitten seiner Funkansprache an die Bevölkerung*: ...So sah sie aus, die blutige Komödie!
BUCHHALTER: Wer's glaubt, wird selig.
MATROSE: Halt's Maul! Ich erkenn seine Stimme. Er sprach früher aus London.
STIMME DES SIEBENTEN: Starb eine Marionette, durch Mord, Attentat oder Krankheit, holte man den nächsten Hampelmann aus der Schachtel. Verhaftete weiter. Enteignete weiter. Schändete weiter. Folterte weiter. Mordete weiter. Und ihr verkamt in Angst.
WIRTIN: Und? Bier trinken auch Ängstliche.
STIMME DES MAJORS: Achtung, Achtung! Es spricht der Tribun!
STIMME DES SIEBENTEN: Jagt eure Angst zum Teufel!
HAUSIERER *zur Radiostimme hinüber*: Ach, alter Freund ...
BUCHHALTER: Kennen Sie ihn?
HAUSIERER: Ich kannte ihn.
STIMME DES SIEBENTEN: Die Mörder sind nicht mehr eure Richter. Die Strafe trifft wieder den, der sie verdient. Gesetz

und Gerechtigkeit erkennen sich wieder. Sie wollen sein, was sie waren: Geschwister. Das schlechte Gewissen, diese letzte und schlimmste Plage der Unschuldigen, kehrt endlich dorthin zurück, woher sie kam: zu denen, die schuld sind.

STIMME DES MAJORS: Achtung, Achtung! Es spricht der Tribun!

STIMME DES SIEBENTEN: Euer Eid gilt einem Manne, der vor drei Jahren auf der Straße starb. Einem Mörder, der ermordet wurde. Der Eid starb mit dem Mann.

MATROSE *vom Hocker kletternd*: Der Kerl muß herunter. *geht zum Bild an der Rückwand.*

WIRTIN *kommt hastig hinter der Theke hervor*: Laß ihn hängen! *Läuft hinter dem Matrosen her.*

MATROSE: Ich zertret ihm die Visage!

STIMME DES SIEBENTEN: Die Zeit ohne Eid und Gewissen ist vorüber. Ich bin, mit dieser Stunde, Chef der Provisorischen Regierung. Alle politischen Gefangenen sind sofort in Freiheit zu setzen.

HALBWÜCHSIGER *verblüfft*: Da kommt ja auch mein Vater raus! *weiterspielend* Der wird sich umschaun!

MATROSE *will das Bild vom Haken heben*: Der nächste Herr bitte!

WIRTIN *ihm in den Arm fallend*: Er bleibt! Bis es in der Zeitung steht!

BUCHHALTER *ängstlich*: Recht hat sie. Vielleicht ist es ein Trick. Oder ein Hörspiel!

STIMME DES SIEBENTEN: Das Entschädigungsgesetz und das Wahlgesetz wurden im Exil entworfen. Sie werden umgehend beraten und verabschiedet werden.

HAUSIERER: Und die Toten kriegen hübsche neue Köpfe.

MATROSE *hält die Wirtin derb gepackt und küßt sie.*

STIMME DES MAJORS: Achtung, Achtung! Es spricht der Tribun!

Draußen rollt ein Panzerwagen näher, bremst und hält.

HALBWÜCHSIGER *kurz interessiert*: Ein Panzer! *spielt weiter.*

BUCHHALTER *tritt zum Hausierer*: Es ist noch kein Schuß gefallen. Eine seltsame Revolution. Haben Sie Schnürsenkel für schwarze Halbschuhe?

HAUSIERER: Warten Sie lieber ab. Vielleicht werden diesmal schwarze Halbschuhe verboten!

STIMME DES SIEBENTEN: Unsere vornehmste Aufgabe wird es sein, Freiheit und Ordnung wieder ins Gleichgewicht zu bringen.

BUCHHALTER: Da haben Sie's! Ich nehme die Schnürsenkel. *Der kleine Handel wird erledigt.*

STIMME DES SIEBENTEN: Das ist keine Redensart. Es ist kein frommer Wunsch, sondern eine Notwendigkeit. Als Gegengabe erwartet uns das Vertrauen des Volks und der Völker.

WIRTIN *zum Matrosen*: Finger weg! *rangiert ihre Kleidung* Die Weltgeschichte steht kopf, und du zerreißt mir die Bluse! *läuft hinter ihre Theke.*

MATROSE: Du weißt nicht, was du willst. Aber das willst du.

STIMME DES SIEBENTEN: Wir wollen das Vernünftige mit den Vernünftigen erreichen. Alle unter der Diktatur abgesetzten Beamten und alle Funktionäre der aufgelösten Parteien und Gewerkschaften stellen sich sofort zur Verfügung. Das ist eine Bitte, aber eine Bitte kann mehr sein als ein Befehl. Meldet euch sofort im Großen Palast!

PANZERSOLDAT *kommt, feldmarschmäßig, ins Lokal*: Sechs Flaschen Bier für meinen Panzer!

WIRTIN *eifrig*: Sofort, Herr Leutnant! *stellt Flaschen auf die Theke.*

STIMME DES SIEBENTEN: Unerprobte Gesinnung ist kein Beweis. Und Erfahrung ist nicht nachholbar. Wir brauchen *euch*! Wir brauchen die Erfahrenen und Erprobten!

BUCHHALTER *zum Panzersoldaten*: Hat's Tote gegeben?

PANZERSOLDAT: Wir haben einen kleinen Hund überfahren. Sonst wollte niemand vorzeitig sterben. Die Geschäftsleute ziehen schon wieder die Rolläden hoch.

WIRTIN: Das ist ein gutes Zeichen.

STIMME DES SIEBENTEN: Meldet euch sofort im Großen Palast! Der Staat braucht eure Kraft. Und die Jugend braucht euer Beispiel.

PANZERSOLDAT: Da steht ja die Jugend! *gibt dem Halbwüchsigen eine Ohrfeige.*

HALBWÜCHSIGER *während der Spielautomat Geld zahlt*: Sechsfaches Geld! Sie bringen mir Glück! *spielt weiter.*

STIMME DES MAJORS: Achtung, Achtung! Es spricht der Tribun!

MATROSE *das Bild des Präsidenten vom Haken holend*: Nun komm schon herunter, du alter Gauner!

BUCHHALTER *kichernd*: Mit dem Fortleben nach dem Tod ist's aus.

MATROSE *tritt mit dem Stiefel ins Bild.*

PANZERSOLDAT *verstaut das Flaschenbier.*

WIRTIN: Laß den Rahmen ganz!

HAUSIERER: Er kann nichts dafür.

WIRTIN *zum Panzersoldaten*: Das Bier kostet nichts.

PANZERSOLDAT: Die neue Zeit dankt. *geht rechts ab.*

STIMME DES SIEBENTEN: Die verbrecherischen Mitglieder des bisherigen Kabinetts, die Gouverneure und der gesamte Senat wurden während der Nationalfeier von Einheiten der Achten Panzerdivision verhaftet. Das Urteil wird nicht die Rache sprechen, sondern die Klugheit.

HAUSIERER: Man wird die Herrschaften an *milden* Stricken aufknüpfen.

STIMME DES SIEBENTEN: Alle Landräte, Bürgermeister, Richter und Lehrer bleiben bis auf weiteres im Amt.

BUCHHALTER: Früher hieß es: »Die *Kleinen* hängt man, und die *Großen* läßt man laufen.«

MATROSE: Der Mann ist gegen die Hanfindustrie.

HAUSIERER: Auch die Vernunft schafft sich Feinde.

BUCHHALTER: Sehen Sie *mich* an, – ich wäre längst Prokurist, aber ich war gegen das Regime. Und jetzt?

WIRTIN: Werden Sie *wieder* nicht Prokurist, Sie Charakter.

STIMME DES SIEBENTEN: Der heutige Tag, der, wie zum Hohn, als Nationalfeiertag begann, ist tatsächlich und wahrhaftig zum Nationalfeiertag geworden. Und es bedarf keiner Prophetengabe, schon in dieser Stunde zu wissen, daß ihn unser Volk, in Freiheit und Ordnung, noch oft begehen wird. Zur unveräußerlichen Erinnerung an schändlich schreckliche und in festlicher Hoffnung auf immer glücklichere Jahre. Laßt uns, frei von Furcht, das Heute feiern! Und morgen, Freunde, beginnen die Wochentage! *Übermütiges Gelächter einer größeren Menschenmenge nähert sich auf der Straße.*

STIMME DES MAJORS: Achtung, Achtung! Es sprach der Tribun! Bleiben Sie an den Empfangsgeräten! Wir kommen wieder! Der Tribun verläßt das Funkhaus und begibt sich im offenen Wagen zum Großen Palast! Bleiben Sie an den Apparaten! Panzer der Achten Division begleiten den Tribun! Sie hören ihn wieder aus dem Palast!
Markantes Pausenzeichen bis zum Schluß des Bildes.

DER VIERTE *und* DER FÜNFTE, *hinter ihnen eine johlende Menge, kommen hastig herein und stemmen sich gegen die lachend nachdrängenden Verfolger.*

EINE STIMME: Eine Runde für die Hampelmänner!

VIERTER *zerrt ein junges Mädchen ins Lokal*: Komm, mein Hühnchen! *drückt mit aller Kraft die Tür zu.*

FÜNFTER *dreht den Schlüssel um, aufatmend*: Das hätten wir! *trocknet sich die Stirn* Mein Hut hat ein Loch. So 'ne Bande!

MATROSE *lachend*: Zwei »aus der Schachtel!« *zum Buchhalter* Nun? Hat der Tribun gemogelt? *zur Wirtin.* Eine Flasche Bier für die Herren Präsidenten!

VIERTER *nimmt den Hut des Fünften, hinkt zu den Garderobehaken und hängt die Hüte auf*: Das ist 'n Wort!

WIRTIN: In diesem Lokal schließt nur einer die Tür ab, und das bin ich! *kommt mit einer Flasche und zwei Gläsern hinter der Theke vor.*

FÜNFTER *mit ausgebreiteten Armen*: Olga!

WIRTIN *setzt Gläser und Flasche auf einen Tisch und starrt den Fünften an.*

FÜNFTER: Wo ist Gustav?

WIRTIN *zögernd*: Auf dem Friedhof.

MATROSE: Seit 'nem Jahr.

FÜNFTER *begeistert zum Vierten*: Menschenskind, sie ist Witwe!

VIERTER *hinkt zum Tisch und schenkt Bier ein*: Gratuliere! *trinkt* Mir ist einer aufs Hühnerauge getreten. *setzt sich.*

FÜNFTER *umarmt die verblüffte Wirtin.*

MATROSE *drohend*: Die Witwe ist meine Braut, Herr Präsident.

FÜNFTER *abwinkend*: Meine Braut war sie schon, als sie noch verheiratet war. *flüstert der Wirtin etwas ins Ohr.*

WIRTIN *sträubt sich zunächst, dann*: Ich denke, du bist in Amerika bei der Eisenbahn? Auf der Ansichtskarte stand: »San Francisco ist gar nicht weit.«

FÜNFTER: Ja. Das stand drauf.

VIERTER: Dabei wohnten wir um die Ecke! Aber trotzdem war's sehr weit weg ...

FÜNFTER: Ich bleib jetzt hier. *geht hinter die Theke, zur Wirtin.* Und entlobe dich inzwischen! *links in die Wohnung ab.*

VIERTER *zu dem jungen Mädchen*: Komm, mein Hühnchen! *zieht sie zu sich.*

MÄDCHEN: Die Läden haben wieder geöffnet. Ich soll Brot und Milch holen.

VIERTER: Du hast mich vorhin auf der Straße am Bart gezogen.

MÄDCHEN: Ich wollte wissen, ob er echt ist.

VIERTER: Jetzt bist du an der Reihe. Halt still!

MÄDCHEN: Ich hab doch gar keinen Bart!

VIERTER: Das ist Ansichtssache.

MÄDCHEN: Aua! *springt auf.*

HAUSIERER: Setz dich zu *mir*.

MÄDCHEN *setzt sich zum Hausierer.*

MATROSE *zur Wirtin*: Was hat er dir ins Ohr gesagt?

WIRTIN: Etwas, was die andern nicht hören sollten.

VIERTER *zum Buchhalter*: Die Dame entlobt sich gerade. *er trinkt.*

BUCHHALTER: Und ein Hund ist überfahren worden. Eine schöne Revolution! *zum Vierten* Wenn *Sie* vor ein, zwei Jahren Präsident geworden wären, wär's uns *auch* nicht aufgefallen?

VIERTER: Erlauben Sie mal! Sie hätten vor mir gezittert! Wir haben uns sogar *untereinander* verwechselt!

HALBWÜCHSIGER *Gewinngeld kassierend*: Halten Sie doch mal 'ne kleine Rede! Ich spendier ein Bier.

VIERTER *nach kurzer Pause*: Abgemacht!

HALBWÜCHSIGER: Ein Bier für den Präsidenten! *klimpert mit Geld.*

WIRTIN: Noch ein Bier. *will hinter die Theke.*

VIERTER *hält sie zurück*: Setzen! *zieht sie auf einen Stuhl, erhebt sich, geht würdevoll hinter die Theke, öffnet eine Flasche, schenkt sich ein, trinkt und sammelt sich.*

BUCHHALTER: Wir sind die Staatsräte. *Alle, außer dem Hausierer und dem Matrosen, spielen mit.*

VIERTER *in Positur und Gehabe des Präsidenten*: Die Freunde achten uns. Die Feinde fürchten uns. Das ist in unserm verfehlten Jahrhundert keine Selbstverständlichkeit mehr. Nicht *in* den Staaten. Nicht *zwischen* den Staaten.

HALBWÜCHSIGER: Hoch, Hoch! Hoch!

VIERTER: Wir haben unsere Grenzen ausgedehnt. Nicht etwa, um unsere Macht zu beweisen. Wirkliche Macht hält keine Manöver ab.

BUCHHALTER: Es lebe der Präsident! *Junges Mädchen fällt ein* Es lebe der Präsident!

VIERTER *winkt, aus dem Konzept geraten, ab*: An der Stelle wurde nicht geschrien! *memorierend* … Manöver ab … Sondern … Teile unseres Volkes … Teile unseres Volkes … *wieder in der Rolle, zunehmend drohender und echter.* Im Land herrschen Ruhe und Einmütigkeit. Es bedurfte keiner Überredung. Das Volk wurde überzeugt. Noch gibt es vereinzelte Widersacher.

HAUSIERER: Freiheit und Ordnung!

VIERTER *zum Hausierer*: Neinsager aus Profession. Verräter in fremdem Sold und Auftrag. Aber sie hocken im Mauseloch der Angst. Ein Schritt, ein Satz genügt, und sie sitzen in der Falle. Mauseloch oder Mausefalle, die Leute haben die Wahl. Diese und keine andre. Man lasse es sich gesagt sein.

WIRTIN: Ich krieg schon wieder Angst.

VIERTER: Die Arbeit wurde erst halb getan. Ganze Arbeit ist nötig.

Ein Schuß fällt auf der Straße.

VIERTER *taumelt, greift sich ins Gesicht.*
DIE ANDEREN *sitzen wie gelähmt.*
FÜNFTER *kommt aus der linken Tür, ohne Bart, in offenem Hemd und Strickjacke, der typische Kneipenwirt*: War das ein Schuß?
WIRTIN *springt auf*: Otto! *läuft zum Fünften.*
VIERTER: Blute ich? *mustert seine Hand* Nein. Einbildung. Merkwürdig. *zum Fünften* Nummer Fünf ohne Bart!
MÄDCHEN: Das ist ja der *andere!*
FÜNFTER *zum Matrosen*: Hau ab, du Bräutigam! *tätschelt die Wirtin* Das ist nun wieder meine Sache.
WIRTIN: Wie gut dir Gustavs Jacke paßt!

Jemand rüttelt an der Tür zum Lokal. Schlägt gegen die Türfüllung.

Die Stimme des PANZERSOLDATEN: Sofort aufmachen!
BUCHHALTER *springt an die Tür, dreht den Schlüssel um und öffnet*: O, der Herr Leutnant!

Der PANZERSOLDAT *tritt ein. Der Buchhalter schließt die Tür.*

MATROSE: Haben Sie geschossen?
PANZERSOLDAT: Ja. Auf eine leere Bierflasche. *zum Vierten* Wo ist der andere?
WIRTIN: Welcher andre, Herr Leutnant?
PANZERSOLDAT: Der andre Vollbart. Die Kerle sollen eingesammelt werden. Funkbefehl des Stadtkommandanten.
VIERTER: Wo sollt ihr uns hinbringen?
PANZERSOLDAT: Ins Militärgefängnis. Zwei von euch sind hereinspaziert. Zwei nehm ich mit. *zückt den Revolver.*
MATROSE *auf den Fünften weisend*: Da steht der andre!
WIRTIN: Das ist mein Mann!

HALBWÜCHSIGER: Es ist der Wirt. Das sieht man doch. *wirft Geld in den Automaten.*
MATROSE: Es *ist* der andre. Bärte kann man abschneiden. *zum Buchhalter* Stimmt's?
BUCHHALTER *zögernd*: Man darf es, glaub ich, auch.
PANZERSOLDAT: Los, ihr Zwei!
VIERTER: Wir sollen ins Belvedere zurück! Man will mit uns einen Film drehen!
PANZERSOLDAT *die Waffe hebend*: Das Ding ist entsichert.
VIERTER *zum Fünften*: Da hast du's! »Was wird aus uns, wenn dein Plan gelingt?« hab ich gefragt.
FÜNFTER: »Ihr nehmt euch zu wichtig«, hat er gesagt, der Herr Tribun. *gibt der Wirtin einen Kuß.*
MATROSE: Entlobt euch etwas schneller!
VIERTER *zum Fünften*: Komm! *geht zu den Garderobehaken und holt die Hüte.*
WIRTIN *zum Fünften*: Seh ich dich wieder?
FÜNFTER *während er dem Vierten folgt*: Das weiß man heutzutage nie. *sie setzen die Hüte auf.*
PANZERSOLDAT: Ohne Tritt, marsch! *an der Tür, zur Wirtin* Und noch einmal besten Dank fürs Bier! *er, der Vierte und der Fünfte rechts ab.*
MATROSE *geht hinter die Theke, stößt die Wirtin zur halboffenen Wohnungstür*: Die Herrschaften entschuldigen uns ein Viertelstündchen!

Beide links ab. Die Tür schlägt zu.

BUCHHALTER *kichert, dann zum Hausierer*: Die Frauen haben es auch nicht leicht.
HAUSIERER *steht auf, nimmt den Bauchladen um und legt Geld für die Zeche auf den Tisch.*
BUCHHALTER: Sie kennen den Tribun?
HAUSIERER: Ich kannte ihn. Wir waren einmal Kollegen.
BUCHHALTER: Der Tribun war Hausierer?
HAUSIERER *lacht laut.*
BUCHHALTER: Und jetzt gehen Sie in den Palast?

HAUSIERER *auf dem Wege zur Tür rechts*: Nein, in den Stadtpark. Dort ist es sonniger. *ab.*
BUCHHALTER: Ein komischer Mann.
HALBWÜCHSIGER: Er wohnt bei uns im Hinterhaus. Früher soll er irgend was in irgendeiner Partei gewesen sein. Dann war er zwei Jahre im Lager. *spielt weiter. Das Mädchen schaut ihm zu.*
STIMME DES MAJORS: Achtung, Achtung! Der Tribun befindet sich auf der Fahrt zum Palast. Laufend erreichen uns Funkmeldungen vom Übertritt weiterer Garnisonen. Der abgesetzte Premierminister wurde vor einer halben Stunde verhaftet, als er in Frauenkleidung die englische Botschaft betreten wollte.
Aus dem Palast ist in Kürze eine Regierungserklärung zu erwarten. Bleiben Sie an den Empfangsgeräten! Auf Wiederhören!

Pausenzeichen.

HALBWÜCHSIGER *zu dem Mädchen*: Mein Vater kommt wahrscheinlich aus dem Gefängnis.
MÄDCHEN: Und meiner kommt wahrscheinlich hinein. *beide lachen verlegen.*
BUCHHALTER *nimmt das Geld des Hausierers vom Tisch und steckt es rasch ein.*

Draußen rollt ein Panzer ab.

VORHANG

Das neunte Bild

Der Saal des ersten Bilds. Die festliche Staffage unterbrechen im Vordergrund ein Klapptisch mit Feldstühlen, ein Feldtelefon und ein Mikrophon mit Kabeln, die zur Tür hinaus führen.
  Am Tisch, in Dienstuniform, der STADTKOMMANDANT. *Vor ihm steht der* INSPEKTOR. *Ein* UNTEROFFIZIER *überprüft die Kabelanschlüsse.*

UNTEROFFIZIER *das Mikrophon ausprobierend*: Die Verständigung ist gut? Keine Nebengeräusche? Nun noch die Telefonleitung! *am Telefon* Hallo! Der Herr Stadtkommandant läßt fragen, ob wir genügend Tonbänder mitgebracht haben. *nickt* Danke, Herr Oberleutnant! *legt den Hörer auf* Alles in Ordnung, Herr General!

STADTKOMMANDANT: Danke.

UNTEROFFIZIER *salutiert und geht ab.*

STADTKOMMANDANT *zum Inspektor*: Ihre Angaben decken sich mit unseren Informationen. Aber wir sind nicht über alles informiert.

INSPEKTOR: Meine Kenntnisse stehen zur Verfügung.

STADTKOMMANDANT: Es stört Sie hoffentlich nicht, daß ich Sie verachte?

INSPEKTOR: Ehrlich gesagt, nein.

STADTKOMMANDANT: Ehrlich gesagt?

INSPEKTOR: Treue und Dummheit sind nicht dasselbe.

STADTKOMMANDANT: Treue?

INSPEKTOR: Ich habe manchmal darüber nachgedacht. Denn wer wäre gern ein schlechter Mensch? Noch dazu in den eignen Augen? Ich diene dem, der die Macht hat. Das ist *meine* Pflicht. *Seine* Pflicht ist es, an der Macht zu *bleiben*. Büßt er sie ein, so bricht *er* die Treue.

STADTKOMMANDANT: Und was halten Sie von dem Worte Charakter?

INSPEKTOR: Es stammt aus den Lesebüchern, wie so manches Unheil. Charakter ist ein feineres Wort für Sentimentalität. Ein sehr schädliches Wort. Es kostümiert ein Laster als Tugend. Es ist schuld an den Katastrophen, die den Machtwechsel zu begleiten pflegen.

STADTKOMMANDANT: Man nennt dergleichen Geschichte.

INSPEKTOR: Es war meine Privatmeinung. Ich bitte, sie zu vergessen.

STADTKOMMANDANT: Gern. Der wievielten Regierung dienen Sie?

INSPEKTOR: Augenblicklich? Der dritten, Herr General.

STADTKOMMANDANT: Meinen Glückwunsch.

INSPEKTOR *verbeugt sich.*

MAJOR *kommt eilig durch die automatisch funktionierende Tür und salutiert*: Der Tribun fährt vor. Am Nebenportal Nord. Wie befohlen.

STADTKOMMANDANT: Gut, mein Lieber. *am Telefon* Hier der Stadtkommandant. Es ist soweit. Von diesem Saal aus erfolgt keine Direktübertragung. Keine! Verstanden? Sie machen nur *Tonband*aufnahmen! Über deren öffentliche Verwendbarkeit entscheidet niemand außer mir! Wiederholen Sie! Jawohl. Inzwischen: Marschmusik! Danke, Herr Oberleutnant! *legt den Hörer auf. Zum Inspektor* Die Häftlinge.

INSPEKTOR *schnell ab.*

MAJOR: Inzwischen Marschmusik. Und was sollen die Gefangenen hier?

STADTKOMMANDANT *steht auf*: Es ist gut, seine Feinde um sich zu haben. *tritt zum Major* Und seine Freunde. *zeigt aufs Mikrophon* Vor aller Welt soll dein Tribun die Urteile verlesen.

MAJOR: Er ist nicht mein Tribun.

STADTKOMMANDANT: Ich weiß. Aber er weiß es nicht.

MAJOR: Und was heißt: vor aller Welt? Außer uns wird ihn niemand hören. Nur ein Tonband auf einer Spule.

STADTKOMMANDANT: Ich weiß. Aber er weiß es nicht.

MAJOR: Wer hat die Urteile gefällt?

STADTKOMMANDANT: Ein Standgericht.

MAJOR: Er wird sie *nicht* verlesen.

STADTKOMMANDANT: Damit spräche er sein eignes.

MAJOR: Er glaubt, was er sagt. Er sagt, was er glaubt. Er ist gut und will für die meisten das Beste.

STADTKOMMANDANT: Lauter Todesurteile.
SIEBENTER *kommt in den Saal, grüßt den Major mit einem Lächeln und mustert den Stadtkommandanten.*
MAJOR *salutierend*: Der Herr Stadtkommandant!
STADTKOMMANDANT *verbeugt sich.*
SIEBENTER *gibt ihm die Hand*: Sie haben den Tunnel vom andern Ende vorangetrieben. Ich danke Ihnen.
STADTKOMMANDANT: Wir treffen uns nicht auf halbem Wege. Die unterirdische Arbeit war Ihr Teil.
SIEBENTER: Gleichviel. Die List tritt ans Licht. *lächelnd* In Kostüm und Maske. Der Freund als Feind.
STADTKOMMANDANT: Die List ist gelungen. Die Macht hat sich etabliert. *tritt zum Tisch und deutet auf eine Generalstabskarte.* Die letzte noch widerspenstige Garnison wird soeben vom dritten Bombengeschwader eingeebnet.
SIEBENTER: Eine einzige Garnison? Das ist Mord!
STADTKOMMANDANT: Der Garnisonschef ist *schaut auf die Uhr* pardon, war der Sohn des verhafteten Kriegsministers. Das Nest verdarb die Optik.
MAJOR: Eine Schönheitsoperation aus der Luft.
SIEBENTER: Ein überflüssiger Mord!
STADTKOMMANDANT: Ein neunundneunzigprozentiger Sieg ist, in Bürgerkriegen, noch immer eine Niederlage.
SIEBENTER *beherrscht sich und wechselt das Thema*: Wann trifft das Flugzeug aus England ein?
STADTKOMMANDANT: London verweigert die Ausreise Ihrer Freunde. Vorläufig. Die Lage sei noch zu unübersichtlich, um jetzt schon Emigranten einzufliegen, die auf Ihrer Kabinettsliste stehen.
MAJOR: Das Ausland erkennt eine Regierung erst an, wenn sie konsolidiert ist. Und eine Regierung ist erst konsolidiert, wenn das Ausland sie anerkennt.
SIEBENTER: Sie sind lustiger, als ich dachte. *aufs Mikrophon weisend* Die Bevölkerung wartet auf die Bekanntgabe der Liste!
STADTKOMMANDANT: Zwei dieser Ihrer Freunde wurden vor einem Jahr englische Staatsbürger. Das macht den Fall besonders heikel.

SIEBENTER *gereizt*: Meine Freunde, meine Emigranten, mein Kabinett, mein In- und Ausland! *aufs Mikrophon zeigend* Die Bevölkerung wartet!
STADTKOMMANDANT *entnimmt einer Aktenmappe ein Papier*: Die Bevölkerung wartet. Hier ist die Liste!
SIEBENTER: Ich kenne sie auswendig.
STADTKOMMANDANT: Nein!
SIEBENTER *nimmt die Liste, überfliegt sie, blickt bestürzt hoch*.
STADTKOMMANDANT: Es waren Änderungen notwendig. Man kann keine Regierung proklamieren, deren Mitglieder im Exil festgehalten werden.
MAJOR: Minister mit fremden Pässen im Jackett sind indiskutabel. Das Volk nennt sie jetzt schon nachgemachte Engländer. Vox populi!
SIEBENTER: Diese Männer nahmen, damals auf der Flucht, mehr Vaterland an den Schuhsohlen mit, als in euren Kasernenhöfen zurückblieb! *schlägt auf die Liste* Solche Leute wagen Sie mir, im Dutzend, als Minister anzubieten? Generäle, Luftmarschälle und Vizeadmirale, die jedem treu sind, der sie befördert?
STADTKOMMANDANT: Treue ist ein geräumiges Thema. Auch Patriotismus nötigt zu Zweideutigkeiten.
SIEBENTER *zerreißt die Liste und wirft die Fetzen auf den Boden*.
MAJOR *zum Siebenten*: Ein Friseur und ein Schneider warten im Grünen Kabinett. Der neue Staatspräsident muß, wenn er die Presse empfängt, anders aussehen als der alte.
SIEBENTER *beachtet ihn nicht*.
STADTKOMMANDANT *hat ein Papier vom Tisch genommen und hält es dem Siebenten hin*: Die Bevölkerung wartet auch. Hier ist ein Durchschlag der Liste.
INSPEKTOR *tritt ein und bleibt in der offenen Tür stehen*: Die Häftlinge.
STADTKOMMANDANT *nickt flüchtig und will dem Siebenten die Liste aufdrängen*.
SIEBENTER *schlägt sie ihm aus der Hand und schreit*: Das ist Verrat!

MAJOR *hebt die Liste auf und gibt sie dem Stadtkommandanten.*

Der KRIEGSMINISTER, *der* LEIBARZT, *der* PREMIER *(in derangierter Frauenkleidung), die* FRAU DES PRÄSIDENTEN, *der* SOHN *und der* SECHSTE *kommen, von* ZWEI SOLDATEN *mit Maschinenpistolen eskortiert, in den Saal. Die Tür schließt sich. Der Inspektor stellt die Gefangenen im Mittelgrund der Bühne auf.*

KRIEGSMINISTER: Kleine Familienstreitigkeiten? Das ist recht.
INSPEKTOR: Halten Sie den Mund!
LEIBARZT *zum Kriegsminister*: Ein sehr tüchtiger Mensch.
KRIEGSMINISTER *zur Präsidentin*: Madame, dort steht Ihr Schlafzimmermajor! *zum Leibarzt* Ein noch tüchtigerer Mensch!
PRÄSIDENTIN *zum Inspektor*: Bringen Sie mir einen Stuhl, Sie Lakai!
STADTKOMMANDANT *zum zögernden Inspektor*: Einen Stuhl für die Dame!
INSPEKTOR *befolgt den Befehl. Die* PRÄSIDENTIN *setzt sich.*
MAJOR *verbeugt sich formell in Richtung der Präsidentin, die ihn ignoriert.*
PREMIER *zum Stadtkommandanten*: Ich bitte um einen meiner Anzüge, Herr General.
KRIEGSMINISTER *lachend*: Er möchte als Mann sterben.
LEIBARZT *zum Kriegsminister*: Das gegebene Thema für die Medizinischen Monatshefte! »Wie aus einem geborenen Staatsmann ohne operativen Eingriff ein altes Weib wurde«, – man müßte etwas mehr Zeit haben.
SIEBENTER *bemerkt die Gefangenen erst jetzt.*
SECHSTER: Tag, Siebenter.
SOHN DES PRÄSIDENTEN *zum Siebenten*: Er hat mir die halbe Münze ausgehändigt.
SIEBENTER *tritt auf die beiden zu*: Was sollt *ihr* hier?
SECHSTER: Man hat uns verurteilt.

SOHN: Und du sollst das Urteil über den Rundfunk bekanntgeben.

STADTKOMMANDANT *nimmt ein Papier vom Tisch.*

SOHN: Dergleichen gehört zu den Pflichten des Staatspräsidenten.

STADTKOMMANDANT *zum Siebenten*: Die sechs Häftlinge sind hauptschuldig. *nimmt das zweite Papier und zitiert* »Sie haben, maßgeblich und nachweislich, die Lebensdauer eines schändlichen Regimes mit allen Mitteln zu verlängern versucht.« *senkt das Papier* Ein von mir bestelltes Standgericht hat die Fälle geprüft und die Urteile gesprochen. *hält ihm das zweite Papier entgegen* Der neue Staatspräsident wird *blickt auf die Uhr* umgehend die Kabinettsliste und die Urteile verlesen. *nötigt ihm das zweite Papier auf.*

SIEBENTER *überfliegt das Papier*: Niemals!

STADTKOMMANDANT *am Telefon*: Funktrupp? Wir sind soweit.

MAJOR *stellt sich zur Ansage ans Mikrophon.*

SECHSTER *zum Siebenten*: Verlies unser Urteil, sonst sprichst du deines!

SOHN: Denk jetzt nicht an halbe Münzen! Tu nichts halb, und denk ans Ganze!

PRÄSIDENTIN: Vielleicht war mein Mann *doch* sein Vater.

KRIEGSMINISTER *zum Leibarzt*: Ungewißheit bis zur letzten Minute!

LEIBARZT: Ich habe meinen Patientinnen immer empfohlen, genaue Aufzeichnungen zu machen.

KRIEGSMINISTER: Erotische Buchführung!

Beide lachen.

SECHSTER *zum Siebenten*: Wie geht es dem Professor?

SIEBENTER: Er ist tot.

MAJOR: Ein junges Ding hat ihn umgebracht.

KRIEGSMINISTER: Wenigstens im Tod ein Lebemann.

SIEBENTER *zum Major*: Sagen Sie mich an! Ich werde sprechen!

MAJOR *ins Mikrophon*: Achtung! Achtung! Wir sind soeben im Palast eingetroffen.

KRIEGSMINISTER *halblaut zum Leibarzt*: Es wird das kleine Luder gewesen sein.

EIN SOLDAT *bedroht ihn mit der Maschinenpistole.*

MAJOR: Die Fahrt war ein Triumphzug. Die Volksmenge durchbrach jubelnd die Absperrungen. Der Ruf »Freiheit und Ordnung!« erscholl tausendfach und klang wie ein heiliges Gelöbnis. Es *war* ein Gelöbnis!

STADTKOMMANDANT *setzt sich hinter seinen Tisch.*

KRIEGSMINISTER *zum Leibarzt*: Sie haßte ihr Temperament mehr als mich.

LEIBARZT: Das will was heißen! *schiebt die Mündung der Maschinenpistole lässig beiseite.*

MAJOR: Ins Land der Furcht und Willkür werden Freiheit und Ordnung heimkehren. Sie werden heimkehren wie der Tribun. Er tritt nun als Staatspräsident ans Mikrophon. Freilich, »Freiheit und Ordnung« kann zu Beginn nur bedeuten: »Ordnung und Freiheit«. Das Wort hat – der Staatspräsident!

SIEBENTER *am Mikrophon*: Liebe Landsleute ... Ich kam in diesen blutgetränkten Palast, um euch das Kabinett der Freiheit bekanntzugeben. Eine stolze Liste ehrenhafter, erprobter Männer, die sich, in Jahren der Verfolgung und Entbehrung, unermüdlich auf jene Aufgaben vorbereitet haben, die ihnen heute, im Dienste der Heimat, feierlich überantwortet werden sollten. Statt dessen will mich ein General, den ich für meinen und euren Freund hielt, zwingen, ein Kabinett zu proklamieren, das aus einem Dutzend hoher Offiziere besteht. Aus Leuten, die noch heute früh der Diktatur dienten. Aus Kreaturen mit auswechselbarem Charakter. Aus Lakaien der ihnen zugeschanzten Ämter. Das ist Verrat!

LEIBARZT: Der Herr ist lebensmüde.

KRIEGSMINISTER: Neben mir ist noch ein Stehplatz frei.

SIEBENTER: Das ist Verrat an euch und an mir!

SECHSTER *warnend*: Siebenter!

SIEBENTER: Derselbe General hat mir sechs Todesurteile in die Hand gedrückt, die ich verlesen soll. Ein Standgericht hat sie unbefugt beschlossen. Neue Willkür gibt der alten die Hand. Doch meine Hand geb ich nicht! Zwanzig Jahre meines Lebens hab ich für diese Stunde aufs Spiel gesetzt. Nun steh ich hier, und sie ist schon vorüber? Was hab ich gewollt, und was will ich noch? Ein bißchen Glück für die meisten. Ein wenig Ruhe. Ein Eckchen Freiheit. Ist das denn viel? Mir liegt nichts an der Macht. Ich will nicht herrschen. Ich will mich nicht bereichern. Ich will keine Denkmäler. Trotzdem muß ich die Macht, gegen meinen Willen, wollen. Weil ich sie nicht mißbrauchen werde. Ich bin der einzige Mensch, den ich genau kenne und von dem ich sicher weiß, daß er sein Wort halten wird. Darum hört meinen Hilferuf! Er gilt *euch!* Hört ihn um euretwillen! Helft euch, indem ihr mir zu Hilfe kommt! Bewohner der Hauptstadt, kommt auf den Großen Platz! Kommt vor den Palast! Habt es eilig! Nehmt nicht erst die Mütze oder den Hut vom Haken! Ihr lauft um eure Zukunft! Kommt euch zu Hilfe! Kommt!

STADTKOMMANDANT: Genug. *ins Telefon* Dieses Tonband wird auf der Stelle vernichtet. Nicht nur gelöscht. *Vernichtet*, Herr Oberleutnant! Sie haften mit Ihrem Kopf. Und jetzt werde *ich* sprechen. Danke. *legt den Hörer zurück, steht auf und gibt dem Major einen Wink.*

MAJOR *geht ans Mikrophon, schiebt den Siebenten wie eine Sache beiseite und wartet auf den nächsten Wink des Stadtkommandanten.*

KRIEGSMINISTER *lachend*: Es hat ihn kein Schwein gehört!

PRÄSIDENTIN: Doch, Sie.

SOHN *bedeckt die Augen mit der Hand.*

LEIBARZT: Die Predigt ging ins Leere.

MAJOR *auf den Siebenten zeigend*: Wache!

DIE ZWEI SOLDATEN *treten, mit Maschinenpistolen in Anschlag, links und rechts neben den Siebenten.*

SECHSTER: »Mauseloch oder Mausefalle«, Siebenter, weißt du noch?

LEIBARZT *zum Kriegsminister*: In der Politik muß auch der gute Mensch ein Zyniker sein, oder es geht ihm wie dem da.

PRÄSIDENTIN: Richtige Männer sind richtige Teufel.

PREMIER: Man kann fehlende Legitimität nur durch Brutalität ersetzen.

KRIEGSMINISTER *zum Premier*: Gnädigste leben ja auch noch!

STADTKOMMANDANT *gibt dem Major ein Zeichen*: Knappe Ansage!

MAJOR *ins Mikrophon*: Achtung, Achtung! Wir befinden uns im Palast der Hauptstadt. Ihr bisheriger Kommandant, nun der Ministerpräsident des Landes, hat das Wort. *tritt beiseite.*

STADTKOMMANDANT *ins Mikrophon*: Liebe Landsleute! Schon glaubten wir, die Ablösung der unerträglichen Schandregierung durch besondere, dem Volk und der Freiheit gewogene Kräfte sei nicht nur gelungen, denn das ist sie, sondern wir hätten sie, im Einklang mit der öffentlichen Meinung, ohne nennenswerte Blutopfer erreichen können. Da trifft uns, eben jetzt, eine schwarze Nachricht mitten ins Herz. Die schwärzeste Nachricht aus heiterstem Himmel. Der Mann, dem wir den Sieg der gerechten Sache an erster Stelle zu verdanken haben, der Mann, den ihr als Tribun kanntet und der nun als Staatspräsident von hier aus zu euch sprechen sollte, – dieser Mann wurde vor wenigen Minuten beim Betreten des Palastes hinterrücks erschossen!

KRIEGSMINISTER: Donnerwetter!

STADTKOMMANDANT *ins Mikrophon*: Mit diesem uns so teuren, mit diesem großen Manne, mit diesem selbstlosen Freunde des Volks verlieren wir den Treuhänder unserer neuen Freiheit und zugleich den Mut zu ihr.

SIEBENTER *reißt sich los, springt zum Mikrophon und schreit*: Ich lebe noch!

MAJOR *stößt ihn zurück und zieht den Revolver.*

DIE ZWEI SOLDATEN *halten den sich Wehrenden fest.*

SIEBENTER: Ich lebe noch!

EIN SOLDAT *hält ihm den Mund zu.*

STADTKOMMANDANT *ins Mikrophon*: Die Schüsse aus dem Hinterhalt trafen ihn *und* die Freiheit. Die feigen Mörder sind entkommen. Wir kennen die Kreise, wo wir sie zu suchen haben. Und wir werden sie finden! Deshalb erkläre ich hiermit, als dezidierter Nachfolger des freilich Unersetzlichen, bis auf Widerruf den Ausnahmezustand! Nähere Weisungen folgen noch heute über den Rundfunk und durch Anschlag. So ist aus unserm Freudentag, gegen jede Hoffnung, ein Tag der Trauer geworden, und aus dem Fest der Freiheit der graue Vortag für das Staatsbegräbnis ihres Rufers und Erweckers. Laßt uns nun den großen Toten durch eine stille Gedenkminute ehren! *geht zum Telefon und hebt den Hörer ab* Herr Oberleutnant? Die Zwischenrufe werden auf dem Tonband sofort gelöscht. Anschließend erfolgt, nach eingeblendetem Pausenzeichen, die öffentliche Sendung. Danach eine Minute Funkstille. Und dann der »Trauermarsch«. Die »Eroica«? Gut, dann etwas »Eroica«. Also: Zwischenrufe löschen, Sendung, Funkstille, »Eroica«, – ich danke! *hängt den Hörer ein.*

LEIBARZT *zum Kriegsminister*: Da steht er nun, der Freiheitsheld, und ist längst tot.

PRÄSIDENTIN: Hinterrücks erschossen, es stimmt aufs Haar.

KRIEGSMINISTER *zum Stadtkommandanten*: Der perfekte politische Mord. General, Sie sind ein großer Künstler.

SIEBENTER *sich losreißend*: Ich lebe noch! *zum Major, der den Revolver hebt* Schieß, du Lump! *läuft zur Balkontür, stößt sie auf, tritt hinaus und ruft* Ich lebe noch!

INSPEKTOR *folgt ihm hastig.*

MAJOR *will beiden nach.*

STADTKOMMANDANT *hält ihn zurück*: Nicht nötig. Der Große Platz ist leer und abgeriegelt.

STIMME DES SIEBENTEN: Warum laßt ihr mich so allein?

INSPEKTOR *kommt nach kurzer Pause in den Saal zurück*: Er ist vom Balkon gestürzt. *sich einen Ärmel säubernd.* Er beugte sich weit über die Brüstung, dem ausgestorbenen Platz entgegen, rief: »Warum laßt ihr mich so allein?«, taumelte, als werde er ohnmächtig, ich wollte ihn halten, er verlor das Übergewicht, glitt mir aus den Händen und fiel in die Tiefe.

PRÄSIDENTIN: Er hat seinen Tod nicht lange überlebt.

SOHN: Sein zweiter Fenstersturz. Und diesmal fiel er selber.

KRIEGSMINISTER *zum Inspektor*: Wahrscheinlich hat er Sie mißverstanden. Er hat geglaubt, Sie wollten ihn stoßen.
LEIBARZT: Der Mann hatte Tugenden, die sich nicht einmal ein Dorfpfarrer leisten kann. Passen Sie auf, er kommt in den Himmel.
KRIEGSMINISTER: Da gehört er auch hin. Orchestersessel, erste Reihe.
INSPEKTOR *zum Stadtkommandanten*: Man muß die Reste beseitigen.
LEIBARZT: Das kann er, General.
KRIEGSMINISTER: Er ist die ideale politische Putzfrau. Er läßt kein Stäubchen übrig.
STADTKOMMANDANT *nickt dem Inspektor kurz zu*: Und bringen Sie die Häftlinge zurück!
INSPEKTOR *winkt den zwei Soldaten*.
DIE ZWEI SOLDATEN *nötigen die Häftlinge zum Aufbruch. Der Zug setzt sich in Bewegung. Die Soldaten verlassen den Saal zuerst. Der Inspektor überwacht, an der Tür, den langsamen, durch kurze Wortwechsel sich hinzögernden Abmarsch. Der Sechste geht, stumm und in sich gekehrt, als erster ab.*
SOHN *im Vorbeigehen zum Major*: Schämst du dich nicht?
MAJOR: Weswegen?
PRÄSIDENTIN *zum Sohn*: Laß ihn. Auch Fragen sind Antworten. *Sohn geht ab.*
MAJOR *verbeugt sich knapp vor ihr.*
PRÄSIDENTIN *schaut ihn an, spuckt, leicht gelangweilt, vor ihm aus und geht ab.*
PREMIER *zum Stadtkommandanten*: Ich bitte, noch einmal, um einen meiner Anzüge. Früher pflegte man den letzten Wunsch eines Verurteilten zu erfüllen.
STADTKOMMANDANT: Früher ist nicht heute. *zeigt auf die Tür* Die Fotografen warten. Die Welt wartet auf Ihr letztes Bild.
PREMIER *zerfetzt seine Damenbluse, geht verstört ab.*
LEIBARZT *zum Stadtkommandanten*: In aller Feindschaft, – hüten Sie sich vor guten Menschen!
STADTKOMMANDANT: Keine Angst, es gibt nicht viele. Der Tribun war unser Trojanisches Pferd, weiter nichts.

KRIEGSMINISTER: Ein Trojanischer Esel war er!

MAJOR: Das sogenannte Gewissen ist ein empfindliches Handicap.

LEIBARZT: Und eine Krankheit, die man, zu Unrecht, lange für unheilbar hielt.

STADTKOMMANDANT: Ich darf mich von den beiden Herren verabschieden?

KRIEGSMINISTER: Sie dürfen. Sogar für immer.

STADTKOMMANDANT: Aus dem Sturz des Regimes wurde ein Fenstersturz.

LEIBARZT: Und ein Kabinettswechsel mit tödlichem Ausgang.

STADTKOMMANDANT: Das System *und* Sie kann ich nicht retten.

KRIEGSMINISTER *zum Leibarzt*: Erst ist er ihn losgeworden. Nun wird er uns los. *zum Stadtkommandanten* Was macht mein Sohn?

MAJOR: Die Garnison wurde aus der Luft zerstört.

KRIEGSMINISTER: Dann muß ich mich beeilen. Vielleicht hol ich ihn noch ein.

Leibarzt und Kriegsminister ab.

STADTKOMMANDANT *zum Inspektor*: Dieser letzte Wunsch läßt sich erfüllen. Der Major wird die Urteile verlesen. Arrangieren Sie bis dahin alles Erforderliche.

INSPEKTOR: Sofort! *schon in der Tür* Der Sturz vom Balkon wäre vermeidbar gewesen.

STADTKOMMANDANT: Beeilen Sie sich!

INSPEKTOR: Mich beschäftigt das Staatsbegräbnis. Die Fallhöhe, schließlich die Marmorplatten auf dem Großen Platz, – der Tote dürfte nicht sonderlich dekorativ aussehen.

STADTKOMMANDANT *ungeduldig*: Und?

INSPEKTOR: Nun befindet sich unter den Verurteilten *zeigt dorthin, wo der Sechste gestanden hat* ein Doppelgänger. Seine Leiche wäre für den gedachten Zweck wesentlich geeigneter.

STADTKOMMANDANT: Details überlasse ich dem Fingerspitzengefühl meiner Mitarbeiter.

INSPEKTOR: Sehr wohl, Herr Präsident. *eilt ab. Die Tür schließt sich.*
STADTKOMMANDANT *gibt dem Major ein Papier*: Die Urteile des Standgerichts. Ich begrüße inzwischen die ausländischen Diplomaten. Die Herren warten, im Lesesaal, auf ihre Befreiung. *lächelnd* Es war zu gefährlich, sie während des Staatsstreichs in ihre Botschaften zu entlassen.
MAJOR *lächelnd*: Zu gefährlich für sie und für uns.
DAS TELEFON *läutet.*
STADTKOMMANDANT *hebt den Hörer ab*: Ja? Verbinden Sie mich! *zum Major* Der Militärflugplatz. *ins Telefon* Am Apparat. Das Flugzeug aus London? *kurze Pause* Bringen Sie die Leute, in verhängten Autos und unter sorgfältigster Bewachung, in die Kasematten! Kein Aufsehen! Strengstes Stillschweigen! Danke, Herr Oberst! *legt den Hörer auf* Seine Minister, nun sind sie *doch* eingetroffen! *schließt eine Hand zur Faust.*
MAJOR: Auch Glück ist ein Talent.
STADTKOMMANDANT *steht auf, hebt noch einmal den Hörer ab*: Wann wird meine Rede gesendet? Gut. Danke. *legt auf* Sie wurde soeben gesendet. Jetzt herrscht Funkstille. *geht langsam zur Tür.*
MAJOR *begleitet ihn*: Die Gedenkminute für den großen Toten.
STIMME DES SIEBENTEN *aus der Balkonrichtung, von weither*: Warum ließt ihr mich so allein?
MAJOR *der, ebensowenig wie der Stadtkommandant, die Stimme hört, im Weitergehen*: Dann folgt die »Eroica«.
STADTKOMMANDANT: Eine hübsche Untermalungsmusik für mein Erscheinen im Kreise der Botschafter.
DIE TÜR *öffnet sich. Die beiden Offiziere gehen ab. Die Tür schließt sich. Die Bühne ist leer.*
STIMME DES SIEBENTEN *zornig*: Warum?

VORHANG

AUS DEM NACHLASS

DANN SCHON LIEBER LEBERTRAN...

Ein Drehbuch von Erich Kästner
und Emmerich Pressburger

Das Drehbuch für den Kurzfilm verfaßte Kästner 1930 zusammen mit Emmerich Pressburger. Es wurde im selben Jahr unter der Regie von Max Ophüls verfilmt. Das Projekt soll Billy Wilder angeregt haben, doch die Idee stammt von Kästner selbst. Der Film gilt heute als verschollen. Ein maschinenschriftliches Exemplar des Drehbuchs mit dem Untertitel »2. Fassung von Erich Kästner und Emmerich Pressburger« befindet sich in Kästners Nachlaß. Es diente hier als Druckvorlage. Zur besseren Lesbarkeit und in Anlehnung an den Abdruck des *Münchhausen*-Drehbuchs steht hier allerdings, umgekehrt wie in der Druckvorlage, die Bildspur in der linken, die Tonspur in der rechten Spalte.

PERSONEN

Herr Augustin
Frau Augustin
Ellen ⎱ ihre Kinder
Peter ⎰
Der dicke Junge
Ein kleines Mädchen
Der Musterknabe
Trudchen
Kurt
Petrus
Sein Gehilfe Michel
Die vier Arbeitsengel
Turner
Turnerinnen

Freiaufnahme

1.
TOTALE
Wolkenbild.

Ganz leise hört man das Lied der Wolgaschlepper

2.
HALBTOTALE
Über den blauen, sonnig strahlenden Himmel zieht eine weiße, schöne Wolke.

3.
FAHRAUFNAHME
Der Apparat geht auf die Wolke zu. In der Nähe gesehen stellt sich das Ziehen der Wolke allerdings als ein Irrtum heraus.

4.
GROSS
Die Wolke, jetzt deutlich sichtbar, ist eine in der himmlischen Werkstatt angefertigte Requisite. – Die Wolke zieht nicht. –

5.
TOTALE
Die Wolke in Bewegung.

Eine lange Planke

6.
HALBNAH
Der Apparat fährt näher. –
Die Wolke wird gezogen,
und zwar von einer Engel-
schar, die

*das Wolgalied in die Lüfte
schmettert.*

7.
GROSS
Strick mit Arbeiter.

8.
Der Apparat schwenkt im
Rhythmus der Ziehbewe-
gung mit.

9.
NAH
Die Typen, Himmelsperso-
nal, in der Stellung der berühmten »Blauen-Vogel-«
Gruppe des Direktor
Jushny. Es handelt sich offensichtlich um ehemalige
Möbelräumer und Trans-
portarbeiter; sie tragen
kurze Arbeitskittel, Schirm-
mützen und Engelflügel. Sie
ziehen alle an einem Tau,
das eine Wolke nach sich
zieht.

10.
NAH
Die Gruppe scheint auf
einem Nichts zu stehen
(Wolke).

11.
Der Apparat erfaßt die
Gruppe durch das Atelier-
fenster von außen.

Der himmlische Maschinenraum

12.
NAH
Die Wolke von rückwärts
aufgenommen.

13.
Der Apparat erfaßt die
Gummiräder,

14.
weiter unten die Verstre-
bungen.

15.
NAH
Ein kleiner Engel, ein soge-
nannter »Himmelsstift«,
streicht gerade eine Bezeichnung oder Nummer auf eine
schon davonschwebende
Wolke.

16.
Vor dem himmlischen
Atelierfenster zieht die
gezogene Wolke vorbei.

17.
Man sieht den Strick. Die
Arbeitsengel bleiben aber
unsichtbar.

18.
SCHWENKAUFNAHME
Die Kamera fährt zurück
und zeigt den ganzen
Maschinenraum mit

19.
Rädern,

20.
Schaltern,

21.
Hebeln,

22.
Lautsprechern und allerlei
Geräten.

23.
HALBNAH
Petrus, mit Schlüsselbund,
Rauschebart und Engels-
flügeln – wir nehmen an,
Petrus ist ein Rundfunk-
bastler – sitzt vor seinem
Arbeitstisch.

24.
NAH
Blick auf seinen Arbeitstisch, auf dem die verschiedensten Geräte und Bestandteile umherliegen.

25.
GROSS
Petrus steht auf ...

26.
HALBNAH
... und geht ärgerlich auf das Fenster zu.

27.
Petrus davongehend. Er öffnet eine Luke.

28.
NAH
Petrus von hinten.

29.
NAH
Petrus von draußen gesehen. Er schreit:

»Ihr seid wohl total verrückt geworden! Laßt mal die Wolke eine Weile stehen!«

30.
HALBTOTALE
Petrus blickt auf eine neben dem Fenster angebrachte Skala.

31.
GROSS
Die Skala, deren Zeiger auf
»Windstille« deutet.

32.
HALBTOTALE
Petrus ruft erklärend: »Wir haben doch Wind-
stille!«

33.
HALBTOTALE
Während Petrus aus dem
Fenster sieht, *reißt das Wolgalied ab*
und eine tiefe Stimme ruft
hinauf: »Na denn nich, Herr Petrus!
Denn jehn wa abendessen.«

34.
HALBTOTALE
Die Wolke bleibt vor dem
Fenster stehen und bedeckt
es zur Hälfte.

35.
GROSS
Fallender Strick.

36.
HALBTOTALE
Die verkrampfte Jushny-
Gruppe, die soeben die
schwere Wolke gezogen hat,
löst sich im selben Moment
in eine legere Bewegung auf.
Mit den Worten: »Mahlzeit!«
sieht man, wie die Arbeitsengel in den verschieden-
sten Richtungen verschwin-

den, und zwar verflüchten.

37.
HALBTOTALE
Ein Engel macht noch eine etwas gezierte Abschiedsbewegung, klappert mit den Flügeln und geht in nichts auf.

38.
HALBTOTALE
Petrus macht schleunigst die Luke zu, blickt auf die Wanduhr.

39.
GROSS
Die Wanduhr, die 19 Uhr 30 zeigt.

40.
Die Kamera schwenkt von der Uhr weg und zu Petrus zurück. Petrus sagt: »Ist es denn schon so spät?«

41.
TOTALE
In diesem Moment kommt sein Assistenzengel Michel in die Tür und ruft:

»Herr Petrus, wir haben ja ganz vergessen, – wir müssen schnell die Dunkelheit hereinbrechen lassen. Wir haben ja immer noch Tag!«

Freiaufnahme

42.
TOTALE
Man sieht Himmel und
Wolken.

43.
TOTALE
Blick von oben in die Stadt.

44.
TOTALE
Eine Straßenecke. – Heller
Sonnenschein. –   *Straßenlärm*

45.
TOTALE
Auf dem Trottoir kommen,
mit Paketen beladen, Frau
Augustin und ihre Tochter
Ellen.

46.
HALBTOTALE
Ellen bleibt plötzlich stehen,
blickt zum Himmel, blinzelt
in die Sonnenstrahlen und
sagt:

»Mutti, ich verstehe das
nicht, – es wird ja heute gar
nicht dunkel?!«

47.
HALBNAH
Beide im Bild. Apparat steht
oben. (Diese Aufnahme soll
von Sonne sehr überstrahlt

werden.) Frau Augustin antwortet überlegen:

»Die Tage werden eben wieder länger!«

48.
TOTALE
Frau Augustin zerrt das Mädchen weiter:

»Komm! Man bleibt nicht mitten auf der Straße stehen!«

49.
TOTALE
Ellen, durch den plötzlichen Griff der Mutter nach ihrer Hand und das energische Weiterzerren erschreckt, läßt die bis dahin krampfhaft festgehaltene Schnur ihres Luftballons los.

50.
HALBNAH
Über den Verlust des Luftballons fängt sie an zu weinen.

51.
HALBNAH
Der aufsteigende Ballon.

52.
HALBNAH
Die Mutter nimmt das Kind und geht mit ihm um die Ecke.

53.
Der Apparat folgt dem Luftballon nach oben. Man

sieht den Himmel und so-
zusagen die Luft, und aus
dieser Luft heraus entsteht
wieder ...

Der himmlische Maschinenraum

54.
NAH
Petrus und sein Gehilfe
Michel stehen am Fenster.
Michel läßt langsam die
Jalousien herunter.

55.
GROSS
Die Jalousien sind schwarz.
Sie wirken wie eine
schwarze Wandtafel, auf
der, wie auf einer Sternkarte,
die Sternbilder angegeben
und mit Namen versehen
sind.

56.
GROSS
Der Apparat liest die Namen
der verschiedenen Sternbilder: Fixsterne, Komet mit,
Komet ohne Schweif usw.
Dabei wird es immer dunk-
ler. Jeder Stern ist ein Loch
in der Jalousie.

57.
HALBNAH
Petrus tritt näher und
sagt: »Die Aufwarteengel haben
wieder mal nicht richtig
Staub gewischt!«

58.
GROSS
Man sieht das Sternbild des
Großen Bären. Der Finger
von Petrus fährt in eins der
Sternlöcher.

59.
GROSS
Der Finger außerhalb des
Sternes.

60.
GROSS
Der Finger kommt ganz
schwarz wieder heraus.

61.
HALBTOTALE
Petrus macht eine halbe
Drehung zu Michel und
sagt: »Der Große Bär ist völlig
verdreckt!«

62.
NAH
Er hält seinen Finger vor die
Nase des Gehilfen und räus-
pert sich.

63.
TOTALE
Petrus läßt den etwas verdutzt dreinsehenden Michel
stehen und geht zum Ofen.

64.
HALBTOTALE
Petrus holt sich vom Ofen
eine Laterne.

65.
HALBTOTALE
Er geht zum Kleiderrechen,
nimmt seine Amtsmütze mit
der Aufschrift »Portier« und
setzt sie auf.

66.
GROSS
Petrus zündet die Laterne an
und sagt:

»*Die* Nacht muß ich mir mal
von draußen betrachten!«

67.
GROSS
Die Laterne. Es ist eine Stall-
laterne, auf der vorderen
Seite des Glases ist ein Mond
aufgemalt.

68.
HALBTOTALE
ÜBERBLENDUNG
In dem Augenblick, wo die
Lampe brennt, wird es
dunkel ringsumher. Die
Sterne sind noch etwas zu

sehen, man hat aber den Eindruck, diese kleine Laterne wird zum Mond, und am Himmel geht sozusagen der Mond auf.

69.
TOTALE
Der Mond wandert am Firmament.

70.
GROSS
Die Hand Petrus, die den Mond (Laterne) trägt.

71.
TOTALE
Hinter dem Mond geht ganz leise Petrus, der sich mit der Mondlampe spärlich seinen Weg beleuchtet, auf der langen Planke. Einmal scheint es sogar, als wenn Petrus stolperte.

72.
TOTALE
Petrus kommt mit seiner Laterne die Planke entlang und blickt nach oben.

73.
NAH
Er ruft hinauf: »Michel, die linke Hälfte ist ja ganz bedeckt!«

74.
TOTALE
Seine Kamera erfaßt den
Sternenhimmel, dessen eine
Hälfte verdeckt ist.
Stimme Petrus: »Was ist denn da los?«

75.
NAH
Petrus hört die Antwort
seines Gehilfen: »Das ist doch die Wolke
römisch XI, Herr Petrus!
Sie haben ja vorhin die
Wolkenschlepper weg-
geschickt!«

76.
TOTALE
Petrus ruft: »Richtig! Na, schieb sie mal
selber weg, mein Sohn!«

Der himmlische Maschinenraum

77.
HALBTOTALE
Der Gehilfe Michel
stochert mit einer Stange
in der Luke.

78.
Von Michel aus schwenkt
der Apparat zu Petrus,
sodaß wir in der TOTALE
Petrus sehen, der

79.
TOTALE
in die Tür kommt und entsetzt ruft: »Um Himmels willen! Nicht so heftig!«

80.
Der Apparat erfaßt jetzt Michel von der Stelle aus, wo Petrus steht. Man sieht bei den Worten des Petrus eine heftige Bewegung von Michel und

81.
EINGESCHNITTEN
einen langen Blitz. Nach dem Blitz hört man Petrus' Stimme: »Da haben wir den Salat!«

Eßzimmer bei Augustins.

82.
TOTALE
Die Familie Augustin:
Herr Augustin,
Frau Augustin,
die beiden Kinder Ellen und Peter sitzen beim Abendbrot.   *Es donnert laut*

83.
HALBTOTALE
Alle zucken zusammen.

84.
HALBNAH
Frau Augustin wendet sich
zu Peter und sagt:

»Siehst Du, es donnert nur,
weil Du Deinen Salat nicht
aufißt.«

85.
NAH
Peter macht ein unglückli-
ches Gesicht:

»Aber Mutti, ich bin doch
satt!«

86.
NAH
Der Vater schlägt mit der
Faust auf den Tisch.

Faustschlag

87.
GROSS
Von unten gesehen: die
tanzenden,
Teller.

klirrenden

88.
HALBNAH
Herr Augustin brüllt:

»Salat aufessen! Aber ein bißchen plötzlich! Als ich noch
ein Kind war, hab ich überhaupt *nur* Salat gegessen!«

Gegen Schluß dieses Satzes
schwenkt der Apparat zu
Peter hin.

89.
GROSS
Peter würgt den Salat hinunter und schaut verschüchtert
seine Schwester an.

90.
NAH
Mit diesem Blick geht der
Apparat mit und erfaßt
Ellen. Ellen hat ihr Kompott
aufgegessen und sagt: »Mutti, darf ich noch ein
bißchen Kompott haben?«

91.
Der Apparat steht jetzt in
der Mitte des Tisches, er
wird sozusagen eingebaut
und nimmt nun den jeweili-
gen Sprecher auf.

92.
NAH
Frau Augustin erklärt dikta-
torisch: »Nein, Du bist satt!«

93.
NAH
Ellen: «Ich bin noch nicht satt …«

94.
NAH
Herr Augustin schlägt
wieder mit der Faust auf
den Tisch und ruft: *Faustschlag*
»Wenn die Mutter sagt,
daß Du satt bist, bist Du
satt!«

95.
HALBTOTALE
Die Mutter steht auf und
kommandiert: »Es ist schon sehr spät.
Marsch, ins Bett mit Euch!«

96.
GROSS
Peter wagt einen Einwand: »Dürfen wir noch ein bißchen aufbleiben und spielen?«

97.
HALBTOTALE
Die Mutter: »Kinder gehören um diese Zeit ins Bett!«

98.
GROSS
Man sieht nur des Vaters Hand, die wieder auf den Tisch schlägt. *Faustschlag*

99.
TOTALE
Der Apparat steht in einer Ecke des Zimmers. Das Objektiv verfolgt das Aufstehen der Kinder. Sie gehen zögernd zur Tür und sagen unisono:
Die Mutter haucht sie an:
Die Kinder kehren um, trotten denselben Weg, den sie vorher zur Tür gingen, zu den Eltern zurück und geben unwillig den erwarteten Gutenachtkuß.

»Gute Nacht!«
»Na und …?«

100.
GROSS
Der Gutenachtkuß.

101.
HALBTOTALE
Der Vater haut auf den Tisch
und droht:

Faustschlag
»In 5 Minuten komme ich
ins Schlafzimmer…«

Schlafzimmer der Kinder

102.
TOTALE
Man sieht die Kinder beim
Ausziehen. Sie hören resigniert, ohne recht darauf zu
achten, die weiteren Worte
des Vaters:

»… wenn ihr dann noch
nicht eingeschlafen seid,
könnt ihr was erleben!«

103.
HALBTOTALE
Nach des Vaters letzten
Worten fällt die Mutter
gleich ein:

»Beten nicht vergessen,
sonst gibt's was!«

104.
FAHRAUFNAHME
Der Apparat fährt zu den
Kinderbetten heran. Die
Kinder sind schon fast aus-
gezogen. Man hört noch
die keifende Stimme der
Mutter:

»Putzt Euch die Zähne. Ich
bringe auch gleich den
Lebertran.«

105.

HALBNAH
Bei dem Wort »Lebertran«
stößt Peter Ellen an und
sagt:　　　　　　　　　　　　　»Pfui Deibel!«

106.

HALBNAH
Der Apparat schwenkt von
Peter, der schon in seinem
Bettchen kniet und sich eben
das Nachthemd über den
Kopf stülpt, zum anderen
Bett hinüber. Peter sagt zu
seiner Schwester hinüber:　　　»Das ist doch zum Auf-die-
　　　　　　　　　　　　　　　Bäume Klettern! Abends,
　　　　　　　　　　　　　　　wenn wir noch aufbleiben
　　　　　　　　　　　　　　　wollen, müssen wir schlafen
　　　　　　　　　　　　　　　gehen!«

107.

HALBNAH
Ellen knöpft gerade den
Pyjama zu. Sie sitzt aufrecht
im Bett und antwortet:　　　　»... und früh, wenn wir noch
　　　　　　　　　　　　　　　schlafen wollen, müssen wir
　　　　　　　　　　　　　　　aufstehen ...«

108.

HALBNAH
Beide Betten im Bilde. Peter
fragt kopfschüttelnd:　　　　　»Ob alle Kinder so unter
　　　　　　　　　　　　　　　ihren Eltern zu leiden
　　　　　　　　　　　　　　　haben?«

109.

HALBTOTALE
KURZ EINGESCHNITTEN
Ein dicker Knabe im Pyjama
sitzt im Bett.

110.
GROSS
Eine Hand, die ihn mit Brei
füttert.

111.
GROSS
Der dicke Junge. Er sagt:

»Immer wenn ich satt bin, muß ich Hunger haben!«

112.
HALBTOTALE
Ein kleines Mädchen sitzt in ihrem duftigen Bettchen und seufzt:

»Immer wenn man spielen will, muß man Schularbeiten machen!«

113.
GROSS
Eine Hand nimmt dem Kind die Puppe weg.

114.
HALBNAH
Ein anderes Kinderbett. Ein Musterknabe mit Hornbrille sagt kläglich:

»Immer wenn man lesen will, wird das Licht ausgemacht.«

115.
GROSS
Eine Hand am Schalter. Das Licht wird ausgemacht.

Kinderzimmer bei Augustins

116.
NAH
Peter legt sich lang, deckt
sich bis zum Halse zu und
spricht:

»Ich kann mir nicht helfen.
Es müßte wirklich mal was
geschehen.«

117.
NAH
Ellen legt sich ebenfalls
nieder und denkt laut:

»Wenn us nun oben im
Himmel jemand zuhörte...«

Der himmlische Maschinenraum

118.
TOTALE
Petrus und sein Gehilfe
Michel sitzen am Lautspre-
cher und horchen.
Petrus:

»Sehr gut.«

119.
GROSS
Lautsprecher.

120.
GROSS
Michel.

121.
HALBTOTALE
Petrus und Michel. Petrus
schlägt sich vergnügt aufs
Knie.

122.
GROSS
Lautsprecher. Man hört
Ellens Stimme aus dem
Lautsprecher: »... damit er wüßte, wie schwer wir es haben. – Wenn ich mir was wünschen dürfte, dann wäre es das: Die Kinder müßten befehlen...«

123.
HALBTOTALE
Der Apparat schwenkt vom
Lautsprecher zu Petrus.
Petrus sieht Michel groß an.
Man hört Peters Stimme: »... und die Eltern müßten gehorchen. Und wenn es nur einen Tag wäre!«

124.
GROSS
Petrus kratzt sich hinterm
Ohr und sagt zweifelnd: »Gar nicht dumm!«

125.
Apparat schwenkt zu seinem
Gehilfen und zu ihm
zurück. »Die Kinder haben vielleicht Recht. – Man müßte es mal ausprobieren und sehen, was dabei herauskommt. Das müßte man mal riskieren.«

126.
HALBTOTALE
Petrus erhebt sich schwerfällig und begibt sich zum Schaltbrett. Die Kamera verfolgt den aufstehenden Petrus und das Hingehen.

127.
HALBTOTALE
FAHRAUFNAHME
Der Apparat geht mit Petrus an der Wand entlang bis zur Schalttafel. Petrus steht jetzt vor dem Schaltbrett, das verschiedene Scheiben trägt.

128.
GROSS
Scheibe: Politik (nicht berühren! Lebensgefahr!)

129.
GROSS
Scheibe: Wirtschaft. Daran hängen unlösbare Stricke nach unten. Ein Karton hängt darüber mit der Aufschrift: Außer Betrieb.

130.
GROSS
Scheibe: Familie, Macht, Gehorsam usw.

131.
HALBTOTALE
An der letzten Scheibe bleibt
Petrus stehen.

132.
GROSS
Petrus' Hand dreht die
innere Scheibe bei »Familie«
um 180°.

133.
GROSS
Scheibe. Man hört, daß die
Scheibe nur   *kreischend*
nachgibt.

134.
HALBTOTALE
Jetzt sieht die Sache auf dem
Schaltbrett schon anders aus.
Der Apparat geht zurück in
die

135.
TOTALE
Michel hilft Petrus, die
Scheibe zu drehen und sagt: »Die werden sich wundern,
                               wenn sie aufwachen!«

ABBLENDEN

Kinderzimmer bei Augustins

136.
GROSS
Zwei Füße. Die Zehen zappeln unruhig.

137.
Die Kamera fährt zurück
und zeigt

138.
NAH
Herrn Augustin im Bett
seines Sohnes. Da er zu groß
ist, sind die Beine durch
zwei Löcher in der Vorderwand des Bettes gesteckt
und ragen in die Luft.

139.
GROSS
Herrn Augustin schläft.

140.
HALBTOTALE
In Ellens Bett schläft Frau
Augustin, hält eine Puppe in
der Hand und träumt.

141.
TOTALE
Der Apparat geht mit.
Die Tür geht auf und Ellen
kommt herein.

142.
GROSS
Sie bringt die Lebertran-
flasche und einen großen
Löffel. Sie trägt einen Morgenrock und hat die Haare
zur Frisur aufgesteckt.

143.
HALBTOTALE
Ellen bleibt vor den Betten
stehen und ruft: »Aufstehen!«

144.
GROSS
Wie auf Kommando ziehen
beide Eltern die Deckbetten
über die Köpfe.

145.
GROSS
Ellen kitzelt den Papa an der
Fußsohle.

146.
HALBTOTALE
Der Vater will sich unwillig
mit ärgerlichem *Knurren*
auf die andere Seite werfen.

147.
GROSS
Herrn Augustins Füße.
Das Unternehmen mißlingt,
weil die Füße ja eingesperrt
sind.

148.
HALBTOTALE
Der Vater setzt sich erstaunt
auf, öffnet verdrießlich die
Augen, sieht die Tochter
und die Flasche und greint: »Ich mag aber keinen Leber-
               tran!«

149.
HALBNAH
Ellen und Herr Augustin.
Ellen sagt bestimmt: »Erwachsene *müssen* Leber-
               tran nehmen!«

In diesem Augenblick hört
man vom Nebenzimmer einen   *Schlag*
auf den Tisch.

150.
GROSS
Der Vater kuschelt sich in
seiner Angst, als er den
Schlag hört, unter die Bett-
decke. Langsam kommt er
wieder hervor und sperrt
den Mund weit auf.

151.
TOTALE
Vom Vater aus gesehen. In
der Tür erscheint Peter,
pafft eine Zigarre, hat die
Hände in den Taschen und
sagt: »Keine Widerrede!«

152.
GROSS
Der Vater zuckt zusammen,
geht nochmals unter die

Decke und kommt wieder hervor.

153.
HALBTOTALE
Ellen gießt dem Vater den Lebertran in den Mund.

154.
GROSS
Das von Widerwillen geschüttelte väterliche Gesicht.

155.
TOTALE
Peter steht mitten im Zimmer:

»Andere wären froh, wenn sie Lebertran bekämen. Davon wird man groß und stark.«

156.
HALBTOTALE
Der Vater ist aus dem Bett gestiegen und steht im langen Nachthemd in seiner ganzen Länge und Breite vor Peter. Dabei fragt er verzweifelt:

»Zum Teufel noch mal, – soll ich denn *noch* stärker werden? ...«

157.
FAHRAUFNAHME
Peter geht auf ihn zu, mit der Faust auf den Nachttisch und wettert:

schlägt

»Woher hast Du bloß diese ungezogenen Redensarten?!«

158.
Der Apparat schwenkt von
Peter zurück zu Herrn
Augustin. Während sich
Peter die vom Schlage
schmerzende Hand reibt,
sagt Herr Augustin:

»Von Regierungsrat Seeger. –
Der sagt immer solche
Sachen...«

159.
GROSS
Peter sagt ärgerlich:
Er zeigt zum anderen Bett
hinüber.

»Sprich nicht so viel!«

160.
GROSS
Man sieht, wie brav
Frau Augustin den Leber-
tran schluckt. Peters
Stimme:

»Da, sieh Dir die Mutter an,
wie brav die den Lebertran
nimmt. Marsch, zieh Dich
an!«

161.
HALBTOTALE
Peter schiebt den Vater zur
Waschtoilette:

»Rasiert bist Du auch noch
nicht! Du wirst wieder zu
spät zur Schule kommen...«

162.
SPIEGELAUFNAHME
Der Vater im Spiegel. Man
sieht den qualmenden und
bald erstickenden Peter, der
seinen Satz nicht zu Ende
sprechen kann, weil er durch

den ungewohnten Rauch
behindert ist.

163.
GROSS
Peter betrachtet sich ange-
ekelt die Zigarre, wedelt den
Rauch weg und legt die
Zigarre auf den Nachttisch.

164.
HALBTOTALE
Die Kamera schwenkt zum
Waschtisch und zeigt Frau
Augustin beim Waschen.
Ellen steht daneben und
kontrolliert.

165.
GROSS
Frau Augustin macht Kat-
zenwäsche.

166.
HALBTOTALE
Ellen klettert auf einen
Stuhl, um besser kontrollie-
ren zu können.

167.
HALBTOTALE
Ellen nimmt den Schwamm
und beginnt, das Gesicht der
Mutter kräftig abzuseifen.
Dabei sagt sie:

»Schämst Du Dich nicht? In
Deinem Alter und wasser-
scheu!?«

168.
GROSS
Die Mutter jammert: »Wie das beißt!«
Sie kneift die Augen zusammen.

169.
TOTALE
Am anderen Ende des Kinderzimmers rasiert sich der Vater. Er schielt nach der einsamen Zigarre, stellt im Spiegel fest, daß Peter nicht hinsieht, macht einen Riesenzug und legt die Zigarre wieder auf den alten Platz. In dem Moment dreht sich Peter um und fragt: »Kannst Du nun endlich das Lied von der Glocke?«

170.
GROSS
Der Vater nickt und ist sehr besorgt, daß der verdächtige Rauch im Munde bleibt.

171.
GROSS
Peter sagt: »Na los, fang mal an!«

172.
GROSS
Herr Augustin kämpft heldenhaft, aber zwecklos.

173.
GROSS
Peter befiehlt: »Wird's bald?«

174.
HALBTOTALE
Peter sagt dem Vater den
Text vor:

»Na!! Festgemauert ......
Wo festgemauert? – –
Hm?!«

Der Vater stammelt, und
nach jedem Wort löst sich
eine kleine Rauchsäule aus
seinem Munde:

»Festgemauert in der Erden
steht die Form, aus Lehm
gebrannt ....«

175.
GROSS
Hier kann er den übrigen
Qualm nicht länger zurückhalten, und sein Kopf verschwindet hinter einer
weißen Wolke.

176.
HALBTOTALE
Peter brüllt:

»So! Du rauchst heimlich!
Sofort stellst Du Dich in die
Ecke!«

Der Vater fragt neugierig; er
zeigt dabei mit dem Finger:
Um weitere Komplikationen
zu vermeiden, stellt er sich
in die erste beste Ecke und
versucht, sich ohne Spiegel
fertig zu rasieren.

»In *die* oder in *die*?«

177.
GROSS
Peter ruft:

»10 Minuten bleibst Du so
stehen!«

178.
HALBTOTALE
Herr Augustin sagt, zur
Wand gewendet: »Au fein! – Da komm ich zu spät in die Schule!«

179.
TOTALE
Ellen geht auf Peter zu, faßt
ihn am Arm und sagt leise,
damit die Eltern es nicht
hören: »Laß ihn doch, das Frühstück steht schon auf dem Tisch!«

ÜBERBLENDEN

Eßzimmer bei Augustins

180.
TOTALE
Die beiden Kinder sitzen am
Tisch und frühstücken eifrig.
Peter liest die Zeitung und
Ellen ruft: »Wo bleibt Ihr denn so lange?«

181.
Der Apparat steht hinter
den Kindern und erfaßt
die hereinkommenden
Eltern. In der Tür erscheinen Herr und Frau
Augustin. Der Vater hat
eine Bartbinde um, sie
tragen stilisierte Kinderkleidung und halten sich

an den Händen. Ellens
Stimme: »Heute gibts ein großartiges Frühstück.«

182.
HALBTOTALE
Die beiden kommen strahlend auf den Tisch zu; der Vater fragt, was es gibt. Als sie die Speisen sehen, kriegen beide lange Gesichter.

183.
GROSS
Der Apparat erfaßt den gedeckten Tisch, auf dem nichts als Pudding steht.

184.
HALBTOTALE
Ellen zeigt auf die verschiedenen Schüsseln und erklärt: »Nur Pudding! Das hier ist Schokoladen-Pudding, – das ist Vanille-Pudding, – das ist rote Grütze.«

Der Apparat zeigt jeweils die angegebenen Speisen groß.

185.
GROSS
Die Mutter ist ganz verzweifelt: »Ach, du lieber Himmel! Ich möchte lieber eine Tasse recht starken Kaffee ....«

186.
HALBTOTALE
Peter brüllt sie an: »Hier wird gegessen, was auf den Tisch kommt. Basta!«

Er hebt die Faust, um auf den
Tisch zu schlagen, erinnert
sich aber rechtzeitig, daß
diese Beschäftigung weh tut,
und zieht die Hand zurück.
Er schreit:

»Nimm die alberne Schnurr-
bartbinde ab!«

187.
HALBTOTALE
Von einer anderen Seite aus
gesehen. –
Herr Augustin folgt der
Aufforderung. Die Eltern
stochern im Pudding herum.
In diesem Augenblick
das Telefon.

klingelt

188.
Der Apparat schwenkt zum
Telefon.

189.
TOTALE
Ellen sagt zum Vater:
Herr Augustin eilt ans Tele-
fon und sagt in den Hörer.

»Sieh mal nach, wer dran ist.«

»Hier bei Augustin. – Da
kann ich Ihnen leider nichts
sagen. Da müssen Sie schon
den Sohn persönlich
fragen…«

Er hält Peter den Hörer hin.
Peter geht mit majestäti-
schen Schritten zum Appa-
rat, nimmt den Hörer und
jagt den Vater, der brennend
gern dabei sein möchte, an
den Tisch zurück.

190.
HALBTOTALE
Peter am Telefon:

»Ja, – hier Augustin selbst. – Ob ich Zuckeraktien kaufen will? – Zucker kaufen?«

Er sieht unsicher zum Tisch, wo der Vater furchtbar aufgeregt gestikuliert und hinüberruft:

»Um Gottes willen!«

Peter stampft auf und sagt ins Telefon:

»Zucker kaufen? – Selbstverständlich! Kaufen Sie noch ....«

191.
TOTALE
Der Vater schlägt verzweifelt die Hände über dem Kopf zusammen. Peter:

».... für zwanzig-, nein, für dreißigtausend Mark. – Ja, Sie haben richtig verstanden!«

192.
GROSS
Peter hängt den Hörer an.

193.
HALBTOTALE
Der Vater stöhnt:

»Noch so ein Auftrag und Du bist pleite ....«

194.
TOTALE
Peter fährt ihn an:

»Erwachsene haben nicht in die Angelegenheiten von Kindern dreinzureden.«

ESSZIMMER BEI AUGUSTINS

195.
GROSS
Er macht mit gezierten Fingern eine präzise Bewegung und doziert:

»Zucker kann man nicht genug haben!«

Dabei setzt er sich nieder.

196.
HALBTOTALE
Ellen treibt zur Eile:

»Marsch, nehmt Eure Ranzen und schiebt ab!«

197.
TOTALE
Ächzend nehmen die Eltern die Schulranzen um, der Vater setzt seine Schülermütze auf, die Mutter memoriert halblaut:

»Le livre – das Buch, du livre – des Buches, au livre – dem Buche…«

Beide gehen zur Tür.
Ellen ruft erstaunt:

»Na und?«

Die Eltern kehren um und geben unwillig zwei Abschiedsküsse.
Dann verschwinden sie.

198.
HALBTOTALE
Jetzt sagt Peter energisch:

»Nun wollen wir mal an die Arbeit gehen!«

199.
TOTALE
Der Apparat steht am Schreibtisch.
Ellen geht aus dem Zimmer,

und Peter setzt sich an den
Schreibtisch, auf dem der
Posteingang liegt.
Er betrachtet die Briefe ge-
langweilt von allen Seiten,
dann beginnt er

200.
GROSS
die Briefmarken abzulösen
und zu sammeln. Er hat
ein Briefmarkenalbum
vor sich und legt die Mar-
ken zwischen die Seiten.
Sobald er je eine Marke
hat, wirft er den dazuge-
hörigen Brief ungeöffnet in
den

201.
GROSS
Papierkorb.

202.
GROSS
Die Utensilien, die Peter aus
seiner Hosentasche heraus-
zieht.

203.
TOTALE
Der Apparat steht hinter
Peter und erfaßt die Zim-
mertür. In diesem Augen-
blick betreten Ellen und
ihre Freundin Trudchen
das Zimmer. Beide Mädels

tragen viel zu große Mäntel
und haben Markttaschen in
der Hand.
Trudchen geht auf Peter zu
und sagt: »Guten Morgen, Herr Peter.
Wie ist das werte Befinden?«

204.
HALBTOTALE
Peter erhebt sich und ant-
wortet: »Guten Tag, Frau Trudchen.
– Na, man lebt ...«

Ellen: »Bloß mit den Eltern hat
man dauernd seinen Ärger.«

Trudchen faltet die Hände
wie ein Klatschweib über
dem Bauch: »Wem sagen Sie das!?«
Ellen geht auf Peter zu und
sagt: »Peter, gib mir Geld, ich will
einkaufen gehen.«

Peter greift in alle Taschen
und zuckt die Achseln: »Wo soll ich denn Geld her-
nehmen?«

Ellen zeigt auf den Schreibtisch: »Da im ersten Fach ist doch
immer welches!«

205.
GROSS
Die Schreibtischlade.

206.
HALBTOTALE
Peter versucht, die Schub-
lade zu öffnen, aber sie ist
verschlossen. Er knurrt: »Der Junge hat den Schlüssel eingesteckt! – Moment!«

207.
GROSS
Peter probiert, an dem
Holzknopf, der an der
Schreibtischlade als Griff
angebracht ist, fest zu
reißen.

208.
GROSS
Der Knopf bricht ab, Peter
fällt hin.

209.
HALTOTALE
Peter geht zurück und holt
einen Brieföffner.

210.
GROSS
Der Brieföffner bricht auch
ab.

211.
HALBTOTALE
Peter schwitzt schon. –
Jetzt holt er eine Schreib-
tischfigur, einen Napoleon
aus Bronze, und beginnt,
auf dem steckengebliebenen
Brieföffner herumzuklop-
fen.

ÜBERBLENDEN

Turnhalle

212.
HALBTOTALE
Es blendet über, und zwar
auf die Füße von Herrn
Augustin. –
Der Apparat geht an ihm
entlang. Er marschiert vor-
aus, hinter ihm die Klasse
Männer und Frauen. Eine
Kinderstimme komman-
diert:

Marschtritte

»Eins – zwei!
Links – rechts!
Links – rechts!«

213.
Der Apparat steht vorn.
Die von Herrn Augustin
angeführte Turnerriege teilt
sich. Aus der Halbtotale wird

214.
TOTALE
Die Kamera fährt so weit zurück, daß der ganze Schau-
platz sichtbar wird und man
bei dem Kommando

»Ganze Abteilung – halt!«

den kleinen Turnlehrer Kurt,
der kommandiert, sieht.
FAHRAUFNAHME
Die Klasse bleibt in großer
Unordnung vor den Reck-
stangen stehen.
Der kleine Kurt geht die
Front ab.
Die Kamera fährt mit.

215.
HALBTOTALE
Der kleine Kurt schreit: »Schweinerei! Wie Ihr dasteht! – –«

216.
NAH
Kurt: »Herr Augustin! Bauch rein!«

217.
HALBTOTALE
Augustin drückt den Bauch weg, dafür erscheint auf der Rückseite sein Allerwertester.

218.
TOTALE
Kurt ruft, wobei er und die Kamera die Rückfront mustern: »Was ist denn das nun wieder?«

219.
HALBTOTALE
Herr Augustin drückt den Rücken durch, dabei kommt der Bauch wieder zum Vorschein. Kurt schimpft: »Brust raus!«

220.
GROSS
Eine äußerst vollbusige Turnerin sagt leise zu ihrer Nachbarin: »Nichts leichter als das!«
und befolgt das Kommando.

221.

HALBTOTALE
Kurt stellt sich vor die Stangen und sagt: »Heute wird noch einmal der Aufschwung geübt.«

222.

GROSS
Er steht vor der Reckstange:
Er faßt die Reckstange und zeigt den Aufschwung. »Paßt mal auf!«

223.

TOTALE
Dann springt er zu Boden und kommandiert: »Die ersten drei ans Gerät!«
Herr Augustin, Frau Augustin und ein zweiter Mann stellen sich vor je eine Stange. Sie betrachten verzweifelt das Reck.
Herr Augustin hebt, als letzte Rettung, die Hand, wird aber von Kurt zurechtgewiesen: »Hier wird geblieben – abwarten bis zur Pause!«

Dann sagt er zu den Dreien: »Los!«

224.

HALBTOTALE
Die Drei, im Vordergrund Herr Augustin, bemühen sich vergeblich um den Aufschwung, wobei sie *ächzen und stöhnen.*
Kurt geht zu Augustin, um ihm zu helfen, währenddessen heben zwei andere

Frau Augustin auf die
Stange.

225.
GROSS
Sie ruft triumphierend: »Herr Lehrer, ich kann's!«

226.
HALBTOTALE
Herr Augustin sagt aber
leise zu Kurt: »Kein Wort ist wahr, –
meine Frau hat gemogelt!«

Kurt fährt Augustin an: »Hier wird nicht gepetzt!«

227.
TOTALE
Von der Frauenriege her
droht Frau Augustin mit
dem Finger: »Komm Du nur nach
Hause! Das erzähle ich den
Kindern!«

ES BLENDET SCHNELL AB

Kinderzimmer bei Augustins

*Die folgenden Einstellungen
werden von der Perspektive
der Kinder aus gesehen.*

228.
ES BLENDET AUF
GROSS
Es ist abends. Die Kamera *Man hört pfeifen*
erfaßt die kleine Schweizer
Landschaft mit dem dahin-

fahrenden Zug. Die Eisen-
bahn kommt gerade aus
einem Tunnel heraus.
Die Kamera fährt zurück
und aus der Landschaft wird
ein kleines Spielzeugmodell.

229.
HALBTOTALE
Am Fußboden liegt Herr
Augustin und   *pfeift,*
so oft die Lokomotive sich
dem Tunnel nähert.
(Das ganze Bild macht den
Eindruck, als sei es aus
»Gullivers Reisen zu den
Zwergen« entnommen.)

230.
HALBTOTALE
Jetzt kommt Frau Augustin
ins Bild und schiebt einen
kleinen Puppenwagen vor
sich her.
Sie sagt böse: »Mach nicht so'n Krach! –
                          Meine Puppe schläft!«

Herr Augustin läßt sich
und den Eisenbahnbetrieb
nicht stören, und da der Zug
sich wieder dem Tunnel
nähert,   *pfeift er.*

231.
GROSS
Der Fuß von Frau Augustin.
Sie verursacht mit einem
Fußtritt ein Zugunglück.

232.
GROSS
Vater Augustin versetzt darauf dem Kinderwagen einen Tritt.

233.
HALBTOTALE
Frau Augustin ist ihm gar nicht böse, sondern gibt selbst dem Puppenwagen noch einen Tritt. Sie sagt mißmutig: »Ach, ich mag nicht mehr!«
Herr Augustin steht auch auf, blickt verächtlich auf sein Spielzeug und sagt: »Mir hängt die Eisenbahn schon längst zum Halse raus! – Ich säße viel lieber im Café oder im Kino.«

234.
TOTALE
Beide setzen sich wieder auf den Boden. Frau Augustin erwidert traurig: »Die Filme sind ja aber doch nur für Kinder erlaubt! – –«

235.
Der Vater meint: »Zustände sind das! – – Man darf nicht rauchen, man darf nicht Skat spielen – –«

Frau Augustin fährt fort: »Man muß immerzu spielen – und Vokabeln lernen und Lebertran trinken – –«

236.
GROSS
Herr Augustin: »Und wenn ich an den verfluchten Lebertran denke – – –«

Er schüttelt sich vor Entsetzen.

Eßzimmer bei Augustins

237.
HALBTOTALE
Peter im Smoking und Ellen
im stilisierten Abendkleid.
Beide machen einen sehr
müden Eindruck. Peter reckt
den Hals, weil der steife
Kragen reibt, und sagt zu
Ellen, die den Tisch deckt: »Es ist zum Auswachsen!
Wenn's doch wieder wie frü-
her wäre – – ich möchte so
gerne schlafen gehen! – – –«

238.
GROSS
Ellen gähnt traurig.

239.
HALBTOTALE
Peter raucht unwillig: »Wenn man wenigstens
nicht dauernd Zigarren rau-
chen müßte!«

Er mustert die Zigarre: »Die wird gar nicht alle!«

240.
HALBTOTALE
Ellen, der es auf einmal zu
langweilig wird, springt
übermütig auf und schlägt
im Abendkleid im Zimmer
einige Male Rad.

Kinderzimmer bei Augustins

241.
HALBTOTALE
Die beiden Eltern, immer
noch auf dem Boden
zwischen Puppen und
Spielzeugen sitzend. Herr
Augustin sagt bedrückt:

»Ich gäbe sonst was drum,
wenn's wieder wie früher
wäre ...«

242.
HALBTOTALE
Frau Augustin:

»Wenn ich's mir so überlege,
– es geschieht dir schon ganz
recht. Du warst immer so
streng zu den Kindern ––«

Während dieses Gesprächs
beginnen beide resigniert
Ball zu spielen.

Der himmlische Maschinenraum

243.
GROSS
Der Lautsprecher.
Man hört Ellens Stimme:

»Wenn wir wieder Kinder
wären ...«

244.
TOTALE
Die Kamera fährt schnell
zurück und zeigt, wie Petrus
und sein Gehilfe gespannt
lauschen.

245.
GROSS
Der Lautsprecher.
Peters Stimme spricht
weiter:

»...... dann würden wir uns
ja viel vernünftiger
benehmen...«

246.
HALBTOTALE
Bei diesem Versprechen
blickt Petrus seinen Gehilfen
bedeutungsvoll an und
macht eine Bewegung, als
wollte er sagen: ›Na also!
Wollen mal sehen, ob's was
genutzt hat.‹

247.
TOTALE
Petrus erhebt sich und geht
zur Schalttafel, die jetzt

248.
NAH
so aussieht:
*Verkehrter Schaltvorgang
wie am Anfang, auch das
Geräusch ist umgekehrt*

249.
GROSS
Petrus Hände, die die
Scheibe ergriffen haben.

Eßzimmer bei Augustins

250.
HALBNAH
Am gedeckten Tisch, der mit
allerlei Süßigkeiten,
Puddingresten von Mittag
und einer großen Schale mit
Nüssen beladen ist, sitzen
müde die beiden Kinder.
Ellen ruft: »Los, los! Kommt zum
Abendbrot!«

251.
TOTALE
Der Apparat steht hinter
den beiden Kindern.
Die Eltern kommen und
bleiben vor dem Tisch
stehen.

252.
HALBNAH
Die beiden Eltern gucken
mit Widerwillen auf das
Abendbrot und Herr Augu-
stin sagt niedergeschlagen,
und zieht dabei ein klägli-
ches Gesicht: »Pudding?--«
In diesem Augenblick *donnert es,*
und es geschieht ein Wun-
der.

253.
HALBNAH
Plötzlich stehen die Kinder
an der Stelle der Eltern und

die Eltern sitzen an der Stelle der Kinder. Gleichzeitig ändert sich die Kleidung der vier Personen: Die Eltern sind für den Abend angezogen, die Kinder tragen ihre Kinderkleider.
(Dieser Vorgang kann tricktechnisch so aufgenommen werden, daß den Kindern die Kleider enger und den Eltern die Kleider weiter und länger werden, so daß es eine optisch sichtbare Überblendung ist.)

254.
GROSS
Peter deutet auf den gedeckten Tisch und sagt auf's Höchste erfreut: »Pudding!!«

255.
Der Apparat steht jetzt wieder in der Mitte des Tisches und erfaßt jeden Sprecher von der Mitte des Tisches aus einzeln.
Alle setzen sich und futtern drauf los. Ellen fragt die Mutter: »Ihr eßt heute gar nicht?«
Die Mutter antwortet: »Wir sind heute eingeladen. – Wollt Ihr mitkommen? – «

Die Kinder gucken sich groß an und Peter sagt: »Bloß nicht! Ich freu mich schon auf's Bett!«

Jetzt blickt Herr Augustin
scheu auf seinen Sohn, als
bedrückte ihn etwas und
sagt vorsichtig: »Jetzt könnte ich eine
Zigarre rauchen...«

256.
HALBNAH
Peter springt auf und bringt
vom Rauchtisch die Zigar-
renkiste. Herrn Augustins
Gesicht klärt sich auf, aber
nicht nur der nahenden
Zigarren wegen, sondern
weil er in der Zeitung eine
willkommene Nachricht
liest.

257.
GROSS
Die Zeitung.
Der Vater *haut*
auf den Tisch und ruft: »Kinder, unsere Zucker-
aktien sind um zwanzig
Punkte gestiegen.«

258.
HALBTOTALE
Er nimmt von Peter die
Zigarren und bedient sich.
Dann fällt ihm plötzlich
etwas ein und er hält Peter
die Kiste hin: »Willst du auch eine?«
Peter macht eine ab-
wehrende Bewegung
und sagt: »Dann schon lieber Lebertran!«

Ellen hat sich inzwischen
eine Nuß genommen und

versucht, diese auf dem
Tisch aufzuknacken.

259.
NAH
Herrn Augustins Stirn runzelt sich.
Gefahr droht,
er hebt schon wieder die Faust, um auf den Tisch zu schlagen, als Frau Augustin die Nuß der erschrockenen Ellen wegnimmt und lächelnd vor ihren Mann legt.

260.

HALBTOTALE
In dem Moment fällt Herrn Augustins Hand nieder und die Nuß.   *zerschmettert*
Er betrachtet erst sein Werk, dann seine schmerzende Hand und schließlich verzieht sich sein Gesicht zu einem Lächeln und er sagt: »Das war eine harte Nuß ...«

Er schiebt die aufgeknackte Nuß den Kindern zu. Alle lächeln.

ES BLENDET SCHNELL AB

Nach den Worten »harte Nuß« kommt ein Schwarzfilm, und man hört die Stimme Petrus', die in den

Schwarzfilm hinein sagt.
Dieser Schluß soll statt des bisher immer angewandten Endtitels hier verwendet werden.

»*Schluß*«

ENDE

VERWANDTE SIND AUCH MENSCHEN

Lustspiel in drei Akten

Eine Bühnenfassung des Lustspiels ist 1937 im Chronos-Verlag Martin Mörike (Berlin) erschienen. Es entstand in Zusammenarbeit mit Eberhard Keindorff, und weil Kästner zu der Zeit Berufsverbot hatte, wurde es unter Keindorffs Pseudonym Eberhard Foerster publiziert. Angaben im Stück über das Alter des Protagonisten Stefan Blankenburg erlauben es, die Entstehung auf 1933/34 zu datieren. Dafür spricht auch die inhaltliche Nähe zu dem in dieser Zeit entstandenen Roman *Drei Männer im Schnee* (unter dem Pseudonym Robert Neuner 1934 auch als Theaterstück mit kleinen inhaltlichen Änderungen unter dem Titel *Das lebenslängliche Kind* erschienen und uraufgeführt).

Kästners Mitautorschaft ist wegen des Pseudonyms kaum bekannt. Ingo Tornow geht als erster in seinem Buch *Erich Kästner und der Film* von 1992 auf das Lustspiel ein. Unter den Stücken, an denen Kästner unter dem Pseudonym Eberhard Foerster beteiligt war, sei dieses am »witzigsten und elegantesten« (S. 73). Tornow verweist auch auf eine Verfilmung von 1939. Hans Deppe führte bei der Tobis-Produktion Regie, Peter Hagen schrieb das Drehbuch.

Druckvorlage ist hier das Bühnentyposkript von 1937 aus dem Kästner-Nachlaß.

PERSONEN

Paula Blankenburg
Professor Dr. med. Christian Blankenburg, deren Sohn
Maria Theresia, dessen Frau
Emma Schramm, geb. Blankenburg ⎫ dessen
Cäcilie Blankenburg, ⎬ Halbschwestern
   gen. Bianka Castello ⎭
Otto Zander, Bürovorsteher
Ingeborg Zander, geb. Blankenburg, dessen Frau
Gottfried ⎫
Gotthelf ⎪
Gottlieb ⎬ deren Kinder
Gotthold ⎪
Gottlob ⎭
Emil Böhmke, Referendar
Hildegard Böhmke, dessen Schwester
Leberecht Riedel, ein Diener
Justizrat Ernst Klöckner
Ein fremder Herr
Lothar Bildt

Das Stück spielt in der Gegenwart, und zwar in einem kleinen deutschen Höhenluft-Kurort.

Stammbaum der Familie Blankenburg

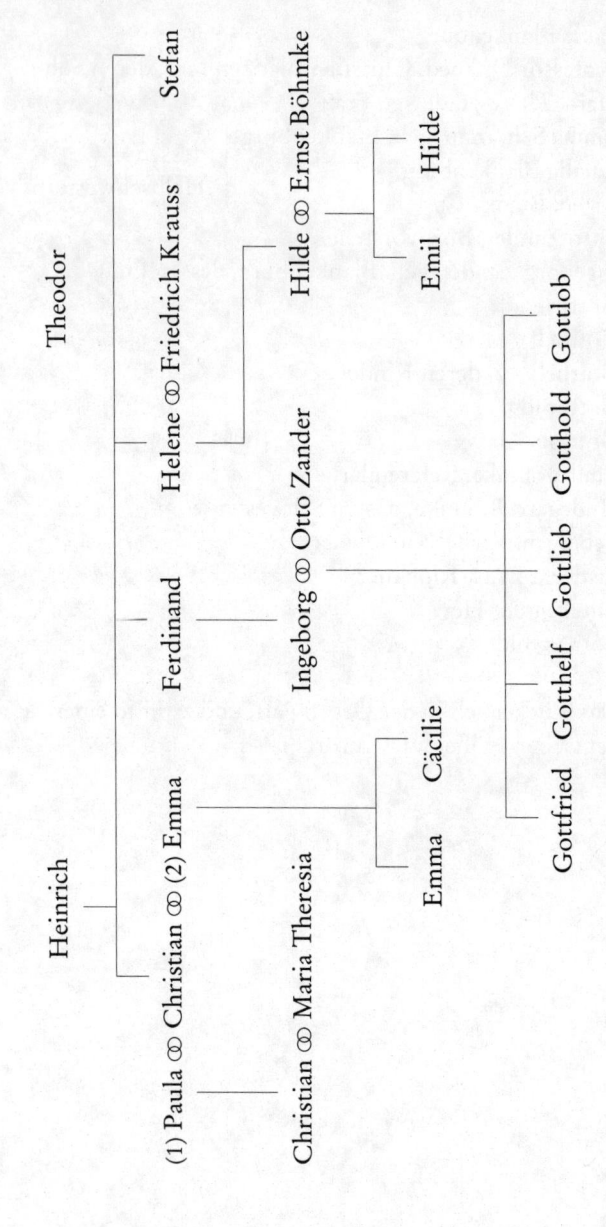

```
                                    Heinrich
                                       |
        ┌──────────────────────────────┼──────────────────────────────┐
(1) Paula ⚭ Christian ⚭ (2) Emma   Ferdinand                       Theodor
        |                              |                              |
        |                   ┌──────────┴──────────┐                   |
Christian ⚭ Maria Theresia  Ingeborg ⚭ Otto Zander   Helene ⚭ Friedrich Krauss   Stefan
        |                              |                              |
    ┌───┴───┐     ┌────────┬────────┬──┴─────┬────────┬────────┐  Hilde ⚭ Ernst Böhmke
  Emma   Cäcilie  Gottfried Gotthelf Gottlieb Gottfried Gotthold Gottlob                |
                                                                                     ┌──┴──┐
                                                                                    Emil  Hilde
```

606   VERWANDTE SIND AUCH MENSCHEN

[I.]

Große sonnige Halle in einem Landhaus. Den Hintergrund beherrscht eine gläserne Schiebe-Doppeltür, die Ausblick auf einen blühenden Garten und eine heitere Hügellandschaft gestattet.

Rechts *hinten führt, seitlich, eine solide und mächtige Treppe, deren unterste Stufen ins Bühnenbild reichen, barock geschwungen zum ersten Stockwerk. Auf einer Konsole, die das Geländer am Fußende der Treppe abschließt, steht eine marmorne Büste. Vor der Treppe, in der rechten Seitenwand der Halle, führt eine Tür zu den Räumlichkeiten des Erdgeschosses, u. a. zu den Wirtschaftsräumen. Vor dieser Tür stehen, im Vordergrund, ein großer Tisch und zahlreiche Stühle. Auf dem Tisch Blumen.*

Links *im Hintergrund, neben der Glastür, eine Büchernische. Davor ein Rauchtisch mit bequemen Sesseln und Sofa. Im Vordergrund führt links eine Tür zur Diele und zum Hauseingang.*

Es handelt sich um einen strahlenden, wolkenlosen Sommernachmittag. Es dürfen, soweit der Dialog das zuläßt, Vögel zwitschern. Die Glastüren sind offen. Auf der Veranda stehen ein Liegestuhl und andere Terrassenmöbel.

Aus dem Liegestuhl steigen Rauchwölkchen auf. Der Raucher selber ist vor lauter Kissen unsichtbar. Er hustet gemächlich.

Es klingelt.
Er raucht weiter.
Es klingelt wieder.

RIEDEL, *der Diener, erhebt sich umständlich aus dem Liegestuhl. Er ist über Sechzig. Wenn man auf Gesichter etwas geben kann, so hat man es hier mit einem chronischen Pessimisten zu tun. Seine Jacke hat Metallknöpfe. Er legt die Shagpfeife sorgfältig beiseite. Es klingelt zum dritten Mal.*

Riedel geht ohne Überstürzung ab nach links. Draußen Stimmen.

Im Autodreß erscheinen CHRISTIAN *Blankenburg und seine Frau* MARIA THERESIA, *zwei von ihrer Bedeutung durchdrungene Persönlichkeiten im Alter von je 40 Jahren. Sie blicken neugierig um sich.*

CHRISTIAN: Ganz nette Bleibe, was? *sieht in den Garten* Noch dazu am Busen der Natur, wo er am rundesten ist! *lacht albern.*
MARIA TH. *streng*: Christian, laß dich nicht so gehen! *prüft die Teppiche und Sesselbezüge fachmännisch.*
CHRISTIAN: Was glaubst du – ob er mir das Haus vererbt hat?
MARIA TH.: Warum denn gerade dir?
CHRISTIAN: Ich könnte ein Sanatorium draus machen und die Patienten aus der Klinik zur Nachkur herschicken. Eigene Klinik, eigenes Sanatorium, fehlte bloß noch 'n eigner Friedhof. *lacht albern.*
RIEDEL *kommt mit zwei schweren Koffern von links, setzt sie nieder*: Darf ich um den Namen der Herrschaften bitten? *holt eine große Liste und einen Bleistift aus der Tasche.*
CHRISTIAN: Ich bin Prof. Dr. Christian Blankenburg, und die Dame ist meine Gattin, Frau Maria Theresia Blankenburg, geb. Freiin Cosel-Cosel.
RIEDEL *hakt die beiden Namen auf der Liste an, steckt Liste und Bleistift weg*: Verbindlichen Dank und herzlich willkommen, soweit es die traurigen Umstände zulassen. *zu Christian* Sie sind demnach der älteste Sohn von Christian Blankenburg, dem Bruder Stefan Blankenburgs?
CHRISTIAN: Sein einziger Sohn und darüber hinaus sein einziger Nachkomme aus erster Ehe. Und wer sind Sie?
RIEDEL: Ich war der Diener Ihres Onkels Stefan und heiße Riedel, Leberecht Riedel.
MARIA TH. *bemüht menschlich*: Leberecht, ganz recht, ich erinnere mich. Ihr armer Herr hat Sie oft in seinen Briefen erwähnt, mein lieber Leberecht.
RIEDEL *in offensichtlicher Verwunderung*: Die Herrschaften standen in Korrespondenz?
MARIA TH. *unsicher*: Natürlich – ja, – selbstverständlich.

CHRISTIAN: Das heißt, in den letzten Jahren hatte sich die Verbindung etwas gelockert. Das konnte bei einer so langen Trennung ja kaum ausbleiben.

RIEDEL: Ich kann mich auch gar nicht entsinnen, jemals Briefe an die Herrschaften befördert zu haben.

MARIA TH.: Die Briefe kamen immer aus dem Sekretariat der Blankenburg-Werke in New York.

RIEDEL: Dann allerdings.

CHRISTIAN: Und außerdem, wie gesagt, in letzter Zeit ...

MARIA TH.: Sie waren immer in der Umgebung Ihres Herrn?

RIEDEL: Bis zu seiner letzten Stunde.

MARIA TH.: Oh, dann erzählen Sie uns doch davon. War er anders als sonst?

RIEDEL: Kaum. Höchstens, daß er für seine Verhältnisse außergewöhnlich neugierig war.

CHRISTIAN *wittert ein medizinisches Problem*: Neugierig? – Ach! – Auf den Tod?

RIEDEL: Nicht so sehr auf den Tod, als auf seine Verwandten.

MARIA TH.: Auf uns?

RIEDEL: Auf die ganze Familie, gnädige Frau.

CHRISTIAN: Wie merkwürdig.

RIEDEL: Er wußte über jeden Einzelnen genau Bescheid. Sogar von denen, die erst nach seiner Auswanderung geboren waren, kannte er die Namen und die wichtigsten Ereignisse aus ihrem Leben.

CHRISTIAN *mit Neugier*: Hat er sich auch über mich – ich meine, über mich persönlich geäußert?

RIEDEL: Ich weiß nicht, ob ich mich berechtigt fühle ...

MARIA TH.: Es interessiert meinen Mann natürlich nur, zu erfahren, ob er sich über ihn günstig – oder etwa nicht so sehr ...

RIEDEL: Nun – es lag wohl ungefähr in der Mitte.

MARIA TH.: Könnten Sie sich etwas genauer ...

CHRISTIAN: Laß, Maria Theresia. – Und wie ist er nun eigentlich gestorben?

RIEDEL: Sehr lustig.

CHRISTIAN: Lustig?

RIEDEL: Ja, Herr Blankenburg ging sozusagen lachend in den Tod – Herr Blankenburg hatte die Gewohnheit, nach jeder Mahlzeit zehnmal um das Schiff herumzugehen.

CHRISTIAN: Im Wasser?

RIEDEL: Nein, auf Deck. Er wollte ja nicht naß, sondern schlank werden. Die ersten fünf Runden erledigte er regelmäßig auf normale Weise.

MARIA TH.: Und die andern fünf Runden?

RIEDEL: Die ging er rückwärts.

CHRISTIAN: Warum denn rückwärts?

RIEDEL: Das hatte ihm ein Schäfer aus den Rocky Mountains empfohlen. Davon nähme man besonders schnell ab.

MARIA TH.: Verstehst du das?

CHRISTIAN: Nein. Aber man soll die Schäfer nicht verachten. Sprachen Sie nicht davon, daß er lachend in den Tod gegangen sei?

RIEDEL: Ganz recht. Der Schäfer hatte ihm noch gesagt, daß man die Abmagerungskur enorm beschleunigen könne, wenn man bei abnehmendem Mond rückwärtsgehe. Unglückseligerweise begann der Mond während unserer Überfahrt abzunehmen. Herr Blankenburg wollte die günstige Gelegenheit benutzen. Ich folgte ihm in respektvoller Entfernung. Und wir waren aufs höchste erstaunt, wie rapide er abnahm. Nach der dritten Rückwärtsrunde mußte er schon die Hosen halten. Wir amüsierten uns königlich, und kaum hatte er gesagt: »Leberecht, ich lach mich tot!« trat er versehentlich in die Treppenluke zum Maschinenraum.

CHRISTIAN: Ein tragischer Fall.

RIEDEL *nimmt die Koffer hoch*: Ein typischer Fall von Pech.

MARIA TH.: Sehr zartfühlend sind Sie nicht.

RIEDEL: Ehrlichkeit klingt immer ruppig, gnädige Frau. *über die Treppe ab.*

MARIA TH. *tritt auf die Veranda, blickt am Haus hoch und entlang*: Die Idee mit dem Sanatorium ist gut, Christian.

CHRISTIAN: Findest du auch?

MARIA TH.: Wir verzichten einfach auf einen Teil des Geldes, das uns zufällt, und übernehmen dafür das Haus. Das Sanatorium kann Dr. Schimmelpfennig leiten. Ich muß mir das Grundstück genau ansehen!

CHRISTIAN: Während der Ferien leite ich das Sanatorium selber. Stell dir vor: dann verdienen wir noch an der eigenen Erholung!

MARIA TH. *besorgt*: Habt Ihr etwa *noch* einen Arzt in der Familie?

CHRISTIAN: Ich glaube kaum. Aber ich kenne ja meine Verwandten fast gar nicht. Außer meiner Mutter.

MARIA TH.: Hoffentlich sind die andren nicht auch so entsetzlich »natürlich« wie sie.

CHRISTIAN: Liebe Maria Theresia, man kann sich seine Verwandten nicht aussuchen.

MARIA TH.: Man sollte es können.

CHRISTIAN: Na, gegen einen toten Erbonkel, den man zeitlebens nicht gesehen hat, ist jedenfalls nichts einzuwenden.

MARIA TH.: Still!

RIEDEL *kommt treppab*: Die Zimmer sind in Ordnung.

MARIA TH.: Haben Sie zufällig einen Plan des Grundstücks bei der Hand?

RIEDEL: Ihre Zimmer liegen im ersten Stock, erste Tür links. Und die Toilette liegt am Ende des Gangs.

MARIA TH.: Ich brauche den Plan nicht, um das Ende des Gangs zu finden.

RIEDEL: Ja, wozu denn sonst?

CHRISTIAN: Also, haben Sie einen Plan?

RIEDEL: Nein.

MARIA TH.: Haben Sie wenigstens ein Metermaß?

RIEDEL: Das Zimmermädchen, das die Koffer auspackt, wird Ihnen eines besorgen können.

MARIA TH. *geht zur Treppe*: Komm, Christian, wir gehen nach oben.

CHRISTIAN *folgt ihr*: Wer ist der Nachlaßverwalter?

RIEDEL: Justizrat Klöckner. Er muß bald hier sein.

CHRISTIAN: Melden Sie ihm, daß Professor Blankenburg und Gattin eingetroffen sind.

I. AKT

Es klingelt.

RIEDEL: Sehr wohl, Herr Professor. *geht links ab.*
MARIA TH. *auf der Treppe*: Ein Scheusal! Komm jetzt! Deinen Verwandten begegnen wir noch früh genug.
CHRISTIAN: Gewiß, mein Liebling. *beide über die Treppe ab.*

Es erscheinen von links TANTE PAULA. *Sie ist alt, liebenswürdig, energisch, lebenslustig und ungezwungen vornehm. Sie stützt sich auf ein Spazierstöckchen, das mit einer großen Schleife verziert ist, und trägt rund um den Hals ein schmales Samtband.* RIEDEL *folgt ihr mit Gepäck.*

TANTE PAULA: Bin ich die Erste, junger Mann?
RIEDEL *setzt das Gepäck ab, zieht Liste und Bleistift hervor*: Professor Dr. Christian Blankenburg und Gattin sind schon eingetroffen.
TANTE PAULA: So, so.
RIEDEL: Darf ich um Ihren werten Namen bitten?
TANTE PAULA: Sie dürfen. Ich bin Paula Blankenburg, die erste und geschiedene Gattin des weiland Christian Blankenburg. Und Professor Dr. Blankenburg ist mein Herr Sohn.
RIEDEL *hakt ihren Namen an und steckt Liste und Bleistift weg.*
TANTE PAULA: Und wer sind Sie, junger Freund?
RIEDEL: Der Diener Leberecht Riedel. Ich war mit Stefan Blankenburg vierzig Jahre in Amerika.
TANTE PAULA: Darf ich mir eine Frage erlauben?
RIEDEL: Bitte sehr.
TANTE PAULA: Haben Sie während der ganzen vierzig Jahre so'n Gesicht gemacht? *stapft lächelnd durch's Zimmer.* Schade, daß ich keinen Diener brauche. Sie sehen so wundervoll verbittert aus. Wer Sie zum Diener hat, kann den Hund sparen. *bleibt plötzlich vor ihm stehen* Erdreisten Sie sich ja nicht, über meine Schleife zu lächeln! Das ist die letzte Haarschleife, die ich als kleines Mädchen getragen habe. Ich trage sie jetzt an meinem Stock, damit ich nie vergesse, daß alle Erwachsenen einmal Kinder waren.

RIEDEL: Und warum wünschen Sie das nicht zu vergessen?
TANTE PAULA: Weil es die einzige Entschuldigung für das Vorhandensein der Erwachsenen ist.
RIEDEL: Es ist erstaunlich, wie gut die Stoffe im 19. Jahrhundert waren.
PAULA: Leberecht, Sie sind ein Zyniker. Haben Sie einen Cognak? Das Taxi, in dem ich gekommen bin, hatte, glaub' ich, keine Reifen.
RIEDEL *geht zum Rauchtisch, schenkt ein.*
PAULA *blickt in den Garten*: Gott, ist das schön hier! Wann hat er denn das Grundstück gekauft?
RIEDEL: Vor einem Vierteljahr. Durch Justizrat Klöckner. *kommt mit dem Glas Cognak.*
PAULA: Nun ist er tot und weiß gar nicht, was für einen schönen Garten er gekauft hat.
RIEDEL: Doch.
PAULA: Wieso?
RIEDEL *gibt ihr das Glas*: Der Justizrat schickte ihm eine Fotografie davon nach Amerika.
PAULA: Prost, Leberecht! *trinkt.*
RIEDEL: Wohl bekomm's. *nimmt ihre Koffer auf* Ich bringe Ihr Gepäck nach oben.
PAULA: Und ich werde inzwischen die Blumen beim Wachsen beaufsichtigen. *setzt sich in einen Terrassenstuhl* Übrigens, war mein Schwager Blankenburg ein sehr schlechter Mensch?
RIEDEL *setzt die Koffer ab*: Wie kommen Sie denn darauf?
PAULA: Weil er ein Bruder meines Mann war.
RIEDEL: Nein. Stefan Blankenburg war kein schlechter Mensch. Er hatte gar keine Zeit dazu.
PAULA: Weil er reich werden wollte?
RIEDEL: Erst, weil er reich werden wollte, und später, weil er reich geworden war.
PAULA: Das hat er nun davon.
Riedel nimmt das Gepäck und geht über die Treppe ab.
Paula nimmt sich ein Kissen hinter den Rücken und dehnt sich.

Es klingelt.

PAULA: Herein!

Es klingelt wieder.

PAULA *steht auf*: Schon wieder ein Millionenerbe. *geht links ab.*

Von links kommen PAULA *und* EMMA *Schramm. Emma ist Mitte 30 und nicht gerade mager. Sie gehört zu den einfachen Frauen, die mit Schürze und ohne Hut prächtig aussehen, im Sonntagsstaat jedoch mißglückt wirken. Emma trägt ihren Sonntagsstaat: einen geschmacklosen Hut mit Obst und Blumen, trotz des Sommers eine Pelzboa, ferner Schirm, Plaid, Frühstückskorb, Fiberkoffer und Handtasche.*

EMMA: Ist das ganz bestimmt die Villa mit der Erbschaft?
PAULA: Ganz bestimmt.
EMMA: Ach, jetzt erkenne ich Sie! Du bist doch Tante Paula! *förmliche Verbeugung.*
PAULA: Wir kennen uns?
EMMA: Dein Mann war mein Vater. Ich bin die Emma. Eine von den Töchtern, die er in zweiter Ehe gekriegt hat. Du warst doch zu meiner Konfirmation in der Kirche. Ich erinnere mich noch, wie meine Mutter sagte: »So eine Unverschämtheit?« – na, ist ja egal. Was vorbei ist, brummt nicht mehr.
PAULA: Du bist die Emma? Tag, mein Kind. Leg deine sieben Sachen beiseite. Du siehst sonst aus wie der Weihnachtsmann.
EMMA *baut ihre Gepäckstücke auf einen Stuhl: die Boa, ihren Stolz, legt sie nicht ab*: Unten am Bahnhof hat mich ein Milchkutscher aufgeladen und hier vorm Hause abgesetzt. *schaut sich um, ist sehr beeindruckt* Das ist ja fast ein Schloß! So was Unbequemes sieht unsereins selten.
PAULA: Wo lebst du denn?
EMMA: In Britz. Wir haben einen Gemüseladen, mein Mann

und ich. Mit Kolonialwaren und Landesprodukten und Flaschenbier. Wir können nicht klagen. Schramm ist im Geschäft geblieben. *lacht* Der Rechtsanwalt vom toten Onkel hat uns zwei Fahrkarten geschickt. Eine davon haben wir umgetauscht. Davon kriegt Schramm im Herbst einen neuen Anzug. Wenn wir sonst nichts erben, – den Anzug haben wir sicher! Man muß sehen, wie man mit dem ... Rücken an die Wand kommt. *schaut sich wieder um* Aber, ich könnte mich hier nicht wohlfühlen. Wohnst du auch so umständlich?

PAULA: Ich habe ein ganz kleines Haus mit einem großen Garten. In Wiesbaden.

EMMA: Wir wohnen in der Ladenstube. Aber wir haben jetzt schon sechzig Mark Umsatz am Tag. *klopft der Tante burschikos auf den Rücken* Und nun sollen wir also erben. Schramm sagt, geerbtes Geld macht keinen Spaß. So ist er nun mal. Immer einseitig. *blickt in den Garten* Nichts als Blumen, so eine Platzverschwendung! *läßt sich in einen Sessel fallen.*

RIEDEL *kommt treppab.*

PAULA: Leberecht, hier ist ein Erbe, der nichts erben will.

EMMA: Aber Tante!

RIEDEL *zieht Liste und Bleistift*: Darf ich um den werten Namen bitten?

EMMA *steht wie in der Schule auf*: Emma Schramm, geborene Blankenburg. Mein Mann ist im Geschäft geblieben. Er heißt auch Schramm.

RIEDEL: Ich bin der Diener Ihres Onkels Stefan Blankenburg, Leberecht Riedel.

EMMA: Ganz meinerseits.

RIEDEL: Darf ich das Gepäck nach oben bringen?

EMMA: Das fehlte gerade noch, Herr Riedel! *ergreift ihr Gepäck* Die Schramms brauchen keinen Diener. In Ihrem Alter ist Treppensteigen überhaupt nicht das Richtige.

RIEDEL *kalt*: Besten Dank, Frau Schramm. Ihr Zimmer liegt im ersten Stock, dritte Tür rechts. Die Frau Tante wohnt erste Tür rechts.

EMMA *auf der Treppe*: Kommst du mit?
PAULA: Nein, ich gehe in den Garten.
EMMA: Also, dritte Tür rechts. Und Herr Riedel, das mit der Erbschaft war nicht so gemeint. Ehe wir uns prügeln lassen, nehmen wir das Geld. Dann kaufen wir uns ein kleines Lieferauto. Der Handwagen hängt uns sowieso allmählich zum Hals heraus. Auf Wiedersehen miteinander. *über die Treppe ab.*

Es klingelt.

PAULA: Es ist schon wieder jemand im Laden, Leberecht, lauter liebe Verwandte. *über die Veranda ab.*
RIEDEL *links ab.*

Draußen Stimmen. Es erscheinen mit RIEDEL, HILDEGARD *und* EMIL *Böhmke. Geschwister, Emil Mitte 20, Hornbrille, sehr neugierig, beobachtet immer scharf und immer falsch. Hildegard, etwa 20, hübsch, jung und herzhaft. Beide mit leichtem Gepäck.*

EMIL *übermütig*: Wir kommen, um das Geld abzuholen.
RIEDEL: Gleich, mein Herr. *zieht Liste und Bleistift* Darf ich zuvor Ihren Namen wissen?
EMIL: Wohlan! Ohne alle Geheimnistuerei, – wir sind die Geschwister Böhmke. Ich bin der Bruder. Wir hören auf die Vornamen Hildegard und Emil. Der Emil bin ich. Wir sind seit vielen Jahren arme Waisen. Waisen werden wir auch weiter bleiben. Aber mit der Armut ist es ab heute hoffentlich vorbei. Eine unsrer Großmütter hieß vor der Ehe Helen Blankenburg und war die einzige Schwester Stefan Blankenburgs. Da dieser vor vier Jahrzehnten auswanderte, hatten wir keine Gelegenheit, ihn näher kennen zu lernen.
RIEDEL *hakt die Namen an, steckt die Liste ein*: Ich war bis vor wenigen Tagen sein Diener.
HILDE: Meinem Bruder darf man nichts übelnehmen, Herr …
RIEDEL: Leberecht Riedel.

HILDE: Herr Riedel. Wenn Emil verlegen ist, wird er immer vorlaut.

RIEDEL *reserviert*: Ein liebenswerter Charakterzug, mein Fräulein.

EMIL *setzt sein Gepäck ab, befühlt Riedels Jackett, geht langsam um Riedel herum, ist ganz Auge, bzw. Brille.*

HILDE *stellt ihren Koffer hin*: Laß das, Emil!

EMIL *sieht sich suchend im Zimmer um.*

HILDE *zu Riedel*: Er will Kriminalist werden und übt unausgesetzt seinen Scharfsinn.

RIEDEL: Das kann nicht schaden.

EMIL *wandert durchs Zimmer, in alle Ecken.*

RIEDEL *zu Hilde*: Falls mich Ihr Bruder verhaften sollte, – bis zum Abend müssen noch zwei Brote besorgt werden – Drunten im Ort. Der Bäcker heißt Urbach.

HILDE *lacht*: Sie können sich auf mich verlassen.

EMIL *bleibt auf der Treppe vor der Büste stehen*: Aha! *geht auf Riedel zu* Nun passen Sie mal auf, Herr Riedel. An Ihrem Ärmel ist ein weißer Fleck. Sie haben also etwas getragen, was den Fleck verursacht hat. Ohne Umschweife, Sie haben diese Büste transportiert. Wenn Sie nun diese Büste getragen haben und auf die Konsole gestellt, hat sie vorher nicht dort gestanden.

RIEDEL: Toll!

EMIL: Wenn aber die Büste bis vor kurzem nicht dort stand, so gehört sie nicht zum übernommenen Inventar der Villa, sondern wurde von Ihnen aus Amerika mitgebracht. Wenn die Büste aus Amerika stammt, muß sie, umso mehr als sie von Ihnen so augenfällig plaziert wurde, jemanden darstellen, der für Sie, für uns und das Haus von besonderer Bedeutung ist. Und wer ist für uns und Sie besonders bedeutungvoll? Nun? Kein anderer als unser toter Großonkel aus Amerika. Es ist die Büste Stefan Blankenburgs, unseres verstorbenen Wohltäters. Ist Ihnen alles klar?

RIEDEL: Fast alles. Ich verstehe nur nicht, warum Sie Stefan Blankenburg als Ihren Wohltäter bezeichnen?

HILDE: Seit wir verwaist sind, wurden wir von ihm unterstützt. Dadurch konnte ich die Handelsschule und Emil die Universität besuchen. Er ist Referendar.

EMIL: Der Justizrat, der uns das Geld überwies, und noch jetzt überweist, hat uns seinerzeit mitgeteilt, der Wohltäter wolle anonym bleiben.

HILDE: Es *war* der Großonkel.

EMIL: Natürlich. Es war ja auch sein Anwalt, der uns das Geld schickte, Justizrat Klöckner. Nun wollte der Onkel zurückkommen, und wir wollten ihm um den Hals fallen, statt dessen stirbt der Mann auf dem Transport!

RIEDEL *nachdenklich*: Ich kannte Stefan Blankenburg sehr gut. Eigentlich lag ihm Wohltätigkeit nicht besonders.

HILDE: Das ist typisch für einen solchen Mann. Er genierte sich, ein gutes Herz zu haben.

RIEDEL: Möglich ist alles.

EMIL *die Büste betrachtend*: So sah er also aus.

RIEDEL *sich räuspernd*: Die Büste ist aus Marmor. Marmor macht keine Flecken. Der Fleck an meinem Jackett ist auf weiße Farbe zurückzuführen, mit der ich einen Küchenstuhl gestrichen habe. In dem Gepäck, das vor drei Tagen hier eintraf, befand sich überdies keine Büste. Darauf kann man schließen, daß sie, bevor ich ins Haus kam, schon stand, wo sie steht. Da die vorigen Besitzer der Villa Herrn Blankenburg nicht kannten, ist es ziemlich unwahrscheinlich, daß sie seine Büste aufstellten. Erschwerend kommt hinzu, daß er sich nie im Leben hat malen oder in Stein aushauen lassen. So schön hat er sich nie gefunden. Abschließend wäre zu bemerken, daß der vorige Besitzer Literaturhistoriker von Ruf war und daß es sich um die Büste eines englischen Schriftstellers handelt, der auf den Namen William Shakespeare gehört haben soll.

EMIL: Schade. So geht mir's immer. *geht zur Büste, in gespielter Verachtung* Herr Shakespeare!

HILDE: Lieber Herr Riedel, sollen wir hier in diesem Palast wohnen? Oder müssen wir in einen Gasthof ziehen?

RIEDEL: Im Palast. Im ersten Stock, zweite und dritte Tür links.

HILDE *nimmt ihren Koffer.*
EMIL: Damen und Herren, ich habe Hunger.
RIEDEL: Soll ich Ihnen ein belegtes Brot zurechtmachen?
EMIL: *Zwei*, Herr Riedel.

Es klingelt.

RIEDEL: Hat es einen Augenblick Zeit? Ich muß zur Tür. Oder wollen Sie dem Zimmermädchen Bescheid sagen?
HILDE: Am liebsten ginge ich selber in die Küche. Ich schwärme für Küchen. *setzt den Koffer ab.*
RIEDEL *zeigt auf die Tür rechts*: Dort geht's zu den Wirtschaftsräumen.

Es klingelt wieder.

RIEDEL: Entschuldigen Sie mich. *zu Emil* Guten Appetit! *links ab.*
HILDE: Du hast aber auch gar kein Benehmen!
EMIL: Nein, sondern Hunger. *beide laufen rechts ab.*

LOTHAR BILDT, *ein sympathischer junger Mann, Ende 20, tritt hastig ein, schaut sich suchend um, stellt seine Reisetasche neben die Böhmkeschen Koffer, geht auf die Terrasse und beobachtet, selber ungesehen, von hier aus den Einmarsch der anderen. Dann begibt er sich in den Park.*
Nach Bildt kommt als erster OTTO ZANDER, *vierzigjährig, ein großer Herr, der seine angeborene Gutmütigkeit meist hinter gespielter Strenge zu verbergen sucht. Ihm folgen im Gänsemarsch seine* FÜNF JUNGENS, *vom größten zum kleinsten geordnet; dann Zanders Frau,* INGEBORG ZANDER. *Sie spielt das schweigsame Hausmütterchen, tatsächlich lenkt sie unmerklich die Geschicke der Familie.*
Als letzter RIEDEL, *wie immer unbewegten Gesichts.*

ZANDER: Das Ganze – halt! *alle, außer Riedel, bleiben stehen* Wer hat nachgeklappt?

RIEDEL: Ich, Herr Leutnant. *zieht Liste und Bleistift.*
ZANDER: Rechts – um! *zu den Jungen, die ihn munter angrinsen, aber aufs Wort parieren* Ich dachte schon einer von euch. Gottlieb halt dich gerade! *zu Riedel, mit Hutschwenken* Otto Zander mit Frau und fünf Söhnen zur Stelle. *zu den Jungen* Rührt euch! Gepäck ablegen! Und nun, marsch in den Garten, Gottfried übernimmt das Kommando.

Die fünf Jungen gehen leise zur Veranda, steigen in den Garten und stürzen dann mit wildem Gebrüll ab.

ZANDER: Rasselbande!
RIEDEL *hakt die Namen an, steckt die Liste weg.*
INGEBORG *setzt sich in den Hintergrund und beginnt zu stricken.*
ZANDER: Ingeborg, meine Frau ist eine geborene Blankenburg; eine Tochter von Ferdinand Blankenburg, dem Bruder Stefan Blankenburgs.
RIEDEL: Danke schön, Herr Zander. Ich bin Leberecht Riedel, Stefan Blankenburgs Diener.
ZANDER: Leberecht!? Ein schöner Name, Herr Riedel.
RIEDEL: Es geht.
ZANDER: Wer hieß doch noch Leberecht, Ingeborg?
INGEBORG: Ja, Otto? *immer strickend.*
ZANDER: Weißt du, wen ich meine?
INGEBORG: Ja, Otto.
ZANDER: Wen meine ich denn?
INGEBORG: Marschall Blücher, Otto.
ZANDER: Natürlich, den alten Marschall Vorwärts!
RIEDEL: Sind Sie auch beim Militär, Herr Zander?
ZANDER: Ich, nein, ich bin Bürovorsteher in Breslau. Warum soll ich denn Soldat sein?
RIEDEL: Weil Sie soviel kommandieren.
ZANDER *lacht freundlich*: Das hat andere Gründe. Ohne Oberkommando ginge es in einer Familie mit drei Zimmern und fünf Lausejungens drunter und drüber. Stimmt's Ingeborg?

INGEBORG *strickt*: Ja, Otto.
ZANDER: Mein Kommando übe ich im vollsten Einverständnis mit Frau und Kindern aus. Denn da es mir keine Freude macht, wenn meine Familie Angst vor mir hat, haben mir meine Angehörigen versprechen müssen, daß es ihnen ihrerseits Vergnügen macht, wenn ich kommandiere. Gottfrieds Lehrer, Studienrat Methfessel, hat gesagt, das sei … Was sei es, Ingeborg?
INGEBORG: Aufgeklärter Despotismus, Otto.
ZANDER: Eben. Einer muß kommandieren, wenn alles klappen soll. Hab ich recht?
INGEBORG: Ja, Otto.
ZANDER: Ich fragte eigentlich Herrn Riedel, ob ich recht hätte.
RIEDEL: Ja, Otto. Verzeihung, ja, Herr Zander.
ZANDER *gutgelaunt*: Sie sind mir ausgesprochen sympathisch. *schaut auf die Uhr* Ich möchte vor der Testamentseröffnung ein kleines Nachmittagsschläfchen machen.
RIEDEL: Sie bewohnen im ersten Stock die drei letzten Zimmer rechts. Darf ich Sie nach oben führen?
ZANDER: Nicht nötig, mein Bester. Komm, Ingeborg!
INGEBORG *hört zu stricken auf und belädt sich mit Gepäck.*
ZANDER *zieht eine Trillerpfeife aus der Tasche und pfeift.*

DIE FÜNF JUNGEN *kommen laut und hastig auf die Veranda gestürzt, stellen sich in Reih und Glied und lächeln ihren Vater vergnügt an.*

ZANDER *martialisch*: Euer Haushaltsvorstand ist müde und wird sich ein wenig aufs Ohr legen. Für diese Zeit bitte ich mir völlige Ruhe aus. Verstanden?
DIE FÜNF JUNGEN *im Chor*: Ja, Otto!
ZANDER: Ihr verdammten Bengels. *stemmt die Hände in die Hüften* Kehrt marsch!

Die fünf Jungen verlassen auf Zehenspitzen die Veranda und schleichen leise ab.

INGEBORG *steht auf der Treppe und wartet.*
ZANDER *kichernd*: Hast du das gehört?
INGEBORG: Ja, Otto. *über die Treppe ab.*
ZANDER *zu Riedel*: Sie wecken mich doch rechtzeitig?
RIEDEL: Zuverlässig, Herr Zander.
ZANDER *nachdenklich*: Hoffentlich haben wir die Reise nicht ganz umsonst gemacht ... *seufzend* Gute Nacht, einstweilen, *geht nach rechts oben ab.*

Von links ist schon seit längerem eine Autohupe hörbar. – Riedel steht im Zimmer, nimmt seine Pfeife heraus und beginnt, sie zu stopfen. Zwischendurch hört er auf die Autohupe; schließlich steckt er die Pfeife weg und geht nach links ab, um zu sehen, was dort los ist.

Auf der Veranda erscheint LOTHAR. *Er blickt vorsichtig ins Zimmer. Von links werden Stimmen hörbar. Lothar zieht sich zurück. Von links erscheint* CÄCILIE BLANKENBURG *im Reisedreß. Sie ist sehr lebhaft, exaltiert und spricht eine Sprache, die keinerlei Interpunktionen kennt. – Hinter ihr erscheint* RIEDEL *mit vielen kleinen Köfferchen, Päckchen und Schachteln beladen, die er sich, da man unmöglich so viele einzelne Gegenstände mit den Händen halten kann, zum Teil unter die Arme geklemmt hat.*

CÄCILIE: Nein sowas! Daß einem auch niemand aufmacht!
RIEDEL: Gnädige Frau hätten es mal mit der Klingel versuchen sollen.
Lothar Bildt verschwindet wieder.
CÄCILIE: Hinterher ist jeder klug! – Ich wußte ja gar nicht, ob ich hier richtig bin. Ich habe schon vor sechs Villen hupen lassen, aber nirgends wurde aufgemacht. Der Chauffeur von der Taxe behauptete, hier im Ort hätte es niemals einen Stefan Blankenburg gegeben.
RIEDEL: Wenn man bedenkt, daß der Chauffeur damit die nackte Wahrheit sprach, so ist sein Ausspruch nicht einmal besonders verwunderlich. – Ist Ihnen denn die Adresse nicht mitgeteilt worden?

CÄCILIE: Doch natürlich, vom Justizrat. Ich habe den Brief extra zuerst eingepackt, ganz zu unterst in meinem großen Koffer, damit ich ihn nicht vergesse. Der Koffer muß übrigens noch von der Bahn geholt werden.

RIEDEL *setzt eben das Gepäck ab, dabei rutscht ihm ein Koffer unter dem Arm weg und fällt herunter*: Ich glaubte schon, gnädige Frau kämen ganz ohne Gepäck.

CÄCILIE: Das Geld ist doch hoffentlich noch nicht verteilt worden?

RIEDEL: Nein, die anderen Herrschaften sind noch dabei, sich auf den Empfang des irdischen Gutes vorzubereiten, teils durch Schlaf, teils in Gottes freier Natur.

CÄCILIE *ist zur Verandatür gegangen, blickt in den Garten hinaus, bricht in einen Schrei des Entzückens aus*: Oh, welch eine Pracht! Schön ist es hier! *elegisch* Ich verstehe die Verfügung meines Onkels, hier betrauert zu werden!

RIEDEL: Herr Blankenburg hatte zwar eigentlich die Absicht, hier zu *leben*. Aber unsere Absichten sind ja oft viel lustiger als das, was wir damit erreichen. – *hat seine Liste herausgezogen* Darf ich die gnädige Frau nun um den Namen bitten?

CÄCILIE: Wie ich hier stehe, heiße ich Cäcilie Blankenburg. Wozu benötigen Sie meine Personalien?

RIEDEL: Damit ich weiß, daß Sie da sind.

CÄCILIE: Dann vermerken Sie bitte die Ankunft von Bianka Castello, das ist mein Künstlername. Er kommt doch hoffentlich in die Kurliste? Ich bin Schauspielerin.

RIEDEL: Darf ich Sie bitten, sich ins vierte Zimmer im ersten Stock links zu bemühen. Ihre Sachen werden nach oben gebracht. *er geht über die Bühne, nachdem er die Koffer wieder aufgenommen hat, um rechts abzugehen.*

CÄCILIE *schon auf der Treppe*: Ist meine Schwester Emma schon angekommen?

RIEDEL: Ein weibliches Familienmitglied mit dem Vornamen Emma ist angekommen. Ob es sich dabei um Ihre Schwester handelt, wage ich auf die bloße Ähnlichkeit hin nicht zu entscheiden. *ab.*

I. AKT

Cäcilie nach oben ab.

LOTHAR *erscheint auf der Veranda, kommt auf die Bühne.*
RIEDEL *kommt nach kurzer Zeit von rechts wieder zurück.*

LOTHAR: Guten Tag wünsch ich.
RIEDEL *hat ihn etwas erstaunt gemustert*: Guten Tag. – Darf ich fragen, wie Sie in das Haus gekommen sind?
LOTHAR: Durch den Garten.
RIEDEL: Und wie kamen Sie in den Garten?
LOTHAR: Durchs Haus.
RIEDEL: Wollen Sie mir nun noch verraten, wo Sie zuerst gewesen sind?
LOTHAR: Im Haus.
RIEDEL: Und wie kamen Sie hinein?
LOTHAR: So – mir nichts, dir nichts.
RIEDEL: Ich habe den Eindruck, daß wir so nicht weiter kommen. *zückt seine Liste* Bitte, nennen Sie mir Ihren Namen?
LOTHAR: Gern, aber wozu?
RIEDEL: Ich will Ihren Namen auf dieser Liste anstreichen.
LOTHAR: Was ist denn das für eine Liste?
RIEDEL: Die Liste der Familie Blankenburg.
LOTHAR: Und Sie glauben, mein Name stünde auf der Liste?
RIEDEL: Aller Wahrscheinlichkeit nach.
LOTHAR: Nein, ich stehe nicht drauf. – Ich kam heute mittag im Ort an, suchte ein passendes Nachtquartier und fand keines. Dann ging ich spazieren, setzte mich und meinen Koffer auf eine Bank und bewunderte in Muße diese Villa. Plötzlich nähert sich ein Auto und hält. Die Autofahrer treten ins Haus. Dann kommt ein Taxi, der eine alte Dame entsteigt. Die alte Dame tritt ins Haus. Gleich darauf hält ein Milchkutscher. Eine Frau klettert vom Bock und verschwindet im Haus. Wenig später kommen zwei junge Leute und gehen ins Haus. Ist übrigens der Begleiter der jungen Dame ihr Mann?
RIEDEL: Ihr Bruder.

LOTHAR: Sehr gut. – Kaum ist die Tür geschlossen, taucht ein Elternpaar mit fünf Jungens auf. Sie marschieren auf die Tür zu und verschwinden ebenfalls im Haus. Ich *mußte* erfahren, was hier los ist. Ich bin nämlich Journalist. Und das sind die neugierigsten Menschen unter der Sonne.
RIEDEL: Falls die Neugierde in Ihrem Beruf so entscheidend sein sollte, sind Sie sicher ein sehr bedeutender Journalist.
LOTHAR: Merken Sie nicht, daß ich wenigstens ein netter junger Mann bin?
RIEDEL: Weil Sie ungebeten in fremde Häuser eindringen?
LOTHAR: Mein Gott, wie kann man nur so unfreundlich sein?
RIEDEL: Bin ich das?
LOTHAR: Sie sollten gelegentlich in den Spiegel sehen, nicht nur beim Rasieren, Herr Riedel.
RIEDEL *erstaunt*: Es ist nur gut, daß *Sie* wenigstens *meinen* Namen wissen.
LOTHAR: Sie heißen tatsächlich Riedel? Großartig! Ich habe manchmal Tage, da kann ich Gedanken lesen wie andere Leute Postkarten. Wollen wir mal sehen, ob ich auch Ihren werten Vornamen rauskriege? Ihr Vorname enthält eine ziemlich allgemein gehaltene moralische Aufforderung. Fürchtegott? Nein. Tunichtgut? Nein. Schade. – Leberecht heißen Sie!
RIEDEL *ironisch*: Ganz ausgezeichnet. Nun raten Sie einmal, was ich im Augenblick über Sie denke.
LOTHAR *droht ihm mit dem Finger*: Aber Herr Riedel! Nein, auf *diesem* Niveau versagen meine telepathischen Fähigkeiten.
RIEDEL: So, und nun setzen Sie Ihren Hut wieder auf, und machen Sie die Tür von draußen zu!
LOTHAR: Nun mal im vollen Ernst, Herr Riedel! Hier wird doch heute das Testament des verstorbenen Herrn Blankenburg eröffnet.
RIEDEL: Ja. Doch es ist zu erwarten, daß nur die Verwandten erben!
LOTHAR: Ich komme ja auch nicht, um zu erben!
RIEDEL: Endlich ein sympathischer Zug!

LOTHAR: Ich fahre in der nächsten Woche nach New York.
RIEDEL: Gute Überfahrt!
LOTHAR: Ich habe eine Anstellung drüben.
RIEDEL: Sein Sie froh! Sonst läßt man Sie auch nicht rein.
LOTHAR: Eine Anstellung an der New York Times.
RIEDEL *sein Gesicht wird endlich freundlicher*: New York Times? Ach nee, wirlich?
LOTHAR: Ja, nun stellen Sie sich vor, was für einen Start ich hätte, wenn ich mich gleich mit einer Reportage über diese Testamentseröffnung einführen könnte! Stefan Blankenburg war drüben eine bekannte Persönlichkeit. Und in diesem Falle wäre ich konkurrenzlos. – Herr Riedel! Sie haben doch auch einmal drüben anfangen müssen.
RIEDEL: Die New York Times. – Mein Gott! Da habe ich auch angefangen.
LOTHAR: Ja? Dann sind wir ja geradezu Kollegen! – Herr Riedel!!
RIEDEL: Nee, nee. Ich war nicht in der Redaktion! – Ich habe die New York Times *verkauft*. An der Ecke der 32. Straße.
LOTHAR: Na also, Herr Riedel, – wollen Sie mir wirklich nicht helfen. *Sie* wissen doch, wie einem zumute ist, wenn man ...
RIEDEL: O ja, Sie, das ist ein Moment! Wenn man da drüben an Land geht! Wissen Sie, wie man sich da vorkommt?
LOTHAR: Das kann ich mir denken. Wie Kolumbus zu Pferde!
RIEDEL: Nee, wie ein kleines Kind, das auf'n Topp muß und nicht weiß, wo er ist. – Heulen könnte man, sage ich Ihnen. – Na, das werden Sie ja noch erleben.
LOTHAR: Sehen Sie: Sie wissen doch Bescheid, Herr Riedel!
RIEDEL: Woher kennen Sie nun *wirklich* meinen Namen?
LOTHAR: Na hören Sie! Das wäre ja ein schlechter Journalist, der sowas nicht raus bekäme!
RIEDEL: So einen besonders scharfsinnigen Eindruck haben Sie eigentlich nicht auf mich gemacht. – Aber als was wollen Sie sich denn eigentlich ausgeben? Sie können doch nicht einfach hier so herumlaufen?
LOTHAR: Gibt's denn in dieser Familie niemanden, den die übrigen Verwandten nicht kennen?

RIEDEL *denkt rasch nach*: Da, ja, – da war noch Fritz Blankenburg ...
LOTHAR: Na also, warum soll ich denn nicht Fritz heißen?
RIEDEL: Aber der fiel mit 11 Jahren von der Schaukel.
LOTHAR: Tot?
RIEDEL: Ja, seitdem.
LOTHAR: Na, dann kann ich's ja nicht gut sein.
RIEDEL *denkt weiter nach*: Vielleicht – Theodor ...?
LOTHAR: Theodor? – Ach *des*halb!
RIEDEL: *Wes*halb?
LOTHAR: Ich stand eben im Garten und war in den eigenartigsten Anblick meines Lebens versunken: mitten auf dem Rasen saßen fünf Jungens, bewegten sich nicht und sprachen kein Wort miteinander. Während ich mir noch den Kopf zerbrach, was dies widernatürliche Verhalten bedeuten könne, kommt eine nette alte Dame auf mich zu, gibt mir 'n Kuß und nennt mich Theodor – Wer ist Theodor?
RIEDEL: Nebenlinie. Und außerdem der einzige Erbe, der nicht kommen kann.
LOTHAR: Großartig, das ist mein Mann!
RIEDEL: Denn der ist gleich nach dem Abitur nach Capstadt gegangen.
LOTHAR: Was macht er denn da?
RIEDEL: Wenn's dabei geblieben ist, Cornedbeef.
LOTHAR: Cornedbeef. Das kenn ich. Das hab ich schon mal gegessen. Also gut, dann spiele ich Theodor aus Capstadt. – Das ist für Sie. *gibt ihm 10 Mark.*
RIEDEL: Aber Sie! Blamieren Sie mich nicht. Wenn Sie nicht ausgerechnet von der New York Times angefangen hätten ... das ist der Punkt, wo ich weich werde.
LOTHAR: Das habe ich mir gedacht.
RIEDEL: Ich stelle übrigens eine Bedingung: alle Berichte, die Sie verschicken, bringe ich zur Post. Ich will wenigstens wissen, in welchen Blättern Sie uns durch den Kakao ziehen.
LOTHAR: Bewilligt!
PAULA *kommt aus dem Garten*: Na, Theodor, mein Junge, wie gefällt Dir der alte Leberecht?

LOTHAR *führt Paula zu einem bequemen Sessel*: Er ist ein Griesgram, Tante, er hat das Altwerden nicht vertragen. Gottseidank, ist er wenigstens sentimental.
RIEDEL: Das ist der Dank vom Hause Blankenburg!
PAULA: Du wohnst doch auch hier im Hause, oder …
RIEDEL: Ich muß mir erst einmal überlegen, ob noch ein Zimmer frei ist. Ich schlafe selber schon in der Besenkammer neben der Küche.
LOTHAR: Schlimmstensfalls schlafe ich im Garten, das machen wir in Capstadt oft so. Über der Stadt, in der halben Höhe des Tafelberges, liegen die Bungalows der Großkaufleute. Nachts liegt man in Hängematten, die an Palmen und Brotfruchtbäumen befestigt sind. Über den Schläfern strahlt das Kreuz des Südens.
RIEDEL *nimmt Lothars Koffer, böse*: Im Dachgeschoß ist, glaub ich, noch eine Stube. *über die Treppe ab.*
PAULA: Na also. Der Tod deines Onkels Stefan hat ihn, scheint es, recht mitgenommen.
LOTHAR: Ich nehme ihm ja auch sein Verhalten gar nicht übel, Tantchen.
PAULA *klopft ihm auf die Schulter*: So ist's recht, mein Junge. Wollte man, so oft man ein Recht drauf hätte gekränkt zu sein – man käme aus dem Heulen nicht heraus.
LOTHAR: Es ginge schrecklich über die Taschentücher.

GESCHWISTER BÖHMKE *kommen lachend und Stullen tragend aus der Tür rechts.*

PAULA: Schmeckt's?
EMIL *nickt und kaut*: Gestatten, Emil Böhmke. Meine Schwester Hilde.
PAULA: So, so. Ihr seid das. Ich bin Tante Paula, und das ist euer Vetter aus Südafrika.

Begrüßung. Die jungen Leute setzen sich.

EMIL *kauend*: Extra wegen der Erbschaft in Europa?

LOTHAR: Das kann man nicht gerade sagen.
EMIL: Du bist schon lange hier?
LOTHAR: Ja lange. *erfinderisch* In Geschäften für einen Konservenkonzern. Wir machen Cornedbeef. Ihr wißt schon, diese Briketts aus Pökelfleisch. Große Konkurrenz für Chikago. Wir haben billigere Arbeitskräfte und können den Preis drücken. – Lieber Vetter, eine Frage: wie kommst du eigentlich zu einem weißen Hosenboden? Ist das jetzt in Europa modern?
EMIL *steht auf, weiß verschmierte Sitzfläche*: Wie ist denn das passiert?
HILDE: Der große Detektiv hat auf dem Küchenstuhl gesessen, den der Diener Leberecht frisch gestrichen hat.
EMIL: So ist das. Ich geh ins Wasser. *bis zur Tür rechts* In heißes Wasser natürlich. *rechts ab.*
LOTHAR *zu Hilde*: Ich finde es großartig, daß wir miteinander verwandt sind. Da kann man wenigstens sofort Du zueinander sagen.
HILDE: Es hat seine Vorteile. ›Du bist ja reichlich frech!‹ sagt sich besser als: ›Sie sind ja reichlich frech!‹
EMMA *kommt treppab, ist mit dem Zuknöpfen des Kleides vergeblich bemüht, hat die Boa, das Prachtstück, überm Arm*: Hat der Mensch Töne. Ich steh, noch dazu im Unterrock, vorm Spiegel und kämme mir die Ondulation, – da kommt 'ne Art Dame 'rein und fängt an, mit einem Bandmaß mein Zimmer auszumessen. Kaum, daß sie Guten Tag sagen konnte. ›He‹, sag ich – ›wenn Sie überschnappen wollen, dann machen Sie das lieber in Ihrem eigenen Zimmer.‹ Wißt ihr, was die Person geantwortet hat?
LOTHAR: Na, was denn?
EMMA: ›Wenns Ihnen nicht paßt‹, sagt sie, ›können Sie ja solange auf'n Flur gehen!‹
PAULA: Das kann nur meine Schwiegertochter Maria Theresia gewesen sein.
HILDE: Und warum mißt sie die Villa aus?
PAULA: Sie wird nachsehen wollen, ob ihre Möbel hereinpassen.

EMMA: Der gehört die Villa nicht mehr als uns. *kopfschüttelnd* Und sowas sieze ich och noch! Schramm würde sagen: ›Sowas kann nur dir passieren!‹

PAULA: Nun setz dich endlich hin! Das ist eure Tante Emma Schramm aus Britz. Das ist deine Nichte Hilde, und das ist dein Neffe Theodor aus Afrika.

EMMA *tritt zum Tisch; Begrüßung*: Ich krieg mein Kleid nicht zu.

LOTHAR *steht auf, hilft*: Schramm würde jetzt sagen: ›Nicht mal das könnt ihr Weiber ohne uns!‹

EMMA: Stimmt aufs Haar. Kennst du Schramm? Der war doch nie in Afrika.

LOTHAR: Ach, Tante Emma, die Schramm's gibt's überall.

EMMA: Ja, ja. Es waren vierzehn Kinder. *lacht* Nicht kitzeln! *reißt aus und setzt sich.*

HILDE: Das macht man nicht mit seiner Tante.

LOTHAR: Erstens hab ich sie gar nicht gekitzelt, und zweitens *zu den älteren Damen* kann ich meine Tanten kitzeln, soviel ich will.

EMMA: Sonst bin ich gar nicht kitzlich. Es müssen die Nerven sein. Ich kann machen, was ich will, dauernd denk ich an das blödsinnige Testament.

RIEDEL *kommt treppab, wird nicht bemerkt, bleibt neben der Shakespearebüste stehen.*

EMMA: Das Lieferauto geht mir nicht aus dem Kopf.

LOTHAR: Was denn fürn Lieferauto?

EMMA: Son dreirädriges. Jetzt schleppen wir doch alles mit dem Handwagen. Schramm sagt: ›Wir sind schon die reinsten Pferde. Bloß daß wir noch nicht wiehern!‹

HILDE: Und wenn's nicht viel ist, etwas hat uns Onkel Stefan bestimmt vermacht. Er hat doch auch Emil und mich seit vielen Jahren unterstützt.

LOTHAR: Nicht möglich.

HILDE: Doch, doch. Durch seinen Anwalt. Ohne Namensnennung. Er muß ein feiner Charakter gewesen sein.

PAULA: Und der Anwalt hat's euch verraten?

HILDE: Nein, Anwälte haben ja Schweigepflicht.

LOTHAR *bemerkt Riedel, macht aber die anderen nicht auf-*

merksam: Und ich hätte nun gewettet, unser teurer Verstorbener sei ein mißmutiger, mißtrauischer Mensch gewesen.
HILDE: Wie kommst du denn darauf?
LOTHAR: Weil sein Diener auch so'n Mümmelmann ist. Diener, die vierzig Jahre denselben Herrn haben, werden schließlich die Kopie ihrer Herrschaft. Das ist erwiesen.
PAULA: Laß mal, dieser Riedel ist gar nicht so übel. Er hat nur einen Fehler. Er hat noch nie gelacht.
HILDE: Das muß man ihm eben beibringen.
EMMA: Den müßte Theodor mal kitzeln. *lacht.*
RIEDEL *macht kehrt und geht leise wieder nach oben ab.*
EMMA: Erbschaften sind was Merkwürdiges, findet ihr nicht? Da hat nun jemand schauderhaft viel Geld verdient. Wir haben ihn nicht gekannt und er uns nicht. Hier in dem Haus wollte er endlich faulenzen und das Geld, das er in vierzig Jahren verdient hat, in den nächsten zwanzig Jahren wieder ausgeben. Was geschieht? Er wird plötzlich 'n Engel, und wir sitzen da und halten die Portemonnaies auf.
LOTHAR: Pst. Tante Paula schläft!
PAULA *liegt rückwärts gelehnt und hat die Augen geschlossen*: Tante Paula schläft nicht. *schlägt die Augen auf* Aber ich schließe die Augen gern, ich mache sie ganz fest zu, – und wenn ich sie wieder öffne, freue ich mich jedesmal wie ein Schneekönig, zuschauen zu dürfen, wie herrlich die Welt ist: die Flüsse, die Berge, die Bäume, die Blumen ...
LOTHAR *hakt sich bei ihr unter, verträumt*: Der Spinat, der Kohlrabi, der Rotkohl, der Weißkohl, der Wirsingkohl, die Kohlrouladen ...
EMMA: Theodor haben sie vergessen zu konfirmieren.
PAULA: Er hat ganz recht. Man soll sich mit dem Erwachsenwerden Zeit lassen.
LOTHAR: So eine unvernünftige Tante habe ich mir schon immer gewünscht.
EMMA: Wenn du erst verheiratet bist, wird dir das Herumalbern schon vergehen. Schramm sagt: ›Junggesellen wissen zu wenig vom Leben, Ehemänner zu viel.‹

HILDE: Schade, daß du deinen Schramm nicht mitgebracht hast. Von dem könnte man viel lernen.
EMMA: Bei der nächsten Erbschaft kommt *er*. Dann bleibe *ich* im Laden. Das haben wir schon besprochen.
LOTHAR: Nun brauchen wir nur noch einen der Verwandten zu überreden, daß er möglichst schnell abkratzt.
EMIL *kommt von rechts, zeigt Hilde dezent seine Kehrseite*: Ist die Farbe weg? Entschuldigt die Unterbrechung. Aber man will ja schließlich wissen, was hinter einem vorgeht.
HILDE: Alles in Butter, Bruderherz.
EMMA: Ist der Gipskopf dort an der Treppe Onkel Stefan?
EMIL *setzt sich*: Nein, diese Tante Emma! Das ist doch Shakespeare!
EMMA: Man kann nicht alle Leute kennen.
LOTHAR: Ein toter Ausländer.
EMMA: Kennst du ihn, Tante Paula?
PAULA: Nicht persönlich.
EMMA: Na also. Tante Paula kennt ihn auch nicht.

Von oben wird Gesang hörbar, der näher kommt.

EMIL: Wer ist denn bei uns musikalisch?
EMMA: Das ist meine Schwester. Ich wußte gar nicht, daß sie schon da ist.
LOTHAR: Tante Emma hat eine Schwester?
EMMA: Ja, die Cäcilie. Ich hab sie seit meiner Hochzeit nicht mehr gesehen. Manchmal schreibt sie eine Ansichtskarte von Italien oder aus Paris. Die Briefmarken geb ich Krauses Fritz aus der dritten Etage, der hat ein Album.
HILDE: Ist Tante Cäcilie auch verheiratet?
EMMA: Nee. Sie ist doch Künstlerin. Sie singt noch immer, getanzt hat sie auch mal.
LOTHAR: Italien, Paris, singen, tanzen, – deine Schwester scheint vielseitig zu sein.
EMMA: Ja, vielseitig war sie immer.

CÄCILIE *kommt von oben.*

EMMA: Da ist sie schon.

CÄCILIE: Oh, da seid ihr ja! – Emma – hallo dear! Laß dich anschauen. Hast du Sorgen?

EMMA: Nee, bloß zuviel Arbeit, Zizzi.

CÄCILIE: Ich habe keine Arbeit, dafür hab ich Sorgen.

LOTHAR: So ist alles im Leben gerecht verteilt.

EMMA: Aber es geht mir gut. – Neben dir sah ich ja schon immer aus wie 'ne Schrippe vom vorigen Jahr.

CÄCILIE: Und das sind alles Verwandte?

EMIL: Ja, ich bin dein Neffe Emil.

CÄCILIE: Emil! Mein Gott, ist der Junge groß geworden! – Komm, gib deiner Tante einen Kuß. *gibt ihr einen Kuß, da ihm Cäciliens Benehmen gar nichts anderes übrig läßt.* Weißt du, wann ich dich zum letzten Mal gesehen habe? *zu Emma* Auf deiner Hochzeit, jawohl auf deiner Hochzeit. Ich hatte dich viel kleiner in Erinnerung.

EMMA: Dann ist es ja auch schon 11 Jahre her.

CÄCILIE *erschrocken*: 11 Jahre! Mein Gott, da wollen wir gar nicht mehr davon sprechen! – Komm, gib deiner Tante einen ... ach so, das sagte ich wohl schon.

EMIL *hatte sich schon auf den zweiten Kuß eingerichtet.*

LOTHAR: Darf ich vielleicht stattdessen? Ich bin zwar nur Nebenlinie, aber ...

CÄCILIE: Du, ja, wer ... Emma, Liebes, hilf mir, wer ist der Jüngling?

PAULA: Das ist Theodor.

CÄCILIE *fällt Paula um den Hals*: Ach, Mama! – Du erlaubst doch, daß ich Mama sage, obwohl es ja eigentlich nicht ganz stimmt?

PAULA: Natürlich, mein Kind. Sag ruhig: Mama. Dein Vater war ja immerhin mein Mann.

CÄCILIE: Und die Mutter ist doch das Teuerste, was man hat!

PAULA: Und das ist Hilde, Emils Schwester.

CÄCILIE *gibt ihr die Hand*: Auch so groß geworden!

ZANDER *und* INGEBORG *kommen von oben.*

CÄCILIE: Oh, da ist ja schon wieder ein Mann!
ZANDER *beim Herabsteigen*: Tag, Leute! *lacht* Ich bin Otto Zander, das ist Ingeborg, die Mutter meiner fünf Stammhalter.

Allgemeine Begrüßung.

INGEBORG: Otto, du mußt zu den Kindern.
OTTO: Richtig. Hätt' ich beinah vergessen. So 'ne Reise bringt einen ganz durcheinander. *ab in den Garten, aus dem man gleich darauf freudiges Kindergeschrei hört.*
LOTHAR: Was soll denn dein Mann bei den Kindern?
INGEBORG: Spielen.
HILDE: Dein Mann gefällt mir, Tante Ingeborg. Er regiert die Familie, und du regierst ihn.
EMIL: Ein verfassungsrechtlich interessanter Fall!
INGEBORG *strickt, lächelt und schweigt.*

CHRISTIAN *kommt von oben.*

PAULA: Da kommt ja auch mein Herr Sohn.
CÄCILIA *bewundernd*: Mein Gott, hier gibt's Männer!
CHRISTIAN: Tag, Mama! Gute Reise gehabt?
PAULA: Danke. Bist du allein?
CHRISTIAN: Meine Frau ist noch oben. Sie freut sich, dich zu sehen.
PAULA: Ist sie mit dem Ausmessen der Villa schon fertig? *zu den anderen* Das ist Professor Blankenburg, mein Sohn.
LOTHAR *der ihm am nächsten steht*: Ich bin Theodor aus Afrika.
CHRISTIAN: Ich bin Christian aus Berlin. *lacht albern.*
EMMA *die eben von Christian begrüßt wird*: Du bist doch Arzt, Christian?
CHRISTIAN: Ja, ich schneide fremde Leute auf und nähe sie wieder zu.
EMMA: Was kann das sein, – ich habe manchmal so Stiche hier, *zeigt auf die Brust.*
CHRISTIAN: Das läßt sich ohne Untersuchung nicht sagen. –

Sticht es beim Atmen? Oder wenn Sie – wenn du den Arm hebst?
EMMA: Es sticht, wenn's sticht, immer.
EMIL: Vielleicht hat Tante Emma eine Stecknadel im Büstenhalter! *lacht.*
CHRISTIAN *gibt Emil die Hand zur Begrüßung.*
EMMA: Schramm sagt es ja: ›Die Ärzte wissen wenig, das aber wissen sie nur zur Hälfte.‹

Eine heisere, sich überschlagende Motorradhupe wird hörbar.

RIEDEL *kommt von rechts in einer bei ihm ungewohnten Eile über die Bühne*: Das ist der Justizrat auf seinem Motorrad!

Es läutet.

RIEDEL: Da klingelts auch schon! *schnell links ab.*
LOTHAR: Habt ihr schon mal 'nen Justizrat auf einem Motorrad gesehen?
CÄCIIE: Von mir aus kann er auf einem Roller kommen. – Hauptsache, er bringt das Geld gleich mit.

JUSTIZRAT KLÖCKNER *von links. Ein vierschrötiger, monumentaler Mann mit gerötetem Gesicht, lauter Stimme, einem struppigen Bart, der ihm über die Oberlippe herunterhängt. Er trägt kurze Hosen, eine Aktentasche unter dem Arm, einen Lodenmantel und eine Sportmütze. Er benimmt sich mit einer beispiellosen Sicherheit. Er legt seinen Mantel ab. Riedel ist ihm behilflich.*

CHRISTIAN *geht auf ihn zu*: Erlauben Sie, Herr Justizrat, ich bin Christian Blankenburg, Professor der Medizin an der Uni…
KLÖCKNER *zieht sich den Mantel aus, unterbricht ihn kurz*: Danke, danke ich bin im Bilde! – Darf ich fragen, ob alle Erbberechtigten versammelt sind?

CHRISTIAN: Nur meine Frau fehlt noch und mein Vetter Otto Zander.
EMMA: Zander spielt im Garten.
KLÖCKNER: Scheint ein ungewöhnlich vernünftiger Mensch zu sein! *ist mit Ablegen fertig, zu Riedel* Also los, Herr Hofmarschall, trommeln Sie die werten Anverwandten zusammen. Eine Testamentseröffnung hat bei mir noch nie länger als siebeneinhalb Minuten gedauert. *er sieht nach der Uhr, geht dann hinter den Tisch, indem er die bisher dort Sitzenden rücksichtslos zum Aufstehen zwingt. Nur Paula bleibt sitzen, am Tisch beginnt er seine Aktentasche auszuräumen.*
CHRISTIAN: Erlauben Sie, daß ich Ihnen meine Verwandten vorstelle: Fräulein Cäcilie Blankenburg, mein Vater heiratete nämlich in zweiter Ehe ...
KLÖCKNER: Danke, danke, die Namen genügen.
CHRISTIAN: So, – so. Ja, bitte, wie Sie wünschen. Mein Neffe Emil Böhmke, meine Nichte Hilde Böhmke.
KLÖCKNER *begrüßt jeden einzelnen durch ein joviales Schwenken seiner Hand.*
CHRISTIAN: Meine Mutter.
KLÖCKNER *diesmal etwas formeller*: Gnädige Frau!
PAULA *kopiert sein Handschwenken.*
CHRISTIAN: Mein Neffe Theodor aus Capstadt.
KLÖCKNER: Zum Wochenende gekommen?
CHRISTIAN: Und hier noch meine Schwester Emma, die ebenfalls aus der zweiten Ehe meines Vaters mit ...
KLÖCKNER: Danke, danke, das erklärten Sie ja bereits ausführlich. Ich bin ein Feind von unnötigen Zeitverlusten.
EMIL: Herr Justizrat sind sicher sehr beschäftigt.
KLÖCKNER: Ganz im Gegenteil, junger Mann. Ich hasse jede Art von Beschäftigung. Sie stiehlt uns unsere Zeit und unsere Zeit ist wertvoll!
EMIL: Verzeihung, ich wußte nicht, daß Herr Justizrat die Praxis bereits aufgegeben haben.
KLÖCKNER *ist immer weiter mit dem Auspacken seiner Sachen beschäftigt*: Wie kommen Sie denn nun wieder zu dieser un-

sinnigen Vermutung? Meine Praxis hat sich großartig entwickelt. Ich habe so gut wie gar nichts zu tun.

CHRISTIAN *lächelt ratlos*: So? Ja, dann ...

KLÖCKNER: Ist Ihnen noch niemals aufgefallen, Herr Professor, was für arme Hunde alle Menschen sind, die ihre Zeit mit Arbeit vollstopfen?

CHRISTIAN: Gott, es gibt doch auch Menschen, denen die Arbeit Freude macht ...

KLÖCKNER: Und eines Tages hört die Arbeit auf und nimmt die Freude mit. Dann kommt der gefürchtete Ruhestand. Warum haben denn alle Leute Angst davor? Weil sie nicht mehr wissen, wohin mit sich, wenn die Arbeit sie plötzlich freigibt. – Ich für meine Person wünsche nicht unvorbereitet in diese Situation zu geraten. Deshalb habe ich mir ein sinnvolles System erdacht, durch das ich meine Arbeit mit einem Mindestaufwand von Zeit erledigen kann. Denn früh übt sich, wer den Ruhestand ertragen will! *sieht nach der Uhr* Noch sechs Minuten.

ZANDER *kommt eilig, hinter ihm Riedel*: Oh, Herr Justizrat, ich wußte gar nicht, daß Herr Justizrat bereits ... Zander ist mein Name, Otto Zander. – Falls ich Herrn Justizrat etwa behilflich sein könnte, ich bin selbst in einem Anwaltsbüro tätig, wenn auch nur als Bürovorsteher.

KLÖCKNER *hat eben die Taschen nach einem Bleistift abgeklopft, findet keinen*: So? – Na, dann borgen Sie mir mal Ihren Bleistift.

ZANDER *der ganz wie »im Büro« ist*: Gern, natürlich! *zieht einen Stummel aus der Tasche* Gestatten Sie, *auf Ingeborg weisend* meine Frau.

MARIA TH. *kommt von oben, Riedel wollte ihr entgegengehen, um sie zu holen*: Oh, ich komme wohl schon zu spät?

KLÖCKNER: Wenn Sie sich beeilen, schaffen Sie es noch, junge Frau.

CHRISTIAN: Hier wäre dann noch meine Frau, Herr Justizrat.

KLÖCKNER *macht seine stereotype Handbewegung*.

RIEDEL: Darf ich fragen, ob Herr Justizrat noch irgendwelche Wünsche haben?

KLÖCKNER *zeigt auf die Stelle beim Treppenpfosten*: Stellen Sie sich dort hin und halten Sie den Mund. – *zu den Übrigen* So, meine Herrschaften, bitte nehmen Sie Platz. Die Jugend vielleicht am besten zu mir. *er fordert Hilde auf, sich neben ihn zu setzen. Auf den Stuhl an seiner anderen Seite steuert Cäcilie zu. Klöckner sieht sich unter den übrigen um, ob nicht jemand anderes mehr Anspruch darauf hätte. Schließlich fordert er Cäcilie zum Sitzen auf* Ja, – also bitte! *Cäcilie setzt sich.*

Alle übrigen setzen sich ebenfalls, mit Ausnahme von Riedel, der am Treppenpfosten steht. – Lothar Bildt setzt sich auf die Treppenstufen.

KLÖCKNER *nimmt das Kuvert in die Hand*: Dieses Kuvert, meine Herrschaften, enthält laut Aufschrift den letzten Willen meines Jugendfreundes und Schulkameraden Stefan Blankenburg. Wir sind zusammengekommen, um das Testament zu eröffnen. Erlauben Sie mir, diesen Akt ohne ausschmückende Feierlichkeit in juristischer Kürze zu vollziehen. Denn auch Ihnen ist, wie ich annehmen darf, daran gelegen, den Inhalt dieses Schriftstückes möglichst bald kennen zu lernen. *Zustimmung von Zander, Christian und Maria Th.* Bitte, wollen Sie sich überzeugen, daß die Siegel unverletzt sind. *er läßt den Brief schnell vor den Augen der Familie Blankenburg kreisen, die entfernter Sitzenden heben sich halb von ihren Plätzen, um etwas sehen zu können. Nimmt ein Messer zur Hand* Ich schneide nun mit diesem Messer das Kuvert auf und entnehme ihm ... *unter allgemeiner großer Spannung schüttelt er den Inhalt des Kuverts auf den Tisch* ... ein Schriftstück und ein verschlossenes Kuvert. Der Briefumschlag enthält von des Verstorbenen eigener Hand die Aufschrift: *große Spannung in der Familie* »Vier Tage nach der Testamentseröffnung zu verlesen.« *der Brief geht reihum, man reicht ihn sich verwundert weiter. Nachdem der Brief bei Klöckner wieder angekommen ist* Nun zu dem Testament. Es ist gottlob sehr kurz. *er blickt auf die Uhr und gibt durch ein Zeichen zu verstehen, daß man sich zur Verlesung erheben soll. Alle stehen auf, außer Lothar Bildt. Riedel gibt ihm ärgerlich ein Zeichen, aufzustehen. Klöckner liest.*

»Ich, Stefan Blankenburg, geboren am 3.9.1873 zu Lauterbach in Thüringen, weise ausdrücklich darauf hin, daß ich dieses Testament bei völlig klarem Verstande eigenhändig geschrieben habe und daß es durchaus und unangreifbar meinen letzten Willen kundtut. Justizrat Klöckner, mein alter Jugendfreund und seit Jahrzehnten mein europäischer Sachwalter ist gehalten, die Durchführung der testamentarischen Bestimmungen zu überwachen und jeden Versuch, der sich dagegenstellt, mit allen gesetzlichen Mitteln zu erledigen.

HILDE: Das klingt ja unheimlich.

ZANDER: Nur Redensarten. Ich bin bei einem Anwalt. Ich kenne das.

KLÖCKNER: Ich wünsche, daß sich meine Anverwandten vom Tage der Verlesung dieses Testaments ab vier Tage lang in der von mir hinterlassenen Villa versammeln, dort in Eintracht miteinander leben, meiner gedenken und daß Justizrat Klöckner am vierten Tage ihres Aufenthaltes den diesem Testament angeschlossenen Briefumschlag öffnet und verliest. Mögen sie die Zeit nützen, um sich gegenseitig kennen und lieben zu lernen. Die Kosten des Aufenthaltes sind aus meinem Vermögen zu bestreiten. *die Verwandten sind entschieden überrascht, sie wissen nicht recht, ob sie sich freuen oder nur wundern sollen.*

EMMA *bricht schließlich das Schweigen*: So lange kann ich ja Schramm gar nicht allein im Laden lassen!

Ein allgemeines, leicht empörtes »Pst!« antwortet ihr.

KLÖCKNER *fährt mit etwas erhobener Stimme fort*: »Über meine Hinterlassenschaft bestimme ich folgendes: *die Aufmerksamkeit ist bis zur äußersten Intensität gesteiger*t Mein Vermögen besteht aus barem Kapital, Wertpapieren, Beteiligungen, Hypotheken, Fabriken und sonstigen Liegenschaften diesseits und jenseits des Atlantischen Ozeans und aus meinen persönlichen Gebrauchsgegenständen. Die Garderobe vermache ich, weil es so üblich ist, meinem Diener. Sie wird ihm zwar nicht passen, aber er kann sie sich ja ändern lassen.

Die Verwandten lächeln mitleidig.

KLÖCKNER *fährt fort*: Und obwohl es nicht üblich ist, mache ich den Mann, der sein ganzes Leben selbstlos mit dem meinen verbunden hat, eben diesen Diener, Herrn Leberecht Riedel, auch zu meinem Universalerben.«
RIEDEL *der bisher unbeteiligt an seiner Stelle gestanden hat, hebt – zwischen Überraschung und Verlegenheit – den Kopf und sieht auf. Die Gesichter der übrigen sind erstarrt.*
KLÖCKNER *hat inzwischen in unbeschreiblicher Geschwindigkeit seine Sachen zusammengerafft, nimmt nun als letztes die Uhr auf, sieht darauf und sagt*: Siebeneinhalb Minuten! *er geht an Riedel vorbei* Gratuliere.
LOTHAR *ist zur Tür links gegangen, wo Klöckners Mantel liegt. Er nimmt den Mantel auf und will Klöckner beim Anziehen helfen.*
KLÖCKNER *lehnt die Hilfe mit Entrüstung ab*: Nach dem ersten Schlaganfall! *nimmt Lothar den Mantel aus den Händen, legt die Aktentasche, auf der die Erbschaftsdokumente liegen, auf den Stuhl, auf dem vorher der Mantel lag, zieht den Mantel an.*
LOTHAR *nimmt schnell heimlich ein Kuvert, das auf der Mappe liegt an sich.*
PAULA *ist die einzige, die diesen Vorgang bemerkt.*
KLÖCKNER *nimmt die Mappe vom Stuhl, steckt die darauf liegenden Papiere hinein, dann rasch ab.*
LOTHAR *folgt ihm.*

Die ganze Familie sinkt wie vom Holzhammer getroffen auf die Stühle und bleibt wie gelähmt sitzen.

RIEDEL *ist die Situation entsetzlich peinlich. Er geht ganz leise in den Garten ab.*
ZANDER *kommt als erster allmählich wieder zu sich*: Hast du das gehört, Ingeborg?
INGEBORG: Ja, Otto.

Von draußen Kinderlachen. Man hört sich entfernendes Knattern des Klöcknerschen Motorrades.

VORHANG

II.

Der Akt spielt zwei Tage später an einem schönen Sommermorgen. Der Tisch rechts ist zum Frühstück gedeckt. CHRISTIAN *und* MARIA THERESIA *kommen von oben.*

CHRISTIAN *zu der noch nicht sichtbaren Maria-Theresia*: Die ganze Nacht kein Auge zugetan! Nicht eine Minute!
MARIA TH. *erscheint*: Du kannst eine ganze Nacht schnarchen, ohne zu schlafen?
CHRISTIAN: Besser als gar nichts. *lacht albern.*
MARIA TH.: Ich freu mich aufs Frühstück.
CHRISTIAN *ist inzwischen heruntergekommen und steht jetzt vor dem Frühstückstisch*: Guck mal! Lauter saubre Teller und nichts drauf. Schon ganz wie im Sanatorium. *lacht albern.*
RIEDEL *erscheint von rechts mit weiterem Geschirr für den Tisch*: Guten Morgen! Haben die Herrschaften gut geschlafen?
MARIA TH. *betont wohlgelaunt*: Großartig! *streng* Nicht wahr, Christian?
CHRISTIAN *gähnt*: Hier schläft man sich gesund!
RIEDEL: Die Brötchen werden auch gleich kommen. *er geht um den Tisch, läuft dabei Maria Th. in die Arme.*
MARIA TH.: Das eilt ja gar nicht. *nimmt Riedel eine Marmeladendose, die er auf den Tisch stellen will, hilfreich aus der Hand.*
CHRISTIAN *hat sich an die Verandatür gespielt und zündet sich dort eine Zigarette an. Er bläst den Rauch nach Möglichkeit durch die offene Tür ins Freie.*
MARIA TH.: Darf ich Ihnen etwas sagen? – Es ist mir vorgestern Abend aufgefallen, und es hat mich gestern den ganzen Tag gestört: es ist unmöglich, daß Sie uns weiter bedienen!
RIEDEL: Wieso?
MARIA TH.: Sie *sind* kein Diener mehr! Sie sind ein reicher Mann. – Ein Diener mit soviel Geld ist wie … wie *sucht nach einem Vergleich.*

CHRISTIAN: ... wie 'ne Jungfrau mit 'nem Kind! *lacht albern.*
MARIA TH.: *bemerkt die Zigarette, streng*: Christian! Was verbietest du deinen Patienten wovor?
CHRISTIAN *schuldbewußt*: Das Rauchen vor dem Frühstück. *legt die Zigarette in eine Aschenschale auf dem Verandatisch. Zieht während des Folgenden heimlich daran.*
RIEDEL: Ein Diener mit Geld bleibt ein Diener. Ein Feldwebel, der erbt, wird dadurch noch lange nicht General. – Und jetzt wird's Zeit, daß ich mich um die Milch kümmere. *ab nach rechts.*
CHRISTIAN *lacht albern.*
MARIA TH. *streng*: Christian! Laß dich nicht so gehen.

PAULA *kommt von oben.*

CHRISTIAN: Guten Morgen, Mutter.
PAULA *etwas verwundert*: Na, ihr seid noch hier? Ich denke, ihr wolltet abreisen.
MARIA TH.: Christian hat mit der Klinik telefoniert. Es liegt nichts Besonderes vor.
CHRISTIAN: Und da haben wir uns gesagt: den größten Schrecken haben wir hinter uns. Bleiben wir die paar Tage, warten wir ab, was in dem zweiten Kuvert steht. Die erste Geburt ist immer die Schlimmste.
RIEDEL *kommt mit Milch für Maria Th.*
PAULA: Morgen, Herr Millionär. *liebenswürdig* Würden Sie die Gewogenheit haben mich zu rufen, wenn der Freitisch beginnt!? *ab in den Garten.*
RIEDEL: Selbstverständlich.
MARIA TH. *trinkt ihre Milch.*
CHRISTIAN: Also Herr Riedel, haben Sie sich die Sache mal durch den Kopf gehen lassen?
RIEDEL: Was denn für eine Sache?
CHRISTIAN: Wäre doch sehr schön für Sie, hier so als Sanatoriumsbesitzer. Sie bringen das Geld, ich bringe die Patienten. Sie hätten einen diäten Lebensabend vor sich, Geselligkeit mit Ihresgleichen ...

RIEDEL: Mit Dienern?

CHRISTIAN: Aber Herr Riedel! Mit lauter reichen Leuten natürlich! Denen rede ich in Berlin ein, daß sie krank sind. Dann schicken wir sie her. Und wenn sie acht Wochen hier sind, redet ihnen mein Assistent ein, daß sie gesund sind.

RIEDEL: Das gefällt mir nicht. – Dann mache ich lieber *meine* Sache.

MARIA TH.: Was? Sie haben schon einen anderen Plan?

RIEDEL: Ja, schon lange. Es war schon immer mein Traum, eine Diener-Akademie zu gründen. Eine Art Universität. Zur wissenschaftlichen Ausbildung von Hauspersonal. So mit Vorlesungen über … über das Wesen der Diskretion, und über … über die Servierkunst im Laufe der Kulturgeschichte …

CHRISTIAN: Aha. Und zum Abschluß wird man dann Dr. serv.

RIEDEL: Ganz gute Idee!

LOTHAR *kommt von oben, mit Schreibmaschine*: Guten Morgen!

CHRISTIAN: Guten Morgen!

MARIA TH. *gleichzeitig und kühl*: Guten Morgen! *sie gehen beide in den Garten ab.*

LOTHAR *geht auf die Veranda, stellt sich einen Tisch nahe an die Tür, baut seine Schreibmaschine auf, legt Papier zurecht, ebenso einen Stoß Kuverts. Steckt sich eine Zigarette an und will mit der Arbeit beginnen.*

RIEDEL *steht bei dem Frühstückstisch, schiebt nervös Teller und Tassen hin und her, beobachtet Lothar neugierig.*

LOTHAR: Die Eilbriefe, die ich Ihnen gestern Abend gab, haben Sie besorgt?

RIEDEL: Selbstverständlich.

LOTHAR: Was haben Sie denn für das Porto ausgelegt?

RIEDEL *großzügig*: Das spielt doch keine Rolle.

LOTHAR: Ach so! Ich vergesse das immer wieder. Sie sind ja jetzt ein schwerreicher Mann. Worüber könnte ich denn heute mal ein bißchen ausführlicher schreiben? – Wie fühlen Sie sich denn so? *im Tone des Interviewers* Haben Sie Verwandte? Wenn ja: Werden Sie Ihre Verwandten unterstützen? – Werden Sie sich einen Diener halten, oder sind Sie aufgrund Ihrer Erfahrungen dagegen?

RIEDEL: Um Gottes willen! Wollen Sie schon wieder über mich schreiben? – Machen Sie doch lieber mal ein Gedicht! Über den Sommer.

LOTHAR: Das sieht man, daß Sie von Lyrik keine Ahnung haben! Über den Sommer dichtet man im Winter. Außerdem muß ich Geld verdienen. Vorgestern hätten Sie das noch verstanden. *macht Notizen* Hochinteressant! Wie schnell ein Mensch, wenn er reich wird, vergißt, daß die anderen arm geblieben sind!

RIEDEL: Was kriegen Sie denn für sonen Artikel?

LOTHAR: Ganz verschieden! Bei der einen Zeitung wenig, bei den anderen noch weniger.

RIEDEL: Gut, dann gebe ich Ihnen das Doppelte, wenn Sie gar nichts schreiben.

LOTHAR: Tut mir leid.

RIEDEL: Das Vierfache!

LOTHAR: Holen Sie lieber Ihre Fotografie, die Sie mir für die New York Times versprochen haben! *er fängt an zu tippen.*

RIEDEL *geht zögernd ab.*

LOTHAR *hört, sobald Riedel ab ist, zu tippen auf, nimmt das Papier aus der Maschine, legt das Blaupapier weg, faltet die Blätter und steckt sie in Kuverts. Darauf geht er an den Frühstückstisch und fängt an, da er nichts besseres gefunden hat, Marmelade zu löffeln.*

HILDE *kommt aus dem Garten*: Was machst du denn da?

LOTHAR: Siehst du doch! Ich arbeite! – Willst du mitarbeiten? *er bietet ihr einen Löffel Marmelade an. Hilde macht den Mund auf* Statt Biomalz?! Damit du groß und stark wirst!

HILDE: Bin ich dir denn nicht groß genug?

LOTHAR *hat seinen Arm um Hilde gelegt und versucht sie an sich zu ziehen*: Doch, doch! Groß genug bist du!

HILDE *stößt ihn zurück.*

LOTHAR: Stark genug bist du auch. – Wenn du jetzt noch ein bißchen nett zu mir wärst, dann wär's gar nicht mehr zum Aushalten.

HILDE: Dafür, daß wir uns erst zwei Tage kennen, bin ich schon viel zu nett zu dir. – *seufzt* Ach ja! und *noch* zwei Tage, dann bin ich wieder im Büro und muß dem Chef erzählen, daß ich ihm als unschätzbare Kraft erhalten bleibe. Na, und die Kollegen! Die lachen sich schief! Sowas von Garnichtserben! Wenn sie mich zu sehr ärgern, suche ich mir eine andere Stelle.

LOTHAR: Weißt du was? – Komm zu mir! Als Sekretärin!

HILDE: Nach Afrika?

LOTHAR: Wieso nach Afrika?

HILDE: Oder bleibst du hier?

LOTHAR: N-ja! Wenn ich die Generalvertretung für Europa kriege, – ich muß noch ein paar wichtige Briefe in der Sache loslassen.

HILDE *setzt sich an die Maschine, spannt einen Bogen ein*: Fertig zum Diktat, Herr Direktor.

LOTHAR *winkt ab*: Nach dem Frühstück.

HILDE: Also an wen?

LOTHAR *gerät in Verlegenheit*: An – an die C.C.C. Capstadt Cornedbeef Companie, Capstadt, South Afrika.

HILDE: Straße? *tippt*

LOTHAR: Richtig – ach, brauchen wir nicht, kommt so an.

HILDE: Text? Sehr geehrte Herren?

LOTHAR: Ach wo! Lieber, lieber ... Fairbanks! Sie altes Kamel ...

HILDE: Kamel?

LOTHAR: Kamel haben natürlich gedacht, daß – ich zu blöd ...

HILDE: Zu blöd?

LOTHAR: Zu blöd wäre, den hiesigen Firmen Ihren eingeweckten Hackepeter anzudrehen ...

HILDE: Wer ist denn der Fairbanks?

LOTHAR: Der Generaldirektor. Setzen Sie sich, ehe Sie weiterlesen, erst mal auf Ihren Stuhl ...

HILDE: Stuhl?

LOTHAR: Worauf *denn*? Baldriani, Mailand, bestellt drei Tonnen per sofort. Gervais fils, Toulons, vier Tonnen für 1.X. Müller & Co., München, zwei Tonnen per 1.IX. Stavropoulus, Athen, und andere Firmen stehen kurz vor dem Abschluß. Sie sehen also, was Sie mich können.

HILDE: Theodor!

LOTHAR: Sie können mich beruhigt zum europäischen Generalvertreter ernennen.

RIEDEL *ist auf der Treppe erschienen und hat dem letzten Satz lächelnd zugehört*: So was Fleißiges! *Lothar sieht ihn und winkt ihm, ruhig zu sein* Wenn man Sie sieht, arbeiten Sie!

LOTHAR *diktiert schnell zu Ende*: Mit den besten Grüßen und der Bitte um baldige Antwort bleibe ich Ihr usw. usw. *er blickt zu Riedel, der sich noch immer über ihn amüsiert* PS. Empfehlung an die Gattin, Gruß an die Freundin!

HILDE: Das schreib ich nicht.

LOTHAR: Dann laß die Empfehlung an die Gattin weg!

HILDE *macht den Brief fertig.*

LOTHAR *geht während dessen zu Riedel*: Na, haben Sie die Fotografie heute gefunden?

RIEDEL *gibt ihm ein Bild.*

LOTHAR *nachdem er das Bild angesehen hat*: Das sind Sie?

RIEDEL: Ja.

LOTHAR: Wie alt waren Sie denn damals?

RIEDEL: Elf Monate.

LOTHAR: Drum. – *gibt ihm das Bild zurück. Das* Bild hätten Sie nicht zu finden brauchen. Da gibt's hübschere Kinder.

HILDE *tritt zu Lothar mit dem Brief*: Eine Unterschrift, Herr Direktor.

LOTHAR *unterschreibt*: Da sind Sie nun vier Jahre bei mir, Fräulein, und heute sehe ich zum ersten Mal, daß Sie schielen.

HILDE *steckt den Brief ins Kuvert*: Ich schiele noch nicht lange. Soll ich den Brief einwerfen?

RIEDEL *nimmt den Brief*: Das erledige *ich.*

HILDE: Aber nicht vergessen!

RIEDEL: Ausgeschlossen! *geht zum Tisch und nimmt auch die vorher von Lothar kuvertierten Briefe an sich.*

II. AKT

Es läutet.

RIEDEL *geht nach links ab.*
LOTHAR: Na, Fräulein, wollen wir'n bißchen in den Garten gehen?
HILDE: Mit meinen Chefs mache ich keine Ausflüge.
LOTHAR: Dann bleibt mir nichts übrig, als Ihnen zu kündigen. – Kommst du nun mit?
HILDE: Jawohl, Herr Direktor. *beide ab in den Garten.*

JUSTIZRAT *kommt, eilig wie immer, aus der Tür links, hinter ihm* RIEDEL.

KLÖCKNER: Also, was ist los? Wo brennt's? Warum sollte ich denn durchaus herkommen?
RIEDEL *sieht sich vorsichtig um, ob sie allein sind*: Wir müssen was besprechen.
KLÖCKNER *zieht die Uhr*: Geschäftlich oder privat?
RIEDEL: Privat.
KLÖCKNER *steckt die Uhr weg*: Dann hab ich ja Zeit! *geht zum Rauchtisch, nimmt eine Zigarre, bietet Leberecht auch eine an, beide zünden an, der Justizrat setzt sich gemütlich hin* Also los!
RIEDEL *setzt sich auch*: Da hab ich mir ja 'ne schöne Brühe eingerührt.
KLÖCKNER: Hab ich dir doch gleich gesagt!
RIEDEL: Am liebsten würde ich die Koffer packen und wieder nach Amerika fahren.
KLÖCKNER: Nee, nee! jetzt haste dir die Suppe eingebrockt, nu mußt du auch B sagen.
RIEDEL: Ernst, du mußt mir aus der Klemme helfen! Fällt dir nichts ein?
KLÖCKNER: Ich denke, du willst mich privat sprechen? Einfälle habe ich nur geschäftlich.
RIEDEL: Also Ernst, nun sei mal ernst! Ich brauche dich jetzt als Anwalt und Mensch!
KLÖCKNER: Die beiden Sachen wollen wir sauber auseinan-

derhalten. Als Mensch bin ich kein Anwalt und als Anwalt bin ich kein Mensch!

RIEDEL: Kognak?

KLÖCKNER: Als Mensch, ja.

RIEDEL *gießt für beide ein.*

KLÖCKNER *trinkt, setzt sich behaglich in seinem Sessel zurecht.*

RIEDEL: Ich habe mit den Leuten richtiggehend Schindluder getrieben.

KLÖCKNER: Das merkste erst jetzt?

RIEDEL: Ich habe doch keine Ahnung, daß ich aus so einer reizenden Familie stamme.

KLÖCKNER: Du dachtest, die wären alle so wie du?

RIEDEL: Wie da vorgestern nachmittag einer nach dem anderen ankam, wurde mir immer flauer zumute. Am liebsten hätte ich dich mitten in der Testamentsverlesung unterbrochen und allen die Wahrheit gesagt.

KLÖCKNER: Und da hattest du dich nun *so* drauf gefreut! – *Die* Enttäuschung. *lacht* Denkt, er schneit in 'ne Versammlung von Erbschleichern, und was entdeckt er? Eine wahre Musterkollektion von netten Leuten.

RIEDEL: Wer konnte denn das ahnen?

KLÖCKNER: Tja, das hilft nun nischt, nu biste tot! Außerdem, wer vierzig Jahre verbracht hat, ein vermeckertes Gesicht zu kriegen, soll als toter Onkel nicht plötzlich anfangen, mit anderen Leuten Witze zu machen.

RIEDEL: Halte jetzt keine Plädoyers! Sag mir lieber, wie ich meinen Verwandten helfen kann.

KLÖCKNER: Nichts leichter als das. Du stellst jedem einen fünfstelligen Scheck aus.

RIEDEL: Als Stefan Blankenburg oder als Leberecht Riedel?

KLÖCKNER: Natürlich als Riedel. Du bist tot und bleibst tot und wirst dein Diener. Du wirst mit dir ganz allein zu zweit in dieser Villa wohnen. Und wenn du was brauchst, mußt du dir selber klingeln. Das ist doch ganz einfach. Wenn du mit dir nicht mehr zufrieden bist, entläßt du dich fristlos und schmeißt dich raus.

RIEDEL: Aha! *steht auf und geht hin und her* Ernst? Wer

hat übrigens die Geschwister Böhmke seit Jahren unterstützt?

KLÖCKNER: *Du* nicht!

RIEDEL: Als sie mir hier gerührt von ihrem wohltätigen Onkel erzählten, war mir nicht gerade wohl zumute.

KLÖCKNER: Ja, das Fortleben nach dem Tode hat seine Schattenseiten.

RIEDEL *streng*: Wer hat die beiden Böhmkes unterstützt?

KLÖCKNER: Ich weiß es.

RIEDEL: Das weiß ich.

KLÖCKNER: Ich sag's aber nicht.

RIEDEL *kommt zum Tisch*: Du bist noch genau dasselbe Rhinozeros wie im Gymnasium.

KLÖCKNER: Du hast dich auch nicht sehr verändert!

RIEDEL *setzt sich*: Und der Theodor, wenn wenigstens der Theodor nicht wäre!

KLÖCKNER: Was ist denn nun wieder mit dem?

RIEDEL: Ach, der schreibt über meinen tragischen Tod im allgemeinen, über die Erbschaft im besonderen Reportagen. Ausgerechnet für die New York Times! Wenn die drucken, daß ich tot bin, fallen meine Aktien um vierzig Punkte.

KLÖCKNER: Der Junge ist doch kein Journalist! Er handelt doch mit Cornedbeef.

RIEDEL: Eben nicht. Euch kann man erzählen, was man will, – ihr glaubt alles.

KLÖCKNER: Dieser Theodor!

RIEDEL: Er heißt gar nicht Theodor, sondern Lothar.

KLÖCKNER: Lothar Blankenburg? Gibt's ja gar nicht.

RIEDEL: Natürlich nicht. Er heißt auch nicht Blankenburg. Er ist gar nicht mit mir verwandt.

KLÖCKNER: Obwohl er so lügt? – Warum hast du ihn denn nicht vor die Tür gesetzt?

RIEDEL: Ich kann doch einen Reporter nicht hinausschmeißen. Dann hätte er doch seine Reportage *abgeschickt*!

KLÖCKNER: Und nun schickt er sie nicht ab?

RIEDEL: Nein, er gibt sie mir zum Besorgen. Die Briefe, die er gestern schrieb, habe ich ins Feuer geworden. Und die heutigen Briefe habe ich hier. *holt sie aus der Tasche* Die werf ich wieder ins Feuer.

KLÖCKNER: Paß auf, du kommst, tot wie du bist, ins Gefängnis und mußt karierte Pyjamas tragen.

RIEDEL: Ich trau mich nicht, den Jungen auch nur eine Viertelstunde aus den Augen zu lassen. *reißt ein Kuvert auf.*

KLÖCKNER: Was machst du denn?

RIEDEL: Das siehst du doch. Ich muß wissen, was er den Zeitungen schreibt!

KLÖCKNER: Du kommst sogar ins Zuchthaus, armer toter Freund!

RIEDEL *steht auf, schlägt mit der Hand auf den Briefbogen*: Das geht zu weit! *er reißt das nächste Kuvert auf, liest* Derselbe Text, dieselbe Frechheit! *setzt sich.*

KLÖCKNER: Was schreibt er denn? Der junge Mann, der nicht Theodor heißt, nicht mit Cornedbeef handelt und nicht dein Neffe ist?

RIEDEL *öffnet ein drittes Kuvert, liest*: Mein lieber Herr Riedel! Nun stehen Sie also mit einem Bein im Zuchthaus, schade. Oder sollten Sie nicht wissen, daß das Öffnen fremder Briefe verboten ist? Hochachtungsvoll Ihr Theodor Blankenburg, geb. Lothar Bildt.

KLÖCKNER *klopft sich aufs Knie und lacht.*

RIEDEL: Lach nicht so dämlich! *steht auf, zerreißt den Brief.*

BIANKA CASTELLO *und* EMIL BÖHMKE *kommen in Badetrikots und Bademänteln vom Garten herein.*

RIEDEL *wirft die Brieffetzen in einen Papierkorb.*

BIANKA *neckisch*: Stören wir?

RIEDEL *legt die Zigarre weg, nimmt seine Dienerhaltung an.*

KLÖCKNER: Fast gar nicht, verehrte Künstlerin.

EMIL *blickt fasziniert auf den Papierkorb*: Wir waren baden.

KLÖCKNER: Man sollte es nicht für möglich halten.

EMIL *bückt sich zu den Papierschnitzeln, die neben den Korb gefallen sind, steckt einige Papierschnitzel ein.*

RIEDEL: Die Herrschaften werden sich erkälten.

BIANKA: Meinen Sie? *spielt die Ängstliche* Emili, mein Rücken ist noch nicht ganz trocken.
EMIL *bearbeitet Biankas Rücken.*
KLÖCKNER: Wenn's Ihnen zuviel wird, lassen Sie mich mal ran!
EMIL *erbost*: Sie sprechen von einer Dame!
KLÖCKNER: Dachten Sie, ich halte Ihre Tante für 'nen Herrn? Das ist in *der* Situation ganz ausgeschlossen. So. Und jetzt muß ich gehen. *zieht die Uhr.*
RIEDEL: Darf ich den Herrn Justizrat bitten, noch einen Augenblick zu bleiben?
EMIL: Komm, wir stören eben doch. *kriminalistischer Blick.*
BIANKA *bleibt seelenvoll vor Riedel stehen*: Sie sollten mich als Ihre Gesellschafterin engagieren und mit mir auf Reisen gehen. Ich würde Ihnen die schönsten Fleckchen zeigen.
KLÖCKNER *grunzt.*
BIANKA: Ich habe die ganze Welt gesehen.
KLÖCKNER: Und die halbe auch!
EMIL: Herr Justizrat!
KLÖCKNER *zieht die Uhr*: Ich habe jetzt keine Zeit mich zu duellieren.
BIANKA *hakt bei Emil unter, führt ihn zur Treppe*: Komm mein Junge. *beide über die Treppe ab.*
RIEDEL: Wie sprichst du denn mit meiner Nichte?
KLÖCKNER *setzt sich den Hut auf*: Standesgemäß. *geht zur Tür* Grüß dich Gott, Stefan! *öffnet die Tür.*
RIEDEL: Bring mir doch heute oder morgen das zweite Testamentskuvert herüber, das noch versiegelt ist!
KLÖCKNER: Ich denke, den Brief soll ich übermorgen feierlich verlesen?
RIEDEL: Nein. Ich will ihn verbrennen.
KLÖCKNER: Den auch?
RIEDEL: Mir gefällt der Brief nicht mehr.
KLÖCKNER: Mir hat er nie gefallen. – Also gut, ich bring ihn dir, du alter Brandstifter. – *klopft ihm auf die Schulter* Und wirf den falschen Theodor raus!
RIEDEL: Das geht doch nicht.

KLÖCKNER: Dann dreh ihm den Hals um.
RIEDEL: Darüber läßt sich reden.

Lärm von links.

Klöckner *links ab.*
Riedel *nimmt den Papierkorb und geht rechts ab.*

Danach Einmarsch der FAMILIE ZANDER, *die von einem Ausflug kommt. Die fünf Jungen haben kleine Rucksäcke und Stöcke und tragen Feldblumensträuße.* GOTTHELF *bugsiert ein Glas mit einem Frosch. Hinter ihnen später* RIEDEL, *mit dem leeren Papierkorb.*

ZANDER: Ganze Abteilung – halt! Rührt euch! Nicht zu sehr rühren! Ich hoffe, daß die Natur einen tiefen Eindruck auf euch gemacht hat. Gottfried, lach nicht! Lachst du über mich?
GOTTFRIED: Nein, Vater!
ZANDER: Ich verbiete dir's trotzdem. Wenn wir nun alle lachen wollten! Wo kämen wir denn dann hin?
GOTTHELF: Der Frosch hat Hunger, Vater.
GOTTLOB: Ich auch.
RIEDEL *kommt von rechts mit dem leeren Papierkorb zurück, den er wieder an seinen Platz stellt*: Die Brötchen müssen jede Minute hier sein.
ZANDER: Da hört ihr's. Bringt die Rucksäcke und Stöcke in euer Zimmer, fangt für den Frosch ein paar Fliegen, wascht euch hinterher die Hände und kommt wieder runter. Ingeborg, hab ich etwas vergessen?
INGEBORG: Ja, Otto.
ZANDER: Was denn?
INGEBORG: Sie sollen die Blumen ins Wasser stellen.
ZANDER: So ist es. Ab durch die Mitte!

Die Fünf verschwinden polternd über die Treppe.

RIEDEL *geht zum Rauchtisch, bringt Zigarrenkiste*: Zigarre gefällig, Herr Zander.

ZANDER: Bin so frei. Und Sie?

RIEDEL: Ich bin im Dienst. *gibt Feuer.*

ZANDER: Im Dienst! *raucht die Zigarre an* Einen Menschen, dem eine große Erbschaft so wenig Eindruck gemacht hat wie Ihnen, habe ich in meinem Leben noch nicht gesehen. Sie ahnten wohl schon, daß Sie unsern Onkel beerben würden?

RIEDEL: Ja, gewissermaßen. – Ist die Zigarre gut?

ZANDER: Prima. Kennen Sie den Witz von dem Zigarrenraucher und dem Arzt?

RIEDEL: Ich glaube nicht.

ZANDER: Also, da läßt sich ein 8ojähiger Mann untersuchen. Der Arzt fragt, ob er viel raucht. – Ja, sagt der alte Mann. – Sie müssen das Rauchen lassen, sagt der Arzt. – Erlauben Sie, sagt der Mann, ich habe seit meinem 20. Jahre ununterbrochen geraucht, und heute bin ich achtzig! – Das mag ja sein, antwortet der Arzt, aber wenn Sie nicht geraucht hätten, könnten Sie heute neunzig sein! *wartet die Wirkung ab.*

RIEDEL *verzieht keine Miene*: Ich kannte den Witz *doch* schon.

ZANDER: Schade.

RIEDEL: Ich werde nachschauen, ob die Brötchen endlich da sind. Sonst verhungern die kleinen Zanders. *rechts ab.*

ZANDER: Eigentlich müßte ich doch auf den Mann eine irrsinnige Wut haben. Aber seit er Millionär geworden ist, gefällt er mir fast noch besser als vorher. Er hat in den letzten Tagen so was Menschliches gekriegt.

INGEBORG: Geld wirkt auf die verschiedenen Menschen verschieden. Das ist wie mit dem Gift. Manche gehen daran zugrunde. Manchen wird davon bloß schlecht. Und manche sind dagegen immun. Aber das ist selten.

ZANDER: Das hast du wieder schön gesagt. *nähert sich ihr* Willst du einen Kuß haben?

INGEBORG *bemerkt Emma; verfällt in ihre offizielle Haltung*: Später, Otto!

EMMA *kommt treppab, mit Brief*: Schramm hat geschrieben! Er läßt grüßen.
ZANDER: Danke schön. Was schreibt er sonst?
EMMA: Ich brauchte gar nicht wieder zu kommen. Es ginge auch ohne mich. Das meint er natürlich nicht wörtlich. Und dann schreibt er, wenn ich mehr als 2000 Mark geerbt hätte, soll ich in München die Fahrt unterbrechen und in der Automobilfabrik den Lieferwagen bestellen.
INGEBORG: Du Ärmste.
EMMA: Nun hab ich doch ein Sparkassenbuch mit 500 Mark.
ZANDER: Von dem er nichts weiß.
EMMA: Ganz richtig.
ZANDER: Richtig nennst du das?
EMMA: Davon könnte ich den Wagen anzahlen und Schramm weismachen, ich hätte geerbt. Den Rest würde ich abstottern.
ZANDER: Das merkt doch dein Mann.
EMMA: Nee, 'n Mann merkt das nicht.
ZANDER: Sagt mal, sind wir Männer wirklich so borniert?
INGEBORG und EMMA: Ja, Otto.
EMMA: Schramm hat Rheumatismus, und das Handwagenziehen bekommt ihm ganz und gar nicht. Ich habe heute nacht dauernd von dem Sparkassenbuch geträumt. Und von Schramms Ischiasnerv. Sowas von einem Nerv! Ihr macht euch keine Vorstellung davon.
RIEDEL *von rechts. In einer Hand Tablett mit Butter, Eiern usw., in der andren Henkelkorb mit Brötchen*: So, da wären die Brötchen! *das Tablett wackelt. Riedel bleibt stehen, stellt das Gleichgewicht wieder her, geht weiter.*
EMMA *nimmt ihm besorgt das Tablett ab*: Vorsicht! Sie wollen wohl auf dem Teppich servieren? *stellt das Tablett auf den Tisch, verteilt die Butterteller usw. schnell und geschickt.*
RIEDEL: Danke schön.
INGEBORG *verteilt die Butterteller usw. auf dem Tisch.*
EMMA *ergreift ein Tablett und einen Löffel und schlägt damit den »Gong«.*
ZANDER: Schade, daß Frühstücken kein Beruf ist. *er tritt zum*

Tisch Ein gekochtes Ei, frische Butter, Marmelade, Brötchen, Kaffee – nanu, wo ist denn der Kaffee?
RIEDEL: Kaffee?
EMMA: Ja, Kaffee.
ZANDER: Wissen Sie, das sind so kleine braune Bohnen. Man kann sie auch roh essen, aber gekocht schmecken sie besser.
RIEDEL: Schade, daran habe ich gar nicht gedacht. *nimmt versehentlich den Brötchenkorb wieder auf und geht zur Tür.*
EMMA: Wo wollen Sie denn mit den Brötchen hin? Wollen Sie sie wieder zum Bäcker bringen?
RIEDEL: Ach so, nein, hier bitte. *gibt Emma den Korb. Ab in die Küche.*
ZANDER: Wenn das so weitergeht, dann frühstücken wir heute *nach* dem Mittagessen.
INGEBORG *setzt sich an den Tisch und streicht Brötchen.*
ZANDER: Schmier mal den Jungens ordentlich Butter unter die Marmelade, Ingeborg.
INGEBORG: Ja, Otto.
EMMA: Ihr hättet wohl so'n paar Tausender auch ganz gut gebrauchen können, wie?
INGEBORG: Ja, Emma.
EMMA: Fünf solche Kerlchen, das kostet! Wir wollten uns auch längst was Kleines anschaffen. Aber Schramm sagt, seit ich ihn kenne: »Entweder 'n halbes Dutzend oder gar keines.« Na ja, und da bleibts dann immer wieder.

Es treten fast gleichzeitig auf: CHRISTIAN, MARIA THERESIA *und* PAULA *aus dem Garten;* BIANKA *und* EMIL *von oben;* LOTHAR *und* HILDE *aus dem Garten.*

PAULA: Na, Gottseidank! Mir ist schon ganz schwach vor Hunger.
EMIL: Guten Morgen allerseits!
CHRISTIAN *blickt auf den Tisch*: Wo ist denn der Kaffee?
ZANDER: Herr Riedel pflückt ihn noch.
HILDE: Da können wir ja wieder in den Garten gehen.

BIANKA *zu Emil*: Du wolltest doch den Anderen etwas mitteilen.
EMIL *geheimnisvoll zu Bianka*: Nicht jetzt. Später.

Die ZANDERSCHEN KINDER *kommen treppab. Gottfried bleibt vor Zander stehen.*

GOTTFRIED: Befehl ausgeführt! Können wir unsere Milch haben?
ZANDER *gibt ihm den Teller mit den von Ingeborg gestrichenen Brötchen*: Eure Milch ist in der Küche. Weggetreten!
GOTTHELF: Theodor soll mitkommen.
DIE ÜBRIGEN KINDER *fröhlich*: O ja!
HILDE: Warum denn?
GOTTHELF: Weil er kein Erwachsener ist.
PAULA: Das ist ja ein dolles Kompliment.
MARIA TH.: Na, ich weiß nicht.
PAULA: Aber ich weiß.
HILDE *zu Lothar*: Bei kleinen Jungens scheinst du ja Glück zu haben.
LOTHAR: Bei kleinen Mädchen auch! *er stellt sich als Flügelmann zu den kleinen Zanders, steht stramm vor Zander* Sehr geehrter Herr General, ein Unteroffizier und fünf Kadetten bitten um Küchenurlaub.

Die Jungens freuen sich.

ZANDER *besonders martialisch*: Kompanie weggetreten!

Lothar und die Kinder ab in die Küche.

PAULA *zu Hilde*: Gehen wir wirklich noch etwas in den Garten!
EMIL: Einen Moment, Tante Paula; ich muß euch etwas mitteilen. Ich habe eine wichtige Entdeckung gemacht.
CHRISTIAN: Ich denke, du bist Jurist? *lacht albern.*
EMIL *ignoriert die Bemerkung*: Als ich vorhin mit Tante Zizzi

vom Baden kam, trafen wir dort, an jenem Tisch, diesen Herrn Riedel mit dem Justizrat in einem sehr vertraulichen Gespräch an.
PAULA: Wovon sprachen sie denn?
BIANKA: Woher sollen wir denn das wissen?
EMIL: Bitte unterbrecht mich jetzt nicht. *faßt in die Tasche und holt die Papierfetzen heraus* Wißt ihr, was das ist?
ZANDER: Ich würd's für Papier halten.
EMIL: Das sind die Reste von Briefen, die Herr Riedel in Gegenwart des Justizrats zerrissen und in den Papierkorb geworfen hat.
ZANDER: Was ist denn da dabei? Ich zerreiße Briefe, die ich nicht mehr brauche, ganz genau so.
EMIL: Auch Briefe, die dir von jemandem anderen zur Frankierung und Beförderung übergeben worden sind?
ZANDER: Das nun weniger.
EMIL: Eben. – Nun hört mal zu: Hier ist der Rest eines Kuverts, darauf kann man noch den Bestimmungsort erkennen. Und der Bestimmungsort ist: Capstadt! Was folgt daraus? – Offensichtlich ein Brief Theodors an seine Firma!
HILDE: Den Brief habe ich ja selbst geschrieben? – Aber warum wirft denn der Riedel den Brief in den Papierkorb?
CHRISTIAN: Wahrscheinlich wollte er später den ganzen Papierkorb in den Briefkasten stecken.
EMIL: Die Sache ist gar nicht zum Lachen! *faßt wieder in die Tasche.* Denn hier habe ich Reste eines zweiten Briefes. Der Anfang ist gut erhalten. *liest vor* Sehr geehrter Herr Riedel! Nun stehen Sie also mit einem Bein im Zuchthaus! – Der weitere Wortlaut des Briefes fehlt. Vorhanden ist aber noch ein Teil der Unterschrift: nämlich Theodor Blank... Und was kann das anderes heißen als Theodor Blankenburg? – Bitte, überzeugt euch selbst. *er reicht die Papierschnitzel herum. Sie werden unter den Verwandten von Hand zu Hand weitergegeben.* Die Situation ist eindeutig klar. Wir, die Erben Stefan Blankenburgs, befinden uns einem nichtswürdigen Verbrecher gegenüber. Das Opfer heißt Stefan Blankenburg, der Mörder heißt Riedel. Sein Komplice ist

Stefan Blankenburgs Testamentsvollstrecker! Theodor ist Mitwisser, wie aus seinem Brief an den Mörder hervorgeht. Theodor aber, dessen verdammte Pflicht und Schuldigkeit es gewesen wäre, uns zu informieren, benutzt sein Mitwissen, um sich hinter unserem Rücken auf geradezu erpresserische Weise in den Besitz eines Teils der Millionenerbschaft zu setzen.

BIANKA *bewundernd*: Großartig, Emil!

ZANDER: Du bist ja völlig verrückt!

EMMA *zu Ingeborg*: Ich glaube, dem Jungen sollte man einen kalten Umschlag machen.

INGEBORG: Ja, Emma.

EMIL: Das ganze ist ein kriminalistisches Schulbeispiel: Onkel Blankenburg soll die Treppe hinunter gestürzt sein? Ja, gibt's denn so etwas? Bei einem Manne, der sechzig Jahre lang aufrecht durchs Leben gegangen ist? – Nein! Er wurde heimtückisch, von seines treuen Dieners Hand, hinterrücks in den Tod geschubbst!

MARIA TH. *wird ebenfalls lebhaft*: Und das Testament ist nichts weiter als eine freche Fälschung!

EMIL: Hier beginnt der Justizrat sein geheimnisvolles Spiel zu treiben. *er geht zum Papierkorb.*

BIANKA *folgt ihm.*

HILDE: Tante Paula, glaubst du das?

PAULA: Nicht ein Wort. – *zu Emil und Maria Th.* Ihr habt ja einen Vogel.

EMMA: Und zwar einen ganz großen. So 'ne Art Adler.

EMIL *der inzwischen mit Bianka den Papierkorb untersucht hat, triumphierend*: Und hier? – Was sagt ihr hierzu?

ZANDER: Wozu?

BIANKA: Der Papierkorb ist leer!

EMIL: Für mich gibt es keinen Zweifel mehr! Ich schreibe sofort einen Eilbrief an Willer nach München.

ZANDER: Wer ist denn das nun wieder?

EMIL: Der war früher Kriminalinspektor und hat jetzt ein eigenes Detektivbüro. Ich gehe jetzt auf mein Zimmer und schreibe den Brief. *will zur Treppe.*

PAULA: Das verbiete ich dir! Und zwar ganz energisch!
EMIL: Und was wird aus dem Mörder?
PAULA: Der Mann ist ebenso wenig ein Mörder, wie du ein Detektiv bist!
EMIL: Und was hältst du von den Indizien?
PAULA: Gar nichts.
MARIA TH.: Emils Entdeckungen scheinen mir – trotz der Ansichten meiner Schwiegermutter – doch sehr bemerkenswert. Da es uns ja schließlich *alle* angeht, sollten wir abstimmen, was nun geschehen soll. Dafür wäre *ich*.
PAULA: Und ich bin dagegen.
MARIA TH. *indigniert*: Christian, komm in den Garten. *ab.*
CHRISTIAN *zuckt, sich bei Paula entschuldigend, mit den Schultern und folgt Maria Th.*
EMIL: Ich finde es unverantwortlich, einem Mörder derartig Vorschub zu leisten! Ihr werdet ja sehen! *ebenfalls ab in den Garten.*
BIANKA *hakt ihn unter*: Ärgere dich nicht, mein Junge! Ich fühle, daß du recht behalten wirst. *ab mit Emil.*
EMMA: Eins möchte ich bloß wissen.
ALLE *blicken gespannt auf Emma*: Was denn?
EMMA: Wann der Kaffee endlich fertig ist!
HILDE: Mir ist der ganze Appetit vergangen.
ZANDER: Glaubst du etwa auch an den Blödsinn?
HILDE: Nein, natürlich nicht. Aber …
PAULA: Was denn, aber?
HILDE: Warum schreibt dann Theodor dem Riedel, daß er mit einem Bein im Zuchthaus stünde?
ZANDER: Ja, irgendwas scheint da nicht zu stimmen.
PAULA: Nun paßt mal auf; würdet ihr einem Menschen, dem ihr etwas mitteilten wollt und mit dem ihr unter einem Dach wohnt, einen Brief schreiben?
ZANDER: Nee, ich würd's ihm sagen.
PAULA: Na eben.
HILDE: Trotzdem, Tante, ich weiß nicht …
LOTHAR *mit den Kindern von rechts aufmarschierend*: Das Ganze halt! *zu den Erwachsenen* Meine Damen und Her-

ren, im Garten findet nun das allgemein beliebte Spiel »Räuber und Gendarm« statt!

PAULA: Das scheint in diesem Hause ein sehr beliebtes Spiel zu sein.

LOTHAR: Wir bitten um die gütige Mitwirkung aller Anwesenden.

GOTTFRIED: Theodor ist der Räuberhauptmann.

GOTTHELF *zu Emma*: Und du bist seine Braut.

THEODOR: Nee, verheiratete Frauen heirate ich nicht!

PAULA: Den Theodor müßt ihr mir noch ein paar Minuten hierlassen.

GOTTFRIED: Wir brauchen doch einen Räuberhauptmann.

PAULA: Ich ernenne hiermit euren Vater zum stellvertretenden Räuberhauptmann.

ZANDER *verwundert*: Mich?

INGEBORG *begreift Paulas Absichten, packt ihre Sachen zusammen, erhebt sich*: Ja, Otto. *geht zu Zander, zieht ihn und Emma mit sanftem Zwang auf die Veranda hinaus.*

Die Kinder schieben die Erwachsenen freudig vor sich her auf die Veranda.

PAULA *nachdem die übrigen ab sind, zu Hilde*: Du könntest auch ein bißchen frische Luft schnappen gehen.

HILDE *kapiert*: Ach so! *zögernd ab in den Garten.*

PAULA *geht, auf ihren Stock gestützt, hin und her, sieht Lothar, so oft sie an ihm vorbeikommt, unwillig an.*

LOTHAR *fühlt sich allmählich etwas unbehaglich*: Was willst du denn von mir, Tante?

PAULA *streng*: Setz dich!

LOTHAR *setzt sich*: Warum darf ich denn draußen nicht mitspielen?

PAULA: Du spielst mir schon viel zu viel, mein Lieber.

LOTHAR: Meinst du was Bestimmtes?

PAULA *bleibt vor ihm stehen, sieht ihn streng an*: Warum schreibst du dem Riedel Briefe?

LOTHAR: Damit er sie zerreißt.

PAULA: Und warum zerreißt er sie?

LOTHAR: Danach mußt du schon Riedel selber fragen. – Woher weißt du denn das überhaupt?

PAULA: Das sag ich dir erst, wenn du mir erzählst, was das mit den Briefen auf sich hat.

LOTHAR: Darf ich dir einen Vorschlag zur Güte machen?

PAULA: Ja?

LOTHAR: Es dürfte das Einfachste sein, wenn jeder, was er weiß, für sich behält.

PAULA: Lausejunge!

LOTHAR: Eben! – Der Lausejunge geht jetzt spielen. *will ab in den Garten.*

PAULA *schlägt ihn mit ihrem Stöckchen hintendrauf*: Der Lausejunge bleibt hier! – Ich muß dich noch was anderes fragen. Was hast du nach der Testamentseröffnung dem Justizrat, als er sich den Mantel anzog, gestohlen?

LOTHAR *erschrocken*: Hast du das gesehen?

PAULA: Ja.

LOTHAR: Wissen das auch die anderen?

PAULA: Ich glaube nicht.

LOTHAR *erleichtert*: Gottseidank!

PAULA: Also? Was hast du dem Justizrat gestohlen?

LOTHAR *druckst.*

PAULA: Willst du nicht antworten? – Dann will ich dir's sagen: den Zusatz zum Testament, der übermorgen verlesen werden soll. Hab ich recht?

LOTHAR: Wie immer.

PAULA: Und warum hast du das Dokument gestohlen?

LOTHAR: Ja, warum hab ich das Dokument gestohlen?

PAULA *energisch*: Na, nun vorwärts! Wird's bald? Stell dich nicht so an!

LOTHAR: Du darfst nicht vergessen, liebe Tante, daß wir Afrikaner unter dem Einfluß des Äquators unter Vorahnungen leiden.

PAULA *sieht ihn streng an und setzt sich*: Ich hab meine Brille nicht hier, lies vor.

LOTHAR: Ich hab's doch gar nicht hier.

PAULA: Du darfst nicht vergessen, daß deine Tante Paula unter dem Einfluß ihres gesunden Menschenverstandes weiß, daß du schon wieder lügst! Lies vor!

LOTHAR *nimmt zögernd ein Kuvert aus der Rocktasche und entfaltet langsam den Brief.* Ich hätte dir Onkel Stefans letzten Gruß an seine Verwandten gern erspart.

PAULA *sieht ihn abwartend an.*

LOTHAR: Na – schön! – *liest* »Liebe Verwandte! Als ich vor nunmehr vierzig Jahren meine Heimat verließ, tat ich es, weil mich mein ältester Bruder bei der Erbschaftsregelung schamlos betrogen hatte. Der tatkräftigen Beihilfe meiner übrigen Geschwister hatte ich es zu verdanken, daß mir außer dem Geld für die Schiffskarte nur noch die tröstliche Aussicht verblieb, bis an mein Lebensende von dem, was man Familie nennt, verschont zu bleiben. Ich fühle mich meinen Angehörigen noch heute tief verpflichtet, denn sie verhalfen mir bereits in meiner Jugend zu einer Erfahrung, die anderen erst in vorgeschrittenen Jahren zuteil wird. Als ein Dutzend Jahre später der Name meiner Unternehmungen in der Welt bekannt wurde, machten mir meine Geschwister die erfreuliche Mitteilung, daß sie noch alle am Leben seien. Sie appellierten an meinen Familiensinn und erklärten sich, weil es ja schießlich Geschwisterpflicht sei, unaufgefordert bereit, von mir Schecks in jeder Höhe anzunehmen. Als ich diese Briefe erhielt, merkte ich endgültig, daß ich mit meinen Geschwistern überhaupt nicht mehr verwandt war. Verwandtschaft entsteht nicht durch die gleiche Herkunft, sondern durch das gemeinsame Schicksal. Deshalb habe ich auch keine Veranlassung gefühlt, mein Vermögen den Nachkommen von Leuten zu hinterlassen, die nur dadurch auf mein Schicksal Einfluß nahmen, daß sie mich vor vierzig Jahren begaunerten. Euch, eben diesen Nachkommen kann und will ich nichts hinterlassen als meine Erkenntnis von der Wertlosigkeit verwandtschaftlicher Beziehungen. Deshalb habe ich euch vier Tage lang im gleichen Käfig eingesperrt. Ich wollte allen Familienangehörigen Gelegenheit geben, sich einmal richtig kennen zu lernen. Die Enttäuschung über mein Testament wird es euch erleichtern, euer wahres Gesicht zu zeigen. Nun bitte ich euch alle, wieder nach Haus zu fahren. Sollte sich der eine oder der andere inzwischen zu meiner Ansicht bekehrt haben, daß Verwandtschaft nur erworben werden kann, so ist er um eine Erfahrung reicher geworden. Und reich wolltet ihr ja schließlich werden, als ihr in dieses Haus kamt. – Stefan Blankenburg, ein Onkel ohne Verwandte.« *er faltet den Brief sorgfältig zusammen, steckt ihn wieder in das Kuvert* So das wäre unser Erbteil!

PAULA: Schade, daß der Mann tot ist, Leichen darf man nicht hauen.

LOTHAR: Nun wirst du wohl auch einsehen, daß dieses Dokument den anderen unter keinen Umständen vorgelesen werden darf.

PAULA: Natürlich nicht.

LOTHAR: Sag mal, Tante, stimmt denn das, daß dein Mann seinen Bruder damals ums Erbteil betrogen hat?

PAULA: Der einzige Mensch, den er nicht betrogen hat, war er selber. Und auch das ist nicht ganz sicher.

LOTHAR: Wirklich?

PAULA: Mich hat er jedenfalls auch betrogen. Wieso wußtest du eigentlich schon, als du den Brief stahlst, was drin steht?

LOTHAR: Wir Afrikaner ...

RIEDEL *kommt von rechts*: Verzeihung, störe ich?

PAULA: Eine Frohnatur wie Sie kann gar nicht stören.

RIEDEL: Wo sind denn die anderen Herrschaften?

LOTHAR: Die spielen im Garten »Räuber und Gendarm«.

RIEDEL: Das trifft sich ausgezeichnet. Ich wollte nämlich melden, daß es mit dem Kaffee noch eine Weile dauern wird. Die Kanne ist zersprungen.

PAULA: Wie ist denn das passiert?

RIEDEL: Das ist mir ganz unverständlich. Die Kanne stand ruhig auf der Gasflamme, und als ich das Wasser hineingoß, zersprang sie. Aber ich habe jetzt eine größere Kanne aufgesetzt.

LOTHAR: Vielleicht sollten Sie lieber das Stubenmädchen ein paar Liter Kaffee aus dem Gasthaus holen lassen?

RIEDEL: Das Stubenmädchen macht Einkäufe fürs Mittagessen. – Die Herrschaften haben also Zeit. Vielleicht gehen Sie auch noch ein bißchen in den Garten. Ich rufe Sie, wenn es soweit ist.
PAULA: Aber nun beeilen Sie sich etwas mit dem Kaffee. Jetzt, im August, werden die Tage schon kürzer.
LOTHAR: Also schön, Tante, gehen wir spielen. *zu Riedel* Wenn bis heute Abend um acht der Kaffee nicht fertig ist, fechten wir das Testament an!
PAULA *mustert den Tisch*: Warum haben Sie eigentlich Suppenteller zum Frühstück gedeckt? Sollen wir den Kaffee löffeln?
RIEDEL: Ach! – Das ist natürlich ein Versehen. Herr Blankenburg aß morgens immer Suppe. *geht zum Tisch.*

Paula und Lothar ab in den Garten.

RIEDEL *setzt die Suppenteller auf einem Tablett zusammen. Dabei kommt ihm eine Schüssel mit Brötchen in die Hand. Er kommt auf die Idee, das Vorlegen von Sandwiches zu üben. Er stellt sich hinter einen Stuhl. Er wird unsicher, von welcher Seite man zu servieren hat. Er setzt sich auf den Stuhl, um aus dieser ihm viel geläufigeren Stellung die Frage zu klären. Er steht wieder auf und versucht nun, dem unsichtbaren Gast – mit Gabel und Löffel in einer Hand – einen Sandwich vorzulegen. Der Versuch mißlingt. Er legt das Brötchen zurück, erneuert den Servierversuch, der diesmal auf andere Weise mißlingt. – Da Riedel während der Szene der Veranda den Rücken zukehrt, bemerkt er nicht, daß*
GOTTFRIED *vor einiger Zeit dort erschienen ist und ihm erstaunt zusieht. – Als Riedel mit erhobenem Tablett nun erneut auf den Stuhl lossteuert, bemerkt er den Jungen und versucht, die Situation zu überspielen.*
GOTTFRIED: Was spielen Sie denn da?
RIEDEL: Ich übe.
GOTTFRIED: Können Sie's denn noch nicht?
RIEDEL: Natürlich kann ich's. Aber wenn man das, was man kann, nicht übt, verlernt man's.

GOTTFRIED: Mit dem Einmaleins ist es auch so.
RIEDEL: Genau so.
GOTTFRIED *setzt sich auf den Stuhl*: Na schön, dann üben Sie mal noch ein bißchen.
RIEDEL *zögert*.
GOTTFRIED: Sie dürfen mich auch das große Einmaleins abfragen. Dann üben wir beide.
RIEDEL: Hoffentlich kann ich's noch. – *er nimmt sein Tablett und serviert Gottfried ein Brötchen. Dabei sagt er ihm, als nenne er eine teure Weinsorte, ins Ohr* Wieviel ist 3 × 17?
GOTTFRIED *rechnet im Kopf*: 61!
RIEDEL *bemüht sich gleichzeitig, ein Brötchen formvollendet vorzulegen.*
GOTTFRIED *verliert die Geduld und nimmt das Brötchen mit der Hand von der Schüssel.*
RIEDEL *gleichzeitig*: Falsch, 51.
GOTTFRIED: Wir haben's beide nicht gekonnt! *lacht.*
RIEDEL *lacht ebenfalls, plötzlich erschrickt er über seine eigene Fröhlichkeit und sagt ernst*: Also nochmal. *er legt ein Brötchen vor und fragt dabei* 19 × 4? *sein Versuch glückt diesmal.*
GOTTFRIED: 19 × 4 – ist – 66!
RIEDEL: Falsch! *stolz* Ich hab's gekonnt! 19 × 4 ist 76!
GOTTFRIED *steckt das Brötchen weg*: Das ist ja auch keine Kunst. Sie machen immer dasselbe, und mich fragen Sie immer was anderes. Aber so sind die Erwachsenen! – Dabei bin ich sonst so gut im Rechnen! Herr Methfessel, mein Klassenlehrer, redet meinem Vater immer wieder zu, mich auf's Gymnasium zu schicken. Und bevor wir hierher fuhren, hat Vater gesagt, wenn wir was erben, krieg ich Nachhilfestunden und mache Ostern die Aufnahmeprüfung in die Quinta.
RIEDEL *hat das Tablett abgesetzt und bleibt hinter Gottfrieds Rücken.*
GOTTFRIED: Aber da wird ja nun nichts draus.
RIEDEL: Und nun bist du sehr traurig?
GOTTFRIED: Doch nicht deswegen! – Aber wir haben doch'n

Hund! Mutter sagt, es ist ein großer Dackel. Vater meint, es ist ein kleiner Schäferhund. Den müssen wir nun auch weggeben. Vater hat gesagt, wenn unser Jüngster in die Schule kommt, können wir die Hundesteuer nicht mehr bezahlen. Dabei will der Kleine gar nicht in die Schule. Und das Klavier haben sie vor vierzehn Tagen auch abgeholt, wegen der Raten. Und Gotthelf ist so musikalisch. – *wendet sich zu Riedel, schüchtern* Sie sind doch jetzt sehr reich, Herr Riedel.
RIEDEL: Ja, reich bin ich – jetzt.
GOTTFRIED: Darf ich Sie etwas fragen?
RIEDEL: Mmm!
GOTTFRIED: Sie müssen mir aber Ihr Ehrenwort geben, daß Sie meinen Eltern und überhaupt niemandem was davon erzählen! Es muß unser Geheimnis bleiben. *steht auf und hält Riedel die Hand entgegen* Ehrenwort?
RIEDEL *schlägt etwas zögernd ein*: Ehrenwort!
GOTTFRIED: Ich hab mir das so gedacht: Sie fragen meine Eltern, wieviel Geld sie brauchen, und das schenken Sie ihnen dann. Aber in Wirklichkeit borgen Sie es mir nur, und ich zahle es Ihnen zurück, wenn ich groß bin.
RIEDEL *ist gerührt*.

Man hört von draußen die Motorradhupe des Justizrates.

GOTTFRIED: Ich zahle es Ihnen ganz bestimmt zurück.

Es läutet.

RIEDEL: Das ist der Justizrat. Mach ihm mal die Tür auf.

Gottfried nach links ab. Riedel geht zum Tisch und setzt wieder Teller auf dem Tablatt zusammen. KLÖCKNER *und* GOTTFRIED *von links.*

GOTTFRIED *im Auftreten zum Justizrat*: Herr Riedel und ich, wir haben das große Einmaleins geübt.
KLÖCKNER: Das große Einmaleins? Auch eine von den über-

flüssigen Sachen, die man nur als Kind kann. *er macht Riedel, von Gottfried unbemerkt, nervös Zeichen, diesen wegzuschicken.*

GOTTFRIED: Ich habe mich heute dauernd verrechnet.

RIEDEL: Das wollen wir nicht hoffen, mein Junge. Nun geh mal wieder.

GOTTFRIED: Kommen Sie mit? Das wollte ich Sie eigentlich fragen, als ich herkam. Der Herr Justizrat muß auch mitkommen; wir brauchen noch ein paar Räuber.

KLÖCKNER: Irrtum, mein Sohn! Hier gibt's schon viel zu viele. – Nun verschwinde mal.

GOTTFRIED *ab in den Garten.*

RIEDEL: Was hast du denn?

KLÖCKER *sehr aufgeregt*: Der Brief ist weg!

RIEDEL *erscheint hinter ihm*: Was denn für 'n Brief?

KLÖCKNER: Dein dämlicher Testamentszusatz! – Sowas ist mir in meinem ganzen Leben noch nicht passiert!

RIEDEL *beunruhigt*: Er kann doch nicht einfach weg sein? Wo hast du ihn denn hingetan?

KLÖCKNER *denkt nach*: Na, vorgestern, bei der Testamentseröffnung, habe ich ihn hier gehabt, dann hab ich ihn in die Aktentasche gesteckt, – oder hab ich ihn nicht in die Aktentasche gesteckt? *ärgerlich* Sowas von Arbeit, bloß weil du tot bist!

RIEDEL: So'n Brief kann doch nicht einfach verschwinden! Da hättest du eben besser aufpassen müssen!

KLÖCKNER: Nee, du hättest dir eben anständigere Verwandte anschaffen sollen.

RIEDEL *entsetzt*: Was denn, du glaubst?

KLÖCKNER: Natürlich. Wer interessiert sich denn sonst für deine testamentarische Nachgeburt?

RIEDEL: Auch das noch! *er geht vernichtet zum Tisch zurück.*

KLÖCKNER: Aber wenn du es ganz genau wissen willst, dann kannst du ja deine Familie mal fragen.

RIEDEL *nimmt das Tablett mit den Tellern auf und geht zur Tür rechts*: Lieber beiß ich mir den Kopf ab.

KLÖCKNER: Was läufst du denn einfach weg?

RIEDEL: Ich bin tot. Das Beste ist, du stirbst auch. *ab.*
KLÖCKNER *ihm nachrufend*: Aber es muß doch was geschehen! – Was willst du denn nun machen? *die Tür klappt zu.*

Man hört von draußen rechts starken Lärm von zerbrechendem Geschirr. Riedel hat das Tablett hingeworfen.

KLÖCKNER *blickt mißbilligend zur Tür, zuckt mit den Achseln*: Na, das ist auch keine Lösung.

HILDE *stürzt hastig aus dem Garten herein und versteckt sich hinter einem Sessel. Klöckner bemerkt sie kopfschüttelnd.*

LOTHAR *ebenfalls hastig aus dem Garten, ist als Räuberhauptmann hergerichtet: er trägt einen alten Gärtnerhut, Gärtnergeräte als Waffen usw.*: Ich bin der ungewöhnlich fürchterliche Räuberhauptmann Käsebier. Ich raube Jungfrauen und andere Mädchen gegen geringes Entgelt, komme ins Haus, Postkarte genügt!
KLÖCKNER: Ich bin keine Jungfrau. Ich bin ein Steinbock.
LOTHAR: Haben Sie hier eben ein auffallend schönes Mädchen vorbeigehen sehen? Sie hat besonders kurze Beine, dafür sind sie aber sehr krumm und dadurch doch wieder beträchtlich länger, als es zunächst den Anschein hat.
HILDE *kommt hinter dem Stuhl hervor*: Ich dachte, Sie suchen *mich,* Herr Käsebier.
LOTHAR: Nee, Fräulein. Weibliche Büroangestellte, die nichts geerbt haben, pflege ich nur in Ausnahmefällen zu rauben.
KLÖCKNER: Wie sagt schon das Sprichwort so richtig: Armut schändet man nicht.
HILDE *gespielt vornehm*: Wir wollen das nicht überhört haben.
CHRISTIAN *kommt von der Veranda, geht zum Rauchtisch, will sich eine Zigarette nehmen.*
MARIA TH. *ist ihm gefolgt*: Christian! Vor dem Frühstück *wird* nicht geraucht!
CHRISTIAN *klappt ertappt den Zigarettenkasten wieder zu.*

RIEDEL *kommt von rechts, in Hut und Mantel und mit einem Köfferchen. Die Anwesenden sehen ihn völlig verblüfft an. – Riedel geht über die Bühne, zieht vor den Anwesenden höflich den Hut zum Gruß und geht stumm links ab.*

Klöckner läuft, nachdem er sich vom ersten Schreck erholt hat, hinter ihm her.

Die anderen schauen einander völlig verblüfft an.

MARIA TH.: Kann mir einer erklären, was das bedeuten soll?
EMIL *stürzt aufgeregt aus dem Garten herein*: Da habt ihr den Salat! Der Mörder flieht!
MARIA TH.: Du hast ihn auch gesehen?
EMIL: Natürlich. Eben ging er am Gartenzaun entlang.
MARIA TH. *geht auf die Veranda, ruft in den Garten*: Hallo!
CHRISTIAN *geht entschlossen über die Treppe ab.*
HILDE: Wo kann er denn hinwollen?
EMIL: Eine saublöde Frage! Zum Bahnhof!

Im Hintergrund tauchen die übrigen auf. Maria Th. redet auf sie ein.

HILDE: Das ist allerdings sehr verdächtig.
EMIL: Warum habt ihr mir nicht geglaubt?
EMMA *kommt nach vorn*: Ist das wirklich wahr? Riedel ist getürmt?

Die übrigen kommen ebenfalls von der Veranda nach vorn.

ZANDER: Das ist allerdings ein dolles Stück!
EMIL: Nun werdet ihr mir wohl endlich recht geben! Jetzt laß ich mir von euch keine Vorschriften mehr machen!
LOTHAR: Was willst du denn tun?
EMIL: Zunächst muß ich auf den Bahnhof, um die Spur nicht zu verlieren. Von dort telegraphiere ich an Willer!
BIANKA: Ich komme mit. Ich beobachte Riedel, während du telegraphierst.

EMIL *zu den anderen*: Geht doch mal in den Garten! Ob ihr ihn noch sehen könnt!

Zander, Emma und Ingeborg rasch ab in den Garten. Emil und Bianka links ab.

MARIA TH. *läuft hinter Emil her*: Emil! Was ich noch sagen wollte, vergiß nicht ... *ab*

Lothar mit Hilde und Paula auf der anderen Bühnenseite.

LOTHAR: Wer ist denn dieser Willer?
HILDE: Der Kriminalkommissar, der Riedel verhaften soll.
LOTHAR: Warum soll er ihn denn verhaften?
PAULA: Weil er deinen Onkel Stefan abgemurkst haben soll.
HILDE *mißtrauisch*: Das weißt du nicht?
LOTHAR *geht zur Tür rechts.*
HILDE: Wo willst du denn hin?
LOTHAR: Telefonieren. *rechts ab.*

CHRISTIAN *kommt währenddessen, fertig zum Ausgehen, die Treppe herunter.*

PAULA: Wo willst *du* denn hin?
CHRISTIAN: Ins Gasthaus.
HILDE: Was willst du denn dort?
CHRISTIAN *zum Äußersten entschlossen*: Frühstücken!

VORHANG

III.

Nach dem Abendessen im Garten der Blankenburgschen Villa. Im Vordergrund einige Gartenmöbel auf einer Rasenfläche. Links und rechts führen, von blühenden Boskets flankiert, Wege zu dem übrigen Teil des Parkes. Im Hintergrund die Veranda, die in den ersten beiden Akten durch die Hallentür sichtbar war. Auf beiden Seiten der Veranda je ein Tisch mit Stühlen. Die Veranda ist überdeckt von einem Balkon. Halle und Veranda sind erleuchtet, im Vordergrund stehen neben den Bosketts stabile Gartenlaternen, so daß, unbeschadet der Abendstimmung, die Spielfläche voll erleuchtet ist.

Am linken Verandatisch sitzt EMMA; *vor ihr steht ein Korb mit Äpfeln, die sie in Scheiben schneidet, ferner eine Schüssel mit Sellerieknollen, die sie schält und ebenfalls in Scheiben schneidet. Sie hat die Ärmel hochgekrempelt und trägt eine große Küchenschürze. Hin und wieder ißt sie eine Apfelscheibe. – Auf der ersten Verandastufe sitzt* ZANDER *in Hemdsärmeln; Zander schält Kartoffeln und wirft sie dann in einen Wasserbottich. Über ihm, auf dem Balkon, rupfen* MARIA THERESIA *und* CHRISTIAN *eine Gans. Er trägt einen Arztkittel, sie arbeitet, um ihre Finger zu schonen, in Handschuhen. Hin und wieder fallen kleine Gänsefeder-Flocken vom Balkon auf den unten sitzenden Zander herunter, der sich jedesmal ärgerlich mit der Hand über den Kopf streicht. – Durch die Hallentür sieht man* EMIL *mit einem Staubwedel die Möbel säubern. – Vorn rechts sitzt* PAULA *in einem bequemen Sessel und liest, eine Brille auf der Nase, in einem Buch.*

Nach dem Aufgehen des Vorhangs zunächst eine kleine Pause.

EMIL *kommt aus der Halle auf die Veranda. Er bearbeitet alles, was ihm in die Quere kommt, mit seinem Staubwedel. Im Vorbeigehen will er eine Apfelscheibe aus Emmas Schüssel nehmen.*
EMMA: Finger weg!

EMIL *geht die Stufen hinunter. Zander wirft gerade eine Kartoffel in den Bottich, so daß Emil von dem aufspritzenden Wasser getroffen wird. Emil geht weiter hinunter*: Schön sehen wir aus! *guckt zum Balkon hinauf* Erst erbt der Diener, dann ist der Diener ein Mörder, dann reißt der Mörder aus ... *er ist eben bei einem Rosenstrauch angekommen, über dessen Blätter er mit dem Finger streicht, um festzustellen, ob Staub darauf liegt.*

ZANDER: Dann verfolgst du einen verkehrten. *lacht.*

EMIL: Dann hat das Stubenmädchen ausgerechnet heute Ausgang. Und zum Schluß veranstaltet Tante Paula mit uns einen Kochkursus. *staubt die Rosen ab.*

EMMA *Apfel kauend*: Gänsebraten habe ich schon seit Weihnachten nicht mehr gegessen.

ZANDER *dreht sich zu ihr um*: Die Äpfel wollten wir eigentlich in die Gans stecken. Du hättest doch lieber die Kartoffeln schälen sollen.

PAULA *im Lesen*: Eines steht jedenfalls fest: eine Gans, die von dem Leiter der chirurgischen Klinik aufgeschnitten wird, haben wir alle noch nicht gegessen.

EMIL: Tante Maria Theresia! Paß doch bitte nachher auf, daß dein Mann die Gans aus alter Gewohnheit nicht sofort, nachdem er sie aufgeschnitten hat, wieder zunäht.

CHRISTIAN *befühlt die Gans*: Ich weiß nicht! Ich glaube, die Gans ist an Blinddarmentzündung gestorben.

ZANDER: Wenn sie rechtzeitig zu dir gekommen wäre, könnte sie noch leben.

CHRISTIAN: Das war eben eine dumme Gans! *lacht albern.*

MARIA TH. *streng*: Christian!

PAULA: Kinder, schlechte Kriminalromane sind das Lustigste, was es gibt! Hört mal zu: hier, auf Seite dreiundsiebzig, ist gerade die schöne Mrs. Wollworth durch einen Orchideenstrauß getötet worden.

ZANDER: Wie ist denn das passiert?

PAULA: Der Blumenstrauß war elektrisch geladen! Die Welt ist eben schlecht. Ein paar Seiten vorher hat die Ärmste erst ihren Mann verloren. Der war Rheumatiker und starb auch ziemlich komisch. Man hatte ihm in die Wärmflasche eine Dynamitladung mit Zeitzündung eingebaut.

EMIL *fachlich interessiert*: Wer hat denn das herausbekommen?

PAULA: Du nicht!

ZANDER: Da braucht man schon einen richtigen Kriminalbeamten.

MARIA TH.: Apropos! Ich bin ja nun wirklich gespannt, ob der Kriminalinspektor, dem du vorgestern depeschiert hast, überhaupt kommt.

EMIL: Der wird erst nach Bremen gefahren sein, um sich bei der Schiffahrtsgesellschaft zu erkundigen, was man dort über Onkel Stefans Ableben weiß.

ZANDER: Wenn er bis morgen Mittag nicht da ist, braucht er gar nicht mehr zu kommen.

EMMA: Morgen Mittag essen wir noch unsere Gans, und dann fahren wir alle wieder nach Hause.

EMIL: Dann muß eben die Polizei verständigt werden, damit sie das Weitere veranlaßt.

Es läutet.

MARIA TH.: Wer ist denn heute Türöffner?

Es läutet wieder.

PAULA *nimmt einen Zettel aus ihrem Buch, informiert sich*: Hilde!

EMMA: Hilde ist aber nicht hier.

ZANDER: Dann machen wir eben nicht auf.

Es läutet noch einmal.

EMIL *aufgeregt*: Das wird Kriminalinspektor Willer sein! *rennt ins Haus.*

ZANDER: Tut mir leid, daß dieser Riedel ein Mörder ist. Hoffentlich läßt er sich nicht erwischen.

MARIA TH. *beugt sich neugierig über die Balkonbrüstung.*

CHRISTIAN: Fall' nicht runter, Schatz. Vom ersten Stock aus lohnt das nicht.
EMMA: Werden sie den Justizrat auch hinrichten?
PAULA *trocken*: Dort kommt er gerade. Da kannst du ihn gleich selber fragen.
MARIA TH. *enttäuscht*: Ach, der Justizrat! *setzt sich wieder.*
KLÖCKNER *und* EMIL *kommen aus der Halle in den Garten*: Guten Abend allerseits.
DIE ANDEREN *kühl*: Guten Abend!
EMMA: Wollen Sie sich eine Schürze umbinden und uns helfen?
MARIA TH. *spitz*: Ich glaube kaum, daß der Justizrat uns wird helfen wollen.
KLÖCKNER: Vor allem nicht in der Schürze. *gibt Paula die Hand, setzt sich neben sie.*
EMIL: Sie sind sicher gekommen, um uns den Zusatz zum Testament zu verlesen?
KLÖCKNER *mustert die Runde halb verlegen, halb ärgerlich*: Selbstredend!
ZANDER: Wir sind ganz Ohr.
PAULA: Damit warten wir, bis ihr mit eurer Arbeit fertig seid.
KLÖCKNER: Überstürzen Sie sich nicht, meine Herrschaften. Ich habe ausnahmsweise Zeit.

Links hinter der Bühne hört man einen Aufschrei. Gleich darauf stürzt

BIANKA *aus dem Boskett, zitternd*: Emil, da bist du ja! Gott, hab ich mich erschreckt!
KLÖCKNER: Sie haben sich selber erschreckt? Warum denn?
EMIL *klopft Bianka beruhigend auf den Rücken*: Na, na, na, Tantchen!
BIANKA: Denkt euch, ich habe mich auf jemanden gesetzt!
EMIL: Auf einen Mann?
BIANKA: Das weiß ich nicht. Es war doch dunkel. – Ich kam am Teich vorbei, ging die Allee lang, – der Mond schien so schön, – da dachte ich, setz dich ein bißchen auf die Bank. Ich setzte mich also hin, auf einmal merkte ich, unter mir

sitzt schon einer! *kopfschüttelnd* Komisch! Das war *so* hoch! Ich glaub, der saß auch schon auf wem.

KLÖCKNER: Hat sich Ihre Sitzgelegenheit denn nicht vorgestellt?

BIANKA: Ich habe geschrien und bin weggerannt!

EMIL *zückt seine Taschenlampe*: Das werden wir gleich haben!

BIANKA Sieh dich bloß vor, Emil!

EMIL: Keine Bange, Zizzi! *hebt drohend den Staubwedel. Ab nach links in den Garten.*

PAULA: Komm, setz dich zu mir. Hier hast du einen Stuhl ganz für dich allein.

BIANKA *ist in einen Stuhl gesunken*: An diese Tage hier werde ich noch denken, wenn ich Vierzig bin!

KLÖCKNER *lacht*: Es geht doch nichts über ein gutes Gedächtnis.

BIANKA: An Sie werde ich sogar *noch* länger denken. *hält sich den Kopf.*

PAULA *zu Bianka*: Willst du ein Glas Wasser?

KLÖCKNER: Keine überflüssigen Fragen! Ich möchte *auch* einen Kognak.

ZANDER: Wer ist heute Getränkechef?

EMMA: Theodor, glaub ich.

PAULA *sieht in der Liste nach*: Stimmt.

ZANDER: Theodor ist nicht hier. Soll *ich* die Flasche holen?

PAULA: Du schälst Kartoffeln, mein Lieber! Freiwillige vor!

KLÖCKNER: Ich gehe ja schon. *geht aufs Haus zu.*

ZANDER: In der Speisekammer stehen ein paar Flaschen Rum.

KLÖCKNER: Schon gut. *ins Haus ab.*

MARIA TH.: Wo dieser Mann immer wieder den Mut hernimmt, uns täglich unter die Augen zu treten, ist mir völlig schleierhaft. – Was wird übrigens aus der Erbschaft, wenn Riedel erwischt wird?

EMMA: Dann fangen wir an uns zu streiten.

PAULA *zu Bianka*: Geht's dir besser?

BIANKA: Im Gegenteil.

Es läutet.

CHRISTIAN: *Ich* mach nicht auf!
INGEBORG *kommt ins Haus von links, geht rechts ab, um zu öffnen.*
ZANDER: Verflixte Bimmelei!
BIANKA: Seit gestern komme ich aus der Gänsehaut nicht mehr raus!
PAULA: Dann kriech ins Bett und deck dich warm zu!
BIANKA: Um keinen Preis! Wenn du wüßtest, wie ich mich vergangene Nacht im Bett gefürchtet habe. So ganz allein!
PAULA: Ach, das ist alles Gewohnheit!
BIANKA: Erst hab ich was Furchtbares geträumt. – Dann bin ich aufgewacht und hab am ganzen Körper gezittert. Dann schlug immer ein Fensterladen gegen die Wand. Dann muß ich wieder eingeschlafen sein. – Auf einmal war mir, als stünde ein fremder Mann im Zimmer, der nahm den Hut ab und sagte –
EIN FREMDER HERR *steht auf der Veranda, zieht den Hut und sagt laut*: Guten Abend.
BIANKA *schreit auf und dreht sich nach dem Haus um.*

Der fremde Herr, dem Ingeborg folgt, trägt einen kleinen Koffer und einen Regenmantel. Er ist ungefähr sechzig Jahre alt, hat ein unbewegliches Gesicht und mustert die Umsitzenden reserviert.

DIE ANDEREN *erstaunt*: Guten Abend.
MARIA TH. *und* CHRISTIAN *beugen sich erstaunt über die Brüstung des Balkons.*
BIANKA *zitternd*: Soviel Nerven, wie man hier braucht, gibt's gar nicht.
PAULA *zum fremden Herrn*: Na, gute Reise gehabt?
FREMDER *reserviert*: Danke.
BIANKA *leise zu Paula*: Wer ist denn das?
PAULA: Keine Ahnung.
BIANKA: Warum fragst du ihn denn dann, ob er eine gute Reise gehabt hat?
INGEBORG *hat sich zu Zander gesetzt und strickt.*

FREMDER *geht in die Halle zurück und trägt seine Sachen hinein.*
KLÖCKNER *kommt mit Flasche und Gläsern aus der Halle, geht zu Bianka und Paula*: Wer ist denn das?

Schweigen.

ZANDER: Wer hat ihn denn reingelassen?
INGEBORG: Ich, Otto.
EMMA: Was hat er denn gesagt?
INGEBORG: Nichts, Emma.
KLÖCKNER: Ihre Geschwätzigkeit kann einen zum Rasen bringen. *gibt Paula Flasche und Gläser* Alles muß man selber machen! *wieder ab in die Halle.*

Ingeborg, Emma und Zander stehen gleichfalls auf und kommen nach vorn.

CHRISTIAN *ruft leise vom Balkon*: Hallo, – Kinder! Das ist totsicher der Kriminalbeamte aus München!
BIANKA: Gott sei Dank!

Maria Th. und Christian verschwinden vom Balkon.

KLÖCKNER *kommt aus der Halle zurück, zieht verstimmt an seiner Zigarre*: Das habe ich nötig! Mir in meiner freien Zeit von fremden Leuten dämliche Antworten geben zu lassen!
ZANDER: Was hat er denn gesagt?
KLÖCKNER: Ich frage den Mann in meiner bekannten liebenswürdigen Art, was er hier zu suchen hat. Und er antwortet mir mitten ins Gesicht: »Sind Sie der Hausherr?« – Ich sage: »Nee.« Da sagt er: »Na eben!«
BIANKA: Das ist ...
EMMA *bedeutet ihr heimlich, zu schweigen.*
KLÖCKNER: Wie?
BIANKA: Das ist ... ich meine, das ist – doch merkwürdig! Sollte ich nicht einen Kognak kriegen?

KLÖCKNER: Ja, Sie auch. *gießt einige Gläser voll, hebt eines hoch.*

Bianka und Zander ergreifen je ein Glas.

KLÖCKNER *zu Paula*: Schöne Frau!
PAULA: Danke nein.
EMMA: Ich bin so frei. – Wer Sorgen hat, hat auch Likör.
BIANKA: Cheer you!
EMMA: Na klar, Zizzi.

Die Vier trinken und erstarren nachdem zu Salzsäulen.

BIANKA *stöhnt.*
KLÖCKNER: Pfui Teufel! Was hab ich denn da erwischt?
EMMA: Essig, Herr Justizrat!
ZANDER: Sauer macht lustig!
BIANKA: Wollen Sie uns vergiften?
KLÖCKNER: Dann hätte ich doch nicht mitgetrunken!
PAULA: Das leuchtet ein. *steht auf* Ich gehe ein bißchen in den Park. Kommen Sie mit, Herr Justizrat? Ich möchte ein paar Worte mit Ihnen sprechen.
KLÖCKNER: Wenn ich eine Zigarre rauchen darf? Ich bin es nicht gewöhnt, Essig zu trinken.
BIANKA: Sie sind nicht der Einzige, der das nicht gewöhnt ist.
PAULA: Wir sind auf der Welt, um Erfahrungen zu sammeln. *hakt sich bei dem Justizrat ein* Gehen wir! *gehen beide rechts ab.*
BIANKA *hinter Klöckner her*: So ein Scheusal! *schüttelt sich.*
EMMA: Ärgere dich nicht, Zizzi. Es war ja Weinessig! *zeigt zum Haus* Und ihr glaubt, das ist der Kriminalonkel?
ZANDER: Das ist er bestimmt: Der will sich bloß nicht zu erkennen geben. *zu Ingeborg* Schlafen die Kinder?
INGEBORG: Ja, Otto.
EMIL *stolpert aus dem Gebüsch links*: Im Garten sind Komplicen von Riedel.
BIANKA: O Gott, ich habe auf Verbrechern gesessen!

EMMA: Woher weißt du denn, daß es Verbrecher waren?

EMIL: Na, wenn das keine Verbrecher waren! – Ich komme zu der Bank, ich sehe, wie sich da was bewegt, sage: »Hände hoch!« und will gerade die Bank anleuchten, da fällt mir die Taschenlampe aus der Hand.

ZANDER: Warum denn?

EMIL: Weil ich eine furchtbare Ohrfeige bekam.

BIANKA: Was hast du denn da gemacht?

EMIL: Da bin ich wieder gegangen.

BIANKA: Na, dann schick mal den Kriminalbeamten in den Garten.

EMIL: Was, der ist da?

MARIA TH. *und* CHRISTIAN *sind aus dem Haus gekommen.*

CHRISTIAN: Ist das wirklich der Kriminalbeamte?

MARIA TH.: Das sieht man ihm doch an.

EMIL: Ich muß sofort mit ihm sprechen.

ZANDER: Ich auch. Ich bin ja quasi ein halber Kollege von dem Mann.

MARIA TH.: Wir gehen natürlich alle mit.

Alle ab. Durch die offene Hallentür sieht man die Gruppe sich um den fremden Herrn scharen, der offensichtlich immer wieder Gesprächen zu entgehen sucht. Vorn links erscheinen HILDE *und* LOTHAR. *Sie blicken nach der Halle.*

HILDE: Ach, da sind sie ja alle wieder!

LOTHAR *zeigt mit Emils Staubwedel*: Die ganze bucklige Verwandtschaft.

HILDE: Ich hatte sie schon ganz vergessen.

LOTHAR: Ich mach dir'n Vorschlag. Setzen wir uns wieder auf unsere Bank.

HILDE: Nein Theodor! Dann kommt wieder der Kerl mit der Taschenlampe!

LOTHAR: Erstens hat er keine Taschenlampe mehr, zweitens kommt er bestimmt nicht wieder, und drittens, wenn er

doch wiederkommt, dann kriegt er eben noch eine Ohrfeige.
HILDE: Ach Gott, ach Gott! Wenn wir jetzt da so zu zweien da 'reinkommen, die werden uns schön angucken.
LOTHAR: Ja, Fräulein, das kommt davon, wenn man sich mit fremden Herrn nachts auf dunkle Bänke setzt.
HILDE: Ich hab's ja gar nicht gewollt.
LOTHAR: Du lügst!
HILDE: Ja, lügen tu ich auch schon. Schrecklich, was auf einmal aus mir geworden ist.
DER FREMDE HERR *erscheint auf der Veranda*: Guten Abend.
LOTHAR und HILDE *gleichzeitig*: Guten Abend.
HILDE *leise zu Lothar*: Wer ist denn das nun wieder?
LOTHAR: Das werden wir gleich haben. – Geh du mal inzwischen zu den anderen. Ich komme später nach.

Hilde an dem fremden Herrn vorbei, ab in die Halle.

FR. HERR *kommt die Treppe herunter*: Wer ist denn das hübsche Mädchen?
LOTHAR: Meine Kusine.
FR. HERR: Kusine? – Ach so. *reicht ihm die Hand.* N'Abend. Das ist ja hier die reinste Irrenanstalt!
LOTHAR: Deshalb fühle ich mich auch so heimisch.
FR. HERR: Was wollen die denn eigentlich von mir? Und warum hast du mir denn am Telefon verboten, mit ihnen zu reden?
KLÖCKNER *kommt sehr eilig rechts aus dem Park, verschwindet, so schnell ihn seine Beine tragen, im Haus.*
FR. HERR: Das ist auch so ein Verrückter. Den kenne ich schon. Er wollte sich mit mir unterhalten.
LOTHAR: Hoffentlich vergeblich.
FR. HERR: Natürlich. – Aber die Hauptsache: wie geht's denn *ihm*?
LOTHAR: Keine Ahnung! Er ist seit zwei Tagen verschwunden.
FR. HERR *erschrocken*: Was?
LOTHAR: Geflohen.

FR. HERR: Warum denn, um alles in der Welt!

LOTHAR: Weil er Stefan Blankenburg ermordet hat.

FR. HERR: Ach du himmlische Güte! Jetzt verstehe ich langsam, warum die Leute da drin mich andauernd fragen, ob ich den Haftbefehl mitgebracht hätte. – Was soll ich denn nun machen? –

LOTHAR: Jetzt gehst du rauf. Zweite Etage rechts, das erste Zimmer neben der Treppe ist meins. Dort bleibst du vorläufig.

FR. HERR: Wenn du meinst. *geht, wendet sich noch einmal um* Weißt du, wohin er geflohen ist? Sollten wir ihn nicht suchen?

LOTHAR: Eins nach dem andern!

FR. HERR: Das hat er nun davon! *ab durch die Halle, dann mit Gepäck nach oben.*

KLÖCKNER *begegnet, als er aus der Halle kommt, dem fremden Herrn*: Da läuft ja immer noch dieser vorlaute Mensch herum! Wissen Sie, was der hier will?

LOTHAR: Ich? Woher soll *ich* denn das wissen?

KLÖCKNER: Sie haben doch gerade mit ihm gesprochen?

LOTHAR: Sie haben doch wahrscheinlich auch mit ihm gesprochen?

KLÖCKNER: Ja.

LOTHAR: Na und? Was will er?

KLÖCKNER: Woher soll ich denn das wissen?

LOTHAR: Sowas! Da haben wir beide mit ihm gesprochen und wissen es beide nicht.

KLÖCKNER *in seiner polternden Art*: Ohne Ihnen schmeicheln zu wollen: Sie sind der ausgekochteste Jüngling, der mir jemals untergekommen ist.

LOTHAR: Sie hätten sich mehr in der Welt umsehen sollen.

KLÖCKNER: Das kommt noch. Ich besuche Sie mal in Capstadt.

LOTHAR: Au fein! Melden Sie sich aber rechtzeitig an.

KLÖCKNER: Darf ich fragen, wann Sie zu den anderen Hottentotten zurückfahren?

LOTHAR: Das weiß ich noch nicht. Aber eins weiß ich ganz genau.

KLÖCKNER: Was denn?

LOTHAR: Wenn ich einmal ein Testament machen sollte, wende ich mich nur an Sie. Man hat mir erzählt, wer Sie zum Notar hat, lebt lange.

KLÖCKNER: Ich könnte Ihnen noch ganz andere Dinge erzählen.

LOTHAR: Ich Ihnen auch.

KLÖCKNER: So? – Na, da wird's das Beste sein, wir vertragen uns wieder.

LOTHAR: Ist recht.

KLÖCKNER *sucht ein unverfängliches Thema*: Übrigens diese kleine Hilde, das ist ein patenter Kerl.

LOTHAR: Wollen Sie sie heiraten?

KLÖCKNER: Nun werden Sie aber nicht ulkig! Ich dachte, Sie hätten Absichten?

LOTHAR: Ja, wär' schon eine ganz nette Frau! – Aber es geht ja leider nicht.

KLÖCKNER: Warum soll denn das nicht gehen?

LOTHAR: Nee, nee, wenn man so nah miteinander verwandt ist, dann soll man nicht heiraten.

KLÖCKNER: Sie sind doch gar nicht mit ihr verwandt!

LOTHAR: Sehen Sie, das hatte ich schon wieder vergessen!

PAULA *kommt rechts aus dem Garten.*

KLÖCKNER: Nun gibt's aber gleich ein paar hinter die Ohren!

LOTHAR *lacht.*

PAULA *geht auf die Veranda zu*: Laßt euch in eurer geistreichen Debatte nicht stören! *ab in die Halle.*

KLÖCKNER *nach einem kleinen Schweigen*: Eine großartige Frau!

LOTHAR: Kunststück! Wir Blankenburgs!

KLÖCKNER *wieder drohend*: Sie! – *abrupt* Wie heißen Sie eigentlich?

LOTHAR: Da kommen Sie schon noch selber drauf. Machen Sie nur weiter fleißig mit Herrn Riedel zusammen meine Briefe auf. Ach so, der Riedel ist ja verschwunden.

KLÖCKNER: Eben! – Weil wir gerade von Briefen sprechen, geben Sie mal schleunigst den anderen Brief raus!

LOTHAR: Was denn für einen Brief?

KLÖCKNER: Ihre »Tante Paula« hat mir im Garten eben gesteckt, daß *Sie* das Dokument geklaut haben.

LOTHAR: Hätten Sie besser aufgepaßt!

KLÖCKNER: Geben Sie den Wisch her! Der darf unter keinen Umständen der Familie in die Hände fallen.

LOTHAR: Ich bin ganz Ihrer Ansicht.

KLÖCKNER: Warum geben Sie ihn denn dann nicht her?

LOTHAR: Weil er Ihnen schon einmal gestohlen wurde.

KLÖCKNER: Sie Lausebengel Sie! Man sollte Ihnen mit einem Kilometer Anlauf in den Rückenfortsatz treten!

LOTHAR *greift in die Tasche*: Na schön, hier ist der Brief! *gibt ihm das Kuvert.*

KLÖCKNER *erleichtert*: Danke! *steckt den Brief in die Brusttasche.*

LOTHAR: Nun lassen Sie sich aber nicht die Jacke stehlen!

KLÖCKNER *hebt komisch entrüstet einen Gartenstuhl auf und geht damit auf Lothar los*: Nun aber nischt wie weg!

LOTHAR *läuft lachend ins Haus ab.*

KLÖCKNER *stellt den Stuhl hin, setzt sich drauf, wischt sich mit dem Taschentuch über die Stirn*: Ist das ein anstrengender Mensch!

Von rechts Geräusch, als klettere jemand über die Gartenmauer. Klöckner verhält sich still.

RIEDEL *tritt rechts aus dem Gebüsch; er ist in Hut und Mantel. Er klopft den Mantel sauber, zieht ihn aus, hängt ihn und den Hut vergnügt an einen Ast.*

KLÖCKNER: N'Abend!

RIEDEL *erschrickt, dann*: Ach, du bist's!

KLÖCKNER: Wie bist du denn hereingekommen?

RIEDEL: Über die Mauer.

KLÖCKNER: Weit hast du's gebracht. Über die Mauer mußt du steigen, wenn du zu dir willst.

RIEDEL: Hast du denn nun den Brief?

KLÖCKNER: Ich hab dir vorhin am Telefon gesagt, ich krieg den Brief!

RIEDEL: Also hast du ihn oder kriegst du ihn?
KLÖCKNER: Ich hab ihn gekriegt!
RIEDEL: Gottseidank! – Hier sind die Wohnungsschlüssel! *reicht Klöckner ein Bund Schlüssel.*
KLÖCKNER: Hast du den Hund noch mal rausgelassen?
RIEDEL: Ich wollte; aber es war nicht mehr nötig.
KLÖCKNER: Nicht mal mit Hunden kannst du umgehen.
RIEDEL *sieht den Wasserbottich usw.*: Hier sieht's ja reichlich bunt aus.
KLÖCKNER: Ja, mein lieber Herr Riedel, da geh'n Sie mal wieder an Ihre Arbeit! – Wenn du mich brauchst, ich bin in der Küche.
RIEDEL: Was willst du denn in der Küche?
KLÖCKNER *nimmt den Brief aus der Tasche*: Deine Korrespondenz aus dem Jenseits verbrennen. *ab.*

Riedel tritt zu dem Gartentisch vorn rechts, auf dem die Essigflasche usw. steht. Er stellt das Ganze umständlich auf ein Tablett.

FR. HERR *erscheint von links aus dem Garten; er trägt jetzt die gleiche Livrée wie Riedel. Er erschrickt freudig, als er Riedel sieht, geht leise zu dem Tisch vorn links, auf dem die Tassen usw. stehen und sammelt das Geschirr auf einem anderen Tablett.*

Als Riedel das Tablett aufhebt und sich umdreht, hebt auch der fr. Herr sein Tablett auf, so daß sich jetzt zwei Diener in gleicher Haltung aneinander entsprechenden Bühnenstellen gegenüber stehen. Riedel blickt den anderen fassungslos an. Das Tablett zittert in seinen Händen. Beide Diener setzen die Tabletts wieder auf die Tische.

FR. HERR: Ich bin ja so froh, daß Sie wieder da sind.
RIEDEL: Wie kommst du denn hierher?
FR. HERR *verlegen*: Mit der Bahn. – Ich bin heute früh um sieben weggefahren. – In Frankfurt hatte ich direkten Anschluß. Das ist die günstigste Verbindung. – Von Paulsbrunn ab habe ich dann den Postomnibus genommen.
RIEDEL: Daß du nicht zu Fuß gegangen bist, kann ich mir

denken. Ich möchte wissen, wie du dazu kommst, hier aufzutauchen, nachdem ich es dir nachdrücklichst verboten hatte. – Du solltest dich doch erholen.

FR. HERR: Das ist keine Art und Weise, seine Familie kennen lernen zu wollen. Sogar ausgerissen sind Sie ein paar Tage! Ich hab Ihnen ja schon auf dem Schiff gesagt, daß alles schief gehen wird.

RIEDEL: Gar nichts ist schief gegangen!

FR. HERR: Was glauben Sie wohl, für wen mich Ihre Verwandten halten? – Für einen Kriminalbeamten, der Sie verhaften soll.

RIEDEL: Mich?

FR. HERR: Na, eigentlich mich.

RIEDEL: Warum denn dich?

FR. HERR: Weil man mich für Sie, – nein, weil man Sie für mich hält.

RIEDEL: Also, Leberecht, drück dich etwas deutlicher aus!

FR. HERR: Ihre Verwandten glauben, daß Sie nicht gestorben sind, sondern daß ich Sie umgebracht habe. – Deshalb haben sie mich kommen lassen, damit ich Sie verhafte.

RIEDEL: Und nun, wenn irgend möglich, noch deutlicher!

FR. HERR: Ein Glück, daß ich da bin. Wenn man Sie nachher verhaftet, weil Sie sich die Treppe runtergestoßen haben, dann zeig ich einfach meinen Paß und dann sieht man gleich, daß ich's gar nicht gewesen sein kann.

RIEDEL: Verstehst wenigstens du, was du sagst?

FR. HERR: Da brauchen Sie mich gar nicht aufzuziehen, Herr Blankenburg. Wenn wir beide *da* sind, dann *leben* wir beide auch noch. Wenn wir beide leben, dann können Sie nicht tot sein. Und wenn Sie nicht tot sind, dann können Sie sich auch nicht ermordet haben. Und wenn Sie sich nicht ermordet haben, dann kann ich Sie auch nicht verhaften. Nehmen Sie mir's bitte nicht übel, Herr Blankenburg, aber was daran noch unklar sein soll, das weiß ich wirklich nicht.

RIEDEL: Na, ist schon gut. Ich freu mich trotzdem, daß du da bist. *gibt ihm die Hand* Guten Tag, Leberecht.

FR. HERR: Guten Tag, Herr Blankenburg.

KLÖCKNER *geht nach hinten, will anscheinend in die Halle, wird vor der Tür, schon unter dem Balkon durch die Stimme Gottfrieds aufgehalten.*
GOTTFRIED *ist im Nachthemd auf dem Balkon erschienen*: Herr Riedel!
FR. HERR *sieht verwundert auf die Erscheinung auf dem Balkon*: Ja, was denn?
GOTTFRIED: Seit wann sind Sie denn wieder da? Ich habe gedacht, Sie sind wegen meines Schuldscheins ausgerissen.
RIEDEL: Das mit dem Schuldschein ist in Ordnung. Nun, scher dich wieder ins Bett!
GOTTFRIED: Wieso stehen denn da zwei Riedel? Erst reißen Sie aus, und dann sind Sie doppelt!
RIEDEL: Du träumst ja schon!
GOTTFRIED: Ist das Ihr Bruder, Herr Riedel?
RIEDEL: Sowas Ähnliches. – Wenn du bis drei nicht verschwunden bist, wird der Schuldschein ungültig. – Eins – zwei – *Gottfried verschwindet eiligst.*

EMIL *kommt mit den Anderen, auch mit* LOTHAR *aus der Halle. Große Aufregung, weil Riedel zurück ist.*

KLÖCKNER *zum fr. Herrn*: Ich komme gleich wieder. *geht ab durch die anderen, die erschrocken auseinandertreten und ihm Platz machen.*
EMIL *erregt zum fr. Herrn*: Da hört sich ja alles auf! Da kommt der Mann von selber zurück und rennt Ihnen in die Arme! Und statt daß Sie ihn verhaften, lassen Sie so einen gefährlichen Menschen von neuem davonlaufen!
FR. HERR *geht mit einem der beiden Tabletts ab*: Er hat ja gesagt, daß er gleich wiederkommt.
EMIL: Sie sind ein Gemüt!
KLÖCKNER: Wer ist hier ein gefährlicher Mensch?
BIANKA: Na, dieser Riedel.
KLÖCKNER: Der soll ein gefährlicher Mensch sein? – Der ist genau so harmlos wie ich.
MARIA TH.: Nein, Herr Justizrat, Sie sind *noch* harmloser.

EMIL: Sie denken wohl, wir wissen nichts? Wir wissen alles!

LOTHAR: Falls Sie's noch nicht gemerkt haben sollten, Sie gelten in der Testamentsangelegenheit als notorischer Schwindler.

CHRISTIAN: Als notorischer? – Als notarischer? *lacht albern.*

KLÖCKNER: Ich? *setzt sich hin.*

LOTHAR: Tja! Scheußlich, ausgerechnet wegen eines so korrekten und einwandfreien Testaments verdächtigt zu werden! Daß so etwas einem Menschen von so ernster Berufsauffassung passieren muß!

KLÖCKNER *droht ihm*: Sie!

EMIL *zu Lothar*: Sei du mal ganz ruhig! Dich haben wir auch in der Hand. Du hast dem Riedel Briefe geschrieben, deren Inhalt verteufelt nach Erpressung riecht. Die Indizien sind gut verwahrt.

LOTHAR: Du bist eben der geborene Kriminalist.

BIANKA: Ja, das ist er!

LOTHAR *greift in seine Tasche*: Bloß auf deine Taschenlampe mußt du künftig besser aufpassen.

EMIL *nimmt mit Verwunderung seine Lampe in Empfang*: Ach, *du* warst das?

PAULA: Theodor ist ein Räuber!

BIANKA: Auf dir hab ich gesessen? Wer war denn der andere?

LOTHAR *sieht Hilde an*: Das war ein Komplize von mir, ein ganz gefährlicher Kerl.

PAULA: Und von wem hat Emil die Ohrfeige gekriegt?

LOTHAR: Von mir. Sowas bleibt am besten in der Familie.

EMIL: Ja, ja. Spiele dich nur auf! Ich habe vorgestern an einen Münchner Kriminalisten geschrieben, er soll, wenn er's für nötig hält, herkommen und den Fall weiter verfolgen.

ZANDER, EMMA, INGEBORG *sind aus der Halle gekommen.*

KLÖCKNER: Der soll wohl Herrn Riedel verhaften?

MARIA TH.: Und Sie auch!

KLÖCKNER: Das kann ja ein Fest werden, wenn der nun wirklich kommt!

EMIL *lacht überlegen*: Er ist längst da.
FR. HERR *kommt zurück, um das zweite Tablett zu holen.*
EMIL *mit Blick auf fr. Herrn*: Er hat es aber verstanden, sich der Lage anzupassen. Er hat sich verkleidet.
KLÖCKNER: Als was denn?
EMIL *zeigt triumphierend auf den fr. Herrn, der eben wieder abgehen will*: Als Diener!
KLÖCKNER: Allmächtiger! Das ist der Kriminalfatzke?
EMIL: Ganz recht. Das ist der Kriminalkommissar a. D. Willer!
FR. HERR *geht ab.*
LOTHAR: Das kann der Herr Willer nicht sein.
EMIL: Wieso?
LOTHAR: Weil ich ihm abdepeschiert habe.
ZANDER: Was?
MARIA TH.: Das ist ja ein Komplott!
EMIL: Erst ohrfeigst du mich, und dann widerrufst du meine Depesche?
LOTHAR: Andersherum, lieber Vetter! Erst habe ich *telegrafiert*.
CHRISTIAN: Nun muß mir mal einer erklären, wieso ein Mensch hier ankommt, obwohl er ein Telegramm bekommen hat, daß er nicht kommen soll.
BIANKA: Emils Depesche wird ihm eben mehr eingeleuchtet haben.
EMMA: Er wird sich dasselbe wie Schramm gedacht haben; der sagt immer: Abbestellen gilt nicht!
PAULA: Vielleicht ist der Herr im Diener-Jackett so liebenswürdig, sich endlich vorzustellen.
FR. HERR *kommt zurück, um den Kartoffelbottich zu holen; er will sofort wieder weg.*
KLÖCKNER *hält ihn auf*: Nun bleiben Sie mal einen Augenblick hier! Wir haben uns gerade über Sie unterhalten; wir wissen bloß noch nicht, ob Sie's sind. – Waren Sie früher mal bei der Polizei?
FR. HERR *kommt nach vorn*: Nein, bei der Artillerie.
EMMA: Sind Sie aus München?
FR. HERR: Nein, aus Friedberg.

ZANDER: Heißen Sie Willer?
FR. HERR: Nein, warum?
CHRISTIAN: Haben Sie überhaupt einen Namen?
FR. HERR: Natürlich.
KLÖCKNER: Mensch, nun sagen Sie schon endlich, wer Sie sind!

Im Hintergrund erscheint auf der Veranda Leberecht RIEDEL, *nun in einem eleganten Saccoanzug; er lehnt sich an einen Pfosten und hört der Unterhaltung zu.*

FR. HERR *steht mit dem Rücken zum Publikum, um ihn herum die übrigen, über deren Köpfe er Riedel sehen und beobachten kann*: Ich heiße –
RIEDEL *nickt ihm aufmunternd zu.*
CHRISTIAN: Nun hat er seinen Namen *vergessen.*
FR. HERR: Ich heiße – Leberecht Riedel.

Allgemeine Fassungslosigkeit.

EMIL: Ausgeschlossen! Da irren Sie sich!
ZANDER: Denken Sie mal in aller Ruhe nach.
BIANKA *zu Christian*: Wie erklärst du dir das als Arzt?
CHRISTIAN: Entweder ist es eine Wach-Halluzination, oder es stimmt.
FR. HERR: Es stimmt.
EMMA: Ja, sind Sie denn ein Zwilling?
FR. HERR: Mir ist nichts davon bekannt.
PAULA: Also gibt's zwei Leberecht Riedel?
FR. HERR: Nein, es gibt nur einen, und der bin ich.
ZANDER: Wie heißt denn dann der andere Riedel!
RIEDEL *von der Veranda aus*: Der andere Riedel heißt –

Alle drehen sich verwundert um.

RIEDEL: – heißt Stefan Blankenburg.

Einen Augenblick Ruhe der Verwunderung.

ZANDER *schließlich aus der Stille*: Hast du das gehört, Ingeborg?

INGEBORG: Ja, Otto.

KLÖCKNER *schiebt Paula einen Stuhl zurecht*: Brauchen Sie einen Stuhl, gnädige Frau?

PAULA: Ja. *setzt sich*.

EMMA: Der tote Onkel.

LOTHAR *zu Emil*: Na, Herr Detektiv, was sagste nun?

EMIL: Ich habe ja immer gewußt, daß hier was nicht stimmt.

ZANDER *zu Maria Th.*: Was macht man in so einem Falle?

MARIA TH.: Ich und mein Mann halten es für das Richtigste, diese gastliche Stätte umgehend zu verlassen. Wir reisen ab!

ZANDER *zu Ingeborg*: Wir können doch nicht mitten in der Nacht die Kinder wecken?

INGEBORG: Nein, Otto.

BIANKA: Ich bleibe keine Nacht länger in diesem Hause!

KLÖCKNER: Schade, daß wir die gefeierte Künstlerin schon so bald wieder verlieren sollen!

BIANKA *wütend auf den Justizrat zu*: Sie! Reizen Sie mich nicht noch, Sie Urkundenfälscher! *nun in hemmungslosem Ärger* Ich hab ja schon viel erlebt!

KLÖCKNER: Nicht möglich!

BIANKA: Aber dieses Schindluder, das man hier mit uns getrieben hat, das steigt ja auf Bäume! Erst lockt man uns hierher, dann erbt der Diener, und die Verwandten gucken in den Eimer! Dann sitzt man tagelang in diesem Kuhdorf herum, läßt sich von einem verrückten Bengel einreden, es wäre ein Mörder im Haus! Und nun stellt sich zum Überfluß auch noch heraus, unser lieber, guter Onkel hat sich mit uns bloß einen kleinen Spaß erlaubt! – Nun hat's aber geschnappt! Los, wir fahren ab!

EMMA: Ich denke, da ist noch ein Brief, der vorgelesen werden soll?

MARIA TH.: Eins steht fest: in meiner Gegenwart wird der Brief nicht vorgelesen!

BIANKA: Wenn ich nicht blöderweise eine Dame wäre, könnte

ich euch für diesen Wisch eine bedeutend passendere Verwendung vorschlagen!
RIEDEL: Du hast, obwohl du blöderweise eine Dame bist, mit deinem Vorschlag vollkommen recht!

Christian, Maria Theresia und Bianka gehen auf die Veranda zu.

RIEDEL *versucht, sie vor der Veranda aufzuhalten*: Es wäre nett von euch, wenn ihr noch ein paar Minuten für mich übrig hättet. Den Nachtzug bekommt ihr auf jeden Fall.
BIANKA: Wenn du mich nicht vorbeiläßt, schreie ich. Ich kann fürchterlich schreien!
RIEDEL *hält sie mit ausgebreiteten Armen auf*: Das glaube ich dir gern.
MARIA TH. *zu Christian, der einen Augenblick zögert*: Komm, Christian! *beide ab über die Veranda.*
RIEDEL *drückt Bianka in einen Stuhl*: Nun nehmt alle mal Platz. *Man setzt sich zögernd, soweit Stühle vorhanden sind.*
RIEDEL: Ich bin euch eine Erklärung schuldig. Wenn ihr mich dann noch allein lassen wollt, dann werde ich euch nicht länger zurückhalten. – Ich habe noch nie in meinem Leben das Bedürfnis gehabt, eine sentimentale Ansprache zu halten.
KLÖCKNER: Das kann ich beschwören.
RIEDEL: Aber nun ist es soweit. Strafe muß eben sein.

CHRISTIAN *und* MARIA THERESIA *erscheinen in Reisekleidern auf dem Balkon und hören zu. Allmählich setzen sie sich hin, Christian nimmt den Hut ab.*

RIEDEL: Als ich zwanzig Jahre alt war, ging ich nach drüben. Ich hatte damals, wie das in der Jugend gelegentlich vorkommen soll, keine besonders gute Meinung von den Menschen, so ganz im allgemeinen und wohl auch im besonderen. Ich ging nicht allein hinüber. Ich nahm meinen Ehrgeiz mit. Und wir zwei, wir sind dann auch die nächsten vierzig

Jahre zusammen geblieben. Davon abgesehen, war ich nicht sehr gesellig. Mit Menschen war ich nie zusammen, immer bloß mit Geschäftsleuten. Schließlich muß ich wohl geglaubt haben, daß es überhaupt nichts anderes gibt. Und als ich nun endlich wieder nach Hause fahren wollte...

PAULA: Da dachtest du, der Tod ist für die, die übrig bleiben, auch bloß ein Geschäft.

RIEDEL: Sowas Ähnliches. – Und da ich im Leben immer recht behalten hatte, nahm ich mir vor, mich zu überleben, um auch noch nach meinem Tode recht zu behalten. Deswegen starb ich, wurde mein Diener und beerbte mich. Seid mir bitte nicht böse, ich hatte bestimmt damit gerechnet, daß ihr euch kleinlich, mißgünstig und ekelhaft, kurz so familiär wie nur möglich benehmen würdet.

EMMA: So ekelhaft sind wir doch gar nicht.

RIEDEL: Das ist ja das Malheur! Seit ich tot bin, habe ich keine ruhige Minute mehr. Heute im Alter von sechzig Jahren mache ich meine erste ehrliche Liebeserklärung. Die mache ich euch. Ihr gefallt mir – offengestanden – sogar – sehr! Wenn ihr wollt, könnt ihr natürlich heute Abend wegfahren. Aber wenn es euch nichts ausmachen sollte, – mir wär's lieber, ihr bliebt noch ein bißchen da. – Was wollte ich denn noch sagen? – Ach so, ja, ich bitte euch vielmals um Entschuldigung.

HILDE *geht zu ihm*: Aber Onkel, natürlich bleiben wir. Du machst dich ja viel schlechter, als du wirklich bist. Glaubst du, Emil und ich, wir hätten vergessen, daß du uns seit Jahren unterstützt hast?

KLÖCKNER: Armer toter Freund! Auch das noch!

RIEDEL *sehr verlegen*: Ich komm' aus dem Fegefeuer nicht mehr raus! – Wer euch auch unterstützt haben mag, ich war's jedenfalls nicht!

HILDE: Nein? – Ach Gott, das tut mir aber leid. Bist du mir böse?

RIEDEL: Ich dir? – Nein, aber neugierig bin ich, wer es denn nun wirklich war.

EMIL *triumphierend*: Ich weiß! Der Justizrat war es selber!

KLÖCKNER: Es wäre ja auch ein Wunder, wenn Sie mal was Richtiges vermuteten. Damit dieser häßliche Verdacht, an Ihnen mitschuldig zu sein, nicht auf mir sitzen bleibt, will ich es lieber verraten.
PAULA: Das verbiete ich Ihnen!
HILDE *zu Paula hin*: Tante Paula! *sie fällt ihr um den Hals.*
EMIL *ebenfalls zu ihr.*
PAULA *sucht den Liebkosungen zu entgehen*: Benehmt euch nicht so albern. Sonst kriegt ihr nichts mehr. Im übrigen sind wir unserem teuren Verstorbenen noch eine Antwort schuldig. Er hat gefragt, ob wir die verwandtschaftlichen Beziehungen mit ihm aufrecht erhalten wollen. Ich schlage vor, daß wir, wenn er sich zu bessern verspricht, es nochmal mit ihm versuchen. – Hat jemand was dagegen?
CHRISTIAN *vom Balkon*: Onkel Stefan.
RIEDEL *blickt hinauf*: Ach, ihr seid auch noch da?
CHRISTIAN: Hast du was dagegen, wenn wir wieder runterkommen?
RIEDEL: Ach wo. Ich freue mich. Kommt nur runter.
MARIA TH.: Ich denke, wir fahren?
CHRISTIAN: Ist das mein Onkel oder dein Onkel?
MARIA TH.: Dein Onkel.
CHRISTIAN *energisch*: Also, dann komm! *sie gehen oben ab.*
FR. HERR *erscheint mit einem Servierwagen, auf dem Sekt-Flaschen und Gläser stehen.*
RIEDEL: Wo hast du denn die Servierkutsche her?
FR. HERR: Die stand doch in der Küche.
RIEDEL: Das ist natürlich keine Kunst! Wenn ich die genommen hätte, dann hätte ich auch nichts zerschlagen.
LOTHAR: Somit wäre wohl der feierliche Moment gekommen, wo wir uns die Nase begießen und Onkel Stefan zurufen: Herzlich willkommen unter den Lebenden!

MARIA THERESIA *und* CHRISTIAN, *die gerupfte Gans in der Hand, kommen aus der Halle. – Alles hat sich mit Gläsern versehen.*

CHRISTIAN *verlegen*: Ich habe gleich die Friedenstaube mitgebracht. *er gibt die Gans Maria Theresia zum Halten, die sie bei der ersten Gelegenheit weglegt.*
LOTHAR: Wir Blankenburgs begehen heute eine ungewöhnliche Feier: die Heimkehr des verlorenen Onkels. Da Menschen, die totgesagt waren, ungebührlich lange zu leben pflegen, ist es unsere verdammte Pflicht und Schuldigkeit, an die Zukunft unseres Onkels zu denken. Lieber Onkel, wir verpflichten uns, alles, was wir an beweglichem und unbeweglichem Gut erworben haben oder noch erwerben werden, dir als unserem alleinigen Erben zu hinterlassen. Möge dir unser Kapital, inclusive Zins und Zinseszins, leicht werden! – Prost, ich habe Durst!

Allgemeines Anstoßen.

RIEDEL: Herzlichen Dank für die ergreifenden Begrüßungsworte. – Nun möchte ich aber den verehrten Vorredner etwas fragen…
KLÖCKNER: Nee, Stefan, die Frage stelle ich! Wer sind Sie nun eigentlich, vorlauter Fremdling? Was Sie *nicht* sind, das wissen wir nun langsam.

Allgemeines Erstaunen.

HILDE: Wie reden Sie denn von meinem Vetter Theodor?
KLÖCKNER: Er ist nicht Ihr Vetter, er heißt nicht Theodor, er kommt nicht aus Afrika, er handelt nicht mit Cornedbeef…
EMMA: Nur ich Dussel bin als ich selbst gekommen!
HILDE: Theodor! Du hast mich belogen?
ZANDER: Nun mal endlich raus mit der Sprache!
LOTHAR *blickt auf den fremden Herrn*: Möchte nicht jemand anderes auf die Frage Antwort geben?
FR. HERR: Dieser junge Mann heißt in Wirklichkeit Lothar Bildt und ist mein Neffe. – *zu Riedel* Ich habe ihn hergeschickt. Er sollte auf Sie aufpassen, damit das Unglück nicht zu groß wird. – Und als Sie nun verhaftet werden sollten, da

hat er mich telefonisch herbestellt. – Ich bitte vielmals um Entschuldigung.

KLÖCKNER: Eine harmlosere Kinderfrau konnten Sie wohl nicht auftreiben?

FR. HERR: Als ich nach Friedberg kam, da sagten meine Verwandten, Lothar sei der Klügste in der Familie.

EMMA: Ja, dumm ist er nicht. Schramm würde sagen, der Theodor, der hat 'nen offnen Kopp!

FR HERR: Lothar heißt er. – Außerdem dachte ich mir: 1. hat er gerade Urlaub. Und 2., bei dem Beruf, den er hat, eignet er sich besonders.

CHRISTIAN: Was ist denn Ihr werter Herr Neffe?

FR. HERR: Irrenarzt.

PAULA *lacht*.

LOTHAR: Onkel, du darfst doch die Leute nicht so erschrekken! Ich bin erster Assistenzarzt an der pathologischen Klinik in Freiburg.

RIEDEL: Also doch Irrenarzt. – Lieber Herr Doktor, die Liquidation für die Behandlung lassen Sie mir wohl gelegentlich zugehen.

LOTHAR: Danke, Verwandte behandle ich umsonst.

ZANDER: Da kann ich nicht mehr mit. Ich denke, ihr seid gar nicht miteinander verwandt?

LOTHAR: Meine Herrschaften, es hat mich in diesen Tagen aufrichtig bedrückt, daß ich Sie belügen mußte. Ich habe mir Tag und Nacht den Kopf zerbrochen, wie ich das wieder gutmachen kann. Es gibt nur eine Lösung: ich muß in Ihre Familie einheiraten, um wenigstens nachträglich mit Ihnen verwandt zu werden.

FR. HERR: Wen willst du denn heiraten?

LOTHAR: Meine Exkusine Hilde Böhmke.

HILDE: Nein! Einen notorischen Schwindler heirate ich nicht.

FR. HERR: Aber Lothar! Du weißt doch gar nicht, ob das Herrn Blankenburg recht ist, wenn wir jemanden aus seiner Familie heiraten.

LOTHAR: Doch, das weiß ich. Herr Blankenburg ist sehr dafür.

RIEDEL: Sie haben eine beneidenswerte Fähigkeit, einen immer wieder zu überraschen. Ich soll dafür sein?

LOTHAR: Lieber, verehrter Herr Blankenburg, regen Sie sich bitte nicht auf! Wissen Sie, was passiert, wenn Sie jetzt mitten in Ihrer schönen Entrüstung der Schlag trifft?

RIEDEL: Dann bin ich endlich wirklich tot und habe Ruhe vor Ihnen.

LOTHAR: Ja, und dann wird Ihr Juxtestament rechtsgültig, und wer ist dann der Universalerbe?

KLÖCKNER: Der Diener Leberecht Riedel.

LOTHAR: Mein Onkel!

CHRISTIAN *fühlt Riedel den Puls*: Um Gotteswillen, Onkel Stefan, reg dich nicht auf! Der Kollege hat recht.

PAULA: Stefan, nun gib schon nach. Gegen einen Irrenarzt kommst du ja doch nicht auf.

HILDE: Ich denke gar nicht daran, dich zu heiraten.

LOTHAR: Du sollst dich ja erst mal verloben.

HILDE: Darüber ließe sich vielleicht reden.

RIEDEL: Mir altem Mann tätst du einen Gefallen damit. Dann kann er endlich jemand anderen ärgern.

HILDE: Das ist ein Gesichtspunkt. *geht zu Lothar und gibt ihm einen Kuß* So, nun läßt du aber den Onkel in Ruhe! Sonst werde ich eifersüchtig.

LOTHAR *hakt Hilde unter und läuft mit ihr nach hinten. Auf der Veranda bleibt er stehen.* Glückwünsche werden in der Halle entgegengenommen! – *zu Emil* Emil, vergiß nicht, dich bei mir zu bedanken, daß ich dir den Kriminalkommissar erspart habe, geliebter Schwager. *mit Hilde ab in die Halle.*

RIEDEL: Kränk dich nicht, Emil! Irren ist menschlich. Soll ich dir ein Detektivbüro schenken?

EMIL: Nein, danke, ich hab mir's überlegt. Ich werde Justizminister.

BIANKA *schiebt ihren Arm unter den seinen*: Du suchst dir immer so schwere Berufe aus. – Komm! *beide ab in die Halle.*

ZANDER: Junge, Junge, das war ein Abend! Erst ein wiederauferstandener Onkel, und nun auch noch eine Verlobung. *zu Ingeborg* Weißt du, worauf ich mich freue?

INGEBORG: Ja, Otto. Auf die Kinder.
ZANDER: Die werden Augen machen. – Paß bitte auf, daß dein Mann heute abend nicht mehr soviel trinkt. Sonst kann er es ihnen morgen früh nicht erzählen.
INGEBORG: Ja, Otto. *beide ab in die Halle.*
RIEDEL: Emma!
EMMA *die eben auf dem Weg in die Halle war, kommt zurück.*
RIEDEL: Wo wollte denn Schramm den Lieferwagen kaufen?
EMMA: Die Fabrik ist in München.
RIEDEL: Aha!
EMMA *geht ab.*
RIEDEL *zum Justizrat*: Die nächsten Tage hast du nun leider viel zu tun.
KLÖCKNER: Irrtum! Ich habe überhaupt nichts mehr zu tun! – Die Einäscherung Deines Testamentszusatzes war meine letzte Amtshandlung. – Ein Notar, der sich ein wichtiges Dokument aus der Aktentasche stehlen läßt, ist an sich schon ein kurioser Fall; wenn sich der Dieb danach aber auch noch als Irrenarzt entpuppt, ist dieser Wink des Schicksals gar nicht mehr zu verkennen. – Tut mir leid, daß du dir einen anderen Anwalt suchen mußt. Ich befinde mich im Ruhestand!
RIEDEL: Du glaubst doch wohl nicht, daß ich deine Dienste als Notar noch einmal in Anspruch zu nehmen beabsichtige. Ich möchte dich bloß bitten, mir jetzt zu helfen, bei meiner Familie den Weihnachtsmann zu spielen.
KLÖCKNER: Tut mir leid! Ich bin vollkommen überarbeitet.
RIEDEL: Na, den Gefallen kannst du mir doch wohl noch tun?
KLÖCKNER *setzt sich mit seiner Zigarre in einen Stuhl*: Ich möchte bloß wissen, wann ich *endlich* einmal Zeit haben werde! *zieht gewohnheitsmäßig die Uhr* Ach so! *steckt sie wieder weg.*
RIEDEL *lacht.*
PAULA: Nun also! Es geht ja schon ganz gut.
RIEDEL: Was denn?
PAULA: Das Lachen. In unserem Alter kann man es sich ruhig leisten, nett von den Menschen zu denken. *ab in die Halle.*
FR. HERR *tritt auf Riedel zu*: Herr Blankenburg, dürfte ich mir

jetzt erlauben, uns zur Verbindung unserer Häuser zu beglückwünschen?
RIEDEL: Ja, du Heupferd! – Noch eins: dreißig Jahre lang habe ich dich gebeten, du zu mir zu sagen. Jetzt sind wir verwandt. Wenn du jetzt nochmal Sie sagst, dann fliegst du raus, verstanden?
FR. HERR *drucksend*: Ja – Stefan.
RIEDEL *behaglich*: Siehste woll, Leberecht! Nun haben wir's geschafft. Nun haben wir lauter nette Verwandte und können ihnen ein bißchen helfen. – *begeistert* Und spätestens in drei, vier Tagen fahren sie alle wieder weg. Dann werden wir's uns erst richtig gemütlich machen, dann gehen wir angeln, abends dreschen wir mit Klöckner einen Skat. Wenn's uns zu langweilig wird, verreisen wir, – dann gucken wir uns mal die Kinder von deinem Irrenarzt an, dann kommen wir wieder.
FR. HERR: Dann gehen wir angeln – dann dreschen wir Skat …
RIEDEL: Was brauchen wir denn noch?
KLÖCKNER: Einen Diener.

VORHANG!

DAS HAUS ERINNERUNG

Komödie in einem Vorspiel
und drei Akten

Das Stück ist vermutlich um 1940 entstanden, es wurde bisher aber nur das »Vorspiel« gedruckt (erstmals 1948; 1969 in der zu einem Einakter erweiterten Fassung) und aufgeführt (Uraufführung 1958). Kästner begründet dies in Band 5 der von ihm mitverantworteten *Gesammelten Schriften für Erwachsene* damit, daß er von der Komödie nur »das Vorspiel für fertig« halte. Das Typoskript der vollständigen dreiaktigen Fassung hat sich im Nachlaß gefunden und wird hier zum ersten Mal publiziert. Vergleiche auch den Kommentar zu dem Einakter *Das Haus Erinnerung* im Anhang *(V, 818–820).*

PERSONEN

Friedrich Georg Michaelis
Der Professor
Annette
Beate
Wanda
Schmidt
Lund
Boenecke
Mühlberg
Kustermann
von Riedel
Klement
Scheffel
Strengholdt
Ein alter Kellner
Ein Dienstmädchen
Vier Ausflügler

Ein Vorspiel

Ein Schulzimmer. Links das Katheder und eine schlecht abgewischte Tafel. Zweimal fünf Bänke, jede für zwei Schüler. Rechts hinten die Tür. An der Wand ein schmaler Schrank.
   Teils in, teils auf den Bänken: fünf soignierte Herren, alle im Alter von 43 Jahren. Es handelt sich um den Rechtsanwalt SCHEFFEL *(mit einer Apparatur für Schwerhörige ausgerüstet), um den Apotheker* SCHMIDT *(mit auffälligen Mensurnarben), um den Rittergutsbesitzer* VON RIEDEL, *den Studienrat* KLEMENT *und den Frauenarzt* LUND. *Es herrscht eine nervös heitere Stimmung.*

RIEDEL *zu Klement*: Für dich als Pauker ist so eine Umgebung ja schließlich nichts Außergewöhnliches!
KLEMENT: Im vorliegenden Falle doch! Das eigene alte Klassenzimmer ist und bleibt etwas Besonderes, etwas anheimelnd Unheimliches, etwas …
LUND: Fünfundzwanzig Jahre … Eine lange Zeit …
SCHMIDT: Schade, daß die Bänke abgehobelt worden sind. Ich hatte mich so auf das Wiedersehen mit meinem Monogramm gefreut. War eine erstklassige Schnitzarbeit!

Die Tür öffnet sich. Zahnarzt MÜHLBERG *erscheint. Er hat einen nassen Schwamm in der Hand und begibt sich zur Tafel.*

MÜHLBERG: Es hat sich nichts geändert. Der Schwamm wird immer noch zu naß, wenn man ihn unter die Wasserleitung hält. *er drückt den Schwamm aus und wischt die Tafel sauber.*
RIEDEL *zu Mühlberg*: Du, Heinrich, – ich bleibe bis Donnerstag in der Stadt. Kannst du mir bis dahin einen Backzahn plombieren?
MÜHLBERG: Komm mal vor, und zeig dem Onkel Doktor deine Beißerchen!
RIEDEL *schiebt sich aus der Bank, geht zur Tafel und läßt sich höchst ungern von Mühlberg in den Mund sehen.*

SCHEFFEL *laut*: Um welche Zeit soll denn das solenne Jubiläumsmahl im Ratskeller steigen? *er bedient sich seines Hörapparates.*
SCHMIDT *laut*: Punkt ein Uhr, du verfressener Kerl!
SCHEFFEL *laut, freundlich*: Punkt ein Uhr? Danke. – Übrigens ... einen schönen Gruß von meiner Frau Gemahlin, und wenn einer der Auswärtigen noch kein Zimmer haben sollte, kann er bei uns unterkriechen.
LUND *laut*: Ich wohne bei meiner Schwester.
RIEDEL *laut*: Ich, wie immer, im »Bellevue«.
SCHEFFEL *laut*: Im »Bellevue«? Nun, ganz wie ihr wollt.

Die Tür öffnet sich. Landgerichtsrat STRENGHOLDT *erscheint.*

STRENGHOLDT: Salem aleikum allerseits!
SCHMIDT: Strengholdt, Menschenskind! Du bist auch hier?
STRENGHOLDT *wie immer sehr ironisch*: Nein, ich bin nicht hier. Es muß sich um eine Fata Morgana handeln.
MÜHLBERG: Wer, um alles in der Welt, verurteilt denn in Köln die Taschendiebe, wenn du verreist bist?
STRENGHOLDT: Ich habe eine Verfügung erlassen, daß in meiner Abwesenheit weder gestohlen, noch gemordet werden darf. *er gibt den alten Kameraden die Hand.*
KLEMENT *skandierend*: Quidquid agis, prudenter agas, et respice finem.
STRENGHOLDT: Eine Frage zum Tatbestand, – welcher romantische Esel hat eigentlich die Idee mit dem Klassenzimmer gehabt?
MÜHLBERG: Ich, hoher Herr Gerichtshof! Genauer: der »Quirl«! Ich suchte ihn vor vier Wochen auf und sagte: »Lieber Herr Professor, Ostern wird es fünfundzwanzig Jahre, daß wir das Gymnasium verlassen haben, und ich finde, man sollte diese einmalige, nie wiederkehrende Gelegenheit gebührend feiern.« Der »Quirl« gab mir recht, dachte krampfhaft nach, rieb sich schließlich die Hände und erklärte: »Ich werde euch eine Schulstunde geben! Am zweiten Ostertag! In der alten Klasse!« Er war ganz Feuer und Flamme.

LUND: Jetzt steht er oben im Lehrerzimmer am Fenster, schaut in den Schulgarten hinunter ...
STRENGHOLDT: ... und meditiert angestrengt, wie er uns hineinlegen kann!
RIEDEL: Hoffentlich wird's keine Lateinstunde!
SCHEFFEL *freundlich, laut*: Sonst mußt du wie früher nachsitzen und kommst zu spät in den Ratskeller.
KLEMENT: Auch ihm wird seltsam zumute sein ... Seit acht Jahren im Ruhestand, und nun mit einem Male wieder ...

Die Tür öffnet sich. BOENECKE, *Major im Generalstab, erscheint.*

BOENECKE *vergnügt*: Das wäre erledigt! Der Pedell setzt pünktlich die Klingel in Tätigkeit! – Hallo, der Herr Landgerichtsrat geben uns auch wieder einmal die Ehre? *er schüttelt Strengholdt herzlich die Hand.* Wie geht's der Teuren?
STRENGHOLDT: Sie läßt ihren ehemaligen Tanzstundenherrn bestens grüßen.
BOENECKE *schlägt leicht die Hacken zusammen*: Danke gehorsam! Und was machen die Kinder?
STRENGHOLDT: Sie sind ungezogen. – Übrigens trägt sich Monika mit dem Gedanken, ihnen um Pfingsten herum ein neues, zusätzliches Familienmitglied zu bescheren.
BOENECKE: Diese ehemaligen Tanzstundendamen! – Wißt ihr, wer in der Garderobe gerade Hut und Mantel aufhängt? Der dicke Kustermann!
LUND: Der Brikettkönig persönlich?
BOENECKE: Ja, und dann noch einer – Michaelis!

Allgemeine Überraschung. Ausrufe wie: »Nicht möglich!«, »Was denn?«, »Fritz?«, »Ist ja großartig!«

SCHEFFEL *laut*: Friedrich Georg Michaelis ... Der einzige von uns, der berühmt geworden ist ...
SCHMIDT: Kunststück – als Dichter!
RIEDEL: Es soll auch Schriftsteller geben, die nicht berühmt werden.

MÜHLBERG: Das schon, aber der Grad der Wahrscheinlichkeit ist größer. Schmidt als Apotheker, Scheffel als Rechtsanwalt, Riedel als Landwirt und ich als Zahnklempner, wir hatten schon von Berufs wegen keine Chance.
SCHMIDT: Ruhm. Wozu?
KLEMENT: Sag das nicht! Wenn ich in der Prima seine Gedichte lesen und analysieren lasse und dann so, ganz nebenbei, erzähle, daß er einer »aus meiner Klasse« ist, staunen sie mich an wie die Kuh das neue Tor. Sogar der Abglanz des Ruhms wärmt noch das Herz …

Die Tür öffnet sich. Es erscheinen Generaldirektor KUSTERMANN *und der Schriftsteller* MICHAELIS.

KUSTERMANN: Nach dir, edler Dichterfürst!
MICHAELIS: Alter Schafskopf! *er tritt Kustermann mit dem Knie ins Hinterteil, so daß der Dicke als erster ins Zimmer gerät.*

Lachen, Rufe, Begrüßung.

KLEMENT: Rara ovis!
MÜHLBERG *zu Michaelis*: Weißt du, wie lange du dich bei uns nicht hast blicken lassen?
MICHAELIS: Acht, neun Jahre werden es sein.
MÜHLBERG: Zehn! Schäm dich!
MICHAELIS: Ich will's versuchen.
RIEDEL: Bist du nun endlich verheiratet?
MICHAELIS: Nein.
SCHMIDT: Hast du wenigstens Kinder?

Lachen.

MICHAELIS *schüttelt lächelnd den Kopf.*
STRENGHOLDT: Also noch immer kein nützliches Mitglied der menschlichen Gesellschaft!
MICHAELIS: Noch immer nicht …
LUND *zu Kustermann*: Was ist denn mit dir los, Dicker?

KUSTERMANN *der vergeblich bemüht ist, sich in eine Bank zu zwängen*: Ich muß leider wieder abreisen.
SCHEFFEL *laut*: Er paßt nicht mehr in die Bank!
STRENGHOLDT: Er ist den Jugenderinnerungen entwachsen!
KLEMENT: Allerdings nur der Breite nach.
BOENECKE: Hol dir einen Stuhl von nebenan. Die Schulglocke schrillt.
MÜHLBERG: Aber schnell!
KUSTERMANN *hastet aus dem Zimmer.*
BOENECKE: Ganze Abteilung – hinsetzen!

Alle nehmen übertrieben brav Platz.

STRENGHOLDT: Und schön die Hände falten!
LUND *zu Michaelis*: Ich lese gerade deinen letzten Roman ... Wie lange warst du denn auf Jamaika?
MICHAELIS: Anderthalb Jahre ...
RIEDEL *zu Michaelis*: Meine älteste Tochter hat mir auf die Seele gebunden, dir, falls du kämst, unbedingt ein Autogramm zu entlocken ...
MÜHLBERG: Eine ekelhafte Mode: Der jungen Bande fehlt jedes Gefühl der Distanz ...
SCHEFFEL *laut*: Sie wissen nicht mehr, was Ehrfurcht ist!
SCHMIDT: Ein Glück, daß mich meine werte Nachkommenschaft nicht hier sitzen sieht, – sie würden sich schieflachen.
KLEMENT: Ruhe, – der »Quirl« naht.

Es tritt tiefe Stille ein. Man hört draußen schnelle energische Schritte. Die Tür öffnet sich. PROFESSOR *Böttcher, der »Quirl«, steht im Türrahmen. Die ehemaligen Schüler erheben sich mit einem Schlag.*

DER PROFESSOR, *ein kleiner, weißhaariger Herr, fast Mitte der Siebzig, geht lebhaft zum Katheder, erklimmt es rasch und überschaut die Bankreihen.*
DER PROFESSOR: Setzen!

Alle setzen sich.

DER PROFESSOR *nimmt nun auch Platz, rückt an seiner Brille, holt ein Notizbuch aus der Tasche, legt es vor sich hin, nickt langsam und lächelt*: Non scholae, sed vitae discimus. – Riedel, sie brauchen nicht zu zittern. Es wird keine Lateinstunde.

RIEDEL *steht auf*: Ich danke für soviel persönliche Rücksichtnahme, Herr Professor! *er setzt sich wieder.*

Die Tür öffnet sich. KUSTERMANN *kommt atemlos mit einem Stuhl ins Zimmer.*

DER PROFESSOR *schaut hoch.*

KUSTERMANN: Ich bitte um Entschuldigung, Herr Professor, – aber die alten Schulbänke und mein derzeitiges Volumen stehen in so krassem Widerspruch, daß ich ...

DER PROFESSOR: Es ist gut, Kustermann. Hoffentlich ist der Stuhl aus Eisen ...

Einige lachen leise. Kustermann setzt sich.

DER PROFESSOR *nach nachdenklicher Pause*: Die Klasse ist nicht vollzählig. Leider. Aber begreiflicherweise. Möller, Gebhardt und Philipp haben telegraphiert. Einige fehlen unentschuldigt. Drei von ihnen waren weder in der Lage zu kommen, noch zu telegraphieren ... Wir gedenken ihrer in Trauer ... Ich werde sie von Ihnen grüßen, wenn ich sie, in einiger Zeit, wiedersehen werde ... *es ist sehr still geworden.*

DER PROFESSOR *räuspert sich und blickt prüfend von einem zum anderen*: Ein Vierteljahrhundert ist verflossen, seit wir in diesem Zimmer voneinander Abschied nahmen. Sie haben, dessen bin ich sicher, die Zeit genutzt. Vermögen, Ansehen, Rang, Familie, Glück und andere Güter sind Ihnen, mehr oder weniger, zuteil geworden. Sie waren tätig, wie es Männern ziemt. Sie können mit sich zufrieden sein; niemand wird es bestreiten wollen ... Klement! Sie schreiben mit?

KLEMENT *steht auf*: Jawohl, Herr Professor. Ich halte es für an-

gemessen, das, was in dieser ungewöhnlichen Stunde gesprochen wird ...
DER PROFESSOR: Ich bitte Sie, das Mitschreiben zu unterlassen.
KLEMENT: Wie Sie wünschen, Herr Professor. *er setzt sich.*
DER PROFESSOR: »Diese ungewöhnliche Stunde« hat Ihr Mitschüler Klement, der mein Kollege geworden ist, gesagt ... Diese ungewöhnliche Schulstunde ... Was kann einem alten, pensionierten Schulmeister zu einer solchen Stehgreifkomödie bewogen haben? Wissen Sie es, Lund?
LUND *steht auf*: Nein.
DER PROFESSOR: Riedel?
RIEDEL *steht auf*: Nein.
DER PROFESSOR: Mühlberg?
MÜHLBERG *steht auf*: Nein.
DER PROFESSOR *winkt ab.*

Die drei setzen sich.

DER PROFESSOR: Michaelis, – wissen Sie es?
MICHAELIS *steht auf*: Noch nicht, Herr Professor. *setzt sich.*
DER PROFESSOR *nickt langsam*: Noch nicht ... Eins werden Sie mir glauben: Hier will Sie kein alter Kauz mit der Horazschen Odenform oder mit der Consecutio temporum belästigen. Ihn interessiert nicht, was Männern, die in der Lebensmitte stehen, an Schulweisheit noch aufgespeichert, nicht einmal, was sie mittlerweile wieder vergessen haben. Das Gedächtnis ist ein Netz, und allerlei Fische schlüpfen wieder durch die Maschen ... Und das schwerste Netz hilft höchstens dem, der die Kraft hat, es auch zu Markte zu tragen ... Man spricht und hält zuviel von jenem Gedächtnis, das im Oberstübchen wohnt. *er steht auf.* Und man spricht zu selten vom Gedächtnis des Herzens ... Viel zu selten ... *er geht die Stufen hinab und bleibt vor den Schulbänken stehen* Scheffel!
SCHEFFEL *steht auf.*
DER PROFESSOR *laut*: Ihr Gehör hat sich verschlimmert?
SCHEFFEL: Es wird jedenfalls nicht besser.

DER PROFESSOR *laut*: Stört Sie das Leiden nicht sehr in Ihrem Beruf?

SCHEFFEL *laut*: Nicht immer, Herr Professor. Man kann beispielsweise, auch wenn man den Staatsanwalt oder den Vorsitzenden recht deutlich verstanden hat, um eine Wiederholung der geschätzten Ausführungen bitten und sich während derselben in aller Gemütsruhe stichhaltige Einwände überlegen. *er setzt sich.*

Lachen. Der Professor winkt ab. Es wird wieder still.

DER PROFESSOR: Zur Sache. – Wir wollen uns heute, wie ehemals, ein wenig mit der deutschen Sprache und Literatur beschäftigen. – Ich fand neulich unter allen möglichen Papieren ein Gedicht, das ich irgendwann einmal aus einer Zeitschrift ausgeschnitten haben muß. Der Titel und der Autorname sind bedauerlicherweise der Schere zum Opfer gefallen. Wir müssen uns ohne beide behelfen. *er holt einen Zeitungsausschnitt aus der Tasche* Soviel ist sicher: Das Gedicht besteht aus dreimal vier Zeilen; jede Zeile aus einem fünffüßigen Jambus. *er skizziert, an der Tafel, mit Kreide einen fünffüßigen Jambus* Der verlorengegangene Titel läßt sich immerhin vermuten. Denn im Text erscheint dreimal, und zwar einmal in jeder Strophe, ein bestimmtes Bild: »Das Haus Erinnerung.« Dies also dürfte der Titel gewesen sein. *er beginnt auf und ab zu gehen. Hierbei wirft er einen Blick auf Michaelis.*

MICHAELIS *stutzt bei »Das Haus Erinnerung« und weicht, leicht erstaunt, dem Blick des Professors aus.*

KLEMENT *beobachtet diesen Vorgang nachdenklich.*

DER PROFESSOR *im Gehen*: Das Haus Erinnerung, – es handelt sich in den zwölf Zeilen um einen sorgsam durchgeführten Vergleich: Die Erinnerung als Haus, das wir vor vielen Jahren, vielleicht vor einem Vierteljahrhundert, verlassen haben. Und nun kommen wir also heim … In ein Haus … In ein Schloß … In eine alte Schule … *er gibt Scheffel den Zeitschriftenausschnitt.*

SCHEFFEL *mustert das Blatt.*
DER PROFESSOR: Das Haus Erinnerung ... *laut* Scheffel, lesen Sie bitte! *Er setzt sich auf eine freie Bank und blickt vor sich hin.*
SCHEFFEL *hält den Ausschnitt hoch und liest laut, keineswegs »künstlerisch«, jedoch mit Ausdruck.*

»Das Haus Erinnerung hat tausend Türen.
Und du hast doch den Weg umsonst gemacht.
Du weißt nicht mehr, wohin die Türen führen.
Und in den Korridoren lehnt die Nacht.

Was einmal war, hier lebt es fort für immer,
auch wenn du selbst es lang vergessen hast.
Das Haus Erinnerung hat tausend Zimmer.
Und du kommst doch als unwillkomm'ner Gast.

Das Haus Erinnerung hat tausend Stufen,
waagrechte Säulen der Vergangenheit.
Geh fort von hier. Man hat dich nicht gerufen.
Dien' du nur deinem Herrn und Knecht: der Zeit!«

DER PROFESSOR *sagt halblaut vor sich hin*: »Dien' du nur deinem Herrn und Knecht: der Zeit!« Klement, zu welcher Gattung würden Sie unser Gedicht rechnen?
KLEMENT *steht auf*: Man könnte es eine Elegie nennen. Natürlich nicht im antiken Formensinn, sondern im Hinblick auf den Inhalt der Strophen. *er setzt sich.*
DER PROFESSOR: Eine Elegie? ... Lund, bitte, die erste Strophe noch einmal.
LUND *steht auf; Klement gibt ihm den Ausschnitt*:

»Das Haus Erinnerung hat tausend Türen.
Und du hast doch den Weg umsonst gemacht.
Du weißt nicht mehr, wohin die Türen führen.
Und in den Korridoren lehnt die Nacht.«
Er setzt sich.

DER PROFESSOR: Strengholdt!?
STRENGHOLDT *steht auf*: Ich muß gestehen, daß mir das Wort »Elegie« als scharf umrissener Kunstbegriff nicht mehr geläufig ist. Im alltäglichen Wortverstand aber scheint mir das Gedicht keine Elegie zu sein. Dafür klingt die Aussage zu wenig resigniert, zu angriffslustig.
MÜHLBERG *nachdenklich*: Angriffslustig? Eher angriffstraurig, obwohl es das Wort gar nicht gibt ... Man könnte fast an den Engel mit dem flammenden Schwert denken, der die Rückkehr ins Paradies verwehrt. *jetzt steht er auf.* LUND *setzt sich zögernd* Die Verse klingen streng ... Sie klingen beinahe böse ...
DER PROFESSOR: »Und du hast doch den Weg umsonst gemacht ...«
MÜHLBERG: Auch der Engel vorm Paradies erschien böse. Aber er war es nicht. Er gehorchte nur, wenn er verbot. Gott hatte befohlen, als Schuld zu betrafen, was der Engel als Schicksal erkannte. *er setzt sich.*
DER PROFESSOR: Der Baum der Erkenntnis und der Baum des Vergessens tragen verschiedene Frucht und schaffen zweierlei Sündenfall. Wer ein vergeßliches Herz hat, wird blind ... »Du weißt nicht mehr, wohin die Türen führen ...« Es kann die Tür zu einem alten, grauen Klassenzimmer darunter sein ... »Und in den Korridoren lehnt die Nacht.« Auch wenn die Ostersonne scheint ...

Tiefe Stille.

DER PROFESSOR: Kustermann, bitte, die zweite Strophe!
KUSTERMANN *steht auf; erhält den Ausschnitt*:

»Was einmal war, hier lebt es fort für immer,
auch wenn du selbst es lang vergessen hast.
Das Haus Erinnerung hat tausend Zimmer.
Und du kommst doch als ungebet'ner Gast.«
Er setzt sich.

DER PROFESSOR: Schmidt!

SCHMIDT *steht auf*: Die erste Hälfte der zweiten Strophe enthält eine merkwürdige, schwerlich beweisbare Behauptung. Der Verfasser glaubt an die Fortexistenz des Erlebten, auch nach dem Tode der Erinnerung. Ich melde diesbezüglich meine Zweifel an. – Zum Exempel: Ein Kuß, den ich vor fünfundzwanzig Jahren in einer »lauen Sommernacht« einem Backfisch gegeben und den ich längst vergessen habe, ist mausetot und lebt nicht mehr. Soweit meine persönliche Meinung.

Leise Heiterkeit.

SCHMIDT: Ich bitte, das Beispiel zu entschuldigen. *er setzt sich.*
RIEDEL: Wenn sich nun aber der damalige Backfisch noch erinnert?
SCHMIDT: Ich unterstelle natürlich, daß die betagte, Pardon, besagte Dame den Kuß im Drange der Ereignisse gleichfalls vergessen hat.

Wieder Heiterkeit.

KUSTERMANN: Und wenn dir eines Tages die »laue Sommernacht«, die Bank, der Kuß, das alles wieder einfällt?
SCHMIDT: Ich werde mich hüten!

Gelächter.

DER PROFESSOR *lächelnd*: Ruhe, bitte. – Boenecke?
BOENECKE *steht auf*: Es steht nicht zur Debatte, daß uns etwas längst Vergessenes zufällig einfällt oder nicht, sondern: ob es uns wieder einfallen kann! Daran aber ist wohl nicht zu zweifeln. Es kann uns wieder einfallen. Es kann wieder lebendig werden. Daraus folgt: es kann nicht, wie »Apotheker Schmidt« meint, völlig tot gewesen sein. *er setzt sich.*
SCHMIDT: Aber wenn ich und der wiederholt zitierte Backfisch eines Tages auf dem Friedhof liegen, dürfte wohl hoffentlich und endgültig mit dem Ableben des als Beispiel zitierten Labial-Erlebnisses zu rechnen sein. Wie ist das, Major Boenecke?

BOENECKE: »Das Haus Erinnerung hat tausend Zimmer. Und Schmidt kommt doch als ungebet'ner Gast.«

Heiterkeit.

KLEMENT *steht eifrig auf*: Das stimmt nicht! Nicht einmal bei Schmidt! Kurz vor Beginn der Stunde suchte er auf den Bänken nach seinem Monogramm, das er als Gymnasiast mit dem Taschenmesser eingeschnitten hat!
SCHMIDT *sichtlich verlegen*: Ich schnitt es gern in alle Rinden ein ...
KLEMENT: Und er sagte ausdrücklich, er habe sich »so auf das Wiedersehen« mit diesem Monogramm gefreut! *er setzt sich.*
KUSTERMANN: Da haben wir's.
STRENGHOLDT *zu Schmidt*: Verschämter Romantiker!
MÜHLBERG *steht auf*: Damit hat er sich selbst widerlegt. Die Bänke sind vor vielen Jahren blank gehobelt worden. Sein Monogramm ist als Realität restlos vom Erdboden verschwunden. Und trotzdem lebt es weiter. Unzerstörbar. Über jeden Hobel erhaben. *er setzt sich.*
SCHEFFEL *laut*: Quod erat demonstrandum.
DER PROFESSOR: »Das Haus Erinnerung hat tausend Zimmer ...« Es kann auch ein altes, graues Klassenzimmer darunter sein ... Stille.
DER PROFESSOR: Riedel, bitte, die letzte Strophe!
RIEDEL *erhält das Gedicht; steht auf*:

»Das Haus Erinnerung hat tausend Stufen,
waagrechte Säulen der Vergangenheit.
Geh fort von hier. Man hat dich nicht gerufen.
Dien' du nur deinem Herrn und Knecht: der Zeit!«
Er setzt sich.

DER PROFESSOR: Strengholdt!
STRENGHOLDT *steht auf*: Sie sprachen vorhin vom »Gedächtnis des Herzens«, Herr Professor. Ich erlaube mir, Ihre

Metapher aufzugreifen. Das zur Debatte stehende Gedicht ...
SCHMIDT: Das »angeklagte« Gedicht, Herr Richter!

Heiterkeit.

STRENGHOLDT: Das Gedicht hat, sozusagen, den vergeblichen Versuch der Heimkehr ins eigene Herz zum Gegenstand. Das Herz, das, wenn ich nicht irre, zwei Klappen – nicht tausend Türen – und zwei Kammern nebst zwei Vorkammern – nicht tausend Zimmer – hat, bleibt dem Durchschnittsmenschen, meint unser Poet, verschlossen, obwohl es offen steht. Er ist tausend Stufen hinaufgestiegen, findet keinen Einlaß und muß unverrichteter Sache umkehren. In die sowohl herrische, als auch sklavische und vom Verfasser zweifellos allzu eigenmächtig bagatellisierte Gegenwart.
LUND *ungehalten*: Es steht doch wohl außer Frage, daß in dem Gedicht weder der Wert der Gegenwart als solcher bestritten wird, noch der Sinn des Wirkens in ihr. – Der Autor kritisiert den als Gegenwart mißverstandenen Augenblick, er mißbilligt die Überschätzung der bloßen Aktualität, der »Gegenwart« ohne seelisches Rückgrat, ohne Bindung an Vergangenheit, Erinnerung, Tradition ...
KLEMENT: Wenn man einer Pflanze die Wurzeln durchschneidet, kann sie nicht mehr blühen.
MÜHLBERG: Außer, man bindet Papierblumen in ihre Zweige.
PROFESSOR: Papierblumen haben sogar einen Vorzug: sie werden nicht welk. Was nicht lebt, braucht nicht zu sterben.
STRENGHOLDT: Ich fürchte, wir kommen vor lauter Botanik ein wenig vom Thema ab.
PROFESSOR *klettert von der Bank herunter und sieht Strengholdt ernst an*: »Das Haus Erinnerung hat tausend Stufen«. – Es können auch die Stufen einer alten, grauen Schule darunter sein ... *er geht langsam zum Katheder, tritt mit einem Fuß auf den Podest und bleibt abgewandt stehen* Setzen!
STRENGHOLDT *setzt sich.*

Stille.

PROFESSOR *leise*: Michaelis!

MICHAELIS *steht auf.*

PROFESSOR *während er langsam, in Gedanken, aufs Katheder steigt und sich setzt*: Mühlberg hat vorhin, um den Ton des Gedichts zu charakterisieren, das Wort »angriffstraurig« geprägt ... Wie vertragen sich Angriff und Resignation?

MICHAELIS *in bemüht sachlichem Ton*: Die Verse kommen in Trauerkleidung daher, weil der Verfasser eine Hoffnung begräbt. Er weiß, welche Anmaßung es ist, Tote wieder zum Leben erwecken zu wollen. Trotzdem wagt er die arrogante Beschwörung. Trotzdem deklamiert er seine zwölf Zeilen. Trotzdem läßt er sie auf weißes, unschuldiges Papier drucken ... Nun, auch in bedrucktes Papier kann Fleischermeister Lehmann ein Viertelpfund Leberwurst einwickeln! Auf dem Erdball kommt so leicht nichts um.

SCHMIDT *burschikoser, als ihm zumute ist*: Entschuldige, Michaelis – aber ich muß noch einmal mit der Tür »ins Haus der Erinnerung« fallen ... Das »Gedächtnis des Herzens« in allen Ehren ... ein Kuß im Park, ein handgearbeitetes Monogramm auf der Schulbank, im Bett, gemeinsam mit Karl May, genußreich verlebte Masern, – ich sage ja gar nichts dagegen! Aber warum gleich so mysteriös? Ist diese Konterbande »aus der goldenen Jugendzeit« so schwer ins gesetzte Alter herüberzuschmuggeln? – Und – angenommen, du hättest recht – sind denn all die gepreßten Blumen, gebündelten Liebesbriefe, komischen Photographien, Locken, Poesiealben und ähnliche verstaubte Ladenhüter des Plusquamperfektums so wichtig? ... Noch dazu auf so geheimnisumwitterte, nach Weihrauch duftende Art und Weise?

MICHAELIS *lächelnd*: Vielleicht sind zu große Worte gefallen. Die großen Worte verkleinern die großen Dinge. *er zuckt die Achseln* Warum muß gerade das Einfachste am schwersten zu erklären sein! ... Man kann nur in Bildern davon sprechen, und Bilder sind keine Beweismittel ... *wie zu sich selbst* Am Ende bringt uns ein Beispiel weiter? ... Irgendeine kleine Geschichte? ... *Pause* Hört, bitte, zu ... Als ich ein Junge von zehn Jahren war, wollte ich fürs Leben gern ein Fahrrad haben. Mein Vater sagte, wir seien zu arm. Von da an schwieg ich ... Bis ich eines Tages vom Jahrmarkt heimgerannt kam und aufgeregt berichtete, in einer Glücksbude sei der Hauptgewinn – ein Fahrrad! Ein Los kostete zwanzig Pfennige! – Der Vater lachte. Ich bat: »Wenn wir vielleicht zwei oder sogar drei Lose kaufen? ...« Er antwortete: »So viel Glück haben arme Leute nicht.« Ich flehte. Er schüttelte den Kopf. Ich weinte. Nun gab er nach. »Gut«, sagte er, »wir gehen morgen nachmittag auf den Jahrmarkt.« Ich war selig. – Der nächste Nachmittag kam. Das Rad stand, Gott sei Dank, noch an Ort und Stelle. Ich durfte ein Los kaufen. Das Glücksrad drehte sich rasselnd. Ich hatte eine Niete. Es war nicht schlimm. Das Rad gewann keiner ... Als der Hauptgewinn das zweite Mal verlost wurde, hielt ich das zweite Los in der Hand. Mein Herz schlug im Hals. Das Glücksrad schnurrte. Es stand scheppernd still. Losnummer siebenundzwanzig, – ich hatte gewonnen!

RIEDEL: Solche Erinnerungen lasse ich mir gefallen. Allgemeines Schmunzeln.

MICHAELIS: Erst als mein Vater lange tot war, erzählte mir die Mutter, was sich damals in Wahrheit abgespielt hatte ... Er war am Abend vorher zum Hauswirt gegangen und hatte von diesem hundertfünfzig Mark geliehen. Dann hatte er den Besitzer der Glücksbude aufgesucht, ihm das Fahrrad zum Ladenpreis abgekauft und gesagt: »Morgen nachmittag komme ich mit einem kleinen Jungen. Beim zweiten Los lassen Sie ihn gewinnen. Er soll, besser als ich, lernen, an sein Glück zu glauben.« Der Mann, der das Glücksrad drehte, verstand sein Handwerk. Er hatte genau im Griff, welche Ziffer gewinnen sollte. – Mein Vater hat das Geld in vielen kleinen Beträgen zurückgezahlt ... Ich aber freute mich, wie nur ein Kind sich freuen kann. Denn mein Rad hatte, sage und schreibe, bloß vierzig Pfennige gekostet.

Stille.

DER PROFESSOR *nickt.*
MICHAELIS *setzt sich.*
DER PROFESSOR: Sich eines Erlebnisses erinnern ist etwas anderes, als sich seiner gerade noch entsinnen. Eine Erinnerung kann, wie es heißt, wieder lebendig werden. Wir haben heute Ostern ... Es gibt eine Auferstehung des Gewesenen. Freilich nicht außer uns, sondern tief in uns selber. Und das ist kein kleineres Wunder. Wir tauchen in uns hinab, bis zum Herzensgrund, wo unermeßliche, längst versunkene Schätze darauf warten, daß wir sie heben und unser Wesen durch Gewesenes bereichern. Die Ehrfurcht, deren wir einst fähig waren, die Zärtlichkeit, die wir empfinden konnten, die Lebensfreude, die uns beseelte, die Treue zum Ideal, der Mut zum Opfer – wie viele Tugenden schlummern, scheintot, in der eigenen Tiefe ... Ich gebrauche große Worte, denn ich bin kein Dichter. Ich bin nichts als euer alter Lehrer und rede fast wie ein Pfarrer ... »Wenn ihr nicht wieder werdet wie die Kinder ...«, ihr kennt den Spruch ... Fügt das, was ihr wart, dem hinzu, was ihr seid, und morgen werdet ihr, wahr und wahrhaftig, – echte Männer sein! *er steckt sein Notizbuch langsam ein und schickt sich an, aufzustehen* Soviel für heute!
KUSTERMANN *springt auf*: Noch einen Augenblick, Herr Professor! *er wendet sich geschäftig der Klasse zu* Wir können, meine ich, diese Stunde unmöglich zu Ende gehen lassen, ohne dem Dank Ausdruck zu verleihen, den wir für unseren hochverehrten Lehrer und väterlichen Freund empfinden. Er soll wissen, was er uns bedeutet hat, noch bedeutet und zeitlebens bedeuten wird.
Riedel, Schmidt, Boenecke und Klement strampeln studentisch.
DER PROFESSOR *spielt verlegen mit der Brille.*
KUSTERMANN: Ich freue mich, daß meiner bescheidenen Anregung so lebhaft zugestimmt wird. Den Dank, dem Ausdruck verliehen werden soll, in eine Rede zu verwandeln, steht freilich dem Generaldirektor der Vereinigten Brikettwerke nicht besonders zu Gesicht. Deshalb erteile ich Michaelis noch einmal das Wort. Er mag, als ehemaliger Lieb-

lingsschüler Professor Dr. Böttchers und als »poeta laureatus«, unser aller Sprachrohr sein. *er verbeugt sich feierlich nach allen Seiten und setzt sich.*

MICHAELIS *steht zögernd auf. Ihm und dem Professor ist die Situation offensichtlich peinlich*: Einer von uns hat den Bezirk der Erinnerungen mit dem Verlorenen Paradies verglichen und den Verfasser des Gedichts, das wir hörten, mit dem Engel, der, aufs Schwert gestützt, unerbittlich die Pforte bewacht. Es ist wohl möglich, daß sich der Autor, während er jene Verse schrieb, als autorisierten Wachtposten empfand ... daß er seinen Füllfederhalter für ein Schwert hielt ... seine anmaßende Bitterkeit für ein hohes Amt und die Flügel seines Pegasus für schicksalsschwere Engelsschwingen. – Säße er jedoch zwischen uns, dann hätte er bald gespürt, daß ihm solche Ränge und Ehrenzeichen gar nicht zukommen, und daß immer schon ein anderer an der Pforte stand, hinter der sich unsere Kindheit und unsere Jünglingsjahre, ewige, unverwelkliche Gärten des Lebens, weithin auftun ... Ein anderer ... ein kleiner, alter Professor, der über uns so vieles weiß und von dem wir so wenig wissen ... So wenig, wie die Blumen von ihrem Gärtner. – Fünfundzwanzig Jahre hat er auf uns gewartet und in Geduld und Andacht das Tor gehütet. Er verwehrt uns die Heimkehr nicht; er bittet uns, die Schwelle zu überschreiten ... kein zürnender Erzengel, kein melancholischer Dichter, sondern Zoll für Zoll das, was er uns selbst zu werden ermahnt: ein echter Mann!

DER PROFESSOR *steht auf.*

Alle anderen stehen auf. Stille.

DER PROFESSOR *Rührung hinter Humor verbergend*: Endlich steht meinem alten Lieblingswunsche, größenwahnsinnig zu werden, nichts mehr im Wege. *er schaut auf die Taschenuhr*: Und damit Schluß. *In alter Gewohnheit* Hat jemand noch eine Frage? *er steigt vom Katheder herab.*

KLEMENT *hebt wie ein Schüler die Hand, bemerkt es, geniert sich*: Eine Frage? Nein. Aber eine Antwort, Herr Professor! Sie erwähnten eingangs, daß Sie leider den Namen des Gedichtsverfassers nicht mehr wüßten. Ich kann Ihnen vielleicht aus der Verlegenheit helfen ...

PROFESSOR *ironisch*: Ich befürchte eher das Gegenteil, lieber Kollege.

KLEMENT: Aber ich ...

PROFESSOR *lächelnd*: Reden ist Silber ... *abschließend* Wir treffen uns am besten alle an der Straßenbahnhaltestelle! *er geht mit kleinen energischen Schritten aus dem Zimmer.*

Einige Herren folgen ihm, Kustermann mit dem Stuhl.

KLEMENT: Ich begreife nicht, warum er ...

RIEDEL *schiebt ihn zur Tür*: Ein Klassenzimmer ist ja schließlich kein Porzellanladen! *Beide ab.*

SCHEFFEL *laut*: Ceterum censeo, Klementem esse delendum. *Folgt ihnen.*

Anwesend sind noch: Michaelis, Schmidt und Strengholdt.

SCHMIDT: Allmählich wird sogar mir klar, von wem das Gedicht stammt.

STRENGHOLDT: Du hattest immer schon eine rasche Auffassungsgabe. *Geht ab.*

SCHMIDT *forschend*: Warum hattest du eigentlich an deinem eigenen Gedicht so viel auszusetzen?

MICHAELIS: Mir gefällt der Mann nicht mehr, der es geschrieben hat. *Sie gehen ab.*

1. Akt

Teil eines altmodischen Gartenlokals, das sich auf einem Hügel unfern einer Stadt befindet. Im Vordergrund: Ein Geländer aus ungeschältem Birkenholz; dahinter buntgedeckte Tische mit Eisenstühlen. Rechts: Angeschnitten, ein romantischer Aussichtsturm. Links: Eine Hecke mit einem Durchlaß zum (nicht sichtbaren) Gasthof. Im Hintergrund: Wald; etliche Wegweiser; ein kleiner Kinderspielplatz mit Wippe und Kettenschaukeln.
    Ein später Nachmittag. Abendsonne. Im Verlauf des Aktes wird es dämmerig.
    An einem Tisch, nahe beim Geländer, sitzt der PROFESSOR. *Hut und Stock liegen neben ihm auf einem Stuhl. Er trinkt Bier und raucht behaglich. Einige* AUSFLÜGLER *kommen trappelnd vom Aussichtsturm herunter, gehen in den Hintergrund und dann rechts ab. Währenddem:*

1. AUSFLÜGLER: Aber natürlich war das hinten im Dunst der Winterberg!
2. AUSFLÜGLER: Quatsch! Den kann man von hier aus überhaupt nicht sehen!
1. AUSFLÜGLER: Du sollst nicht immer »Quatsch« sagen, Arthur!
2. AUSFLÜGLER: Das mach ich ganz, wie ich will.
3. AUSFLÜGLERIN: Rennt doch nicht so! Ich hab Wadenschmerzen.
4. AUSFLÜGLER: Quatsch! *Alle Vier ab.*

Von links kommt, mit einem leeren Tablett, ein alter plattfüßiger KELLNER. *Er beginnt, benutztes Geschirr auf das Tablett zu stellen.*

KELLNER: Und den langen Weg in die Stadt zurück, Herr Professor, den machen Sie auch zu Fuß?
PROFESSOR: Versteht sich.

KELLNER: Für Ihre Jahre sind Sie noch enorm rüstig.
PROFESSOR *amüsiert*: »Es ist der Geist, der sich den Körper baut.«
KELLNER *zweifelnd*: Der Geist? – Ich weiß nicht recht ... Dann müßten ja die Dummen dauernd krank sein ...
PROFESSOR *lacht; dann, wie zu sich selber*: Mit dem Geist ist es eine eigene Sache ... Es gibt Leute, die schrecklich gescheit und dabei blitzdumm sind ... Ihr Gehirn ist der reinste Musterbetrieb – ... Sie fabrizieren in einem fort Blech. – Es gibt Leute, von denen irrtümlicherweise berichtet wird, sie seien glänzende Geister ... Gewiß, sie glänzen ... wie Spucke in der Sonne ...
KELLNER *zögernd*: Es geht mich ja eigentlich nichts an, Herr Professor ... Aber schließlich ... wir kennen uns schon seit vielen Jahren ... allein sind wir auch ... montags ist hier draußen nie etwas los ... Und vor allem, wenn man so alt ist wie wir ... ewig leben tut keiner ...
PROFESSOR *nickt und trinkt*.
KELLNER: Also ... daß ich dumm bin, weiß ich. Doch, doch. Es stört mich auch nicht weiter. Es tut nicht weh. Mittelohrenentzündung ist viel unangenehmer. Hauptsache, daß abends meine Kasse stimmt. Na, und dafür reicht's. – Menschen wie mich gibt's en gros. Aber Sie, Herr Professor, Sie sind selten!
PROFESSOR: Na, na.
KELLNER: Das merke sogar ich. Sie sind bestimmt klüger als die meisten Gäste, die ich sonst bediene. Und dabei ist die Klugheit noch nicht einmal Ihre stärkste Seite. Nun frage ich mich schon lange eins ... Sie hätten doch bei Ihren Fähigkeiten ohne größere Umstände Minister werden können ... Oder Reichsgerichtspräsident ... Oder Oberbürgermeister ... Oder, wenn Sie katholisch wären, Erzbischof. Oder sonst was Apartes ... Warum sind Sie eigentlich bloß Lehrer geworden?
PROFESSOR *lächelnd*: Lehrer, bloß Lehrer ... Man kann wohl schon als Lehrer auf die Welt kommen ... als ein Mensch, der Schüler braucht ... Es ist ähnlich wie bei den Soldaten ...

Die Soldaten brauchen einen Flügelmann, nach dem sie sich richten können ... Er schaut geradeaus, und sie schauen auf ihn ... Ohne ihn stünden sie vielleicht nicht so schön in einer schnurgeraden Linie; aber eine Truppe wären sie immer noch ... Bei dem Flügelmann selber, da ist das anders ... *melancholisch lächelnd* Stellen Sie sich einen Flügelmann vor, der mutterseelenallein auf dem Kasernenhof steht und eisern geradeaus blickt ... Ohne Soldaten, die sich nach ihm richten ... Brust heraus, Bauch hinein, einen Fußbreit vor, einen halben zurück ... ohne Soldaten ist der Flügelmann überhaupt nichts mehr! *leise* Er muß sich vorkommen wie ein Lehrer in Ruhestand ...

KELLNER: Ich kann da leider nicht mitreden. Ich war nie beim Militär. Dreimal hat man mich gemustert und dreimal nach Hause geschickt ... wegen meiner Plattfüße ... Es ist eine Berufskrankheit.

PROFESSOR *nickt*: Ja, die Berufskrankheiten ... *schaut auf die Taschenuhr* Donner und Doria! Ich muß mich ja beeilen! – Tischendorf dirigiert in der Philharmonie. Der Wiener Generalmusikdirektor. Als Gast in seiner Vaterstadt!

KELLNER: Fünfundsechzig Pfennige, Herr Professor.

PROFESSOR: Er hat mir eine Eintrittskarte geschickt ... Dritte Reihe Mitte ... Da darf ich doch nicht zu spät kommen!

KELLNER: Wenn Sie Mitte haben, nicht! Das stört ... Und die schon sitzen, werden immer gleich so grob ...

PROFESSOR *legt Geld auf den Tisch*: Zwanzig zurück, bitte. – Er war ein schwieriger Schüler ...

KELLNER *gibt Geld zurück*: Besten Dank.

PROFESSOR *vergißt seine Eile*: Er interessierte sich für nichts auf der Welt als für Musik ... wie habe ich ihm zugeredet ... Denn wer kann von einem Jungen, bloß weil er in der Obersekunda hängen bleibt, vorauswissen, daß er eines Tages Generalmusikdirektor in Wien werden wird? ... Die Eltern kamen zu mir ... Was soll ein Lehrer tun? ...

MICHAELIS *kommt, von hinten, in den Vordergrund. Man sieht ihm an, daß er eine Wanderung hinter sich hat.*

PROFESSOR: Ich ging mit ihm zum Kantor der Petrikirche ...

Die Eltern durften nichts davon wissen ... Der Kantor prüfte ihn ... Vielleicht war er zu altmodisch ... Er machte dem Jungen wenig Hoffnungen. Ich selber habe nie viel von Musik verstanden ... *zuckt die Achseln* Eigentlich müßte ein Lehrer alles verstehen ...

MICHAELIS *sieht sich nach einem geeigneten Platz um*: Herr Professor!

PROFESSOR *sehr erfreut, aber auch recht verwundert*: Michaelis? *lädt zum Sitzen ein* Schon wieder im Lande?

MICHAELIS *nimmt Platz, legt den Hut beiseite; verlegen lächelnd*: Schon wieder? Nein ... Aber noch immer! *zum Kellner* Ein Viertel Rotwein!

KELLNER *links ab*.

PROFESSOR: Noch immer? ... Seit Ostern?

MICHAELIS *nickt*.

PROFESSOR *mit gutmütiger Ironie*: In einer Stadt mit höchstens sechsmalhunderttausend Einwohnern? ... Kriegen Sie denn da überhaupt Luft? ... *ernsthafter* Ich habe immer gedacht, Sie könnten nur in Metropolen leben ... Oder in der Ferne, je bunter, je besser! – Nun, ein paar Monate in der Heimat haben wohl auch ihr Gutes ...

MICHAELIS *schweigt*.

PROFESSOR *schaut ihn prüfend an*: Das Leben eines Dichters ist schön und schwer ... Man kann auch mit Primanern nicht ganz offen darüber reden ... Natürlich nicht ... Leider nicht. – Die Phantasie ist gewiß ein herrliches Frauenzimmer ... Und doch, – ein Dichter, der stets zu Haus auf dem Sofa sitzt, auf ihren werten Besuch wartet und sich, wenn sie kommt, über ihre Hand beugt, um Träume aus ihren Fingern zu saugen ... Es erinnert doch sehr an zahnende Kinder und Daumenlutscherei ... Nein, der Poet gehört ganz und gar nicht in die Dachkammer! Er muß, wie ein Kreuzfahrer, die Erlebnisse aufsuchen und herausfordern. Er gehört ins Getümmel. Der Held sucht den Sieg. Der Dichter sucht den Sieg und die Niederlage. Ich kann das schon begreifen. – Werden Sie lange hierbleiben, Michaelis?

MICHAELIS: Sehr lange, Herr Professor. Vielleicht für immer.

PROFESSOR: Für immer?
MICHAELIS *nickt*: Ich habe mir in der Bergstraße eine Wohnung genommen.
PROFESSOR: In der Bergstraße?
MICHAELIS: Diese Straße und ich gehören seit langem zusammen ... Mit dem Installateur, der mir neulich die Lichtleitung umlegte, bin ich in die 8. Volksschule gegangen ... Mit einem Zigarrenhändler war ich im Turnverein 98 ... In der Vorturnerriege ... Der Frau des Bäckers an der Ecke schrieb ich meinen ersten Liebesbrief ... Sie wurde rot, als sie mich wiedersah. – Der Kohlenhändler sagte, als er mich erkannte: »Tag Fritz, wie geht's denn so? Ich hörte vor Jahren einmal, daß du Bücher schreibst. Kann man denn davon einigermaßen leben?« ... Für den alten Fleischermeister Kern hab ich als Junge täglich, vor der Schule, einen Korb mit Fleisch und Wurst in die Kantine der Grenadierkaserne gefahren.
PROFESSOR *leise*: Auf dem Fahrrad für vierzig Pfennige?
MICHAELIS *nickt*: Das Geld, das ich verdiente, bekam meine Mutter. Manchmal fiel auch ein Endchen Jagdwurst ab. Oder Mortadella.
PROFESSOR *schweigt*.
MICHAELIS *nach einer Pause*: Ich habe, angemessen nachdenklich, vor den Pyramiden gestanden ... Und ich habe mir, nicht weniger nachdenklich, den winkligen Treppenabsatz wieder betrachtet, wo sich meine Nürnberger Zinnsoldaten ihre Schlachten lieferten. *zuckt mit den Achseln*. Zwei verschiedene Welten, natürlich ...
KELLNER *kommt mit Karaffe und Glas von links*.
MICHAELIS: Aber auch zwei ganz verschiedene Menschen ...
KELLNER *gießt Wein ein*: Wohl bekomm's! *geht beiseite, setzt sich an einen entlegenen Tisch und liest Zeitung*.
PROFESSOR *hebt sein Glas*.

Beide trinken.

MICHAELIS *nimmt einen neuen Gedanken auf*: Es gibt Schriftsteller, die schreiben, um leben zu können. Das schadet den

Büchern. Und es gibt welche, die leben, um schreiben zu können. Das schadet ihnen selber. Aus dem Leben ein Mittel zum Zweck zu machen, ist Mißbrauch und Sünde. – Der Lebensweg ist ein Weg wie andere Wege. Plötzlich steht man verwundert still und spürt, daß man sich verlaufen hat. Irgendwo, irgendwann ist man falsch abgebogen. Aber wo?! Und wann? ... Man muß umkehren ... Zurückfinden ...

PROFESSOR: Im »Haus Erinnerung« Rast machen ...

MICHAELIS: Sich lange, lange besinnen ... Sein Herz fragen: »Wo wolltest du denn damals hin, als du von hier auszogst, das Fürchten zu lernen? ... Es ist ja nicht wahr, daß du leben wolltest, um Friedrich Georg Michaelis' »Gesammelte Werke« in Halbleinen gebunden zu hinterlassen! – Ich habe ein falsches Haus gebaut. Ich muß es einreißen und von neuem beginnen.

PROFESSOR *tröstend*: Vielleicht ist der Rückweg gar kein Rückweg? Vielleicht ist für dich der Ausgangspunkt – auch das Ziel? ... Eine höhere, eine zweite Naivität? ...

MICHAELIS: Ich weiß es nicht. Ich glaube es. – Ich glaube es seit Ostern ... Seit Sie, genau wie einst, vor uns auf dem Katheder saßen ...

PROFESSOR: Dann war die Stunde nicht umsonst? ... Vielleicht nicht? *er lächelt glücklich; zitiert dann* »Doch es kehret umsonst nicht Unser Bogen, woher er kommt!« – »Lebenslauf« hat Hölderlin das Gedicht genannt ...

KELLNER *ruft*: Herr Professor! Sie wollten doch ins Konzert!

PROFESSOR *springt auf*: Richtig! Mit der Straßenbahn schaff ich es noch! ... *er nimmt Hut und Stock; zu Michaelis* Tischendorf hat mir nämlich für sein Konzert ein Billet geschickt!

MICHAELIS: Nett von ihm. *er steht auf.*

PROFESSOR *strahlend*: Das ist ein Tag für einen alten pensionierten Lehrer! *er reckt sich* Was wollte ich noch sagen? Ja, – darf ich mich gelegentlich einmal nach dem Wohlbefinden des von seinen Irrfahrten heimgekehrten Odysseus erkundigen?

MICHAELIS *lächelnd*: Mit dem Rotstift in der Hand nachsehen, ob er seine Lebensaufgaben auch richtig macht?
PROFESSOR: Genau so. – Nota bene: Non multa, sed multum. – Auf gut deutsch: Mensch, werde wesentlich! Wiedersehn, mein Junge!
MICHAELIS: Auf Wiedersehen, Herr Professor!
PROFESSOR *geht mit kleinen energischen Schritten in den Hintergrund; beim Kellner macht er kurz halt*: Der Flügelmann hat endlich wieder einen Soldaten!
KELLNER *steht auf und starrt ihn dumm an*.
PROFESSOR *tippt an den Hut und geht lebhaft ab*.
MICHAELIS *setzt sich*.
KELLNER *schiebt sich langsam in den Vordergrund*.
MICHAELIS *betrachtet ihn ruhig, lächelnd dann*: Sie trugen doch früher einen Schnurrbart?
KELLNER *verblüfft*: Woran merkt man das denn noch?
MICHAELIS: Etwa fünfunddreißig Jahre mag es her sein …
KELLNER *nickt eifrig*: Stimmt! Ich war vierzig. Meine Frau hatte sich den Schnurrbart zu ihrem Geburtstag gewünscht.
MICHAELIS *lacht*.
KELLNER: Nun ja … Geld hatten wir wenig … Es war ein billiger Spaß …
MICHAELIS: Sie waren damals Kellner im Park-Café am Schwanenteich.
KELLNER: Bei Pietsch. Ein geiziger Kerl. Ich ging später deswegen fort. Eine Goldgrube, das Park-Café.
MICHAELIS: Sie fingen eines Tages einen fremden Kanarienvogel. Er hatte sich verflogen. Sie kletterten auf einen Baum …
KELLNER: Als ich ihn abends nach Hause brachte, schimpfte meine Alte. Es wäre Diebstahl. Ich bitte Sie! Na, sie ist schon lange unter der Erde. Der Vogel auch. Sie werden höchstens zwölf Jahre alt, die Tierchen.
MICHAELIS: Sie zeigten ihn mir damals.
KELLNER *ungläubig*: Ihnen?
MICHAELIS *lächelnd*: Ich bin seitdem gewachsen. Ich war acht Jahre.

KELLNER: Ach so ... Natürlich ...
MICHAELIS: Es war an einem Sonntag ...
KELLNER: Müssen Sie ein Gedächtnis haben!
MICHAELIS: Meine Eltern gingen ja nur sonntags mit mir spazieren ...

ANNETTE *kommt aus dem Hintergrund. Sie ist hübsch und noch sehr jung. Ihr heiteres Gemüt und der ihrem Alter eigene Ernst mischen sich anmutig. Sie trägt ein für Wanderungen taugendes Kostüm, weiße Wollstrümpfe, derbe Halbschuhe.*

MICHAELIS *während sie näherkommt*: Manchmal durfte ich mir am Küchenbufett einen Mohrenkopf bestellen ...
KELLNER: Pietschs Mohrenköpfe waren erstklassig. Er war früher im »Bellevue« Konditor gewesen. Na, und so etwas wie seine Apfeltorte habe ich nie wieder gegessen!
ANNETTE *nimmt in der Nähe Platz.*
KELLNER *davon ungerührt*: Wegen Pietschs Apfeltorte kamen die Leute von weither. Er verschickte sie auch. In runden Pappschachteln. Manchmal hatten wir pro Tag zweihundert Bestellungen nach außerhalb. »Pietschs Apfeltorte«, das hatte einen Klang wie »Singers Nähmaschinen« oder »Pryms Druckknöpfe« oder ...
MICHAELIS *neckend, aber in ernstem Ton*: »Fabers Bleistifte« ...
KELLNER: Ja!
ANNETTE: Oder »Heines Würstchen« ...
KELLNER: Ja, auch ...
MICHAELIS: Oder »Kupferberg Auslese« ...
KELLNER: Genau so ...
ANNETTE: Oder »Westermanns Monatshefte« ...
KELLNER *nickt bestätigend*: Jedenfalls, Pietsch hat sich mit seiner Apfeltorte eine goldene Nase verdient. Und eine Villa mit zwölf Zimmern. Aber das Rezept verriet er keinem Menschen. Wie ich ihn kenne, hat er es vor seinem Tode verbrannt.
MICHAELIS *lächelnd*: Nachdem Sie nun der jungen Dame

genügend Appetit auf Apfeltorte gemacht haben, sollten Sie endlich fragen, was sie verzehren möchte.

KELLNER *leicht erschrocken zu Annette*: Richtig! ... Entschuldigen Sie ... aber wenn einen so die Erinnerungen überkommen ... Womit kann ich dienen?

ANNETTE: Ja, was ißt man denn so, seit es Pietschs Apfeltorte nicht mehr gibt?

KELLNER: Für jemanden, der sie nicht gekannt hat, ist der Kuchen hier ganz passabel.

ANNETTE: So, so. Dann bringen Sie mir, bitte, eine Tasse Kaffee.

KELLNER *geht, bleibt auf halbem Wege stehen*: Keinen Kuchen?

ANNETTE: Lieber nicht.

KELLNER *ab*.

ANNETTE *und Michaelis lachen verstohlen*.

MICHAELIS: Seine Harmlosigkeit ist entwaffnend.

ANNETTE: Und da sagt man nun, dumme Menschen könnten gefährlich werden!

MICHAELIS: Genau so gefährlich wie ein Kind, das mit einem geladenen Revolver spielt ...

ANNETTE *nachdenklich*: Dann wäre die Dummheit der Revolver?

MICHAELIS: Nein, die Dummen sind die Kinder ... Die Gelegenheit, die sich bietet, ist der Revolver ...

ANNETTE: Und wer ist so unvorsichtig, scharf geladene Gelegenheiten herumliegen zu lassen?

MICHAELIS *lächelnd*: Vielleicht der liebe Gott? Aber ganz genau weiß ich es nicht ...

ANNETTE: So ist es immer. Gerade das, was man ganz genau wissen möchte, erfährt man nie. Wozu wird man eigentlich älter?

MICHAELIS *lächelnd*: Nicht einmal das weiß ich genau. – Bestimmt nicht, um unsichtbare Nüsse zu knacken und sich von unsichtbaren Nußkernen zu nähren.

ANNETTE *etwas abfällig*: Sondern von Pietschs Apfeltorte.

MICHAELIS *lacht*: Nicht einmal! Er hat ja das Rezept verbrannt. – Man wird bescheiden.

ANNETTE *kriegerisch*: Ich halte Bescheidenheit für keine Tugend.

MICHAELIS: Bescheidenheit ist eine Alterserscheinung, wie es die grauen Haare sind ... Man erkennt an, daß es unlösbare Rätsel gibt. – Andere ziehen sich freilich anders aus der Affäre. Sie leugnen, weil sie keine Lösung fanden, kurzerhand die Rätsel.

ANNETTE: Das wären demnach die seelischen Kahlköpfe!

MICHAELIS *lacht*: Gewissermaßen!

KELLNER *kommt mit Kaffee, stellt die Tasse auf Annettes Tisch*: Bitteschön. *setzt sich wieder abseits zu seiner Zeitung, schaut manchmal zu den beiden hin.*

MICHAELIS *mit gutmütiger Ironie*: Wir sind tüchtig! Wir haben schon über die Dummheit gesprochen, über das Altwerden, über die Bescheidenheit ...

ANNETTE *belustigt*: Über Apfeltorte, geladene Revolver, unsichtbare Nüsse ... der liebe Gott wurde auch erwähnt ...

MICHAELIS: Die seelischen Kahlköpfe nicht zu vergessen ...

ANNETTE *seufzt*: Sie haben leicht spotten. Ich muß noch sehr viel lernen, um soviel zu wissen, daß ich sagen kann: »Ich weiß, daß ich nichts weiß.« *Trinkt einen Schluck Kaffee.*

MICHAELIS *trinkt gleichfalls*: Sie halten meine Bescheidenheit für Koketterie?

ANNETTE: Bewahre! Kokette Männer gibt es doch gar nicht.

MICHAELIS *lächelnd, dann ernst*: Von Generation zu Generation, wieder und wieder rüttelt die Jugend an den Türen in der hohen Mauer, hinter der die großen Geheimnisse liegen ... Bis dann, für jeden ein Mal, der Tag anbricht, an dem er sieht, daß es keine echten Türen sind, sondern daß sie der Teufel an die Wand gemalt hat ... Und wer weiß, – am Ende war es gar nicht der Teufel?

ANNETTE: »Mit Euch, Herr Doktor, zu spazieren« ... *nachdenklich* Warum stellt sich keiner, der älter und klüger ist als unsereins, vor die Mauer und sagt: »Laßt das Rütteln! Die Türen sind aus Ölfarbe! Schade um die Zeit.«

MICHAELIS: Ihr würdet es ihm nicht glauben ... Außerdem ist es nicht schade um die Zeit ... Irren gehört zum Wachstum.

– Ein Baum kann nicht, wenn er einen Meter hoch ist, den zweiten Meter unterschlagen und gleich im dritten Meter weiter wachsen.
ANNETTE: Nein, das kann er nicht. Aber es gibt Forstmeister, Waldhüter, Gärtner ...
MICHAELIS: Sie sind selten ...
ANNETTE: Aber nötig sind sie ...
MICHAELIS *behutsam*: Die Eltern?
ANNETTE *schüttelt den Kopf*: Nein, – man kennt sie zu gut ... oder zu lange ...
MICHAELIS: Ich hatte einmal einen Lehrer ...
ANNETTE: Ich nicht!
MICHAELIS: Es gibt Bücher ...
ANNETTE: Vielleicht ... Nur ... Bücher kann man nicht fragen. Sie hören nicht zu ...
MICHAELIS: Freundinnen?
ANNETTE: Die Mädchen interessieren sich nicht sehr für die vielen gemalten Türen ... Höchstens für eine davon ... Und da wollen sie auch bloß durchs Schlüsselloch sehen ...
MICHAELIS: Freunde?
ANNETTE: Freunde? – Es sind die Freunde des älteren Bruders ... ein einziges Jahr älter sind sie ... zu frech ... zu dumm ...
MICHAELIS *lächelnd*: Zu jung für unser kleines Fräulein ...
ANNETTE *ernsthaft*: Viel zu jung ... Sie wissen genau so wenig *lächelnd* wie unser kleines Fräulein ... Das Vertrauen fehlt. Und sonst, – ich komme aus Heidelberg ... In die ersten Semesterferien ... In der Fremde noch nicht zu Hause ...
MICHAELIS *leise*: Und zu Hause schon ein wenig in der Fremde ...
ANNETTE *schaut ihn voll an*: Ja, so ist es ...
MICHAELIS: Man muß es durchmachen. – Es gibt auch noch nach dem Abiturium Reifeprüfungen.
ANNETTE: Und man erfährt nicht einmal, ob man durchgefallen ist.
MICHAELIS: Man erfährt es schon. Nur sehr spät. Manchmal zu spät. – Ich habe beispielsweise erst diese Ostern erfahren, daß ich vor vielen Jahren durchgefallen bin ...

ANNETTE: In welchem Fach?
MICHAELIS: Im Fach »Richtig leben«.
ANNETTE: Und was wird nun?
MICHAELIS: Nun muß ich zur Strafe nachsitzen.
ANNETTE: Ich möchte gerade in diesem Fach alle Prüfungen mit »Sehr gut« bestehen.
MICHAELIS: Wer will das nicht? – Wissen Sie übrigens, wo mir mitgeteilt wurde, daß ich nicht bestanden hatte? In meiner alten Schule! Im alten Klassenzimmer!
ANNETTE: Nein!
MICHAELIS: Von meinem lieben alten Professor Böttcher, der immer so stolz auf mich war!
ANNETTE: Professor Böttcher? Den kenne ich. Mein Vater war auch einer seiner Schüler!
MICHAELIS: Ja, unser Quirl, – wieviele Generationen dieser Stadt hat er erzogen! Ihm müßte ein Denkmal gesetzt werden. Auch eines aus Marmor, meine ich …
ANNETTE: Und er sagte klipp und klar, daß Sie nicht bestanden hätten?
MICHAELIS: Nein. Mit einem Male wußte ich es. Er saß hinter seinem Katheder. In den Bänken hockten wir … Erwachsene Herren, ein Vierteljahrhundert nach dem Schulabgang … Der Landgerichtsrat Dr. Strengholdt, der Major Boenecke, der Rittergutsbesitzer Riedel, der Apotheker Schmidt …
ANNETTE *hat mit wachsendem Staunen zugehört und ruft jetzt*: Nein! *nach kurzer Pause* Der Apotheker Schmidt ist – mein Vater!
MICHAELIS *lächelnd*: Nun bin aber ich an der Reihe, erstaunt »Nein« zu rufen. *laut* Nein!
ANNETTE: Doch, doch – Annette Schmidt, das zweitälteste Kind Ihres Apothekers. – Diese Schulstunde war sicher merkwürdig … wieso er uns nichts davon erzählt hat?
MICHAELIS: Es war zu Ostern. Sie studierten in Heidelberg …
ANNETTE: Aber wenn er es Mutter erzählt hätte, hätte ich es längst erfahren! – Vielleicht hat er absichtlich nichts davon gesagt?
MICHAELIS: Warum?

ANNETTE *zögernd*: Ich weiß nicht ... Was glauben Sie?
MICHAELIS: Sie kennen ihn besser.
ANNETTE: Sie kennen ihn länger.
MICHAELIS: Nun ... ich könnte mir schon vorstellen, daß er sich der kleinen romantischen Komödie, in der er wacker mitspielte, ein bißchen geschämt hat ... Nicht?
ANNETTE: Es ist möglich ... Er ist in Gefühlsdingen nicht sehr freigiebig ... War er auch früher schon so ... so ... zugeknöpft?
MICHAELIS: Sehr überschwenglich war er auch als Junge nicht ... Oder wollte es nicht zeigen ... Wer weiß?
ANNETTE: Sie, sein alter Schulkamerad, wissen es nicht. Ich, die Tochter, weiß es nicht. Wieder eine Mauer ... Mit einer gemalten Tür ...
MICHAELIS: Nein, diesmal ist es eine Mauer mit einer richtigen Tür. Diese Tür kann sich öffnen. Sie ist nur von innen verriegelt.
ANNETTE: Nur? *Sie streicht sich übers Haar* Ach ja! *bemüht heiter* Nun müssen Sie mir aber auch noch verraten, wie der Mann heißt, der in jener Schulstunde erfuhr, daß er vor Jahren in einem der wichtigsten Fächer durchgefallen ist ...
MICHAELIS *leicht verlegen*: Erst hab ich meine Sünden gebeichtet, und jetzt muß ich den Sünder auch noch beim Namen nennen? Nun, es hilft wohl nichts. Ich heiße Michaelis.
ANNETTE *schweigt*.
MICHAELIS *lustig*: Mir zu Ehren wurden seinerzeit die Herbstzensuren »Michaeliszeugnis« und die darauf folgende schulfreie Woche »Michaelisferien« genannt.
ANNETTE *schweigt noch immer*.
MICHAELIS *schaut sie fragend an, steht auf, setzt sich neben sie und berührt leicht ihren Arm; leise*: Was haben Sie denn?
ANNETTE: Ich kenne Ihre Bücher.
MICHAELIS *scherzend*: Bücher kann man nicht fragen. Sie hören nicht zu.
ANNETTE: Ich lese oft darin ... Ich habe sie nach Heidelberg mitgenommen.

MICHAELIS: Als guten Freund? ... In die Fremde? ...

ANNETTE *nickt, schaut ihn an, senkt den Kopf*: Als besten Freund ...

MICHAELIS *streicht ihr behutsam übers Haar.*

ANNETTE: Friedrich Georg Michaelis ... Ein einziges Mal habe ich diesen Namen zu Hause gehört ... Es muß lange her sein ...

MICHAELIS *lächelnd*: Man kann doch seiner Familie nicht immer die alten Schulkameraden auftischen!

ANNETTE: Und ein einziges Mal habe ich ihn zu Hause selber ausgesprochen ... Ich zeigte meinem Vater eines Ihrer Bücher. Da ging er, ohne ein Wort, aus dem Zimmer ...

MICHAELIS: Ihm werden meine Bücher nicht gefallen. Solche Leute gibt es auch. Sie sind sogar in der Mehrzahl.

ANNETTE *schüttelt den Kopf.*

MICHAELIS: Oder er kann mich selber nicht leiden. – Vielleicht hab ich ihm einmal beim Spiel eins mit dem Hockeyschläger versetzt? – Man hat Feinde, und man weiß nicht, warum sie einem feind sind ... Und man hat Feinde, auch ohne jedes Warum ...

ANNETTE *zuckt die Schulter*: Gemalte Türen ... Verriegelte Türen ...

MICHAELIS: Es wird dunkel. Wollen wir zusammen in die Stadt zurück?

ANNETTE *nickt.*

MICHAELIS *ruft*: Zahlen, bitte! *legt Geld auf den Tisch.*

KELLNER *kommt an den Tisch.*

MICHAELIS: Ein Viertel Roten. Eine Tasse Kaffee.

KELLNER: Zweidreißig.

MICHAELIS *schiebt ihm Geld hin*: Es stimmt.

KELLNER *streicht das Geld ein*: Danke bestens. Vielen Dank, mein Herr.

MICHAELIS *steht auf, geht zum Nebentisch, holt Hut und Stock.*

ANNETTE *schaut ihm ernst zu.*

MICHAELIS *an ihrem Tisch*: Wollen Sie die Straßenbahn nehmen?

KELLNER: Die nächste fährt in zehn Minuten. Sie erreichen sie bequem.
ANNETTE *steht, immer noch Michaelis anschauend, langsam auf*: Ich ginge lieber zu Fuß ...
MICHAELIS *nickt munter*: Einverstanden! Spielen wir Peripatetiker! *zum Kellner* Auf Wiedersehen, Herr Pietsch!
KELLNER: Pietsch? Ach so. Auf Wiedersehen, die Herrschaften.
MICHAELIS *und Annette gehen nach hinten ab.*
KELLNER *beginnt das Geschirr zusammenzustellen.*
MICHAELIS *am Kinderspielplatz, mit dem Stock auf die Schaukeln zeigend*: Hier habe ich als kleiner Junge geschaukelt!
ANNETTE: Ich auch!
MICHAELIS: Aber auch als kleines Mädchen, will ich hoffen!
ANNETTE *lacht leise.*

Beide ab.

KELLNER *während er aufräumt, vor sich hin*: Perikathediker ... Pietsch ... Mich geht's ja nichts an. Erst an zwei Tischen ... Dann an einem Tisch ... Übers Haar fahren ... Aber bloß nicht Straßenbahn ... Zwei Stunden durch den Wald ... Heutzutage geht alles so schnell ... Genau wie die Autos und die Flugzeuge ... Es muß irgendwie zusammenhängen ... Na, meinetwegen ... *mit dem Tablett links ab.*

VORHANG

2. Akt

Ein behagliches Wohnzimmer im Biedermeierstil. Birnbaum-Möbel. Rechts die zum Flur führende Tür. Links eine Zimmertür. Die Bühne ist leer. Man hört von rechts, wie die nahegelegene Wohnungstür aufgeschlossen, geöffnet und wieder zugemacht wird.

MICHAELIS' *Stimme*: Willst du nicht ablegen?
BEATES *Stimme unsicher*: Nein, Fritz, – ich habe nur sehr wenig Zeit.

Die Tür rechts öffnet sich. MICHAELIS *erscheint.*

MICHAELIS *zum Flur hinaus*: Mir einfach davonlaufen zu wollen, – das konnte ich wirklich nicht zulassen! Man trifft sich nicht alle Tage nach fünfundzwanzig Jahren zufällig auf der Straße!
BEATE *kommt zögernd ins Zimmer. Sie ist Anfang Vierzig, seriös gekleidet, noch reizvoll. Man muß den Eindruck haben, daß sie zutiefst beunruhigt ist, sich aber redliche Mühe gibt, ruhig zu erscheinen.*
BEATE *geht zum Tisch und setzt sich langsam, als nähme sie in einem Sprechzimmer Platz; während sie, die Gleichgültige spielend, sich im Raum umschaut*: Du hast dich nicht verändert ...
MICHAELIS *lacht*: Fängst du mit dem Schwindeln an, damit ich es fortsetze? Natürlich haben wir uns sehr verändert, Beate! *während er aus einem Schrank eine Flasche und zwei Gläser nimmt, sie auf den Tisch stellt, einschenkt und sich Beate gegenüber setzt* Nun schön, ich habe keine Glatze gekriegt, und du kein Doppelkinn.
BEATE *kramt angelegentlich in der Handtasche*: Vielleicht meine ich gar nicht so sehr das Aussehen ...
MICHAELIS: Sondern?
BEATE: Den Klang der Stimme ... Das Lachen ...

MICHAELIS *lächelnd*: Den jugendlichen Leichtsinn ... *hebt sein Glas* Auf deine Gesundheit, Beate! *er trinkt.*
BEATE *nippt*: Auch auf die deine, Fritz ... Du bist älter geworden, aber der Alte geblieben. Männer bleiben länger jung ...
MICHAELIS *weicht aus*: Ich habe mein Leben aus der Tüte gelebt ... Es gab keine Stundenpläne, keine Versicherungsprämien, keine Schienen für die Lebensbahn ... Der Himmel hing voller Improvisationen ... Das Nächste kam immer ganz plötzlich um die Ecke ...
BEATE *sanft ironisch*: Die Nächste auch ...
MICHAELIS *weicht wieder aus*: So ein Leben ist gewiß ein wenig ungehörig ... es ist auch nicht ganz ungefährlich ... man vergaloppiert sich ... entfernt sich oft von dem, was man tun und sein sollte ...
BEATE *nickt*: Aber, – es erhält jung!
MICHAELIS: Außerdem mache ich gerade eine Regenerationskur ... in dem berühmten Sanatorium »Zur Heimat« ... Heimatliche Luft, heimatliche Gesichter, heimatliche Kost, heimatliche Flüsse und Wälder ...
BEATE: Ich wußte überhaupt nicht, daß du wieder hier bist.
MICHAELIS: Schon ein halbes Jahr!
BEATE *beinahe ängstlich*: Wirst du noch lange bleiben?
MICHAELIS: Vielleicht ... Vielleicht gehe ich auch nach Heidelberg ... Oder nach Tübingen ... Oder nach Freiburg ... In irgend eine kleine Universitätsstadt ... Ich werde mich in die Hörsäle setzen ... als alter Esel zwischen die jungen ... Lernen schadet nur denen, die es überschätzen; und da bestand bei mir nie eine ernste Gefahr! Aber wir reden immer von mir! Wie ist es dir ergangen?
BEATE *ruhig*: Gut, Fritz ... *Und anders* ... *leise* Bist du verheiratet?
MICHAELIS *schüttelt den Kopf, dann*: Aber du, natürlich?
BEATE *nickt*: Natürlich.
MICHAELIS: Hast du Kinder?
BEATE *nickt*: Natürlich. – Meine Lebensbahn hielt sich immer brav an ihre Gleise, hat die Abfahrtszeiten und den Aufent-

halt an den Stationen pünktlich eingehalten, hat niemanden überfahren und ist nie aus den Scheinen gesprungen ...

MICHAELIS *sieht sie prüfend von der Seite an.*

BEATE: Ein Leben wie am Schnürchen ...

MICHAELIS: Es bleibt einem viel erspart ...

BEATE: Vielleicht – zuviel? ... Statt des Herzens tickt mit einem Mal eine Uhr in der Brust ... Ein Präzisionswerk ... sechzig bis siebzig Jahre Garantie ... *sich selbst ironisierend* Kurz, man will immer das, was man nicht hat. Und man hat immer das, was man nicht will. Die unverstandenen Frauen sterben nicht aus.

MICHAELIS *nach kurzer Pause*: Ich habe oft an dich denken müssen ...

BEATE *bemüht sachlich*: Ja?

MICHAELIS: An dein Zimmer mit den weißen Möbeln ... An die heimliche Reise in den Harz ... An knarrende Dielen in alten Gasthöfen ... An Tilla Schröder, die, wenn wir bei ihr zu Besuch waren, stets »dringende Besorgungen« zu machen hatte ... Und die wir »Fräulein Paravant« nannten ...

BEATE *sitzt steif*: Einiges scheinst du also behalten zu haben ...

MICHAELIS *leise*: Hätte ich es lieber vergessen sollen?

BEATE *müde*: Nein, nein, Fritz ... Oder doch? ... Dann hätte es wenigstens einer vergessen ...

MICHAELIS: Sind denn schöne Erinnerungen ein so schweres Gepäck?

BEATE *senkt den Kopf.*

MICHAELIS: Freilich, Kummer habe ich dir auch zugefügt ... ganz zuletzt.

BEATE *schweigt.*

MICHAELIS *beugt sich vor*: Ich bitte dich um Verzeihung ... Heute erst ... sehr spät ... Zu spät?

BEATE *noch immer mit gesenktem Kopf*: Es ist schon gut, Fritz ...

Es klingelt schrill.

MICHAELIS *schaut auf die Armbanduhr, schüttelt den Kopf, steht auf*: Entschuldige! *geht rechts ab.*
BEATE *greift in die Handtasche, nimmt ein Tuch heraus und trocknet sich hastig die Augen.*

Man hört das Öffnen und Schließen der Tür.

WANDAS *Stimme gespielt munter*: Die Überraschung scheint einigermaßen gelungen zu sein. – So, nun kannst du den Mund wieder zumache, mein Lieber! Und ihn zärtlich zum Begrüßungskuß spitzen! – Nein? Dann also später!
MICHAELIS' *Stimme*: Wie kommst du hierher?
WANDAS *Stimme*: Mit der Eisenbahn! Zu Fuß hätte es mir zu lange gedauert.
BEATE *ist aufgestanden, sammelt sich, wartet in reservierter Haltung.*
WANDA *und* MICHAELIS *treten ein. Wanda ist eine mondän gekleidete, temperamentvolle, zielbewußte Frau, zirka dreißig.*
WANDA: Oh ...
BEATE *als sei die andere gar nicht anwesend*: Es ist höchste Zeit für mich, Fritz.
MICHAELIS: Ich bringe dich hinaus.
BEATE *geht auf die Tür zu*: Ich finde meinen Weg schon allein ...
WANDA *geht, Beate ausweichend, an den Tisch links, setzt sich betont ungezwungen und ordnet ihre Frisur.*
MICHAELIS *an der Zimmertür, streckt herzlich die Hand aus*: Auf Wiedersehen, Beate.
BEATE *reicht die ihre zögernd; leise*: Hoffentlich nicht ... *rechts ab.*
MICHAELIS *folgt ihr.*

Etwas später Öffnen und Schließen der Wohnungstür.

MICHAELIS *kommt eilig zurück.*
WANDA *spöttisch*: Du scheinst dich hier schon ganz nett eingelebt zu haben.

MICHAELIS *trocken*: Wer hat dir die Adresse gegeben?

WANDA *böse*: Du nicht! *mildert den Ton, aber immer noch spottend* Dein Herr Verleger konnte meine schluchzend durchwachten Nächte nicht mehr mit ansehen ... außerdem hat deine Mitteilung, du wolltest den Roman nicht zu Ende schreiben, bei ihm eine Blinddarmreizung hervorgerufen ... Er machte auch sonst einen ziemlich gereizten Eindruck ... Und so nahe ich mich, mit gefalteten Knien, um dich an die Schreibmaschine und, für die eventuell übrigbleibende Zeit, in meine wollüstig ausgebreiteten Arme zurückzulocken ... *breitet die Arme aus.*

MICHAELIS *ruhig*: Ich hatte gehofft, daß ihr auf meine Wünsche Rücksicht nähmet.

WANDA: Respektierst du die unsrigen?

MICHAELIS *kühl*: Niemand wird mich zwingen, ein Buch zu Ende zu schreiben, das mich nicht mehr interessiert. *geht auf und ab.*

WANDA: Und niemand kann dich zwingen, »den Roman«, den du mit mir begonnen hast, fortzusetzen, da ich dich nicht mehr interessiere! Wie?

MICHAELIS *bleibt vor ihr stehen*: In dem Brief an dich habe ich mich, wenn auch genau so deutlich wie du eben, hoffentlich jedoch höflicher ausgedrückt.

WANDA: Oh ja. Mir liegt aber nichts an deiner Höflichkeit, sondern ... *leiser* an der Fortsetzung unseres Romans ...

MICHAELIS: Er geht zu Ende.

WANDA: Nein!

MICHAELIS: Dein unerwarteter Besuch ist das letzte Kapitel.

WANDA *ergreift seine Hand, versucht es jetzt mit erotischer Schalkhaftigkeit*: Ich wüßte noch soviel Stoff für unseren Roman ... Für so viele Kapitel noch ... Schöne, heitere, spannende Kapitel ... Man liebt heutzutage die dicken Romane, Liebling.

MICHAELIS *setzt sich lächelnd*: Du eignest dich nicht zum dicken Roman. Du verkörperst – um im Bilde zu bleiben – eher eine Sammlung abenteuerlicher und amüsanter Kurzgeschichten. – Beginne die nächste, und laß mich zufrieden!

WANDA *gespielt ehrlich*: Aber ich liebe dich doch!
MICHAELIS *lacht gutmütig*: Glücklicherweise ist das gelogen. *ernster* Aber auch wenn es wahr wäre, – ich will meine Freiheit zurückhaben. Ich brauche sie.
WANDA *eifersüchtig*: Für eine andere?
MICHAELIS *ausweichend*: Ich war an der Erschaffung des Menschen nicht beteiligt ... Ich bin nicht schuld, daß die Gefühle des einen Partners früher verwelken als die des anderen ... Aber es ist nun einmal so ... Mit dieser Windmühle will ich nicht kämpfen!
WANDA *schlägt einen neuen Ton ein*: Weil du gerade von Don Quichote sprichst, – welche Rosinante hat dich in diese pensionierte Stadt geritten, und welche Dulcinea hält dich fest? ...
MICHAELIS: Es ist meine Vaterschaft.
WANDA *ärgerlich*: Ein wahres Glück, daß du nicht in Afrika zur Welt gekommen bist! Sonst müßtest du dich jetzt schwarzlackieren!
MICHAELIS *lacht*.
WANDA *gespielt kameradschaftlich*: Die Welt ist doch kein Maskenball! Im vollen Ernst, Fritz, was soll der neue Spleen? Willst du dich mit dem sentimentalen Versteckspiel interessant machen? Du bist interessant genug ... Bist du berlinmüde? Wir können ein halbes Jahr nach München ziehen ... Oder wir reisen ...
MICHAELIS *zuckt lächelnd die Achseln*: Ich bleibe hier! *schaut auf die Uhr* Im Gegensatz zu dir! Ich erwarte Besuch.
WANDA: Die neue Muse? *kriegerisch* Ich bleibe!
MICHAELIS *steht ungeduldig auf*.
WANDA: Man will ja schließlich wissen, wie die Thronfolgerin aussieht ... Vielleicht sollte ich dem glücklichen Paar eine Szene machen? ... Ist passendes Porzellan in der Nähe?
MICHAELIS *geht zum Schrank und nimmt eine Kanne heraus*: Eine Kanne stifte ich freiwillig. *Stellt sie lächelnd vor Wanda auf den Tisch.*

Es klingelt.

WANDA: Da ist sie schon! *während Michaelis zur Zimmertür geht* Ich weiß noch etwas Besseres! Ich werde es mir rasch ein bißchen ... bequem machen! *Sie steht auf und knöpft an ihrem Kleid.*
MICHAELIS *bleibt an der Tür stehen*: Sei, bitte, nicht geschmackloser als unbedingt nötig ist *ab*.
WANDA *knöpft weiter.*

Die Wohnungstür wird geöffnet.

MICHAELIS' STIMME: Herr Professor!

Die Tür wird wieder geschlossen.

PROFESSORS STIMME: Störe ich auch nicht?
MICHAELIS' STIMME: Ich freue mich, daß Sie kommen!
WANDA *zuckt resigniert die Achseln und knöpft wieder zu.*
PROFESSORS STIMME *heiter*: Ich wollte doch Ihre neue Lebensaufgabe durchsehen.
MICHAELIS' STIMME *lachend*: Hoffentlich haben Sie den Rotstift nicht vergessen!

MICHAELIS *und* PROFESSOR *treten ein.*

PROFESSOR *während er durch die Tür kommt*: Wo werde ich! Hier! *zieht einen großen Buntstift aus der Brusttasche, bemerkt Wanda, stutzt und schweigt.*
MICHAELIS *stellt vor*: Herr Professor Böttcher ... Frau Lossow ...
PROFESSOR *verbeugt sich.*
WANDA *neigt hoheitsvoll das Haupt.*
PROFESSOR: Ich störe also doch.
MICHAELIS: Wirklich nicht! *Lächelnd zu Wanda* Professor Böttcher ist mein alter, hochverehrter Lehrer ...
PROFESSOR *zu Wanda*: Dr. Michaelis war mein Lieblingsschüler.
MICHAELIS: Du wirst es bedauern, daß deine Bekanntschaft mit

dem Professor so kurz gerät! *zum Professor* Frau Lossow
will unbedingt mit dem Fünfuhrzug nach Berlin zurück!
PROFESSOR *chevaleresk*: Das Bedauern ist auf meiner Seite. –
Darf ich Ihnen eine glückliche Reise wünschen? *kurze Verbeugung.*
WANDA *blickt von einem zum anderen; königinnenhaft*: Sie
dürfen, Herr Professor! – Ich meinerseits wünsche einen ersprießlichen Nachhilfeunterricht! *neigt das Haupt, rauscht zur Tür.*
MICHAELIS *öffnet die Zimmertür.*

Beide ab.

PROFESSOR *blickt lächelnd hinterdrein, reibt sich gemütlich die Hände, schaut sich die schönen alten Möbel an.*
WANDAS STIMME: Erstaunlich, daß du ausnahmsweise auch
Herrenbesuche empfängst!
MICHAELIS' STIMME *vergnügt*: Ich verbauere eben zusehends.
WANDAS STIMME: Schade um dich!
MICHAELIS' STIMME: Du bist die Güte selbst. – Leb wohl!

Die Wohnungstür wird geöffnet.

WANDAS STIMME: Friede deiner Asche!

Die Wohnungstür wird geschlossen.

PROFESSOR *blickt erwartungsvoll lächelnd zur Tür.*
MICHAELIS *kommt zurück; jungenhaft verlegen*: Entschuldigen Sie den temperamentvollen Auftritt … *lädt zum Sitzen ein.*
PROFESSOR *setzt sich.*
MICHAELIS *räumt im folgenden die Kanne in den Schrank, holt ein frisches Glas, schenkt ein, setzt sich dann auch.*
PROFESSOR *mit rührend wirkender Kennerschaft*: Eine schöne, elegante Frau!
MICHAELIS *achselzuckend*: Auch das, – im Hauptberuf eine

Meisterin der Lüge ... Und die Königin der Taktlosigkeit ... Ihr Wohl, Herr Professor!

Beide trinken.

PROFESSOR: Man will Sie zurückholen?
MICHAELIS *nickt*: Sie verstehen mich nicht ... Sie verstünden mich nicht, auch wenn ich es ihnen erklärte ... Die großen Städte sind gespensterhafte Ameisenhaufen mit Nachtbetrieb ... Der Augenblick trägt die Krone auf dem Minutenhaupt ... In jeder Stunde finden sechzig Krönungen statt ... Die Minute ist tot! Es lebe die Minute!
PROFESSOR *skandierend*: Sunt pueri pueri, pueri puerilia tractant ... Sie denken immer an die nächste Minute ... Und nie an die letzte Stunde ... *macht eine wegwischende Handbewegung* Kennen Sie Annette Schmidt?
MICHAELIS *verblüfft*: Wen?
PROFESSOR: Die Tochter Ihres Klassenkameraden, des Apothekers ... Sie überholte mich eben auf der Treppe ... Sie besucht wohl jemand über Ihnen ... *zeigt dabei auf die Zimmerdecke* Seltsam ... Man hat ein Kind gekannt ... Mit Zöpfen und Haarschleifen ... Man hat ein junges Mädchen gekannt, lustig und versonnen ... Einen veritablen Gymnasiasten, trotz der Röcke ... Und nun begegnet man auf der Treppe plötzlich einer Frau ... Jung wie je ... Doch mit Augen, alt wie die Welt ... Geheimnis als Kleid ... Und Glück als Schleppe ... *sinnt nach*.
MICHAELIS: Sie waren nie verheiratet, Herr Professor?
PROFESSOR: Nein. – *leise* Ich hatte Angst, mein Herz könnte für meine Schüler und eigene Kinder zu klein sein ...
MICHAELIS: Sie haben Ihr Herz unterschätzt!
PROFESSOR *spielt mit seinem Trinkglas*: Wer kann das heute wissen? – Ich habe die Probe nie gewagt ... *lächelnd* Und nun zu Ihnen, Schüler Michaelis! Sie haben vor Monaten versprochen, Ihre Lebensaufgabe zu revidieren und mit der Reinschrift zu beginnen! Was haben Sie diesbezüglich getan, außer daß Sie Meisterinnen der Lüge zur Tür hinauswerfen?

Droht mit dem Rotstift Es täte mir leid, Sie ins Klassenbuch eintragen zu müssen! *lehnt sich zurück* Also, Michaelis, schießen Sie los!

MICHAELIS *macht amüsiert Anstalten, genau wie in der Schule aufzustehen.*

PROFESSOR *winkt, gespielt gnädig, ab*: Bleiben Sie nur sitzen! Es handelt sich ja um eine Privatstunde!

Beide lächeln einander an.

MICHAELIS *referiert*: Es ist nicht leicht, die Hände freizubekommen. Bevor man das Gold aufheben will, muß man das Silber fortwerfen ... Laufende Pflichten, gekränkte Freunde, vertraute Gewohnheiten, fremde Ansprüche, begonnene Arbeiten, ehrgeizige Träume, – es mußte vieles über Bord ...

PROFESSOR: »Was sind Hoffnungen, was sind Entwürfe?« *trinkt.*

MICHAELIS: Und dann der Weg zurück ... Mit den Erinnerungen ist es wie mit den großen buntbemalten Ostereiern aus Holz ... Man schraubt das Ei auseinander und findet darin ein zweites, kleineres ... In diesem steckt ein drittes ... Im dritten ein viertes, ... im fünften oder sechsten klappert das letzte, kleinste ...

MICHAELIS *zuckt die Achseln*: Das letzte, kleinste ist vom Drechsler leider nicht zum Aufschrauben eingerichtet worden.

PROFESSOR: Man könnte es wie eine Haselnuß aufknacken ...

MICHAELIS *schüttelt den Kopf*: Man muß behutsamer sein ... Man muß hexen lernen ... Sich selber behexen ... Durch reine Anschauung ... Ich gehe zum Beispiel die Forststraße entlang, biege in die Bergstraße ein und sehe einen kleinen Jungen kommen ... In der rechten Hand trägt er einen vollen Milchkrug ... Die Linke ist zur Faust geballt ... In der kleinen verschwitzten Faust klebt das Wechselgeld. Das Geld darf nicht verlorengehen ... Die Milch darf nicht überschwappen ... Da verzieht er ärgerlich das Gesicht ... Denn

das Drama spitzt sich zu ... Der linke halblange Wollstrumpf beginnt zu rutschen ... unaufhaltsam rutscht er ... gräßlich ... Das Geld ... die Milch ... der Strumpf ... Der Junge bleibt stehen, ... hebt das rechte Bein ... balanciert ... versucht mit dem rechten Schuh den linken Strumpf hochzuhissen ... Der Junge kippelt bedenklich ... Vorsicht! ... Der Strumpf sitzt wieder einigermaßen ... Der rechte Fuß tastet sich aufs Pflaster zurück ... Der Marsch wird fortgesetzt ... Augen geradeaus ... Die Milch ... Das Geld ... Die anderen Kinder spielen mit Murmeln ... Sie knien an der großen Kastanie ... Nicht hinschauen! ... Das Geld ... die Milch ... Da rutscht der linke Strumpf von neuem ... Ganz langsam ... noch tiefer ... Dieses Luder! ... »Luder« darf man nicht sagen ... Na, ich hab's ja bloß gedacht! ... Jetzt rutscht auch noch der andere Strumpf! ... Es kribbelt niederträchtig die Waden hinunter ... Es schlängelt sich wie dicke Raupen um die Knöchel ... Jemand schimpft: »Kannst du nicht ausweichen, du Lausejunge?« – Die Milch schwappt über ... Die Hand tut weh ... Der Henkel glitscht ...
PROFESSOR *lachend*: Haben Sie Erbarmen, Michaelis! – Mir wird der Milchtopf Ihres Jungen gleich aufs Pflaster fallen!
MICHAELIS *lächelnd*: Keine Angst, Herr Professor! Der Junge schafft es ... Im Hausflur setzt er erst einmal ab ... reibt sich die Hände am Hosenboden trocken ... stapft dann vorsichtig die Treppe hoch ... preßt die Nase an den Klingelknopf ... Es schellt ... Die Mutter öffnet und sagt: »Da bist du endlich! – Und wo ist die Butter?« ... Der kleine Junge starrt sie an und murmelt: »Natürlich ... Das sieht mir ähnlich« ... Er drückt ihr den Topf in die Hand und rennt treppab ... Zurück ins Milchgeschäft ... *schweigt.*
PROFESSOR: Man kriegt vom bloßen Zuhören kurze Hosen!
MICHAELIS: Es genügt, einen Strumpf zu sehen, der rutscht ... Ein Kind, das weinend in den Straßenbahnschienen Geld sucht ... Einen kleinen zornigen Jungen, vor dem ein größerer, der Sommersprossen hat, heulend davonläuft ... Ein rotbackiges Mädchen, das sich den Schulranzen vor den Bauch geschnallt hat und begeistert trommelt ... Man muß den

kleinen Finger, den die Vergangenheit ausstreckt, ergreifen, – dann reicht uns die Erinnerung lächelnd beide Hände ... Es ist Zauberei im Spiele ... Gefühle, die wir damals hatten, schlagen, wie erlöste Prinzessinnen, plötzlich in uns die Augen auf ... Der geweihte Ernst der Kinderzeit gesellt sich dem billigeren Ernst der Stunde ... Das reine Lachen der Kindheit mischt sich in unsere melancholische Heiterkeit ... Herz und Mund lachen zweistimmig ... Die Innigkeit früher Liebe schlingt sich um die späteren, unzärtlicheren Wünsche ... Kind, Jüngling und Mann in Symbiose ... Knospe, Blüte und Frucht zugleich am gleichen Baum ... Die Jahreszeiten des Lebens verschwistern und vermählen sich ... Man wird ein neuer, ein einfacher Mensch ... Man kann es werden ...

PROFESSOR: ... »ein echter Mann«, sagte ich zu Ostern ...
MICHAELIS: Vielleicht sogar das ... ein echter Mann ...
PROFESSOR: Sie schreiben Ihre – Erinnerungsexperimente auf?
MICHAELIS: Ja. Für mich. Um sie festzuhalten.
PROFESSOR: Nur für sich selber?
MICHAELIS: Es sind ja bloß topographische Faustskizzen von einer Expedition ins eigene Innere ... *schaut »unauffällig« auf die Uhr.*
PROFESSOR *bemerkt es*: Die Menschen lieben Reisebücher ... Sie interessieren sich für die Stromschnellen des Jangtse, für die Quellen des Nils, für die Ersteigung des Mount-Everest, für die Flora der Tiefsee ...
MICHAELIS: Nur nicht für sich selber ...
PROFESSOR *steht auf*: Mein lieber Michaelis, Sie sind Schriftsteller. Das heißt: Sie haben eine Pflicht! Sie müssen schreiben, weil Sie es können! Zwingen Sie die anderen durch Ihre künftigen Bücher, die Entdeckungsfahrten ins eigene Innere, diesen dunkelsten Erdteil, allen anderen Expeditionen vorzuziehen! Und wenn Sie einen einzigen Menschen änderten, – Ihr Amt wäre gerechtfertigt!
MICHAELIS *steht auf*: Es ist noch nicht soweit ...
PROFESSOR *geht elastisch zur Tür, macht energisch halt*: Versteht sich! Sie brauchen Abstand! Jedoch ...

MICHAELIS *ist ihm zur Tür gefolgt; lächelnd*: Resignation brauchen Sie nicht zu befürchten, Herr Professor ... Ich lasse die Menschen nicht in Ruhe ... Ich komme langsam dahinter ... Ich bin, wie Sie, – ein Schulmeister!
PROFESSOR *strahlend*: Endlich hat er es selber gemerkt, der dumme Kerl! *klopft ihm auf die Schulter; dann ernst* Leicht wird es nicht werden, mein Junge ... Deine Schüler sind keine Kinder und keine Primaner ... Die Trägheit des Herzens beginnt früher als die Arterienverkalkung ...

Beide ab.

MICHAELIS' STIMME: Darf ich nächstens meinen Gegenbesuch machen?
PROFESSORS STIMME *fröhlich*: Dürfen? – Müssen! – Auf baldiges Wiedersehen, – Herr Kollege!

Die Flurtür wird geöffnet und wieder geschlossen.
MICHAELIS *kommt lächelnd zurück. Er stellt die Gläser beiseite und geht auf und ab.*
Kurz darauf hört man, wie die Flurtür leise aufgeschlossen und vorsichtig zugemacht wird.

MICHAELIS *schaut gebannt auf die Zimmertür.*
ANNETTE *tritt ins Zimmer, geht langsam auf ihn zu.*
MICHAELIS *schaut sie an*: Jung wie je ... Doch mit Augen, alt wie die Welt ... Geheimnis als Kleid ... Und Glück als Schleppe ...
ANNETTE *lächelnd*: Es scheint, ich störe dich beim Dichten?
MICHAELIS *schüttelt den Kopf*: Mit diesen Worten hat dich der Professor besungen.
ANNETTE: Dann sei ihm verziehen, daß ich so lange mit Herzklopfen auf dem oberen Treppenabsatz warten mußte ...
MICHAELIS *küßt sie zärtlich.*
ANNETTE *wirft wild die Arme um seinen Hals, nimmt dann kindlich seine Hand und geht mit ihm zum Biedermeier-Sofa.*

Sie setzen sich.

ANNETTE: Überhaupt dieses Herzklopfen ... Ich glaube, ich habe einen Dampfhammer in der Brust ... Wenn ich zu dir komme ... hämmert es ... Wenn ich bei dir bin ... wenn ich fortgehe ... wenn ich an dich denke ... *leise* Wenn du an mich denkst ... es hämmert, es hämmert ... *legt, mit selbstverständlicher Geste, seine Hand auf ihr Herz* Bist du auch so ein Dampfhämmereibesitzer? ...

MICHAELIS *nickt lächelnd.*

ANNETTE *seufzend*: Nun bin ich also eine Frau ... Sogar ganz, ganz alte Professoren merken es schon ... »Das Glück als Schleppe«, hat er gesagt? – Oh ja ... Eine schwere, schwere Schleppe ... Wie bei einem Krönungszug ... Sie ist mit Gold und Edelsteinen bestickt, die Schleppe des Glücks ... sie zieht und zieht ... bis die Knie zittern ... bis man lächelnd zusammenbricht ... Glück tut weher als Schmerz ...

MICHAELIS *streicht ihr beruhigend übers Haar.*

ANNETTE *forschend*: Geht es allen Menschen so?

MICHAELIS: Denen, die glücklich sind, – ja ...

ANNETTE: Das ganze Leben lang? ...

MICHAELIS: Nein, Annette ...

ANNETTE *lächelnd*: Gottseidank ... *ernst* Aber warum nicht?

MICHAELIS: Mit der Zeit wird das Glück, wenn es nicht fortläuft, sondern bleibt, zahm ...

ANNETTE: Es läßt sich zähmen?

MICHAELIS: Die Gewohnheit macht das Glück zum Haustier ... Die milde Göttin Gewohnheit ... Die Menschen tun ihr bitter Unrecht ...

ANNETTE *vor sich hin*: Das Glück ist nur im Anfang wild ... *zu ihm* In statu nascendi!

MICHAELIS: *lacht leise.*

ANNETTE: Du! Lach mich nicht aus! *munter*: Soviel für heute über das Glück! Nun, mein Herr und Dichter, kommen wir zu einem anderen, ebenso hübschen Thema: Zur Eifersucht! *mit komisch dumpfer, drohender Stimme* Wer war die exaltierte Dame, die, noch dazu in der offenen Tür, deiner Asche den nötigen Frieden wünschte? He?

MICHAELIS *amüsiert*: Jene Dame war ein Fehltritt!

ANNETTE: Einer deiner Fehltritte! Pfui! – Schämst du dich wenigstens?

MICHAELIS *nickt*: Wenigstens!

ANNETTE *ernsthafter*: Was meinte sie, als sie sagte: »Erstaunlich, daß du auch Herrenbesuche empfängst?« – Wer war vor ihr hier?

MICHAELIS: Ich spreche lieber nicht darüber.

ANNETTE: Du mußt es mir sagen ... Du mußt mir alles sagen, was ich wissen will ... Weil ich es wissen muß ... Ich bitte dich ...

MICHAELIS *zögernd*: Es ist länger her, als du alt bist, Annette ... Und wir waren beide wenig älter als du heute ... Das erste Erlebnis ... Eine schöne, schwere Zeit ...

ANNETTE: Das Glück als Schleppe ...

MICHAELIS: Es sollte für immer sein ... Es war nicht für immer ... Ich fuhr nach München ... Studierte ... Lief einem Abenteuer in die Räder ... Schwieg, weil ich Zeit brauchte ... Schwieg, weil die Zeit verging ... Ich traf sie vorhin ... Sie ist verheiratet, hat Kinder ...

ANNETTE *forschend*: Und liebt dich noch immer?

MICHAELIS: Vielleicht?

ANNETTE: Bestimmt! – Frauen sind hartnäckig! *streckt ihren Arm durch den seinen; lächelnd* Ich weiß das!

MICHAELIS *lächelnd*: Du weißt schon viel zu viel!

ANNETTE *gespielt entrüstet*: Wer ist denn daran schuld ... außer dir ... *heiter* und mir? ...

MICHAELIS *nachdenklich*: Die Erde ist ein ungerechtes Pflaster. Es ist nicht leicht, sich beschenken zu lassen, wenn »die mit den leeren Händen« dabeistehen ... »Männer bleiben länger jung«, sagte sie ...

ANNETTE Vor zwanzig Jahren liebte dich ein junges Mädchen ... Und heute liebt dich ein junges Mädchen ... jünger noch als das vor zwanzig Jahren ... *inbrünstig* Wie ich dich beneide!

Beide müssen lachen.

MICHAELIS *leicht amüsiert*: Wenn ich mir ausmale, wie mein Besuch bei deinem Vater ausfallen wird ... Was er für Augen machen wird, wenn ich ihm erkläre: »Lieber Bernhard, du kennst mich seit dreißig Jahren, ich habe dir oft bei den Aufsätzen geholfen, darf ich dich um die Hand deiner Tochter bitten?«
ANNETTE: Wenn du nicht willst, fragen wir ihn nicht!
MICHAELIS *schüttelt energisch den Kopf*: Du vergißt, daß ich täglich altmodischer werde ...
ANNETTE: Ich muß unbedingt dabei sein, wenn du zu deinem alten Schulkameraden das erste Mal »Schwiegerpapa« sagst!
MICHAELIS *stöhnt*: Schade, daß es keine Hochzeitsbitter mehr gibt ...
ANNETTE: Eines schönen Tages verzeiht er dir sicherlich ... Als Großvater! ...
MICHAELIS *zieht sie zärtlich an sich*: Eines schönen, wunderschönen Tages! ...

Schweigen.

ANNETTE: Ich werde den Gedanken an »dein junges Mädchen vor zwanzig Jahren« nicht los ... Sie ist in deinem Alter, hat einen Mann, hat Kinder und schaut, von ihnen abgewandt, in ihre Jugend zurück ... Kann man nicht zum zweiten Male glücklich werden? ... Weißt du das ... Oder klopfe ich schon wieder an eine gemalte Tür?
MICHAELIS: Wenn man wüßte, wieviele Menschen kein Mal glücklich waren, bevor über ihren Staub die Blumen blühen ...
ANNETTE: Glück ist selten ... Unglück ist selten ... Nur was dazwischen liegt, ist Sand am Meer ...
MICHAELIS *nickt*: Die mittelmäßige Qual ... Der langweilige Schmerz ... die Eintönigkeit ohne Pause ... Ohne Sonne ... Und ohne Sturm ...
ANNETTE *leise*: Wie bei uns zu Hause ...
MICHAELIS *schaut sie fragend an.*
ANNETTE: Und ich bin schuld daran ... Einmal würde ich es

dir doch erzählen … *senkt den Kopf* Ich war ein kleines Mädchen … Vier Jahre alt … Eines Tages steckten Mutters Schlüssel an der Kommode … Ich begann zu kramen und zu wühlen … Erst spielte ich »Kaufmannsladen«. Als ich, in einer Ecke, unter Wäsche verborgen, ein Bündel alter Briefe fand, spielte ich dann »Briefträger« … *sie fröstelt* Vater war damals noch Provisor … Wir wohnten in einem großen Miethaus in der Bismarckstraße … Ich kletterte von Etage zu Etage und warf Mutters Briefe in die Briefkästen. –
MICHAELIS *mitleidig*: Oh …
ANNETTE: Es muß schrecklich gewesen sein … Man brachte die Briefe zurück – lächelnd, hämisch, zwinkernd, entrüstet … Vater kam dazu … Er schloß sich ein … Mutter lag bei uns im Kinderzimmer … mit starren offenen Augen … Wir weinten vor Angst …
MICHAELIS *streichelt sie*.
ANNETTE: Wir zogen kurz darauf in einen anderen Stadtteil … Die Erinnerungen zogen mit … Sie hängen in den Gardinen … Sie nisten in den Bilderrahmen … Da hilft kein Großreinemachen … Wir können einander nie mehr fest in die Augen sehen …
MICHAELIS: Es war nicht deine Schuld … Alte Briefe gehören nicht in Schubfächer, sondern ins Feuer …
ANNETTE: Das habe ich manchmal auch gedacht … Aber es stimmt nicht … Solche Briefe ins Feuer zu werfen, ist wie Mord …
MICHAELIS *halb für sich*: Was mag ihn schwerer getroffen haben? … Der Schmerz … oder die Blamage?
ANNETTE *zuckt die Achseln*: Wer weiß? Die Tür ist von innen verriegelt …
MICHAELIS: Als wir zu Ostern in der alten Klasse über die Erinnerungen sprachen, machte sich dein Vater lustig … Er wollte die Diskussion mit aller Gewalt ins Lächerliche ziehen. Es war Notwehr … Wer hatte das gedacht? –
ANNETTE: Der Vater, der Bruder, sogar die Mutter, – jeden Tag, den ich dich kenne, entgleite ich ihnen mehr … Sie sind auf einer Insel, die zurückbleibt … Ihre Sorgen sind nicht mehr

meine Sorgen ... und meine Freuden ... meine Freuden ... *umhalst ihn kindlich.*
MICHAELIS: Dein Herz klopft, Annette ... Es klopft wie an eine Tür ...
ANNETTE: Es will eingelassen werden ... In dein Herz ...
MICHAELIS *zärtlich*: Wie lange bleibst du bei mir? ...
ANNETTE *inbrünstig*: Bis an mein Lebensende!
MICHAELIS *lacht leise*: Ich meine, – heute?
ANNETTE: Zum Abendbrot muß ich zu Hause sein ...

Beide lachen verschmitzt.

VORHANG

3. Akt

Salonähnliches Zimmer bei Apotheker Schmidt. Im Hintergrund: *Breite Verandatür mit Gartenblick.*
Rechts: *Zwei Türen; die hintere führt in Schmidts Arbeitszimmer; die vordere in die Wirtschaftsräume usw.*
Links: *Zwei Türen; die hintere führt zum Haustor; die vordere in Annettes Zimmer.*
Ein herbstlicher Spätnachmittag.
Die Bühne ist leer.

Es klingelt links hinter der Bühne.
Kurz darauf öffnet sich, vorn links, die Tür. ANNETTE *blickt spähend nach rechts, tritt dann rasch und leise ins Zimmer. Sie trägt ein hübsches kurzes Kleid. Jetzt öffnet sich die Tür hinten links. Ein* DIENSTMÄDCHEN *hält dem* PROFESSOR *die Tür auf.*

DAS DIENSTMÄDCHEN: Bitte nähertreten. *zu Annette* Soll ich dem Herrn Apotheker Bescheid sagen?
ANNETTE: Das besorge ich schon selbst. Mutter wird Sie in der Küche brauchen. *reicht dem Professor schüchtern die Hand.*
DIENSTMÄDCHEN *geht vorn rechts ab.*
PROFESSOR *wartet schweigend, bis das Mädchen verschwunden ist; dann halblaut und lächelnd*: Der Verschwörer meldet sich zur Stelle!
ANNETTE *ebenfalls halblaut*: Ich danke Ihnen, Herr Professor.
PROFESSOR: Ich glaube zwar, daß meine Anwesenheit nicht notwendig sein wird, doch schaden kann sie zum Schluß auch nicht. – Wissen Sie, was man beim Turnen »Hilfsstellung« nennt?
ANNETTE *schüttelt den Kopf.*
PROFESSOR *mit eifrigen Bewegungen seine Schilderung begleitend*: Wenn ein Turner, am Hochreck kopfunter im Kniehang weit ausschwingend, die Knie von der Stange löst und dann erhobenen Hauptes, mit ausgebreiteten Armen,

durch die Lüfte schwebt, um schließlich in vorschriftsmäßiger Kniebeuge auf der Strohmatte zu landen, – steht ein Kamerad unten neben der Matte.

ANNETTE *nickt lächelnd*.

PROFESSOR: Die Hilfsstellung ist de facto meistens überflüssig, aber der Turner am Hochreck absolviert seine Übung mit größerer Ruhe und besserer Haltung, weil er die mögliche Hilfe in der Nähe weiß.

ANNETTE: Der Gedanke, Sie herzubitten, stammt von mir. Fritz wollte *ängstlich lächelnd* ohne Hilfsstellung turnen. Aber ich, – ich bin ein Angsthase ...

PROFESSOR: Nur ruhig Blut. – Daß ein Mann die Tochter eines alten Klassenkameraden heiraten will, ist gewiß nicht gerade alltäglich, – aber ein dringender Anlaß zur Panik ist es eigentlich auch nicht gerade.

ANNETTE *hilflos*: Es ist auch nicht deswegen ...

PROFESSOR: Hinzu kommt – Michaelis machte Andeutungen, daß Schmidt ihm nicht ganz grün zu sein scheint ... Ist das verwunderlich? – Ihr Vater ist, entschuldigen Sie, ein braver, tüchtiger Durchschnittsmensch ... Michaelis ist ein Ausnahmefall ... Mit seinem Talent ... und mit seinem Glück. – Nun, der Neid ist ein verständliches Laster ... Er ist eine krank gewordene Sehnsucht ... ein vergifteter Stolz ... *sie ermutigend* Verlassen Sie sich getrost auf mich! Ich kann, wenn ich will, diplomatisch sein wie Talleyrand! Und sollte das nichts helfen, – *einfach und würdig* die zwei sind meine Schüler ... solange ich leben werde ... Kein Ruhm, kein Titel, kein Vermögen und kein Starrsinn entbinden meine Schüler von dem Respekt, den sie ihrem alten Lehrer schuldig sind!

ANNETTE *schaut ihn gerührt an*.

PROFESSOR: *nickt ihr zu*: So, und nun rufe deinen Vater! *Blickt auf die Taschenuhr* Michaelis ist in wenigen Minuten hier! *tritt dicht an das Mädchen heran* Ich freue mich, daß ihr euch liebhabt! *küßt sie auf die Wange, tritt zurück, hüstelt und schaut fort.*

ANNETTE *läuft zur rechten hinteren Tür, klopft an, öffnet und ruft*: Vater, wir haben hohen Besuch!

3. AKT

SCHMIDTS *Stimme ironisch*: Schon? – SCHMIDT *kommt, mit Zigarre, herein und beginnt, als er den Professor sieht, schallend zu lachen.*
ANNETTE *schließt die Tür.*
SCHMIDT *noch lachend*: Entschuldigen Sie tausendmal, verehrter Herr Professor, – aber Annette hat für heute das Auftauchen eines anonymen Herrn angekündigt, den sie zu heiraten entschlossen ist, – und nun ... *geht lachend, mit ausgestreckter Hand auf den Gast zu.*
PROFESSOR *gibt ihm lächelnd die Hand*: Mein lieber Schmidt, ich bin der Bräutigam nicht!
SCHMIDT *während sich der Professor und er setzen*: Das kommt davon, wenn Töchter Geheimniskrämerei treiben! – Glauben Sie, die junge Dame hätte ihren Herren Eltern auch nur den Namen des Auserkorenen verraten? ... Oder seinen Beruf ... sein Alter ... sein Einkommen ... oder wenigstens die Haarfarbe? ... Mitnichten! – Das Einzige, was wir mit einiger Sicherheit vermuten, ist, daß er männlichen Geschlechtes sein dürfte! *lacht.*
ANNETTE *ist leise durchs Zimmer geschritten und geht jetzt links hinten ab.*
SCHMIDT: Mein Sohn, der später einmal die Apotheke übernehmen sollte, sitzt in Rom und will Archäologe werden. Andernfalls sieht er sich genötigt – das hat er mir schriftlich in die Hand versprochen –, mit geladenem Revolver aus der sechsten Etage zu springen – Bleibt die Tochter ... denkt man ... Nach dem ersten Semester kommt sie zurück und will ehelichen! ... Vielleicht einen Kommilitonen aus Heidelberg ... Hofft man! ... Man erkundigt sich schüchtern ... Nein, Apotheker ist der Herr nicht und wird er nicht ... Was ist er? ... Wer ist er? ... »Er wird uns besuchen«, erklärt die Maid hold errötend, »dann schaut ihn euch an!« *zuckt die Achseln.*
PROFESSOR: Der Augenschein ist ja wohl auch das Ausschlaggebende ...
SCHMIDT *ruhiger*: Natürlich ... Und daß sie den schönen Fremdling lieb hat, ist noch wichtiger ... Nur ... die blöde

Geheimnistuerei mag vor allem dran schuld sein, – ich habe so ein flaues Gefühl ... Als ob mir der Mann nicht gefallen würde ... Ich kann mir nicht helfen: Ich bin voreingenommen! *ab jetzt völlig ruhig* Und das ist doch grundverkehrt ... Und gar nicht recht von mir ... Ich soll ihn ja nicht heiraten! Es ist ein Wink das Himmels mit dem Zaunpfahl, Herr Professor, daß Sie uns, nach so langer Zeit, gerade heute besuchen ... Hätten Sie Lust, sich an dem bevorstehenden Lokaltermin zu beteiligen? ... Darf ich Sie als Augenzeugen vorladen?

PROFESSOR: Gut, Schmidt, ich bleibe!

SCHMIDT *erleichtert*: Das ist schön ... Besten Dank ... Wir werden ihn gemeinsam beschnarchen ... Eins mit ihm plaudern ... Dann ziehen wir uns unauffällig in mein Arbeitszimmer zurück ... zur geheimen Beratung ... Ich wüßte nicht, an wessen Urteil mir soviel läge wie gerade an dem Ihrigen, Herr Professor ... Waschen Sie mir dann ruhig den Kopf, wenn ich den Burschen zu unrecht ekelhaft finden sollte ... Vier Augen sehen mehr als zwei ...

PROFESSOR: Sechs Augen! Ihre Gattin hat ja wohl auch mitzureden ...

SCHMIDT *ironisch*: Meine Frau hat ihren Segen bereits blanko abgeliefert ... Sie ist eine Anhängerin der »Liebesheiraten« ... Annette liebt den fremden Herrn ... In Ordnung! – Und wenn's ein rothaariger Schornsteinfeger wäre!

PROFESSOR *langsam*: Ich bleibe übrigens, weil ich gekommen bin, um zu bleiben.

SCHMIDT *lehnt sich verblüfft zurück*: Das verstehe ich nicht!

PROFESSOR: Ich kenne nämlich den Mann, der Ihre Tochter heiraten will und ... heiraten wird.

SCHMIDT *verständnislos*: Sie kennen ihn?

PROFESSOR *beugt sich vor*: Und Sie ... Sie kennen ihn auch!

SCHMIDT *immer verwunderter*: Ich kenne ihn auch?

Es klingelt am Haustor.

PROFESSOR *nickt ernst.*
SCHMIDT: Sie kennen ihn? ... Ich kenne ihn? ... Also ist es jemand aus unserer Stadt? ... Warum hat denn dann Annette verschwiegen, wer er ist? ... Das ist doch absurd ...
PROFESSOR *vorsichtig*: Ihre Tochter hatte das gleiche Gefühl, das auch Sie haben ... Daß Sie gegen ihn voreingenommen sind.
SCHMIDT: Aber es ist doch nicht dasselbe, ob ich gegen jemanden, den ich nicht kenne, voreingenommen bin ... oder gegen jemanden, den ich kenne ... Dann müßte ich doch Gründe dafür haben ...
PROFESSOR: Wir wissen keine ... Es gibt wohl auch keine ...
SCHMIDT *ratlos, leise*: ich bekomme allmählich Angst, Herr Professor ...
PROFESSOR: Er wird gleich ins Zimmer treten ... Dann werden Sie wissen, wer es ist ... Und dann wird alles gut sein ...
SCHMIDT *schaut gebannt zur linken hinteren Tür.*

Stille. Schritte im Korridor. Die Türen gehen leise auf.

ANNETTE *tritt ängstlich und blaß ins Zimmer*: Vater ... Er ist da ...
MICHAELIS *tritt an ihr vorüber verlegen lächelnd ein.*
SCHMIDT *zuckt zusammen, bewegt lautlos die Lippen.*

Tiefe Stille.

SCHMIDT *mit unkenntlicher Stimme*: Nein ...

Die anderen Drei starren betroffen auf ihn.

MICHAELIS *während er, Annette am Arm, dem Tisch näherkommt*: Mein lieber Bernhard! *Merkt im Verlauf seiner Rede, die er sich vorher zurechtgelegt hat, immer deutlicher, wie wenig sie zu dem rätselhaften Verhalten Schmidts paßt*: Als wir zu Ostern miteinander im alten Klassenzimmer saßen, hätte ich mir wahrhaftig nicht träumen lassen, daß ich eines Tages vor dir stehen und dich bitten würde, dein Schwiegersohn werden zu dürfen ... Und du selber hast das, sogar bis vor wenigen Minuten, bestimmt noch viel weniger vermutet ... Das Schicksal hat uns überrascht ... Wenn dir das Wort »Schicksal« zu pompös klingt, wollen wir bescheidener sein und von »Zufall« reden ... Doch, wie die Instanz auch heißen mag, die uns hier zusammengerufen hat, – sie hat Gewalt über uns gehabt, und wir sollten uns ihrem Urteil beugen. – Ich bin so alt wie du und liebe deine Tochter. Und was viel unbegreiflicher ist: sie liebt mich ...

SCHMIDT *blickt ihn haßerfüllt an.*
ANNETTE *drängt sich dicht an Michaelis und schaut ihrem Vater ernst und entschlossen in die Augen.*
MICHAELIS *verläßt jetzt sein Konzept*: Mir ist der Entschluß, dich aufzusuchen, nicht ganz leicht gefallen ... Ich hätte dir statt dessen schreiben ... wir hätten dich sogar vor die vollendete Tatsache stellen können ... Wir haben mit Vorsatz die bequemeren Wege nicht gewählt ... *mit einigem Unwillen* Vielleicht hätten wir es aber doch tun sollen? ...
SCHMIDT *schweigt noch immer.*
MICHAELIS *leise*: Es tät mir leid, wenn ich den Weg zu dir bereuen müßte.
PROFESSOR *vermittelnd*: Schmidt, – machen Sie schon endlich den Mund auf!
MICHAELIS *tritt mit raschen Schritten an den Tisch, so daß er dem sitzenden, ihn unverwandt anstarrenden Schmidt gegenübersteht*: Warum gibst du mir keine Antwort? – Ändern kannst du weder, was geschehen ist, noch, was geschehen wird! Sag' Ja! Und wir werden uns aufrichtig freuen. Oder sag' in Dreiteufelsnamen Nein! *Beugt sich erwartungsvoll vor.*

Stille.

SCHMIDT *nach Atem ringend*: Nein! *Lauter* Nie! *Schlägt auf den Tisch* Niemals!
MICHAELIS *sich aufrichtend, nach kurzer Pause*: Nein ...

Nie ... Niemals! *lächelnd* Das läßt an Deutlichkeit nichts zu wünschen übrig! – Immerhin, es ist eine Antwort!
PROFESSOR *außer sich*: Schmidt! Ich kenne Sie gar nicht wieder! *zu Annette* Wollen Sie nicht in Ihr Zimmer gehen, mein Kind?
ANNETTE: Ich bleibe.
SCHMIDT *langsam und bedrohlich*: Schicken Sie lieber Ihren »Lieblingsschüler« fort!
PROFESSOR *mehr verblüfft als ärgerlich zu Schmidt*: Wie reden Sie denn mit mir?
SCHMIDT *ohne den Professor zu beachten, zornig zu Michaelis*: »Geh fort von hier! Man hat dich nicht gerufen!« – So hieß es doch wohl in deinem prächtigen Gedicht ... Geh fort! Beeile dich! Ernte du deine Erinnerungen meinetwegen in Jamaika oder auf den Fidschi-Inseln! Nicht in meinem Hause! *steht vor Erregung auf* Stiehl dir deine Erlebnisse zusammen, wo du willst! Nicht in meiner Familie! Wenn du interessante Romanstoffe brauchst, – mache unglücklich, wen du willst, – uns nicht! *geht zur hinteren rechten Tür, legt die Hand auf die Klinke* Dieser Mensch ... dieser Unmensch ... Dieser zweite König Midas! ... Was er denkt, ... was er anfaßt ... was er fühlt ... was er tut ... alles wird Papier! ... Bedrucktes Papier ...
MICHAELIS *sehr ernst*: Man könnte meinen, du haßtest meinen Beruf ... Ich kann verstehen, daß man ihn nicht liebt ... Denn ich kenne ihn noch etwas besser als du ... Aber es ist anders, – du haßt mich!
SCHMIDT schweigt und wendet sich nicht um.
MICHAELIS *versöhnlich*: Ich habe die Erinnerungen an unsere gemeinsamen Jahre immer wieder an mir vorüberziehen lassen, seit ich weiß, daß mein Name in diesem Hause nicht beliebt ist ...
SCHMIDT *dreht sich langsam um; dumpf*: Über niemanden ist in diesem Hause mehr geschwiegen worden ... so laut geschwiegen worden ... wie über dich!
MICHAELIS: Man haßt mich, und ich weiß nicht warum. Ich habe dir wissentlich nie im Leben etwas zuleide getan ...

SCHMIDT *lacht gequält auf.*
MICHAELIS *laut, herausfordernd*: Was habe ich denn verbrochen?
SCHMIDT *kopfschüttelnd, zu sich selber*: Er weiß es nicht ... *während er schwerfällig zu der vorderen rechten Tür geht* Den Triumph kann er auch noch haben ... diesen zweifelhaften Triumph ... *reißt die Tür auf und ruft* Frau! *Läßt die Tür offen, geht zum Tisch, setzt sich mit dem Rücken zur Tür und stützt apathisch den Kopf in die Hände.*

Stille. Die drei anderen blicken zu der offenen Tür. Schritte werden hörbar.

BEATE *erscheint nichtsahnend, sieht Michaelis und greift, um nicht umzusinken, nach dem Türrahmen.*
MICHAELIS *steht und starrt Beate wie einen Geist an.*
ANNETTE *läuft zu Beate*: Mutter!
PROFESSOR *beobachtet als einziger, was eigentlich vorgeht.*
BEATE *preßt sich in Sekundenschnelle mit fast übermenschlicher Kraft zusammen, legt schützend ihren Arm um Annette, zwingt ein Lächeln in ihr Gesicht*: Was hast du denn, Kind? *Blickt immer noch Michaelis an.*
ANNETTE *zuckt ratlos die Achseln*: Ich weiß es nicht ...
BEATE *zärtlich zu ihrer Tochter*: Auf alle Fälle würde ich dir zunächst einmal raten, mir deinen ... deinen geheimnisvollen Bräutigam vorzustellen ...
SCHMIDT *fährt aus seiner müden Schmerzversunkenheit hoch und blickt völlig entgeistert in das lächelnde Gesicht seiner Frau.*
BEATE *führt* ANNETTE *schweren Schrittes auf Michaelis zu*: Ich möchte doch gern erfahren, wie du später einmal heißen wirst ...
ANNETTE *lächelt schüchtern*: Entschuldige bitte ... *kindlich stolz* Darf ich dich mit Doktor Friedrich Georg Michaelis bekannt machen? *zu Michaelis* Meine Mutter.
BEATE *überrascht*: Der berühmte Schriftsteller?
ANNETTE *nickt und lacht glücklich.*

BEATE *zu Michaelis ernst*: Ich freue mich, Sie persönlich kennen zu lernen, Herr Doktor. *gibt ihm die Rechte.*
MICHAELIS *küßt ihr wortlos die Hand.*
BEATE Ich habe einige Ihrer Bücher gelesen ... Ich habe auch Manches über Sie gehört *Lächelnd* Es war nicht immer das Allerbeste, muß ich gestehen ... Nun, der Prophet gilt bekanntlich nichts in seiner Vaterstadt ... *verbirgt einen erneuten Schwächeanfall, indem sie sich an Annette schmiegt* Wie dem auch sein mag, – für mich ist nur eines entscheidend: daß meine Tochter Sie liebt ... Und ... ein junges Mädchen kann der Mutter zur Not den Namen ... eines Mannes, nicht aber die Liebe zu ihm verbergen ...
MICHAELIS *seine Erschütterung meisternd*: Sie sind sehr gütig, gnädige Frau ...
ANNETTE *hakt sich liebevoll bei Michaelis unter.*
BEATE *verkrampft die Hände ineinander.*
PROFESSOR: Und sehr weise ...
BEATE: Oh, Herr Professor! *geht zu ihm* Welche Freude! Verzeihen Sie, daß ich Sie erst jetzt begrüße! *gibt ihm die Hand* Behalten Sie, bitte, Platz! ... Ich setze mich neben Sie, wenn ich darf ... *nimmt erschöpft Platz* Als glückliche Schwiegermutter habe ich ja nun ein Anrecht auf einen Sitz im Rat der Alten ...
PROFESSOR: Auf Sitz und Stimme ...
ANNETTE *hat Michaelis zum Tisch geführt, ihn in einen Sessel genötigt, hockt sich auf dessen Lehne.*
SCHMIDT *schaut verstört in die Runde, fährt sich mit der flachen Hand über Stirn und Augen.*
PROFESSOR *schaltet sich von neuem ein*: Ihr Mann tat, als Sie kamen, gerade die Schriftsteller in Acht und Bann ...
BEATE: Die Schriftsteller im allgemeinen ... und Friedrich Georg Michaelis im besonderen, nicht wahr? *zu ihrer Tochter* Wenn ich eine altmodische Frau wäre, würde ich jetzt sagen: »Annette, geh in den Garten, und bleibe dort, bis man dich ruft!«
ANNETTE *lächelnd*: Wie gut, daß meine Mutter keine altmodische Frau ist!

BEATE *ernst*: Annette, geh bitte in den Garten ... Und bleibe dort, bis man dich ruft ...
ANNETTE *will sich sträuben.*
BEATE *leise*: Ich muß inzwischen eine alte, alte Geschichte erzählen ... Bis zu ihrem seltsamen Ende, das bis jetzt, hier am Tisch, nur ich kenne ... Geh, mein Kind.
SCHMIDT *blickt seine Frau grübelnd an.*
ANNETTE *steht auf und geht zur Tür im Hintergrund.*
BEATE *währenddessen*: Dein Vater kommt in der alten Geschichte vor ... deine Mutter ... auch der Doktor Michaelis ... Er wird sie dir später einmal erzählen ...
ANNETTE *nickt gehorsam und geht zögernd in den Garten ab.*
PROFESSOR *erhebt sich lächelnd*: Professor Böttcher kommt in der alten Geschichte aber nicht vor ...
BEATE *greift Hilfe suchend nach seiner Hand*: Es ist eine Geschichte aus der Zeit, als die beiden Männer neben Ihnen beinahe noch Ihre Schüler waren, und ich selber war ein junges, ein sehr junges Mädchen ... *schaut ihn bittend an.*
PROFESSOR: Michaelis bat mich, hierher zu kommen ... Ihr Mann bat mich, zu bleiben ... Sie bitten mich, nicht fortzugehen ... *resignierend* Was kann ich helfen?
BEATE: Ein Mensch, der älter ist als wir, hilft, auch wenn er schweigt, während wir reden.
PROFESSOR *setzt sich wieder.*
BEATE: Man merkt leichter, was wirklich wichtig ist und was wir nur wichtig nehmen.

Stille.

BEATE *sammelt Willenskraft und Gedanken; beginnt dann tastend*: Die Geschichte, die ich erzählen muß, beginnt wie tausend andere ... Ein junges Mädchen liebt einen Studenten und heiratet später einen anderen Mann ... Einen Mann, der nichts von dem Studenten weiß ...
SCHMIDT *belauert Michaelis.*
MICHAELIS *schaut vor sich hin.*
BEATE: Das junge Mädchen war ich ...

SCHMIDT *mit böser Ironie*: Der »andere« Mann war ich ...
BEATE: Und der Student, – er fuhr eines Tages in eine andere Stadt, er schrieb Briefe, er kam nicht wieder ...
SCHMIDT *bitter*: So wird man Ehemann ...
BEATE: Das junge Mädchen war romantisch genug, das Briefbündel in einer Kommode aufzubewahren ...
SCHMIDT *zum Professor*: Frühe Leidenschaft und Zärtlichkeit, sorgfältig gebündelt ... Die Erinnerungen ... *leise* Man kann sie nicht umbringen ... Sie sind kugelfest ...
PROFESSOR: Zu Ostern in der alten Klasse, machten Sie sich über Briefe, Locken, Fotografien ...
SCHMIDT *sich zitierend*: ... und andere »Ladenhüter des Plusquamperfektums« lustig, wollen Sie sagen! *Leise* Was hätte ich denn sonst tun sollen? *Stützt den Kopf in die Hand.*
BEATE: Als Annette vier Jahre alt war, ließ der Zufall das Kind die Briefe finden ...
SCHMIDT *eisig*: Sie spielte mit ihnen »Briefträger«, trug sie im Hause herum, warf sie in zehn fremde Briefkästen, machte mich zum Gespött der Nachbarn *leise* und raubte mir die Illusion einer glücklichen Ehe! ... Mein Leben ist ein ziemlich gut redigiertes Witzblatt ... Ich hätte große Lust, mich totzulachen ... *immer lauter* Heute kommt derselbe Mensch, der jene gottverfluchten Briefe schrieb, daher und verlangt von mir *ausbrechend* meine Tochter zur Frau! *Verzweifelt* Mein Kind will er mir auch noch rauben! *Mit der Faust nach oben drohend* Wozu sind Blitze auf der Welt, wenn sie ihn nicht erschlagen?
PROFESSOR: *sieht, mit geradezu kindlichem Schrecken, zu Michaelis hin.*
MICHAELIS *hält mit äußerster Energie Schmidts wilden Blick aus.*
BEATE *ruhig, fast monoton*: Mein Mann und ich haben ein einziges Mal über die Briefe gesprochen ... Damals ... als man sie ... zurückbrachte ...
SCHMIDT: Jedes weitere Wort war zwecklos ... Sie log!
BEATE: Ich sagte ihm, daß die Briefe nicht von Friedrich Georg Michaelis stammten.

SCHMIDT *zu* MICHAELIS, *mit ausgestrecktem Arm auf ihn zeigend*: Die Briefe waren aus München ... Du hast damals in München studiert ... Es war deine Schrift. Ich habe sie wiedererkannt ... Es war dein Stil ... der Stil eines Menschen, der zum Schreibenkönnen verdammt ist ... Es kamen Zeilen aus Gedichten vor, die du nun *auf den Professor deutend* in seinen Stunden vorgelesen hattest ... *dumpf zu Beate* Du logst vergebens ...

BEATE *ruhig*: Wozu hätte ich denn lügen sollen? ... War es nicht gleichgültig, wie der Briefschreiber hieß? ... Unsere Ehe scheiterte doch nicht an einem Namen, sondern an einem Menschen ... Und dessen Existenz habe ich doch wohl nicht geleugnet ...

SCHMIDT: Weil du es nicht konntest ... Sonst hättest du auch das versucht ...

BEATE: Du sagtest und sagst, es war Michaelis' Schrift ... Ich kannte seine Schrift nicht, seinen Stil nicht, und nicht seine Gedichte ... *leise* Heute weiß ich, daß er die Briefe schrieb ...

SCHMIDT *verblüfft; dann böse triumphierend*: Endlich!

BEATE *davon unberührt*: Damals wußte ich es nicht ...

MICHAELIS *und der Professor betrachten sie verwundert.*

SCHMIDT *sich schroff zu ihr wendend*: Was ist das für ein Unsinn? Von wem hätten sie denn sein sollen?

BEATE *fest*: Von dem Studenten, den ich damals ... liebte ...

SCHMIDT *lacht verstört und verständnislos.*

BEATE *zu* MICHAELIS: Ich muß jetzt ein längst verjährtes Geheimnis verraten, das auch Sie angeht und um das Sie, obwohl wir uns heute erst kennen gelernt haben, viel länger wissen als ich selber ... Ich muß es preisgeben ...

MICHAELIS *nickt langsam.*

BEATE: Ihr Name war bis heute in diesem Hause verpönt ... Ich ließ es dabei bewenden ... Auch dann, als ich das seltsame Mißverhältnis hätte aufklären können ... Nur eben, – warum hätte ich es tun sollen? War es denn wirklich nicht ganz bedeutungslos, mit welchem Namen das Ende einer endlosen Ehe verknüpft war? ... Ob mit dem richtigen oder einem falschen? ... Konnte ich wissen, daß Sie eines Tages kommen und meine Tochter *ihre Stimme schwankt* zur Frau würden haben wollen?

SCHMIDT *schüttelt rat- und hilflos den Kopf.*

BEATE *sich zu einem selbstironischen Lächeln zwingend*: Und schließlich, – welcher Frau wäre es gleichgültig, wenn man ihre erste, romantisch illuminierte Liebe mit einem Schlage lächerlich fände ... Noch dazu mit Recht lächerlich *sie seufzt* Eines Tages – es ist Jahre her – traf ich »meinen Studenten« wieder. Auf der Straße ... Er war, wenn ich mich nicht irre, zum Begräbnis eines Verwandten gekommen ... Ja, es stimmt, er trug einen Trauerflor ... Er hatte sich verändert ... Das heißt: Er sah nun wohl endlich so aus, wie er war ... Er sprach von unseren Erinnerungen wie von einer Kahnpartie oder einem verregnetem Ausflug ... Ich verabschiedete mich rasch ... Er konnte ja nichts dafür, daß seine Gegenwart nicht in mein Bild von unserer Vergangenheit passen wollte ... Da kam er mir plötzlich nachgelaufen und fragte eifrig, wie mir damals seine Münchner Briefe gefallen hätten ... Seien es denn nicht wahre Kunstwerke gewesen? – »Ja«, sagte er dann stolz, »diese Briefe schrieb seinerzeit auf mein Drängen ein mit mir befreundeter Kommilitone, der inzwischen ein bekannter Schriftsteller geworden ist. Ich habe ihm schon vor zwanzig Jahren prophezeit, daß er ein berühmter Mann werden würde! ... Und ... weißt du ... ich hätte so schöne Liebesbriefe nie zustande gebracht!« Damit zog er den Hut und ließ mich stehen ...

Tiefe Stille.

BEATE: Es war ein Studentenstreich gewesen, nichts weiter ... *zu Schmidt* Nun weißt du es ... Willst du auch noch den Namen des Mannes wissen?

SCHMIDT *atmet schwer.*

BEATE *zu* SCHMIDT: Ich kann ihn dir sagen ... Doktor Michaelis kann ihn dir nennen ...

SCHMIDT *schüttelt kaum merklich den Kopf, steht auf, geht zur Tür, die in den Garten führt.*

BEATE: Schicke, wenn du willst, Annette zu uns herein!
SCHMIDT *geht ab.*
MICHAELIS *hält nachdenklich den Kopf gesenkt.*
BEATE *schaut vor sich hin.*
PROFESSOR *beobachtet die Zwei, räuspert sich und steht auf*: Nun muß ich gehen.
BEATE *und* MICHAELIS *erheben sich.*
PROFESSOR: In der letzten Zeit war zwischen uns oft von Erinnerungen die Rede ... Und wir wußten viel Lobenswertes davon zu berichten ... Ich weiß nicht recht, – aber ich habe den Eindruck, als ließe sich auch einiges Vorteilhafte über das Vergessenkönnen sagen ... *melancholisch lächelnd zu Michaelis* Wie wär's mit einem Gedicht über Lethe, – den Zaubertrank, der uns, was vergangen sein muß, vergessen läßt? ... Wir könnten in fünfundzwanzig Jahren darüber sprechen ... Im alten Klassenzimmer, zur fünfzigsten Abiturienten-Feier ... Ach nein, die werdet ihr fraglos ohne mich begehen müssen ... Nun, ich schaue vielleicht von oben aus zu ... *gibt Beate die Hand* Ich bewundere Sie ... *leise* Und ich verleihe Ihnen hiermit in aller Form die unsichtbare Tapferkeitsmedaille Erster Klasse ... *geht schnell zur Tür.*
BEATE *und* MICHAELIS *begleiten ihn.*
PROFESSOR *an der Tür zu Michaelis*: Oh, die Erinnerungen ... In der unrechten Hand kann die Perlmutter-Muschel, die wir anderen träumend ans Ohr halten, zur Waffe werden ... Man kann mit der Vergangenheit die Gegenwart erschlagen ... Die Schatten können die Lebendigen umbringen ... *gibt ihm ernst die Hand* Das darf nicht sein ... In einem solchen Kampf sind uns alle Mittel erlaubt! *Schüttelt über sich selbst den Kopf.* Und so etwas sagt nun ein alter, braver Lehrer ... *geht ab.*
BEATE *folgt ihm.*
MICHAELIS *wandert unruhig hin und her, bleibt stehen, murmelt*: »Das Haus Erinnerung hat tausend Stufen, waagrechte Säulen der Vergangenheit ...« *nimmt die Wanderung wieder auf, bleibt erneut stehen; leise* »Der zweite König Mi-

das ... Was er anfaßt, wird Papier ...« *fährt sich über die Stirn.*
BEATE *tritt ein, geht zögernd auf ihn zu.*

Beide sehen sich lange an.

BEATE: Ich weiß nicht genau, ob ich an Gott glaube ... Und ob er unsere Sünden gern bestraft ... Mir blieb keine Wahl ... Ich mußte lügen ... Die Wahrheit hätte mein Kind unglücklich gemacht ... Die schöne Wahrheit, die ich dreimal verleugnet habe und die ich nun für immer vergessen will ... Annette liebt dich, wie ich dich ... geliebt habe. – Liebe mein Kind, wie sie und ich es verdienen!
MICHAELIS: Und wie ich es nicht verdiene.
BEATE: Wer will das wissen?
ANNETTE *kommt schüchtern fröhlich aus dem Garten*: Vater schickt mich zu euch. Ist nun wirklich alles gut? – Er ging im Garten auf und ab ... *noch jetzt erstaunt* Plötzlich blieb er vor mir stehen ... und hat mich gestreichelt!
BEATE: Freilich ist nun alles gut!
ANNETTE *umarmt Michaelis und küßt ihn.*
BEATE *lächelt schmerzlich.*
ANNETTE *überschwenglich*: Ach, bin ich glücklich! *Leise, andächtig* Ach, bin ich glücklich! *Faßt die Mutter an der Hand* Nun mußt du ihm auch einen Kuß geben! Und dann müßt ihr Du zueinander sagen! *Drängt die beiden zusammen.*
BEATE *und Michaelis küssen sich.*
MICHAELIS *zwingt sich zu einem Lächeln*: »Schwiegermutter« werde ich wohl nie zu dir sagen können ...
ANNETTE *lacht vergnügt.*
BEATE *senkt den Kopf*: Ich heiße Beate ...
MICHAELIS *wiederholt leise, mit unsicherer Stimme*: Beate ...
ANNETTE *klatscht begeistert in die Hände*: Wie gut das schon geht!
BEATE *wendet sich hastig ab.*
MICHAELIS *zu Annette, um sie von Beate abzulenken*: Komm, zeig mir euren Garten!

ANNETTE *schüttelt den Kopf*: Vater hat gesagt, er wolle draußen ein wenig allein sein ... Aber wenn du schon so wissensdurstig bist ... *hakt sich unter* kann ich dir etwas anderes zeigen ... Beispielsweise das historische Zimmer, in dem ich als einsame Jungfrau mein Dasein gefristet habe! *Während sie mit ihm nach links vorn geht* Wo ist denn übrigens der Professor?

MICHAELIS: Er hatte keine Zeit mehr.

ANNETTE *lachend*: Ich hatte ihn völlig vergessen! – Wenn man glücklich ist, merkt man überhaupt nicht, was um einen vorgeht! *Öffnet die vordere linke Tür* Es sind Mutters weiße Möbel ... Aus ihrer Mädchenzeit ... *links ab.*

MICHAELIS *blickt besorgt zu Beate zurück, schließt dann, abgehend, langsam die Tür.*

BEATE *preßt die Hände gegen die Ohren und stöhnt unterdrückt; dann läßt sie die Hände sinken, steht kraftlos da, tastet sich zu einem Sessel, sinkt hinein, bettet das Gesicht in beide Hände.*

ANNETTES *Lachen klingt aus dem Nebenzimmer.*

BEATE *wird von lautlosem Schluchzen geschüttelt.*

VORHANG

ANHANG

Nachwort

Erich Kästner zwischen den Medien

Die neuen Medien des 20. Jahrhunderts haben die soziale Lage, die Formen des Schreibens und das Selbstverständnis der Autoren grundlegend verändert. Erich Kästner war auch in dieser Hinsicht ein repräsentativer Schriftsteller seiner Zeit. Er gehört zu den Autoren, die schon früh systematisch und professionell die Möglichkeiten nutzten, die ihnen von den Massenmedien geboten wurden. Er schrieb für Zeitungen und Buchverlage, für das Kabarett und für das Theater, für den Film und für den Hörfunk, und auch Schallplattenfirmen zeigten sich an seinen Texten interessiert. Sein Arbeitsalltag war durch den raschen Wechsel von einem Medium zum anderen geprägt. Ein anschauliches Bild davon geben seine Briefe an die Mutter. In dem vom 9. Oktober 1926 etwa berichtet er: »Ich muß arbeiten. Heute abend fange ich mit [Ernst] John den zweiten Akt – besser das zweite Bild – an. Morgen früh – also Sonntag muß ich für Weißkopf paar Sachen schreiben. Es wird ein Reklameprospekt mit dem Text von mir. Dann muß ich noch Bücher fertig lesen, die mir Dr. Michael zur Besprechung schickte. Ich will die Besprechung Dienstag abliefern. Dann will ich ab Montag früh den ersten Akt in die Maschine tippen. Für die Decke [gemeint ist Hilde Decke, die Chefredakteurin der Leipziger Familienillustrierten *Für alle*] (sie schickte mir heute wieder 50,– Mark!) zwei Gedichte fabrizieren. An den Nachmittagen will ich mit John weiterarbeiten. Kurz: viel Arbeit.« (Die *Muttchen*-Briefe werden im folgenden jeweils mit Angabe des Datums zitiert nach Erich Kästner: Mein liebes, gutes Muttchen, Du! Dein oller Junge. Briefe und Postkarten aus 30 Jahren. Ausgewählt und eingeleitet von Luiselotte Enderle. Hamburg: Albrecht Knaus 1981.)

Kästners steile Karriere als Journalist und freier Schriftsteller begann mit Arbeiten für Zeitungen und Zeitschriften. Nachdem er 1922 seine erste Anstellung als Redakteur des *Leip-*

ziger *Tageblatts* (bald in *Neue Leipziger Zeitung* umbenannt) erhalten hatte und dort zunächst für drei Magazine zuständig war, begann er rasch, seine publizistische Stellung auszubauen, indem er Glossen, Reportagen, Theater- und Kunstkritiken, gelegentlich auch Gedichte zusätzlich für andere Blätter schrieb.

Spätestens 1927, noch während seines Aufenthalts in Leipzig, begann Kästner, der schon früh seine Liebe für das Theater entdeckt hatte, nicht zufällig Germanistik und Theatergeschichte zu seinen Studienfächern gemacht hatte und an einer Dissertation über Lessings *Hamburgische Dramaturgie* arbeitete, mit dem Stückeschreiben. Am 16. Februar 1927 berichtet er seiner Mutter: »Das Weihnachtsmärchen will ich 1. Juli fertig haben, damit's noch für diese Weihnachten aufgeführt werden kann. Der List-Verlag könnte es in Bühnenvertrieb nehmen. Außerdem hat mir Balthasar, mit dem ich studiert hab bei Köster und der vom Erbprinzen Reuß ein Duzfreund ist, gesagt, ich soll ihm alles, was ich schreib, anbieten, daß er's dann Reuß und seinem Theaterintendanten, dem Iltz, vorlegt.« Kästners erstes, unlängst im Nachlaß Elfriede Mechnigs wiedergefundenen Bühnenstück mit dem Titel *Klaus im Schrank* soll 1927 uraufgeführt worden sein. 1928 erschien seine erste Buchpublikation, der Gedichtband *Herz auf Taille*. Nach seiner Übersiedlung von Leipzig nach Berlin 1927 arbeitete Kästner zudem regelmäßig für das *Cabaret der Komiker*. Ende der zwanziger Jahre gab es, wie die Kästner-Biographin Helga Bemmann konstatiert, »kaum eine Diseuse von Rang, die nicht Kästner-Chansons im Repertoire hatte oder sich welche wünschte«. (Helga Bemmann: Erich Kästner. Leben und Werk. Aktualisierte Neuausgabe. Frankfurt am Main, Berlin 1994 [Erstausgabe 1983]. S. 204) Neben politischen und satirischen Chansons schrieb Kästner Liedtexte für ein Stück von Klaus Mann, für den Operettentenor Max Hansen, für das Kinderstück *Hans Urian geht nach Brot* und für den Film *Die Koffer des Herrn O. F.* 1928 veröffentlichte Kästner seinen ersten Kinderroman: *Emil und die Detektive*, 1929 wurde seine erste größere Arbeit für den Rundfunk, die Revue *Leben in dieser*

Zeit gesendet. In diesem Jahr war Kästner dem jungen Medium Radio bereits in vielfältiger Weise verbunden. Am 15. Oktober 1929 schrieb er der Mutter aus Berlin: »Am 29. Oktober halte ich hier eine Kinderstunde ab im Rundfunk.« Am 5. November berichtet er darüber und erwähnt noch andere Projekte für den Funk: »Die Kinderstunde war, glaub ich, ganz nett. Für den Rundfunk – Dr. Flesch – soll ich ein Kabarett schreiben, für den 29. Nov., ein Programm zusammenstellen, auch Beiträge von anderen, Tucholsky, Mehring usw. Dafür lasse ich mir, es wird eine Menge Arbeit, 500 M zahlen, wenn er mir sie zahlt, heißt das. Ein Hörspiel soll ich auch machen, ich werde ihm den ›Emil‹ dafür vorschlagen.« Von dem besagten Dr. Hans Flesch, der damals für die *Berliner Funkstunde* verantwortlich war, wurde er wenig später beauftragt, für den Jahreswechsel 1929/30 ein Silvester-Kabarett zusammenzustellen. »Wird eine Portion Arbeit werden. Vieles dafür muß ich selber schreiben. Aber ich kriege dafür 1500 Mark.« (22. 11. 1929) Etwa vier Monate später, am 5. März 1930, erzählt Kästner seiner Mutter stolz von einem weiteren neuen Medium, das sich für die Verbreitung seiner Texte anbot: »Nächstens werden also wahrscheinlich Grammophonplatten von mir hergestellt. Ich freue mich schon drauf. Dann schenk ich Dir einen hübschen, guten, kleinen Apparat, und da kannst Du, so oft Du willst, die Stimme von dem ollen Jungen hören.« 1930 begann auch Kästners Durchbruch in dem Medium, für das er fortan regelmäßig arbeitete: dem Film. Sein Interesse daran hatte er vorher schon in zahlreichen Filmkritiken und Artikeln zur Filmindustrie gezeigt. 1927 sollte er Stoffvorschläge für zwei Filmprojekte liefern (siehe *Muttchen*-Brief vom 15. 8. 1927). Doch erst der Erfolg von *Emil und die Detektive* öffnete ihm ganz den Zugang zum Kino. Am 10. Februar 1930 schreibt er an die Mutter: »Wegen der Verfilmung (Emil) sind bereits Verhandlungen. Allerdings nicht mit der Ufa. Aber das steckt alles noch in den Anfängen.« Zusammen mit dem englischen Produzenten und Regisseur Emmerich Pressburger verfaßte Kästner einen Drehbuchentwurf zu seinem Kinderroman. Und mit Pressburger arbeitete er noch zwei weitere Drehbücher aus: *Dann schon lieber Lebertran ...* nach einer eigenen Idee und *Das Ekel* nach dem Bühnenstück anderer. Beide Filme kamen 1931 in die Kinos.

Spätestens mit dem *Emil*-Roman wurde Kästner zum professionellen, multimedial versierten Mehrfachverwerter seiner Ideen und Stoffe. Schon der Gedichtband *Herz auf Taille* war eine Auswahl dessen, was zuvor in Zeitungen erschienen war. Ende der 20er Jahre hatte er eine Sekretärin eingestellt: Elfriede Mechnig, die eine Art »Vertriebsbüro« für ihn einrichtete und seine Gedichte systematisch an alle in Frage kommenden Tageszeitungen verschickte. Nach diversen Abdrucken in Zeitungen und Zeitschriften erschienen sie dann gesammelt als Buch, eine Auswahl mit verbindenden Zwischentexten, ergänzt durch neue Chansons, die danach wiederum separat erschienen, unter dem Titel *Leben in dieser Zeit* auch als Hörfunkrevue. Sie wurde 1929 im Auftrag des Schlesischen Rundfunks Breslau geschrieben und uraufgeführt. Die Musik dazu komponierte Edmund Nick. Kästner arbeitete diese Funkrevue zusätzlich noch zu einer Bühnenfassung aus. Inszeniert wurde sie unter anderem 1931 von der Dresdner Komödie. Mit *Emil und die Detektive* wurde diese Art der Mehrfachverwertung jedoch noch weit überboten. Kästner verarbeitete den Stoff zu einem Theaterstück, verkaufte die Rechte zur Verfilmung, schrieb die erste Drehbuchfassung und zog die Bearbeitung zu einem Hörspiel in Betracht.

Mehrfachverwertung und permanenter Medienwechsel wurden seitdem für Kästner zur Selbstverständlichkeit. Keineswegs selbstverständlich blieb jedoch, daß ein im engeren Sinn literarischer Text die Ausgangsbasis der Arbeit für andere Medien war. Als Kästner nach dem Krieg seinen dann 1949 erscheinenden Kinderroman *Das doppelte Lottchen* schrieb, konnte er auf ein schon 1943 ausgearbeitetes Treatment für den (nicht realisierten) Kinderfilm *Das große Geheimnis* zurückgreifen. Dem Erscheinen des Romans folgte die detailliertere Ausarbeitung eines Drehbuchs. Neben etlichen Drehbüchern zu eigenen Werken schrieb Kästner ein Drehbuch zu Friedrich Forsters Theaterstück und Erzählung *Robinson soll nicht ster-*

ben. Es wurde weder veröffentlicht noch verfilmt und auch von der Forschung nicht wahrgenommen. Einiges Prestige dagegen erwarb er mit dem Drehbuch, das er 1941 in Anlehnung an Gottfried August Bürger zu dem Ufa-Film *Münchhausen* schrieb, und 1950 als Übersetzer, der für die pointierten Dialoge des amerikanischen Erfolgsfilmes *All about Eve* mit Bette Davis in einer Haupt- und Marilyn Monroe in einer Nebenrolle eine vorzügliche deutsche Synchronfassung lieferte.

Sucht man nach Motiven für Kästners Praktiken der Mehrfachverwertung und des Medienwechsels, so sieht man sich auf mehrere zugleich verwiesen:

1. Die Medienvielfalt betrachtete Kästner als eine Art Talentprobe. Bezeichnend dafür ist, was er 1960 in der Rede zur Verleihung des Hans-Christian-Andersen-Preises über den eigenen Weg zum Kinderbuchautor ausführte: »An einem dieser schwelenden Nachmittage nahm mich die Gastgeberin, Edith Jakobson [sie war unter anderem Inhaberin des renommierten Kinderbuchverlags Williams & Co.] beiseite [...] und fragte mich, ob ich nicht einmal versuchen wolle, ein Kinderbuch zu schreiben [...]. Fest steht, daß die befremdliche Anregung völlig außerhalb meiner literarischen Interessen lag. Warum griff ich dann die Anregung auf? Ich war auf meine Talente neugierig. Wenn man mir statt eines Kinderbuches ein Opernlibretto vorgeschlagen hätte, wahrscheinlich hätte ich das Libretto versucht.« *(VI, 660)*

2. Die Massenmedien kamen dem aufklärerischen Engagement des Moralisten Kästner entgegen, der ein möglichst breites Publikum erreichen wollte – nach dem Prinzip: »Je mehr Leser, desto besser« (so Hermann Kesten über Kästner, zitiert bei Klaus Kordon: Die Zeit ist kaputt. Die Lebensgeschichte des Erich Kästner. Weinheim, Basel 1994. S. 69).

3. Die neuen Massenmedien kamen Kästners schon früh ganz offen geäußertem Ehrgeiz entgegen, berühmt zu werden. Bezeichnend dafür ist der Brief an seine Mutter vom 26. November 1926: »Wenn ich 30 Jahr bin, will ich, daß man meinen Namen kennt. Bis 35 will ich anerkannt sein. Bis 40 sogar ein

bißchen berühmt. Obwohl das Berühmtsein gar nicht so wichtig ist. Aber es steht nun mal auf meinem Programm. Also muß es eben klappen!«

4. In der Zeit der Weimarer Republik, in der es ungemein schwer war, sich als freier Schriftsteller zu behaupten, war das Prinzip der Mehrfachverwertung und des Medienwechsels für einen Autor, der allein vom Schreiben leben wollte, unabdingbar. In der Zeit des Nazionalsozialismus wurde sie zu einer ökonomischen Überlebensfrage. Am 22. Oktober 1934 schrieb er seiner Mutter: »Hier trägt sich fast alles mit dem Gedanken, sehr bald ins Ausland zu gehen. Filme, Stücke etc., alles wird verboten, dann erlaubt, dann wieder verboten. Da fällt das Geldverdienen schwer. Na, ich finde, man muß es eben doch versuchen, zu bleiben.« Kein Zweifel: Die entscheidende Motivation für Kästners engagierte Offenheit gegenüber diversen Medien war, und das ist nichts Ehrenrühriges oder der Qualität der Arbeiten von vornherein Abträgliches, das Honorar. Über die Höhe der ihm angebotenen Honorare berichtete er der Mutter permanent. Und für ein lukratives Honorar übernahm er auch Arbeiten, die ihm nicht sonderlich lagen. Noch vor Erscheinen seines zweiten Kinderromans *Pünktchen und Anton* schrieb Kästner dazu eine Bühnenfassung. Wie aus einem Brief an die Mutter hervorgeht, war dabei sein künstlerischer Anspruch sekundär: »Dafür will aber Reinhardt im Deutschen Theater ein Kinderstück von mir bringen. Ich habe ihnen ›Pünktchen‹ in den Fahnen schicken lassen. Wenn sie wollen und einen anständigen Vorschuß zahlen, kann ich ja ein Stück daraus machen.« (7. 11. 1931) Aufschlußreich für seinen Umgang mit Auftragsarbeiten sind die Briefe vom 10. und 12. März 1931: »Stell Dir vor: Heute Dauerlauf in die Ufa. Ich soll mit Preßburger bis Montag ein Filmmanuskript völlig umarbeiten, was die anderen verpatzt haben ...« Und einen Tag später: »Aber dafür ist es rasch verdientes Geld! Und ich hab ausgemacht, daß mein Name dabei nicht genannt wird. Denn schön wird der Film nicht.«

Diese Äußerungen sind nicht zuletzt deshalb aufschlußreich, weil sie bei Kästners ständiger Gratwanderung zwischen finanziellem Erfolg und Erhaltung seines literarischen Ansehens auf eine Strategie hinweisen, die im Laufe seiner Schriftstellerkarriere oft geradezu abenteuerliche Formen annahm: auf das Verschweigen oder den Wechsel seines Namens. Neben den Namen Robert Neuner, Berthold Bürger, Melchior Kurtz, Peter Flint oder E. Fabian verwendete er etliche weitere Pseudonyme, die heute keineswegs alle bekannt sind. Kästners häufiger Namenswechsel ist Symptom von Rollenkonflikten, die auf Erfahrungen einer Welt zurückzuführen sind, die mit immer komplexeren Anforderungen an das moderne Subjekt auch den Autor permanent zu überfordern drohen. Solche Rollenkonflikte sind in die Probleme des Medienwechsels unmittelbar involviert. Skrupel, daß das Renommee seines Namens durch Auftragsarbeiten und medienspezifische Zwänge Schaden leiden könnte, hatte er durchaus. Über den kommerziellen Charakter des Kinos und die tendenzielle Unvereinbarkeit von Kommerz und Kunst machte er sich keine Illusionen. Auf eine Umfrage der Zeitschrift *Die neue Bücherschau* nach den Vorstellungen junger Autoren über ihre Arbeit für das Kino antwortete Erich Kästner 1929: »Solange Filme wie Briketts oder Konfektionsanzüge hergestellt werden, solange erreichen gute Manuskripte, begabte Regisseure und verantwortungsbewußte Darsteller Nichts weiter, als daß sie in die Maschinerie geraten oder aufs laufende Band. Die Filmgesellschaften sind Fertigwaren-Betriebe, bei denen vorübergehende Stillegung oder Drosselung größte Defizite einbringt. Und so wird an Rohstoffen herangeschleppt, was sich nur irgend findet, auch wenn sich Nichts findet – damit kein Leerlauf entsteht.« (Zitiert nach Ingo Tornow: Erich Kästner und der Film. Mit den Songtexten Kästners aus »Die Koffer des Herrn O. F.« München 1992. S. 11) Erste eigene negative Erfahrungen mit dem neuen Medium Film machte der Autor, als sein zusammen mit Emmerich Pressburger verfaßtes Drehbuch zum *Emil*-Roman von der Filmgesellschaft anderen zur Überarbeitung gegeben wurde. Über das Ergebnis berichtete er der Mutter: »Das Manuskript ist ekelhaft. Emil klaut in Neustadt einen Blumentopf für die Großmutter. In Berlin, auf der Straßenbahn, klaut er einem Herrn den Fahrschein aus dem Hut und läßt für sich knipsen. Der Herr wird von der Bahn gewiesen. Ein Goldjunge, dieser Emil. Der ›Stier von Alaska‹ wird er genannt. Pony ›Die Rose von Texas‹. Lauter Indianerspiel, wo doch heute kein Mensch mehr Indianer spielt. Die ganze Atmosphäre des Buchs ist beim Teufel. Und ich werde Anfang der Woche saugrob werden, wenn ich mit Stapenhorst [das ist der Produktionsleiter] rede.« (16. 5. 1931) Mit der endgültigen Ausarbeitung des Drehbuchs durch Billy Wilder war Kästner zwar zufriedener, doch blieb gegenüber der Romanverfilmung ein Unbehagen zurück, das ihn hinfort dazu veranlaßte, die Drehbücher zur Verfilmung seiner Werke möglichst selbst zu schreiben.

Wie detaillierte Anweisungen für die Kamera und die Musik er dabei machte, zeigt z. B. das handschriftliche Drehbuchmanuskript zum *Doppelten Lottchen*. In welchem Maße seine Bemühungen darum, daß diese Anweisungen auch von der Regie erfüllt wurden, Erfolg haben konnten, zeigt wiederum ein Vergleich zwischen seinem Drehbuch und der Verfilmung *Das fliegende Klassenzimmer*.

Kästner war in diesen beiden Fällen als Drehbuchautor offiziell angegeben. In anderen Fällen versuchte er, mit der Verwendung verschiedener Arten von Pseudonymen der Gefahr des Prestigeverlustes zu begegnen, zwischen 1933 und 1945 auch existentielleren Bedrohungen. Wer die Werke Kästners ediert, hat nicht nur in solchen Zusammenhängen oft geradezu kriminalistische Arbeit zu leisten.

Nehmen wir als erstes Beispiel das Jahr 1949. Aus den gesichteten Handschriften, Typoskripten, Vorabdrucken und Briefen in Kästners Nachlaß geht hervor, daß sein 1956 publiziertes Drama *Die Schule der Diktatoren* schon 1949 in einer frühen Fassung teilweise vorlag. Fertig war es jedoch noch längst nicht. Dennoch kündigten einige Zeitungen für den Herbst dieses Jahres die Uraufführung in Zürich an. Es scheint, als seien diese Meldungen Bestandteil einer oft abenteuerlichen Öffentlichkeitsarbeit, die Kästner immer wieder ganz gezielt für seine Person und sein Werk betrieb. Im gleichen Jahr wurde nämlich unter dem Pseudonym Melchior Kurtz sein schon 1943 beendetes, vergleichsweise harmloses Lustspiel *Zu treuen Händen* uraufgeführt. Das Pseudonym wählte Kästner deshalb, weil, wie er später erklärte, »er den eigenen Namen für sein eigentliches Theaterdebüt, für ›Die Schule der Diktatoren‹, aufheben wollte.« Da nun aber schon bei den Aufführungen des weit weniger anspruchsvollen Lustspiels öffentlich gemutmaßt wurde, hinter dem Namen Melchior Kurtz verberge sich Kästner, mußte ihm daran gelegen sein, sich schon zu diesem Zeitpunkt als Autor eines anderen, schon vom Thema her ambitionierteren Stückes zu präsentieren.

Das Spiel mit Namen scheint Kästner sogar in sehr ernsten, gefährlicheren Zeiten durchaus Spaß gemacht zu haben, es ist jedenfalls nicht nur ein listiges, sondern darüber hinaus auch ein höchst gewitztes Spiel, mit dem er die Machthaber und die Öffentlichkeit hinters Licht führte – und auch noch seine späteren Interpreten und Biographen. Zu den Autoren, deren Bücher im Mai 1933 verbrannt wurden, gehörte bekanntlich auch Erich Kästner. In Deutschland hatte er Publikationsverbot, doch zunächst durfte er noch weiterschreiben und im Ausland publizieren. 1934 erschien im Zürcher Verlag Rascher Kästners erster Unterhaltungsroman *Drei Männer im Schnee*. Den Stoff hatte Kästner wohl zur gleichen Zeit oder sogar schon vor der Romanfassung in Form eines Bühnenstücks bearbeitet. Unter dem Autorennamen Robert Neuner und dem Titel *Das lebenslängliche Kind* wurde es ebenfalls 1934 vom Berliner Chronos-Verlag vertrieben und an mehreren deutschen Bühnen, unter anderem am Dresdner Schauspielhaus unter der Regie von Max Eckhard, aufgeführt.

Robert Neuner ist das Pseudonym von Kästners Dresdner Jugendfreund Werner Buhre, der, anders als Kästner selbst, Mitglied in der Reichsschrifttumskammer war und deshalb in Deutschland publizieren und für deutsche Bühnen schreiben konnte. Kästner benutze also zur Veröffentlichung seines Stückes in Deutschland das Pseudonym eines Freundes, der offiziell als Autor des Stückes vorgeschoben wurde. Doch damit nicht genug. Der Roman selbst versuchte, die Autorschaft Robert Neuners glaubwürdig zu machen, indem er im Rahmen eines Vorwortes folgende Entstehungsgeschichte fingierte:»›Mein Freund Robert und ich fuhren vor einigen Monaten nach Bamberg, um uns den dortigen Reiter anzusehen. [...] In unserem Abteil saß ein älterer Herr« und erzählte »uns haarklein jene wahre Geschichte, die den Inhalt des vorliegenden Buches bilden wird und deren Hauptfigur [...] ein Millionär ist./ Als der ältere Herr das Abteil verlassen hatte, sagte Robert: ›Übrigens ein ausgezeichneter Stoff.‹ / ›Ich werde einen Roman daraus machen‹, entgegnete ich./ ›Du irrst‹, meinte er gelassen. ›Den Roman schreibe ich.‹ / Wir musterten einander streng. Dann erklärte ich herrisch: ›Ich mache einen Roman daraus und du ein Theaterstück. Der Stoff eignet sich für beide Zwecke.‹« *(IV, 11 f.)* Nach längerer Auseinandersetzung entscheidet das Los. Robert muß das Lustspiel schreiben.

Erich Kästner war ein Spieler. Im Vorwort zu dem Roman treibt er ein leichtes, ironisches Spiel mit jenem gefährlicheren Spiel, das in der Realität die Überwachungsinstanzen des nationalsozialistischen Machtapparates täuschen sollte. Mit einem schelmischen Augenzwinkern, wie es dem Lügenbaron Münchhausen in Kästners Drehbuch eigen ist, setzte er das Spiel auch noch in den Briefen an seine Mutter fort. Über Robert Neuner schreibt er hier wie über eine reale Person und den realen Autor des Stückes, mahnt sie jedoch mehrfach: »Sprich zu niemandem über diese Dinge« (10. 10. 1934), oder: »Nicht darüber reden!« (11. 10. 1934) Im Brief vom 4. Oktober 1934 heißt es: »Freitag wollte ich mir in Altona Roberts ›Kind‹ ansehen. Fällt aber fort. Wegen einer anderen Generalprobe. So kann ich erst am Sonntag gehen.« Nachdem die staatliche Aufsichtsbehörde Verdacht geschöpft hatte, Kästner könnte an dem Stück mitgewirkt haben, und ein Aufführungsverbot drohte, schrieb Kästner der Mutter am 10. Oktober nach Dresden: »Inzwischen ist nun die Reichsdramaturgie an der Arbeit, Roberts Stück kaltzumachen. Warum? Weil ich ihm bei der Erfindung des Stoffes mitgeholfen hätte. Na ja. Da wird wohl Dresden bald absetzen müssen. Die andern Städte auch. Außer Wien und Ausland.« Und einen Tag später berichtet Kästner: »Robert tut mir recht leid. Er und der Verleger versuchen täglich, das Verbot doch noch zu verhindern.« Elf Tage später, am 22. Oktober, schickt Kästner der Mutter eine Besprechung der Inszenierung aus Braunschweig mit den Worten: »Robert schickt Dir eine Kritik aus Braunschweig mit, die er doppelt hat. Etliche Bühnen haben's abgesetzt. Etliche spielen es noch. Ein heilloses Durcheinander! In den nächsten Tagen sind Robert und Mörike [Inhaber des Chronos Theaterverlags Stuttgart] noch einmal beim Reichsdramaturgen. Mal sehen, ob's was nützt.«

Um den Verkauf der Verfilmungsrechte scheint sich Kästner gleich doppelt bemüht zu haben, unter dem eigenen Autornamen des Romans und unter dem Pseudonym des vorgeschobenen Stückeschreibers. Nicht nur in den Medienwechsel zwischen Buch und Theater, sondern auch in den zum Film ist Kästners Namenswechsel involviert. Durchschaut man sein Spiel, dann nimmt sich die dabei entstehende Konkurrenz zwischen dem realen und dem fingierten Autor ziemlich komisch aus. Am 9. Januar 1935 schreibt er der Mutter allen Ernstes: »Täglich kommen ausländische Fragen, Depeschen usw. wegen der Filmrechte zu den 3 Schneemännern. Na, da ist ja nun leider nichts mehr zu verkaufen. Weil Neuner ja vor Weihnachten sein Stück zur Verfilmung verkauft hat.«

Ähnlich verfuhr Kästner während seiner »inneren Emigration« mit mindestens vier weiteren, heute so gut wie unbekannten Stücken, die unter dem Namen Eberhard Foerster erschienen und zum Teil verfilmt wurden. In einem der Filme wird mit diesem Namen sogar als dem fingierten Autornamen eines Theaterstückes gespielt. Der Name Eberhard Foerster war das Pseudonym des mit Kästner befreundeten Bühnen- und Filmautors Eberhard Keindorff. Das *Gesamtverzeichnis des deutschsprachigen Schrifttums* verzeichnet unter dem Namen Eberhard Foerster insgesamt neun Theaterstücke, die zwischen 1934 und 1940 entstanden sind. Zumindest vier davon sind ganz oder zu weiten Teilen von Erich Kästner geschrieben worden, der seinen Freund Keindorff alias Foerster als eine Art Strohmann zu ihrer Veröffentlichung benutzte. Es *wandte sind auch Menschen* (1937), *Frau nach Maß* (1938), *Das goldene Dach* (1939) und *Seine Majestät Gustav Krause* (1940). Drei davon wurden auch verfilmt. Wie weit Kästner an diesen Verfilmungen selber mitwirkte, ist nicht bekannt. Noch nach 1945 hat Kästner die Mitautorschaft an diesen Stücken verschwiegen – auch als 1954 eine Inszenierung von *Seine Majestät Gustav Krause* des Hamburger Ohnesorg-Theaters im Fernsehen übertragen und das Stück 1971 im Auftrag des ZDF als Fernsehspiel gesendet wurde. Nur ein kleiner Kreis von Insidern wußte um die Beteiligung Kästners an diesen Stücken Eberhard Foersters. Erst Ingo Tornow hat mit seiner 1989 erschienenen Arbeit über *Erich Kästner und der Film*, informiert durch den Nachlaßverwalter Kästners, über die Miturheberschaft Kästners aufgeklärt.

Bekannt hingegen wurde nach Kriegsende, daß Kästner in der Zeit des Nationalsozialismus halbwegs legal unter dem Pseudonym Berthold Bürger schrieb, neben dem Drehbuch zu *Der kleine Grenzverkehr* vor allem das Drehbuch zum NS-Renommierprojekt *Münchhausen*. Unter welchen Umständen genau Erich Kästner 1941 das Angebot bekam, das Drehbuch für den Jubiläumsfilm der Ufa zu schreiben und warum das über ihn verhängte Schreibverbot partiell aufgehoben werden konnte, ist immer noch nicht ganz geklärt. Kästners Drehbuch zu dem *Münchhausen*-Film ist jedenfalls sein ehrgeizigstes und wohl auch bestes. Und es war so zwingend konzipiert, daß es mit bemerkenswerter Texttreue filmisch umgesetzt wurde. Obwohl Kästner auch in diesem Fall unter einem Pseudonym tätig war, wurde der Öffentlichkeit im Vorspann des Films selbst dieses verschwiegen. Von seinem Plan, die Nennung seines Pseudonyms im Vorspann auf juristischem Wege zu erzwingen, sollen ihn seine Freunde nur mit Mühe abgebracht haben.

Der Wechsel der Medien und der Namen ist ein fester Bestandteil von Erich Kästners brüchiger Identität. Und er hat seine Parallelen in den Täuschungs-, Versteck- und Verwechslungsspielen, von denen seine Werke immer wieder erzählen und die sie in Szene setzen. *Das doppelte Lottchen*, *Drei Män-*

ner im Schnee oder vor allem auch *Verwandte sind auch Menschen*. Doch in welchen Rollen, unter welchen Namen oder für welche Medien Kästner geschrieben hat, es gibt eine Anzahl von Motiven, Themen und Figurenkonstellationen, die gleich bleiben. Sie finden sich sogar in jenem Stück, das die Kästner-Kenner und -Liebhaber am meisten befremdet hat: in *Die Schule der Diktatoren*, dem dramatischen Pendant zu *Fabian* – nicht nur im Hinblick auf die literarische Qualität. Abgesehen davon, daß auch hier wieder ein komisches Verwechslungsspiel inszeniert wird, finden sich in dieser »blutigen Komödie« fast alle Bestandteile wieder, aus denen Kästners Dramen und Erzähltexte auch sonst gemacht sind. Sie sind nur fast bis zur Unkenntlichkeit ins Schwarze verkehrt. Die Schule, eines von Kästners bevorzugten Sujets, in dem Lustspiel *Das Haus Erinnerung* noch einmal als Gegenstand wehmütiger Erinnerungen ehemaliger Abiturienten in Szene gesetzt, ist hier nur noch Ort schwärzester Pädagogik. An die Stelle des gutmütigen Professors Böttcher ist hier ein anderer Professor gerückt, in dessen Anstrengungen Pädagogik in Perversion umschlägt. Sogar von einer Mutter-Sohn-Beziehung handelt dieses Stück. Ihr fehlt jedoch alles, was der Autor des *Emil* ihr sonst literarisch abzugewinnen vermag. Und in den Andeutungen, die das Stück über die Lebensgeschichten der zu auswechselbaren Marionetten der Macht geschulten Präsidentenfiguren macht, kehren Kästners Darstellungen von fragilen Familien wieder, hinter denen seine Wunschphantasie der intakten Familie als heiles Gegenbild zu einer zersplitterten Welt steht. Und jene im Ansatz tragische Figur, die mit einem Staatsstreich glaubt, die Welt besser machen zu können, und vor dem Sturz aus dem Fenster verzweifelt fragt: »Warum ließt ihr mich so allein?«, sie ist in ihrem Sterben noch lächerlicher als der ertrinkende Moralist und Nichtschwimmer Fabian. Der gute Mann war für die neue Diktatur nur »ein Vehikel«, war »ihr trojanischer Esel«.

Die Schule der Diktatoren sollte nach 1945, so hatte es Kästner ehrgeizig geplant, zum Beginn einer Theaterkarriere werden. Mit dem unverdient mäßigen Erfolg des vielfach mißverstandenen und unterschätzten Stückes endete seine Arbeit für das Theater. Zwar kündigte er 1958 in dem Aufsatz *Die Dramaturgie des Dramas und das Drama der Dramaturgie* ein weiteres Stück an, doch hat er dieses nie geschrieben.

Der vorliegende Band enthält im ersten Teil schon zu Lebzeiten Kästners gedruckte Texte für den Rundfunk, für den Film und für das Theater. Dieser Teil der Edition ist insofern von Kästner selbst autorisiert, als diese Texte in früheren, von ihm mitverantworteten Werkausgaben enthalten waren. Separat wurde zusätzlich eine kleine Auswahl aus seinem umfangreichen Nachlaß aufgenommen, deren Veröffentlichung uns besonders lohnend erschien. Verzichtet werden mußte auf Übersetzungen, sowohl auf die häufig gelobte von *All about Eve* als auch auf die von J. M. Barrie's *Peter Pan*, die in früheren Werkausgaben enthalten war. Es sind dies zwar gelungene Übersetzungen, doch keineswegs eigenständige Bearbeitungen der Vorlagen.

Die Edition dieses Bandes verdankt den Herausgebern der anderen Bände wertvolle Anregungen und Hinweise. Zu danken habe ich auch Dr. Ulrich Constantin für seine freundliche Unterstützung bei der Durchsicht des Nachlasses. In mehreren Lehrveranstaltungen über Erich Kästner an der Universität Bamberg haben mir etliche Teilnehmerinnen und Teilnehmer sehr geholfen. Besonders zu bedanken habe ich mich bei Matthias Springer, der an der Edition von Beginn an engagiert mitgearbeitet hat, und bei Dr. Stefan Neuhaus, ohne dessen wertvolle Hilfe in der Schlußphase der Arbeit die Edition nicht termingerecht hätte abgeschlossen werden können.

Seefeld und Bamberg, Ende Mai 1998   *Thomas Anz*

Kommentar

Der Kommentar informiert, soweit es die Quellenlage und der Nachlaß Erich Kästners (Deutsches Literaturarchiv, Marbach a. N.) ermöglichen, über die Entstehung der ausgewählten Texte, über maßgebliche Inszenierungen und deren Resonanz, über Manuskripte, Typoskripte, Bühnenfassungen, Erstdrucke und größere Abweichungen zwischen einzelnen Überlieferungsträgern, über die wichtigsten Quellen und in engen Grenzen über historische und biographische Hintergründe. Druckvorlage der in diesem Band enthaltenen Texte war in den meisten Fällen Band 5 der Gesammelte Schriften für Erwachsene (GSE), 8 Bände, Zürich: Atrium 1969. Zugleich München, Zürich: Droemer Knaur 1969. Auf Entscheidungen zugunsten anderer Druckvorlagen wird im Kommentar hingewiesen. Die separat abgedruckten Texte aus dem Nachlaß sind nicht eigens kommentiert. Ihnen wurden lediglich editorische Notizen beigefügt.

I. Leben in dieser Zeit

Uraufführung: Am 14.12.1929 im Schlesischen Rundfunk Breslau. Die Aufnahme der Uraufführung scheint nicht mehr zu existieren.

Typoskript: Im Kästner-Nachlaß (Marbach a.N.). Es ist nicht datiert, vermutlich handelt es sich um eine Durchschrift des Exemplars für den Schlesischen Rundfunk.

Bühnenausgabe: Im Chronos Verlag GmbH. Bühnenvertrieb der Deutschen Verlags-Anstalt, Stuttgart-Berlin 1930 («Als unverkäufliches Manuskript vervielfältigt»).

Erstdruck: In Band 4 der *Gesammelte Schriften (GS)*, 7 Bände, Köln, Berlin: Kiepenheuer & Witsch 1959. Der vorherige Untertitel *Eine lyrische Suite in drei Sätzen* ist hier durch die Gattungsbezeichnung *Ein Hörspiel* ersetzt.

Die Fassung des Erstdrucks stimmt mit der Druckvorlage aus den *GSE* überein. Die Abweichungen vom Typoskript und der Bühnenausgabe sind geringfügig. So sind z.B. im Typoskript die Strophen der Lieder numeriert, und die Versanfänge beginnen durchgängig mit Großbuchstaben. Der Erstdruck weist, wie der Vergleich mit dem Typoskript und der Bühnenausgabe zeigt, einige offensichtliche Fehler (u. a. falsche Leerzeilen, Auslassungen, Doppelungen) auf. Die falsche Numerierung der Lieder im Typoskript wurde von allen späteren Fassungen übernommen. Solche Fehler sind in der vorliegenden Edition korrigiert. Das Typoskript, die Bühnenausgabe und der Erstdruck haben im Gegensatz zur Druckvorlage ein Inhaltsverzeichnis, das in diesen Band aufgenommen worden ist.

Der Druckvorlage in *GSE* ist folgende editorische Notiz beigefügt: »Im Auftrage des Schlesischen Rundfunks, Breslau, wurde diese ›Lyrische Suite in drei Sätzen‹ 1929 geschrieben und, mit der Musik von Edmund Nick, unter Friedrich Bischoffs Regie uraufgeführt. Anschließend wurde das ›Laien-Oratorium‹ von zahlreichen Theatern gespielt, obwohl es ein Hör- und kein Schauspiel war.« Nick war damals der musikalische Leiter, Bischoff der Intendant des Senders. Das Hörspiel ist Kästners erste größere Arbeit für den Rundfunk. Alle in ihm enthaltenen Gedichte sind, bis auf *Das Trompetenstoßgebet*, in anderer Form auch gesondert veröffentlicht worden, etliche bereits vor 1929. Diese Gedichte werden mit ihren Titeln im Stellen-Kommentar angeführt und können zum Vergleich im Band *I* gelesen werden. Kästner hat sie in seinem Hörspiel verschiedenen Sprechern zugewiesen und durch neuverfaßte Zwischentexte miteinander verbunden. Durch ihre Vertonung werden erste Konturen des späteren Kabarettisten erkennbar.

Wie fast alles, was Kästner in jener Zeit veröffentlichte, hatte das Hörspiel durchschlagenden Erfolg. Die Kritiken zur Uraufführung vermitteln den Eindruck, daß fast jeder im Empfangsbereich des Senders sie gehört hatte. Kästners Lyrik, Nicks Musik dazu und die gesamte Inszenierung werden äußerst positiv bewertet: als großer Schritt der Gattung Hörspiel in eine erfolgreiche Zukunft, als neue Art, zeitgenössische Lyrik im Rundfunk zu präsentieren. Viele Nachsendungen wurden erwartet, Schallplattenaufnahmen, der Einzug der Chansons ins Kabarett. Bereits 1930 lag eine Bühnenausgabe vor. Ihr folgten Inszenierungen in Wien (1930), Graz, Dresden, Berlin, Zürich (jeweils 1931), Stuttgart, Altona und Breslau (jeweils 1932).

Die Aufführungen sind durch Kritiken verschiedener Tageszeitungen, die sich im Kästner-Nachlaß befinden, belegt. Vermutlich wurde das Stück noch häufiger gespielt als bisher bekannt.

Die vorliegende Ausgabe folgt im wesentlichen dem Text des Typoskripts und der Bühnenausgabe. Die Schreibung von ss wurde allerdings durch ß ersetzt, und das dort eingehaltene Prinzip, alle Verse mit Großbuchstaben beginnen zu lassen, wurde – im Anschluß an die Fassung in den *GSE* – nicht beibehalten.

Ab dem zweiten Bild ist die Numerierung der Lieder im Typoskript, in der Bühnenausgabe, in den *GS* und den *GSE* fehlerhaft; sie ist um eine Nummer verschoben (im Inhaltsverzeichnis des Typoskripts und der Bühnenausgabe ist die Numerierung jedoch richtig). Das Lied *Elegie in Sachen Wald* ist in allen überlieferten Fassungen Nr. 8, muß aber Nr. 7 sein. Dieser Fehler, der sich bis zum letzten Lied fortsetzt, ist hier korrigiert worden.

9 *Ick*: In den *GSE* steht: »Ich«.
10 *Er sagt wie ihr verdammt! und Prost!* Fehlt in den *GSE*.
   Also los: Fehlt in den *GSE*.
   Nr. 1: Siehe: *Kurt Schmidt, statt einer Ballade*, I, *119*.
12 *Nr. 2:* Siehe: *Die Welt ist rund*, I, *17*.
   Frauenstimme und Männerstimme: […] Alle: […] der sah ihr ins Gesicht: Diese 15 Verse sind in *GS* und *GSE* zweimal hintereinander abgedruckt.
13 *hier?:* Im Typoskript und in der Bühnenausgabe ohne Satzzeichen.
   Nr. 3: Siehe: *Ein paar neue Rekorde*, I, *76*.
   Sensation: In den *GSE* steht: »Sensationen«.
15 *Frauenstimme: Sie meinen, es wär' besser, wenn er dächte?:* Fehlt in den *GSE*.
   Schmidt: Es ist nicht […]: In den *GSE* steht: »Frauenstimme: Es ist nicht […]«.
   Nr. 4: Siehe: *Die Tretmühle*, I, *21*.
17 *Nr. 5:* Siehe: *Möblierte Melancholie*, I, *112*.
19 *Nr. 6:* Siehe: *Wiegenlied (ein Vater singt)*, I, *14*.
   Nachts liegt man […] was ich noch tue … : Im Typoskript steht: »((Nachts liegt man […] was ich noch tue …))«.
22 *Nr. 7:* Siehe: *In der Seitenstraße*, I, *148* und *Die Wälder schweigen*, I, *257*.
24 *Nr. 8:* Siehe: *Ankündigung einer Chansonette*, I, *144*.
   (höchstens die Melodie): In den *GSE* ohne Klammern.
25 *Den sing ich mit Ihnen*: In den *GSE* steht: »Den sing mit ich ihnen«.
   Nr. 9: Siehe: *Chor der Fräuleins*, I, *12* und *Plädoyer einer Frau*, I, *110*.

27 *Nr. 10:* Siehe: *Eine Mutter zieht Bilanz, I, 69.*
29 *Schmidt: Er schwitzt als Arbeiter und Angestellter:* In den GSE fehlt dieser Vers.
   Nr. 11: Siehe: *Die Existenz im Wiederholungsfalle, I, 109.*
32 *Selbstmorde!:* In den GSE steht: »Selbstmord!«
   anschwellen: In den GSE steht: »abschwellen«.
33 *Wie man vom Frühstück spricht:* In den GSE steht: »Wie man vom Frühjahr spricht«.
   Nr. 12: Siehe: *Warnung vor Selbstschüssen, I, 83.*
35 *Wir sollen immerfort:* In den GSE steht: »Wir sollen immerzu«.
36 *Nr. 13:* Siehe: *Zeitgenossen, haufenweise, I, 70* und *Die Welt ist rund, I, 17.*
38 *Nr. 14:* Siehe: *Vornehme Leute, 1200 Meter hoch, I, 111.*
40 *Nr. 15:* Siehe: *Ein Mann verachtet sich, I, 94.*

II. Münchhausen

Uraufführung: Am 5. 3. 1943 im Ufa-Palast in Berlin.

Typoskript: Ein Typoskript des Drehbuchs, in das mit Büroklammern einzelne maschinengeschriebene Seiten geheftet sind, befindet sich im Kästner-Nachlaß. Es konnte für die Kommentierung nicht berücksichtigt werden. Das für den Stellenkommentar benützte Typoskript, das (wie u. a. aus handschriftlichen Eintragungen hervorgeht) wohl auch bei den Dreharbeiten Verwendung fand, befindet sich im Besitz der Friedrich-Wilhelm-Murnau-Stiftung in Wiesbaden. Das Titelblatt verzeichnet: »Münchhausen. Stoff und Buch von Berthold Bürger. Regie: Josef von Baky. Eine Hans Albers-Produktion der UFA. Herstellungsgruppe Eberhard Schmidt.« Auf der folgenden Seite steht: »Zur Beachtung! Dieses Drehbuch ist Eigentum der UNIVERSUM-FILM A.-G. Seine Benutzung hat vertraulich zu erfolgen. – Nachdruck ohne schriftliche Genehmigung ist verboten. Nach Beendigung der Drehtätigkeit bitten wir, das Drehbuch der Produktions-Sekretärin zu übergeben. –« Diese Drehbuchfassung enthält einige handschriftliche Ergänzungen und Bildskizzen zu technischen Inszenierungsproblemen.

Erstdruck: In Band 4 der *GS*; damit textidentisch ist die 1960 separat als Fischer Taschenbuch erschienene Ausgabe. Der Erstdruck ist Druckvorlage der vorliegenden Ausgabe, wobei die dort fehlende Numerierung der Einstellungen aus dem Typoskript eingefügt wurde. Gravierende Abweichungen zwischen Erstdruck und Typoskript verzeichnet der Kommentar. Dem Erstdruck ist folgende editorische Notiz beigefügt: »Der ›Münchhausen‹ entstand im Jahre 1942 während einer kurzfristigen und auf das Schreiben von Drehbüchern beschränkten Sondererlaubnis. Als Anfang 1943 der Film, zum 25jährigen Jubiläum der UFA, in Berlin anlief, war die Sondererlaubnis längst widerrufen und das generelle Schreibverbot nun auch auf jegliche Veröffentlichung im Ausland ausgedehnt worden.«

Filmfassungen: Ursprünglich hatte der Film eine Länge von 130 Minuten. Neben der deutschen Fassung wurden auf 90 Minuten gekürzte Kopien für den Export angefertigt. 1970 begann die Friedrich-Wilhelm-Murnau-Stiftung mit der Restaurierung des Films. Dabei wurde versucht, möglichst viele noch vorhandene Kopien zusammenzutragen, um verlorengegangene Einstellungen wieder einschneiden und die verblichenen Farben wiederherstellen zu können. Diese Fassung von 1978 hatte eine Länge von 105 Minuten. Zum 50jährigen Jubiläum der Uraufführung ließ die Murnau-Stiftung den Film abermals neu bearbeiten. Dabei fügte man Einstellungen ein, die 1978 nicht berücksichtigt wurden oder erst in den Jahren danach aufgetaucht waren. Diese Fassung von 1992 mit einer Länge von etwa 120 Minuten stimmt bis auf zwei nicht mehr auffindbare Einstellungen mit der Originalfassung überein und ist im Verleih oder als Video erhältlich. Sie ist die Grundlage der nachfolgenden Kommentierung, die signifikante Abweichungen der Verfilmung gegenüber dem Drehbuch verzeichnet. Kürzere Ergänzungen des Dialogs zur Belebung der Szene sind dabei nicht berücksichtigt worden, auch nicht kleinere Streichungen. Diese resultieren offensichtlich nicht aus Zensureingriffen. Insgesamt hat sich die Verfilmung eng an die Vorgaben des Drehbuchs gehalten. Der Autor war häufig bei den Dreharbeiten anwesend.

Entstehungsgeschichte: 1941 machte man sich bei der Ufa Gedanken über ein Jubiläumsprojekt, mit dem das 25jährige Bestehen gefeiert werden sollte. Die einzige Vorgabe war, alle bisherigen Produktionen in den Schatten zu stellen, dafür keinen technischen Aufwand zu scheuen und so dem In- und Ausland zu zeigen, daß man auch in Deutschland zu filmischen Höchstleistungen fähig war. Von der damals verbreiteten Einschätzung des deutschen Films zeugt eine Eintragung vom 19. Januar 1941 in Kästners (erst kürzlich im Nachlaß Luiselotte Enderles wiederentdecktem, noch unveröffentlichtem) *Kriegstagebuch* (die stenographischen Aufzeichnungen wurden von Arthur Lux übertragen): »Es wurde auch sonst viel, zuviel über Film gesprochen. Obwohl wir alle natürlich – nicht weniger als die Minister und andere Herren – der Überzeugung sind und waren, daß der deutsche Film seit Jahren international in keiner Weise mehr konkurrenzfähig ist, erregte es mich und wohl auch andere, daß die Molos [...] taten, als ob es unmöglich geworden sei, auch nur annähernd gleichwertige deutsche Filme zu drehen. Es liegt ja nicht an den Begabungen im Lande, sondern an den Beteiligten und an den Voraussetzungen.« Für die Verantwortlichen der Ufa stand fest, daß nicht nur die dramatische und technische Ausführung wichtig für den Erfolg des Jubiläumsfilmes war, sondern ein Drehbuch von hoher Qualität.

Es ist allerdings die Frage, ob Kästner, wie es bisher von der Forschung behauptet wurde, seinen *Münchhausen* speziell für das Jubiläum verfaßte (vgl. z. B. Elisabeth Lutz-Kopp: »Nur wer Kind bleibt ...« Erich-Kästner-Verfilmungen. Frankfurt/Main 1993, S. 183). Berücksichtigt man bislang unbekannte oder zu wenig beachtete Quellen zur Entstehungsgeschichte, dann könnte sich die Ufa diese Filmproduktion aus einem breiteren Fundus etlicher anderer für ihr Jubiläum ausgesucht haben. Am 16. April 1941 notiert Kästner in sein *Kriegstagebuch*: »Morgen bin ich in Babelsberg, um zu hören, unter welchen Bedingungen man mich versucht im Film mitarbeiten zu lassen. Schmidt [s.u.] sagte am Telefon, daß Goebbels den von Hippler [s.u.] befragt und erklärt habe, er wolle von nichts wissen, aber man könne mich – unter dieser personellen Voraussetzung – beschäftigen. Morgen werde ich Näheres über diese neue Mutprobe des Propagandaministers hören.« Ende September notiert Kästner: »Zwei Monate sind seit der letzten Eintragung vergangen: Ein Monat Zell am See, Salzburg, Kitzbühl, und ein Monat Arbeit in Berlin am Münchhausen-Drehbuch, müssen erste Fassung gerade beendet haben.« Etwa einen Monat später, am 27. Oktober 1941, schreibt Kästner an seine Mutter: »Seit Mittag sitze ich mit Albers und den anderen Brüdern zusammen. Das Drehbuch hat sehr gefallen, soll aber erst im nächsten Jahr gedreht werden« (Erich Kästner: Mein liebes, gutes Muttchen, Du. Dein oller Junge. Briefe und Postkarten aus 30 Jahren. Ausgewählt und eingeleitet von Luiselotte Enderle. Hamburg 1981). Ein Brief vom 29. November 1941 meldet die Drehgenehmigung von »G.« [Goebbels]. Am 14. April 1942 schreibt Kästner, die Dreharbeiten hätten gerade begonnen. Doch erst danach scheint die Produktion für das Ufa-Jubiläum ausgesucht worden zu sein. Denn am 8. August 1942 berichtet Kästner seiner Mutter: »Münchhausen soll beschleunigt werden, damit er Mitte Dezember, zum 25jährigen Ufa-Jubiläum, fertig ist.« (Alle Zitate aus den *Muttchen*-Briefen.)

Kästner schrieb nicht nur das Drehbuch, er lieferte den Stoff gleich mit. Es war kein Zufall, daß ausgerechnet er, der verbrannte und verbotene Autor, den Auftrag erhielt. Die guten Schriftsteller waren fast ausnahmslos in die Emigration getrieben oder verhaftet worden, oder sie litten, wie eben auch Kästner, unter erheblichen Behinderungen ihrer Arbeit. Für ein solches Filmdrehbuch kam natürlich kein Emigrant in Frage, man mußte auf jemanden zurückgreifen, der in Deutschland geblieben war. Und da kamen Kästner seine guten Beziehungen zur Führungsriege der Ufa zugute, vor allem seine Freundschaft mit Eberhard Schmidt, dem Produktionsgruppenleiter.

Eine offizielle Sondergenehmigung für Kästner hatte man beim Reichsfilmintendanten Fritz Hippler erwirkt; sie erlaubte ihm das Verfassen von Drehbüchern mit unpolitischem Inhalt. Für Kästner kam der Ufa-Auftrag zur rechten Zeit, er benötigte dringend neue Einkünfte. Außerdem hatte er die Hoffnung, daß weitere Drehbuchaufträge folgen würden. Tatsächlich arbeitete er zu dieser Zeit an mehreren Projekten. Schauspieler wie Emil Jannings oder Heinz Rühmann waren mit der Bitte an ihn herangetreten, er möge ein gutes Drehbuch für sie schreiben. Es entstand in kurzer Zeit das Skript für Rühmanns Film *Ich vertraue Dir meine Frau an*, eine Arbeit, an der Co-Autor Kästner wenig Gefallen fand. Am 14. Januar 1943 wurde die Sondergenehmigung in einem Schreiben vom Präsidenten der Reichsschrifttumskammer widerrufen. Dieses Verbot war nun ein endgültiges und vollständiges. Es traf noch vor dem Ende der Dreharbeiten am *Münchhausen*-Film ein. Am 18. Februar notiert Kästner in das Tagebuch: »Ob mein neuerliches Verbot auf Hitler, Bormann oder Rosenberg zurückzuführen ist, scheinen nicht gerade viele Leute zu wissen. Ich selber weiß es bis heute, also seit Anfang Januar, noch immer nicht. Na, der Tatbestand ist jedem klar. Das ist schon etwas.«

Die Ufa hatte ursprünglich, als sie Kästner um ein Drehbuch bat, an eine Verfilmung von Josef Wincklers Roman *Der tolle Bomberg* (1923) gedacht. Doch griff sie Kästners Vorschlag gleich auf, die von Gottfried August Bürger 1787 veröffentlichte Sammlung der Geschichten um den Lügenbaron Münchhausen als Grundlage zu nehmen. Diese witzigen und phantasievollen Geschichten schienen beste Voraussetzungen für eine aufwendige und farbenprächtige Inszenierung zu bieten. Natürlich mußte es ein Geheimnis bleiben, daß Kästner der Drehbuchautor war, weshalb er den Nachnamen des Autors seiner Textgrundlage adaptierte und sich Berthold Bürger nannte. Den Vornamen soll er »in Erinnerung an den verfemten Bertolt Brecht« gewählt haben (vgl. Michael Marek und Michael Wildt: »Glaubt nicht alles, was ihr seht«. Ein berühmter Film – neu gesehen: Erich Kästner schrieb das Drehbuch für den vor 50 Jahren gedrehten »Münchhausen«. In: Deutsches Allgemeines Sonntagsblatt v. 17. 4. 1992, S. 14). Recherchen Jan-Pieter Barbians deuten allerdings darauf hin, daß Kästner das Pseudonym bereits Anfang 1934 in Absprache mit der Reichsschrifttumskammer erhielt, um »probeweise« wieder schreiben zu dürfen (Jan-Pieter Barbian: Literaturpolitik im »Dritten Reich«. München 1995 [Erstausgabe 1993], S. 368). Dem wiederum steht entgegen, daß Kästner zu dieser Zeit das Pseudonym Eberhard Foerster benutzte. Im übrigen wurde er nach Ablauf der »einjährigen Bewährungsfrist« nicht in die Kammer aufgenommen (ebd., S. 375).

Politische Aspekte: Warum wählte Kästner ausgerechnet diesen Stoff für einen Film? Es ist schwierig, eine Antwort darauf zu finden, denn Zeugnisse dazu, schriftliche oder mündliche, sind nicht bekannt. Wenn man aber zu dem humoristischen Kästner der NS-Zeit den spitzfindigen und wortgewandten Satiriker der Weimarer Zeit addiert, dann ist vorstellbar, daß er mit seiner Bearbeitung der Lügengeschichten eine versteckte Kritik an dem verlogenen Regime beabsichtigte. Die propagandistischen Vorgaben verfolgten zunächst das Ziel, die Menschen von den Entbehrungen des Krieges mit den Mitteln der Unterhaltung abzulenken und sie gleichzeitig mit einer opulenten Ausstattung von der Leistungsfähigkeit des Staates zu überzeugen. Diesen Eindruck sollte der Film als Exportartikel auch im Ausland hervorrufen.

Unter den Zensurbedingungen konnte Kritik am Regime nur versteckt geäußert werden. Kästners untergründige Kritik beginnt bereits bei der Wahl der individualistischen Münchhausen-Figur, die sich jedem Anpassungszwang verweigert (vgl. Lutz-Kopp: Erich-Kästner-Verfilmungen, a. a. O., S. 193 ff.). Münchhausen lebt, wie er will, sagt, was er denkt, und ist dabei nur seinem Gewissen verpflichtet. In den Ländern, die er bereist, regieren absolute Herrscher. Mit ihnen hält Kästner Hitler einen Spiegel vor. Münchhausen beugt sich ihnen nur, wenn es seiner eigenen Überzeugung entspricht. Sonst spielt er ihnen einen Streich und entlarvt sie als Kleingeister, die mit etwas Grips überlistet werden können.

Ursprünglich mag sich Kästner die Münchhausen-Figur etwas anders vorgestellt haben. Elisabeth Lutz-Kopp berichtet, Kästner habe den Stoff mit der Begründung vorgeschlagen, »der Auftrag käme ja vom größten Lügner der Welt, da solle man doch dessen engsten Konkurrenten verfilmen« (Lutz-Kopp: Erich-Kästner-Verfilmungen, a. a. O., S. 183). Möglich ist, daß die Präsentation von Lügen als filmische Wahrheiten die Zuschauer zu einem kritischeren Umgang mit den Medien erziehen sollte.

Kästner gelang es zudem, Dialoge einzuflechten, die auch als direkte Kritik an den Machthabern in Deutschland verstanden werden konnten (vgl. auch Ingo Tornow: Erich Kästner und der Film. Mit den Songtexten Kästners aus »Die Koffer des Herrn O. F.«. München 1992 [= Publikation der Münchner Stadtbibliothek am Gasteig], S. 21 f.). Hier sind zunächst Münchhausens Gespräche mit dem sinistren Graf Cagliostro zu nennen. Die Einstellungen 159 bis 161 sind voller Anspielungen auf das Hitlerreich, etwa wenn Cagliostro verkündet, die Menschen würden nur das Unglaubhafte glauben – das nenne man Fortschritt (dieser Teil der Szene fehlt im Film), oder wenn er, laut Kommentar »machtbesessen«, Polen »pflücken« will, um dort mittels seines Strohmannes Münchhausen zu herrschen. Münchhausen, der in seiner ganzen Anlage als Anti-Hitler verstanden werden kann, findet gegenüber dem Betrüger deutliche Worte, die der damalige Zuschauer problemlos auf Hitler beziehen konnte: »In einem werden wir zwei uns nie verstehen: In der Hauptsache! Sie wollen herrschen; ich will leben. Abenteuer, Krieg, fremde Länder und Frauen – ich *brauche* das alles, Sie aber *miß*brauchen es!« (S. 151)

Eine weitere deutliche Bemerkung fällt in der Szene auf dem Mond, als Münchhausen zu seinem Diener Christian sagt, die Zeit sei »kaputt« (S. 301). Und vor allem auch die Worte des alten Casanova in Venedig legen eine regimekritische Lesart nahe: »Die Staatsinquisition hat zehntausend Augen und Arme. Und sie hat die Macht, Recht und Unrecht zu tun, ganz wie es ihr beliebt.« (S. 259)

Denjenigen, die Kästner seine Zusammenarbeit mit der Ufa vorwerfen und behaupten, er hätte dem Propagandaministerium und damit dem ganzen System gedient (vgl. Dieter Mank: Erich Kästner im nationalsozialistischen Deutschland 1933–1945: Zeit ohne Werk? Frankfurt/Main u. Bern 1981, S. 157 ff.), kann insofern recht gegeben werden, als Kästner sehr wohl wußte, für wen er arbeitete und was mit dem Film bezweckt wurde. Andererseits nutzte er seine Möglichkeiten, mit der Wahl des Stoffes und mit einzelnen Dialogstellen dem Filmdrehbuch eine oppositionelle Botschaft einzuschreiben.

Produktion und Wirkung: Der Aufwand, der für diese Filmproduktion betrieben wurde, war immens. Die Kosten waren mit 4,5 Millionen Reichsmark veranschlagt, am Ende beliefen sie sich auf knapp 7 Millionen. Von dem Mangel an Strom, Kerzen oder Stoff, den es 1942 bereits gab, ist im Film nichts zu entdecken. Die Trickspezialisten waren keinerlei Einschränkungen unterworfen. Der Schmuck, den die Frauen im Film tragen, wurde von Museen gestellt. Ebenso verhielt es sich mit dem Geschirr und Besteck für die Bankettszenen. Die prachtvollen und aufwendigen Kulissenbauten runden das Bild von Luxus und Wohlstand ab. Der ganze Film vermittelt den Eindruck von Überfluß und Lebensfreude. Zu dem insgesamt positiven Eindruck trug sicher auch die Inszenierung in Farbe bei. Ebenso außergewöhnlich war die Drehzeit. Sie betrug acht Monate, und das war für damalige Verhältnisse sehr lang. Insgesamt arbeitete man fast zwei Jahre an dem Projekt.

Neben der herausragenden Besetzung und dem großen technischen Aufwand wurde und wird heute immer noch Kästners Drehbuch besonders hervorgehoben. Ihm wird es zugeschrieben, daß der Film nicht nur in der Tricktechnik und der Ausstattung neue Maßstäbe setzte, sondern auch in der künstlerischen Qualität. Der Autor des Drehbuches konnte den Prestigeerfolg allerdings erst nach dem Krieg für sich verbuchen, da der Vorspann keinen Drehbuchverfasser nannte. Über Kästner war ein erneutes Schreibverbot verhängt worden. Nach Luiselotte Enderles Biographie hatte sich Hitler vor der Premiere »einige Szenen des Films im Hauptquartier vorführen lassen. Als man ihm berichtete, wer der Autor sei, schäumte er, und Kästner wurde daraufhin sofort wieder und zwar ›restlos‹ verboten, diesmal auch fürs Ausland« (Luiselotte Enderle: Erich Kästner. Reinbek 1989 [Erstausgabe 1960], S. 74). Belegt ist inzwischen eine persönliche Entscheidung Hitlers von Ende 1942, Kästner jede weitere Arbeit, auch für die Ufa, zu verbieten (Barbian: Literaturpolitik im »Dritten Reich«, a.a.O., S. 376).

Der Film konnte während des Krieges nur in den von Deutschland besetzten Gebieten gezeigt werden. Er fand große Resonanz und Anerkennung. Im Ausland sah man ihn erst nach dem Krieg, und auch dort war die Resonanz positiv. Unmittelbar nach Kriegsende wurde er auf Betreiben der russischen Besatzungsmacht in der britischen Zone verboten – mit der Begründung, daß er geschichtliche Ungenauigkeiten über Rußland enthalte.

47 *Baron Münchhausen:* Hieronymus Karl Friedrich Freiherr von Münchhausen lebte von 1720–1797. Seine Heimat war das Gut Bodenwerder an der Weser. Münchhausen, Offizier und leidenschaftlicher Jäger, pflegte im Freundeskreis Kriegs- und Reisegeschichten zum Besten zu geben. Seit 1781 kursierten Anekdoten in schriftlicher Form, die auf Münchhausen anspielten. Rudolf Erich Raspe (1737–1794), der sich 1775 einer Verhaftung wegen Unterschlagung durch eine Flucht nach London entzogen hatte, griff diese Geschichten auf und gab 1785 in englischer Sprache ein Bändchen mit Münchhausiaden heraus, dem ein Jahr später eine erweiterte Auflage folgte. Gottfried August Bürger (1747–1794), Privatdozent in Göttingen, übersetzte Raspes Büchlein ins Deutsche, bearbeitete es und bereicherte es um neue Anekdoten. Von Bürger stammt zum Beispiel der im Film prächtig in Szene gesetzte Ritt auf der Kanonenkugel. 1786 erschien die erste Auflage, 1788 eine überarbeitete und erweiterte Fassung, die teilweise auf neue Erfindungen Raspes zurückgriff. Bürgers *Münchhausen*-Version wurde schnell berühmt. Sie gilt in der Forschung als eigenständige Leistung und als *der* klassische Münchhausen-Text. Bürger selbst hatte nichts von dem Erfolg, da er das Buch anonym publiziert und auf ein Honorar verzichtet hatte. (Vgl. Gottfried August Bürger: Wunderbare Reisen zu Wasser und Lande, Feldzüge und lustige Abenteuer des Freiherrn von Münchhausen. Nach der Ausgabe von 1788. Hrsg. von Irene Ruttmann. Stuttgart 1969.) Kästner verarbeitete den Stoff später auch in einem Kinderbuch, das 1951 im Atrium-Verlag und im Verlag Carl Ueberreuter unter dem Titel *Des Freiherrn von Münchhausen wunderbare Reisen und Abenteuer zu Wasser und zu Lande* erschien (vgl. *IX, 49*).
Herzog Karl von Braunschweig: Karl Wilhelm Ferdinand war von 1780–1806 Herzog von Braunschweig. Er führte das preußische Heer im I. Revolutionskrieg (1792–1794) und 1806 gegen Napoleons Truppen. Er wurde schwer verwundet und starb auf der Flucht.
Graf Cagliostro: Graf Alexander von Cagliostro (eigentlich Giuseppe Balsamo) wurde 1743 in Palermo geboren. Als Alchemist, Wunderheiler und Magier war er zu seinen Lebzeiten

Gegenstand göttlicher Verehrung und zugleich Inbegriff des skrupellosen Betrügers und Scharlatans. Nicht zuletzt mit seiner angeblichen Verwicklung in die »Halsbandaffäre« wurde sein Auftreten zum Krisensymptom des Ancien Régime im vorrevolutionären Frankreich. Die Aufdeckung seiner Betrügereien zwang ihn zu ständigen Ortswechseln. In Rom wurde er auf Befehl des Papstes wegen Ketzerei zum Tode verurteilt, aber 1791 zu lebenslanger Haft in der Festung San Leone bei Urbino begnadigt. Er starb dort 1797. Cagliostro wurde u. a. in Friedrich Schillers *Geisterseher* (1789/1798) und in J. W. v. Goethes Revolutionskomödie *Groß-Cophta* (1791) zur literarischen Figur.

47 *Katharina II.:* Katharina die Große (1729–1796), Zarin von Rußland von 1762–1796. Katharina bestieg den russischen Thron nach der Ermordung ihres Mannes, Zar Peter III., an der sie selber beteiligt gewesen sein soll (vgl. Einstellung 162 ff.: *Petersburg. Ein Platz, nahe der Newa*). Sie profitierte von den Teilungen Polens, führte zweimal erfolgreich Krieg gegen die Türken und nahm Kurland in Besitz. Auf diese Weise festigte sie Rußlands Stellung als Großmacht.

Fürst Grigorij Orlow: Graf Grigorij Grigorjewitsch von Orlow lebte von 1734–1783. Er war ein Günstling Katharinas II. und Hauptführer der Palastrevolution von 1762, die Zar Peter III. stürzte.

Fürst Potemkin: Fürst Grigorij Alexandrowitsch von Potemkin lebte von 1739–1791. Potemkin war russischer Feldherr und Staatsmann und seit 1774 der besondere Günstling Katharinas sowie deren politischer Ratgeber.

Isabella d'Este: Die d'Este waren ein italienisches Adelsgeschlecht, das sich nach dem Ort Este in der Provinz Padua nannte. Ihre größte Bedeutung hatte die Familie in der Renaissance. 1803 starb der letzte männliche Abkömmling. Isabella lebte von 1474–1539.

Rosalba Carriera: Italienische Malerin, wurde 1675 in Venedig geboren und starb dort 1757. Sie malte vor allem für die europäischen Fürstenhöfe.

Giacomo Casanova: Casanova wurde 1725 in Venedig geboren. Berühmt machte ihn seine Flucht aus den Bleikammern Venedigs im Jahre 1757. Bedeutsam sind seine literarischen Lebenserinnerungen. Er starb 1798. Sprichwörtlich verwendet, bedeutet sein Name soviel wie »Frauenheld«.

47 *Doge:* Titel des Oberhaupts der aristokratischen Freistaaten Venedig und Genua.
François Blanchard: Französischer Ballonfahrer, der als erster den Ärmelkanal mit einem Ballon überquerte. Seine Unternehmungen machten ihn zu einer europäischen Berühmtheit. Er lebte von 1753–1809.
48 *Husarenoffizier:* Husaren nannte sich ursprünglich das ungarische Aufgebot zu Pferde. Seit dem 17. Jahrhundert gab es in vielen Heeren bewaffnete Reiter in ungarischer Tracht, die als Husaren bezeichnet wurden.
Pugatschew: Jemeljan Iwanowitsch Pugatschow (1742–1775), Führer eines russischen Volksaufstandes, bei dem er sich für den ermordeten Zar Peter III. ausgab. Er wurde aus diesem Grund hingerichtet (vgl. Einstellung 162 ff.: *Petersburg. Ein Platz, nahe der Newa*).
Janitscharen: Fußtruppe im türkischen Heer, bildete in der Blütezeit des Osmanischen Reiches dessen Kern. Die Janitscharen rekrutierten sich aus christlichen, zum Islam übergetretenen Kriegsgefangenen.
53 *Agraffen:* Schmuckspangen aus Metall, die im 17. und 18. Jahrhundert am Schulter- und Brustteil der Damenbekleidung getragen wurden.
57 *Einstellungen* 9 (ab »Die Kamera fährt zurück«), 10, 11, 12 und 13 sind im Film nicht vorhanden.
58 *Fell-Tschako:* Militärische Kopfbedeckung ungarischen Ursprungs.
63 *Alvensleben:* Seit 1163 nachweisbares Adelsgeschlecht, das im Raum Magdeburg und der Altmark ansässig ist.
Einstellungen 16 (ab »Die Kamera schwenkt«), 17 und 18 sind im Film nicht vorhanden.
77 *Einstellungen* 38 und 39 sind im Film nicht vorhanden.
Lorgnon: Bügelloses Augenglas, das an einem Stiel vor die Augen gehalten wird.
79 *Einstellungen* 41 und 42 sind im Film nicht vorhanden.
82 *Einstellung* 44 ab »Die Kamera fährt zurück« ist im Film nicht vorhanden.
87 *Einstellung* 49: Im Film zeigt das Bild die Titelseite von Münchhausens Tagebuch.
88 *Einstellung* 49a ist im Typoskript nicht numeriert.
91 *Einstellung* 55 ist im Film nicht vorhanden.
92 *Einstellung* 57: Der Trick wurde nicht durchgeführt; statt des-

sen sind Münchhausen, Hartenfeld, Sophie und die Baronin im Bild zu sehen.
95 *Einstellung* 62: Gotthold Leberecht wurde im Film durch ein Mädchen namens Amalie Friederike ersetzt.
97 *Bassette, Pharao:* Glücksspiele.
Louisdor: Französische Goldmünze seit Ludwig XIII.
98 *Pompadour:* Jeanne Antoinette Poisson, genannt Madame Pompadour (1721–1764), erlangte 1745 Zutritt bei Hof und wurde Mätresse Ludwigs XV. Sie beeinflußte sogar seine politischen Entscheidungen. So wirkte sie beispielsweise bei den Bündnisverhandlungen Frankreichs mit Österreich 1756 mit. Dies alles machte den König beim Volk unbeliebt.
Fontainebleau: Königliches Renaissance-Schloß im gleichnamigen Ort südöstlich von Paris.
100 *balbiert:* Rasiert.
stakt: Staksen: Mit steifen Schritten gehen.
104 *Einstellungen* 75 und 76 sind im Film nicht vorhanden.
107 *Okular:* In optischen Instrumenten die Linse, die dem Auge zugewandt ist.
110 *Einstellung* 85 ab »Die Kamera fährt zurück« ist im Film nicht vorhanden.
113 *Einstellung* 88 ab »Die Kamera fährt nahe« ist im Film nicht vorhanden.
116 *Einstellung* 91 ist im Film nicht vorhanden.
Einstellung 93: Nur das Bild »Kurz darauf [...] Tor verschwunden« ist im Film vorhanden.
118 *Kavalkade:* Prächtiger Reiterzug.
120 *Einstellung* 101 ab »Die La Tour antwortet zynisch« bis einschließlich »Sie antwortet lachend, dann lockend: Noch nicht« ist im Film nicht vorhanden.
122 *Einstellungen* 102 und 103 sind im Film nicht vorhanden.
123 *Einstellung* 105 bis einschließlich »Münchhausen geht aus dem Bild« ist im Film verändert.
124 *Einstellung* 105 ab »Doch mein Bruder« bis einschließlich »Münchhausens Stimme: Louise?« ist im Film nicht vorhanden.
Graun: Carl Heinrich Graun (1703–1759). Graun war Hofkapellmeister bei Friedrich dem Großen. Er richtete in Berlin die Oper ein und komponierte für sie zahlreiche Werke. Sein Bruder Johann Gottlieb (1702/03–1771) war gleichfalls Komponist und Konzertmeister Friedrichs des Großen. Da Johann

Gottlieb sich mehr instrumentalen Werken zuwandte, ist zu vermuten, daß Kästner an dieser Stelle den Opernkomponisten Carl Heinrich meint.

125 *Einstellung* 106 ab »Die Kamera fährt nahe« ist im Film nicht vorhanden.

126 *Einstellungen* 107 bis 140 sind im Film nicht vorhanden.
Jabot: Brustkrause am Herrenhemd im 18. Jahrhundert.

148 *Einstellung* 154 ist im Film nicht vorhanden.

150 *Einstellung* 159 ab »Cagliostro sagt zynisch« bis einschließlich »und fragt: Die Nutzanwendung?« ist im Film nicht vorhanden.

Einstellung 160 lautet im Film:

Dann erwidert er, peinlich offenherzig:	Das geht leider nicht, Baron. Mein Kopf ist in ganz Europa von Steckbriefen her so populär, daß sich kein Mensch trauen dürfte, ihn auf Geldstücke zu prägen. Ihr Profil eignet sich entschieden besser.
DIE KAMERA FÄHRT ZURÜCK Er stürzt einen Punsch hinunter und sagt beschwörend:	Wenn wir erst Kurland haben, pflücken wir Polen. Poniatowski, der sich heute noch Stanislaus II. nennt, ist reif.
Er breitet die Arme aus und flüstert machtbesessen:	Dann werden wir König! Prost!
Münchhausen:	Hieronymus der Erste. Prost!

154 *Einstellung* 170 ab »An einer Weinfontäne« bis einschließlich »Schlosser, wißt Ihr?« ist im Film nicht vorhanden.

157 *Eremitage:* Zarenschlößchen in Petersburg.

160 *Einstellung* 179 ist im Film nicht vorhanden.
Salon: Im Typoskript steht: »Nebenzimmer«.

165 *Kürassier-Offiziere:* Offiziere eines Reiterheeres, die mit dem Küraß, einem Harnisch, ausgestattet waren.

165 *Einstellung* 187: »Münchhausen sagt laut zu sich selber: Sich wundern ist ungesund«: Im Film nicht vorhanden.
169 *Einstellung* 199 ist im Film nicht vorhanden.
172 *Einstellung* 207: »Ich bin so frei!« Wurde im Film ersetzt durch »Bravo, so ist's richtig. Na dann erst mal ein paar Vorspeisen und dann was zu Essen.«
173 *Fragonards:* Bilder des französischen Malers Jean Honoré Fragonard (1732–1806). Er wurde zum bevorzugten Maler der Gesellschaft am Hofe Ludwigs XV.
Watteaus: Gemälde des französischen Künstlers Jean-Antoine Watteau (1684–1721); er war seit 1717 Mitglied der Akademie.
174 *Einstellung* 210: »Da sie nun [...] sperren« wurde im Film ersetzt durch »Und will doch genauso viel Glück wie sie, wenigstens so viel ... «.
177 *Einstellung* 217 ab »Die Kamera fährt nahe« wurde im Film geändert:

Sie lächelt und fragt leise:	Liebst du mich noch, du Lump?
Er erwidert das Lächeln und antwortet, ebenso leise:	Nein. Wir kennen uns doch schon so lange Zeit.
Sie flüstert:	Sei nicht so frech, Hieronymus!
Laut fährt sie fort:	Wie lange sind Sie jetzt in meinen Diensten, Baron?
Münchhausen:	163 Tage, Eure Majestät.
Katharina:	Schon?
Münchhausen, leise:	Und 163 Nächte.
Katharina, leise:	Heute Abend habe ich vielleicht Zeit.
Münchhausen, leise:	Ich vielleicht auch.
Sie flüstert:	Na warte, ich schicke dich auf die Schlüsselburg!
DIE KAMERA FÄHRT ZURÜCK	
Laut fährt sie fort:	Der Prinz von Braunschweig sieht krank aus, Baron!
Münchhausen sagt ärgerlich:	Er ist nicht krank, Eure Majestät. Es ist viel schlimmer: Er ist gekränkt!

Katharina:	Wer hat es gewagt, einen meiner Gäste zu kränken?
Münchhausen:	Die Kaiserin von Rußland!
Katharina:	Ich, Baron?
Münchhausen:	Wenn der Prinz von Braunschweig es geahnt hätte, daß die Zarin dem Fürsten Potemkin gestattet, seine Mätresse bei Hofe einzuführen, wäre er bestimmt nicht gekommen.
Katharina blickt aus dem Bild, runzelt die Stirn und meint:	Dieses Frauenzimmer hier? Seit der Fürst nur noch ein Auge hat, glaubt er, ich sähe schlechter.

178 *Schlüsselburg:* Festung auf der Insel Orechow zur Sicherung der Schiffahrtsverbindung von Nowgorod zur Ostsee, seit 1702 in russischem Besitz. Gefängnis für politische Häftlinge.

182 *Einstellung* 228 ist im Film nicht vorhanden.

187 Bei *Einstellung* 238 fehlt ab »Wir gleichen einander wie ungleiche Brüder« bis einschließlich »im Wesentlichen unterscheiden« im Film der Text.

193 *Einstellung* 253 und der Übergang in Einstellung 254 bis einschließlich »wächst ständig« sind im Film nicht vorhanden.

194 *Einstellung* 256 ab »Münchhausen blickt« bis einschließlich Einstellung 257 sind im Film nicht vorhanden.

196 *Einstellung* 259 ab »Münchhausen sagt lächelnd« ist im Film nicht vorhanden.

198 *Einstellung* 261 ab »Er hält sich« ist im Film nicht vorhanden.
Podagra: Fußgicht.

201 Am Ende der Einstellung 269 im Film spricht Münchhausen: »Du lügst ja noch schneller, als du läufst.«

202 *Einstellung* 272: Münchhausen spricht im Film zu dem Bild »Geschwindigkeit ist also doch keine Hexerei.«

205 *Einstellung* 276 ist im Film nicht vorhanden.

206 *Einstellungen* 277, 278 und 279 sind stark verändert und im Film wie folgt umgesetzt worden:

Einstellung 277:
Münchhausen stützt sich auf
das Kanonenrohr und sagt
zu Ligne unmutig:

Sumarow [*in der Vorlage:* Suworow] liegt vor Bender und greift nicht an. Romanzow belagert Chotin, greift aber auch nicht an. Und wir liegen vor Otschakow und greifen erst recht nicht an!

Ligne entgegnet ironisch:

Trotzdem bestehen Unterschiede, mein Lieber!

Münchhausen:

Hundert Fuhren Feldsteine würden genügen, um den ganzen Sumpf da unten passierbar zu machen.

DIE KAMERA SCHWENKT
Hinter ihnen erscheint
unbemerkt Potemkin, der
Pfeife raucht.

Einstellung 278:
Münchhausen schwingt sich
rittlings auf das Kanonenrohr
und sagt:

Natürlich mein Fürst. Zehn Monate belagern wir nun diese Festung. Der Münnich brauchte im letzten Krieg drei Tage dazu.

Ligne fährt fort:

Potemkin greift nicht an, weil er den Oberbefehl hat. Und die beiden anderen greifen nicht an, weil sie den Oberbefehl nicht haben.

DIE KAMERA SCHWENKT
Potemkin blickt gehässig
drein. Dann leuchtet sein
Blick triumphierend auf; er
bückt sich und zündet mit
seiner Pfeife die Geschützlunte an.

Einstellung 279:
Münchhausen sagt ärgerlich: Morgen könnten wir schon in Otschakow sein.

Potemkin tritt neben ihn und meint hämisch: Bei Ihrer Tüchtigkeit, mein lieber Münchhausen, glaube ich, daß Sie noch heute drüben sein werden.

210 *Einstellungen* 286 und 287 sind im Film stark verändert:

Einstellung 286:
Er befühlt neugierig seine Gliedmaßen und steht dann, noch etwas mühsam, auf: Das ist ja Gottstrammbach! Das ist ja unglaublich. Ich bitte meinen dreisten Überfall tausend Male zu entschuldigen, meine Herren. Habe ja völlig falsch disponiert. Ich wollte eigentlich nur einen kleinen Aufklärungsritt machen, aber mein Richtkanonier, der Kerl, zielte aus lauter Vaterlandsliebe direkt in Ihre geschätzte Festung. Na, so bin ich hier. Salem aleikum!

Einstellung 287:
Yusuff Pascha schreit, Verblüffung und Zorn in der Stimme: Fesseln!
Münchhausen: Aber nicht doch, nicht doch! Sie sind ja zwar eine fesselnde Persönlichkeit, aber das geht ja entschieden zu weit, junger Mann. Warten Sie mal, ich komme herunter.

DIE KAMERA SCHWENKT
Yusuff Pascha: Fesseln!

Münchhausen:	Gestatten Sie, daß ich mich erst einmal bekannt mache. Mein Name ist Hieronymus von Münchhausen.
Yusuff Pascha:	Fesseln!
Münchhausen:	Na, na, na, na, na! Wo bleibt denn da die Gastfreundschaft? Ein anständiges Frühstück mit einem schönen türkischen Mokka wäre mir lieber!
Yusuff Pascha:	Sie sind mein Gefangener!
Münchhausen:	Sie merken auch alles!
DIE KAMERA FÄHRT NÄHER Yusuff Pascha zwinkert mißtrauisch, blickt dann lächelnd seine beiden Offiziere an und sagt:	Ich werde ihn dem Großherrn zum Geschenk machen.

223 *Einstellung* 309 ab »Der Läufer nickt und bemerkt« ist im Film nicht vorhanden.

225 *Einstellung* 311 ab »Die Kamera schwenkt zurück« hat im Film einen anderen Text:

Er lächelt und sagt:	Das Einzige, was in diesem Hause nicht zu durchschauen wäre, wäre der Großsultan und seine Frauen natürlich, die wären ja auch nicht aus Glas. Glücklicherweise nicht. Denn allzu zerbrechlich, so erzählt man es sich wenigstens im Serail, dürften wohl diese Gehilfinnen Eurer Zärtlichkeiten nicht sein.

227 *Einstellung* 315 ab »Münchhausen meint, um ihn aufzuheitern« und Einstellung 316 wurden im Film wie folgt geändert:

Einstellung 315:
Münchhausen meint, um ihn
aufzuheitern:

    Außerdem soll ja das Verdursten eine ganz besonders anstrengende Todesart sein.

Sultan: Wer verlangt denn von dir, daß du verdurstest?

Münchhausen: Mohammed, Euer Prophet, er verbietet doch den Wein.

Einstellung 316:
Der Sultan sagt: Wasser ist ein sehr schmackhaftes Getränk.

Münchhausen: Das kann ich leider nicht beurteilen.

Sultan: Ja, was glaubst du denn, wozu das Wasser eigentlich da ist?

Münchhausen: Zum Waschen, kaiserliche Hoheit, nur zum Waschen.

Sultan: Von heute ab wirst du überhaupt keinen Wein mehr trinken, nur Wasser!

Münchhausen: Kaiserliche Hoheit, dann lieber verdursten!

Einstellung 317: Abdul Hamids Antwort im Film wegen des neuen Textes der vorhergehenden Einstellungen nicht mehr vorhanden.

Einstellung 326: Münchhausen spricht im Film zu Beginn der Einstellung einen anderen Text:

Münchhausen sagt: Bei der Maria Theresia in Wien. Ich erinnere mich noch heute, als die Kaiserin zu mir sagte: Mein liebes Minchhausen, so nannte sie mich immer, dieser Tokayer ist gewissermaßen ein historischer Tokayer. Er hat anno 1683 die Wiener von den Türken befreit. Hätt' unser

	Kommandant, dieser Malefiz-Kerl, damals nicht ein paar Glaserl zuviel davon getrunken, hätte er ja den siegreichen Ausfall gar net gewagt. So aber hat er seine fünftausend Mann doppelt gesehen, und mit dieser Armee, die er quasi dem Tokayer verdankte, hat er die goldene Wiener Stadt gerettet.
Der Sultan fragt skeptisch:	Deswegen haben meine Vorfahren die Schlacht am Kahlenberg verloren. – Ist er wirklich besser?
Der Baron antwortet überzeugt:	Er ist besser.

243 *Einstellung* 348: Münchhausen erwidert dem Sultan im Film: »Die Knie aber noch nicht, kaiserliche Hoheit!«
245 *Einstellung* 356: Münchhausens Text ist im Film ergänzt worden:

Münchhausen fährt zurück:	Louise!
Dann wendet er sich um und erklärt ironisch:	Nicht jeder Ehrenmann hält sein Wort so wie Ihr, Kaiserliche Hoheit! Behaltet Eure Prinzessin! Schade, schade nur, daß sich der Kellermeister in Wien bei der Herausgabe der Flasche nicht auch so geirrt hat wie Ihr, dann könntet Ihr jetzt – mit Respekt zu melden – Essig saufen!

253 *Einstellung* 374 ist im Film nicht vorhanden.
255 *Einstellung* 375 ist ab »Die Kamera steht« im Film nicht vorhanden.

255 *Einstellung* 376 ist im Film vor Einstellung 375 eingefügt.
257 *Einstellung* 378 ab »Es ist ein deutscher Baron« bis einschließlich »Eine Tür öffnet sich« ist im Film nicht vorhanden.
258 *Einstellung* 380: Der Text lautet im Typoskript und im Film:

Casanova schüttelt den Kopf und fragt zögernd:	Sie sind der Münchhausen, den ich aus Lyon, Paris, Livorno und Madrid kenne? Der Münchhausen, den die Herzogin von Choiseul versehentlich in einen Schrank versteckte, in dem bereits ich deponiert war?
Münchhausens lachende Stimme:	Natürlich!

259 *Einstellung* 380: Am Ende der Einstellung im Film antwortet Münchhausen Casanova: »Warum lassen Sie sich denn verjagen, Casanova? Ich gehe erst, wenn es mir Spaß macht.«
264 *Deshabillé*: Eleganter Morgenrock.
Jabot-Hemd: Hemd mit Spitzenrüschen.
267 *Einstellung* 393: Das Bild »Eine Gondel gleitet heran und hält« ist im Film vor Einstellung 383 eingefügt.
268 *Einstellung* 396 ist im Film nicht vorhanden.
270 *Sbirren:* Venezianische Ordnungskräfte.
283 *Einstellung* 422 ab *Kuchenreutter nickt* ist im Film nicht vorhanden.
288 *Einstellung* 430 wurde im Film vor Einstellung 429 eingefügt.
292 *Einstellung* 438 ist im Film nicht vorhanden.
295 *Einstellung* 443 ist im Film nicht vorhanden.
296 *Einstellungen* 445 und 446 sind im Film nicht vorhanden.
299 *Einstellung* 453 wurde im Film nach Einstellung 454 eingefügt.
305 *Einstellung* 465 ist im Film nicht vorhanden.
308 *Einstellung* 471 lautet im Film:

Der Frauenkopf sagt geschmeichelt:	Schade, daß ich meine Figur nicht mithabe.
Münchhausen:	Ja, das ist schade.
Mondfrau:	Die wirkt noch jünger!

Münchhausen:	Ja, aber ist es denn nicht sehr gefährlich, eine so hübsche Figur ganz alleine zu lassen, schöne Frau?
Mondfrau:	Ich habe sie in der Wohnung eingeschlossen.
Münchhausen:	Das ist sehr vernünftig, dann kann sie wenigstens trotz ihrer Kopflosigkeit keine Dummheiten machen.

308 *Einstellungen* 472 (ab »Die Kamera fährt zurück«) und 473 sind im Film nicht vorhanden.

309 *Einstellung* 475 ist im Film nicht vorhanden.

310 *Einstellung* 477: Auslassung nach »Münchhausen springt erschrocken auf und eilt aus dem Bild«, es beginnt unmittelbar Einstellung 478.

315 *Einstellungen* 488 und 489 sind im Film nicht vorhanden.

317 *Einstellungen* 492 (ab »Der Baron fährt sachlich fort«) und 493 sind im Film nicht vorhanden.

III. Zu treuen Händen

Uraufführung: Am 16. September 1949 unter dem Pseudonym Melchior Kurtz am Düsseldorfer Schauspielhaus. Regie: Günther Lüders.

Erstdruck: Als Bühnentyposkript 1948 unter dem Pseudonym Melchior Kurtz im Chronos-Verlag Martin Mörike, Hamburg. Unter Kästners Namen wurde das Stück dann aufgenommen in Band 4 der *GS* und in Band 5 der *GSE*. Kästner fügte hier folgende editorische Notiz hinzu: »Dieses Konversationsstück wurde, unter der Regie von Günther Lüders, 1949 am Düsseldorfer Schauspielhaus uraufgeführt. Der Verfasser nannte sich Melchior Kurtz, und er benutzte das Pseudonym, weil er den eigenen Namen für sein eigentliches Theaterdebüt, für ›Die Schule der Diktatoren‹, aufsparen wollte.«

Entstehung: Die Entstehung des Lustspiels ist schwer zu rekonstruieren. Luiselotte Enderles Biographie (Enderle: Erich Kästner, a.a.O., S. 138, vgl. auch S. 93) datiert sie auf das Jahr 1943. In dieser Zeit wurde über Kästner erneut ein Publikationsverbot verhängt. Es ist aber durchaus möglich, daß er schon in der Phase, als er im Auftrag der Ufa das Drehbuch zu *Münchhausen* schrieb weitere Drehbücher verfaßte, auch das Lustspiel *Zu treuen Händen* fertigstellte. Denn die Lockerung seines Schreibverbots führte zu einer produktiven, wenn auch kurzen Schaffensperiode. Das fertige Manuskript oder Typoskript könnte er dann in jener Tasche gerettet haben, von der es immer wieder heißt, daß darin die wichtigsten Dokumente aufbewahrt gewesen seien (siehe Kommentar zu *Die Schule der Diktatoren*, S. 826). Außerdem erwähnt Kästner am 15.2.1945 in seinem *Kriegstagebuch* (siehe oben S. 793), daß zwei Manuskripttaschen bei seiner Mutter in Dresden seien.

Resonanz: Im Kästner-Nachlaß befindet sich ein Faltblatt, herausgegeben vom Chronos-Verlag Martin Mörike, das Pressestimmen zur »Düsseldorfer Uraufführung, Kammerspiele 17.9.49« und »Zur Aufführung am Hamburger Thalia-Theater am 30. September 1949« enthält sowie »weitere Aufführungen« in »Frankfurt, Tübingen, Berlin, Lübeck, Stuttgart, Bremen« ankündigt. Die darin zitierten Rezensenten sind sich einig, daß die Düsseldorfer Premiere ein voller Erfolg war und daß die deutsche Bühne um ein wirkliches Lustspiel bereichert wurde. Es werde auch deshalb einen Siegeszug antreten, weil ein Mangel an Lustspielen bestehe. Das Stück wird, besonders mit Blick auf die Dialoge, als witzig und pointiert charakterisiert. Zwar wurden die Kritiken zu Werbezwecken zusammengestellt und entsprechend gekürzt, doch bestätigt ein Blick in die Originale das positive Echo. Dort wird durchgängig die Frage nach dem Verfasser gestellt, die in den kurzen Zitaten des Faltblattes keine Erwähnung findet.

Die im Kästner-Nachlaß gesammelten Rezensionen beziehen sich auf die Uraufführung in Düsseldorf, die Aufführungen im Akademietheater in Wien im Oktober 1950 und im Theater am Kurfürstendamm in Berlin im Juli 1952. Darin wird vor allem der Mut eines deutschen Schriftstellers herausgestrichen, ein Lustspiel zu schreiben, da Stücke dieser Gattung sonst stets aus dem Ausland importiert werden müssen. Lobend wird weiter festgestellt, daß das Stück nicht ins Alberne oder Lächerliche abgleite, nicht mit den üblichen Klischees arbeite und der witzige Spannungsbogen bis zur abschließenden Pointe erhalten bleibe. Außerdem werde das Publikum nicht nur gut unterhalten, sondern ihm werde zudem die Einsicht vermittelt, daß auch die jüngere Generation der älteren, die zum Schluß »begossen« dastehe, etwas beibringen könne.

Alle Kritiken vermuten hinter dem Pseudonym Melchior Kurtz den Schriftsteller Erich Kästner. Begründet wird dies mit dem Hinweis auf die für ihn charakteristische Thematik und Sprache. Außerdem sei es unwahrscheinlich, daß ein unbekannter Autor ein derart hochwertiges und erfolgreiches Lustspiel geschrieben habe. Einige Kritiker vermerken, daß Kästner es bei der Qualität des Stücks nicht nötig habe, sich hinter einem Pseudonym zu verbergen. Von den Spekulationen um das Pseudonym Melchior Kurtz nach der Uraufführung zeugt auch die eine Woche später folgende Meldung in mehreren Tageszeitungen:

> Erich Kästner lächelte und schwieg, als ihn am Montag ein dpa-Korrespondent über die Gerüchte fragte, die ihn als Autor der kürzlich in Düsseldorf mit großem Erfolg uraufgeführten Komödie »Zu treuen Händen« nannten. Der Theaterzettel hatte als Verfasser einen gewissen Melchior Kurtz angeführt. Alle Experten aber waren sich einig, daß sich dahinter ein bekannter Schriftsteller verberge. Die meisten tippten auf Kästner. Der »Münchener Abendzeitung« hatte Kästner erklärt: »Zu dieser Angelegenheit wird noch viel zu sagen sein. Heute sage ich nicht ›nein‹ und nicht ›ja‹. Ersparen Sie mir ein Interview.« (Zitiert nach: *Rhein-Echo*, Düsseldorf, 27. 9. 49; eine Meldung mit nahezu identischem Wortlaut brachten am 29. 9. 49 die *Frankfurter Rundschau* und das *Volks-Echo*)

Die Spekulationen um den möglichen Verfasser scheinen das Stück für die deutschen Bühnen zusätzlich interessant gemacht zu haben. Im Programmheft zur Berliner Inszenierung vom Juli 1952 ist folgender Brief abgedruckt:

> Sehr geehrter Herr Dr. Nestiepke!
> Auf seiner Durchreise nach Nizza erzählte mir Erich Kästner, der alte Freund und Kupferstecher, daß Sie Anfang Juli das Lustspiel »Zu treuen Händen« aufführen werden und zu diesem Behufe gern ein paar Zeilen in dem dazugehörigen Programmheft abdrucken möchten. Ich fühle mich eher geehrt als glücklich, – denn was soll ich Ihnen und den anderen Besuchern Ihres Theaters groß erzählen? Schließlich bin ich kein Stückeschreiber von Beruf. Die Fabel des Stückes habe ich nicht erfunden. Sie ist mir familiär, sozusagen, zugestoßen, und ich habe mich nicht besser aus der Affäre gezogen als die Figur des Thomas im Lustspiel. Vielleicht schrieb ich den Vorgang nur

auf, um ihn nicht so rasch zu vergessen, wie man gemeinhin dergleichen zu vergessen pflegt? Vielleicht wollte ich nicht nur mich, sondern, Aristoteles folgend, auch andere durch Unterhaltung belehren? Freilich – hat der erlebte Privatfall darüber hinaus ein wenig Gültigkeit? Und: sollte das zutreffen, – kann man die seelische Entfernung zwischen zwei Generationen durch ein Lustspiel verkürzen? Darf man sie, wär's auch von Herzen, belächeln? Ich weiß es nicht. Vielleicht, ich garantiere für nichts, war das kleine Stück nur eine Etüde? Die Fingerübung eines insgeheim chrgeizigen Mannes, der mehr will, als er wollte? Der übenderweise hofft, eines schönen Tages ein Bühnenautor geworden zu sein? Ohne eine Antwort zu wissen, und wie dem auch sein mag, schicke ich ihnen meine besten Wünsche.

Ihr sehr ergebener
Melchior Kurtz

In allen Kritiken zur Berliner Aufführung wird, in Zusammenhang mit den Spekulationen um den Verfasser, dieser kurze Text des Programmhefts erwähnt. Dabei verfestigt sich die Auffassung, daß Melchior Kurtz und Erich Kästner ein und dieselbe Person sind.

Offiziell preisgegeben wird das Pseudonym aber erst in den *GS*. Auf die Frage, aus welchem Grund Kästner das Stück zunächst unter falschem Namen veröffentlicht hat, gibt die oben zitierte editorische Notiz eine Antwort. Kästner scheint befürchtet zu haben, daß das unter den Bedingungen des nationalsozialistischen Regimes verfaßte und entsprechend unpolitische Lustspiel seinem Ansehen schaden könnte, und wartete die Resonanz auf die ersten Aufführungen ab, bevor er gezielt Gerüchte über die tatsächliche Autorschaft verbreiten ließ. Noch vor der Uraufführung präsentierte er sich der Öffentlichkeit durch Vorabdrucke und Ankündigungen einer Inszenierung in Zürich als Autor des ambitionierteren Stückes mit dem Titel *Die Schule der Diktatoren*, das dann allerdings erst Jahre später uraufgeführt wurde.

Das Stück scheint nach den genannten Inszenierungen, die der Uraufführung gefolgt waren, nicht mehr gespielt worden zu sein, zumindest nicht mit aufsehenerregendem Erfolg. Die Kästnerforschung bewertete es meist negativ, wenn sie es überhaupt beachtete. Der Protagonist galt ihr als wenig gelungene Selbstdarstellung des Autors. Und auch zum Frauenbild des Stücks hat sich die Literaturwissenschaft kritisch geäußert. Mit dem Pseudonym habe Kästner seinen berechtigten Zweifeln an der Qualität des Stücks Rechnung getragen.

1963 präsentierte Kästner das Werk nochmals dem Publikum, allerdings in einem anderen Medium. Am 1. März wurde es, zu einem Film umgearbeitet und unter dem neuen Titel *Liebe will gelernt sein*, wieder gezeigt. Der Film war trotz beeindruckender Besetzung und der Regie Kurt Hoffmanns (Hoffmann hatte bereits bei Kästners erfolgreichen Filmen *Das fliegende Klassenzimmer*, *Drei Männer im Schnee* und *Salzburger Geschichten* Regie geführt) beim Publikum und bei der Kritik ein Mißerfolg. Im Kästner-Nachlaß befindet sich ein Filmexposé, das beschreibt, was aus dem Theaterstück übernommen und was neu angelegt wurde. Das Drehbuch existiert in drei Fassungen, die verschiedene Stadien der Überarbeitung dokumentieren: als handschriftlicher Entwurf, als Manuskript mit Korrekturen und als Typoskript.

332 *Komplet:* Zusammenstellung von Kleid und Jacke aus gleichem Stoff; um 1925 in der Damenmode aufgekommen.
339 *konzessionierter:* Genehmigter.
343 *Hofmeister:* Erzieher an Adelshöfen.
345 *gratulator tibi:* Lateinisch: »Ich wünsche dir Glück.«
347 *Jüngling in lockigem Haar:* Zitiert in Anlehnung an die Verszeile »holder Knabe im lockigen Haar« aus dem Weihnachtslied *Stille Nacht, Heilige Nacht*.
der Alte Fritz: Volkstümliche Bezeichnung für Friedrich II., genannt der Große (1712–1786), ab 1740 König von Preußen.
350 *Hospes:* Lateinisch: »Fremder, Gast.«
Appendix: Anhängsel, auch medizinische Bezeichnung für den Blinddarm.
perforiert: Durchbrochen.
351 *Bis dat, qui cito dat:* Lateinisch: »Zweimal gibt, wer schnell gibt.«
dare: Lateinisch: »geben.«
Do, ut des: Lateinisch: »Ich gebe, damit du gibst.«
354 *Korona:* Kranz, Krone: umgangssprachlich für (fröhliche) Runde.
355 *Pestalozzi:* Johann Heinrich Pestalozzi (1746–1827), Schweizer Pädagoge und Sozialreformer.
Koch: Robert Koch (1843–1910), Bakteriologe, Begründer der modernen Bakteriologie.
Behring: Emil von Behring (1854–1917), Serologe, begründe-

te mit der Entwicklung des Heilserums gegen Diphtherie die moderne passive Serotherapie.

356 *Sphinx:* Ägyptisches Steinbild in Löwengestalt, in Darstellungen meist mit männlichem Kopf; sie ist Symbol des Sonnengottes oder Königs. In der griechischen Sage tritt die Sphinx als geflügelter Löwe mit Frauenkopf auf, dort ist sie Sinnbild für das Rätselhafte.
Akkumulator: Stromspeicher, Druckwasserbehälter.

357 *hypertrophiert:* Überspannt, überzogen.
»*Bilde, Künstler! Rede nicht!*«: Zitat aus dem Vorspruch zur Abteilung »Kunst« in Goethes *Gedichten* von 1815.

358 *Onkel Toms Hütte:* Berühmt gewordener Roman von Harriet Beecher Stowe (1811–1896), erstmals 1851/52 in Fortsetzungen erschienen.

359 *Pütscher:* Norddeutsche Bezeichnung für einen kleinen Jungen.

360 *Tableau!:* Ausruf der Überraschung.

362 *standhafte Zinnsoldaten:* Spielt an auf den Titel des Märchens *Der standhafte Zinnsoldat* von Hans Christian Andersen (1805 bis 1875), erschienen in seinen *Märchen, für Kinder erzählt* (1835–1848).

364 *Herzog von Richelieu:* Armand-Jean du Plessis, Herzog von Richelieu (1585–1642), französischer Staatsmann und Kardinal. Von 1624 bis zu seinem Tod war er erster Minister im Staatsrat Ludwigs XIII. Außenpolitisch war Richelieu erklärter Gegner der spanisch-habsburgischen Macht; er führte die Vorverhandlungen zum Westfälischen Frieden und wurde so Wegbereiter der Vormachtstellung Frankreichs im Europäischen Staatensystem des 17. Jahrhunderts.
Bois de Boulogne: Park am Westrand von Paris.
Hedin: Sven Andreas von Hedin (1865–1952), Schwedischer Asienforscher.

365 *Malice:* Bosheit.

368 *Baedeker:* Name der ersten und lange Zeit bekanntesten Reihe von Reiseführern, auch als Gattungsbegriff verwendet.

369 *spedieren:* Versenden, befördern, verfrachten, vor allem von Gütern.

370 *Binger Loch:* Strudel im Rhein in der Nähe der Stadt Bingen.
pokuliert: Bechert, zecht.

377 *Lady Hamilton:* Die für ihre Schönheit gerühmte und vielbewunderte Lady Emma Hamilton (1765–1815) war von einfacher Herkunft und stieg durch Heirat mit einem britischen

Adeligen gesellschaftlich auf. 1798 wurde sie die Geliebte des berühmten britischen Seeadmirals Nelson (1765–1815).
Karoline Schlegel: Verheiratet mit August Wilhelm Schlegel (1767–1845), ab 1803 in zweiter Ehe mit Friedrich Wilhelm Schelling (1775–1854). Gehörte dem frühromantischen Jenaer Kreis an. Sie lebte von 1763–1809.
381 *Maria Theresia:* Die römisch-deutsche Kaiserin lebte von 1717 bis 1780 und entstammte dem Hause Habsburg.
382 *Amicitia:* Lateinisch: »Freundschaft.«
384 *Philemon und Baucis:* Bejahrtes, treues Ehepaar in Phrygien; Sage in Ovids *Metamorphosen* (1 v. Chr.–10 n. Chr.).
389 *Schlagmann:* Ruderer, der im Boot Tempo und Rhythmus der Schläge bestimmt. Er sitzt dem Heck am nächsten.

IV. Das Haus Erinnerung

Typoskript: Im Kästner-Nachlaß; es ist undatiert und mit dem Untertitel versehen: »Eine Komödie in einem Vorspiel und drei Akten.« Diese vollständige Fassung lag anscheinend bereits 1940 vor (vgl. Enderle: Erich Kästner, a. a. O., S. 138). Sie ist erstmals im Anhang dieses Bandes veröffentlicht.

Erstdruck: Erstdruck des Vorspiels (textidentisch mit dem Vorspiel der Typoskriptfassung) in *Neue Schweizer Rundschau*. Neue Folge. 1948, S. 215–230. Weitere Veröffentlichungen in *Die kleine Freiheit* (Zürich: Atrium 1952) und in den *GS*. Neben dem Hinweis auf den Erstdruck stellte Kästner diesen Nachdrucken folgende Begründung voran: »Der eigentliche Grund, dieses Vorspiel zu einer (vorläufig mißglückten) Komödie in den Sammelband aufzunehmen, war rundheraus, daß es dem Verfasser selbst gut gefällt.« In den *GSE* veröffentlichte Kästner erstmals eine zum Einakter erweiterte Fassung des Vorspiels. Sie ist hier abgedruckt. Kästner schickte ihr neben der Information zur Uraufführung folgenden Hinweis voraus: »Obwohl die dreiaktige Komödie fertig vorliegt, hält der Verfasser nur das Vorspiel für fertig, das er im Interesse der Aufführbarkeit zu dem hier abgedruckten Einakter erweiterte.«

Uraufführung: Am 14. November 1958 in den Münchener Kammerspielen; Regie führte Hans Schweikart.
  Der Uraufführung lag bereits die erweiterte Fassung des Vorspiels zugrunde. Das belegt eine Besprechung dieser Inszenierung in der

Mindelheimer Zeitung vom 14. Dezember 1958. Sie verweist auf den Druck des Vorspiels in dem Band *Die kleine Freiheit* und fügt hinzu: »Kästner hat inzwischen noch einen leisen dramatischen Schluß hinzugedichtet, der erklärt, warum der ehemalige Primaner und heutige Schriftsteller Michaelis mit sich im Hader liegt: Da kommt, unter anderem, eine etwas fatale Liebesgeschichte heraus, welche die Gattin seines Mitschülers, des Apothekers Schmidt, berührt. Im übrigen hat er das sechs Jahre alte Werkchen fast unverändert übernommen [...].«

Die Uraufführung fand an einem Theaterabend statt, an dem noch zwei weitere Einakter Premiere hatten, nämlich *Pastorale* von Wolfgang Hildesheimer (ebenfalls eine Uraufführung) und Frank Wedekinds *Kammersänger*. Die (im Kästner-Nachlaß gesammelten) Artikel über diesen Theaterabend gehen auf Kästners Beitrag in freundlichem Ton ein, wenn auch nicht ohne Vorbehalte. Sie beziehen sich mehrfach auf die Handlungsarmut und auf die Sentimentalität des Stückes. Im *Vorwärts* vom 12. Dezember 1958 moniert der Kritiker (R. G.) an dem komödiantisch in Szene gesetzten Klassentreffen: »Da wurden Zwischentöne vernehmlich, die berühren. Dramatik und Handlung konnte freilich auch Schweikart nicht in das undramatische und handlungsarme Werkchen bringen. ›Erich Kästner im Haus Erinnerung‹ – ein kleines Sonntagsfeuilleton in Moll mit verteilten Rollen, ein paar hübsche Wendungen, das Ganze nicht ohne pädagogische Absicht, nicht ohne sentimentale Stimmungen, und darüber dann und wann ein Hauch von Poesie. Das ist alles. Ein Theaterstück ist es nicht.« In der Bonner *Theater-Rundschau* vom Dezember 1958 schreibt Franz J. Rappmannsberger: »Eine Deutschstunde wird improvisiert, während der man ein Gedicht von Michaelis, einem Mitschüler, analysiert. Dieser ist kein anderer als Kästner selbst, der hier ohne Aggressivität und Ironie ein Album aus dem Jahre 1931 aufblättert. Ein ganz neuer Kästner zeigt sich also, einer der sich auf seinen eigenen Weg besinnt und durch Michaelis kund tut, daß er ihn bezweifelt. Eine subtile Form von Exhibitionismus wird dabei nicht ganz vermieden. Der Stoff ist im Grunde undramatisch. Die novellistische Behandlung wäre ihm angemessener gewesen. Was an dem Stück rührt, ist das Hohelied auf den braven Professor. Paul Verhoeven stellte ihn mannhaft in Statur, und Hans Schweikarts Regie griff den Moll-Akkord der Erinnerung, ohne zum Glück ganz auf das Pedal zu verzichten.«

Über weitere Aufführungen von Kästners Einakter ist nichts bekannt. Die ursprüngliche Fassung in drei Akten wurde jedenfalls nie inszeniert. Seit der Umarbeitung des Vorspiels scheint Kästner das Interesse an dem Stück verloren zu haben. In der biographischen und wissenschaftlichen Literatur über Kästner wird der Einakter kaum erwähnt.

399 *soignierte:* Gepflegte.
solenne: Feierliche, festliche.
404 *Rara ovis:* Lateinisch: »Ein seltenes Schaf!«
405 *Poeta laureatus:* Lorbeerbekränzter Dichter; über Jahrhunderte und in verschiedenen Ländern Titel einer öffentlichen Auszeichnung.
406 *Non scholae, sed vitae discimus:* Lateinisch: »Nicht für die Schule, sondern für das Leben lernen wir.«
Flandern, Douaumont, Wolhynien: Gegenden, in denen der Erste Weltkrieg große Verluste forderte (Flandern und Douaumont an der »Westfront«, Wolhynien in der Ukraine).
407 *Consecutio temporum:* Bezeichnet in der lateinischen Grammatik die Abfolge der Zeiten, die vor allem in komplexen Sätzen sehr streng geregelt ist.
411 *Labial-Erlebnisses:* Ein die Lippen betreffendes Erlebnis; ironische Bezeichnung für den Kuß.
412 *Quod erat demonstrandum:* Lateinisch: »Was zu beweisen war.«
416 *Pegasus:* Geflügeltes Roß aus der griechischen Sage, das die Dichtkunst verbildlicht.

V. Chauvelin *oder* Lang lebe der König!

Typoskript: Im Kästner-Nachlaß; es ist nicht datiert.

Erstdruck: In *Neue Schweizer Rundschau*. Neue Folge. 1949/50, S. 557–578.

Die Komödie liegt nur als Fragment vor. Sie wurde anscheinend nie aufgeführt. Die Vorbemerkung zu ihrer Veröffentlichung in den GS und in den GSE enthält den Hinweis: »Das ist der erste Akt eines auf drei Akte berechneten historischen Lustspiels.« Entwürfe zu einer Fortsetzung wurden nicht gefunden.

Nach den Angaben Luiselotte Enderles hat Kästner bereits während des Krieges an dem historischen Lustspiel geschrieben. Die ihrer Monographie über Kästner beigefügte Chronik verzeichnet neben der Jahreszahl 1940: »Chauvelin oder Lang lebe der König!, 1. Akt«. In der Monographie selbst berichtet sie, daß Kästner, nachdem seine Wohnung bei den Bombenangriffen auf Berlin im Februar 1944 ausgebrannt war, bei ihr gewohnt und dort an *Chauvelin* geschrieben habe (Enderle: Erich Kästner, a. a. O., S. 77).

Das Komödienfragment ist wenig beachtet worden. Da es abrupt abbricht, kam es für eine Inszenierung kaum in Frage. Kästner scheint es aber mit den mehrfachen Veröffentlichungen den Lesern als Beweis seiner dramatischen Fähigkeiten präsentiert zu haben.

427 *Ludwig XV.:* Lebte von 1710–1774, war seit 1715 König von Frankreich. Ludwig wird als intelligent, aber genußsüchtig, gleichgültig und den politischen Aufgaben nicht gewachsen beschrieben.
Frau von Pompadour: Vgl. Anmerkung zu V, 98.
Noailles: Französisches Adelsgeschlecht.
Marquis von Chauvelin: Eine historische Person dieses Namens wurde nicht ermittelt. Möglicherweise handelt es sich um einen sprechenden Name in Anlehnung an französisch »chauvin« = Chauvinist.
Herzog von Richelieu: Vgl. Anmerkung zu V, 364.
Graf Kaunitz: Wenzel Anton Graf Kaunitz (1711–1794) war österreichischer Politiker und von 1750–1753 Botschafter in Paris, danach leitete er als Staatskanzler die österreichische Außenpolitik. Er war maßgeblich am Zustandekommen des Abkommens mit Frankreich von 1756 beteiligt.
Quesnay: Francois Quesnay (1694–1774) studierte Medizin und wurde 1749 Leibarzt der Marquise de Pompadour, seit 1752 war er auch Leibarzt Ludwigs XV. Im Alter betrieb er ökonomische Studien und zählte zu den »Enzyklopädisten«.
Bontemps: Wie aus dem ersten Auftritt hervorgeht, handelt es sich um einen sprechenden Namen, zusammengesetzt aus französisch: »bon temps« = gute Zeit.
Schweizergarde: Truppeneinheiten aus Schweizer Söldnern, die seit dem späten Mittelalter in vielen Staaten Waffendienste leisteten. Heute besteht nur noch die 1506 gegründete päpstliche Schweizergarde.
430 *à la Bouchers »Toilette der Venus«:* Francois Boucher (1703 bis 1770), französischer Maler, war ein Günstling Madame Pompadours, wurde 1765 Akademiedirektor und erster Maler des

Königs. Sein Werk ist von mythologischen und gesellschaftlichen Themen geprägt, die er erotisch reizvoll gestaltete.

430 *Beauvais-Causeuse:* S-förmig geschwungenes Sitzmöbel für zwei Personen, das nach dem Stil, wie er für die Stadt Beauvais typisch war, gestaltet ist. Beauvais war zur damaligen Zeit für seine Teppich- und Textilherstellung bekannt.

Lilien: Wappenzeichen der französischen Könige.

schneuzen: Die Kerzen mit der »Schneuze« (= Lichtputzschere) zurechtschneiden.

Tartuffe: Titelheld der gleichnamigen Komödie Molières von 1664; Tartuffe bedeutet soviel wie Heuchler.

Dorine: Rolle eines Kammermädchens in Molières Komödie *Tartuffe*.

432 *Louisdors:* Französische Goldmünze seit Ludwig XIII.

Baron Grimm: Friedrich Melchior Baron von Grimm (1723 bis 1807), Diplomat und Publizist.

Herrn La Tour: Maurice Quentin de La Tour (1704–1788), französischer Maler.

Herrn D'Alembert: Jean-Baptiste le Rond Alembert (1717 bis 1783), franz. Mathematiker, Philosoph und Literat. Gab ab 1751 mit Denis Diderot (1713–1784) die ersten Bände der berühmten Encyclopédie heraus, deren Vorwort er verfaßte.

433 *Richelieu:* Vgl. die Anmerkung zu S. 364.

Mazarin: Jules Mazarin (1602–1661), Herzog von Nevers, französischer Staatsmann und Kardinal. Mazarin trat 1640 in den französischen Staatsdienst. Ludwig XIII. übertrug ihm nach Richelieus Tod die Leitung des Ministerrates. Seine außenpolitische Hauptaufgabe war der Abschluß des Westfälischen Friedens. Er genoß das uneingeschränkte Vertrauen Ludwigs XIV., wodurch er zeitweise zum wichtigsten Mann Frankreichs wurde. Durch geschickte außenpolitische Manöver festigte er Frankreichs Vormachtstellung in Europa.

Fleury: André Hercule de Fleury (1653–1743), französischer Politiker und Kardinal. Fleury war ab 1715 der Lehrer des späteren Königs Ludwig XV. Von 1726 bis zu seinem Tod lenkte er als Staatsminister die französische Politik.

434 *Saul:* Erster König Israels (um 1050–1000 v. Chr.); ihm wird nachgesagt, daß er unter Verfolgungswahn litt, der sich vor allem gegen seinen Schwiegersohn, den späteren König David richtete.

ihm noch lieber: Im Typoskript steht: »ihm immer noch lieber«.

435 *mit dem König!:* Im Typoskript, im Erstdruck und in den *GS* steht: »mit einem König!«
Sire: Französische Anrede an Kaiser und König.
komplimentiert: Mit höfischen Gesten und Worten ins Zimmer geleitet.
436 *Nivernois:* Franz. Grafschaft mit dem Hauptort Nevers.
Marschall: Titel, der ursprünglich mit einem Amt am Hof gekoppelt war.
437 *Moschus:* Stark riechendes Sekret des Moschus-Hirschs, aus dem ein Parfum gewonnen wird.
Kuppelpelz: Abwertende Bezeichnung für den Lohn einer Kuppelei, die etwas Anrüchiges an sich hat.
438 *Sèvres-Service:* Geschirr, das aus der Porzellanmanufaktur der französischen Stadt Sèvers kommt und das für die Zeit des Rokoko typisch ist.
445 *Voltaire:* Mit Geburtsnamen Françoise Marie Arouet (1694 bis 1778), bedeutendster französischer Philosoph, Schriftsteller und Historiograph der Aufklärung.
446 *dumpf und appetitlos:* Im Typoskript steht: »dumpf und völlig appetitlos«.
Der König: Nein!: Im Typoskript und im Erstdruck heißt es: »Der König: Nein?«.
Sibylle: Im Altertum Name von weissagenden Frauen.
447 *Taburett:* Hocker, Stuhl ohne Lehne.
452 *ludern:* Liederlich leben.
453 *Spa:* Belgischer Kurort.
455 *Kurierstaffete:* Gruppe von Eilboten oder Meldereitern, die, etappenweise wechselnd, schnell Nachrichten übermittelten.
456 *Salomo:* König Israels (etwa 965–926 v. Chr.), Sohn König Davids. Er führte das Reich zu hoher kultureller Blüte. In der orientalischen Überlieferung gilt Salomo als der Inbegriff eines weisen und gerechten Herrschers.
458 *Soutane:* Gewand der katholischen Geistlichen.

VI. Die Schule der Diktatoren

Manuskripte: Handschriftliche Manuskripte der Bildern 1 bis 3 befinden sich im Kästner-Nachlaß; sie sind mit zahlreichen Korrekturen, teilweise in Kurzschrift, versehen. Die undatierten Manuskripte sind vermutlich vor 1949 entstanden, da das des zweiten Bildes sich von den 1949 erschienenen Vorabdrucken dieses Bildes stark unterscheidet und nicht auf ihnen basiert.

Vorabdrucke des zweiten Bildes: Am 3. September 1949 im *Weser-Kurier*, Bremen; 22.9.1949 in den *Stuttgarter Nachrichten*; 1.10.1949 in der *Frankfurter Neuen Presse, Stadt-Anzeiger*. Der Text dieser Vorabdrucke weicht erheblich von der endgültigen Fassung ab. Typoskripte, die diesen Vorabdrucken als Vorlage dienten, befinden sich im Kästner-Nachlaß.

Bühnenausgabe: Das Typoskript für die Bühnenaufführung erschien zum Jahreswechsel 1955/56 im Atrium-Bühnenvertrieb Elfriede Mechnig, Berlin-Friedenau, Niedstraße 5/II. Untertitel: »Eine Tragikomödie in neun Bildern«.

Erstdruck: 1956 im Atrium Verlag Zürich, versehen mit einer »Vorbemerkung« und Bildern des Pariser Künstlers Chaval (mit bürgerlichem Namen: Yvan Francis LeLouarn; 1915–1968). Untertitel: »Eine Komödie in neun Bildern«. Der Erstdruck übernimmt den Text der Bühnenausgabe im Wortlaut und erweitert ihn um die Vorbemerkung. Die wenigen Abweichungen von der hier verwendeten Druckvorlage in den *GSE* sind im Kommentar angeführt.

Uraufführung: Am 25. Februar 1957 an den Münchener Kammerspielen unter der Regie von Hans Schweikart.

Kurze Berichte in verschiedenen Berliner Tageszeitungen kündigen eine Uraufführung des Stücks am Züricher Schauspielhaus bereits für die Spielzeit 1949/50 an (z.B. *Der Abend*, Berlin, 30.8.1949; *Berliner Neue Zeitung*, 4./5.9.1949). Kästner selbst schreibt 1956 in der »Vorbemerkung« zur Buchausgabe, die Idee zu diesem Stück sei bereits zwanzig Jahre alt. Sie wäre demnach auf das Jahr 1936 zu datieren. Plausibler jedoch ist eine Datierung der Idee auf 1938 oder später, denn Kästner hat sich vermutlich durch Ignazio Silones *Die Schule der Diktatoren* (Zürich, New York 1938) anregen lassen.

Kästner besaß und kannte dieses Buch, wie aus seinem im Februar 1946 in der *Neuen Zeitung* erschienenen Artikel *Wert und Unwert des Menschen* hervorgeht. Kästner schreibt hier über den Film *Die Todesmühlen*. Er wurde aus Aufnahmen zusammengestellt, die Amerikaner machten, als sie die deutschen Konzentrationslager besetzten. »Es ist Nacht. – Ich kann über dieses schreckliche Thema keinen zusammenhängenden Artikel schreiben. Ich gehe erregt im Zimmer auf und ab. Ich bleibe am Bücherbord stehen, greife hinein und blättere. Silone schreibt in dem Buch ›Die Schule der Diktatoren‹: ›Terror ist eben nur Terror, wenn er vor keinerlei Gewalttat zurückschreckt, wenn für ihn keine Regeln, Gesetze oder Sitten mehr gelten. [...] Er ist die nackte Gewalt; stets nur darauf aus, Entsetzen zu verbreiten. Er hat es weniger darauf abgesehen, eine gewisse Anzahl Gegner körperlich zu vernichten, als darauf, die größtmögliche Zahl derselben seelisch zu zermürben, irrsinnig, blöde, feige zu machen, sie jeden Restes menschlicher Würde zu berauben. Selbst seine Urheber und Ausführer hören auf, normale Menschen zu sein.‹« (Vgl. *II, 70*) Den auf diese Weise deformierten Menschen beschreibt Kästner ähnlich in der »Vorbemerkung« zu seinem Stück. Es enthält etliche Bezüge zu Silones Buch. In ihm setzt sich der 1900 in Italien geborene und 1978 in der Schweiz gestorbene Autor (eigentlich Secondo Tranquilli) mit dem italienischen Faschismus und dem deutschen Nationalsozialismus auseinander, und zwar in satirischer Dialogform. In den Gesprächen zwischen Mr. Dabbel Juh, dem designierten Diktator Amerikas, seinem ideologischen Berater Prof. Pickup und Thomas mit dem Beinamen »der Zyniker« geht es um die Inszenierbarkeit einer Diktatur nach dem Vorbild des Faschismus. Die hier dargestellten Mechanismen der Machtdurchsetzung, der Zynismus der Figuren, die im Titel enthaltene Idee, daß man Diktatoren ausbilden kann, sie folglich in gewisser Weise auswechselbar sind, der Blick hinter die Kulissen einer Diktatur, die eine Ideologie vorschiebt, obwohl es für sie nur um den Besitz von Macht geht, die ironische und satirische Behandlung des Stoffes und nicht zuletzt die Thematik des Staatsstreiches haben Kästner Anregungen gegeben, die er allerdings nie angesprochen hat. (1965 erschien die deutsche Neuausgabe von Silones Buch wegen Kästners Stück paradoxerweise sogar unter einem andern Titel: *Die Kunst der Diktatur*. Der Klappentext informierte: »Der Titel der italienischen Ausgabe des Buches *Scuola dei dittatori* [...] konnte leider für die deutsche Ausgabe nicht übernommen werden, weil es in Deutschland bereits ein Theaterstück mit diesem Titel gibt.«)

Textzeugen einer Entstehung des Stücks zur Zeit des Nationalsozialismus konnten nicht gefunden werden. In der Tasche, die während des Krieges griffbereit in Kästners Wohnung stand, und in der er seine wichtigsten Dokumente aufbewahrte, befanden sich laut Luiselotte Enderle lediglich Notizen zu den Texten *Chauvelin oder Lang lebe der König!*, *Zu treuen Händen*, *Das Haus Erinnerung*, *Die Doppelgänger* und *Der Zauberlehrling* (vgl. Enderle: Erich

Kästner, a. a. O., S. 93; vgl. auch die Einleitung Kästners zu *Notabene 45*, VI, 303)

In seinem unveröffentlichten *Kriegstagebuch* (siehe oben S. 793) erwähnt Kästner das Drama am 6. Mai 1945: »Ich beginne mich allmählich wieder für mein Stück ›Die Schule der Diktatoren‹ zu interessieren.« In der später überarbeiteten und veröffentlichten Version *Notabene 45* ist dem hinzugefügt: »Es machte, jahrelang, sogar kein Vergnügen, Szenen und Dialoge niederzuschreiben, die, im Anschluß an eine Haussuchung, den Kopf gekostet hätten.« (Vgl. VI, 404) Demnach hat es bereits vor 1945 Entwürfe zu dem Stück gegeben.

Am 9. Oktober 1948 und am 9. Juni 1949 erwähnt Kästner in Briefen an Hermann Kesten, daß er wieder Theaterstücke schreiben wolle und seit einigen Wochen an einem Stück arbeite (Hermann Kesten, Hrsg.: Deutsche Literatur im Exil. Briefe europäischer Autoren 1933–1949. Wien u. München 1964, S. 342 f. und S. 364). Auch wenn nicht ausdrücklich erwähnt wird, um welches Stück es geht, so ist es wahrscheinlich, daß Kästner *Die Schule der Diktatoren* meinte. (*Das Haus Erinnerung* war bereits 1948 uraufgeführt worden.) Im Kästner-Nachlaß existieren Briefe verschiedener Bühnen, die offenbar auf eine Anfrage von Kästners Büro antworten und sich »brennend interessiert« zeigen, das Stück *Die Schule der Diktatoren*, das »in Zürich zur Uraufführung« kommen werde, möglichst bald spielen zu können (Brief des Wiener Theaters in der Josefstadt an Kästner vom 24. 8. 1949). Trotz der Pressemeldungen vom Sommer 1949 zur angeblich bevorstehenden Uraufführung und der Vorabdrucke des zweiten Bildes im Herbst des gleichen Jahres ist es zweifelhaft, ob zur damaligen Zeit eine komplette Fassung des Stückes überhaupt schon existierte.

Im Kästner-Nachlaß befindet sich neben weiterem Material zu diesem Stück auch ein Teil des Briefwechsels zwischen Erich Kästner und Elfriede Mechnig, seiner Sekretärin und Leiterin des Berliner Vertriebsbüros. Er umfaßt den Zeitraum vom 11. März 1955 bis zum 25. Juni 1957 (Auswahl von Kopien im Anhang von Matthias Springer: »Die Schule der Diktatoren«. Der Dramatiker Erich Kästner. Bamberg 1997 [unveröffentlichte Diplomarbeit], S. 97 ff.). Die Briefe informieren über die letzte Phase der Arbeit an dem Stück und über die Schwierigkeiten, die Kästner bei der Suche nach einer geeigneten Bühne für die Uraufführung hatte. Am 11. März 1955 schrieb er an Mechnig, daß er »das Stück hoffentlich bald zu Ende bringe«. Mechnig bestätigt am 12. Dezember begeistert den

Empfang des Bühnentyposkripts und teilt mit, daß sie sofort das Schiller-Theater in Berlin davon benachrichtigt habe. Ab April 1956 bemüht sich Kästner verstärkt um die Buchausgabe und korrespondiert über die dazu geplanten Illustrationen des Pariser Künstlers Chaval. Am 7. Juni 1956 berichtet er Elfriede Mechnig über die Illustrationen und über das Vorwort zu dem Buch: »Chavals Illustrationen sind graphisch ausgezeichnet und auch im Hinblick auf ihren illustrativen, also inhaltlichen Wert für die Buchausgabe recht erfreulich. Das Bühnenmanuskript habe ich Fräulein Dressler zum Setzen geschickt. Zu korrigieren gab es stilistisch kaum etwas. Aber ich habe sehr viele Unterstreichungen im Dialog, die wahrscheinlich den Satz verteuert und das Schriftbild unruhig gemacht hätten, gestrichen. An dem Vorwort, das mir ungewöhnlich viel Schwierigkeiten macht, arbeite ich noch immer, hoffe es aber in einigen Tagen in der endgültigen Fassung zustandezubringen.«

Noch im Dezember 1956 sagte das von Kästner favorisierte Schiller-Theater ab. Absagen zahlreicher anderer deutschsprachiger Bühnen (u. a. in Hamburg, Frankfurt am Main, Düsseldorf, Stuttgart, Wien und Zürich), denen Kästner das Stück daraufhin zur Uraufführung anbot, folgten. Am 10. April 1956 schrieb er enttäuscht an Elfriede Mechnig, er habe bei seinen weiteren Anfragen »keine sonderlich große Hoffnungen mehr« und gebe sich »Mühe, diese Einsicht zu verkraften«. »Infolge dieser keineswegs grundlosen Skepsis konzentriert sich mein Interesse auf die geplante Buchausgabe. [...] Daß mir ausgerechnet die Arbeit, die mir besonders wertvoll erscheint, so viele Enttäuschungen und Verdruß bereitet, ist ungewöhnlich ärgerlich. Doch was hilft der Ärger? Versuchen wir also, unser Bestes zu tun!« Die ästhetischen, politischen und auch moralischen Begründungen für die Ablehnung und Kästners Reaktionen darauf sind aufschlußreich. Am 16. Dezember 1955 berichtet Mechnig ihrem »Chef« von der telefonischen Ablehnung des Schiller-Theaters: »es sei kein Theaterstück, sondern eher eine Folge von Kabarett-Szenen, es fehle am dramaturgischen Aufbau, nichts sei richtig ›verzahnt‹ und was dergleichen Quatsch mehr. Man würde Ihnen mit einer Aufführung keinen Gefallen erweisen. Am meisten stieß man sich an den Nuttenszenen [...].« In dem offiziellen Absagebrief des Theaters vom 15. Dezember heißt es: »Die von Ihnen gewählte Form, die den Schauspielern bei ihren Rollen kaum mehr mitgibt als entweder eine kabarettistische Typisierung oder als ein marionettenhaftes Schema, machen das Schiller-Theater zu einem denkbar ungeeigneten Aufführungsort. Wobei noch die Frage offen bleibt, ob diese Form überhaupt auf der Bühne tragbar ist.« Kästner kommentierte diese Begründungen (am 17. Dezember an Mechnig) mit den Sätzen: »Natürlich verlangt kein Mensch, daß den Leuten das Stück gefällt, daß sie dessen Stil mögen, daß sie die bewußte Nichtachtung altmodischer dramaturgischer Gesetze ablehnen, – aber daß sie den Stil, den Gehalt und den Sinn des Stückes derartig mißverstehen, hat mir doch einen ziemlichen Schlag versetzt. Dabei ist das Stück in seiner Stilart ja keineswegs das erste. Camus, Saroyan, und weniger gut Frisch und Dürrenmatt haben ja längst diese neue Form angewendet. Daß im Falle meines Stücks eine andere Stilart ganz unmöglich wäre, weil jede ›dramatischere‹, jede um Psychologie bemühtere, jede mit Helden und anderen üblichen Rollen ausstaffierte Methode dem Gehalt, dem Sinn und dem Stil des Stückes restlos widerspräche. Man muß solche Stücke nicht mögen, aber man muß sie intelligent ablehnen oder erklären, man habe dagegen eine Idiosynkrasie.« Die Idiosynkrasien gegenüber dem Stück waren freilich nicht nur dramaturgischer Art. Der Generalintendant der Städtischen Bühnen Frankfurt a. M. schrieb Kästner am 5. März 1956: »Was mich persönlich ein wenig beunruhigte, ist die Verquickung der politischen Farce mit Arabesken, deren Wirkung im rein Sexuellen liegt. Es scheint mir, daß selbst tolerante und unvoreingenommene Besucher diese Verquickung von Politik und Sexus deshalb als unangenehm und unrichtig empfinden werden, da ja bei aller Anrüchigkeit unserer politischen Repräsentanten eine einseitige Diffamierung derselben nach der erotischen Seite hin als unberechtigt verallgemeinert empfunden würde.« Die politische Botschaft des Stücks wurde ausdrücklich nur von denen goutiert, die sie mit dem Stalinismus assoziierten. So konzedierte die Absage des Deutschen Schauspielhauses in Hamburg vom 6. April 1956: »Die ›Schule der Diktatoren‹ ist zweifellos ein Lehrstück, dessen fatale Schlußkonsequenz niemand bezweifeln kann und dessen Thema heute besonders hohe Aktualität besitzt, da man z. B. lesen kann, Stalin sei in den letzten Jahren – seiner Sinne nicht mehr mächtig – nur noch gegängelt worden.« Eine solche Deutung, wie sie ähnlich auch die Rezension der Buchausgabe in der *Süddeutschen Zeitung* vom 27./28. Oktober 1956 oder auch Kästners Freund Ferdinand Bruckner mit Hinweisen auf die Ereignisse in Ungarn nahelegte (Mechnig zitiert Bruckner in ihrem Brief vom 14. November 1956), lag freilich der Absage des Württembergischen Staatstheaters nicht zugrunde, das ganz offen mit den zu erwartenden Schwierigkeiten in politischer Hinsicht argumentierte: »[...] wenn wir uns aber nicht zu einer Annahme entschließen können, so liegt das an dem politischen Klima Stuttgarts, in dem wir uns nicht trauen, Ihre Komödie zu spielen« (Brief vom 21. April 1956).

Es lag vielleicht auch an dem politischen Klima Münchens, daß Kästner bis zum September zögerte, den Münchener Kammerspielen, die schon 1949 großes Interesse gezeigt hatten (Brief vom 30. August 1949 im Kästner-Nachlaß), das Stück anzubieten. Er bekam prompt eine Zusage (Brief vom 22. September). Die Uraufführung offenbarte aber, daß es keineswegs nur Dramaturgen und Bühnendirektoren waren, die gegenüber dem Stück Vorbehalte hatten. Die Reaktionen waren freundlich, aber nicht eben enthusiastisch. Das Münchner *8-Uhr-Blatt* überschrieb seinen Bericht vom 27. Februar 1957 mit *Leider kein Sensationserfolg*. In dem Artikel von Erich Müller-Ahremberg heißt es weiter: »Als [...] der Vorhang über Erich Kästners satirischem Spuk [...] gefallen war, antwortete das ausverkaufte Haus zunächst sehr zaghaft mit seinem Beifall.« Einen ähnlichen Eindruck vermittelte am selben Tag der Bericht Karl Schumanns in der *Süddeutschen Zeitung*: »Das bitterböse und bitterernste Stück verstörte das Publikum. Der Szenenbeifall, der sonst locker sitzt, ließ sich lange Zeit. Am Schluß feierte man Kästner, Schweikart und das gesamte, zwei Seiten lange Personenverzeichnis. Doch die Wogen der Begeisterung rollten gedämpft, mehr in Knie- als in Herzhöhe. War Kästner zu konsequent gallig? Scheint uns das Theater für unverbindliche Träume geeigneter als für moralisierende Alpträume?« Für den Rezensenten Heinz Rode ist das Stück »eigentlich ein verlängerter Kabarett-Sketch« (*Erich Kästners düsteres Panoptikum*, in: *Nürnberger Nachrichten*, 27. Februar 1957). Erich Pfeiffer-Belli faßt sein Urteil am 1. März 1957 für *Die Welt* in ein Paradoxon: »Um es gerade herauszusagen, dem Versuch fehlt die Dämonie der echten Komödie.« Andere Theaterkritiker überlegen, wie sie das Stück einordnen sollen. »Die Buchausgabe nennt ›Die Schule der Diktatoren‹ eine Komödie, die Kritik nennt sie eine Satire, im Theater gilt sie als Tragikomödie. Autor Kästner selbst möchte sich am liebsten gar nicht festlegen«, resümiert *Der Spiegel* am 6. März 1957. Mehr Beifall als der Text und sein Autor finden die Inszenierung und vor allem die schauspielerische Leistung Peter Lührs in der Rolle des Professors.

Kästner zeigte sich insgesamt jedoch mit der Presseresonanz, die er sehr aufmerksam registrierte, zufrieden: »Die Meinung der Presse ist, wie ja auch Sie gemerkt haben, ein wenig unterschiedlich. In einem Punkt stimmt man wohl fast ausnahmslos überein: daß das

Stück große Beachtung verdient und eine keineswegs unwichtige Aufgabe erfüllt. Das ist ja immerhin etwas wert« (Brief vom 23. März 1957 an Elfriede Mechnig). Sehr positive Reaktionen erhielt Kästner zudem aus dem Ausland. Gesuche um die Aufführungsrechte kamen zeitlich dicht gedrängt aus Stockholm, Wien und Basel. Die englische und die französische Übersetzung waren in Bearbeitung. Aus Buenos Aires, Italien, Warschau und Prag kamen weitere Anfragen. Aus Wien schrieb ihm Günther Anders am 8. April 1957: »Daß, wie Sie erzählen, die Befremdung groß war, ist ja wenig befremdlich. Schließlich sind Sie denen, die meinen, sie hätten bei Ihnen ein Abonnement für Backwaren, leicht gefärbt, statt mit dem spitzen Pinsel mit der Spitzhacke gekommen. Und diese Leute fühlen sich betrogen. Umso mehr, als Sie das in einer Zeit tun, in der sie es nicht mehr für nötig hielten, christlich für Vergessen zu plädieren; und die Höhe des Skandals ist natürlich, daß Sie im Epilog sogar zeigen, daß nicht nur Diktatoren gestürzt, sondern Diktatorenstürzer betrogen werden. Gerade dafür Dank.«

Das literarisch ambitionierteste Stück Kästners, das dramatische Pendant zu seinem Roman *Fabian*, wurde später nur noch selten aufgeführt. Und auch die literaturwissenschaftliche Kästner-Rezeption, der man nicht nachsagen kann, daß sie den Unterhaltungsbedürfnissen des Kästner-Publikums gefolgt ist, stand dem Stück, wenn sie es nicht ignorierte, vielfach reserviert gegenüber, zum Teil mit ähnlichen Argumenten, wie sie Kästner schon an der abschlägigen Antwort des Schiller-Theaters empört hatten.

465 *Majordomus:* »Hausmeier«; Stellvertreter und Verwalter der fränkischen, später dann römisch-deutschen Könige und Kaiser in den Pfalzen und auf den Reichsgütern.
466 *abgesprengte Teile unseres Volkes heimzuholen:* Kästner bezieht sich hier auf die NS-Ideologie und Propaganda, mit der Hitler die Reichsausdehnung im Osten begründete und mit der sich das Schlagwort »Heim ins Reich« verband.
469 *der zusammenzuckenden selbstzufriedenen Gattin auf die Schulter:* In den *GSE* heißt es im Unterschied zum Erstdruck: »der zusammenzuckenden Gattin auf die Schulter«.
470 *enchantiert:* Bezaubert, entzückt.
Hotel »Negresco«: Palast an der Prachtstraße in Nizza.
attachiere: teile Ihnen zu.
478 *Ich widmete mein Dasein:* In den *GSE* heißt es im Unterschied zum Erstdruck: »Ich widme mein Dasein«.

479 *Narden:* Bezeichnung für verschiedene wohlriechende Pflanzen, die schon im Altertum für Salböle verwendet wurden.
Schloß Belvedere: »Belvedere« bedeutet schöne Aussicht. So werden häufig schön gelegene Schlösser bezeichnet, die ihren Herren in der Regel als Lustschlösser dienten. Das bekannteste »Belvedere« dürfte das Schloß Prinz Eugens in Wien sein. Für Kästner scheint es sich um die ideale Bezeichnung für den bevorzugten Aufenthaltsort von hohen Staatsbeamten und von Diktatoren in totalitären Systemen zu handeln.
483 *traitabler:* Verträglicher; umgänglicher.
animal ridens: Lachendes Tier.
484 *Triumvirat:* Dreimännerherrschaft von Cäsar, Grachus und Pompejus im alten Rom, die diktatorischen Charakter hatte.
487 *Zündnadelgewehrs:* Erster brauchbarer Hinterlader; richtungsweisende Erfindung in den 30er Jahren des 19. Jahrhunderts. Diese Waffe trug wesentlich zur Entscheidung im Deutschen Krieg von 1866 bei.
490 *curae posteriores:* Spätere Sorgen.
492 *Sitzend, stehend, gehend, einzeln, in Gruppen.:* In den *GSE* heißt es im Unterschied zum Erstdruck: »Sitzend, stehend, einzeln, in Gruppen«.
494 *Non scholae, sed morti discimus:* Nicht für die Schule, sondern für den Tod lernen wir. Verkehrung der lateinischen Redewendung »Non scholae, sed vitae discimus« (..., sondern für das Leben lernen wir).
500 *Circe:* Verführerische Frau, die es darauf anlegt, Männer zu betören; Figur aus Homers *Odyssee*.
Samson hätte Dalila: Samson war einer der Richter Israels (vgl. AT, Richter 13–16), der die Philister besiegte, ihnen dann aber durch eine List seiner Geliebten Dalila in die Hände fiel. Sie hatte ihn durch das Abschneiden seiner langen Haare seiner Stärke beraubt.
503 *zernieren:* Umzingeln, durch Truppen einschließen.
506 *Denn sie wissen nicht, was sie tun:* Zitat aus der Bibel: Lukas 23, 34. Unter dem gleichen Titel war 1955 auch ein berühmt gewordener Film mit dem Hauptdarsteller James Dean in die Kinos gekommen.
512 *Zyankali:* Gift, mit dem sich NS-Größen nach dem Zusammenbruch des Dritten Reiches umbrachten. Die bekanntesten Selbstmörder waren Joseph Goebbels und Hermann Göring. Für Kästner ist Zyankali offenbar ein typisches Selbstmord-

mittel der Führer totalitärer Systeme, um sich nach dem Sturz ihres Regimes der Verantwortung und Strafe zu entziehen.
530 *Vox populi:* »Die Stimme des Volkes« (lateinische Redewendung).
536 *Eroica:* Heldensinfonie von Ludwig van Beethoven (1770 bis 1827).
Fenstersturz: Kästner bezieht sich hier in paradoxer Weise auf zwei historische Ereignisse, nämlich auf den »Prager Fenstersturz« von 1419 und den von 1618.
539 *Kasematten:* Bombensichere Räume in Festungen.

Bibliographie

Im Erich-Kästner-Nachlaß vorhandene, bisher unpublizierte Texte Kästners sind mit * versehen.

Verfilmte Drehbücher

Nach eigenen Recherchen und nach Ingo Tornow: Erich Kästner und der Film. Mit den Songtexten Kästners aus »Die Koffer des Herrn O. F.« München: Verlagsbuchhandlung Filmland Presse 1992 (Eine Publikation der Münchner Stadtbibliothek am Gasteig). Verfilmungen von Kästner-Büchern ohne Beteiligung des Autors am Drehbuch werden nicht genannt.

Klaus im Schrank. 1927. Typoskript im Nachlaß von Elfriede Mechnig, Akademie der Künste, Berlin.

Dann schon lieber Lebertran. Kurzfilm, Deutschland 1931, s/w, 22 Min. Drehbuch: Erich Kästner, zusammen mit Emmerich Pressburger, nach einer Idee von Erich Kästner. Ufa-Produktion. Regie: Max Ophüls. Mit Käthe Haack u. a. [Film gilt heute als verschollen] Erstdruck in: Filmexil 2, 1993, S. 31–49.

Das Ekel. Spielfilm, Deutschland 1931, s/w, 75 Min. Drehbuch: Emmerich Pressburger, zusammen mit Erich Kästner, nach dem Bühnenstück *Der Igel* von Hans Reimann und Toni Impekoven. Ufa-Produktion. Regie: Franz Wenzler. Mit Max Adalbert u. a.

Die Koffer des Herrn O. F. Spielfilm, Deutschland 1931, s/w, 77 Min. Tobis-Produktion. Drehbuch Leo Lania und Alexis Granowsky nach einer Idee von Hans Hömberg, mit Songtexten von Erich Kästner. Regie: Alexis Granowsky. Mit Peter Lorre u. a.

*Emil und die Detektive.** Spielfilm, Deutschland 1931, s/w, 75 Min. Ufa-Produktion. Drehbuch: Erich Kästner zusammen mit Billy Wilder und Emmerich Pressburger, nach dem Kinderbuch von Erich Kästner. Regie: Gerhard Lamprecht. Mit Fritz Rasp u. a.

Ich vertraue Dir meine Frau an. Spielfilm, Deutschland 1943, s/w, 88 Min. Terra-/Heinz-Rühmann-Produktion. Drehbuch: Helmut Weiss und Bobby E. Lüthge, zusammen mit Erich Kästner, nach dem Bühnenstück von Johann von Vaszary. Regie: Kurt Hoffmann. Mit Heinz Rühmann u. a.

Münchhausen. Spielfilm, Deutschland 1943, Farbe, 120 Min. Ufa-

Produktion. Drehbuch: Erich Kästner [unter dem Pseunonym Berthold Bürger]. Regie: Josef von Baky. Mit Hans Albers u. a.

Der kleine Grenzverkehr.* Spielfilm, Deutschland 1943, s/w, 83 Min. Ufa-Produktion. Drehbuch: Erich Kästner nach seinem eigenen Roman [unter dem Pseudonym Berthold Bürger]. Regie: Hans Deppe. Mit Willy Fritsch u. a.

Alles über Eva.* *[All about Eve.]* Spielfilm, USA 1950, s/w, 137 Min. 20th-Century-Fox-Produktion. Drehbuch: Joseph L. Mankiewicz nach der Erzählung *The Wisdom of Eve* von Mary Orr, deutsche Dialoge von Erich Kästner. Regie: Joseph L. Mankiewicz. Mit Bette Davis u. a.

Das doppelte Lottchen.* Spielfilm, BR Deutschland 1950, s/w, 105 Min. Carlton-Film-Produktion. Drehbuch: Erich Kästner nach seinem eigenen Kinderbuch. Regie: Josef von Baky. Mit Jutta Günther u. a.

Das fliegende Klassenzimmer.* Spielfilm, BR Deutschland 1954, s/w, 92 Min. Carlton-Film-Produktion. Drehbuch: Erich Kästner nach seinem eigenen Kinderbuch. Regie: Kurt Hoffmann. Mit Paul Dahlke u. a.

Die verschwundene Miniatur.* Spielfilm, BR Deutschland 1954, s/w, 87 Min. Carlton-Film-Produktion. Drehbuch: Erich Kästner nach seinem eigenen Roman. Regie: Carl Heinz Schroth. Mit Paul Westermeier u. a.

Drei Männer im Schnee.* Spielfilm, Österreich 1955, s/w, 93 Min. Ring-Film-Produktion. Drehbuch: Erich Kästner nach seinem eigenen Roman. Regie: Kurt Hoffmann. Mit Paul Dahlke u. a.

Salzburger Geschichten.* Spielfilm, BR Deutschland 1956, Farbe, 90 Min. Georg-Witt-Produktion. Drehbuch: Erich Kästner nach seinem Roman *Der kleine Grenzverkehr*. Regie: Kurt Hoffmann. Mit Marianne Koch u. a.

Liebe will gelernt sein.* Spielfilm, BR Deutschland 1962, s/w, 93 Min. Independent-Film-Produktion. Drehbuch: Erich Kästner nach seinem Theaterstück *Zu treuen Händen*. Regie: Kurt Hoffmann. Mit Martin Held u. a.

Nicht verfilmte Drehbücher

Es lebe das Leben.* Typoskript mit dem Vermerk: Exposé zu einem Film nach Sudermanns *Es lebe das Leben* von Erich Kästner.

Robinson soll nicht sterben.* Manuskript und Typoskript mit dem

Vermerk: Ein Film nach Friedrich Foersters gleichnamigem Buch und Theaterstück von Erich Kästner.

Theaterstücke

Nach Tornow: Erich Kästner und der Film, a.a.O., S. 71 ff., und nach eigenen Recherchen.
Einige der im folgenden genannten Titel sind lediglich als unverkäufliche Bühnenmanuskripte vervielfältigt worden. Die unter dem Namen Eberhard Foerster veröffentlichten Stücke sind in Zusammenarbeit mit dem Bühnen- und Drehbuchautor Eberhard Keindorff entstanden, um dessen Pseudonym es sich handelte (Tornow: Erich Kästner und der Film, a.a.O., S. 72).
Keindorff wurde am 7. Februar 1902 in Hamburg geboren und starb am 24. Januar 1975 in Dießen am Ammersee. Keindorff hat für zahlreiche Nachkriegsfilmen die Drehbücher geschrieben, darunter u. a. »Vater, unser bestes Stück« (1957, nach dem gleichnamigen Originalstoff von Hans Nicklisch), sowie »Wenn der weiße Flieder wieder blüht« (1953, nach der gleichnamigen Filmnovelle von Fritz Rotter). Beide Drehbücher, wie auch viele weitere, entstanden in Zusammenarbeit mit seiner damaligen Frau Johanna Sibelius.
Es existiert ein Verlagsvertrag mit dem Chronos-Verlag Martin Mörike vom 15. Juni 1950, in dem es u. a. heißt:

>»§ 1. Die Herren Dr. Erich Kästner und Eberhard Keindorff übertragen dem Chronos Verlag Martin Mörike das ausschliessliche Bühnenvertriebsrecht einschließlich des Rechtes der Rundfunksendung an ihren Werken
>Frau nach Mass, Lustspiel
>Seine Majestät Gustav Krause, Lustspiel
>Verwandte sind auch Menschen, do.
>Für alle Länder und Sprachen mit der Massgabe
>1. dass diese Werke nur unter dem Pseudonym Eberhard Foerster vertrieben werden dürfen […].«

Keindorff selbst hat allerdings noch eine Reihe von weiteren Stükken unter diesem Pseudonym publiziert, an denen Kästner nicht beteiligt war. Vom 1. Mai 1956 datiert ein Vertrag zwischen Chronos und Keindorff über folgendes Stück: *Baby Hamilton oder Das kommt in den besten Familien vor.* Lustspiel von Anita Hart und

Maurice Braddel. Für die deutsche Bühne bearbeitet von Eberhard Foerster und Carl E. Freybe. (Carl E. Freybe war der Onkel von Keindorffs Frau.)

Bisher nicht bekannt ist, daß auch der Schriftsteller Günther Weisenborn (1902 bis 1969) das Pseudonym Eberhard Foerster benutzt hat. Weisenborn lebte von 1928 bis 1930 in Berlin und ging dann nach Argentinien. Wie Kästner gehörte Weisenborn zu den Autoren, deren Werke 1933 verbrannt wurden. Beide Autoren schrieben satirische, zeitkritische Texte. Es bleibt zu klären, in welcher Beziehung Weisenborn und Eberhard Keindorff zueinander standen.

Leben in dieser Zeit. [Vgl. den Kommentar dazu in diesem Band]
Emil und die Detektive.* Ein Theaterstück für Kinder. Berlin: Chronos-Verlag 1930. [Nach Kästners gleichnamigem Kinderbuch]
Pünktchen und Anton. Nach dem Roman für Kinder. Berlin: Chronos-Verlag 1931. [Nach Kästners gleichnamigem Kinderbuch]
Das lebenslängliche Kind.* Ein Lustspiel in 4 Akten. Berlin: Chronos-Verlag 1934. [Unter dem Pseudonym Robert Neuner. Erste Aufführungen u. a. im Staatlichen Schauspielhaus Dresden im Sept. 1934. Variation des Stoffes von Kästners erstem humoristischen Roman *Drei Männer im Schnee*]
Verwandte sind auch Menschen. Lustspiel in 3 Akten. Berlin [1937]. [Vgl. die editorische Notiz dazu in diesem Band]. Verfilmt unter dem Titel *Verwandte sind auch Menschen*, Deutschland 1939.
Die Frau nach Mass. Berlin 1938. [Unter dem Pseudonym Eberhard Foerster] Verfilmt unter dem Titel *Frau nach Mass*, Deutschland 1940.
Das goldene Dach. Berlin 1939. [Unter dem Pseudonym Eberhard Foerster]
Seine Majestät Gustav Krause.* Eine Komödie in 3 Akten. Berlin: Fischer [1940]. [Unter dem Pseudonym Eberhard Foerster. Die 3. Seite des eingesehenen Manuskripts aus dem Erich-Kästner-Nachlaß trägt unter dem Namen Foerster den handschriftlichen Vermerk Kästners: »= *Keindorff. (In Zusammenarbeit mit mir. E. K.)*«] Verfilmt unter dem Titel *Der Seniorchef*, Spielfilm, BR Deutschland 1942.
Zweite Verfilmung als Fernsehspiel unter dem Manuskripttitel, BR Deutschland 1971.
Zu treuen Händen. [Vgl. den Kommentar dazu in diesem Band]
Das Haus Erinnerung. [Vgl. den Kommentar dazu in diesem Band]

Chauvelin oder Lang lebe der König! [Vgl. den Kommentar dazu in diesem Band]
Die Schule der Diktatoren. [Vgl. den Kommentar dazu in diesem Band]

Inhaltsverzeichnis

7 Leben in dieser Zeit

9 *Erster Satz*
9 Einleitung
10 Nr. 1 Kurt Schmidt, statt einer Ballade
12 Nr. 2 Das Chanson von der Majorität
13 Nr. 3 Der kleine Rekordgesang
15 Nr. 4 Das Lied von der Rumpfbeuge
17 Nr. 5 Die möblierte Moral
19 Nr. 6 Das Wiegenlied väterlicherseits

22 *Zweiter Satz*
22 Nr. 7 Die Elegie in Sachen Wald
24 Nr. 8 Entree für eine Chansonette
25 Nr. 9 Das Liebeslied mit Damenchor
27 Nr. 10 Der Gesang vom verlorenen Sohn
29 Nr. 11 Der Song »Man müßte wieder ...«

32 *Dritter Satz*
33 Nr. 12 Das Lied von den Pistolenschüssen
36 Nr. 13 Hymnus an die Zeitgenossen
38 Nr. 14 Das Chanson für Hochwohlgeborene
40 Nr. 15 Der Appell an den Trotz
42 Nr. 16 Das Trompetenstoßgebet

45 Münchhausen

47 Die Personen
49 Der Vorspann
51 Wichtige Zwischenbemerkung
52 Bodenwerder
52 – *Ein Saal im Zopfstil*
64 – *Eine kleine Rokokohalle*
66 – *Der Billardraum in der Halle*

70 Bodenwerder
70 – *Die Halle des Schlößchens*
72 – *Die Fassade des Schlößchens*
74 – *Eine kleine Rokokohalle*
76 – *Ein Saal im Zopfstil*
79 – *Ein Medaillonkabinett*
87 – *Ein Saal im Zopfstil*
88 – *Ein verspielte Parkszenerie*
93 – *Die Fassade des Schlößchens*
97 – *Münchhausens Medaillonkabinett*
100 – *Die Schloßküche*
103 – *Münchhausens Medaillonkabinett*
104 – *Ein Teil des Schloßhofs*
106 – *Münchhausens Medaillonkabinett*
108 – *Eine Landstraße*
109 – *Münchhausens Medaillonkabinett*
110 – *Vor einer Waldlichtung*
111 – *Münchhausens Medaillonkabinett*
113 – *Die Fassade des Schlößchens*
114 – *Münchhausens Medaillonkabinett*
116 Braunschweig
116 – *An einem Stadttor*
118 – *An einer Straßenkreuzung*
122 – *Ein Saal im Schloß*
126 – *Das Braunschweiger Hoftheater*
129 – *Am Bühneneingang*
130 – *Das Hoftheater*
135 Kurland
135 – *Eine Schneewüste*
140 – *Ein Friedhof mit Kirche*
143 – *Die Stube eines Landgasthofs*
147 – *Die Küche eines Landgsthofs*
150 – *Die Stube eines Landgasthofs*
152 Petersburg
152 – *Ein Platz, nahe der Newa*
156 – *Ein Salon im Hotel de l'Europe*
158 – *Ein Schlafzimmer im Hotel de l'Europe*

161 Petersburg
161 – *Thronsaal in der Erimitage*
165 – *Das Schloßtor der Erimitage*
166 – *Thronsaal in der Erimitage*
171 – *Katharinas Oval-Salon*
173 – *Katharinas Schlafzimmer*
174 – *Katharinas Oval-Salon*
177 – *Gartensaal in Zarskoje Selo*
181 – *Ein Zimmer in Zarskoje Selo*
184 – *Ein Palastkorridor mit Tür*
185 – *Ein Zimmer in Zarskoje Selo*
187 – *Cagliostros Zimmer im Hotel de l'Europe*
193 Bodenwerder
193 – *Eine verspielte Parkszenerie*
197 Die Krim
197 – *Das Lager von Otschakow*
199 – *Gelände vor Otschakow*
203 – *Potemkins Prunkzelt*
206 – *Vor Otschakow, bei den Hundertpfündern*
209 – *Die Türkenfestung Otschakow*
212 Konstantinopel
212 – *Der Thronsaal des Serails*
215 – *Der Hof des Serails*
219 – *Der Thronsaal des Sultans*
221 – *Der Hof des Serails*
224 – *Der Thronsaal des Serails*
233 – *Der Hof des Serails*
235 – *Abteilung ›Zugänge‹ im Harem*
237 – *Der Thronsaal des Serails*
238 – *Die Halle des Harems*
240 – *Der Thronsaal des Serails*
242 – *Auf einer Landstraße*
243 – *Der Thronsaal des Serails*
247 – *Der Hof des Serails*
248 – *Die Halle des Harems*
250 – *Ein Segler auf dem Marmara-Meer*

253 Venedig
253 – *Der Canale Grande*
256 – *Das Atelier der Rosalba Carriera*
261 – *Ein Kabinett in den Prokurazien*
264 – *Ein Boudoir im Palazzo Vendramin*
267 – *Das Haupttor des Palazzo Vendramin*
268 – *Ein Nebentor am Kanal*
270 – *Ein Boudoir im Palazzo Vendramin*
272 – *Ein Nebentor am Seitenkanal*
273 – *Das Haupttor des Palazzo Vendramin*
274 – *Ein Korridor im Palazzo Vendramin*
275 – *Ein Boudoir im Palazzo Vendramin*
278 – *Das Parlatorium eines Nonnenklosters*
282 – *Anlegestelle an einer verwilderten Insel*
283 – *Eine kleine, buschumstandene Wiese*
287 – *In einer Gondel*
288 – *Die Montgolfiere*
289 – *Im Boot des Prinzen d'Este*
290 – *Die Montgolfiere*
292 – *Im Boot des Prinzen d'Este*
293 – *Die Montgolfiere*
294 – *Im Boot des Prinzen d'Este*
295 Der Mond
295 – *Die Fahrt durchs Weltall*
298 – *Eine phantastische Landschaft*
304 – *Die gleiche Dekoration*
314 Bodenwerder
314 – *Szenerie im Park*
316 – *Ein Saal im Zopfstil*
323 – *Die Fassade des Schlosses*

325 Zu treuen Händen

327 Personen
329 1. Akt
350 2. Akt
372 3. Akt

395 Das Haus Erinnerung

397 Personen
399 Das Haus Erinnerung

425 Chauvelin *oder* Lang lebe der König!

427 Personen
429 1. Akt

459 Die Schule der Diktatoren

461 Vorbemerkung
463 Personen
465 Das erste Bild
473 Das zweite Bild
478 Das dritte Bild
486 Das vierte Bild
492 Das fünfte Bild
499 Das sechste Bild
506 Das siebente Bild
517 Das achte Bild
527 Das neunte Bild

541 Aus dem Nachlaß

543 Dann schon lieber Lebertran …

544 Editorische Notiz
545 Personen
547 Freiaufnahme
548 Eine lange Planke
549 Der himmlische Maschinenraum
554 Freiaufnahme

556 Der himmlische Maschinenraum
560 Der himmlische Maschinenraum
561 Eßzimmer bei Augustins
565 Schlafzimmer der Kinder
568 Kinderzimmer bei Augustins
568 Der himmlische Maschinenraum
572 Kinderzimmer bei Augustins
580 Eßzimmer bei Augustins
588 Turnhalle
591 Kinderzimmer bei Augustins
594 Eßzimmer bei Augustins
595 Kinderzimmer bei Augustins
595 Der himmlische Maschinenraum
597 Eßzimmer bei Augustins

603 Verwandte sind auch Menschen

604 Editorische Notiz
605 Personen
606 Stammbaum der Familie Blankenburg
607 I. Akt
642 II. Akt
672 III. Akt

701 Das Haus Erinnerung

702 Editorische Notiz
703 Personen
705 Ein Vorspiel
723 1. Akt
738 2. Akt
756 3. Akt

773 Anhang

775 Nachwort
789 Kommentar
833 Bibliographie